一歩進める 英語学習・研究ブックス

ニュアンスや使い分けまでわかる

アドバンスト 英単語3000

〈大学上級レベル〉

中村良夫・Alexander McAulay
高橋邦年・三品喜英

開拓社

はじめに

【購入前に本書を手に取ってみてくださっている皆様へ】

　本書に関心を持っていただき，まことにありがとうございます．本書は前著『ネイティブの語感に迫る アクティブな英単語力〈大学入学レベル〉』（以下では『アクティブな英単語力〈大学入学レベル〉』と表記します）の上級編として書きました．したがいまして，まずは読者の皆様に合う本がどちらであるかをご確認いただきたいと思います．本書で大丈夫だと確認できましたら次項の【本書の使い方】に進んでください．

　ではまず下の語彙や例文を見て，サッとわかるかどうか試してみてください．語彙は前著『アクティブな英単語力〈大学入学レベル〉』の見出し語 1,400 語のうち，本書に出てくる約 300 語を除いたものの中から比較的難度の高い 140 語を取り上げています（それぞれの語にふってある数字は『アクティブな英単語力〈大学入学レベル〉』の中で登場する順番を表す番号です）．さらにその下の英文では，日本語訳の下線部に当たる部分として太字の英単語のどちらが適切かを考えてみてください．これらの英文も，『アクティブな英単語力〈大学入学レベル〉』にある例文です．

1. **abruptly** 1362	12. **cling** 393	23. **contradict** 721
2. **absurd** 1307	13. **coincidence** 933	24. **controversial** 1180
3. **abundant** 1148	14. **collapse** 265	25. **conversely** 1369
4. **advocate** 13	15. **compel** 47	26. **counterpart** 1263
5. **ambiguous** 1254	16. **compliance** 56	27. **crude** 1182
6. **amenity** 695	17. **comprehend** 398	28. **dedicate** 73
7. **ample** 1149	18. **comprise** 402	29. **defect** 828
8. **astonish** 474	19. **conscience** 812	30. **deliberate** 59
9. **attain** 378	20. **conserve** 311	31. **dense** 837
10. **betray** 392	21. **consistent** 1317	32. **deposit** 229
11. **bias** 955	22. **constraint** 461	33. **derive** 531

34. descendant [533]

35. detect [159]

36. devastate [536]

37. devote [74]

38. dictate [72]

39. disclose [611]

40. dispute [91]

41. drastic [1118]

42. earnest [1188]

43. ethics [853]

44. evoke [202]

45. exempt [113]

46. exile [972]

47. expenditure [889]

48. explicit [1159]

49. exploit [432]

50. fatigue [862]

51. fierce [1225]

52. fiscal [1120]

53. flaw [830]

54. flourish [631]

55. fluent [1208]

56. fluid [1209]

57. foster [490]

58. glare [469]

59. gratitude [873]

60. habitat [878]

61. halt [126]

62. harsh [1213]

63. hatred [132]

64. heredity [893]

65. immense [1199]

66. immune [114]

67. incline [141]

68. induce [42]

69. inevitable [33]

70. infect [564]

71. inheritance [895]

72. innate [450]

73. intimate [1228]

74. intuition [901]

75. invalid [248]

76. invaluable [1085]

77. irritate [284]

78. isolate [567]

79. legacy [896]

80. legislate [1235]

81. legislature [1235]

82. legitimate [1236]

83. literal [1088]

84. literate [1090]

85. manipulate [433]

86. marvelous [1239]

87. meditate [61]

88. mend [339]

89. messy [1251]

90. moderate [1244]

91. modest [1245]

92. notify [143]

93. optimistic [1267]

94. outcome [814]

95. overwhelm [595]

96. overwhelming [594]

97. particle [936]

98. pessimistic [1268]

99. ponder [62]

100. postpone [76]

101. precedence [1288]

102. precedent [1289]

103. premise [957]

104. presumably [1384]

105. prevail [592]

106. profound [1111]

107. prolong [597]

108. provoke [285]

109. recess [759]

110. recollect [200]

111. respectable [1073]

112. restless 986	**122. spectator** 690	**132. thrive** 630
113. restrain 463	**123. spur** 1008	**133. tidy** 1250
114. revise 382	**124. startle** 475	**134. trait** 713
115. rigid 1322	**125. starve** 623	**135. vacant** 1194
116. rite 708	**126. stern** 1214	**136. vague** 1256
117. ritual 709	**127. subjective** 929	**137. valid** 247
118. sanction 993	**128. substantive** 1013	**138. vanity** 1330
119. shortcoming 998	**129. sue** 705	**139. vessel** 1036
120. solitude 1001	**130. swift** 1297	**140. zealous** 1189
121. spacious 1334	**131. temper** 1024	

141. ▶ I never **discard / dispose of** anything in case I might be able to use it in the future. (私はいつか使うかもしれないので何でも<u>捨て</u>ないでおきます)

142. ▶ Through evolution, these plants have **adapted / adjusted** to a very dry climate. (進化する過程で，これらの植物はとても乾燥した気候に<u>順応できる</u>ようになっていった)

143. ▶ Government attempts to legally **forbid / prohibit** teenage drinking were unsuccessful.
(十代の若者の飲酒を法律で<u>禁止しよう</u>という政府のもくろみはうまくいかなかった)

144. ▶ I am grateful for his kindness and **comprehension / understanding** after my recent bereavement.
(私が最近肉親と死別したことを彼が<u>理解して</u>親切にしてくれたことに感謝します)

145. ▶ The server rejected the attached file because it **contains / involves** a virus.
(サーバーが添付ファイルを排除したのは，ウイルスが<u>入っていた</u>からだ)

146. ▶ He worked very hard and really **earned / gained** his success in life.
(彼は懸命に働いて人生の成功を<u>収めた</u>)

147. ▶ It was a huge task to **estimate / evaluate** employee performance.
(従業員の働きぶりを<u>査定する</u>のはたいへんな仕事だった)

148. ▶ He never speaks completely openly, but I think he is **implying / suggesting** he is quite worried.（彼は大っぴらにはすべてをことばに出さないが，とても心配しているということを<u>ほのめかしている</u>と思うよ）

149. ▶ He **owns** / **possesses** many good qualities.
（彼には多くのよい資質が<u>ある</u>）

150. ▶ She had placed rather severe dietary **limits** / **restrictions** on herself.
（彼女は相当きびしい食事<u>制限</u>を自分に課していた）

以下の 50 語も『アクティブな英単語力〈大学入学レベル〉』の見出し語 1,400 語のうち比較的に難度の高いもので，本書にも出てくる語彙です．こちらもあわせて見ておきましょう．

151. adhere	**168.** inquire	**185.** substantial
152. betray	**169.** intensify	**186.** substitute
153. cease	**170.** intricate	**187.** superficial
154. compensate	**171.** mutual	**188.** survey
155. conduct	**172.** opposition	**189.** swear
156. decay	**173.** prescribe	**190.** symptom
157. deceit	**174.** prominent	**191.** tactic
158. diminish	**175.** prosperous	**192.** term
159. dispense	**176.** rage	**193.** terrific
160. distress	**177.** rational	**194.** trivial
161. excess	**178.** reputation	**195.** utilize
162. extract	**179.** resolve	**196.** validate
163. fertile	**180.** retain	**197.** vanish
164. forbid	**181.** sensible（≠sensitive）	**198.** verify
165. fragile	**182.** speculate	**199.** vital
166. friction	**183.** stable	**200.** weird
167. fury	**184.** submit	

【答】

1.「不意に」「突然」　2.「ばかげた」　3.「豊富な」　4.「（公に）主張する」「提唱する」　5.「2つの意味にとれる」「多義的な」　6.「（滞在や生活を）快適にする施設［設備］」　7.「あり余るほど十分な」　8.「仰天させる」　9.「達成する」「到達する」　10.「裏切る」　11.「先入観」「偏見」　12.「くっつく」「しがみつく」　13.「偶然の一致［めぐりあわせ］」　14.「崩れる」「失敗［頓挫］する」「卒倒する」　15.「むりやり～させる」「強いる」　16.「コンプライアンス（企業が法律や倫理を遵守すること）」　17.「理解する」　18.「（A が B から）成る」　19.「良心」「善悪の判断力」　20.「大切に使う」「保護［保存］する」　21.「一貫した」「矛盾しない」　22.「強制」「制約」　23.「矛盾」；「否定［反駁］」　24.「議論の的（まと）になっている」「異論の多い」　25.「反対に」「逆に言えば」　26.「対応する物・人」　27.「大ざっぱな」「粗野な」；「天然のままの」　28.「ささげる」「専念させる」　29.「欠陥」　30.「故意の」「慎重な」；「熟考する」　31.「密集した」「濃い」　32.「預金（残高）」「頭金」「補償金」　33.「引き出す」；「由来する」　34.「子孫」　35.「見抜く」「感知［探知］する」　36.「（悲しみなどで）打ちのめされる」「破壊される」　37.「ささげる」「専念させる」　38.「厳命する」　39.「暴露［明らかに］する」　40.「論争」「紛争」　41.「徹底的な」「思い切った」　42.「熱心な」「本気の」　43.「倫理（観）」「道徳（律）」　44.「（感情、記憶を）呼び起こす」　45.「（義務などを）免除された」　46.「追放（する）」　47.「（政府などの公的な）経費」「歳出」　48.「明確な」　49.「（人に）つけこむ」「（不当に）利用する」　50.「疲労」　51.「熾烈な」「どう猛な」　52.「財政［会計］の」　53.「欠陥」「傷」　54.「すくすく育つ」「繁栄する」　55.「流暢な」　56.「流動体」「流動的な」　57.「里親になる」　58.「にらみつける」　59.「感謝（の念）」　60.「生息地」「住宅」「植民地」　61.「停止する」「停止させる」　62.「厳しい」「不快な」　63.「憎悪」　64.「遺伝」　65.「途方もない」　66.「... を免れている［免除されている］」　67.「傾ける」「（心が）傾く」　68.「誘発する」　69.「不可避の」　70.「（病気などを）うつす」「（病気などが）うつる」　71.「相続」「遺産」　72.「生まれつき備わっている」　73.「親密な」　74.「直感（観）」　75.「無効の」　76.「（... にとって）貴重な」　77.「いらつかせる」　78.「分離する」「孤立させる」　79.「遺産」「なごり」　80.「法律を制定する」　81.「立法府」「立法機関」　82.「正当な」「適法な」　83.「文字通りの」　84.「読み書きのできる」　85.「（巧みに）あやつる」「手を加える」　86.「驚くべき」　87.「瞑想する」「熟考する」；「もくろむ」　88.「直す」「繕う」　89.「散乱・混乱（した状態）」「困った事態」　90.「適度な」；「ほどほどの」　91.「謙虚な」「控えめな」　92.「正式に

［公式に］通知［通報］する」 93.「楽観的な」 94.「結果」「成果」 95.「制圧する」「圧倒する」 96.「圧倒的な」 97.「小片」「(素)粒子」 98.「悲観的な」 99.「熟考する」 100.「延期する」「先送りする」 101.「先立つこと」「優位」 102.「先例」「前例」「判例」 103.「前提」:「構内」 104.「おそらく」 105.「普及する」「優勢である」 106.「深遠な」 107.「引き延ばす」 108.「挑発する」 109.「休憩」(recession は「景気後退」) 110.「回想する」 111.「(社会的に)ちゃんとした」「まずまずの」(「尊敬に値する」ではありません) 112.「落ち着かない」「眠れない」 113.「抑制する」 114.「修正する」 115.「厳密な」 116.「儀式」 117.(聖職者によるのではない)「儀式」「儀礼的な」 118.「制裁(措置)」:「認可」 119.「欠点」「短所」(「不足」は shortage) 120.「孤独」 121.「広々とした」 122.「観客」「見物人」 123.「刺激」:「駆り立てる」 124.「はっと［ぎょっと］させる」 125.「餓死する［させる］」 126.「厳格な」「いかめしい」 127.「主観的な」 128.「(有名無実でなく)実体がある」 129.「告訴する」 130.「速い」 131.「気分」「気質［気性］」「かんしゃく」 132.「すくすく育つ」 133.「整然とした」 134.「人の(特徴的なふるまいにつながる)特色」 135.「空いている」 136.「有効な」「通用する」 137.「正当と認める」 138.「うぬぼれ」「虚栄心」:「鏡台」 139.「船」「(血液やリンパ液の通る)管」 140.「熱心［熱狂的］な」

141. discard　　　　**145. contains**　　　　**149. possesses**

142. adapted　　　　**146. earned**　　　　**150. restrictions**

143. prohibit　　　　**147. evaluate**

144. understanding　　**148. implying**

151.「(考えなどを)支持する」「粘着［付着］する」 152.「裏切る」 153.「やめる」「終わる」「中止する」 154.「補う」「補償する」 155.「行う」「指揮をする」「伝導する」 156.「堕落する(させる)」 157.「だますこと」 158.「減少する」:「減らす」 159.「なしですます」 160.「苦悩(させる)」 161.「過度」「超過」 162.「抜き出す」「抽出する」 163.「(土地が)肥えた」「多産の」 164.「禁じる」 165.「壊れやすい」,「薄弱な」,「繊細な」 166.「摩擦」「あつれき」 167.「激怒」 168.「尋ねる」「問い合わせる」 169.「強くなる」:「強化する」 170.「入り組んだ」 171.「相互の」「もちつもたれつの」:「共通の」 172.「対抗(者)」 173.「処方する」「指示［規定］する」 174.「傑出した」 175.「繁栄している」 176.「激怒」 177.「理にかなった」「理性的な」

178.「評判」「名声」 **179.**「決心する」「解決する」 **180.**「保持する」 **181.**「分別のある」 **182.**「推測する」 **183.**「落ち着いた」「堅実な」 **184.**「提出する」;「服従する」 **185.**「実質的な」「内容のある」 **186.**「代用品になる」;「取って代わる」 **187.**「表面的な」「見かけだけの」 **188.**「調査（する）」;「測量」 **189.**「誓う」 **190.**「症状」「兆候」「兆し」 **191.**「戦術」「策略」 **192.**「学期」「期間」「用語」「間柄」「条件」 **193.**「ものすごい」「すごくいい」 **194.**「ささいな」「取るに足らない」 **195.**「（実用的な目的のために）(物) を利用する」 **196.**「正当と認める」 **197.**「消える」 **198.**「確認［検証］する」 **199.**「命の」「重要な」「活気のある」 **200.**「気味の悪い」「奇妙な」

どうでしたか？ 知らない項目が多かったという人は，まずは『アクティブな英単語力〈大学入学レベル〉』を読んでみてください．だいたい大丈夫という人は本書での学習を始めてください．でも，『アクティブな英単語力〈大学入学レベル〉』も併せて目を通してくださることをお勧めします．知っていると思っている単語でも，一般の単語集などには載っていない意外な，そして重要なポイントがたくさんあることを見ていただけることと思います．

【本書の使い方】

　本書の執筆にあたっては大学にいる学生たちの顔を常に思い浮かべながら書き進めました．学生諸君は現時点でのレベルも違えば胸に秘めた目標もさまざまですが，大学で学んでいる今，そしてこの先もずっと手元において使ってもらえる本になるようにと祈りながら作りました．そうやって出来上がった本書は，難関とされる大学（院）を目指す受験生から大学生や大学院生，そして仕事で英語を使う社会人や英語を教える先生まで，幅広い方々に大いに役に立つものになっていると自負しています．本書はタイトルに 3000 とおおざっぱにうたっていますが，INDEX 総掲載数は約 3300 にのぼります．細かく言えば，そのうち主要語彙として特に選定したものに 2300 を超えるアイテムがあります．主要語彙には，大雑把な区分ではありますが，語彙をやさしめのものから難度の高いものまで *α*1-*α*2-*β*1-*β*2-*γ*1-*γ*2 のグレードに分けてラベル付けしていますので参考にしてください．4 技能検定試験でいえば本書の *β*2 レベルまでの語彙（約 1,400 アイテム）でおよそ TOEFL® iBT 80–90, TOEIC® 800–860, IELTS® 6.5 といったあたりをゴー

ルとして想定しています．大学上級レベルとしてはまず β レベルの語彙までマスターしたいところです（なお，特に TOEFL® で必要になる語彙には **L**，TOEIC® で頻出の語彙には **C** とマークしてありますので参考にしてください）．γ**1** および γ**2** レベルの語彙を覚えるのは後回しでよいでしょう．γ レベル（約 900 アイテム）およびラベルなしの語彙までカバーできたら，あとは例えば *1100 WORDS YOU NEED TO KNOW*（BARRONS）とか *Word Power Made Easy*（Norman Lewis 著）（The Princeton Review）といったネイティブ・スピーカーも使う教材にチャレンジできるくらいになっています．

　さて，本書で目指すレベルになると，難度の高い抽象語が多くなりますし，意味についても，ほかの語彙でも見たような日本語訳がしばしば登場して区別がつかないという悩みが大きくなります．似たような単語群を「頻出順だから」とかいって離れ離れに掲載して知らんぷりを決め込むというわけにもいきませんし，英単語と日本語訳に例文を付けただけで，ハイ暗記してねという気にもなりません．また，試験に出た実例文がその語彙を理解するのに最適な素材であるとは限りません．そこで，本書は使い分けやニュアンスの違いをできる限り説明し，さらに記憶のためのとっかかりを増やすことに力を注いでいます．例文はその目的のために最適となるものを作成・採録いたしました．以上の点は本書独自の特徴で類書はないと思います．構成は以下の通りです．

　本書は大きく第 1 章から第 3 章に分かれており，ホップ（カタカナ語からの展開），ステップ（同義語の拡充），ジャンプ（フォーマルな難語をシャーロック・ホームズの英文でマスター）の 3 段階で語彙力の増強を行います．

　第 1 章（343 項目あり，1 項目の中に複数の語彙が解説されています）はいわばウォーミング・アップとしての準備編ということになります．そこでは高校での基本語レベルの語彙や，カタカナ英語として日本語の中でもよく使われている単語を見出し語として取り上げ，そこから発展的に類語や関連する語を取り上げて解説しています．知っている単語も多いでしょうから気楽に読んでいってください．そうはいっても，カタカナ英語の場合には英語での用いられ方とずいぶん違う場合など注意すべき点が多くありますし，類語や関連する語として取り上げた

ものの中にはかなり難度の高いものも登場します．本書では，特に難度の高い語彙（γ1-γ2 レベル等）は覚えきれなくても適宜スキップして後回しにして先に進んでください．どんどん先に進んでまず全体像を見てみることが大事です．

　第 2 章では，意味内容などに似たところのある語のグループ（82 グループ）を取り上げ，ニュアンスや使われ方の違いについて見ていきます．そこには『アクティブな英単語力〈大学入学レベル〉』で扱っているグループもありますが，語彙の難度レベル等の事情で入れることのできなかった語彙を追加して充実させています．

　第 3 章では，第 2 章までで扱えなかった重要な語彙について実例を見ながら考えていきます．語彙数も多く，いわば本書の核になる章といえます．大学入学レベルからさらに上を目指すとき，私たちが教養あるネイティブ・スピーカーとのいかんともしがたい差を感じるのは，難度の高いフォーマルな語を使いこなす能力における決定的なレベルの違いです．そのようなフォーマルな難語は訳語や単純な例文を見ていてもなかなか身につくものではありません．どのようなニュアンスが込められているのか，なぜその語が使われるのか，どのような状況で使われるのかといった情報に触れていく必要があります．そこで，この章ではそのような体験を効果的にかつ効率的に行うための理想的な材料として実例を「シャーロック・ホームズ」の英文から取り上げました．いうまでもなくサー・アーサー・コナン・ドイル（1859-1930）の探偵小説で，1887 年から 1927 年にかけて出版されたシリーズです．今なおさまざまな作家がホームズ譚（たん）を発表し，テレビや映画でも映像作品が発表されて人気を誇っています．そのよく知られたストーリーや情景などを思い浮かべながら読むことで，本書で取り上げた英文やその中にある単語や言い回しが私たちの頭の中で生き生きと伝わってきます．なぜここでこの語を使うのかというところまで理解が進むことでしょう．また，コロケーションはもちろんのこと，たとえば形容詞がいくつか並んでいる箇所などでは，類語や関連語の関係性もよくわかります．英語が古いと心配する方がいらっしゃるかもしれませんが，少なくとも本書で取り上げた英文はネイティブ・スピーカーにチェックしていただいており，時代遅れ（'out of date'）なものはなく，格式ばっ

てフォーマル（'literary and quite formal'）だけれどもきちんと通じる（'quite comprehensible'）ものであることが間違いないものばかりです．また，文法で教わるような倒置などを始めとする日本語話者にとって敷居の高い表現や構文も豊富にあって英文解釈の訓練としても実に価値ある教材であることがお分かりいただけると思います．（英文法に関する事柄については，やはりシャーロック・ホームズの例文を数多く活用した『大学で英語を教える父が高校生の娘に贈る　プレミアムな英文法・熟語』（中村良夫，開拓社，2020年）を参考にしていただければ幸いです．）

　なお，第3章には補遺として，シャーロック・ホームズものでカバーしきれなかった語彙についてまとめてあります．比較的難度の高いものが多いのですが，新聞記事などを読む際に貴重な武器となる語彙がそろっています．シャーロック・ホームズの例文に負けないクオリティのオリジナル例文とその解説をつけてありますので，ぜひきちんと目を通してください．

　最後になりましたが，本書を書き上げるにあたり，各方面からご支援をいただいたことに著者を代表してお礼申し上げます．本書は上述の『ネイティブの語感に迫る　アクティブな英単語力〈大学入学レベル〉』の作成と同時に着手しておりましたが，執筆協力者として参加してくださった諸先生方の助けをいただきようやく完成に至りました．そして，これまでずっと励ましと助言をくださいました恩師の中村捷先生（東北大学名誉教授）に感謝申し上げます．

　開拓社の川田賢氏には，本書の企画から刊行に至るまで私たちを見守り支えていただきました．心より御礼申し上げる次第です．

　2022年5月

　　　　　　　　　　　　　　　　　　　　　　　　　　　中村　良夫

目 次

第1章　高校基本語やカタカナ語を出発点として発展レベルに … 15

absorb	game	managerial	sake
background	hammer	nasty	territory
camouflage	idle	offspring	variation
debit	judge	pain	wage
each other	knowledge	quotation	
factor	lack	rack	

など，見出語 343 語

第2章　類義語の拡張・展開 ……………………………………… 159

abandon 動詞	concept 名詞	essential 形容詞
attribute 動詞	concern 名詞	event 名詞
assume 動詞	conclude 動詞	exact 形容詞
ban 動詞	condition 名詞	examine 動詞
belongings 名詞	confirm 動詞	expect 動詞
blame 動詞・名詞	conflict 名詞	finance 動詞
bother 動詞・名詞	contempt 名詞・動詞	guess 動詞
classify 動詞	continuous 形容詞	hint 名詞
chain 名詞	corrupt 形容詞・動詞	holy 形容詞
charge 動詞	cruel 形容詞	hurt 動詞
cheat 動詞・名詞	describe 動詞	include 動詞
claim 動詞	distinct 形容詞	increase 動詞
comfortable 形容詞	distinguish 動詞	inquire 動詞
comment 名詞	doom 動詞	interfere 名詞・動詞
compensate 動詞	doubtful 形容詞	keep 動詞
complicated 形容詞	elaborate 形容詞	mercy 名詞
compromise 名詞	employ 動詞	obey 動詞

第3章　シャーロック・ホームズの例文で高難度語彙を攻略 ····· 241

第1章

高校基本語やカタカナ語を出発点として発展レベルに

　高校2年生まで程度の主要な語彙や，カタカナ英語としておなじみの単語を見出し語として取り上げ，そこから類語や関連する語を発展的に取り上げて解説しています．知っている単語も多いでしょうから気楽に読んでいってください．

　カタカナ英語の場合には英語での用いられ方とずいぶん違う場合など注意すべき点が多くありますし，類語や関連する語として取り上げたものの中にはかなり難度の高いものも登場しますが，どんどん先に進んでみることが大切です．

　なお，本文の解説を補強するうえで有益と思われる情報として，以下の辞書の例文をいくつか引用しているところがありますが，辞書名は以下のように略称での表記としております．

　　〈*Chambers*〉：*Chambers Universal Learner's Dictionary*

　　〈*ISED*〉：*Idiomatic and Syntactic English Dictionary*

　　〈*LDCE*〉：*Longman Dictionary of Contemporary English*

それ以外の引用はそれぞれの箇所で出典を明記しています．

　また，シャーロック・ホームズものからの引用は本章でも場合に応じて若干ありますが，引用した作品名やカタカナ表記については『詳注版シャーロック・ホームズ全集』（ちくま文庫）の表記に従っています．

1-1
absorb

shock absorber（「ショック・アブソーバー」「緩衝器」）はカタカナ語として日本語の中でも使われていますが，absorb はさらに抽象的に会社や町村の大きな方へ「…を併合する」という意味にも使われます．「…（団体など）を合併する」というときには **incorporate** ^{β1} /ɪnˈkɔrpəˌreɪt/ という動詞も使われます．こちらは何かをあるものの一部として（もとあった機能などを残す形で）「…を取り入れる」，「…を編入する」という他動詞です（≒include）．また，incorporate は（ii）のような自動詞としての用法もあります．

- (i) a.　We have **incorporated** all of your suggestions in the plan.

   （我々はあなたの提案を全て新プランに盛り込んだ）

- b.　The college was **incorporated** into the university.

   （そのカレッジはその大学の一部に併合された）

- (ii)　My company **incorporated** with others.

   （その会社はほかの会社と合併した）

　なお，incorporate には「店などを会社［法人］組織にする」という意味がありますから，アメリカなどの会社名の終わりに Inc. とあるのは incorporated の略で会社［法人］組織であるという意味です．イギリスでは Ltd. となります．

　類語として，**assimilate** ^{β2} /əˈsɪməleɪt/ は「（移民や他民族を）同化する」「（知識や技術などを）のみ込む［理解する］」という意味です．

- (iii)　The Celts maintained their languages and customs despite Roman attempts to **assimilate** them.（ローマによる同化の試みにもかかわらず，ケルト族（Celt /kelt/ イギリスの先住民族）は自分たちの言語や風習を守った）

1-2
abstract

「抽象的な」という意味の形容詞．「抽象名詞」は 'abstract noun' です．論文の要点を引き出してまとめた文章のことをアブストラクト（抄録）といいますが，このように，(-)tract(-) は語源的に「引く」という意味を持ちます．農業などで使うトラクター（牽引自動車）は tractor，他動詞として，「…（注意など）を引きつける」のは **attract** で，「…（注意など）をそらす」のは **distract** ^{β1} /dɪˈstrækt/，「…（歯など）を引き抜く」のは **extract** です．

- (i)　You get **distracted** too easily when you study.

   （君は勉強中に注意がそれすぎる）

distracted（そしてそれと語源の同じ distraught /dɪˈstrɔːt/ も）は「気が動転した」「取り乱した」という意味になります．

16

(ii)　… and the maids were too **distracted** with fear to be of any assistance to him.（そしてメイドたちは恐怖のあまり<u>気もそぞろ</u>で彼の役に立たなかった）

〈「背の曲がった男」〉

1-3
accompany

'go（come）with' の堅い言い方で「同行する」という動詞ですが，そのほか「伴う［付随して起こる］」や「伴奏する」といった意味でも使われます．

(i)　I'll **accompany** you as far as the station.

（私が駅まであなたにご一緒しましょう）

受身形の 'be accompanied'（"Children under 14 must be accompanied by an adult." 「14歳未満の子どもは大人の付き添いが必要です」）はとてもフォーマルな言い方です．なお，「付き添う」という動作主は 'by …' として<u>示され</u>ます．何かを「添える」という状況では with が使われるという事例もないわけではありませんが（レストランのメニューについて "Sirloin steak is accompanied **with** tartar sauce." というときなど），頻度は低いと思っておくとよいでしょう．**unaccompanied** [β1] /ˌʌnəˈkʌmpənid/ は「付き添いがいない」という意味ですが（unaccompanied children），音楽では「無伴奏の［で］」の意味で使われます．**company** [α1] /ˈkʌmpəni/ は「会社」だけでなく「同席」とか「仲間」という意味があり，'keep A company'（= 'keep company with A'）は「A（人）に同行する」とか「A（人）の相手をする」という意味です．

　なお，医者や看護師が治療の一環として患者の世話をするために付き添うといった意味では **attend**（他動詞または 'attend to A（人）'）が使われます．

(ii)　I am a busy man, and Dr. Watson has his patients to **attend to**.

（私も多忙ですし，ワトソン医師も<u>面倒を見る</u>患者があります）　　〈「這う男」〉

1-4
across

前置詞として（平面・空間を）「横切って」とか「渡って」という意味で，しばしば over と交換可能です（'fly across [over] the sea'「飛行機で海を渡る」，ただし 'climb over/across the wall'「壁を登り越える（高さを感じさせるときは over がよく使われます）」，'swim/row across [over] the lake'「湖を泳いで／舟をこいで渡る（平面や表面を感じさせるときは across がよく使われます）」）．

　across-the-board [γ1]（board /bɔːrd/）は（削減，減税，昇給などが）「一律の」，「全面的な」という意味です．給料の 'across-the-board increase'（= 'general increase'）は「一律の賃上げ」です．

　traverse [β2] /trəˈvɜːrs/ は "Ships **traverse** the oceans."（船舶は海洋を<u>行ったり来たり</u>

17

する）のように「（人が場所などを）横切る［越える，横断する］(pass over, lie across)」という動詞ですが法律関連の用語として「（告発や申し立てなどを）否認する (deny, oppose)」という意味で使われることもあります．

1-5
act
動詞としては「行動する」とか「（劇で役を）演じる」といった意味であることはよく知られています．また，名詞として **act** は（演劇の「幕」という意味ももちろんありますが）「法令」，つまり国会や議会で定められた具体的な個々の法令・条例という意味でも用いられます（**law** は法律・法規一般や特定の法を意味します）．たとえば一般的に著作権法とは 'copyright law' といいますが，「1976 年著作権法（米国連邦議会が制定し現行の著作権法となっているもの）」は 'the Copyright Act of 1976' といいます（act または Act と表記されます）．動詞 **enact** ^{√1} /ɪˈnækt/ は「（法律を）制定する」という動詞です（詳細は 3-121 参照）．関連語として **statute** ^{√2} /ˈstætʃuːt/ という語もあります（「法令」．'a **statutory** minimum wage' は「法定最低賃金」．statute law なら成文法（制定法）で，common law は慣習法（不文法）となります）．

なお，**act** は私的なことや公的なこと，あるいは個人的なことや団体で行うことのいずれにも用いられますが，**deed** ^{β2} /diːd/ は成し遂げられた事柄を指して「とても良い（あるいは悪い）行為」という語で，特に個人によってなされる私的なことについて使われます（通例可算名詞として扱われます）．

(i) His many good **deeds** as a child included going grocery shopping for an elderly neighbor.（彼の子供時代のよい行いには近所のお年寄りのために食料品の買い物をしてあげていたことがある）

'your good deed for the day' は「1 日 1 善」といった意味に相当し，ユーモラスな言い方として用いられます．また，**deed** は次の例文に見られるように word に対しての反対語（act の反対語になるのは thought）として捉えられます．

(ii) He is very kind in word and **deed**.（彼は言行ともにとても親切だ）

1-6
actual/actually
'real' と同義で予想や予定あるいは信じられていることとは違ってという意味です．副詞の **actually** に「実際」といった訳語をあててしまうと混乱するかもしれませんので注意しましょう．たとえば，「うちの会社の業績は良いんだ．実際，売り上げが過去 1 年で倍になったよ．」というように話を展開させるときには，"Our company is doing well. As a matter of fact, the sales have more than doubled over the past year." というように 'in fact' とか 'as a matter of fact' を用います．通例，**actually** は「本当は」

とか「実のところは」という訳語に相当する意味で，間違っている理解などを正すとき
に用いられます．次の例（*Longman Dictionary of Common Errors* から引用）を参照
してください．

- (i) A: I'm sorry to have kept you waiting.（待たせてごめんなさい）

     B: Well, **actually** I've only just arrived.（実はいま来たばっかりです）

- (ii) A: Is there anything wrong with my presentation?

     （私のプレゼンによくないところがありましたか）

     B: Well, yes, there was, **actually**.（えっと，はい，実はありました）

     《相手にとってよくないことや自分の不満をやわらかく伝える場合》

1-7
add

「…を加える」という他動詞ですが，名詞 **addition** [α1] /əˈdɪʃn/ は「付加 (to)」という
意味で，あるいは「足し算」や「付加されたもの」という意味でも用いられますし，下
の例文のように 'in addition (to …)'（「（…に）加えて」）の形でもよく出てきます．

- (i) Yes, I am all that, Mr. Holmes, and **in addition** I am the most unfortunate
    man at this moment in London.（はい，私はおっしゃったとおりの者です．加え
    て，わたしは今この瞬間ロンドンで最も不運な男です）〈「ノーウッドの建築業者」〉

1-8
admit

事実であると「…を認める」という動詞です．類語の **concede** [β2] /kənˈsiːd/ は何かが
正しいとか論理的であると「（しかたなく）認める」という意味です．「譲歩する」とい
う意味でも用いられます．

- (i) The Mayor had to **concede** the point after the journalist presented convinc-
    ing evidence.（市長はそのジャーナリストが信憑性のある証拠を提示した後でそ
    の点を認めざるを得なかった）

また，**admission** は「入学」関連で知られるようになりましたが，入会許可といった抽
象的な意味で，**admittance** [β2] /ədˈmɪtns/ はある場所に実際に入ることです．掲示な
どの "No admittance (except on business)." は「（商用以外）立ち入り禁止」です．関
連する語として **trespass** [β2] /ˈtrespæs/「不法侵入，侵害」があります（"No Trespass-
ing"「立ち入り禁止」）．なお，"Authorized Personnel Only"「関係者以外立ち入り禁止」
という例に見られるように，**personnel** [β1] /ˌpɜːrsəˈnel/ は（「人事課［人事部］」という
意味でよく目にする語ですが）「職員［社員］」という意味でもよく使われます（通例複
数扱い）．次の例文も参照のこと．

- (ii) The new business plan includes a drastic increase in the **personnel budget**.

（新しい事業計画には大胆な人件費の増加が含まれている）

1-9
advance

辞書などで 'advanced learners'（進んだ・上級の学習者向け）とあるのを目にすることがあるでしょう．advance は「前進」や「進歩」のことで，「進歩」という意味では科学や技術あるいは医学などの「進歩」という文脈でよく使われます．**advancement** ^{β2} /ədˈvænsmənt/ も訳語に「進歩」はありますが，むしろ個人的な「昇進」（≒promotion）とか「促進」の意味で使われます．

(i) In this company there are more career **advancement** opportunities for university graduates than high school graduates.

（この会社では大学卒の方が高校卒よりも昇進の機会が多い）

また，advance は形容詞として「前もって」とか名詞で「前渡し」いう意味でも使われますから，'advance(d) payment' なら「前金」となります．"Thank you in advance." と仲の良い人に「よろしくお願いね.」という感じでメールなどに書くこともありますが，この言い方に違和感を覚えるネイティブ・スピーカーも多いので，普通には単純に "Thank you." とか "I'll appreciate your help." としておくのが無難でしょう．

1-10
aesthetic (=esthetic) ^{α2} /esˈθetɪk/

「美的感覚［審美眼］のある」とか「美的な」，あるいは「美学（の）」という意味です．カタカナ語でもおなじみの「エステティシャン」は aesthetician（または esthetician）とか beauty therapist，「エステティックサロン」は esthetic [aesthetic] salon と言います．

1-11
affect ^{α1} /əˈfekt/

「…に影響する」というで，類語としては influence（名詞と動詞が同形）や impact（「大きな影響を与える」，これも名詞と動詞が同形）があります．「影響」や「効果」という意味の名詞 effect を使って 'have an effect on'（…に影響を与える，（薬などが）効く）と言うこともできます（しばしば effect の前に形容詞が入ります）．名詞形は **affection**（（類語）love, liking, adoration）です．子どもがくしゃみをする瞬間にふざけて "Affection!" といいながらすることがあります（男の子が好きな女の子の前でやると効果絶大！ かもしれませんね）．ちなみに，くしゃみの擬音は achoo /əˈtʃuː/ や ahchoo /ɑːˈtʃuː/（《英》atishoo /əˈtɪʃuː/）などがあります．

次の例文では「（…の）ふりをする」「…（感情，態度など）を装う」という意味で用いられています．

(i) Her sottish husband, who had married her principally for the sake of John

Ferrier's property, did not **affect** any great gricf at his bereavement … (彼女の飲んだくれの (sottish) 夫は，もともとジョン・フェリアの財産目当てで結婚したので，妻との死別 (bereavement) にも大して悲しむそぶりは見せなかった…)

〈『緋色の研究』〉

※ 例文中の **bereavement** β2 /bɪˈriːvmənt/ は「死別」で **bereaved** /bɪˈriːvd/ は「（親族や友に）先立たれた」という意味になります（'a **bereaved** mother' は「子に先立たれた母」）.

1-12

aid α1 /eɪd/

「○○エイド」とよく目にします．ご存知のとおり「援助（する）」です．'first aid kit' は「救急セット」．**aid** は新聞の言い回しとして「上の立場から下の立場を金銭面などで援助する」というような文脈で assistance / help / support などの代わりに使われるのが定番です．清涼飲料の **orangeade**（オレンジエード）などにある「エード」の部分は **-ade** なので注意してください．ちなみに「ジューシー (juicy)」はカタカナ語になっていますが，同義語の **succulent** β2 L /ˈsʌkjələnt/ も果物，野菜，肉がジューシーでおいしい (a succulent peach / steak（ジューシーな桃 / ステーキ）) という意味です（サボテンなど多肉多汁種植物というときにも使われます）.

1-13

amplifier β2 /ˈæmplɪfaɪər/

音を増幅する「アンプ」です．動詞は **amplify** β1 /ˈæmplɪfaɪ/「…を拡大［増幅］する」「…を詳述［敷衍］する」という意味で，感情・影響・不安などを強めるという文脈でも使われます．関連語として，**amplitude** γ1 は「広さ［大きさ］」「振幅《電気・物理》」です．形容詞 **ample**（たっぷりの，広大な）と同語源です.

1-14

anniversary α2 C /ˌænɪˈvɜːrsəri/

anniversary は「記念日」，「○周年」という意味でカタカナ語としても定着しています (We celebrated our third wedding **anniversary**.（私たちは結婚3周年を祝った）). **commemorate** β2 /kəˈmeməreɪt/ は「…を記念する」「…を祝う」「…を追悼する」という意味の動詞です (Christmas **commemorates** the birth of Christ.（クリスマスはキリストの誕生を祝う）).

1-15

anonymous β1 /əˈnɑːnɪməs/

「匿名の」という意味ですが，最近は「アノニマス」というカタカナを目にすることもあるようです．語源的にはギリシア語 anonumos（an（= without）+ onuma（= name））

からラテン語 *anonymus* をへて英語に入ったそうです.

   (i) An **anonymous** letter to the police allowed the arrest of the wanted man.

       (警察への匿名の手紙が指名手配の男の逮捕を可能にした)

ちょっと似ている単語に **unanimous** [β1] /juˈnænɪməs/ がありますが,こちらは語源的にはラテン語由来で *unus*(＝one)＋*animus*(＝mind)という構成からなり,'of one mind' とか 'in union' ということで日本語としては「満場一致の」です.

   (ii) There was **unanimous** agreement to adopt his idea.

       (彼の案を採用することが満場一致で合意された)

1-16
apply

「適用する」という意味の動詞としてよく知られています.申請する応募者や志願者は **applicant** です.掃除や料理に使う機械や器具(電気器具,家電製品)は **appliance** [α2] /əˈplaɪəns/ です.技術や知識の応用という意味もあります.実験など特定の目的で使われる器具は **apparatus** [β1] /ˌæpəˈrætəs/ です.

1-17
appoint

「…(日時や場所など)を約束して決める」という動詞で,名詞は **appointment** です.日本語でも「アポをとる」といった具合でよく使うようになりました.'appoint A to B' の形で「A(人)を B(役職)に指名(任命)する」という用法もあります.この意味では **name** が幅広く使われますし,**nominate** [α2] /ˈnɑːmɪneɪt/ は「…を(官職や受賞の)候補に指名する」「…を(継続した仕事や地位ではなく一時的な任務に)指名する」といった使われ方をします.

   (i) The US president will **nominate** a new ambassador.

       (米大統領が新しい大使を任命します)

      ※ president は語源的には動詞 **preside** [β1] /prɪˈzaɪd/(議長を務める,司会する)

        (発音注意)と同源です.

フォーマルな語としては **designate** [β1] /ˈdezɪɡneɪt/ が用いられます.

   (ii) The CEO has **designated** his successor.

       (その CEO(最高経営責任者)は自分の後継者を指名した)

designate は「指定する」の意味でもよく使われます.たとえば "Smoking is limited to **designated** areas." は「喫煙は指定された場所に限定されています」となります.

1-18
apt

「適正検査」のことを 'aptitude test' といいますが(レベル診断テストなら 'placement

test'), **aptitude** ^{r1} /ˈæptɪtuːd/ は「適正」や「素質」といった意味の名詞です.**apt-ness** ^{r2} /ˈæptnəs/「適切さ」という名詞もあります.

(i) I am beginning to doubt his **aptness** for this job.

　　（私はこの仕事への彼の適性を疑い始めている）

apt はその形容詞（「適切な」「物覚えの良い」）で,‘be apt to *do*’ の形で「…する傾向がある［しがちである］」という意味で用いられます.

(ii) He **is apt to** lose his temper quickly.

　　（彼はすぐにかっとなりがちだ）

これは ‘be prone to *do*’（…（好ましくないこと）をしがちだ）と同じで,本来的な性質や傾向についていう言い方です（**liable** の項（1-175）も参照）.

　なお,‘be apt to’ と ‘be likely to’ が同じように使われることがあり,次の例では ‘be apt to’ が「…する可能性が高い」とか「…しそうだ」という意味で使われています.

(iii) You**'re apt to** find him fishing by the river on a Saturday morning.

　　（土曜の朝に川べりで彼が釣りをしているのをよく見かけられますよ）

(iv) Wealthier students **are** more **apt to** go to college.

　　（より裕福な学生のほうが大学に進学する可能性が高い）

(v) When you are tired, you**'re** more **apt to** make a mistake.

　　（疲れているときはよりミスをしがちだ）

また,アメリカ英語では ‘be likely to’ が人の性向や傾向（human preferences / tendencies）を表す「…しがちだ」の意味で使われることもあります.

(vi) I **am likely to** get fat while in the US because everything is so delicious.

　　（私はアメリカにいるとなんでもおいしくてつい太ってしまう）

この例では ‘am likely to’ は ‘am apt to’ と交換可能です.

　incline（傾ける）(be inclined to do（…する傾向がある））の名詞は inclination /ˌɪnklɪˈneɪʃn/.

1-19
arrogant ^{β1} /ˈærəɡənt/

「礼儀正しい」とか「丁寧な」という形容詞は **polite** ですが（「敬意を表す」,「うやうやしい」は **respectful**）,その反対の「失礼な」という意味の形容詞は **rude** です（**rude** には「粗暴な」や「荒々しい」の意もあります）.

　失礼な態度にはいろいろな形態があり,それを表現する形容詞も様々ですが,**proud**（…を誇りとしている (of),（ほめて）自尊心のある）が「高慢な」の意味で人をけなす文脈で使われるときもその1つです.反対に「謙虚な」は **humble** です.うぬぼれが強い

と **conceited** ^{β2} /kənˈsiːtɪd/（思い上がった）となります（名詞「思い上がり」は **con-ceit** ^{β1} /kənˈsiːt/）.

   (i)   He has achieved a great deal, yet is not **conceited** at all.

      （彼は多大な功績をあげたが，少しも鼻にかけるところがない）

それが **arrogant**（ごう慢な，横柄な）になると，相手のことをおもんばからず自分の優位性（実際にはそうでなくても）を示そうとして明確な行動に出しているということになります.

   (ii) People are always pleased when an **arrogant** person is humbled.

      （傲慢な人が鼻を折られると人は喜ぶものだ）

難度の高い語ですが，「（身分や階級などを意識して）高慢［横柄］な」という **haughty** ^{γ1} /ˈhɔːti/ もあげておきます.

   (iii) The lady stood by in **haughty** silence.

      （彼女はつんとして押し黙りそばに立っていた）   〈『バスカヴィル家の犬』〉

pompous ^{γ1} /ˈpɑːmpəs/ は仰々しいとかたいそうなことばを並び立てる感じで「尊大な」,「気取った」という意味です（a **pompous** butler（もったいぶった執事））.

insolent ^{γ1} /ˈɪnsələnt/ は人や態度が目上の人などに「無礼［生意気］な」「横柄な」という形容詞です（a lazy and **insolent** child（だらけてずうずうしい子ども））.

1-20
ashamed ^{α1} /əˈʃeɪmd/

'be ashamed of …' の形で「…を恥じている」となります.

   (i)   You should **be ashamed of** being beaten by someone so much younger.

      （そんなに年下のやつに負けて，おまえは恥じるべきだ）

「恥を知れ！」となじるときに "Shame on you!" といいますが，母親が赤ちゃんのオムツを替えながらそう語りかけることがよくあります（もちろん微笑みながら優しい声でですよ）. **shame** ^{α1} /ʃeɪm/ は「羞恥心」や「不名誉」のことで，性格的な恥ずかしがり屋ということではなく，悪いことをしてしまったり，なすべきことをなせなかったりしたときの感情，自分や自分の周囲がしたことに恥を感じるのが **ashamed** で，性格的な内気やきまりが悪くてまわりがどう思うか心配したり恥ずかしがるのが **embarrassed** です.

   (ii) I was **ashamed** to admit it had all been a mistake.

      （それがすっかり間違いであったことを私は残念ながら認めた）

   (iii) It's a **shame** that you can't come tonight too.

      （君が今晩も来られないなんて残念だ）

      ※ ほかの誰かも来られないという状況で「君も来られないのは残念だ」とい

う意味に解釈することもできます.

《ここでは「残念［遺憾］なこと」という意味での用法です》

(iv) He seems **embarrassed** by all the attention paid to him.

（彼は皆の注意がいっせいに彼に向けられて<u>恥ずかしそうだった</u>）

1-21
association

特定の目的のために人々が公式に集まって構成している組合や協会が association です. 人や政党など異なるグループが集まってともに活動する連合組織が **alliance** [α2] /əˈlaɪəns/（同盟，連合；連携）です.

(i) In the past, Britain and Japan had a naval **alliance**.

（過去には英国と日本は海軍の（**naval** /ˈneɪvl/）同盟を結んでいた）

(ii) Apple, Amazon and Google have formed an **alliance** to improve smart home device.（アップル，アマゾン，グーグルはスマートホーム機器向上のために<u>連携</u>した）

1 つのものを形成している alliance と違って，**coalition** [β2] /ˌkoʊəˈlɪʃn/（連合体，連合政府）は単に複数の集団が寄せ集まっているものです（the ruling [governing] **coalition**（<u>連立与党</u>））.

　組合（union）やクラブといった組織が集まって大きな組織を形成しているのが **federation** [α2] /ˌfedəˈreɪʃn/（連邦，連盟）です.形容詞形で **federal** [α1] /ˈfedərəl/ となると（一般的な「連邦の」という意味もありますが）「アメリカ合衆国政府の」という意味で使われます.FBI (Federal Bureau of Investigation（連邦捜査局）(**bureau** /ˈbjʊroʊ/ は「局」「部」「支局」「事務所」)) などでおなじみですし，ニュースなどで FRB (Federal Reserve Board（連邦準備制度理事会），米国の中央銀行制度である連邦準備制度を統括する機関，通称 Fed) といった語がよく出てきます.

(iii) It's a loose **federation** of small countries.

（それは小さな国々のゆるやかな<u>連合体</u>だ）

1-22
attack

「攻撃」を意味する一般的な語ですが，比喩的にことばなどでの「非難」の意味でも用いられます.「反撃」は **counter**(-)**attack** [β2] /ˈkaʊntərətæk/ です.**assault** [β2] /əˈsɔːlt/ になると，はっきりと犯罪となる「暴行」です.言論などでの強い非難という意味で使われることもあります.また，軍事的に制圧するための「急襲」という使い方もあります.

(i) The final **assault** on the city began at dawn.

（その都市への<u>最終攻撃</u>が明け方に始まった）

カタカナ語の「アタック」は「(異性などに) 言いよる (こと)」という意味でもよく使われているようですが英語の **attack** にはこの意味はありません.

1-23
attention
「注意」という名詞で, "Attention, please!"(お知らせいたします) は空港などでのアナウンスの最初によく用いられます. 次のフレーズでもよく出てきます.

(i) 'attract **attention**'(注目を引く)

(ii) 'pay (close) **attention** to A'(A に (細心の) 注意を払う)

「(人の) 注意を…に向ける」というときには次の例文のように turn, direct, call といった動詞を使います.

(iii) I would call your **attention** very particularly to two points.

（君の注意を 2 つの点に向けてもらいたいね）　　　　　　　〈「ボスコム谷の謎」〉

形容詞形は **attentive** [β2] /əˈtentɪv/ (注意深い) です.

1-24
award
「賞 (を与える)」という意味ですが, **award** は審査員などが決定する (競争などが行われなくてもよい) 賞で, **prize** は競争などの勝利者賞 (「当たりくじ」といった意味でも使われます) です.

　まぎらわしいのですが, 日本語の「報い」や「応報」といった意味の場合には **retribution** [γ1] /ˌretrɪˈbjuːʃn/ (行為に対しての当然の罰, 報復, 天罰) という語を用いたり, あるいは "They got what they deserve." (この言い方は良いことのときも悪いことのときも使えますので「彼らの努力が報いられた」あるいは「彼らは当然の報いを受けた」となります) といった言い方をします.

(i) From keeping beasts in a cage, the woman seemed, by some **retribution** of fate, to have become herself a beast in a cage. (檻の中に猛獣を閉じ込めていたので, 何かその運命の因果応報として, 彼女は自分を檻の中の獣にしてしまったようだった)　　　　　　　　　　　　　　　　　　　　〈「覆面の下宿人」〉

なお, 関連する語として, **honor** [α1] /ˈɑːnər/ は「名誉 (を与える)」,「光栄」,「(大学などでの) 優等」といった意味です ("It's a great **honor** to meet you.'(お会いできて光栄です)).「尊敬」とか「敬意」の意味もあります ('a/the guest of **honor**'(主賓)).

1-25
awkward
「ぎこちない」「どきまぎした」という意味の形容詞で, 性格や行動の不器用さやぎこちなさを述べるのによく使われます. 関連語としては, **clumsy** [β1] /ˈklʌmzi/「不器用 [不

細工］な」は見かけが不格好であることや，動作が不注意でがさつなことを言う形容詞です．

(i) Mary is still an **awkward** skater.

(メアリーはスケーターとしてまだ<u>ぎこちない</u>)

(ii) I'm so **clumsy**, always breaking things.

(私はとても<u>不器用</u>で，いつもものを壊してばかりいる)

1-26
background

カタカナ語にも定着している通り，景色や問題の「背景」あるいは人の「経歴」という意味の名詞です．問題の背景（≒context）という意味では，類語に **backdrop** [r1] /ˈbæk.drɑːp/（出来事の発生した背景，景色の背景）という名詞もあります．background には背景的知識［情報，事情］という意味もありますが，backdrop はそのような意味には使われません（background / ~~backdrop~~ information（予備知識，裏の事情））．次の例では 'against the backdrop of …' という成句になっています．

(i) The castle looked impressive **against the backdrop of** the mountain.

(その城は山を<u>背景にして</u>印象的な姿だった)

1-27
balance

「バランス（をとる）」という名詞や動詞ですが，**imbalance** [β2] /ɪmˈbæləns/ は「不均衡」で 'fiscal **imbalance**'（財政<u>不均衡</u>）というように使われます．カタカナ語で「アンバランス」というときには英語ではこの imbalance がしばしば対応します．unbalance は主に動詞として「…を動揺させる」「…のバランスを崩す」という意味で用いられます．

(i) "Was there anything in your letter which might have **unbalanced** him or induced him to take such a step?"（「お書きになった手紙の中に，彼を<u>動揺させる</u>とか，そんな行動に出るよう仕向けてしまうようなことが何かございましたか？」）

〈「プライアリイ・スクール」〉

1-28
banish [β1] /ˈbænɪʃ/

罰として「…を追放する」のが banish ですが，追放先が必ずしも国外である必要はありません．

(i) The king **banished** the rebels from his kingdom.

(その王は自分の王国から反逆者（rebel /ˈrebl/）を<u>追放した</u>)

《動詞 rebel（謀反［反乱］を起こす）の発音は /rɪˈbel/》

expel [β1] /ɪkˈspel/ は外国人を国外に強制退去させるときなどによく使われます.

(ii) His behavior led to him being **expelled** from the school.

（彼は自分のふるまいのせいで<u>放校される</u>はめになった）

なお，banish を「…（考えや感情）を頭の中から追い払う」という意味の動詞として使うこともあります（"The doctor said she must **banish** fear and anxiety."（医師は彼女が恐怖心や不安を<u>取り払わ</u>ねばならないと言った））．この意味では，「…（提案，アイディアなど）を取るに足らないものとして捨てる，しりぞける，忘れる」という意味の動詞である **dismiss** と近いものがあります.

動詞 **purge** [β2] /pɜːrdʒ/ は「（反対者などを）追放する」，「（不要なものを）除去する」，（名詞としては「<ruby>粛清<rt>しゅくせい</rt></ruby>」「パージ」）という意味です.

(iii) It is time to **purge** the party of extremists.

（極端論者の党を<u>追放する</u>ときだ）

(iv) You must **purge** your mind of negative thoughts.

（君は自分の気持ちから否定的な考えを<u>取り除か</u>なければなりません）

(vi) The new system is designed to **purge** all email from the servers after 60 days.（その新システムは 60 日過ぎるとサーバーからメールを<u>削除する</u>よう設計されている）

1-29
bankruptcy [α2] /ˈbæŋkrʌptsi/

「破産」「倒産」です．「<u>破産の申請をする</u>」は 'to file for **bankruptcy**' です（この file は裁判所に申請書類を提出するという意味の動詞です）．関連した表現として，'a run on the bank' は「取り付け騒ぎ」です.

1-30
bar [α1] /bɑːr/

「棒」とか「バー（カウンターのある酒場）」などの意味では日本語でもおなじみですが，ここでは 'the bar' で「弁護士業（イギリス英語では「法廷弁護士（barrister /ˈbærɪstər/）業」）」，「法曹界」という意味であることを覚えておきましょう．"He passed the bar examination at the first attempt."（彼は 1 回目で弁護士試験にパスした）のように，司法試験は 'bar examination [exam]' と言います．なお，法廷での裁判官席と被告席の仕切りも bar です．弁護士の一般語は **lawyer** /ˈlɔɪər/ ですが，アメリカ英語では **attorney** [α2] /əˈtɜːrni/ と言います．（弁護士ではない代理人も attorney と呼ばれるため，それと区別する正式な肩書きとしては 'attorney at law' と言います.）アメリカの探偵小説などでもよく目にする DA (district attorney) は「州検察官」です.

(i) The defense **attorney** made a passionate speech.

（被告側の<u>弁護士</u>は情熱的な弁をふるった）

イギリス英語では上記の法廷弁護士 (barrister) と，そうでない事務弁護士 (**solicitor** [γ1] /səˈlɪsɪtər/) を区別します (solicit → 3-377).

1-31
barrier

「バリアー」や「バリケード (barricade)」は日本語でもおなじみです．**obstacle** [α2] /ˈɑːbstəkl/ は行く手を阻む柵や障害物ですが，主として何かを成し遂げるうえでの障害といった抽象的，比喩的な意味で用いられます．

(i) There are still many **obstacles** preventing free trade.

（自由貿易を妨げる多くの障害が今なお存在している）

動詞 **obstruct** [α2] /əbˈstrʌkt/ は障害物で道などをふさぐ・さえぎることで，名詞の **obstruction** [β1] /əbˈstrʌkʃn/ は具体的な障害物や妨害行為のことです．

(ii) A tree fell down in the storm, **obstructing** the road.

（嵐で木が倒れて道を<u>ふさいだ</u>）

1-32
board

「板」ですが，板でできた机で会議をする ʻthe boardʼ「委員会」や「重役会」，板の張ってある列車や船など乗り物の「搭乗（乗船・乗車）する」といった意味でよく使われます．飛行機などの「搭乗券」は ʻboarding ticketʼ です．自動車や小さい船に乗るというときには ʻget inʼ，たくさんの人を運ぶ乗り物に乗るときには ʻget onʼ と言います．なお，「船出する」という **embark** [β2] /ɪmˈbɑːrk/ は比喩的に「…に着手する」という意味でも用いられます．

(i) Iʼm going to **embark** on a new project soon.

（私は直ちに新しいプロジェクトに<u>取り掛かる</u>つもりだ）

1-33
boom

ブームは日本語に定着していますが，ボーンという音の昔の英語の擬音語が語源なのだそうです．ビジネスなどの文脈では「急激な成長」や「突然の好景気」といった意味で使われます．

(i) Experts say this is a temporary stock market **boom** which will not last.

（専門家は株式市場の現状が一時的な<u>好況</u>であって長続きしないと言っている）

このような速い成長や発展，成功していることを意味する動詞としては，**flourish** や **thrive** がありますが，日常会話では ʻdo wellʼ がよく使われます．**prosper** [β1] /ˈprɑːspər/ は望みにかなっているという意味のラテン語に由来し，商売が繁盛したり財

政的にうまくいくとか企てが成功したりするという意味で，お金に関してというニュアンスがあります．

 (ii) For centuries the town **prospered** due to its excellent position for trade.
   (その町は貿易に適したすばらしい立地のおかげで何世紀にもわたって栄えた)

関連語として，フォーマルな語として使われる **burgeon** [γ1] /ˈbɜːrdʒən/ は語源的に「芽」というところから「新芽を出す」，「(産業などが) 急に成長する」，**burgeoning** [γ1] /ˈbɜːrdʒənɪŋ/ は「急速に発展している」とか「(人口などが) 急増している ('a burgeoning population'「急増している人口」)」という意味です．

 (i) There is pressing demand for education and training at all levels as the economy **burgeons** and business evolves. 〈Internet から採録〉
   (経済が<u>急成長し</u>ビジネスが進化するにつれ，あらゆるレベルでの教育とトレーニングの差し迫った需要が発生している)

boom の反対語としては **bust** [γ1] /bʌst/ が「破産」「失敗」という意味です (カタカナ語で女性の衣服の胸部というときの「バスト」と同じスペリングです)．'boom and bust (cycle)' (好景気と不景気 (の波)) という言い方でよく使われます．

1-34
bow
bow /baʊ/ は深い敬意や服従といった意味での礼法として「おじぎ (する)」という意味です．単に腰をかがめるのは **bend** で，「敬礼 (する)」は **salute** [β1] /səˈluːt/ です．

 (i) The soldiers **saluted** the officer as he walked past.
   (兵士たちは将校が前を歩いて通り過ぎたときに<u>敬礼した</u>)

1-35
branch [α1] /bræntʃ/
「枝」とか枝状に派生したものですから「支店」の意味でも使われます．「本社」とか「本部」という意味の **headquarters** [α2] /ˈhed.kwɔːrtərz/ (複数形で用いられます) と一緒に覚えておきましょう．

 (i) There's a bank **branch** about two minutes' walk from here.
   (ここから歩いて5分ほどのところに銀行の<u>支店</u>があります)

 (ii) Many companies have their **headquarters** in the center of Tokyo.
   (多くの会社が東京の中心部に<u>本社</u>がある)

1-36
brief [α1] /briːf/
「短時間の」という期間の短さについていう場合には short とほぼ同じ意味ですが，short の方がインフォーマルな状況や会話ではよく使われます．また，本やリストや計

画など終えるのに時間が短くてすむものというときは short が使われ，見たり息をついたり微笑んだりというような動作のときは brief がよく用いられます．また，演説などについていうときには，short だと「はしょったり削ったりして短い」とか「未完成」というニュアンスになり，brief だと「簡潔でまとまりのよい」とか「凝縮した」という感じを与えます．answer には brief と short のどちらでも使われます．brief の名詞形 **brevity** *η¹* /ˈbrevəti/ は「(表現の) 簡潔さ」とか「(時間的な) 短さ」です (for the sake of **brevity** ((説明などを) 簡潔にするために))．類語として，手短に必要で重要な情報のみを与えて「簡潔な」というのが **concise** *α²* /kənˈsaɪs/，文章や論評に無駄がなくて明快だという意味で「簡潔な」とほめるのが **succinct** *η¹* /səkˈsɪŋkt/ です．

    (i)   “Give me a pencil and that slip of paper. Now, then: ‘Found at the corner of Goodge Street, a goose and a black felt hat. Mr. Henry Baker can have the same by applying at 6.30 this evening at 221b, Baker Street.’ That is clear and **concise**.”（「鉛筆とそこの紙を取ってくれ．さてと『グッジ街の角でガチョウ一羽と黒のフェルト帽を拾得．ヘンリー・ベイカー氏，今夕 6 時半にベイカー街 221B まで受け取りに来られたし』これなら簡単明瞭だろう．」）

                                         〈「青いガーネット」〉

    (ii)   “You sum up the difficulties of the situation **succinctly** and well,” he said.
        （「その状況の困難な点を簡潔にかつよくわかるようにまとめてください」と彼は言った）   〈『緋色の研究』〉

terse *η¹* /tɜːrs/ だと，メッセージや返事などでことばが少なくて「ぶっきらぼうな」とか「不愛想な」という意味になることがしばしばです．

    (iii)   It was short and **terse**, the warning, as I now read it to my companion:‘The game is up. Hudson has told all. Fly for your life.’（短くてそっけなかったが，警告文で，私が次のように友人に呼んで聞かせたのだ．『万事休す．ハドソンすべてをばらす．命がおしければ逃げろ』）   〈「グロリア・スコット号」〉

1-37

buoy *α²* /ˈbuːi/, /bɔɪ/

浮標［ブイ］は buoy で，救命浮袋は ‘a (life) buoy’ です．形容詞 **buoyant** *η¹* /ˈbɔɪənt/, /ˈbuːjənt/ は「浮く力がある」「快活な」「上昇傾向にある」という意味で，‘**buoyant** internal demand’ なら「盛り上がりつつある内需」という意味になります．**buoyancy** *η¹* /ˈbɔɪənsi/, /ˈbuːjənsi/ は「浮力」．

1-38

busy

「忙しい」という意味で，カタカナ英語としてもよく知られています．忙しすぎて「て

んてこまい」というのには **hectic** *γ1* /ˈhektɪk/ (= too busy) という語が相当します.

(i) I have a really **hectic** schedule, with several meetings in different places in the same day.（本当にてんてこまいのスケジュールで，同じ日に異なる場所でいくつか会議がある）

1-39

camouflage *γ1* /ˈkæməflɑːʒ/

「迷彩」とか「擬態」といった意味のカムフラージュも日本語の中にすっかり定着しています．目に見えないように隠すという一般語は **hide** ですが，**conceal** は「…を注意深く隠す」という意図が明確にありますし，否定文で "He could not **conceal** his feeling any longer."〈*LDCE*〉（彼はもはやこれ以上感情をかくしおおせなかった.）のように感情を隠せないというときにも使われます．「変装（させる）」という **disguise** *β1* /dɪsˈɡaɪz/ は「ものの本質を偽ってごまかし隠す」という意味です．

(i) The witch **disguised** herself as a kind old woman.

（その魔女は親切な老女に化けた）

lurk *γ1* /lɜːrk/ は「（よくないことをするために人が）潜む［待ち伏せする］」「（感情や不吉なものが）潜んでいる」という意味の自動詞です．

(ii) There's a suspicious man **lurking** in the shadows.

（暗がりに一人怪しい男が潜んでいる）

1-40

capacity /kəˈpæsəti/

「（収容）能力」や「潜在能力」ですが，経済関係の新聞記事などでは「生産能力」という意味で，たとえば 'capacity utilization ratio'（設備稼働率）といった使い方でよく出てきます．なお，キャパシティというカタカナ英語は一般的に使われていますが，むしろ「カパシティ」に近い音で発音されます．「能力」の意味で広く使われる一般的な語は **ability** で「人」について言いますが，**capacity** は「人」にも「物」にも使い，「生得的な」というイメージがあります．**faculty** *α2* /ˈfæklti/ は「才能（先天的でも後天的に身につけたものでもよい．'a **faculty** of painting pictures / making friends easily'「絵を描く / すぐに友達を作る能力」)」で，**capability** *α2* /ˌkeɪpəˈbɪləti/ は「あることに応じる能力［力量，素質］」や「実務能力」です．

(i) He has shown the **capability** to work under pressure.

（彼は重圧を抱えて働ける能力を示した）

1-41

career /kəˈrɪr/

「一生の職業」「経歴」「専門職の」といった意味です．カタカナ英語の「キャリア」と語

感は似ていますが，「キャリア官僚」というときの中央省庁の幹部候補生的な意味合いは無く，'a career diplomat'（生え抜きの外交官）というのがよく英和辞典などに載っていますが，これは「特別任用ではない専門の」（要するに本職の）大使・公使，外交官を生涯の仕事とする人という意味です．**bureaucrat** ^{β1} /ˈbjʊrə.kræt/ は「（ややけなした感じで）官僚［お役人］」，という意味で，エリート「官僚」というカタカナ語のニュアンスを含んだ意味としては，'elite **bureaucrats**' と言えますし「ノンキャリア」なら 'non-elite [non-career] bureaucrats' と言えます．

(i) Only a **bureaucrat** would want such complex rules.

(そんな複雑な規則群を望むのは役人くらいだ)

発音も注意しましょう．**carrier** /ˈkæriər/（（新聞や郵便の配達員［人］），運送車［船，機］，（感染症などの）保菌者や媒体）とはスペリングもアクセントの位置も異なります．

1-42
cargo ^{β1} /ˈkɑːrɡoʊ/

「カーゴ」という語は貨物関連，あるいは荷役作業用ズボンがもとになったカーゴパンツといった名称で目にすることがありますが，英語の cargo は「積み荷（用の）」という意味です．輸送（**transportation**）される荷物という意味では **load** ^{α2} /loʊd/ が幅広く用いられる語です．（**overload** ^{β1} /ˌoʊvərˈloʊd/ は「荷を積みすぎる」，「負荷をかけすぎる」．）

(i) This **load** is too heavy for a small vehicle to carry.

(この荷は小さな車で運ぶには重すぎる)

freight $^{β2\ C}$ /freɪt/（発音注意）は船，飛行機，トラックなどで長距離輸送される貨物に使われます．cargo は特に船，飛行機の積み荷に用いられます．**burden** ^{β1} /ˈbɜːrdn/ は load と同じように「荷物」として広く使われる語ですが，しばしば「重荷」とか「負担」という意味合いで用いられます．

(ii) You owe so much to your parents; never think they are a **burden**!

(君は両親に大きな恩義があるのだから，彼らを負担に思ってはだめだ！)

1-43
charming

charm ^{α1} /tʃɑːrm/ は魔力のある（とされる）詩句などを唱えることがその語源だそうですが，そこから「まじない」とか「お守り（'a lucky charm'）」そして「魅力」として今でも使われます．感じが良いと人に思わせる魅力を備えているのが **charming** で男性や老人にも使います．**attractive** は外見で（あるいはセクシーさで）引きつけるという意味です．**fascinating** ^{α2} /ˈfæsɪneɪtɪŋ/（形容詞で「魅了する」「心をうばう」）となるともっと強力で，美しさや興味をそそることによって魅入られたように抗しきれずうっ

とりさせられるという意味です. 蛇を見たカエルなどがうごけなくなってしまうといわれるのも **fascinate** されたということになります.

(i) What a **fascinating** smile / hat / shop-window display!

(なんて魅力的な笑顔 / 帽子 / ショーウィンドウの展示でしょう！)

なお, **exquisite** [β2] /ɪkˈskwɪzɪt/, /ˈekskwɪzɪt/（見事な, 絶妙な）も（**attractive** とか **beautiful** のように）見た目の良さについていう語ですが, 特に物や場所の美しさや細やかな精巧さの程度の高いことを言うのに用いられます.

(ii) What an **exquisite** flavor / designs / workmanship!

(なんという洗練された香り / デザイン / 細工でしょう！)

1-44
chase [α1] /tʃeɪs/

(i) There was a long car **chase** scene in the movie.

(その映画には車の長い追跡シーンがあった)

「後を追う」という一般的な語は **follow** で, 道などをたどる, 話などを理解する, 命令などに従うというときにも使われます. 逃げるのを追いかける chase（カーチェイスなど）や, それよりも堅い言い方の **pursue**（…を追う, …（研究など）を続ける）も覚えておく必要があります. **pursue** は追う対象が人間の場合は, 逃げる相手を捕まえようとして追跡するという意味合いで, 殺意がある場合や警察が犯人を追うといった場合に使われます. **pursue** は名詞形が **pursuit**（追跡, 追求, 従事）となることにも注意しておきましょう. 'in (hot) pursuit (of …)'（…を追って）の形でも用いられます.（「探求」という意味での **pursuit** は **search** の項（→ 1-287）を参照.）

「追いかける」という意味では 'run after' もよく使われますが, これは男性が女性を追い求める, 尻を追いかけるといった場合でも用いるように, 相手が逃げようとしていることを含意するわけではありません. なお, **pursue** は比喩的に「…を探求する（長期間にわたって何かを達成しようとする）」という意味でも用いられますので目的語には an aim / a career / a dream / a goal / an objective などがよく入ります.

(ii) He **pursued** a career in banking.

(彼は銀行家としてのキャリアを追い続けた)

1-45
clear

clear には「明白な」と「澄んだ」という意味があります. **clarify** [β1] /ˈklærəfaɪ/ は「（考えなどを）明らか（**clear**）にする」とか「（空気や液体あるいはバターなどを）浄化する」という意味で, 名詞 **clarification** [β2] /ˌklærəfɪˈkeɪʃn/ は意味などを明快にする「解明」とか「明確化（'clarification of the regulations'「規制［規則］の説明」）」, あるいは清め

るという意味の「浄化（'clarification device'（浄化装置））」といった訳語になります.

    (i) Would you please **clarify** your last statement? I don't understand it completely.（最後におっしゃったことを<u>わかりやすく言って</u>いただけますか？ よくわからなかったのです）

clarity ^{β2} /ˈklærəti/ は「明晰<ruby>さ<rt>めいせき</rt></ruby>」や「透明さ」です（'the clarity of water / speech / statement / purpose / thought / vision *etc.*'）.「単純化する」は **simplify** です.

1-46
closure ^{β2} /ˈkloʊʒər/

「閉鎖」,「終末」,「感情の整理［区切り］」です（'the **closure** of a meeting / factory'（会議の<u>終結</u>/ 工場の<u>閉鎖</u>））. foreclosure（差し押さえ）（→ 3-500）も参照.

1-47
cognitive ^{γ1} /ˈkɑːgnətɪv/

「認知の」という意味です. Artificial Intelligence（AI：人工知能）はおなじみのことばになりましたが,「コグニティブ・コンピューティング」ということばも自ら学習して人間の意思決定をサポートするシステムとして目にすることもあります.'cognitive science' は「認知科学」.

1-48
coin ^{α1} /kɔɪn/

「コイン」,「硬貨」ですが, 動詞として「貨幣を鋳造する」という意味から「…（新語）を作り出す」という意味で用いられます.

    (i) This phrase was quite recently **coined**.

        （その言い回しはごく最近<u>造り出された</u>ものです）

1-49
combine

刈り取りと脱穀の両方の機能を「併せ持つ」農業機械が「コンバイン（'combine (harvester)'）」で, 和製英語ではありません. 動詞としては 'combine A with B' の形で「（A を B と）組み合わせる」,「結合させる（する）」といった意味で他動詞あるいは自動詞として用いられます. なお, ビジネスや政治といった文脈で組織を結合させるという場合には **merge** ^{β1} /mɜːrdʒ/（統合［合併］する）が用いられます. M&A（merger and acquisition）は「企業の合併吸収」.

    (i) The two firms are **merged** into one.

        （その 2 つの会社は 1 つに<u>合併された</u>）

「組み合わせ」という名詞で「コンビネーション」（**combination**）も日本語に定着していますが, 'in combination with …' で「…と協力して」「…と組み合わさると」と

いう意味でよく目にします．

1-50
comfort ^{α2} /ˈkʌmfərt/

「慰め」という名詞あるいは「…を慰める」という他動詞です．手を握ったり抱きしめたりという動作を含むイメージです．

    (i)   I tried to **comfort** her after her bereavement. （私は彼女が（親族と）死別（be-reavement → 1-11）した後に彼女を慰めようとした）

同じ意味の動詞として **console** ^{β2} /kənˈsoʊl/ もあります．こちらは声をかけるという感じですが，特に悲しみや苦痛などの軽減，そして状況は実はそんなに悪くないよといった救いの源を示すような行為という語感があります．

    (ii)   Nothing can **console** him for the loss of his wife.

        （妻を失った彼を慰められるものは何もない）

慰めることができないほどの深い悲しみや苦しみ（inconsolable grief）は **woe** ^{β2} /woʊ/ と言います（financial woe は「金銭的苦難」）．

  類語として，「安心させるように何か言う（する）」という **reassure** ^{β1} /ˌriːəˈʃʊr/ もあります．'reassure A（人）that …' の形で「A（人）に…と言って安心させる」という意味でも使われます．

    (iii) I tried to **reassure** him, but he still seems worried.

        （私は彼を安心させようとしたが，まだ心配している様子だ）

1-51
commit

「…（罪や過失などを）犯す」「…を委託する」「罪などを実行に移す」「委ねる」といった意味です．「…を預ける［委託する］」という意味では類語として **entrust** ^{γ1} /ɪnˈtrʌst/ という動詞があります．

    (i)   Lord Leverstoke, the Earl of Blackwater, Sir Cathcart Soames—they all have **entrusted** their sons **to** me. （レヴァーストーク卿，ブラックウォーター伯，サー・キャスカート・ソームズ―皆様がご令嗣を私に預けていらっしゃいます）

               〈「プライアリイ・スクール」〉

commit にはさらに，「何かの目的に対してお金を出す［時間を割く］」とか「（人を）刑務所や病院に引き渡す」，'commit *one*self' の形で「（引っ込みのつかない）約束をする」（その約束が **commitment**）という意味です．

  commission ^{α2} /kəˈmɪʃn/ は「委任」「委託された任務」「任務に対する手数料」「委託された機関・委員会」と広がります．

    (ii)   The salesperson gets a ten percent **commission** on each sale.

（その営業担当者は売り上げごとに 10% の<u>コミッション</u>をもらえる）

committee ^{α1} /kəˈmɪti/ は委任された代表が集まってつくる「委員会」です.

(iii) The budget **committee** will meet soon to decide what we can spend.

（まもなく<u>予算委員会</u>が開かれていくら使えるかを決定する）

委任されて派遣される代表は **delegate** ^{α2} /ˈdelɪɡət/（「代表団」は **delegation** ^{α2} /ˌdelɪˈɡeɪʃn/）です. 日本語では委員「会」となりますが, 会議そのものではありませんので注意しましょう（その意味では 'committee meeting' となります）.

(iv) Most of the Japanese **delegates** spoke perfect English.

（日本の<u>代表団</u>のほとんどが完璧な英語を話した）

commit の語尾の -mit（送る）は覚えておくと便利です.「（通過を）許す」感じの **permit**,「（入るのを）認める」という感じで **admit** / **admission**,「（送り出してしまって）省略する」という **omit** ^{α1} /əˈmɪt/,「排出（する）」という **emit** ^{β1} /iˈmɪt/ **/ emission** ^{α2} /ɪˈmɪʃn/,「（向こうへ: trans = across）送る」という意味の **transmit**,「（下に (sub-) 送って）提出する」という **submit** ^{β1} /səbˈmɪt/（→ 3-401 submission）, ちょっと変形の「（メッセージや使命を持って送られるという感じで）伝道」という **mission** もあります（「ミッション」はカタカナ語としてもおなじみになりました）.

(v) Please **omit** any unnecessary details.

（不要な詳細は<u>省いて</u>ください）

(vi) This engine **emits** less greenhouse gases.

（このエンジンは温室効果ガスを<u>排出</u>するのがより少ない）

形容詞の **committed** ^{γ1} /kəˈmɪtɪd/ は（名詞の前に置いて）「真剣な」「熱心な」「献身的な」（'a committed teacher'（献身的な教師））.

(vii) The president is **committed** to reducing unemployment.

（大統領は失業者を減らすのに<u>熱心</u>だ）

1-52
community

「コミュニティ」はカタカナ語で定着しているとおり, ある特定の地域にいる人々の集団, 地域共同体, 一般社会（この意味の場合は 'the community'）です. 同じ利害や信念などがあって協力し合う人々というニュアンスがあります. **society** は「社会」や「世間」, また「協会」や「学会」という意味でも用いられます. **public**（名詞の場合は the をつけます）は政治家や有名な人に対しての「一般市民」「大衆」です.

(i) **Public** opinion was very much against the continuation of the war.

（<u>世論</u>は戦争の継続に非常に強く反対していた）

動詞 **publicize** ^{γ1} /ˈpʌblɪsaɪz/ は「…を広める［アピールする］」という意味です（'publicize a recall'（リコールを発表する））.

1-53
complain
「不平・不満を（人に）言う・抗議する」という意味です．意味が似ている語として
grumble ^{β1} /ˈgrʌmbl/（不満げに小声で不平をいう）がよくとりあげられます．こちらは
「ブツブツ言い続ける」という感じです．

    (i)   Try not to **grumble** every time you have a small problem.

       （些細な問題があるたびに文句を言わないようにしなさい）

outcry ^{γ1} /ˈaʊtkraɪ/ は「激しい抗議」「怒りの声」です（an outcry against / at / over …
の形で使われます）.

1-54
compound ^{β1} /ˈkɑːmpaʊnd/
名詞として「化合物」，動詞として「合成する」という意味で用いられます．

    (i)   Water is a **compound** of oxygen and hydrogen.

       （水は酸素と水素の化合物である）

また，壁やフェンスで囲まれた「区域」とか刑務所の「構内」という意味でも使われま
す（'a school compound'（学校構内））．関連した表現としては，「複利」は 'compound
interest' と言います．カタカナ英語で車磨きのための研磨剤入りの液体やペーストなど
を「コンパウンド」ということがありますが，その意味で 'rubbing compound' あるい
は 'polishing compound' という言い方はあります．建築関係で漆喰の下地という意味
もあります．

1-55
compress ^{β1} /kəmˈpres/
圧搾ポンプという「コンプレッサー（compressor）」は日常よく耳にする語ですが，
compress は「…を圧縮する」という動詞です．これと同じように '-press' の形の語と
して **suppress** ^{β2} /səˈpres/ を見ておきましょう．suppress は力で「…（政府への抵抗
など）を抑圧，鎮圧する」とか「…（自己）を抑制する」，あるいは「…（情報）を隠蔽
する」というときに用いられる他動詞です．難度の高い語ですが，**repress** ^{β2} /rɪˈpres/
（…を抑制［抑圧］する））という他動詞は政府に異を唱える人々を弾圧し黙らせること
に用いられます．

    (i)   A gas which is **compressed** heats up.

       （気体は圧縮されると発熱する）

    (ii) The government would like to **suppress** this kind of unfavorable news.

       （政府はこの手の好ましくないニュースを隠蔽したいと考える）

(iii) The dictator acted quickly to **repress** any expressions of discontent.

(その独裁者はいかなる不満の表れも<u>黙らせる</u>べく直ちに動いた)

curb ^{β2} /kɜːrb/ はもともと馬の「くつわ鎖」とか歩道の縁石のことですが,「(悪い)感情や行動を抑える(**curb**(＝control)one's temper(かんしゃくを<u>抑える</u>))」とか「インフレや支出を抑制する(You must **curb** your spending.(支出を<u>抑え</u>なければいけませんよ))」という動詞として使われます.

1-56

conditional ^{β1} /kənˈdɪʃənl/

「条件付きの」という意味の形容詞で,名詞の前に置いて 'conditional agreement'(条件付きの約束)とか,叙述用法で 'be conditional on [upon]' の形で用いられます.

(i) The order is **conditional on** your being able to supply the goods. (＝if the goods are not supplied, the order will not be placed)

(注文はあなたが品物をそろえることができる<u>かどうか次第だ</u>)

1-57

conduct

「(先頭に立って)…を行う」や「…を指揮する」という動詞です.「行う」という意味では,**implement** ^{β1} /ˈɪmplɪmənt/ は「(きめられたこと,計画,システムなどを)実行する,履行する」という意味で,名詞だと「道具」や「器具」という意味です.**implementation** は「実施[履行,施行]」.

(i) Our new business plan will be **implemented** from next month.

(私たちの新しいビジネス・プランは来月から<u>実行される</u>)

名詞 **misconduct** ^{γ1} /ˌmɪsˈkɑːndʌkt/ は「非行」「不品行」「不義」;公務員などの「不正行為」といった意味になります.

(ii) The doctor was found guilty of gross professional **misconduct**.

(その医者は職業上の重大な(gross)<u>違法行為</u>で有罪となった)

1-58

conference ^{α1} /ˈkɑːnfərəns/

「数日かけて特定のテーマを扱う公式で大規模な会議」といった意味でコンファレンスというカタカナ英語も定着しているようです.

(i) An academic **conference** was held last week.

(先週ある<u>学術会議</u>が開かれた)

ただし「協議」といった意味合いで私的な小規模の会合という使い方もあります.「記者会見」は 'a press conference' と言います.

動詞 **confer** ^{β2} /kənˈfɜːr/ は「寄り合って相談する('confer with *one*'s lawyer'(弁護

士と相談する))」という意味で，上下の区別がなく，寄り合うことや親睦を深めること
が目的というニュアンスが出ることもあります．

'confer A on [upon] B' は「A を B に授与する」という言い方です．

(ii) The greatest recognition that can be **conferred on** a scientist is the Nobel
Prize. (科学者に与えられる最高の表彰 (recognition) はノーベル賞だ)

1-59

confirm

「…を確かめる」とか「…（信念など）を強固にする」という意味の他動詞です．「物事
を確認して最後に確定する」というニュアンスですので，予約の確認とかパスワード変
更の確定などの状況で使うのにぴったりです．

　日本語で「確認する」という語はいろいろな状況で使われますから，英語にするとき
にはいくつかの使い分けにも注意しておきましょう．**check** は「…（間違いがないか，
状態がよいか）を調べる，点検する」，**verify** は「正しいか（あるいはエラーがなく正
しい答えを出すか）を検証する（＝check）」，「証拠などに基づき確認する（＝con-
firm)」．confirm に似た語として **validate** 「理論や申し出などが有効 [正当，妥当] で
あることを確認 [証明] する」もあります．

　validate に似ている **substantiate** ^{γ1} /səbˈstænʃieɪt/ は「実証する」とか「裏付けを
する」という意味で，**substance** (evidence としての内容という意味での「実体」や「中
身」) があるという具合に，証拠に焦点があります．

(i) Can you **substantiate** these accusations you are making?
　　(あなたが出している訴えの根拠を示していただけますか)

なお，**substantial** は「実質的」とか「内容のある」ですが，相当な，たくさんのといっ
た量感のあるという意味で，'a **substantial** sum of money' なら「相当な金額」となり
ます．**substantive** ^{β2} /ˈsʌbstəntɪv/ は「有名無実でなく実体がある」ですから違いに注
意しましょう．'**substantive** information' なら「確かな情報」となります．**corrobo-
rate** ^{γ1} /kəˈrɑːbəreɪt/ は理論や被疑者の主張に「裏付けを与える」というフォーマルな語
です．

(ii) And in this letter you certainly have a very strong piece of evidence to **cor-
roborate** your view.
　　(それにこの手紙にはたしかにあなたのお考えを裏づける強力な証拠があります)

〈「唇のねじれた男」〉

　コンピュータのユーザーなどの認証という場合の「認証」は **authentication** ^{γ1}
/ɔːˌθentɪˈkeɪʃn/ という語があります ('password / biometric authentication' は「パス
ワード / 生体認証」)．**authentic** ^{β1} /ɔːˈθentɪk/ は「本物の」「真正の」「信頼できる」．

40

（類語として **bona fide** $^{\gamma 1}$ /ˌbʊʊnə ˈfaɪdi/ は形容詞として「真実［正真正銘］の（genuine）」（'a bona fide celebrity'（正真正銘のセレブ）），「誠意のある（sincere）」（'a bona fide proposal'（誠意ある提案）），「公式［正式］の（legal）」（'a bona fide agreement'（正式な合意））という意味でよく目にします（副詞として使われることもあります）.）

　余談になりますが，かつては予約した航空券の搭乗意志の確認をするという「リコンファーム」が義務でした．英語では **reconfirm** $^{\alpha 2}$ /ˌriːkənˈfɜːrm/ という動詞で，今でも掲載している辞書があるようですが航空券の予約確認以外の場面ではまず使われません．

　(iii)　Please **reconfirm** your booking on the day.

　　　　（当日のあなたの予約を確認してください）

また，この動詞の接頭辞の re- は通常の場合に re- が持つ「再び（again）」といった意味はないといってよいでしょう．同じようなパターンとして，**reiterate** $^{\gamma 1}$ /riˈɪtəreɪt/「（強調するために）…（発言や態度など）を何度も繰り返す」があります．reiterate は目的語として commitment / support / willingness / determination / opposition などをよく取ります．

　(iv)　There was something that touched me as I read this letter, something pitiable in the **reiterated** appeals to bring Holmes.

　　　　（読んでみるとこの手紙には何か私の心をゆさぶるものがあって，ホームズを連れてきてくれるよう繰り返し哀願しているのが哀れをさそった）　　〈「海軍条約」〉

re- のない iterate /ˈɪtəreɪt/ も同じ意味の動詞ですが，ほとんど使われません．

1-60
conglomerate $^{\beta 2}$ /kənˈɡlɑːmərət/

「コングロマリット」，「複合企業（体）」です．'an international conglomerate'（多国籍企業）とか 'industrial / financial / media conglomerate' というように使われます．'insurance conglomerate' であれば，保険を中核にして様々な金融業務を営んでいる複合企業体のことです．

1-61
conscious

aware は感覚器官などで外界の事物に気づくことで，conscious は感覚器官などで外界の事物に気づいたことを自分の心の中で受け止め自覚することです．次の例文（日本語訳ともに『英語類義語辞典』から引用）がその特徴をわかりやすくとらえているのではないでしょうか．

　(i)　He is **aware** of the charge against him, but **conscious** of his innocence.

　　　（自分に対する非難を気づいてはいるが，自分の無罪を意識している）

subconscious [β2] /ˌsʌbˈkɑːnʃəs/「潜在意識（の）」や **self-conscious** [β2] /ˌself ˈkɑːnʃəs/「自意識過剰の」もいっしょに覚えておきましょう.

   (i)   Perhaps it triggered a **subconscious** memory of my childhood.（ひょっとすると それが私の子供時代の<u>潜在意識の</u>記憶を呼び起こしたのかもしれない）

   (ii) He's quite **self-conscious** due to his great height.

         （彼は自分の背がとても高いせいで<u>人目を気にしすぎている</u>）

「潜在意識」の subconscious にある sub- は「半ば（意識した）」という接頭辞ですが,「潜在している」「潜伏した」「隠れた」という形容詞は **latent** [β2] /ˈleɪtnt/ です (the **latent** [latency] period（病気の潜伏期））. **dormant** [β2] /ˈdɔːrmənt/ は動植物が「休眠［冬眠］中の」とか火山などが「（活動を）休止している」という意味になります (a **dormant** volcano（休火山））.

1-62

consensus [α2] /kənˈsensəs/

   (i)   The **consensus** among the salesmen is that our marketing strategy is flawed.

         （セールスマンたちの<u>一致した見解</u>では私たちのマーケティング戦略には欠陥があるとのことだ）

「関係者全員が一致している意見」のことで, カタカナ語の「コンセンサス」も定着しています. なお, 英語のネイティブ・スピーカーに通じないカタカナ英語の代表的な例の1つである「コンセント」ですが, **consent** /kənˈsent/ は動詞で「同意する」という意味で, 名詞だと「同意」「承諾」という意味です. **agree** と違い **consent** は上の立場から同意するという 'give permission' の意味合いがあります.

   余談ですが, 壁に付いた電気プラグの差し込み口は '(wall) outlet' とか 'receptacle' あるいは（イギリス英語で）'wall socket' とか '(power) point' といいます ('plug the cord into a wall outlet'（コードをコンセントに差し込む））.

1-63

contest

「コンクール」はフランス語 (concours) ですが, 英語では contest です.「コンテスト」というカタカナ語自体も日本語に定着していますが, 同じような意味の「コンペ（ティション）」(**competition** [α1] /ˌkɑːmpəˈtɪʃn/) もおなじみになっています.

   (i)   The **competition** to pass the university entrance exam was very intense.

         （その大学の入試に合格するための<u>競争</u>は激烈をきわめていた）

英語の contest はどちらかというと少人数の個人が賞を争うもので, competition は個人でもグループの場合でも用いられますし, 電話やハガキなどで参加できる大規模なイベントや, 能力や技術ではなく単に幸運な人が勝つような内容のときにも用いられま

す．関連語として見ておくと，**rival** [α1] /ˈraɪvl/ はしばしば敵意を含むこともあり，名詞の **rivalry** [β1] /ˈraɪvlri/（「対抗」，「張り合い」）は長期に渡って対抗意識を持つ状態という意味で，政治やスポーツとか個人的な関係についてしばしば用いられます．'friendly **rivalry** (i.e. competition carried on in a friendly spirit)' は「励まし合っての<u>競争</u>」．

　動詞の contest（強勢は第 2 音節）は「（地位などを得ようと）争う」とか「…に異議を申し立てる，反論する」という意味です．ボクシングなどでチャンピオンに挑戦するコンテンダー (contender) というのもよく使われていますが，**contender** は名詞で「勝者となる有力候補」という意味です（カタカナ語の「（スポーツでの）挑戦者」という意味もあります）．動詞の **contend** [β2] /kənˈtend/ は自動詞で「（賞などを得ようと）競争する」（'contend for …'）という意味の場合と，他動詞として「…と強く主張する」（'contend that …'）という意味の場合があります（名詞は contention（主張，論戦））．

　「主張する」という意味では，contest /kənˈtest/ が「反論する（相手の非を指摘することで自分の正しさを確固とする）」というのに対して（'**contest** a will' は「遺言書に<u>異議を申し立てる</u>」），contend は「相手の説の如何にかかわらず自分の説を全面的に主張しようとする」という感じです．

(ii) He **contends** that the original idea was his.

　　（彼はもとのアイディアは自分のものだと<u>言い張っている</u>）

1-64

continue

他動詞で「続ける」，自動詞で「続く」です．'To be continued.'（続く，以下次号）はよく目にします．**last** は「一定の時間続く」という意味合いで，その期間に重点があります．形容詞形には **continual** [α2] /kənˈtɪnjuəl/（→ 2-26）と **continuous** [α2] /kənˈtɪnjuəs/ がありますが，前者は「断続的に（cf. fitful → 3-197, discontinuous → 3-489, intermittent → 1-232）」とか「しょっちゅう（しつこく繰り返されることでいらだっている）」の意味で，後者は「時間的・空間的にとぎれずに続く」という意味です．**incessant** [β2] /ɪnˈsesnt/ は不快なことがやむことなく「絶え間のない」「ひっきりなしの」ということです．

(i) For him, life has been a **continual** battle with illness.

　　（彼にとって人生は病との<u>絶え間ない</u>闘いが続いている）

(ii) The carpet seemed **continuous** and firmly nailed, so I dismissed the idea of a trap-door.（じゅうたんに切れ目はなく，かたく釘で固定されていたからね，落とし戸（が床に隠されている）という考えは捨てたんだ）　　〈「金縁の鼻眼鏡」〉

(iii) The dog barked **incessantly**.

　　（その犬は<u>ひっきりなしに</u>ほえた）

関連語として，**duration** [β1] /duˈreɪʃn/（持続期間），**durable** [β2] /ˈdʊrəbl/（耐久性［永続性］のある）もおさえておきましょう．「飛行時間」は 'duration of flight'，「耐久消費財」は 'durable goods'（イギリス英語では 'consumer durables'）となります．

1-65
coordinate [β1] /koʊˈɔːrdɪneɪt/

衣服や家具の「コーディネート（coordinates）」としてよく知られている語ですが，「（うまく機能するように人々などを）組織する」「（各部分の働きを）調整する［まとめる］」という意味で用いられます．

(i) Major central banks **coordinated** liquidity injection to relieve pressures on short-term funding markets.（主要中央銀行は，短期資金市場に対する圧力を軽減するために連携して流動性を高める資金を供給した）

名詞 **coordination** [β2] /koʊˌɔːrdɪˈneɪʃn/ は「連携」「調和（した動き）」です．

1-66
cord [α1] /kɔːrd/

電気の「コード（＝electric cord）」として知られていますが，「ひも」（太い順に **rope**（綱）＞ **cord** ＞ **string**（ひも，糸）＞ **thread**（（縫い）糸）となります）の意味でよく用いられます．

1-67
correct

correct は語源的にはラテン語 corrigrere（cor- 強意＋regere（正しく導く）「王が指揮支配する」）で，王がすることは正しいとされたことに由来しており，regere から派生した rect- は他にも **rectitude** [γ2] /ˈrektɪtuːd/（正直，実直），**rectify** [γ1] /ˈrektɪfaɪ/（正す，直す《規則や基準から逸脱したりずれたものを立て直したり整えたりして正しくするという語感》），erect（直立した），**rectum** [γ2] /ˈrektəm/（直腸）といった語の中に見出すことができます．

(i) There is a huge error which it may take some little time to **rectify**.
（大きな手違いがあったので事態を収めるのに手間取るかもしれない）

〈「唇のねじれた男」〉

1-68
crazy

「ばかげた」とか「正気ではない」（ただし精神に異常をきたしたのではない）という意味です．この意味で crazy は人のことをいうときに使われますが，行為について crazy というときは故意ではあるが危険を伴うようなことを意味します．**stupid** は思慮の足りなさをなじるきつい言い方です．アメリカ英語では **dumb** [β1] /dʌm/（発音に注意）が

同じ意味で使われます. **silly** は stupid よりもマイルドな言い方で，ばかげていてきまりの悪い思いをするとき，たとえば子どもをたしなめるようなときにも使いますが，大人に対してつかうとなじる意味にとられますから注意しましょう. なお，次の例文にあるように dumb の本来の意味は「口のきけない（言語機能を持たない）」という意味ですが，現代では stupid の意味にとられたり，軽べつ的な言い方と受け取られる可能性が高いので注意しましょう. この意味では 'speech-impaired' (impair(ed) → 3-182 (口のきけない，ことばの不自由な)) という言い方が無難です.

    (i)   Helen Keller was deaf, **dumb** and blind.

        （ヘレンケラーは耳が聞こえず，<u>口もきけず</u>，目も見えませんでした）

  度を過ごした怒りや興奮の状態について crazy ということもありますが，**mad** はさらにその強い意味です. **insane** [β1] /ɪnˈseɪn/ (**sane** [β1] /seɪn/ は「正気の」「思慮分別のある」) は mad のような狂暴性はないものの本当に精神に異常をきたしたという感じが強くなります.

    (ii)   Sometimes his behavior gives me the impression he is **insane**.

        （ときおり私は彼のふるまいから彼が<u>まともではない</u>と感じる）

preposterous [γ1] /prɪˈpɑːstərəs/ は「ばかげた」「荒唐無稽な」「不合理な」「奇抜な」という意味です (a preposterous /theory/idea/notion/nonsense (nonsense は無冠詞が普通). pre- が post- にくるという意味なので，「前」が道理に逆らって「後」に来るということです.

  imbecile [γ2] /ˈɪmbəsl/ は「ばかな (stupid)」とか「ばか (idiot)」という意味で，あまり上品な言い方ではありません.

    (iii)   He is not a bad fellow, though an absolute **imbecile** in his profession.

        （彼は悪い人物ではないよ，仕事（スコットランドヤードの警部）には才能がまるでないがね）   〈「赤毛組合」〉

その他に「ばか者」として nitwit /ˈnɪtwɪt/ (おばかさん《略式》) とか dunce /dʌns/ (物覚えの悪い子《やや古》) なども耳にすることがあります.

  bovine [γ2] /ˈboʊvaɪn/ は「ウシ（属）の」という意味ですが，比喩的に「牛のような」とか，非難して「頭の回転が鈍い (stupid and slow)」という意味でも使われます.

    (iv)   … I had a call from Inspector Bardle of the Sussex Constabulary—a steady, solid, **bovine** man with thoughtful eyes, which looked at me now with a very troubled expression. ((前略)私はサセックス州警察のバードル警部の訪問を受けたのだが，彼はどっしりとした固太りの<u>牛みたいな</u>男で，思慮深そうな目をしていたが，その目が今は困り切ったというふうに私を見つめていた)

                                     〈「ライオンのたてがみ」〉

1-69
credit ^{α1} /ˈkredɪt/

英語の credit は「クレジット（つけ）」の他に，「功績［手柄］」「名誉となる人［物］」，「信用」「履修単位（＝credit unit）」といった意味で用いられます．金融の用語では「信用」「信用供与」「与信（金銭の貸付もしくはその同等行為を行うこと）」という訳語になります．**credibility** ^{γ1} /ˌkredəˈbɪləti/ は「信頼性」「信用」「確実性」です．'gain [lose] credibility' は「信頼を得る［失う］」です．

1-70
crime

「罪」や「犯罪」です．罪といっても，宗教・道徳上の罪は **sin** ^{α2} /sɪn/ で，crime は法律を破る罪です．動詞 **commit** とセットで 'commit a crime [sin]' は「罪を犯す」という意味になります．下の例の 'wages of sin' は定型的な句です．

   (i) "**The wages of sin**, Watson—**the wages of sin**!" said he.

      （「罪の代償だよ，ワトソン．罪の代償だ！」と彼は言った）　　〈「有名な依頼人」〉

1-71
crush

「…を押しつぶす」という他動詞（「つぶれる」という自動詞の意味もあります）のほかに，名詞として「粉砕」，「鎮圧」，「雑踏」といった意味もあります．なお，ティーンエージャーが年上の異性に一時的にお熱をあげるといった意味で 'have a crush on …' と言います．類語として，**press**，**compress**（圧縮する）（→ 1-55），**squeeze**（手や指で絞る），**squash** ^{α2} /skwɑːʃ/（ぺしゃんこにする，押しつぶす，ぎゅうぎゅうに詰めるという意味で，飲み物やスポーツの名称で「スカッシュ」というカタカナ語に入っています）などがあります．

   (i) The sandwiches had got **squashed** (flat) at the bottom of the shopping-bag.

      （サンドイッチが買い物袋の底でぺしゃんこになってた）

mash ^{γ1} /mæʃ/（グシャグシャにつぶす）は mashed potato(es) をイメージするとわかりやすいでしょう．

1-72
curious

良い意味で「好奇心のある」，けなして「詮索好きの（＝nosy，inquisitive（→ 2-48））」と両方の意味で使い分けられます．難度の高い語となりますが，これがとても強い状態（とくに予期できない，あるいは謎めいているために「興味をそそられた」という状態）が **intrigued** ^{γ1} /ɪnˈtriːgd/ で，'be intrigued by / with …' の形で用いられます．名詞の **intrigue** ^{β2} /ɪnˈtriːg/ は「陰謀」という意味になります．形容詞の **intriguing** ^{β2}

/ɪnˈtriːgɪŋ/ は「(問題などが) 興味をそそる」という意味になります ('an intriguing problem / possibility' (興味をそそる問題 / 可能性)).

(i) It seems to be some dubious political **intrigue**.

(それは何か疑わしい政治的な<u>陰謀</u>のようだ)

intrigue の類語として, 複数の人間からなるグループが不法なことを行ったり危害を加えるたくらみをするという **conspiracy** [β2] /kənˈspɪrəsi/「共謀」があります. 動詞は **conspire** [γ1] /kənˈspaɪər/ (共謀する, 陰謀をたくらむ: 出来事が重なり合って…する ('conspire to *do*')) です.

(ii) They are both lying, and in a **conspiracy**.

(2 人ともうそをついているし, <u>申し合わせて</u>のことだ)　　　〈『恐怖の谷』〉

《殺人事件の起きた家の夫人とその友人がうそをついていると断じるホームズのことば》

1-73
debit [γ1] /ˈdebɪt/

「デビットカード (debit card)」は代金を銀行口座から引き落とす決済用のカードです. debit は銀行口座の「引き落とし (額) です」. 帳簿の「借り方」(借方項目の合計額《簿記》) という用語としても使われます (この意味での反対語は credit (side)「貸し方」(帳簿の勘定の右側) です).

1-74
delete [β2] /dɪˈliːt/

「… (データなど) を削除する」でよく知られています. **erase** [β2] /ɪˈreɪs/ は訂正のためなどで「こすったりして… (字など) を消す」という意味で, 黒板ふきや消しゴムの **eraser** [α1] /ɪˈreɪsər/ はおなじみです. erase は「いやな思い出などを心から消し去る」という時にも使います.

1-75
denominator [γ1] /dɪˈnɑːmɪneɪtər/

分数の「分母」という意味で, 「共通の特性」「共通点」という意味でも使われます (「分子」は **numerator** [γ1] /ˈnuːməreɪtər/; numeration → 3-262).

(i) A common **denominator** which appears to link nearly all high-growth countries together is their participation in, and integration with, the global economy.　　　〈Internet から採録〉

(高成長の国々を 1 つに関連付けていると思われる<u>共通の特徴</u>は, グローバル経済への参加と統合である)

denominate は「金額がある通貨単位で表示される」という意味で, denomination は

「重量，尺度，金銭などの単位名称」という意味です．日本語の「デノミネーション」に相当する言い方は‘(currency) devaluation’となります．

departure $^{\alpha 2}$ /dɪˈpɑːrtʃər/

「出発」という意味の名詞です．**leave** は「（場所を）去る」という意味ですが，「…（人や物）を残す［置き去りにする］」という意味でもよく用いられます．たとえば，会社の受付などで "You can leave your name."（お名前をどうぞ）とか "Would you like to leave a message?"（ご用件を承っておきましょうか？）とか，夫や妻と「別れる」といった具合です．"Are you leaving so soon?"（もうお帰りですか）といった例に見られるように自動詞もありますが誤りとする学者も昔はありました．（この用法を《話》とする辞書もあります）．**depart** は「出立する」という自動詞で駅や空港などで用いられるフォーマルな語です．「乗り物や人が駅や場所を出発する」という意味で他動詞の用法もありますが（AmE と表記する辞書もあります），leave が普通です．

　さらに「それる」とか「違うことをする」という意味もありますので，名詞の departure は「（本来のところからそれる）脱却・新機軸」といった意味にもなります．この意味では **deviate** $^{\gamma 1}$ /ˈdiːvieɪt/（（正しいところから）逸脱する）**deviation** $^{\beta 2}$ /ˌdiːviˈeɪʃn/（逸脱すること）や **diversion** $^{\beta 2}$ /daɪˈvɜːrʒn/（→ 1-331）「わきへそらすこと，方向転換」とか「（注意を）そらせること」が類語としてあります．

(i) You should calculate both the **mean** and the **standard deviation**.
　　（平均偏差（mean deviation）と標準偏差（standard deviation）の両方を計算するべきだ）

(ii) There's a **diversion** due to road repairs.
　　（道路工事のため迂回路（= detour → 3-85）がある）

ときに教授が講義の主題から外れた話をする（ときにはそれが講義よりも面白いことがあったりする）ことがありますが，そのような横道にそれた話は **digression** $^{\gamma 1}$ /daɪˈgreʃn/（脱線，余談）（動詞は digress /daɪˈgres/）と言います．

(iii) After a lengthy **digression**, the lecturer finally got to the point.
　　（長ったらしい脱線をしてから，講師はやっと本題に戻った）

　難度の高い語ですが，**atypical** $^{\gamma 2}$ /ˌeɪˈtɪpɪkl/「非定型の」「標準的［典型］でない」（**atypical** behavior（例外的なふるまい））や **aberration** $^{\gamma 1}$ /ˌæbəˈreɪʃn/「常軌を逸脱すること」「異常（者）」も理解しておきましょう．

(iv) No explanation save mental **aberration** can cover the facts.
　　（精神異常という以外の説明ではこれらの事実を説明できまい）

〈「六つのナポレオン」〉

《aberration には abnormal が持つような strangeness とか excess という含意
はありません》

-typ- を含む関連語ですが，typify は「…の典型である」「…を象徴する」という意味の
動詞です．

(v) Nelson **typifies** the spirit of England.

(ネルソン提督は英国の精神を象徴する)

exemplary /ɪɡˈzempləri/ になると「模範的な」という意味ですが（**exemplary** be-
havior（模範的な態度）），「見せしめの」という意味合いでも使われます（**exemplary**
punishment（見せしめのための懲罰））．

1-77
detach ᵝ¹ /dɪˈtætʃ/

detach は **attach** の反対語で「とり外す」「分離する」という意味です．**detached** ʸ¹
/dɪˈtætʃt/ は「分離した」という意味もありますが，「とらわれない」，「超然とした」と
いう意味もあるので注意しましょう．

(i) I tried to scream and was vaguely aware of some hoarse croak which was
my own voice, but distant and **detached** from myself.（私は叫び声をあげよう
（scream）としたが，なにかしわがれた鳴き声（hoarse croak）が聞こえただけで，
それは私自身の声だったのだが私と遠く離れたところから聞こえていた）

〈「悪魔の足」〉

例文にある scream は動詞としては「（苦痛や恐怖などで）叫ぶ［悲鳴をあげる］」，名詞
としては「悲鳴」とか「金切り声」です．類語として，**wail** ʸ¹ /weɪl/ は「（人や動物が悲
しみや苦痛で）泣き叫ぶ」，**shriek** ᵝ² /ʃriːk/ は「（興奮や苦痛でキャーッと）金切り声を
あげる」，**screech** ʸ² /skriːtʃ/ は「キーッとかん高い声をあげる」（squeak /skwiːk/「金
切り声を出す」（→ 3-466）），**howl** ᵝ² /haʊl/ は「（苦痛，怒りで）わめく」，「（おかしみ
で）大笑いする」という意味です．マイクとスピーカーの関係でキーンという音が鳴る
のを「ハウリング」といいますが，英語では howl とか（acoustic / audio）feedback と
いいます（howl には「（オオカミや犬の）遠吠え」という意味もあります）．犬が（痛み
などで）キャンと鳴くのは **yelp** ʸ² /jelp/ です．

1-78
diagnose ᵝ² /ˌdaɪəɡˈnoʊs/

「（医者が）診断する」という動詞です．名詞は **diagnosis** ᵝ¹ /ˌdaɪəɡˈnoʊsɪs/（診断）で
す．なお，英和辞典によっては「診断書」の訳をあげていますが，私たちがこの意味で
使うときには 'a written diagnosis' とか，正式に 'a medical certificate' とするほうが
意味を明確にできます．

(i) I have been **diagnosed** with lung problems.

（私は肺の問題を診断してもらった）

(ii) What was the doctor's **diagnosis**?

（医師の診断は何でしたか？）

1-79
difficult

「困難な」とか「むずかしい」という形容詞で，difficult も **hard** も 'not easy' という意味ではあまり変わりはありませんが，ここでは人について用いる場合について見ておきましょう．hard は unkind ということで同情や寛容のないことを意味します．

(i) Her voice was **hard** and cold. ⟨LDCE⟩

（彼女の声は冷酷に響いた）

difficult は「とっつきにくくて喜ばすとか満足させるのがむずかしい」ということで，hard と違い意地悪なわけではありません．

(ii) a **difficult** customer ⟨LDCE⟩

（むずかしいお客）

'a difficult child' は「(大人にとって) 扱いにくい強情な (= **intractable** ⁿ¹ /ınˈtræktəbl/) 子」ということであり，「冷酷な子」ではありません．

(iii) They are a fierce, morose, and **intractable** people, though capable of forming most devoted friendships when their confidence has once been gained.

（奴らは狂暴 (fierce) で気難しくて (morose (陰気な，気難しい)) 扱いにくい人種だが，いったん信頼を得れば，とても献身的な友情を結んでもらえる）

⟨『四つの署名』⟩

なお，「頑固な」は **stubborn** ᵝ¹ /ˈstʌbərn/ で，けなした意味合いで用いられることが多いのですが，「断固とした」といった良い意味で使われることもあります

(iv) Churchill's **stubborn** refusal to surrender. ⟨LDCE⟩

（チャーチルの断固とした降伏 (surrender (降伏する，明け渡す)) 拒否）

それに対して，**obstinate** ᵝ¹ ᴸ /ˈɑːbstınət/（頑固［強情］な）も他人のいうことに耳を貸さず決心などを変えないのですが，これは通常けなした意味で使われます．

(v) Some people get more **obstinate** as they get older.

（年を取るにつれて頑固になる人がある）

1-80
dimension ᵅ² /daıˈmenʃn/, /dıˈmenʃn/

（問題や状況などの）「(局) 面」「寸法」「規模［重要性］(dimensions)」「次元《数学・物理》」という意味です．3D (three-**dimensional**, three dimensions) といった言い方は

おなじみになりました．「…次元の」という形容詞で，'three-**dimensional**' なら「三次元の（立体の）」です．

1-81
diploma ^{β2} /dɪˈplooʊmə/

「大学（院）の学位記，学位授与証」です．アメリカでは大学でも高校でも卒業証書の意味で diploma といいます（高校のということを明らかにしたければ 'a High School diploma' となります．イギリスでは大学（college or university）の卒業証明書のことで，イギリス英語では高校の卒業証書には **certificate** ^{β1} /sərˈtɪfɪkət/ を使います．diploma の語源はギリシア語の *diploma*（= folded letter）からラテン語を経て英語に入り，折り畳んだ紙というところから「公文書」の意味でした．さらにラテン語からフランス語で *diplomatique*（外交文書の）となり，英語で **diplomatic** ^{β2} /ˌdɪpləˈmætɪk/ が「外交（上）の」という意味になりました．なお，**diplomatic** は「外交的な」とか「如才ない」という意味でも用いられます．

1-82
disabled ^{β2} /dɪsˈeɪbld/

米国のプロスポーツの記事などで「故障者リスト」ということばが出てきますが，英語では 'Disabled List' と言います（"The player was placed on the 10-day disabled list."（その選手は 10 日間の故障者リストに加えられた））．**disabled** は「（身体や精神に）障害のある」という意味ですが，'physically [mentally] challenged' などの表現の方が好まれます．また，名詞的に用いる場合は 'the disabled' ではなく 'people with disabilities' というのが普通です．動詞 **disable** ^{β1} /dɪsˈeɪbl/ は「…を作動しないようにする」とか「…に障害をおわせる」という意味です．

(i) He **disabled** the alarm system and then entered the building.

（彼は警報装置が作動しないようにしてからビルに入った）

1-83
dislike

「…を嫌う（こと）」ですが，**disgust** となるともっと強く「むかむかするほどの嫌悪」です．動詞であれば「…をうんざりさせる［むかつかせる］」です．難しい語彙になりますが，人の性質から来る永続的な嫌悪（静かな人が騒がしさを嫌うなど）は **aversion** ^{γ1} /əˈvɜːrʒn/，理屈抜きの本能的な毛嫌いは **antipathy** ^{β2} /ænˈtɪpəθi/ といいます．**animosity** ^{β2} /ˌænɪˈmɑːsəti/ は個人的な悪い関係にもとづく敵意や憎悪です．

(i) I have an **aversion** to people who speak very loudly.

（私はすごく大きな声で話す人がいやだ）

(ii) For some reason I feel a great **antipathy** towards him.

（どういうわけか (for some reason) 私は彼をすごく毛嫌いしてしまう）

(iii) But why on earth should you be pursued with such **animosity**?

（しかしいったいなぜ君がそんな恨みを持たれて狙われるのだい？）　〈『海軍条約』〉

比喩的にも文字通りにも用いられる「吐き気」は **nausea** ʸ1 /ˈnɔːziə/（発音注意．「吐き気を起こさせるような」は **nauseating** ʸ2 /ˈnɔːzieitɪŋ/）です（'a nauseating smell'（吐き気をおぼえる臭い））．「吐く」は **vomit** β1 /ˈvɑːmɪt/（日常語では **throw up**）．

(iv) **Nausea** and **vomiting** are common symptoms.

（むかつきと嘔吐がよくある症状です）

1-84

distinct ᵅ2 /dɪˈstɪŋkt/

「見分ける」とか「識別する」という動詞 **distinguish** の関連語で，distinct は「別個の」とか「（知覚的にわかる）明りょうな」という形容詞です．

(i) In the silence he heard a gentle scratching sound—low, but very **distinct** in the quiet of the night. （静けさの中で彼は何か軽くこするような音を聞いた．かすかだが夜の静寂の中ではっきりとわかる）　〈『緋色の研究』〉

distinctive（独特の，他との際立った違いがある）については 3-502 参照．同じ形容詞でも **distinguished** は「（特に科学や芸術で）著名な，傑出した（本人のいるところでその人に言及するときに儀礼的に使える）」という意味です．人やその才能などについて用いられます．distinguished と意味の似ている **eminent** β2 /ˈemɪnənt/ は「専門分野などで抜きん出ていて著名な」という意味．

(ii) An **eminent** professor of physics will give a talk at the university.

（ある著名な物理学の教授がその大学で講演を行う）

ただし，人そのものを修飾するのに用いられる語で，distinguished と違いキャリア，功績，地位，肩書きや記録といったものを修飾することはできません．

(iii) a(n) *eminent / **distinguished** career in medicine

（医学における輝かしい経歴）

反対の「悪名高く有名な」という形容詞は **notorious** /noʊˈtɔːriəs/ です．

pre(-)**eminent** ʸ1 /ˌpriːˈemɪnənt/ になると，ほかのすべてより卓越した [（ときに非難して）ひどくて目立つ] (better or worse than all others) という意味になります．

(iv) Of all her good qualities, her kindness is **pre-eminent**.　〈*Chambers*〉

（彼女のあらゆるよいところのなかでも，親切さは抜群だ）

exalted ʸ1 /ɪɡˈzɔːltɪd/ は「高貴な」「高尚な」という意味で，フォーマルな語ですがユーモラスな意味合いで用いられることもあります．フォーマルな用法で「有頂天 [得意満面] な」という意味もあります．

(v) "We are moving in **exalted** circles," said he.

((届いた電報を笑いながらホームズがワトソンに手渡しながら)「我々は<u>上流社会</u>へと突入中だよ」と言った) 〈「ウィステリア荘」〉

動詞としての exalt /ɪgˈzɔːlt/ は「（人などを）高いランクや地位に上げる」とか「（神を）賛美する」という意味です.

lofty [β2] /ˈlɔːfti/ は「（山や建物が）非常に高い［そびえたつ］」「（部屋の）天井が高い」という形容詞ですが（lofty ceilings / towers），考え方などが「高尚な」「崇高な」という意味でも使われます（lofty ambitions / ideas / principles）.

1-85
drop

「落ちる（こと）」ですが，**fall** と違い，突発的で予期せぬ落下という意味合いがあります. 'drop by'（立ち寄る）というときも「約束なしにひょっこりと」というニュアンスがあります. 関連語として **plunge** [β1] /plʌndʒ/（動詞としては「飛び込む」，「突っ込む」，名詞としては「飛び込み」，「突進」，「下落」；3-423 例文，3-439）を覚えておきましょう.

(i) There has been a sudden **plunge** in the stock market.

（株式市場で突然の<u>下落</u>があった）

1-86
dye [α2] /daɪ/

染毛剤の「ヘアダイ（hair dye）」でおなじみですが，dye は「染料」，「染める（"She dyed her hair black."（彼女は髪を黒く染めた））」という意味です.

1-87
each other

「お互い」です. 以前は 2 つ（2 人）のときに使い 3 つ（3 人）以上のときは 'one another' を用いると言われましたが，3 つ（3 人）以上でも 'each other' をよく使いますし，次のような例 (*Practical English Usage* 2005: 153) も一般的で差はありません.

(i) Kitty and I have known **one another / each other** for years.

特定の人についての言及がない場合には 'one another' のほうが好まれるという説明をされることもあります.

(ii) The issue of climate change is turning citizens in this country against **one another**. (one another > each other)

（<u>気候変動の論争はこの国の人々を反目し合わせている</u>）

「相互の」とか「お互いの」という形容詞の **mutual** や **reciprocal** [γ1] /rɪˈsɪprəkl/「相互の」も覚えておきましょう. reciprocal は「相手からの見返り」の意を含み「互恵的な」

というイメージがあります．reciprocate は「…に報いる［返礼する］」という他動詞です．また公的，オフィシャルな場合にも用いられます（'a reciprocity treaty'（互恵条約））．'a mutual friend'（共通の友人）と 'mutual friends'（味方どうし，友人どうし）の意味も間違えないように（'mutual enemies' は「かたきどうし」）．

1-88
eager

「しきりに…したがっている」，「…を切望している」「熱心な」という意味です．

(i)   He is **eager** to learn how to drive a car.

（彼は自動車の運転を<u>習いたがっている</u>）

上の例文のように，「経験以前に感じる渇望」を言うことが多く，また「自分のため」のことをいうときによく用いられます．

一方，**enthusiastic** ^{α2} /ɪnˌθuːziˈæstɪk/ は「自分の経験したものに対する approval を示す」と説明されることもあります．

(ii)   He is **enthusiastic** about all health-foods.

（彼は健康食の<u>熱心な提唱家</u>だ）

〈英文，日本語訳とも『英語類義語活用辞典』p. 125 からの引用〉

また，しばしば他者（の考えや成功など）について述べます．

(iii)   an **enthusiastic** welcome / support

（<u>熱烈な</u>歓迎 / サポート）

(iv)   You do**n't** seem **enthusiastic** about going.

（あなたは行くのに<u>気乗りしない</u>ようですね）

意味の似ている語として，「…のことで心配して，不安で」という **anxious** が 'be anxious to *do*' で「…を切望している」という意味で使われることもあります．この場合，「（もとの，あるいは正常な状態に戻りたくて）何かを切望する」とか，「切望しているけれども結末などに少し不安を感じている」といった文脈でよく用いられます．

(v)   Seeing that my client **was anxious to** leave, I said no more but, calling for my cashier, I ordered him to pay over fifty £1000 notes. （お客様が<u>一刻も早くお帰りになりたい</u>というご様子だったので，私はそれ以上何も言わず，出納係をよんで千ポンド札 50 枚を払うよう命じました）　　　　　〈「緑柱石の宝冠」〉

(vi)   That is what Mr. Hilton Cubitt, of Ridling Thorpe Manor, Norfolk, **is** very **anxious to** know. （それこそがノーフォーク州リドリング・ソープ館（マナー）のヒルトン・キュービット氏が<u>知りたがっている</u>ことだ）　　　　　〈「踊る人形」〉

ardent ^{β2} /ˈɑːrdnt/ は書きことばで名詞の前に置いてよく使われ，「<u>熱狂的な</u>」とか「<u>熱烈な</u>」という意味です．

(vii) "At least it cannot be your health," said he, as his keen eyes darted over her; "so **ardent** a bicyclist must be full of energy." (「少なくとも（相談事というのは）あなたの健康問題ではなさそうですね」ホームズがそう言ったとき彼の眼はすばやく彼女に向けられていた．「自転車乗りに熱中しているのですから元気いっぱいでいらっしゃるはずです」) 〈「一人ぼっちの自転車乗り」〉

ardent と同語源の **ardor** [n] /ˈɑːrdər/ は「熱意」「熱愛」「灼熱」という意味の名詞です (with ardor（熱心に）).

fervor [n] /ˈfɜːrvər/（《英》fervour）は「熱意」「熱情」（形容詞は fervent）で ardent/ardor（熱情）（《英》ardour）ほどには激しくないものです．たとえば信仰心においては fervor は理性的ですが ardo(u)r は節度のないものとなりがちという語感があります．

(viii) She hated me with all the **fervour** of her tropical nature.
　　　　（彼女はある限りの南国のはげしさで私を憎んだのです） 〈「ソア橋事件」〉

(ix) "I should be proud and happy," said I, **fervently**, "if I can be of any service." (「光栄の至りです」私は張り切って言った．「私がお役に立てるのであれば」) 〈『四つの署名』〉

ardor の派生語としての **arduous** [n] /ˈɑːrdʒuəs/ は「（仕事などが）骨の折れる［難儀な］」「（人やその努力が）根気強い［骨身を惜しまない］」という形容詞で，その類語として **strenuous** [n] /ˈstrenjuəs/「（仕事などが）たいへんな労力を要する」「（人・努力が）精力的な」があります．arduous に比べて strenuous のほうが労力は大きいけれども期間は長くなくてもよいという語感があります．

(x) Well, you can imagine how hard it was to settle down to **arduous** work at £2 a week … （さあ，週2ポンドであくせく働くのに戻るのがどんなにつらいか察していただけるでしょう（後略）) 〈「唇のねじれた男」〉

(xi) He denied **strenuously** having ever seen Mr. Neville St. Clair and swore that the presence of the clothes in his room was as much a mystery to him as to the police. （奴はネヴィル・セントクレア氏など見たこともないと強硬に否定し，彼の部屋にあった衣類は警察にとって謎であるのと同じように彼にとっても不可解なことだと断言したのだ) 〈「唇のねじれた男」〉

vehement [β2] /ˈviːəmənt/ は感情や主張が「激しい」「強烈な」「熱烈な」という意味の形容詞です (a **vehement** attack / denial / protest（痛烈な批判 / 猛烈な否定 / 激しい抗議)).

1-89
ecology [α2] /iˈkɑːlədʒi/
eco- は「環境に関する」という意味です．ecology は「生態学」「エコロジー（生物と環境の関係（を調べる科学）」のことで，くだけた言い方として「環境保護」や「自然環境」

という意味でも用いられます.

1-90
economy
「経済」,「経済性」,あるいは「節約」といった意味でカタカナ語としても定着しています.具体的な国や地域という意味で使われることも多いので注意しましょう.'the advanced economies' は「先進国」です.「エコノミスト」も定着してきましたが,日本語では「評論家」的な響きが強いのに対し,英語の **economist** [α1] /ɪˈkɑːnəmɪst/ は経済学者など専門家という語感です.

1-91
effect
カタカナ語の「エフェクト」で知られているとおり「効果」で,偽薬なのに治療効果が出るのがプラシーボ効果 (the placebo /pləˈsiːboʊ/ effect) です.**effect** には「効き目」とか「作用」といった日本語もあてられることがあります(「副反応」は 'side effects [reactions]').

(i) He was dismissed from office **with immediate effect**.

　　(彼は即刻解雇された)

(i) の例は,処分の効力が直ちに発揮されたという感じですが,'with immediate effect' が「即刻」という決まり文句です.形容詞は **effective** (効果的な,有効な)で,効き目がある,一定の効果を生み出す,あるいは生み出す力がある点を強調します.似ている語として **efficient** がありますが,こちらは「効率的な」という意味で,行為や道具,人や組織が能率的に良い結果をもたらすようにできている点に意味の中心があります.名詞は **efficiency** で,類語には **coherence** [β2] /koʊˈhɪrəns/ ((首尾)一貫性) (coherent → rational 2-64) があります.efficient に似た語として **businesslike** [α1] /ˈbɪznəslaɪk/ があります.カタカナ語の「ビジネスライク」は「事務的で冷たい」という否定的なニュアンスで使われることが多いようですが,英語の businesslike は通例「てきぱきしている」とほめるのに使われます.

　心身に「つよい効果[効き目](effect) を持つ」という形容詞は **potent** [β2] /ˈpoʊtnt/ です (a **potent** drug (効き目が強い薬)).

1-92
e.g. [β1] /ˌiː ˈdʒiː/
「たとえば (= 'for example')」という意味の表記で,ラテン語 *exempli gratia* の略語です ('for example' とも読みます).**i.e.** [β1] /ˌaɪ ˈiː/ は「すなわち」です ('that is' とも読みます).

1-93

ego ^{α2} /ˈiːgoʊ/

「自我」とか「うぬぼれ（けなしたニュアンス）」の意味です．**dignity** ^{α2} /ˈdɪgnəti/ は「威厳」や「尊厳」，**self-esteem** ^{β2} /ˌself ɪˈstiːm/ は「自尊心」や「自負心」で，「うぬぼれ」という意味合いで使われることもあります．**self-respect** ^{β2} /ˌself rɪˈspekt/ は「自尊（心）」です．

(i) He accepted defeat with great **dignity**.
　（彼は大いに威厳を保ちつつ敗北を受け入れた）

(ii) His loudness masks a problem of **self-esteem**.
　（彼の声の大きいのは自分に自信がないことの裏返しだ）

(iii) Some criminals can be reformed by first giving them a sense of **self-respect**.
　（犯罪者の中にはまず自尊心の意識を持たせると改心するものがいる）

1-94

elegant

カタカナ語としても定着しているとおり，人や態度が「上品な」とか「優美な」という意味です．服装や場所などについて「品の良い」や「洗練された」という意味でも用いられます．アカデミックな文脈では，理論や分析などが理路整然と美しいことを言います．**grace** ^{α2} /greɪs/ は「優雅」で形容詞は **graceful** ^{β1} /ˈgreɪsfl/ です．こちらは生まれつき備わっているものというイメージで，**elegance** が後天的に備わった人為的なイメージであるのと異なります．

(i) He accepted the adverse decision with good **grace**.
　（彼はいさぎよく不利な決定を受け入れた）（adverse → 3-473）

(ii) The ballet dancer moves **gracefully**.
　（そのバレー・ダンサーは動きが優美だ）

なお，grace の「恩寵」の意味については「慈悲」の項（→ 2-51）参照のこと．また，**gracious** ^{β1} /ˈgreɪʃəs/ は「（目下の人に）優しい」とか「礼儀正しい」という意味になります．

(iii) He **graciously** thanked me for my contribution.
　（彼は私の貢献に対して礼儀正しく礼を述べた）

類語として，フォーマルな語ですが **benevolent** ^{γ1} /bəˈnevələnt/「（とくに権力などのある側の人が）慈悲深い，慈善的な」もおさえておきましょう．

(i) 《聖職者に変装したホームズの様子を見たワトソンの感想》
His broad black hat, his baggy trousers, his white tie, his sympathetic smile, and general look of peering and **benevolent** curiosity were such as Mr. John Hare alone could have equalled. （彼の幅広の黒い帽子と，だぼだぼのズボンに

白ネクタイ，思いやりの深そうな微笑でこちらをのぞく慈しみのこもったまなざしときたら，（名優）ジョン・ヘア氏の他に匹敵する（equal）ものはなかった）

〈「ボヘミアの醜聞」〉

benevolent の反対語は malevolent /məˈlevələnt/「悪意のある」．

1-95
element

「要素」という意味でカタカナ語として定着していますが，特に「必須の（あるいは典型的な）要素」ということです． **module** [β2] /ˈmɑːdʒuːl/ は機械や構造物を構成する「単位［部品］」，また，コンピュータの「モジュール」として知られています． **ingredient** [β1] /ɪnˈɡriːdiənt/ は料理などの「材料」や「成分」，成功のために必要な「要素」という意味でよく使われます．

 (i) What are the **ingredients** of ice cream?

   （アイスクリームの材料は何ですか）

1-96
empty

「空（から）の」という意味ですが，**vacuous** [γ1] /ˈvækjuəs/ は「真空の」(the vacuous air) とか，「知性や目的の欠如した」，「空虚な」，「（数学的に）零（= **null** [γ1] /nʌl/)」という意味です． **vacuum** [α2] /ˈvækjuːm/ は「真空」(vacuum cleaner (電気掃除機))．

 (i) His **vacuous** remarks end up annoying people.

   （彼の思慮に欠けたあいさつ（remarks）は人々をいらだたせた）

vacant, **void** は 3-458 参照．

1-97
endow （/ɪnˈdaʊ/ 発音注意）

「…（学校，大学や病院など）に基金を寄付する」とか「（自然などが）…（人）に才能を授ける」という意味です．難度の高い語ですが，**bestow** [β2] /bɪˈstoʊ/ は「…（贈り物や栄誉など）を与える」という意味です．

 (i) His optimism **bestows** a certain cheerfulness on his works.

   （彼の楽観主義的なところは作品にある種の陽気さを与えている）

1-98
enlarge

語源的にいえば，en-（する（= put in, make)）という部分に large がついて「…を大きくする」という意味になった語です．同じような構造の語として，たとえば **enhance** は 'en- + high' で「…（価値，質，魅力など）を高める」という意味ですし，**enlighten** [β1] /ɪnˈlaɪtn/ は 'en- + lighten' という構成で「…を啓発［啓もう］する」とか「…に教える」

という意味になります.

(i) Please **enlighten** us as to the reasons behind your surprising suggestion.

(あなたの驚くべきご提案の背後にある理由について私たちに詳しく説明してください)

1-99
entrant $^{\gamma1}$ /ˈentrənt/

entrance (入口, 入場) と同語源の **entrant** は「新入生 (university entrants (大学の新入生))」や「新入社員」という意味ですが, レースやコンテストの「参加者」という意味でも用いられます.

(i) There were fifty **entrants** for the competition.

(そのコンペには 50 人の参加者があった)

後者の意味での類語としては **candidate** ((自薦他薦にかかわらない) 候補, 志願者), **nominee** (仕事や賞や選挙での他薦で候補にあげられる人) (→ 1-216), **applicant** (仕事や大学受験の志願者 [応募者]) (→ 1-216) があります.

1-100
entrepreneur $^{\beta1}$ /ˌɑːntrəprəˈnɜːr/

(i) He is a serial **entrepreneur** who started several companies.

(彼はいくつも会社を始めた連続起業家 (serial entrepreneur (事業を次々と立ち上げる起業家)) だ)

「起業家」を指すアントレプレナーということばもすっかり定着したようです. もともとフランス語で「請負人」という意味なのだそうです. 古フランス語の *entreprendre* から派生した語で, その過去分詞の女性形 (*enterprise*) が中英語に入ってできたのが英語の **enterprise** (企業, 事業, 企て) です. また, 古フランス語の *entreprendre* は '*entre* (between) + *prendre* (to take)' という形で英語の **undertake** という動詞に相当します. undertake は重い仕事を「(責任を持って) 請け負う」「引き受ける」「約束する」「着手する」という意味の他動詞です. 「請け負う人」という意味で婉曲表現として用いられて **undertaker** は「葬儀屋」の意味になります.

1-101
epoch $^{\beta1}$ /ˈepək/

「新時代」, 何か重要なことが起きた「時代」. 「(…に) 新時代を開く (start an epoch in …)」といった言い方で使われます. 「画期的な」という意味の「エポックメーキング」 (**epoch-making** $^{\beta2}$) はカタカナ語としてもよく知られています. (**epic** $^{\beta2}$ /ˈepɪk/ は「叙事詩」.) milestone /ˈmaɪlstoʊn/ は歴史や物事の発達における画期的 [重要] な出来事という意味です.

1-102

equal

「イコール」は説明する必要もないほどですが，"all [other, all other] things being equal" で「すべての条件が同じならば」という定型句がアカデミックな文脈などでよく出てきますので覚えておきましょう．その他に関連語として，**equation** [β2] /ɪ'kweɪʒn/「等式」「方程式」，**equity** [β1] /'ekwəti/「公平」，「公正」(= fairness)，「(equities で) 株式 (equity market (株式市場))」，**equivalent**「同等物，同義語」，「(…に) 等しい ('equivalent to …')」があります．また，難度の高い語ですが，**equilibrium** [β2] /ˌiːkwɪ'lɪbriəm/ /ˌekwɪ'lɪbriəm/「均衡」「バランス，平静」もおさえておきましょう．

(i) It's a complex mathematical **equation**.

(それは複雑な数式だ)

(ii) All I am asking for is **equity** of treatment.

(私は扱いの公平を求めているだけだ)

(iii) At the moment, supply and demand are in **equilibrium**.

(いまのところ供給と需要は均衡点にある)

1-103

escape

名詞「エスケープ」はカタカナ語として定着していますが，動詞としての類義語として **evade** /ɪ'veɪd/「…を回避する」「うまく [巧妙に] …から逃げる」，**elude** [r1] /ɪ'luːd/「(追跡・危険などを) かわす」を見ておきましょう．

(i) He tries to **evade** paying income tax. 〈Chambers〉

(彼は所得税を脱税しようとする)

《脱税者は tax evader，合法的な税金逃れは tax avoidance》

(ii) He's trying to **eluded** payment (= escape having to pay for something).

(彼は支払いから逃れようと試みている)

なお，elude には 'A eludes B' の形で「A (望むもの) が B (人) の手に入らない」とか，物が「(人に) 理解できない [思い出せない]」という意味での用法もあります．

(iii) I know her face but her name **eludes** me. 〈Chambers〉

(彼女の顔はわかるのだが名前が思い出せない)

形容詞形の **elusive** [r1] /ɪ'luːsɪv/ は「つかまえにくい」とか「理解 [表現] しにくい」という意味になります (an **elusive** criminal / word (つかまえにくい犯人 / 捉えどころのない語))．

eschew [r1] /ɪs'tʃuː/ は「(悪いものや有害なものを意識して) 避ける [回避する]」という動詞です (**Eschew** evil. (悪に染まるな))．

60

1-104

eternal

eternity ^{α2} /ɪˈtɜːrnəti/ は「永遠」という名詞で，'eternity ring'（永遠を象徴するように宝石を切れ目なく入れた細い指輪）はカタカナ語（「エタニティリング」）として定着しています．形容詞形は **eternal** /ɪˈtɜːrnl/「永遠の」，副詞 **eternally** ^{β1} /ɪˈtɜːrnəli/ は「永遠に」という意味ですが「絶え間ない［なく］」，「ひっきりなしの［に（= always)]」，「しばしば（の）(= frequent(ly))」という意味もあります．

(i) I'm tired of your **eternal** complaint / arguments.

(私はあなたの<u>ひっきりなしの</u>不満 / 口論にうんざりだ)

1-105

evil ^{α1} /ˈiːvl/

「邪悪な」という形容詞としては bad より道徳的に悪い意味となります．**wicked** ^{α2} /ˈwɪkɪd/（発音注意）も「積極的に悪いことをしようとする気持ちを暗示する」という意味の語ですが，人に用いるのは古風な用法で evil を用いるのが普通です．たとえば童話の中では，魔女（**witch**）や継母（stepmother）などが wicked な存在として描かれます．

(i) The **wicked** witch tricked Snow White.

(その<u>悪い</u>魔女が白雪姫をだました)

いっぽう，大人向けの物語や大衆向け報道では霊（spirit）や怪物（monster）や殺人犯（killer）が evil とされます．名詞として evil は「邪悪」とか「悪事」の意味ですが，**wickedness** ^{γ1} は「（邪悪であることの喜びが引き起こす）悪行」です．

(ii) Hitler and Stalin are still infamous for their **wickedness**.

(ヒトラーとスターリンは今なお彼らの<u>邪悪さ</u>で悪名高い)

vice ^{α2} /vaɪs/ は「（不道徳な，堕落した）悪行」で，ジャーナリズムで薬物（drugs）や飲酒（drinking alcohol），ギャンブル（gambling）などと関連して用いられます．

(iii) Smoking is one of my **vices**.

(喫煙は僕の<u>悪癖</u>の 1 つだ)

罪という概念でいえば，**sin** が「道徳的，宗教的な罪」(→ 1-70) で **crime** は「法律的な罪」です．

1-106

excess

「超過（した）」という名詞あるいは形容詞ですが，**excess** は日本語訳の「過剰」や「過多」の語感にもあるような，よくないものというニュアンスがあります．**surplus** ^{β1} /ˈsɜːrplʌs/ は形容詞として「余分な」，名詞として「余剰」「剰余金」「黒字」('trade surplus'（貿易黒字），反対語の「赤字」は **deficit** [β1] /ˈdefɪsɪt/）といった意味で商品やお金などに関連してビジネスなどの文脈でよく使われます.

(i) We've spent less than our income, so the club has a small **surplus** this year.
（収入よりも使ったお金が少なかったのでクラブは少し<u>剰余金</u>ができた）

(ii) The increase in government spending means there will be a large **deficit** this fiscal year.（政府の支出が増加しているということは今年度が大きな財政<u>赤字</u>になるということだ）

1-107
excited

形容詞として名詞の前に置かれるとか，'be / get excited' の形で「興奮した」とか「興奮している」という意味で用いられます．"Don't be so excited." はすでに興奮している人に「落ち着け」で，"Don't be too excited." は「あまり興奮しないように」と事前に釘を刺す言い方です．カタカナ語で目にすることもある「ユーフォリア」は **euphoria** [γ1] /juːˈfɔːriə/ で「短い間の（異常なほどの）高揚感」という意味です．形容詞は **euphoric** [γ2] /juːˈfɔːrɪk/（（短い間）とても高揚した）です（否定文で皮肉な効果を出すのによく使われます．類語の **elated** [γ2] /ɪˈleɪtɪd/ はよいことがあってわくわくと「高揚している」という意味です．

(i) My **euphoric** mood could not last.
（私の<u>幸福感</u>は長く続かなかった）

(ii) For myself, I felt **elated** at the thought that we were nearing the end of our task, and I caught something of Holmes's gaiety.（私はと言えば，捜査が終わりに近づいていると思うと<u>嬉しくて</u>，ホームズの陽気さ（gaiety /ˈɡeɪəti/）みたいなものが私にも伝染していた）　　　　　　　　　　〈『四つの署名』〉

形容詞 exciting は「（物事が）わくわく［はらはら］させる」という意味ですが，反対に「面白みのない」とか「（風）味のない」という形容詞は **bland** [γ1] /blænd/（'a few bland comments'（あたりさわりのない若干のコメント）/ 'a bland diet'（薄味の食事））や **insipid** [γ2] /ɪnˈsɪpɪd/（'an hour of **insipid** conversation'（1時間もの<u>退屈な</u>会話）/ 'a glass of **insipid** wine'（（グラス1杯の）<u>風味のない</u>ワイン））があります.

1-108
executive

名詞の「エグゼクティブ（企業などの上級管理職）」はカタカナ語として定着しています．形容詞としては「執行力のある」とか「管理権限のある」ということで，動詞の **execute** [α2] /ˈeksɪkjuːt/（…を実行する）は綿密に計画されたことを「実行する」とか「執行する」という意味で（**implement**（→ conduct の項 1-57）と同じような意味），

さらには「…の死刑を執行する」という意味まであります

- (i) He is **chief executive officer** of an oil company.
  （彼はある石油会社の<u>最高経営責任者（CEO）</u>だ）
- (ii) Two murderers were **executed**.
  （2 人の殺人犯が<u>処刑</u>された）
- (iii) … he informed me that he had a new commission of trust for me to **execute**. （…彼は新たな重要な任務を私に<u>遂行して</u>ほしいと伝えました）

〈「海軍条約」〉

1-109

exhaust ᵅ² /ɪgˈzɔːst/

車やオートバイの排気管をイグゾースト・パイプと言いますが，これは英語の exhaust pipe のことで（主にイギリス英語で，アメリカ英語では 'tail pipe' がよく使われます），exhaust gas(es) [fumes]（排気ガス）を出すところです。「排出（物）」という意味の **emission** ᵅ² /ɪˈmɪʃn/ も合わせて覚えておきましょう（emit → 1-51）。

　動詞の **exhaust** は「…を疲れ果てさせる」，「…を使い果たす［消耗する］」（'to make *somebody* very tired; to use *something* up completely'）という意味で，**exhausted** は「疲れ切った」という形容詞です。

- (i) Vehicle **emissions** are a major cause of air pollution.
  （車の排気ガスが大気汚染の主要な原因だ）

比較の余地なく「極端に疲れきった」ということですから程度の度合いを表す副詞とはなじみませんので，たとえば 'very exhausted' とは言えないことに注意しましょう（'very **tired**' とか 'quite / absolutely / utterly / totally **exhausted**' とは言えます）。

1-110

expert ᵅ¹ /ˈekspɜːrt/

「…に熟達した人（「…に」の部分では「…」が学問分野なら in，テーマなら on，動名詞なら at がよく使われます）」という「エキスパート（expert）」はカタカナ語で定着しています（"She's an **expert** in Ancient Egyptian art." （彼女は古代エジプト美術の<u>専門家</u>だ））。**expertise** ᵝ² /ˌekspɜːrˈtiːz/（発音注意）は「専門的な意見，技術，知識」という意味です（'professional / scientific / technical **expertise**'（専門的な / 科学的な / 技術的な知識））。

　「門外漢」とか「素人」は **layperson** ᵞ² /ˈleɪpɜːrsn/ (layman, laywoman) です。

1-111

explain

「説明する」ですが，**illustrate** ᵅ¹ /ˈɪləstreɪt/（図表などを使って説明する）や **demon-**

strate（実演して説明する）などカタカナ語でおなじみの語も使われます.

   (i) I used an analogy to **illustrate** my point.

      （アナロジーを用いて意図を<u>理解してもらおうとした</u>）

「アナロジー」は類推や類似した例をたとえとしてあげてわからせることです.

   論理的に筋道の通った説明をするというときに用いられるのが 'account for' や explain です.使い分けについては『アクティブな英単語』p. 37 参照.

1-112
explosion ^{α1} /ɪkˈsploʊʒn/

   (i) The **explosion** killed and wounded many people.

      （その<u>爆発</u>で多くの人が死傷した）

      《「死傷者」は casualty /ˈkæʒuəlti/》

「爆発」という名詞ですが,比喩的に「（爆発的な）増加」とか「（暴動などの）勃発」という意味でも用いられます.動詞は **explode** です.**eruption** は火山の「爆発」「噴火」で,動詞「爆発［噴火］する」は **erupt** ^{β2} /ɪˈrʌpt/ です.**burst** は「破裂（する）」です.

   (ii) Will Mount Fuji **erupt** again one day?

      （いつか富士山が<u>噴火</u>するだろうか？）

detonate ^{γ2} /ˈdetəneɪt/ は「（猛烈な音をさせて）爆発させる［爆発する］」です.

   (iii) Now tell me this, Lieutenant, how were the squibs **detonated**?

      （では教えていただきたいのだが,警部,どうやって爆竹（squib）を<u>爆破させたの</u>だろうか？）   〈刑事コロンボ「殺しの序曲」〉

※ **squib** /skwɪb/ は「爆竹（を鳴らす）」の他に「風刺（する）」という意味でも使われます.「風刺（本・話）」は **satire** ^{β1} /ˈsætaɪər/.

1-113
export

「…を輸出する」です.「…を輸入する」は **import** です.**stockpile** ^{γ2} は「（食料や原料の）備蓄（品）」です.

1-114
extinguisher ^{α2} /ɪkˈstɪŋgwɪʃər/

'(fire) extinguisher' は「消火器」です.動詞 **extinguish**（→ 3-139）は「…（火・光・情熱など）を消す」という動詞です.'put out' と同じ意味です.

   (i) The fire was **extinguished** through the efforts of the firefighters.

      （火事は消防隊の奮闘のおかげで<u>鎮火した</u>）

extinct ^{β1} /ɪkˈstɪŋkt/ は動物や植物などが「絶滅した」「死滅した」という形容詞です.

   (ii) Some say dinosaurs became **extinct** due to a meteor striking the earth.

（恐竜は隕石が地球に衝突して絶滅したのだという人もいる）

名詞 **extinction** ^{β2} /ɪkˈstɪŋkʃn/ を含む定番の成句として「絶滅の危機に瀕している」という意味の 'in danger of extinction' や 'on the brink [verge] of extinction' を覚えておきましょう．（**brink**（→ 3-424）や **verge**（→ 3-455）は「（崖などの）縁［端］」「瀬戸際」という意味の名詞です．）「絶滅危惧種」は 'an endangered species / animal' と言います．正確には危機の深刻さの度合いは extinct > critically endangered（近いうちに絶滅の恐れがある）> endangered（絶滅の危機にさらされている）> vulnerable（個体数が速いスピードで減少している）で表現されます．

1-115
factor

「要因」という意味の「ファクター」はよく知られていますが，英語の **factor** には「指数（その数が数 a の n 乗（aⁿ）で表されるときの n）」という意味もあり（「因数」や「約数」の意味もあります）」，**factorial** ^{γ2} /fækˈtɔːriəl/ は「階乗（の）《数学》」という意味です．

   (i)   5!（= **factorial** 5) is 120（= $5 \times 4 \times 3 \times 2 \times 1$)

      （5 の階乗は 120 だ）

1-116
fair

扱いが適切・妥当で「理にかなった」，法や規則にのっとって「公正な」，相互に「公平な」（'a fair price'（売り手と買い手の両方を考慮して定めた値段））という形容詞です．**fairness** ^{β2} /ˈfernəs/ と **justice** の違いに注意しましょう．**just** を名詞の前に置いて形容詞として「公明正大な」という意味で用いることもあります（'a just punishment'）が，**just** は fair にはない威厳（dignity）や厳格（sternness）という語感のある語で，このような用法はかなりフォーマルで法律関係の文脈などに限れられます．名詞形は **justice**（公正，正義）です．**justice** の項（1-167）参照．

   (i)   She has a strong sense of **fairness** and hates injustice.

      （彼女は公平感が強く，不公正になることを嫌う）

'in (all) fairness to A' は「A（人）について公平を期すために言っておくと」という表現です．

  equitable ^{β1} /ˈekwɪtəbl/ は「公平［公正］な」という形容詞で（an **equitable** tax system（公平な税金システム）），否定の接頭辞がつくと inequitable となります．

1-117
fake ^{α1} /feɪk/

「本物ではない」という形容詞で，カタカナ語としても浸透してきました．類語として，

false [a2] /fɔːls/ は「にせの」や「人造の」という意味ですが,「入れ歯」を 'false teeth' ということからわかるように悪い意味を持つ語ではありません. 'a **false** accusation' は「誤った告発」「冤罪」「ぬれぎぬ」といった意味になります.

　これに対して fake は悪い意味で偽物という語です. 'a fake bill' は「偽札」ですし, 'a fake smile' は「作り笑い」となりますし 'fake news' は「デマ」となります.

　類語をあげると,使い方がやや限定的な語ですが **counterfeit** (偽造の)(→ 3-25)は 違法に似せて作られたお金や商品について用いられます.

　(i)　This is not a real Swiss watch. It's **counterfeit**.

　　　　(これは本物のスイス製腕時計ではない.まがい物だ)

fake は英語では動詞として「でっち上げる」「本物に見せかける」「偽造する,模造する」という意味でも用いられます.意外なところでは **assume** にもフォーマルな言い方ですが「考えや感情をよそおった態度をとる」という意味での使い方があります（"She **assumed** an air of concern."(彼女は心配そうなそぶりをした)).

　'a false impression' は「(不十分な情報による)誤った印象」,the wrong idea は「(実際より悪いという)勘違い［思い違い］」です.なお,misinterpretation は「(不十分な［誤った］理解に基づく誤解),misconception は「(間違った情報に基づく)誤った考え」('a common misconception'(よくある誤解)),**fallacy** [r1] /ˈfæləsi/ は「(多くの人が本当だと信じている)誤った考え」とか「誤謬［詭弁］《論理学》」です('hot-hand **fallacy**' (ホットハンドの誤謬(ランダムな現象で成功が連続したとき,その後の試行でも成功が続くと思い込むこと))).語源的に同根の **fallible** [r2] /ˈfæləbl/ は「間違いを犯しやすい」「誤る可能性のある」という形容詞です(Human being are **fallible**. 人は誤りを犯すものだ).

　delusion [r1] /dɪˈluːʒn/ は「妄想」や「錯覚」,「惑わす［惑わされる］こと」で精神疾患によるものであることがあります.

　(ii)　… and that it is certain that a dangerous homicidal lunatic with Napoleonic **delusions** was in his house last night. (…そしてある危険な人殺しの(homicidal) 狂人がナポレオン妄想を抱いて昨夜は彼の家にいたのは間違いないね)

　　　　　　　　　　　　　　　　　　　　　　　　　〈「六つのナポレオン像」〉

　　※ homicide /ˈhɑːmɪsaɪd/「殺人」は故意の殺人(murder)も過失の殺人(manslaughter /ˈmænslɔːtər/)も含みます.

delusion の動詞形は **delude** [r1] /dɪˈluːd/ で「…をだます」という意味ですが,特に,実際よりも容易だとか良いと思い違いさせるということです. 'delude A into …'(A をだまして…させる), 'delude *one*self into …'(…と思い違いをする,勘違いして…する)という形で使われます.

　(iii)　Don't be **deluded** into thinking that she cares for you.

（彼女が君を好きだなんて思い違いしてはいけませんよ）

見せかけという意味の **pretense** [β1] /ˈpriːtens/ (Her anger is only a **pretense**. (彼女の怒りはただの見せかけだ)) は，「口実 (under [on] (the) pretense of …)」とか「虚勢［虚栄］」という意味でも使われます（「口実」という名詞としては pretext /ˈpriːtekst/ という語もあります）．形容詞 pretentious /prɪˈtenʃəs/ は「見栄をはった」「気取った」という意味になります．

1-118
fetch [α2] /fetʃ/

「…を行って取ってくる［連れてくる］」という意味です．

(i) Shall I **fetch** you your coat?

（私があなたのコートを取ってきましょうか？）

主にイギリス英語で用いられ，アメリカ英語では 'go and get' や bring などの言い方をします．

1-119
fiber [α1] /ˈfaɪbər/

「繊維［生地］」，「食物繊維」です．「光ファイバー」は 'fiber optics /ˈɑːptɪks/' と言います．

1-120
fight

「戦い」，「闘い」という意味で一般的な語は **fight** です．**strife** [β1] /straɪf/ は不和な個人やグループ間の反目といった「激しい争い」という意味です．

(i) A peace treaty has been signed, and the **strife** and suffering will end.

（平和条約が締結されたので，争いごとや苦しみが終わるだろう）

動詞は **strive** （真剣に努力する）(3-396) です．

次の例では名詞の **striving** [γ1] /ˈstraɪvɪŋ/（何かを得ようと懸命に努力すること）が使われています．

(ii) How small we feel with our petty ambitions and **strivings** in the presence of the great elemental forces of nature! （つまらぬ野心や功名を得ようとしてあくせくするのは自然の偉大なる力の前ではいかにちっぽけなものかと感じるね）

（『四つの署名』）

duel [γ1] /ˈduːəl/ は「（武器を使った）決闘」という意味で「激しい勝負［争い］」という意味でも使われます．

(iii) Between ourselves, Watson, it's a sporting **duel** between this fellow Milverton and me. （ここだけの話だがね，ワトソン，これは 1 対 1 の (sporting (正々

堂々の）） 決闘なのだよ，このミルヴァートンという奴と僕とのね）

〈「チャールズ・オーガスタス・ミルヴァートン」〉

1-121
file ᵅ¹ /faɪl/

もちろんこれは「（…を）ファイル（する）」なのですが，ニュースなどで「（告訴・申請を）提出する」という意味で使われる場面にもしばしば出くわします．たとえば「チャプター・イレブン（chapter 11 ＝米連邦破産法 11 条）適用申請をする」といったケースです．

    (i)   The famous company has **filed** for chapter 11.

         （その有名な会社は米連邦破産法 11 条の適用<u>申請をした</u>）

1-122
fix

fix は「固定する」とか「定着させる」という意味がありますので，**fixture** ᵝ² /ˈfɪkstʃər/ は「作り付けの設備・備品（通例 fixtures，動かせるものは **fittings**）」や「（一定の場所に）長くいる人［常連，定番］」という意味で用いられます．

1-123
flashpoint ˠ¹ /ˈflæʃpɔɪnt/

化学の用語で「引火点」ということですが，比喩的に「一触即発の場所［状態］」とか「火薬庫」という意味で用いられます

    (i)   The level of the exchange rate is becoming a **flashpoint**.

         （為替レートの水準は<u>一触即発</u>となりつつある）

1-124
flow /floʊ/

flaw /flɔː/「欠陥」と混同しないよう注意しましょう．**flow** は「流れ」（**flowchart** は「流れ図」）という意味です．in ＋ flow で **inflow** ˠ¹ /ˈɪnfloʊ/「（液体・気体・資金などの）流入」という意味になります．'the initial surge of **inflows**'（資金流入の第一波）といった文脈でよく目にします．flow は動詞（「（液体・気体・電流などが）流れる」）としても使われます．なお，inflow は行為（act）や過程（process）に視点をおいた語で，**influx**（（人や金などの）流入，殺到）（→ 3-506）は流れや流入物そのものについて述べる語です．

    (i)   I'll buy a new car when I get an **influx** of cash.

         （現金が<u>入ってきたら</u>新車を買うよ）

  難度の高い語ですが **emanate** ˠ² /ˈeməneɪt/ は「（気体・音・光などが）…から生じる［出る］」「（声・考え・提案などが）から発する」「（うわさなどが）広まる」という意味です．flow や issue よりも出所と出たものの関係がぼんやりした語感があります．

(ii) Well, in the next place, you will remember that this idea of someone moving in the garden, which took our attention for a moment from the real cause of the tragedy, **emanated from** him. He had a motive in misleading us. (さて次に，君は誰かが庭で動いていたという話，おかげで私たちの注意が悲劇の本当の原因からそらされてしまったのだが，それだって思い出してみれば彼から出たものだったよね．彼には私たちを誤った方向に向ける (misleading) 動機があったのだよ) 〈「悪魔の足」〉

※ 例文中の misleading（紛らわしい，人を惑わす，誤解を招く）はカタカナ語としておなじみになりましたが，類語として **deceptive** [β2] /dɪˈseptɪv/「人をごまかすような」，「見かけと違う」(a **deceptive** advertisement（見掛け倒しの広告）), **spurious** [γ1] /ˈspjʊəriəs/ (argument / claim / impression / logic などが) 間違いに基づいていて「もっともらしいが見せかけの」「真実でなく偽りの」('a spurious argument'（おかしな議論）) はおさえておきましょう．

1-125
flip [β1] /flɪp/

「（指先などで）はじく［はたく］」('flip a coin'（硬貨をぽんとはじき上げる）),「（物を）さっと動かす」,「（平らなものを）ひっくり返す［めくる］」などの意味です．「テレビのチャンネルを次々と切り替える」とか「株式などを短期売買する」という意味でも用いられます．

1-126
flyer [β2] /ˈflaɪər/

商品や催しの宣伝のために街頭で配られるちらしやビラです．「リーフレット（leaflet）」は宣伝や案内のための（1枚や数ページの）ちらしや無料の小冊子, **brochure**（→ 3-30）は宣伝のための小冊子やパンフレット，**booklet** はパンフレット（**pamphlet**（通例 80 ページ以下の小冊子））より厚いことがあります．

1-127
foolish

foolish（愚かな）はよく知られていますが，**stupid** よりもフォーマルな語で書きことばとして用いられます．**dumb**（→ 1-68）は stupid と同じ意味で，これもよく使われる語です（ただし友人たちなどの間で親しみのある語感で用いられることもあります）．怒って「ばかげた」とか「ばかな」とけなすときには **idiotic** [γ1] /ˌɪdiˈɑːtɪk/（= very stupid）も使われます（名詞 **idiot** [β2] /ˈɪdiət/ は「ばか」とか「まぬけ」です）．'crazy' の項も参照のこと（→ 1-68）．**twit** [γ1] /twɪt/ も「ばか」とか「まぬけ」，「あざけること」という意味の語です（主に英略式．"Stupid twit!"（「間抜けのとうへんぼく！」））．難度の高

い語として **ludicrous** /ˈluːdɪkrəs/「奇妙，不合理でおかしい，理屈に合わない（= absurd）」があります．

(i) Don't be so **idiotic**!

(そんな馬鹿な真似はしないで！)

(ii) He danced about in his agitation, a **ludicrous** object if it were not for his ashy face and startled eyes. (彼はひどく取り乱した様子（agitation）で踊るように飛び跳ねていたが，もし彼の蒼白な（ashy）顔色とおびえた（startled）目がなかったら（if it were not for）滑稽な図に見えさえしただろう)　〈「悪魔の足」〉

名詞の **folly** /ˈfɑːli/ は「愚行」，「愚かさ」，「愚かな考え」という意味です．

(iii) 《息子たちの事件の深層にある事情をホームズに説明する父親の話》

I agree with you that complete frankness, however painful it may be to me, is the best policy in this desperate situation to which James's **folly** and jealousy have reduced us. (あなたの言う通りすっかり腹を割るのが，それがどんなに苦痛であろうと，ジェイムズの愚かな考えと嫉妬が私たちを追いやった絶望的な状況には最良の方策です)　〈「プライアリイ・スクール」〉

1-128
forum ᵅ² /ˈfɔːrəm/

「公開討論会」や「討論のための会場」です．

1-129
foul ᵅ² /faʊl/

競技などでの「ファウル」，「反則」でおなじみですが，英語ではもっと幅広く，「不潔な」，「不快な」「下品な」「（天候が）悪い」といった意味で用いられます．

(i) He was a singular man, fierce and quick-tempered, very **foul**-mouthed when he was angry, and of a most retiring disposition. (彼は変わり者で，気性が激しくてすぐかっとなり，怒ったら口汚くて，とても引きこもりがちな（retiring）気質（disposition）でした)　〈「五つのオレンジの種」〉

類語としては **disgusting**（（臭い，味，人の癖が）むかむかさせる，気持ちの悪い），**revolting** /rɪˈvoʊltɪŋ/（むかむかさせる）（意味は同じだが disgusting の方が口語的），**repulsive** /rɪˈpʌlsɪv/（人やその行動とか癖が腹の立つほど不快な，嫌悪感を起こさせる）（動詞 repulse は「嫌悪感を抱く」「撃退する」），**gross** ᵅ² /groʊs/（（臭い，味，人の癖が）胸くそ悪い）といった系統の語と，**offensive**（不快な，侮辱的な），**filthy** /ˈfɪlθi/（不潔な，卑わいな，汚らわしい），**coarse**（粗野な，低俗な）といった系統の語があります．以下の例で確認しましょう．

(ii) Miss Susan Cushing, living at Cross Street, Croydon, has been made the victim of what must be regarded as a peculiarly **revolting** practical joke un-less some more sinister meaning should prove to be attached to the incident. (クロイドンのクロス街に住むミス・スーザン・クッシングが犠牲 (victim) になったのは，何かもっと邪悪な (sinister) 意図が事件に込められているのでなければ，いまわしい悪ふざけ (practical joke) と思われる)　　　　　　　　　〈「ボール箱」〉

※ **revolt** β2 /rɪˈvoʊlt/ は「反逆［反乱］（を起こす）≒rebel」(against) とか「不快感［反感］（を覚え（させ）る）≒disgust (→ 1-280)」という意味になります．

(iii) He was, as the inspector had said, extremely dirty, but the grime which cov-ered his face could not conceal its **repulsive** ugliness. (彼は，警部の言っていた通り，おそろしく不潔だったが，彼の顔にこびりついたあか (grime) もその気色の悪い醜悪さを隠すことはできなかった)　　　　　　　　〈「唇のねじれた男」〉

(iv) I passed over the **grossness** of his language, as he seemed half out of his mind with fear. (私は彼のことばの下品さには目をつぶりました．というのも彼は恐怖で半狂乱のようだったのです)　　　　　　　　　　　　　〈「入院患者」〉

(v) "I beg that you will not touch me with your **filthy** hands," remarked our prisoner as the handcuffs clattered upon his wrists. (「君の汚らわしい手で私に触れないでくれたまえ」私たちに捕まった男はガチャガチャと手錠をかけられながら言った)　　　　　　　　　　　　　　　　　　　　　　〈「赤毛組合」〉

1-130

frank α1 /fræŋk/

「率直な」という意味で，カタカナ英語としてもおなじみです．普通なら言いにくいことでも打ち明けるということで，ときに「あからまな」「臆面もない」というネガティブなニュアンスが入ることもあります．**candid** β2 /ˈkændɪd/ はまわりからよく思われずに自分に不利益になるとしても遠慮なくものをいうという意味合いです．また，ポーズをとらないありのままのという意味でも使います．"candid camera" は隠し撮りカメラのことで，アメリカの有名テレビ番組（いわゆる「ドッキリカメラ」）のタイトルにも使われていました．

(i) Our boss encourages us to give **frank** opinions.
(私たちの上司は遠慮のない意見を言うよう私たちを勇気づけてくれる)

(ii) I spoke **candidly** and hid nothing from them.
(私は忌憚のないところを話し，彼らに何の隠しだてもしなかった)

例文 (ii) にある encourage は「…するよう A（人）を励ます［仕向ける］」という動詞ですが（「…」の部分は良いことの場合もあれば悪いことの場合もあります），**incite** γ1

71

/ɪnˈsaɪt/ は何か（通例暴力的・不法なこと）を誘発させるように怒りや興奮をあおって人を「駆り立てる」とか「扇動する」という動詞です． **instigate** [r1] /ˈɪnstɪɡeɪt/ は主として公的な計画などについて「開始［着手］する」という動詞ですが，暴動や悪事を「けしかける」とか「扇動する」という意味でも用いられます (to **instigate** workers to go out on strike（労働者を扇動してストライキに行かせる))．

(iii) They put in the advertisement, one rogue has the temporary office, the other rogue **incites** the man to apply for it, and together they manage to secure his absence every morning in the week.（奴らは広告を出して，連中の一人 (rogue（悪漢）《古》) が事務所を一時的に借り，もう一人が男（質屋の主人）をけしかけて応募させ，それで平日 (week) は毎朝確実に店を留守にさせたのさ)

〈「赤毛組合」〉

抑えがたい感情で人を「駆り立てる」とか「…せずにはいられなくする」という動詞は **impel** [r1] /ɪmˈpel/，権力を行使して人に…するよう強制するとか物事を強要するのは compel です．

(iv) The boy was **impelled** to steal by hunger.
（空腹でその少年は盗みをはたらかざるをえなかった）

1-131
friendly

「好意的」とか「友情のこもった」という意味と「友好的で敵対状態にない」という意味の2つに分けて理解しておきましょう．前者の意味でフォーマルが単語として **amiable** [β2] /ˈeɪmiəbl/ があります．「やさしさや親しみやすさがある」という感じです．後者の意味合いでジャーナリズムの用語としてよく使われるのが **amicable** [r1] /ˈæmɪkəbl/ です．なお，後者の反意語は hostile「敵意のある」で相手の心の中にある強い敵意です．「会社の乗っ取り」を 'a hostile takeover' と言います．敵意が表面に出ているかどうかは問題にしていません．友好的でない「姿勢」をいうときは **antagonistic** [r2] /ænˌtæɡəˈnɪstɪk/ です．なお，難度の高い語ですが，**amity** [r2] /ˈæməti/ は「国家間の親善，友好」です．'a treaty of amity' は「友好条約」．

(i) She's very **amiable** and everyone gets on with her.
（彼女はとても親しみやすくて誰もが彼女と仲良くなる）

(ii) It was that rare thing, an **amicable** divorce.
（珍しいことだが，円満な離婚だった）

(iii) They're rivals, with an **antagonistic** relationship.
（彼らはライバル同士で，敵意を持ちあった関係にある）

反対に，unfriendly という意味の語としては **aloof** [r1] /əˈluːf/（…から遠ざかって，

72

無関心で）や **impersonal** ^{β2} /ɪmˈpɜːrsənl/（人間味のない，冷たい；私的感情を含まず客観的な，偏見のない）があります．

(iv) I saw nothing of Holmes all day, but at the hour named he returned, grave, preoccupied, and **aloof**. At such times it was wiser to leave him to himself.

（終日彼の姿を見かけなかったが，彼が言っていた時刻に戻ってきたとき，彼はむずかしい顔をして，うわの空の様子で，よそよそしい態度だった．そんなときは放っておくにかぎるのだ）　　　　　　　　　　　　　　　　　　　〈「退職した絵具屋」〉

(v) Don't be hurt, my dear fellow. You know that I am quite **impersonal**.

（気を悪くしないでくれよ，君．ぼくに人間味がないってことは知っているじゃないか）　　　　　　　　　　　　　　　　　　　　　　　　　　　〈「退職した絵具屋」〉

1-132

frighten

突然驚かせて怖がらせるという意味の動詞で，「…をおびえさせる」とか「…をどきりとさせる」というような幅広い状況で使われます．次の例文はシャーロック・ホームズからの引用です．急にビクッとする様子がよくわかります（'to *one's* feet' は「立っている状態へ」という意味で，例文にあるような spring 以外にも jump / leap / get / come / rise などさまざまな動詞と結びついて使われます）．

(i) John Rance sprang to his feet with a **frightened** face and suspicion in his eyes.（ジョン・ランスはぎょっとした顔で立ち上がり疑わしそうな目をしていた）

〈『緋色の研究』〉

alarm ^{α1} /əˈlɑːrm/ は「目覚まし時計（alarm clock）」でおなじみですが，「警報（を人に発する）」とか「…をはっとさせる」という意味で，はっとしたあとに生じる不安や懸念があることをイメージさせます．**terrify** ^{β1} /ˈterɪfaɪ/ は「…をひどく怖がらせる」という意味で，強烈な恐怖や動揺を含意します．

(i) To-day I was not **alarmed**, but I was filled with curiosity, and I determined to find out who he was and what he wanted.（今日は不安に思うよりも好奇心（curiosity）の方がまさって，私は彼が何者で何が目的なのかつきとめてやろうと思いました）　　　　　　　　　　　　　　　　　　　　　　〈「一人ぼっちの自転車乗り」〉

(ii) What happened then I do not know. I heard oaths and the confused sounds of a scuffle. I was too **terrified** to raise my head.（何が起こったかわかりません．ののしり声（oaths → 3-264）ともみあう（scuffle /ˈskʌfl/（つかみ合いのけんか））ような音がしました．私は恐ろしくて顔を上げられなかったのです）

〈『緋色の研究』〉

1-133
fund-raise [r1] /ˈfʌndreɪz/

fundraise ともつづります。「資金［寄付金］（を集める）」という意味です。**fund-raiser** は資金の調達係や資金調達のためのパーティーなどの催しです。ちなみに「資金」「支度金」は outlay /ˈaʊtleɪ/（事業を始めるための支出）と言います。

1-134
fusion [β2] /ˈfjuːʒn/

「融合（物）」「提携」「核融合（＝nuclear fusion）」などの意味があります。動詞 **fuse** [r1] /fjuːz/ は「融合させる［する］」「（高熱で）融かす［融ける］」という意味です。

1-135
game [α1]

基本的に、play するスポーツでは game で、play しないスポーツは **match**（テニスは game / match 両方可）と言います。**match** は名詞で「好敵手」とか「競争相手」という意味にもなります。ちなみに、**game** には「（猟の）獲物」とか「（批判などの）格好の的」という意味もあり、イギリスの名探偵シャーロック・ホームズの有名な台詞に「さあワトソン、獲物が飛び出したぞ（"The **game** is afoot."）」というのがあります。

1-136
gene

「遺伝子」とか「因子」という名詞です（「遺伝」は heredity）。関連語をしっかりおさえておきましょう。形容詞の **genetic** [β1] /dʒəˈnetɪk/ は「遺伝子の」、'genetic engineering' は「遺伝子工学」とか「遺伝子操作」、**genealogy** [r1] /ˌdʒiːniˈælədʒi/ は「家系」「系統」「系譜」です。「起源」の意味の **genesis** [r1] /ˈdʒenəsɪs/（通例 the ～。Genesis は『創世記』）にも gene- が隠れています。**generic** [r1] /dʒəˈnerɪk/ は generic drug（ジェネリック医薬品）でよく知られていますが、「ノーブランドの」という以外に「ある種全般に通じる［一般的な］」とか「総称的な（not specific）」という意味があります。

(i) Furniture is a **generic** term for chairs, tables, *etc.*　　　　〈*Chambers*〉
　　（家具というのは椅子とかテーブルといったものの総称的な語です）

1-137
general

「全体の」とか「一般的な」という形容詞で、同じ訳語になりますが universal は例外なくすべての部分にあてはまるという語感があるのに対して、general は大部分という意味合いになります。派生語として **generalization** [α2] /ˌdʒenrələˈzeɪʃn/（一般化、概括）や **generalize** [α2] /ˈdʒenrəlaɪz/（一般化する、一般論として言う）があります。

　類語としては **common**「普通の」、**commonplace**「ありふれた」、**ubiquitous**「どこ

にでもある」, **widespread**「広範囲にわたる」,「広まった」はおなじみでしょう. 難度の高い語として **rife** [r1] /raɪf/ があります. これは悪い物事が「蔓延した」(Superstition is still **rife** in country districts. (いなかでは迷信がいまだにはびこっている)) とか特定の場所などが「…で満ちている」(The country was **rife** with rumors of war. (その国は戦争のうわさでもちきりだ)) という意味で叙述用法 (名詞の前には置かれない) の形容詞として使われます. **banal** [r1] /bəˈnɑːl/ になると書いたり話したりしたものが普通でアピールするものがないという意味で,「陳腐な」とか「ありふれた」という訳語になります (a **banal** conversation about weather (天気についての平凡な会話)).

1-138
goods

複数形で「商品」です. 数詞や many などが修飾することはなく, the もつきません (定形句やスラングなどの場合にはありえます). 売り物にするため作り出す (produce) ものは **product** (産物, 製品) で, goods は家庭内で使うような製品のこと (「家財 (道具)」) をしばしば指します. 所有物というニュアンスもあります.

commodity [β1] /kəˈmɑːdəti/ には「財産」といった意味合いはなく, 消費の対象となる物品ということで, 日用 (必需) 品といった意味もありますし, 経済に関する文脈で食料・金属・燃料などの取り引きで扱われる「商品」も commodity です.

(i) There was a sharp fall in wheat prices on the **commodity** markets.
(商品市場で小麦価格の急落があった)

1-139
gradually

「徐々に」という副詞です. 名詞 **grade** が「等級」, 形容詞の **gradual** が「だんだんの」「(勾配が) ゆるやかな」です. slow ということでもありますが, 経済やビジネスの文脈では **sluggish** [r1] /ˈslʌɡɪʃ/「(景気が) 停滞した」(‘a **sluggish** economy’ (停滞気味の経済)),「(回復が) のろい」という語がよく使われます.

(i) The pace of construction has been quite **sluggish**.
(建築のペースがとても緩慢になっている)

1-140
grave

「墓 (地)」です (「重大な」の意味では 1-289 参照). **tomb** は特に墓石のある大がかりなものについていいます. **cemetery** [α2] /ˈseməteri/ は大規模な共同墓地で, 教会に隣接する墓地は **graveyard**, 教会に付属 [隣接] した敷地内の墓地は **churchyard** と言います (教会の墓地でない庭を指すこともあります).

1-141

grill

「グリル (grill)」は「焼き網 (のついた調理器具)」とか「焼き肉料理 (を出す店)」ということですが, 焼き網は gridiron /ˈɡrɪdaɪərn/ とか **grid** /ɡrɪd/ とも言います. grid は gridiron から 19 世紀に逆成された語で, 現代では焼き肉用の金網の他に「(金属製の) 格子」, 「方眼紙のます目 [地図などの碁盤目]」「配電網《電気》」などの意味を持ちます.

1-142

hammer ^{α1} /ˈhæmər/

「金づち [ハンマー]」ですが, 動詞として「金づちで打つ」という以外に比喩的に「A (思想など) を B (人に) 叩き込む ('hammer A into B')」とか「激しく攻撃する [打ち負かす]」などの意味で使われます.

(i) The recession continues to **hammer** many sectors.

(景気後退は多くのセクターに打撃を与え続けている)

1-143

handout ^{β1} /ˈhændaʊt/

講演の趣旨などの印刷物や, 官庁や政治家が政策などの案内を書いた新聞記者などへの「配布資料」のことです. **resume / résumé** ^{α2} /ˈrezəmeɪ/ は「履歴書」とか本・論文の概略 [レジュメ] です. **CV** /ˌsiː ˈviː/ (curriculum vitae /kəˌrɪkjələm ˈviːtaɪ/) は「履歴書」.

1-144

hasten ^{α2} /ˈheɪsn/

人をせきたてるときの「ハリーアップ」というカタカナ英語でおなじみの **hurry** は「時間がないのでいつもより急ぐ」, 名詞では「急ぎ」で, "I'm in a hurry—can we talk about it later?" (急いでいるのでその件については後でいい?) というような使い方で日常語としては **haste** ^{α2} /heɪst/ よりよく使われます. 「いくぶん興奮 (excitement) と狼狽 (confusion) の意味を含む」とも言われます. haste は "In my haste to leave, I left my coat behind." (急いで帰ろうとしてコートを忘れた) とか, ことわざに "Haste makes waste." (急いては事を仕損ずる) とあるように, 「性急」という意味で急いでミスをするという含みがあります.

hasten は「遅延なく行う」とか「躊躇せず言う [行動する]」という「急ぐ中にも計画 (design) と秩序 (good order) を立ててする」意味を含むフォーマルな語です. 「誤解のないようぬかりなく言う」という使い方もあります ('Let me hasten to add that …' というときもあります).

(i) The archaeologist said the new discovery would change history, but he **hastened to add** that more research is required.

(その考古学者はその発見が歴史を書きかえようと述べたが, さらなる研究が必要であることを<u>ぬかりなく言い足している</u>)

次の例では 'hasten to add [say] (that) …' は「急いで…と付け加える」という意味です (例文は Corpus of Contemporary American English から).

(ii) "And you are Mr. --?" he inquired. "Mr. Perry. But it isn't necessary to include a name," I **hastened to add** when he started writing it down.

(「それであなた様のお前が…?」彼が尋ねた.「ペリーです. でも名前を加えておく必要はありませんよ」と彼が名前を書きとめようとし始めたとき私は<u>あわてて付け加えた</u>)

また, hasten を他動詞につかって「急がせる」の意を出す場合, hasten は当然来るべき運命の到来を促進することに使うという点もおさえておきましょう (次例は日本語訳ともに『英語類義語活用辞典』からの引用).

(iii) This kind of fertilizer **hastens** the growth of the crops.

(この種の肥料 (fertilizer) は作物の成長を<u>早める</u>)

成句的な用法でおさえておきたい言い方もあります. "not … (again) in a hurry"「二度と嫌なことだ (＝焦って (また) …してしまうことはない)」は意味を間違えないよう注意しましょう.

(iv) We wo**n't** be going back there again **in a hurry**.

(そこには<u>二度と戻りたくない</u>)

「性急に結論を出す」という意味の 'to jump to a hasty conclusion' では **hasty** [α2] /ˈheɪsti/ は「せっかちな」とか「そそっかしい」といったニュアンスになることにも注意しましょう.

1-145

hearing [α1] /ˈhɪrɪŋ/

hear は「(自然に耳に入って) …が聞こえる」であり, **listen** は「(聞こうと注意して) …に耳を傾ける」という違いがあるということはよくご存知でしょう. ですから「聴力検査」は 'hearing test' ですし, 語学の「聞き取りテスト」は 'listening test' です. ただし,「聴聞会」は言い分に耳を傾ける場ですが英語でも hearing (「公聴会」は 'a public hearing') ですので日本語でいう役所などの行う「ヒヤリング」は日本語と英語の意味が合致しています.「補聴器」も聞こえに関係しますので 'a hearing aid' となります.

heed [v1] /hiːd/ は助言や忠告などに耳を傾け「聞き入れる」ことで, 名詞としては「留意」という訳語があてられます. heedless は 3-192 参照.

(i) You had better **heed** what I say.

（私の言うことを心に留めなさい）

1-146
helicopter /ˈhelɪkɑːptər/

「ヘリコプター（helicopter）」は語源的にはギリシア語 *helix*（＝spiral）＋*pteron*
（＝wing）をもとにしたフランス語 *hélicoptére* が英語に入ったものです．**helix** /ˈhiːlɪks/ は「らせん（状）」という意味です（'the double helix'（DNA の二重らせん））．
「スパイラル（spiral）」（らせん形のもの，渦巻き貝，渦巻き線《数学》，らせん状の（急）
上昇［降下］）はカタカナ語として定着しています．

1-147
hesitate

「ためらう」「ちゅうちょする」「…するのに抵抗を感じる」といった訳語があてられます．関連する語として，**recoil** /rɪˈkɔɪl/ は「たじろぐ」です．

(i) I **recoiled** in horror at the sight of the murdered man.

（私はその殺された男の様子を見て恐怖にたじろいだ）

1-148
hierarchy α2 /ˈhaɪərɑːrki/

「階層」「ヒエラルキー」です．類語として，**scale**（段階，階級，等級表），**ladder**（出世
や地位の段階［階層］），'pecking order'（つつき順位（自分より弱い鳥をつつくといわれる
強さの序列）から，おどけて「人間の集団での身分の序列」）などがあります．（**peck** β2
/pek/ はくちばしで「つつく」「つついてあける」「ついばむ」「ほおに軽くキスをする」
という動詞です．woodpecker は「キツツキ」ですね．

1-149
highlight

カタカナ語で定着している「ハイライト」（最も重要な部分，呼び物）という意味もあり
ますが，「目立たせる［強調する］」「マーカーで文字に色を付ける」とか「コンピュータ
で文字を強調表示する」という意味でよく使われます．「（文字に）下線を引く」のは
underline（主に《英》）や **underscore** β2 /ˌʌndərˈskɔːr/（主に《米》）という動詞が使わ
れます．

(i) In his speech he **underlined / underscored** several points.

（スピーチの中で彼はいくつかのポイントを強調した）

「強調する」という動詞として emphasize がありますが，形容詞形は emphatic（協調的
な，語気が強い）です．**accentuate** /əkˈsentʃueɪt/ は「…を強調［力説］する」「…を
目立たせる」という動詞です．

   (ii) The white dress **accentuates** her pale skin.

      （その白いドレスは彼女の白い肌を<u>際立たせる</u>）

underline とスペリングが似ていますが **underlie** ^{β2} /ˌʌndərˈlaɪ/ は「…の基礎となる」という動詞です．（形容詞の **underlying** ^{β2} /ˌʌndərˈlaɪɪŋ/ は「…の基礎をなす」「…の下にある」．'the underlying causes of poverty'（貧困の根底にある原因）

   (iii) Mental illness often **underlies** apparently physical disorders.

      （精神的な病気が肉体的な病気に見えるものの<u>原因になっている</u>ことがよくある）

「根底」とか「基本的事実」という名詞は **bedrock** ^{β1} /ˈbedrɑːk/ です．「（価格などが）最低の（＝rock-bottom）」という意味の形容詞としても使われます（**bedrock** [rock-bottom] prices（底値，超安値））．

1-150
hint

ほのめかしやちょっとした助言としての「ヒント」はカタカナ語として定着しています．英語ではそのほかにも「かすかな徴候（sign）」や「微量（'a hint of …' の形で）」といった意味でも用いられます．**clue** ^{α2} /kluː/（手がかり）は警察が犯罪捜査をする時の証拠になるものとか，何かの理由を理解するための情報といった意味です．

   (i) I really can't solve this puzzle. I need a **clue**.

      （このパズル［なぞなぞ］は本当に解けない．<u>ヒント</u>がほしい）

implication ^{β1} /ˌɪmplɪˈkeɪʃn/ は「含み」，「ほのめかし」（'by implication'（それとなく））のほかに，考えや行動を左右する「影響」（'examine the **implication** of the virus'（そのウイルスの<u>影響</u>を調べる））という意味や，「（（悪事など）への関与」という意味でも用いられます．

動詞 **implicate** ^{β1} /ˈɪmplɪkeɪt/ は imply の堅い語で「（悪事などに）…を関係させる」とか「…を暗に含む」という意味です．

   (ii) We regard this case as one of murder, and the evidence may **implicate** not only your friend Mr. Stapleton, but his wife as well.

      （私どもはこの事件を殺人を見ており，証拠から友人のステイプルトン氏のみならず彼の妻も<u>関与していることを示しています</u>）   〈『バスカヴィル家の犬』〉

allude ^{γ1} /əˈluːd/ は 'allude to A' の形で「A についてそれとなく言う」という意味で用いられます．refer は直接的に言及することで，'allude to' はヒントや示唆的な物言いで間接的に言及することです．ときに偏見や悪意を含意することもないわけではありません．名詞は **allusion** ^{γ1} /əˈluːʒn/（ほのめかすこと，言及，あてつけ，引喩）（→ 3-252 例文）

   (iii) He didn't mention your name but I'm sure he was **alluding to** you. 〈ISED〉

（彼はあなたの名前こそ出しませんでしたが，確かにあなたのことを<u>間接的には言っていましたよ</u>）

innuendo [n1] /ˌɪnjuˈendoʊ/ は悪意を持っての「ほのめかし」とか「あてこすり」です．（法律用語としては，名誉毀損訴訟での真意説明条項（一見無害の言動がなぜ名誉毀損になるか説明する訴状の部分）という意味です．）

　(iv)　She kept making **innuendoes** about my private life.

　　　（彼女は私の私生活について<u>当てつけ</u>を言い続けた）

1-151
-holic

「アルコール中毒患者」の **alcoholic**（「急性中毒」は alcohol poisoning）とか「仕事中毒の人」という意味合いで **workaholic**（work と alcoholic を合成した造語）というようなときの「…中毒者」です．**chocoholic**「チョコレート中毒の人」や **shopaholic**「買物中毒の人」のほかに **addict** [β1] /ˈædɪkt/ も「中毒者」とか「（麻薬などの）常用者」という意味で，‘a drug/TV addict’「薬物中毒/テレビ狂」とか ‘be addicted to …’ という言い回しで使います（形容詞形は **addictive**（中毒性の，やみつきになる））．

　(i)　Some people **are addicted to** gambling.

　　　（ギャンブル依存症になる人もいる）

　関連語として **phobia** [n1] /ˈfoʊbiə/（恐怖症，病的恐怖）もおさえておきましょう．‘have a phobia about flying / going out in public / snakes’ とか ‘suffer from … phobia’ という形で使われます．また，-phobia として，claustro*phobia* /ˌklɔːstrəˈfoʊbiə/（閉所恐怖症）とか acrophobia /ˌæk.rəˈfoʊbiə/（高所恐怖症）として用いられます．

1-152
honest

「正直」とか「ありのままの」という形容詞です．類語の **frank**（→ 1-130）も正直にものを言うという態度で肯定的に使われます．

　(i)　A free and **frank** expression of opinions is the basis of democracy.

　　　（自由で<u>忌憚</u>のない意見表明が民主主義の基礎となる）

ただし，ときに人の気を悪くしても遠慮なくというニュアンスがありますので，度が過ぎているというネガティブな意味合いになることもあり得ます．‘frank exchange of views’ であれば「率直な［忌憚のない］意見交換」となりますが，外交交渉などで “There was a **frank** exchange of views.” というときは，「双方が言いたいことを言って，結局合意に至らなかった」という意味のことが多いとも言われます．このようなニュアンスがわかると次の文章（Internet より採録）のユーモラスな感じが理解できますね．

(ii) Politics has far too many euphemisms for not quite telling the whole truth. But occasionally a little creative lightness of touch can be helpful. My favourite is the Foreign Office description of an old-fashioned diplomatic punch-up: they call it a 'full and **frank** exchange of views'. Somehow, it makes an ambassadorial hissy fit seem more dignified. （外交にはすべての真相を語りきらずにおくための遠回しな表現 (euphemism /ˈjuːfəmɪzəm/) が恐ろしく多い．しかしときには少し気の利いた軽妙さがあって効果的なことがある．私のお気に入りは，外務機関の言いまわしで昔ながらの外交上のぶん殴り合い (punch-up) のことだが，彼らはそれを「全面的で忌憚のない意見交換」というのだ．なにかこう，大使の起こしたかんしゃく (hissy fit) がずっと威厳ありげになるよね）

1-153

idle $^{\alpha 2}$ /ˈaɪdl/

駐停車や信号待ちのときにエンジンを停止させる「アイドリングストップ」はよく目にするようになりました（ただし和製英語です．英語では 'start-stop system' などの用語が使われます）．idle は「稼働していない」という形容詞で，人（たとえば有閑階級の人たちは 'the idle rich'）や物（たとえば機械や工場が使われていないという場合）について用いられ，悪い意味とは限りません．**lazy** は「怠惰な」という悪い意味となることがしばしばです．"He is idle." だと不況のせいなどで勤労意思はあるのに失職しているという状態ですが，"He is an idler." とか lazy が使われている例だと「なまけものだ」という意味になります．

(i) You really are bone **idle**!

　　（あなたは生まれついての<u>なまけものだ</u>）

1-154

ill

「病気で」という形容詞ですが，アメリカ英語では **sick** が使われます．イギリス英語では限定用法で名詞の前に置く場合は **sick** が用いられますが叙述用法では **ill** が使われます（'a seriously ill man' というように副詞がつけば限定用法も可能になることがあります）．イギリス英語で ill と言わず **sick** と言うときは「吐き気」の意味を含みます．ちなみに，「飛行機に酔った」は **airsick**，「船に酔った」は **seasick** です．名詞の illness や sickness はいずれも「病気」ということですが，**illness** $^{\alpha 1}$ /ˈɪlnəs/ のほうが幅広く使われ，**sickness** $^{\alpha 1}$ /ˈsɪknəs/ は仕事を休むとか保険に関係した文脈で用いられます（sickness benefit（《英》疾病手当））．**disease** $^{\alpha 2}$ /dɪˈziːz/ は病名と症状のある具体的な病気です．（精神的なものではなく）肉体的で医学的な重い病気で，特に感染でかかるものにしばしば用いられます．

(i) She has completely recovered from her **illness**.

(彼女は自分の病気を完全に克服した)

(ii) Fortunately, she has fully recovered from her **sickness**.

(幸運にも彼女は自分の病気から完全に回復した)

(iii) The infectious **disease** spread quickly.

(その感染病は急速に広まった)

1-155
imagination

「イマジネーション」(「想像 (力)」) は日本語の中でもおなじみですが,「理性的でまじめな想像力」と説明されます. **fancy** ^{α1} /ˈfænsi/ は非現実的で滑稽・軽妙・気まぐれな空想で, 動詞としては「…したい (fancy *doing*)」とか「…がほしい」, **fantasy** ^{α1} /ˈfæntəsi/ は興奮させるような自由奔放な「空想」. 難度の高い語ですが, **envisage** ^{γ1} /ɪnˈvɪzɪdʒ/ は「(実現しうる, 実現させたい未来のことを) 心に描く [見込む]」という動詞でおもにイギリス英語で使われます. アメリカ英語では **envision** ^{γ1} /ɪnˈvɪʒn/ が envisage と同じ意味で使われます.

(i) I **fancy** going to a different bar tonight.

(今夜はいつもと違うバーに行ってみたいんだ)

(ii) Would you describe the book as science fiction, or **fantasy**?

(君はこの本を空想科学小説 (SF) と思うかい, それともファンタジー?)

(iii) Few people **envisaged** that the UK would vote to leave the European Union.

(イギリスが EU から離脱するのに賛成する投票結果になるとはほとんど誰も予想することはなかった)

(iv) What do you **envision** doing after leaving university?

(大学を出た後はどうするつもりでいるんだい?)

imagination と同根の **imagine**「想像する」, **imaginary**「想像上の」, **imaginative**「想像力に富んだ」「独創的な」もおさえておきましょう. 他に, imaginary number (虚数) とか imaginable (想像できる, 考えられる限りの) もあります.

1-156
incentive ^{β1} /ɪnˈsentɪv/

「誘因」「刺激」「報奨金」という意味で, 何かを見返りに手に入れるうえで動機となるものということです.

(i) The banks still have an **incentive** to take on risk.

(銀行はリスクを取る動機をまだ持っている)

類語として, **impetus** /ˈɪmpɪtəs/ (物事の発展過程における勢いやはずみ) (→ 3-188),

inducement ^{β2} /ɪnˈduːsmənt/（人に普段行わないことをやらせる意欲を出させるお金や物事，誘因（a financial inducement（報奨金））．動詞は induce（→ **motivate**（1-208））があります．

1-157
income ^{α1} /ˈɪnkʌm/

income は「収入」です．

(i) Per capita **incomes** have risen across virtually all regions.

(1 人当たりの（per capita → 3-528）<u>収入</u>が実質的に全地域で向上している)

incoming ^{β1} /ˈɪnkʌmɪŋ/ は「入ってくる」「次期の」「これからの」です（incoming calls（<u>かかってくる</u>電話），the **incoming** president（<u>新しく当選した</u>大統領））．反対語は **outgoing** ^{β1} /ˌaʊtˈɡoʊɪŋ/「出ていく」（**outgoing** (phone) calls（（電話の）<u>発信</u>）），「退任する；外向的な」(a cheerful, **outgoing** girl（快活で<u>社交的な</u>（＝sociable, extravert /ˈekstrəvɜːrt/, gregarious /grɪˈɡeriəs/）女の子））．複数形で outgoings は「定期的な出費」のことです．

incoming の類語として **impending**（→ 3-186）があります．

1-158
independent

「独立した」という形容詞ですが，国や地域に関して言うときは，独立しているというのが **independent**（名詞は **independence**）で，完全な独立ではないが自治の自由を持っているというのが **autonomous** ^{β2} /ɔːˈtɑːnəməs/（名詞は **autonomy** ^{γ1} /ɔːˈtɑːnəmi/（自治（権）））.

(i) The region will be given some **autonomy**, but not full independence.

(その地域は一定の自治権を与えられるが完全なものではない)

一般的な意味としては，independent なら他者とかかわらずスタンドアロンで自立していられるということで，autonomous は自分の意思でものごとを決定できるということです（他者に dependent であっても autonomous であるという状況はあり得るということになりますね）．

1-159
instability ^{β2} /ˌɪnstəˈbɪləti/

自動車などの乗り物に取り付けられている，不規則で不要な揺れを抑える装置を「スタビライザー（stabilizer（安定装置））」と言いますが（stabilize は「…を安定させる」，stable は「安定した」），見出し語の instability は「不安定」とか「(心の）変わりやすさ」という意味です（political / economic **instability**（政情<u>不安</u> / 経済的な<u>不安定性</u>））．**precarious** ^{γ1} /prɪˈkeriəs/ は「（状況・立場などがいつ悪くなるか）不安定な［危うい］」と

いう形容詞です.

(i) … Mr. Sherlock Holmes, the well-known private detective, was the victim this morning of a murderous assault which has left him in a **precarious** position. (…著名な私立探偵シャーロック・ホームズ氏が今朝暴漢に襲撃され<u>危険な状態にある</u>) 〈「有名な依頼人」〉

1-160
instance

「例」です.「たとえば」という 'for instance' は 'for example' よりも口語的で多く使われます. 'for instance' は反例をあげたり,説明を支持するための具体的な論拠をあげたりするといったときに用いられます. また,example にはほかの人にとってのお手本・見本という意味もあります.(ちなみに,「お手本となる人」というのは 'a **role model**' と言います. example は **instances** の中でもとりわけ典型的 (typical) な例という語感があります.

typical の他に 'type' と関連する語も見ておきましょう. prototype はカタカナ語で定着している通り「(機械などの)試作品[原型]」,**archetype** ^{r1} /ˈɑːrkitaɪp/ もカタカナ語で見かけるようになりましたが,特定の人や物について重要な要素をすべて備えて「最も典型的な見本(となる原型)」です. atypical は 1-76 参照.

1-161
interested

「興味を持っている」というおなじみの形容詞です. interest は「興味」や「関心事」ですが,「利益」や「利子」としての用法があることも要チェックです. ちなみに「複利」は 'compound interest' です. interested は「興味を持っている」だけにとどまらず,「…をほしがっている」とか「…したがっている」という意味でも用いられます. "She **is interested in** becoming a dentist." は「歯科医の仕事に就くってどうだろうかと興味がある」のではなく「歯科医になりたいと強く思っている」のですし,"He **is interested in** buying your car." なら「君の所有している自動車を<u>買いたいと思っている</u>」わけです.「無関心な」という意味で **uninterested** ^{r1} /ʌnˈɪntrəstɪd/ という語もないわけではありませんが,これはむしろ **bored** という退屈感のある無感動な感じに近い語感ですので,**indifferent** ^{β1} /ɪnˈdɪfrənt/ (気にかけない) をおさえておきましょう. ちなみに **disinterested** ^{r1} /dɪsˈɪntrəstɪd/ は「私心のない」,「公平な」という意味を主体とした用法でよく使われます.

(i) My friend is completely **uninterested** in his studies.
(私の友人は自分の研究にまったく<u>興味がわかないでいる</u>)

(ii) I am **indifferent** to whether we have Italian or French food tonight.

（私は今夜食べるのがイタリア料理であろうとフランス料理であろうと<u>気にかけない</u>）

(iii) We need the opinion of a **disinterested** party.

（私たちは<u>中立的な</u>第三者の意見が必要だ）

1-162
interface ^{β2} /ˈɪntərfeɪs/

カタカナ語としてもコンピュータ関連で機器同士の接続や「ユーザーインターフェース (the user interface)」などとしてよく出てくる語ですが，「接点（'the interface between management and workforce'（管理職と従業員の接点［境界面］））」，「境界領域（'the interface between science and medicine'（科学と医学の境界領域［共通領域］））」，「共通事項」といった意味です．

1-163
island

「島」や「孤立した，まわりと違う状況にあるもの」という意味で用いられますが，語源的に関連のある **insulate** ^{γ1} /ˈɪnsəleɪt/ は「絶縁体で覆う」「遮断する」「断熱する」という動詞です．意味の似ている **segregate** ^{γ1} /ˈsegrɪgeɪt/ は差別などで「分離［隔離］する」という動詞です．名詞は **segregation** ^{β2} /ˌsegrɪˈgeɪʃn/「分離」「隔離」．

(i) This material **insulates** against electric current.

（この物質は電流を<u>遮断する</u>）

(ii) The people who have the disease must be **segregated** from the others.

（その病気に感染した人たちはほかの人たちから<u>隔離され</u>なければならない）

伝染病予防のための「隔離」や「隔離する」という意味では **quarantine** ^{γ1} /ˈkwɔːrəntiːn/ という語があります（'in [under] **quarantine**'（<u>隔離</u>中で））．

1-164
judge

「ジャッジ」はカタカナ語としても浸透しています．名詞では「裁判官」，「（スポーツなどの）審判」，動詞では「判断する」とか「評価する」です．'judging from …' は「…から判断すると」です．スペリングに注意しておきましょう．名詞は **judgment**（イギリス英語では **judgement** もあります）．**judicial** ^{β2} /dʒuˈdɪʃl/ は「裁判や司法に関する」，**judicious** ^{γ1} /dʒuˈdɪʃəs/ は「思慮分別のある」という形容詞です．

(i) The process will be subject to **judicial** review.

（その訴訟手続きは<u>司法審査</u>を受けなければならないだろう）

(ii) He made **judicious** use of scarce resources.

（彼は希少な資源を<u>思慮のある</u>使い方をした）

関連語として，**deem** ^{γ2} /diːm/ は「…を～とみなす」とか「…であると考える」とい

う意味の動詞（≒consider）ですが，とてもフォーマルな語です．

(iii) Of all the facts which were presented to us we had to pick just those which we **deemed** to be essential, and then piece them together in their order, so as to reconstruct this very remarkable chain of events.

《まるで大学教授のようにホームズが事件の謎解きを依頼人に解説する場面》

（我々に与えられたすべての事実のうちから，重要であると<u>思われる</u>ものを選び出し，それらを然るべく組み合わせてこの一連の驚くべき出来事を再構築する必要がありました）　　　　　　　　　　　　　　　　　　　　　　　　　〈「海軍条約」〉

1-165
junk

「ジャンク」はカタカナ語としても定着しました．「がらくた」や「くず」とか「おんぼろ」ですが，路上など公共の場所にポイ捨てされた空き缶（瓶，箱）や紙くずといったゴミは **litter** ^{β2} /ˈlɪtər/ といいます．**garbage** ^{α2} /ˈgɑːrbɪdʒ/ は台所などで出る生ゴミというのが主要な意味です．おなじみのジャンク・フード（'junk food'）は正しい英語です．

(i) Usually in Japanese parks you have to take your **litter** home.

（通常日本の公園では<u>ごみくず</u>は持ち帰らなければならない）

(ii) In Japan, **garbage** is sorted into various types.

（日本では<u>台所ゴミ</u>はいくつかの種類に分別される）

堅い言い方として **refuse** ^{γ2} /ˈrefjuːs/（発音注意）「（家庭ごみから事業ごみまで）廃棄物」があります．**rubbish** ^{β1} /ˈrʌbɪʃ/ は「（可燃性の）廃棄物《主にアメリカ英語，refuse よりかさばらないもの》」とか「生ごみ《主にイギリス英語，garbage や trash を含む》」．**trash** ^{α2} /træʃ/ は「くず（紙くずなど主に乾いたごみ）」．

1-166
jury ^{α2} /ˈdʒʊri/

「陪審」です．通常 12 人の陪審員（**juror** ^{γ1} /ˈdʒʊrər/）からなる機関で裁判長に「有罪・無罪の判決」（**verdict** ^{β1} /ˈvɜːrdɪkt/）を答申します．通常集合的に使われ単数扱い（"The jury is ...."）ですが，イギリス英語では陪審員の一人一人に視点をおいて複数形（"The jury are / is ...."）として扱うこともあります．

(i) The **jury** came into the courtroom to give their verdict.

（<u>陪審</u>が判決を下すために法廷に入ってきた）

(ii) The **jurors** came into the courtroom one by one.

（<u>陪審員たち</u>が 1 人ずつ法廷に入ってきた）

(iii) The **verdict** of the court was guilty.

（法廷の評決は有罪だった）

guilty と同じように **culpable** /ˈkʌlpəbl/ も「有罪の」という意味です．前者は「やましい」とか「気がとがめる」というニュアンスでも使われますし（I feel very guilty (about) telling a lie. (うそをついて気がとがめる))，後者は「罪［非難］に値する」ということです．

1-167
justice

「正義」や「公正」ですが（既出の **fair** の項 (1-116) を参照），「正当性」とか「裁判（官）」という意味でも用いられます．動詞 **justify** /ˈdʒʌstɪfaɪ/ は「…を正当化する」という意味で，ほかの人が誤りであるとか理にかなっていないと思っている物事や行動について受け入れてもらえる説明や言いわけをするという意味です．なお，**defend** はほかの人が批判している対象について何か支持する内容を述べるということで「…を弁護，擁護する」という動詞です．論文の口頭試問で内容の正しさを論証するというときもこの defend を用います．

(i) He has a strong sense of **justice**.

（彼は正義感が強い）

(ii) Can you really **justify** asking your father for money again?

（あなたは再度お父さんにお金を無心する言い訳が立つのですか？）

defend できる（able to be defended）のであれば **tenable** /ˈtenəbl/「（学説などが）しっかりした」（地位などが継続するという意味でも使われます），できないのであれば untenable ということになります．

(iii) His theories seem to be quite **tenable**.

（彼の理論は批判に耐えうるようだ）

1-168
knowledge

「知識」です．**literacy** /ˈlɪtərəsi/ はカタカナ語「リテラシー」としても定着してきましたが「読み書き能力」とか「運用能力」です．**scholarship** は「奨学金」という意味でよく知られていますが，「学識」という意味もあります．

knowledgeable /ˈnɑːlɪdʒəbl/ は「…について物知りの［詳しい］(about, in on)」という意味です．

(i) Some quite poor countries have managed to improve **literacy** levels.

（いくつかのとても貧しい国で読み書きの力を向上させてきている）

(ii) She's very **knowledgeable** about French literature.

（彼女はフランス文学にとても造詣が深い）

1-169

lack

名詞として「不足」や「欠乏」，動詞としては抽象的なものが「不足している」とか「欠けている」というときに 'lack / be lacking in …' と言います．物質的なものが不足しているときは 'be short of …' です．余分は **surplus** (**excess** の項 (1-106) 参照)．なお，**want** が「必要なものの欠乏」とか「必要なもの」という意味の名詞として用いられることもあります．

   (i)   Your work shows **want** of thought [care] (i.e. shows that you did not give much thought [care] to what you were doing).   ⟨*ISED*⟩

       (君の作品は思慮 [注意] が<u>欠けていたこと</u>がわかる)

   (ii)   The house is **in want of** repair (i.e. needs to be repaired).   ⟨*ISED*⟩

       (その家は修理が<u>必要</u>だ)

short-staffed *γ2* / ˌʃɔːrt ˈstæft/ (通例 '*be* short-staffed' の形) や **short**(**-**)**handed** *γ2* / ʃɔːrt ˈhændɪd/ は「人手不足の」という形容詞です．(ちなみに **shorthand** は「速記」，**longhand** が普通の「手書き」という意味です．)

   (iii)   With three people off ill, we're a bit **short-handed** this week.

       (3 人も病欠して今週は少々<u>人手不足</u>だ)

   (iv)   I'm sorry about the delay. We're **short-staffed** at the moment.

       (遅くなり申し訳ございません．ただいま<u>人手が足りておりませんで</u>)

1-170

last

「続く」という動詞ですが，いつまで続く (続いた) かを明示するのが **last** ("The meeting lasted until lunchtime.") で，止まらないとか途切れないということを述べるのが **continue** です ("The good weather seems likely to **continue**." (好天が<u>続き</u>そうだ) (英文は *LDCE* から引用)．**restless** は「休息のない」ということから「落ち着かない」とか「休むことのない」も意味し ('a restless child' (落ち着きのない子), 'a restless night (i.e. in which one gets little or no sleep)' (眠れない夜)), **relentless** *β2* /rɪˈlentləs/ は「情け容赦ない」ということから「手を緩めない」とか「絶え間のない」も意味する形容詞です．

   (i)   The police **relentlessly** questioned the suspect.

       (警察はその容疑者に<u>容赦なく</u>尋問した)

「尋問」という名詞として **interrogation** *β2* /ɪnˌterəˈɡeɪʃn/ (尋問，取り調べ) があります (動詞形は interrogate /ɪnˈterəɡeɪt/)．文法で「疑問文」という用語は interrogative /ˌɪntəˈrɑːɡətɪv/ sentence となります．

1-171
laugh

声に出して笑うという意味の一般的な語です（声に出さないのは **smile** の項参照 (→ 1-299)）．子どもや若い女性が「くすくす」笑うのが **giggle** [β1] /ˈɡɪɡl/, ひとりで満足げに思い出し笑いなどで「くっくっ」と笑うのが **chuckle** [α2] /ˈtʃʌkl/, 人をばかにして口元を少しゆがめて「せせら笑う」のは **sneer** [β1] /snɪr/. 大声で大笑い（バカ笑いとして下品に思われることも）するのは **guffaw** [γ2] /ɡəˈfɔː/ です．笑うというよりは「ほくそ笑む」とか「満足げに眺める」のは **gloat** (over, about, at) [γ2] /ɡloʊt/.

1-172
leisure [α1] /ˈliːʒər/

「余暇」という訳語があてられますが，日本語の「レジャー」というときのような娯楽と必ずしも結びついたイメージはなく，暇な時間ということです．leisure は特に社会全般についていう文脈で用いられ，個人の空き時間についていうときは ‘spare time’ とか ‘free time’ と言います ("What do you do in your spare/free time?")．また，‘free time’ は仕事以外の時間を尋ねるといったときにも使います．

1-173
lever [α1] /ˈlevər/

「てこ」「レバー」です．

leverage [β2] /ˈlevərɪdʒ/ は「てこの力［作用］」．

※ カタカナ語の「レバレッジ」としても定着していますが，金融や経済の世界では，「他人の資本を活用することにより，自己資本以上の投資を実施し，自己資本に対する利益率を高めようとすること」の意味で使われます．

  (i) **Leverage**, the use of borrowed money to maximize benefits, is applied in such areas as investment, real estate and stocks.　　　〈Internet から採録〉

      （レバレッジ，すなわち利益を最大化するために借入金を使うことは投資や不動産そして株式などで利用されている）

1-174
line

原義的には「線」，そして縦にあるいは横に一列に並んでいる「行列」です．横に並んでいる列は **row** [α2] /roʊ/ です．数学の「行列」の行，表計算ソフトなどでの横の並びも row です．ちなみに縦は **column** [α2] /ˈkɑːləm/（原義は「円柱」ですが，数学の「行列」の列，表計算ソフトなどでの縦の並びも column）です．順番を待って並んでいる人の列 (line) をイギリス英語では **queue** [β1] /kjuː/（元は「弁髪」の意）といいます（発音注意）．

in（a）line

　line は通例縦向き（＝column），raw は通例横並び（家並みや劇場の座席の並びのイメージ．'in（a）line' は「1 列に」，row はいくつかある中の 1 つの列ということなので，'**in a row**'（1 列に）/ 'in rows'（いく列にもなって）の使い分けがあります．また，'in a row' には「連続して（＝one after another）」という意味もあります．）

- (i) "Tention!" cried Holmes, in a sharp tone, and the six dirty little scoundrels stood **in a line** like so many disreputable statuettes. (「気をつけ！」ホームズが鋭く叫ぶと，六人の薄汚れたなりの小さな無頼漢たち（scoundrel /ˈskaʊndrəl/）はみすぼらしい（disreputable）小さな影像（statuettes /ˌstætʃuˈet/）が並んだかのように 1 列になった）　　　　　　　　　　　　　　　〈『緋色の研究』〉

　　　《ベイカー街遊撃隊の登場場面》

　一列に並べるとか整列させるという動詞は align /əˈlaɪn/ で，名詞の alignment（整列；調整，調節）は「アラインメント」として様々な分野でカタカナ語になっています（front-wheel alignment（自動車の前輪アラインメント））．

1-175
liable ^{β1} /ˈlaɪəbl/

　フォーマルな語で，損害の補償などについて法的な「責任がある」という意味の形容詞です．名詞の **liability** ^{β2} /ˌlaɪəˈbɪləti/（責任，負債，不利になるもの［人］）は **responsibility** の項も参照（→ 1-278）．他には，'be liable to *do*' の形で，「…しやすい」，特に人や物がよくないことや不利なことを「しがちだ」という習慣や傾向について述べます．

- (i) The car company was judged **liable for** the accidents.
  （その自動車メーカーはその事故の責任があると判決がでた）
- (ii) He **is liable to** lose his temper without a reason.
  （彼は理由もなくかんしゃくをよく起こす）
- (iii) He is a **liability** rather than an asset.
  （彼は有用な人というよりお荷物だ）

　例文 (ii) の 'lose *one*'s temper' は「かんしゃくを起こす」という意味ですが，「（幼児の）かんしゃく」という語に **tantrum** ^{β2} /ˈtæntrəm/ があります（'have [throw] a **tantrum**'/ 'have **temper tantrum**'（かんしゃくを起こす））．金融関連の記事で 'Tapering'（量的緩和縮小）（taper → 3-418）による「市場のかんしゃく」（通貨や株価の下落とか資金流出）という意味の造語で 'Taper tantrum' という言い方を目にすることがあります（もちろん taper (ing) と temper がことば遊びとしてかけてあるわけです）．

　難度の高い語ですが，形容詞 **prone** ^{β2} /proʊn/ も 'be prone to …' や 'be prone to …'（to … は to 不定詞，または前置詞として to ＋名詞であることに注意しましょう）

の形で「…（好ましくないことや状態）になりがちだ，…をしがちだ」とか「とかく…
する傾向がある」というように通例悪い意味で用いられます．

   (iv) As people age, they often get quite **prone to** accidents.

      （年をとるとよく事故に<u>あいがちだ</u>）

  また，-prone の形，たとえば 'an earthquake-**prone** country'（地震に<u>見舞われやすい
国</u>）というように合成語をつくります．

  可能性について述べる **likely** についても見ておきましょう（apt の項（1-18）も参照）．
'be likely to *do*' の形で，「…しそうである」という意味で，ある場合に何かが起きる
可能性を述べる言い方です．

   (v) I am not **likely** to attend the meeting tomorrow.

      （私は明日の会議には<u>出られそうにない</u>）

名詞 **likelihood** ^{β1} /ˈlaɪklihʊd/ は「可能性」や「見込み」です．

  susceptible ^{β2} /səˈseptəbl/ は「影響を受けやすい」「感染しやすい」「（人が）多感な」
といった意味で，場所が病気や汚染とか気象（気象学は meteorology /ˌmiːtiəˈrɑːlədʒi/）
の影響を受けるといった文脈でよく使われます．

   (vi) In February many people are **susceptible** to influenza.

      （2 月は多くの人がインフルエンザに<u>かかりやすい</u>）

1-176
liberal ^{α2} /ˈlɪbərəl/

カタカナ英語で「リベラル」は liberal の持つ「自由主義の」とか「進歩主義の」という
意味でだけ使われていますが「寛大な」とか「気前のよい」という意味があることにも
注意しておきましょう．さらに，後者と同じ意味で liberal が 'be liberal with' の形で
使われることもあります（"She is very **liberal with her money**."（彼女は<u>金離れがよ
い</u>））．ついでながら，'liberal arts' は「（大学の）一般教養科目」を指します．

  動詞 **liberate** ^{β1} /ˈlɪbəreɪt/ は「（支配や占領などから国や人などを）解放する」とい
う他動詞です．名詞は **liberation** ^{β2} /ˌlɪbəˈreɪʃn/「解放［釈放］されること」です．「奴
隷解放宣言（1863 年）」は 'the Emancipation Proclamation' です．（**emancipation**
/ɪˌmænsɪˈpeɪʃn/ は「黒人や植民地支配などからの解放」，**proclamation** ^{β1}
/ˌprɑːkləˈmeɪʃn/ は「公布」「公式宣言」．）**emancipate** $^{β2\ L}$ /ɪˈmænsɪpeɪt/ は「（奴隷など
を）解放する」という動詞です．

1-177
lift ^{α1} /lɪft/

   (i) He insisted upon my climbing into his dog-cart, and he gave me a **lift**
      homeward.

(彼は私に彼の二輪馬車 (dog-cart) に乗るように言い，私を家まで乗せてくれた)

〈『バスカヴィル家の犬』〉

自動車などに乗せることです．例文のように 'give A（人）a lift' の形でよく用いられます．米国では **ride**（'give A（人）a ride) が使われます．

lift とか raise といった動詞の類語として **heave** *β2* /hiːv/「（重いものをゆっくりと力を入れて）持ち上げる［動かす］」があります．

(ii)　The sailors **heaved** (**on**) the rope holding the anchor.

(船員たちは錨 (いかり) をつないでいるロープを引いた)

1-178
list

「一覧表」，「目録」，「名簿」といった意味でよく知られています．そして縦にあるいは横に一列に並んでいる「行列」です．**inventory** *β2 C* /ˈɪnvəntɔːri/ は「ある建物内の所蔵品の目録」ということで，典型的には在庫を数えて損益を計算する「棚卸し（表）」，さらには「在庫（品）」という意味でよく使われます．

(i)　We will be closed tomorrow for **inventory**.

(私どもの店は棚卸しのため明日は閉店します)

list は動詞としては「一覧表を作る」とか「リストに記載する」という意味です（「リストアップ」は和製英語で，その意味では動詞 list（…をリスト［一覧表］にする）だけで成立します）．類語として「明細［仕様］を示す」とか「指定［明記］する」という意味の動詞 **specify** *β1* /ˈspesɪfaɪ/ があります（名詞 **specification** *β2* /ˌspesɪfɪˈkeɪʃn/ は「仕様（書）」や「規格」）．

1-179
liver *α2* /ˈlɪvər/

「肝臓《解剖学》」．カタカナ語でおなじみの「レバー」（食品としての動物の肝臓）としても使われます．

(i)　He had a **liver transplant**.

(彼は生体肝移植手術を受けた)

病気や動植物に関する用語は私たち学習者が苦手としているところです．機会あるごとに下記のような語をおさえていきましょう．

bout /baʊt/（発病，発作），cardiopulmonary resuscitation /ˌkɑːrdiəʊˌpʌlməneri rɪˌsʌsɪˈteɪʃn/（心肺蘇生 (cardiopulmonary（心肺の）)，cramp /kræmp/（けいれん，ひきつり），diarrhea /ˌdaɪəˈriːə/（下痢），infirmity /ɪnˈfɜːrməti/（虚弱，病弱），ulcer /ˈʌlsər/（潰瘍）；herbivore /ˈ(h)ɜːrbɪvɔːr/（草食動物），(in)vertebrate /(ɪn)ˈvɜːrtɪbrət/（(無) 脊椎動物の），membrane /ˈmembreɪn/（動植物の薄膜（皮膜)))

1-180

load ^{α2} /loʊd/

「重荷（を積む）」という語ですが，同じような語に **burden**（→ 1-42）があります．burden は動詞では 'burden A with B' の形で「A（人・動物）に B（重荷）を負わせる」という意味として用いられます．重荷を負わすことで悩ます［苦しめる］といった意味で「堪えしのぶ」ことに焦点がおかれた語です．

(i)　I won't **burden** you **with** my troubles.

（君に僕が抱えている<u>面倒を背負わせたりしないよ</u>）

一方，load は語源的には「積荷」で「仕事量」という意味合いの強い語です．動詞としては burden のときのようなニュアンスはなく，'load A into [in, onto] B' や 'load B with A' の形で「A（荷物）を B（船や自動車）に積載する」という意味です．

(ii)　She **loaded** herself **with** parcels and packages.

（彼女は自分で小荷物や小箱を<u>持った</u>）

1-181

long

手に入れにくいものを自分のものにしたいと「切望する」という動詞が long です．よりフォーマルな，高尚な語としては **yearn** ^{β2} /jɜːrn/ があります（'**yearn for** A'，'yearn to *do*'）．「…がほしい」とか「…したい」という希望を言うときには **hope** が一般的ですが，生活や地位で何かをなしとげたいと熱望するのが **aspire** ^{β1} /əˈspaɪər/（'aspire to *do*' で「…したい」，名詞は **aspiration** ^{β2} /ˌæspəˈreɪʃn/)，特にキャリアにおいて成功を収めるというニュアンスがあるのが **ambition**（野心，功名心）です．形容詞の **ambitious**（野心のある）は，札幌農学校（現，北海道大学）初代教頭 William Clark 博士が言ったとされている "Boys, be ambitious!"（少年よ，大志を抱け）ということばでよく知られていますが，ときに「度を越えた」とか「あつかましい」といったニュアンスを持つこともあるようです．なお，aspire は ambition と違い悪い意味では用いません．

(i)　When I was young, I **yearned** to travel the world.

（若い頃は世界を<u>旅したい</u>と考えていた）

(ii)　I **aspire** to a much higher position in this company.

（私はこの会社でのもっと高い地位が<u>欲しい</u>）

《aspire は自動詞で，例文では to が入っていることに注意》

(iii)　I'm not sure he feels much **aspiration** to do that kind of work.

（私は彼がそんな類の仕事をやりたいと<u>熱望</u>しているかよくわからない）

※ aspiration は have / feel，ambition は achieve / fulfil / realize / satisfy といった動詞とともによく使われます．

1-182

loop ^{α1} /luːp/

カナカナ語定着している「ループ」で,「輪(にする[なる])」,「環状[湾曲]のもの」
という語です. 'a belt loop' は「ベルト通し」, 'loop the loop' は飛行機が「宙返りす
る」. コンピュータ用語では「繰り返される命令」という意味で用いられます. **loop-
hole** ^{β2} /ˈluːphoʊl/ は城壁などの銃眼(小さな穴)ですが,比喩的に「法律や制度の抜
け穴」という意味で用いられます('close a legal / tax loophole'(法的な / 課税の抜け穴
をふさぐ)).

  (i) He **looped** the rope around the tree.

     (彼はその木にロープを<u>巻き付けた</u>)

1-183

lure ^{β1} /lʊr/

「…を誘惑する[おびき寄せる]」,名詞として「おびき寄せるもの」,「おとり(= decoy
/dɪˈkɔɪ/)」としても用いられます.(釣りで使う疑似餌(ルアー)もこれです.) 3-421
の解説も参照.

  (i) He had hoped that his wife might **lure** Sir Charles to his ruin, but here she
     proved unexpectedly independent. (奴は細君にサー・チャールズを<u>誘惑</u>して破
     滅させようともくろんだが,予期せぬことに細君はくみしなかったのだ)

                                   〈『バスカヴィル家の犬』〉

1-184

managerial ^{γ1 C} /ˌmænəˈdʒɪriəl/

アメリカの野球チームの「監督」は manager です(その他のスポーツでは coach が
使われます). また,manager は会社や商店などの「支配人」という意味でもカタカナ
語で定着しています. managerial は「経営の」とか「監督の」という意味になり
ます. **administrator** /ədˈmɪnɪstreɪtər/ は「管理者」や「役員」で,**administrative**
/ədˈmɪnɪstreɪtɪv/ は「管理[運営]上の」とか「行政的な」という意味です.

1-185

many

よく知られているように,数えられる名詞の複数形につけて「たくさんの」という意味
ですが,ニュアンスのとりかた,たとえば "He does not have many friends." のよう
な否定文では「友達があまりいない」という「少ないこと」が焦点になります. ただし,
many に強勢を置いて読むと「多くはないが少しは友達がいる」という意味になります.

   また,日本語の感覚からは連想できないような熟語での使い方に注意しましょう. 次
の例は '**as many**' の部分に要注意です.

(i) You have made two blunders in **as many** minutes.

　　（この 2 分間で 2 度も間違い（blunder *β2* /ˈblʌndər/: 不注意な失態；大失敗（する）；
　　…をしそこなう）をしてますよ）　　　　　　　　　　　　　　　　〈「独身貴族」〉

"as many" は先行する数詞（上では two）に呼応して「それと同数の」という意味を持
ちますから，「2 分の間に 2 度」という意味です．

1-186
marble ^{α1} /ˈmɑːrbl/

「大理石」や「ビー玉（遊び）」とか「おはじき」のことを指し，「大理石模様の」チョコ
や「おはじき」型のチョコレート菓子の商品名に使われています．

1-187
margin ^{α2} /ˈmɑːrdʒɪn/

「マージン」というカタカナ語を耳にすることも増えてきましたが，「余白」とか「利ざ
や」といった意味で使われているようです．いずれも英語の margin の意味に合致しま
すが，「中間マージン」に見られる「手数料が中抜きされる中間搾取」といった語感は英
語の margin にはありません．

(i) This product has a large **profit margin**.

　　（この商品は利ざや［利益幅］が大きい）

(ii) The case worried me at the time, Watson. Here are my **marginal notes** to
　　prove it.（この事件は当時ほんとうに苦しんでね，ワトソン君．ここに僕が書いた
　　欄外のメモ［注］があって，それを物語っているよ）　　　　　　〈「覆面の下宿人」〉

margin call は「（証券会社からの）追加証拠金の要求」のことで，「マージン・コール」
はカタカナ語として定着し始めています．

　marginal ^{β2} /ˈmɑːrdʒɪnl/ は「ほんのわずかの」「ぎりぎりの」「最低限の」とか，比喩
的に「傍流の」「大して重要でない」という意味でよく使われます．

(iii) There has only been a **marginal** improvement in the firm's sales.

　　（その会社の売り上げはほんのわずかの改善しか見せていない）

「余白」という意味の語としては **fringe** ^{β2} /frɪndʒ/（縁，周辺）がありますが，こちらは
縁飾りや裾など（中央ではない）端っこという意味です．'a **fringe** benefit' で「付加給
付（金）」「おまけ」「余禄」という意味で，'a fringe group' は「非主流派」とか「過激
［急進］派」です．

(iv) A **fringe group** claimed responsibility for the terrorist acts.

　　（過激派の一派が自分達がそのテロ行為をやったと主張した）

'by a **narrow / wide margin**' は「僅差で / 大差で」という意味です．「差」という意味
では gap「（格）差」や，「湾」という意味でおなじみの **gulf** ^{α1} /gʌlf/ が考え方や生き方

などの「大きな隔たり」とか「深い溝」という意味で用いられます（'a huge gulf be-
tween men and women'（男と女の間の大きな溝））．その関連語の **engulf** *v1* /ɪnˈɡʌlf/ は
深い淵などに船や人を「飲み込む［巻き込む］」とか比喩的に「(悲しみや不快なものが
人を)包み込む」という意味の文語ですが，現代的には例えば相場のチャートで前日
（およびそれよりも前の）値動きの幅よりも上下両方に動いた日のいわゆるローソク足
表示は「抱き線」「包み線」と呼ばれ，英語では 'an **engulfing** line [candle (stick)]' と
言います．

(v)   … Oberstein, eager to complete the coup of his lifetime, came to the lure
       and was safely **engulfed** for fifteen years in a British prison.

       （…オーバーシュタインは，生涯の大手柄 (coup /kuː/) を完璧なものにしようとし
       て罠にかかって，英国の牢獄に15年間閉じ込められることとあいなった）

〈「ブルース・パーティントン型設計図」〉

例文中の coup（発音注意）は本来は突然の一撃ということで，「(政治的な)大成功」と
いう意味で用いられていますが，「クーデター」という意味もあります．

1-188
material

「材料」や「資料」という名詞です．**materialism** *β2* /məˈtɪriəlɪzəm/ は「唯物論」あるい
は「(軽蔑的に)物質主義」です．**materialistic** *v1* /məˌtɪriəˈlɪstɪk/ は「実利主義 [唯物
論者] の」という形容詞で，お金やものに最大の価値を認めることです．類語として
greedy *β1* /ˈɡriːdi/（「貪欲な」とか「よくばりの」という形容詞，名詞 **greed** *β2* /ɡriːd/
「どん欲」（必要以上にお金やものなどを得ようとすること））もおさえておきましょう．
voracious *v1* /vəˈreɪʃəs/ は「がつがつ食べる大食の」ということですが，比喩的に「飽
くことを知らない」という意味で使われます（'a **voracious** reader'（飽くことを知らない
読書家））．名詞の **glutton** *v1* /ˈɡlʌtn/ は（軽蔑した感じをともなって）「食い意地の張っ
た人」とか「大食漢」ですが，おどけた感じで「…に熱心な人」とか「(つらいことにも
耐える)がんばり屋」という意味にもなります（a **glutton** for punishment（どんなつら
いことにも耐えられるがんばり屋），a **glutton** for work（仕事の虫））．その類語の **glut** *v1*
/ɡlʌt/ は「過剰供給（する）」です．同じような意味で **surfeit** *v1* /ˈsɜːrfɪt/ は 'a surfeit
of A' で「過度 [過剰] な A (物・事)」（a **surfeit** of violence on television（テレビにあ
ふれる暴力描写）），動詞としては人に「食べさせ過ぎる [あきあきさせる] (with)」です．

(i)   Religion seems to have been rejected in favor of **materialism**.
       （物質主義が好まれ，宗教は受け入れられなかったようだ）

(ii)   He's one of the most **materialistic** people I know.
       （彼は私の知る中で実利主義者の最たる人だ）

(iii) **Greed** has been the downfall of many people.

（貪欲は多くの人の破滅の原因となっている）

(iv) Some rich people never cease to be **greedy**.

（金持ちなのにどうしても欲の深い人がいる）

1-189

matrix ʳ¹ /ˈmeɪtrɪks/

一般的には「マトリックス表（複数の要素が縦横に格子状・碁盤目状に規則正しく並んだ構造や図表）」としてよく知られています．このとき，要素の横の並びが行（row），縦の並びが列（column）です．また，さまざまな専門分野で，例えば「行列《数学》」，「（文化や社会形成の）母体［基盤］」「細胞間質，基質《生物学》」「（宝石や結晶の含まれる）母岩《鉱物》」といった意味で使われます．他にも「マトリックス」《コンピュータ》，「母型文（matrix sentence）」《言語学》，「母型，原盤」《印刷》といった意味で目にします．

1-190

matter

「それは財務省マターだ」なんて言い方もよく耳にするのではないでしょうか．「事柄」とか，「件（≒question, concern）」「事態」といった意味合いです．‘the matter’で「やっかいな［困った］こと（≒problem, trouble, **complication** ᵝ¹ /ˌkɑːmplɪˈkeɪʃn/（複雑（な状態），めんどう））」です．ところで下記の例では‘with you’の有無が大きな違いになります．

(i) What's the matter?

(ii) What's the matter with you?

(i)は相手が何か問題を抱えている様子なのでその問題が何かを知りたいということですし，(ii)は「どうかしているんじゃないのか」と相手をとがめたり叱責する情景をイメージしてください．

1-191

means

「手段」や「方法」です．単数形も複数形も同形なので注意してください．‘by means of’（…によって）をはじめ，‘by all means’（もちろんいいですとも，ぜひとも），‘by any means’（（否定文で）決して…ではない，なんとしても），‘by no means’（決して…ではない）を覚えておきましょう．「方法」という意味の **method** は「体系的にきちんと構成された方法（論）や教授法」です．**methodology** ʳ¹ /ˌmeθəˈdɑːlədʒi/ は「方法論」「（研究の）方法体系」です．

measure ^{α1} /ˈmeʒər/

「巻き尺」などの「メジャー」はカタカナ語としておなじみです．英語の動詞や名詞としては，「測る」「(長さ，幅，高さなどが…ほど) ある」「基準 [単位]」「測定器具」；しばしば複数形 measures で「対策」，「手段」があります．**measurement** ^{α2} /ˈmeʒərmənt/ は「測ること」，(通例複数形 measurements で)「測った寸法 [サイズ]」とか「(女性の) 体のサイズ《バスト・ウエスト・ヒップの数字》」です．

(i) I don't think any of our heads would have come up to his shoulder, and I am sure that he could not have **measured** less than six and a half feet.

(誰も彼の肩のところに頭が届かなかったと思うので，きっと彼は6フィート半 (およそ198センチ) をくだらない<u>背の高さだった</u>ろう)　《「グロリア・スコット号」》

(ii) I have tried to reconstruct it from the **measurements**. Here are four prints where the beast has been standing motionless. You see that it is no less than fifteen inches from fore-foot to hind.

《足跡から謎の動物の正体を推理する場面》

(僕は<u>測定した寸法</u>から姿を再現してみようとした．ここに4つの足跡 (print) があって，これは動いていないときのものだ．前足 (fore-foot) から後ろ足 (hind) まで15インチはあるのが見てとれるだろう)　　　　　《「背の曲がった男」》

media

「マスメディア」は 'the media' として集合的に単複両扱いになりますが，**media** という語自体はラテン語 *medius* (= middle) を語源とする **medium** (媒介，方法，(形容詞として) 中間の，Mサイズの，肉の焼き方がミディアムの) の複数形です．**mediate** ^{β2} /ˈmiːdieɪt/ は後期ラテン語 *mediare* (= to be in the middle) を語源とし，「…の間の仲介 [調停] をする (between)」，「(合意などを) 成立させる」という意味です．名詞 **mediation** ^{γ1} /ˌmiːdiˈeɪʃn/ は「調停 (= **arbitration** ^{γ2} /ˌɑːrbɪˈtreɪʃn/)」です．同じような意味の arbitration の動詞は **arbitrate** ^{γ2} /ˈɑːrbɪtreɪt/ は「…を調停する」ということですが，特に，判定する権限を持つ arbitrator (仲裁人) が間に入ることです．紛争の当事者は arbitrator の判断に服することを合意して arbitrator を選定します (mediator は紛争当事者間に入って説得によって紛争の解決を図ろうとする役目です)．

▶ The United States is trying to **mediate** (in the dispute) between these two countries.　　　　　　　　　　　　　　　　　　　　　　《*Chambers*》

(アメリカがその二国間の紛争を<u>調停しようとしている</u>)

▶ The committee will be asked to **arbitrate** in the dispute between the workers and management.

（その委員会がその争議で労働者と経営者の<u>調停</u>をするよう要請されるだろう）

1-194
medicine
medicine は「薬（内服薬）」の一般語です．**medicate** [r1] /ˈmedɪkeɪt/ は「投薬する」，「薬で治療する」という動詞で，**medication** [β1] /ˌmedɪˈkeɪʃn/ は「薬剤（医者による処方薬）」，「薬物治療」です．**drug**（薬物）も「薬剤」の意味があります．

1-195
mentor [r1] /ˈmentɔːr/
企業における「メンター制度」といった言い方がよく使われるようになってきましたが，「メンター（mentor）」とは「一定期間にわたって助言を与える経験豊富な指導者や助言者」のことです．「アドバイザー（adviser, advisor）」や「コンサルタント（consultant）」はカタカナ語として定着しています．

1-196
merchant [α1] /ˈmɜːrtʃənt/
卸売業（wholesale trade）をする「商人」で，特に大きな貿易取引をする人（会社のこともあります）ですが，アメリカ英語では「小売商人（retail trader）」の意味でも使われます．シェークスピアの『ベニスの商人』は *The Merchant of Venice* です．

1-197
metabolism [β2] /məˈtæbəlɪzəm/
「新陳代謝《生理学》」です．形容詞 **metabolic** [r1] /ˌmetəˈbɑːlɪk/ は「（新陳）代謝の」という意味で，過食や運動不足で内臓脂肪が増える生活習慣病は「メタボリック・シンドローム（metabolic syndrome）」です．

1-198
metaphor [β1] /ˈmetəfər/, /ˈmetəfɔːr/
「メタファー」というカタカナ英語もよく知られるようになりました．比喩のひとつで，「隠喩・暗喩」と呼ばれます．たとえば "**He's a tiger** when he's angry."（怒ったときの<u>彼は虎だ</u>）といった言い方です．

　like や as を使う比喩は「直喩・明喩（**simile** [r2] /ˈsɪməli/）」と言います．なお，「アナロジー（**analogy** [β2] /əˈnælədʒi/）」もカタカナ英語が知られようになってきましたが，analogy は「類似点」，「類推（2つの異なる種類のものに機能的な相似点を見つけ関連づけること）」のことです．

　(i)　Is there an **analogy** between the Great Depression and the current situation?
　　　（大恐慌と現在の状況に<u>類似点</u>はあるだろうか）

analogous [r1] /əˈnæləgəs/ は「…に類似した」「…に相似の」という形容詞です（「…

に」の部分は 'to [with] ...' で表現されます).

minor

「マイナーな」はカタカナ語として定着しましたが, 「有名でない」という意味で用いられることが多いようです. 英語の minor は「小さい」, 「重要ではない」「軽微な」といったところが主要な意味です. 「重要ではない」とか「些細な」という意味では **trivial** もよく用いられますが, 取るに足らないというニュアンスがあります. 出来事 (incident), 事態 (matter), 詳細 (detail) などについて言うときによく使われます. 難度の高い語ですが, 中心的な (core) ことに対して「周辺的な」という意味では **peripheral** (→ 3-529) という語があります. peripheral とされる対象はその文脈の中では「重要ではない」という意味合いを持ちます. 関連語として **trifle** /ˈtraɪfl/ を見ておきましょう. 「少量」とか「わずかの金額」といった意味の名詞です (「つまらないもの」という意味の用法はやや古い言い方になります). 副詞的に「少し」とか「ちょっと」というようにも使われます.

(i) Oh! I was expecting you, but you are **a trifle** before your time.

(やあ, お待ちしておりましたよ. でも<u>少しばかり</u>お約束の時間より早目でしたね)

〈「株式仲買人」〉

mix

よく知られた「混ぜる」や「混ざる」という動詞の一般語ですが, 混ぜられたものそれぞれがもともと持っていた個体性を失うという含意が常にあるわけではありません. ただし, たとえば 'mixed salt and pepper' というように, それぞれの性質を失っていなくても, 混ぜられた後にできるものには一体感があります.

なお, 景気や企業業績などに関するレポートの場合には, 強弱入り混じった内容であった, という意味になります.

(i) The US equity market was **mixed** yesterday.

(昨日の米株式市場では株価が上昇した銘柄と下落した銘柄が入り混じっていた)

「混合する」とか「混じり合う」という意味のブレンド (**blend** /blend/) も日本語に定着していますが, こちらはできあがったものが調和して融合していることに焦点があり, もともとあった個体性はあまり意識されません.

moist /mɔɪst/

空気中やものの表面の「湿った」状態を指しますが, damp (→ 3-66) のような不快感を含意しないのが普通です. 「涙ぐんだ」という意味でも使いますし, ケーキなどが

「しっとりした」状態でパサついていない様子にも使います。動詞（…を湿らせる［ぬ
らす，潤す］）は **moisten** [n1] /ˈmɔɪsn/ です。名詞は **moisture** [β1] /ˈmɔɪstʃər/ で「湿気」
や「水分」のことです。カタカナ語でも「モイスチャー」は化粧品の説明などで見かけ
ます（'moisturizing cream'（モイスチャークリーム））。類義語の **humid** [β1] /ˈhjuːmɪd/
は空気中の湿気や天候での湿度についていいますが，「湿っている（ので不快だ）」と
いった意味合いになります。「湿気」「湿度」は **humidity** [β1] /hjuːˈmɪdəti/ です。

(i) The washing is still a little **moist**.

（洗濯物はまだ湿っている）

(ii) The **humidity** of the Japanese summer is quite hard to bear.

（日本の夏の湿度は耐えがたい）

1-202
mold [α2] /moʊld/

（イギリス英語では mould.）「型」「（型に入れて）…を作る（＝cast（鋳造する））」「（性
格・世論などを）形作る」という意味です。カタカナ語で「モールド（樹脂・鋳物・ゼ
リーなどの成型に使う（鋳）型）」という言い方を目にすることもありますが，この英語
の mold のことです。比喩的に名詞で「性格」や「特徴」，動詞として「人を訓練して…
にする（into）」といった意味でも使われます。

(i) That Business School has a reputation for **molding** the leaders of the future.

（そのビジネススクールは将来のリーダー達を輩出していると評判だ）

同じスペリングで，「かび」や「糸状菌」とか「沃土（rich soil）」，「耕土（有機物を含ん
で植物の成長に適した土）」という意味でも用いられます。

1-203
moment

「瞬間」という意味ではよく知られていますが，**moment** には物を回転させる力の「モー
メント《物理》」という意味もあります。**momentum** [β2] /moʊˈmentəm/ は「運動量
《物理》」ですが，「勢い」「はずみ」「推進力」といった意味で 'gain [gather] momen-
tum'（はずみがつく）とか，'lose momentum'（勢いがなくなる）というように使われま
す。

1-204
monotone [β1] /ˈmɑːnətoʊn/

単音という意味ですが，「モノトーン」としてカタカナ語で定着しているように，色彩
や文体などの単調さのことです。**monotonous** [β2] /məˈnɑːtənəs/ は比喩的に「退屈な」
という意味にもなりますので，同じような意味の形容詞として **boring**（刺激に乏しく倦
怠感を覚えるような退屈さ）や **dull** [β1 L] /dʌl/（単調で変化に乏しく活気がないという感

じ（"The movie was very **dull**."（その映画は退屈きわまりない））（→ 3-112）），類語として **tedious** ^{β1} ᴸ /ˈtiːdiəs/（同じことの繰り返しがずっと続いて飽き飽きする感じ（→ 3-112））もおさえておきましょう．

   (i) He spoke in a **dull** monotone.

      （彼はけだるそうな単調さで話した）

   (ii) People lost interest listening to the speaker's **monotonous** voice.

      （話し手の一本調子の声を聞いていると聞き手は関心を失う）

   (iii) Our textbook is long and **tedious**.

      （私たちの使っている教科書は長ったらしくて退屈だ）

1-205
money

単に「お金」というだけでなく，'money market'「短期金融市場」（金融機関や事業法人が資金を調達する期間1年未満の金融取引が行われる市場，株式市場や債券市場のような「長期金融市場」は 'capital market'）とか，**monetary** ^{β1} /ˈmɑːnɪteri/（「貨幣の，金融の，通貨の」という形容詞）といった金融という語に関連した使われ方にも慣れましょう．また，**currency** ^{α2} /ˈkɜːrənsi/ は「通貨」や「貨幣」です．下の例で money との違いを見ておきましょう．

   (i) Five hundred yen notes are no longer legal **currency** / *~~money~~.

      （500円札は法的にはもはや使うことできない紙幣だ）

      《レジで断られたりするかもしれませんが，本当は現在も有効なお札です》

外貨は 'foreign **currencies**' と言います．

  「硬貨」は **coin**，「紙幣」は英国では **note** ^{α1} /noʊt/，米国では **bill** ^{α2} /bɪl/ です．

1-206
moral

「道徳（上）の」，「品行方正な」です．moral /ˈmɔːrəl/ を名詞で使うと「教訓」といった意味で，「道徳」に対応するのは複数形にした **morals** ^{α2}（「品行」とか「倫理観」という意味で，複数形で単数扱い）や **morality** ^{β1} /məˈræləti/（社会的な「道義」，人として守るべき「道徳」）です．

  スペリングの似ている **morale** ^{β2} /məˈræl/ は morality の同義語としてはまれにしか使われず，普通「士気」とか「意気込み」といった意味です．

1-207
motif ^{β1} /moʊˈtiːf/

「モチーフ（文学や芸術作品の中で繰り返される主題やイメージとか楽想）」です．図案の中で繰り返される小さくてシンプルなパターン（pattern），文学や音楽の中の主題

（subject）も motif です.

1-208
motivate

「動機を与える」という動詞で,「モティベーション（**motivation**）」はすっかり日本語の中に定着しました.「モチベーション」と覚えている場合には英語の発音に注意しましょう. 類語の **induce** ^{β2} /ɪnˈduːs/ も 'induce A（人）to *do*' の形で「原因となって（人）に…させる」という意味ですが,次の例のように否定文でよく用いられます.（induce は論理学の文脈では「帰納する」という意味で用いられます. 帰納法は induction（→ 3-199）(cf. deduction（→ 3-71）)).

(i) Nothing would **induce** me to accept the offer.
　　　（どうしてもその申し出を受ける<u>気にならない</u>）

1-209
murder

「殺人」,「殺害する」です. 殺意のあるもので,特に法律的には計画的な殺人や強盗事件の中での殺人を指します. **kill** は生きていれば何でも対象になりますが,murder の対象は人です. 高難度な **assassinate** ^{β2} /əˈsæsɪneɪt/（暗殺する）の対象は重要人物で,殺害理由は政治的なものであったり宗教的なものであったりします.

1-210
naive (naïve) ^{α2} /naɪˈiːv/

日本語に定着している「ナイーブな」と違い,「世間知らずの」とか「単純で無知の」といった意味です.（無邪気なという肯定的な意味でつかわれることも全くないわけではありません.）

(i) It's **naive** to think he's doing that because he's kind.
　　　（彼が親切でそんなことしていると思うなんて浅はかだ）

　innocent は「無邪気な」とか「無罪の」という意味です（「(軽蔑的に)世間知らず」という意味で使われることもあります）. まれに「純真な」という肯定的な意味で用いられることもあります.

1-211
nasty ^{α2} /ˈnæsti/

原義は胸が悪くなるような汚さを感じさせるということで,「とても不快な」とか「汚らわしい」という意味で,あるいは人については「いじわるな」,特に口が悪い感じの荒っぽい人というイメージを伝える形容詞です. 語感として下品な「エロい」という使われ方もありますし,俗語・スラングとしては近頃の日本語の「エグイ」とか「ヤバイ」と似て,「実にいい」という肯定的な意味で使われることもあるようです.

(i) When he is in a bad mood, he's quite **nasty** to people.

(きげんが悪いとき彼は人に実にいじわるになる)

nasty は **naughty** [β1] /ˈnɔːti/「いたずらな［やんちゃな］」('a naughty boy'（いたずらっ子）) よりもひどいという意味です．nasty の類語としては，口語で **mean** が「卑劣な」，「いじわるな」，「みすぼらしい」とった意味で使われますし，攻撃的だとか不親切で不快きわまりないのは **obnoxious** [γ1] /əbˈnɑːkʃəs/ です．

(ii) He is known to be **obnoxious**.

(やつは鼻つまみもので通っている)

1-212
negotiate

「交渉する」「(協定などを) 取り決める」でおなじみの語です．「値引きなど契約条件の交渉をする」という意味で **bargain** [α2] /ˈbɑːrgən/ が使われることもあります．

(i) The workers **bargained** with the employer for better pay.

(その労働者たちは賃上げを求めて雇い主と交渉した)

bargain も名詞（「安い買い物」（英語では「売買契約」の意味もあり）) ではカタカナ語でおなじみです（"It's a bargain!"（それは安い！))．他に，「…を予期する」「…を勘定に入れる」という意味で 'bargain for [on]' がよく使われます．否定的な内容の語句や 'more than' とともに用いて好ましくないことなどが想定のとおりでなかったことについて言います．

(ii) I didn't **bargain for** that (= I didn't expect it and wasn't ready for it).

⟨ISED⟩

(私はそれを予期していなかった)

(iii) That's more than I **bargained for** (= it's more than I expected; it's a surprise).

⟨ISED⟩

(あれは私の想定していた以上だった)

1-213
nervous

「神経」という名詞 nerve の形容詞である「神経質な」という「ナーバス」はもうポピュラーになりました（**neural** [γ1] /ˈnʊrəl/ は「神経の」)．悪いことになるという不安や恐怖があって心配するのは **anxious** で，この先によくないことが起きるのではと危惧することは **apprehension** [β2] /ˌæprɪˈhenʃn/（気づかい，不安）です．nervous はびくびくするというように不安などが態度やふるまいに出ることを言い，'nervous breakdown' は「ノイローゼ」です．

(i) Were they **nervous** people? Did they ever show any **apprehension** of coming danger? (怖がりな性分の人たちでしたか？ 危険が迫っているのが気がかりな様子はありませんでしたか？)　　　　　　　　　　　　　　　〈「悪魔の足」〉

　anxious は「…することを切望している」,「しきりに…したがっている」といった意味で用いられることもあります.

　(ii)　The company is **anxious** to improve its brand image.

　　　(その会社はブランド・イメージの改善にやっきになっている)

関連語として, **uneasy** [α1] /ʌnˈiːzi/ は自信がないとか何かよくないことが起こるのではないかと「不安な」とか「落ち着かない」という形容詞です.

　(iii)　"Well, yes, of course the pay is good—too good.　That is what makes me **uneasy**.　Why should they give you £120 a year, when they could have their pick for £40? There must be some strong reason behind."

　　　(うむ, そうだね, たしかに給料はすばらしい, すばらしすぎるくらいだ. それが私を落ち着かなくさせるのだ. なぜ彼らは年に 120 ポンドも払うのだろう. 40 ポンドでえり抜きの人 (pick) を雇えるというのに. 背後に何か強い理由があるはずだよ)　　　　　　　　　　　　　　　　　　　　　　　　　　〈「ぶな屋敷」〉

なお, apprehension は「逮捕」という意味でも用いられます. 動詞 **apprehend** [γ1] /ˌæprɪˈhend/ はもっぱら「逮捕する」という意味で用いられ,「感知する」といった意味で使うのは現代的ではありません. ちなみに「投獄」や「監禁」は **incarceration** [γ2] /ɪnˌkɑːrsəˈreɪʃn/, 動詞は **incarcerate** [γ2] /ɪnˈkɑːrsəreɪt/「(受身形 'be incarcerate' で) 投獄 [収監] される」です.

　(iv)　Police **apprehended** the escaped murderer last night.

　　　(警察は逃亡した殺人犯を昨夜逮捕した)

　(v)　… there were three possible explanations of the seclusion or **incarceration** of this gentleman in an outhouse of his father's mansion.

　　　(この紳士が父親の邸宅の離れに隔離 (seclusion) あるいは幽閉されている理由は可能な説明が 3 つありました)　　　　　　　　　　　　　　　〈「白面の兵士」〉

　　　※ 例文中の seclusion の動詞は **seclude** [γ2] /sɪˈkluːd/「を引き離す」('seclude oneself from A'「A (世間) から引きこもる」, 形容詞形は **secluded** [γ1] /sɪˈkluːdɪd/「人里離れた」「一人になれる (場所など)」)

1-214

niche [β2] /nɪtʃ/, /niːʃ/

彫像や花びんを置くかべのくぼみのことですが,「(人や物の) 適所」とか「ふさわしい職業」という意味で用いられます.

　(i)　He found the right **niche** for himself (i.e. a place where he could work comfortably and happily). ⟨*ISED*⟩

（彼はまさに自分にぴったりの仕事［職場］を見つけた）

カタカナ語でも定着している用法として，マーケティングで「特定の購買層［市場分野］」という意味でも目にします（'a **niche** market'（すき間市場））．

1-215
node ^{*r*1} /noʊd/

コンピュータや通信の分野でネットワークの接続ポイントという意味で「ノード」というカタカナ語が定着してきました．もともとは植物の茎（**stem**）の枝や葉が生じる節のことです．結び目，節点，こぶ，結節などの訳語があります．「リンパ節」は 'lymph /lɪmf/ node' です．

1-216
nominate /ˈnɑːmɪneɪt/

芸術作品などに関連して「ノミネート」というカタカナ語を耳にしますが，英語のnominate はもっと幅広く使われて，「…を（官職や受賞の）候補に指名する」「…を役職に任命する」といった意味で使われます．「候補に指名された人」は **nominee** ^{*β*2} /ˌnɑːmɪˈniː/ です．なお，「立候補者」は **candidate** ^{*α*2} /ˈkændɪdət/, /ˈkændɪdeɪt/，「志願者」や「応募者」は **applicant** ^{*β*1} /ˈæplɪkənt/ です．

(i) To our surprise, the **nominee** changed his mind and refused the position.
（驚いたことにその候補者は心変わりしてそのポジションを辞退した）

(ii) He may be a **candidate**, but I don't think he will win the election.
（彼は立候補者にはなれるだろうが，選挙に勝てるとは思わないね）

(iii) There are always many more **applicants** than places at our university.
（私どもの大学ではいつも募集定員よりずっと多くの応募者があります）

1-217
norm ^{*r*1} /nɔːrm/

「割り当てられて，こなさなければならない仕事」という意味の「ノルマ」はロシア語の*norma* に由来する語で，英語の norm は「（集団内での）規範［基準］」，あるいは「一般水準」，「あたりまえのこと」という意味です．英語で「割り当てられた仕事」というのであれば，'assigned work', '*one*'s assignment', **workload** ^{*α*2} /ˈwɜːrkloʊd/（一定期間内に行う仕事量）と言いますし，あるいは生産とか販売の「割り当て［規定］数量」とか「定員［定数］」であれば **quota** ^{*β*2} /ˈkwoʊtə/ という言い方になります（an immigrant quota（移民割り当て数），'fill [meet, achieve] the sales quota（売り上げ［販売］ノルマを達成する［こなす]))．

1-218

notation ^{r1} /noʊˈteɪʃn/

数学，化学，音楽，建築といった分野での特殊な記号や符号を使った「表記法」のことです．数学の「記数法」という意味もあり，たとえば「十進法」は 'decimal notation' と言います（**decimal** /ˈdesɪml/ は「十進法の」「小数の」）．

1-219

novel

「（長編）小説」の novel /ˈnɑːvl/ は「ざん新な」とか「目新しい」という意味の形容詞 **novel** /ˈnɑːvl/ と同源です．**novice** ^{β2} ^{C} /ˈnɑːvɪs/（仕事や活動を始めたばかりの初心者，新入り）も語源的には同じところに由来します．ビギナー（beginner）は「（学び）始めた初心者」という意味でカタカナ語でもおなじみです．「ルーキー（**rookie** ^{r1} /ˈroki/）」は novice と同じで「新米」「新人」ですが，特にスポーツ選手（あるいは警官や軍人）によく使われます．

　名詞 **novelty** ^{β2} /ˈnɑːvlti/ は「珍しいこと［物］」や「目新しさ」です．「ノベルティグッズ（自社製品の宣伝のために無料で配る記念品などの小物）」はカタカナ語として定着していますが，英語では novelties とか novelty items となります．

1-220

nude

人が裸であるという「ヌード（nude）」はカタカナ語で定着しているとおりです．元来は絵画や彫刻についての語ですので，**naked** ^{a1} /ˈneɪkɪd/ の持つ「全裸の」といった（子どもについていうときなどを除き）刺激的・挑発的なひびきはありません．また，naked はからだの一部が「あらわな」という意味や，葉や装飾物がなくて「むきだしの」という意味でも用いられます．**bare** は体の一部について（いやらしいといった意味合いはなく）「露出した」意味で使われますし（**barefoot** は「はだしの，はだしで」），ものについても覆いや飾りがないという意味でも用いられます．

　(i)　You can see Venus with the **naked** eye.

　　　（金星は裸眼で見ることができます）

1-221

nutrition

nutrition は「栄養摂取」や「栄養物」という名詞で，**nutrient** ^{r1} /ˈnuːtriənt/ は「栄養素」や形容詞として「栄養のある」という意味になります．-ent (-ant) は「…するもの」という意味の名詞語尾です．

　(i)　Plants draw [absorb] **nutrients** from the soil.

　　　（植物は栄養素を土壌から吸収する）

occupy

「…を占領する」です．また，「場所を占める」という意味でも用いられます．日本語だと「この席は空いていますか？」と聞く場合にも occupy を使えますから注意しましょう．

    (i)   Is this seat **occupied**?

        （この席はふさがっていますか？）

この場合 occupied 以外に taken や free なども使えます（empty（→ 1-96）も参照）．たとえばトイレの表示で 'Occupied'（使用中）というのもよく目にします．

    他にも，'be occupied with … [in … ing]' の形で「…に従事している」や「…で忙しい」という意味に用いられます．なお **occupation** は「占領」や「占拠」という意味ももちろんありますが，「職業」という意味でよく用いられます．とくに履歴書などの書類に「職種」といった意味でよく出てきます．専業主婦や学生というのも occupation です．それに対して **vocation** [β1] /voʊˈkeɪʃn/ は「天職」として打ち込む仕事や「使命感」という意味です．（「職業教育」は 'vocational education' といいます．）

    (ii)   For her, being a doctor is not just a job but a **vocation**.

        （彼女にとって医師であることは単に職業ではなく天職だ）

calling も「天職」とか「果たすべき使命」という意味で使われます．

offspring [α2] /ˈɔːfsprɪŋ/

人や動植物の「子供（たち）」（（「子供」や「子孫」という意味で用いられるときは 'one's offspring' の形や何らかの修飾語が前につくのが通例で，単複両扱いの語ですが 1 人の場合でも 'an offspring' という言い方はしません）．「成果」や「所産」（'the product or result of something' ⟨*Random House Webster's College Dictionary*⟩）という意味でも用いられます．

opinion

あることについて考えた末の「意見」という意味です．カタカナ語でもおなじみとなっています．簡単には自分の気持ちを変えないという「強い意見［信念］」は **conviction** [α2] /kənˈvɪkʃn/（It is my strong **conviction** that …. (i.e. I feel quite certain that ….)．「有罪判決」の意味もあります（"He has two previous **convictions** for robbery." (彼は強盗で前に 2 度有罪判決を受けている))．**belief** は「確信」とか「信念」と訳される肯定的な意見のことですが，きちんとした証拠に基づかず，証明できなくても信じるということです．

(i) I went to Devonshire with the **conviction** that Fitzroy Simpson was the true culprit, although, of course, I saw that the evidence against him was by no means complete.
(私はフィツロイ・シンプソンが犯人 (**culprit** γ1 /ˈkʌlprɪt/ 刑事被告人, 問題の原因) だと確信をもってデヴォンシャ (イギリス南西部の州) に行ったのですが, もちろん彼に不利な証拠は完全でないと思っていました) 〈「シルヴァー・ブレイズ」〉

1-225
orient α2 /ˈɔːrient/

新入生などへの「オリエンテーション (**orientation**)」という語はおなじみです. orient は動詞として 'orient A to B' の形で「B に適応させるために A にオリエンテーションする」という意味で使います (《英》では orientate). 語源的には the Orient (東洋) からできた語です. アカデミックな読み物などでは, 名詞に '-oriented' をつけて「…志向 [指向] の」という形容詞形を作る例をよく目にします. 'an export-**oriented** industrialization' であれば「輸出指向工業化」となります.

1-226
package

カタカナ語として定着している「パッケージ」で,「包み」や「一括して提供されるもの」という意味です (郵便でいう小包は **parcel**). 動詞 **pack** α1 /pæk/ (「… (持ち物など) の荷造りをする」) の名詞形です (pack も「(背負ったりする) 荷物」や「ひとそろい」「束」「たばこの1箱」といった名詞の用法があります). **package** より小さい包みや束は **packet** α2 /ˈpækɪt/ (《英》タバコ, ポテトチップス, 食料品などの1袋 [箱]). コンピュータで送信するデータのまとまりという意味の「パケット」はすっかり定着しました.

(i) We go on holiday tomorrow, so we have to **pack** our cases tonight.
(私たちは明日休暇に行くので, 今晩はスーツケースに荷物をまとめなきゃ)

(ii) Please buy me a **packet / pack** of cigarettes at the shop.
(その店でたばこを1箱買ってくれないか)

1-227
pain

「苦痛」や「痛み」です. 'back pain' は (背中でなく)「腰の痛み」です. 'pain killer' は「痛み止め」. **ache** α1 /eɪk/ は pain よりも長く続く鈍痛という感じがあります. また, 合成語 (compounds) にも慣れておきましょう.

(i) a stomachache / headache / toothache / backache
(胃痛, 頭痛, 歯痛, 腰痛)

'a pain in the neck'（悩みの種）という表現もおさえておきましょう．

1-228
paradox
「パラドックス」はカタカナ語として定着している通り，「逆説」とか「矛盾した事情」ということです．関連語として **puzzle**（難題）や **enigma** ^{r1} /ɪˈnɪgmə/（不可解ななぞ（≒mystery）'an **enigmatical** smile'（なぞめいた微笑み）），**riddle** ^{β1} /ˈrɪdl/（なぞなぞ）も覚えておきましょう．（**maze** ^{β1} /meɪz/ は「迷路」「迷宮（＝labyrinth /ˈlæbərɪnθ/）」．）

(i) It was headed, "March, 1869," and beneath were the following **enigmatical** notices:

4th. Hudson came. Same old platform.

7th. Set the pips on McCauley, Paramore, and John Swain, of St Augustine.

（表題に 1869 年 8 月と書かれ，下には以下の不可解な記述があった．4 日ハドソン来る．いつものお題目．7 日，セント・オーガスティンのマコーリー，パラモア，ジョン・スウェインに種を送る）　　　　　　　　　〈「五つのオレンジの種」〉

1-229
paycheck $^{r1\ C}$ /ˈpeɪtʃek/
現金でなく小切手でもらう「給料」です．**pay** が「給料」の一般語で，類語に salary（振り込まれる「月給」）や wage（「週休」や「時間給」）があります．

1-230
partition ^{r1} /pɑːrˈtɪʃn/
「パーティション」は「（間）仕切り」という意味で定着しましたが，英語では「分割」，「区分」といった意味でも使われます．動詞として「…を分割する」という意味でも使われます．

(i) We **partitioned** the room off with a curtain.

（私たちはその部屋をカーテンで間仕切りした）

1-231
payroll ^{r1} /ˈpeɪroʊl/
「給料支払い名簿［雇用者名簿］」のことですが，会社の「給与総額」（単数形）ということで次の例文のように使われます．

(i) The employers are still not beefing up their **payroll**.

（会社側はまだ給与を上げていない）

※ 例文中の '**beef up**' は牛の筋肉のイメージから，「強化する」という意味が出てきました．組織や設備などを強化するときによく使います．

(ii) Do you think our company need to **beef up** security?

(わが社はセキュリティーを<u>強化する</u>必要があると思いますか？)

roster ^{r1} /ˈrɑːstər/ は「勤務（当番）表」とか「名簿（に載っている人［物］」「登録選手名簿」です．duty roster は「業務（作業）表」．

1-232

periodical ^{β1} /ˌpɪriˈɑːdɪkl/

「定期刊行物」，「雑誌」という意味の名詞，あるいは（通例名詞の前につけて）「定期的な」「定期観光の」という形容詞として使われます．副詞の **periodically** ^L は「周期的［定期的］に（＝regularly）」とか「ときおり」という意味です．**intermittent** ^{r1} /ˌɪntərˈmɪtənt/ は「断続的な（途切れ方は不規則）」です（副詞は **intermittently** （断続的に））．語源が同じ **intermission** ^{β1} /ˌɪntərˈmɪʃn/ （（試合や劇などの）休憩時間，幕間，インターミッション）はカタカナ語として定着しています．

(i) Even so trivial a matter as cooking an egg demands an attention which is conscious of the passage of time and incompatible with the love romance in that excellent **periodical**.

《新しく雇われた女性料理人が雑誌に気を取られて卵をゆですぎたために不満を言うホームズ》

（卵をゆでるというささいな（trivial）ことでも時間の経過を意識して注意している必要があるのだから，かのすばらしき<u>定期購読雑誌</u>の恋愛物語（を読むの）とは両立しないよ）　　　　　　　　　　　　　　　　　　　　　　　〈「ソア橋」〉

(ii) His pulse was feeble and **intermittent**, but his breathing grew longer, and there was a little shivering of his eyelids, which showed a thin white slit of ball beneath.

《自殺を図ろうとした男をワトスンが診察して》

（彼の脈は弱々しくて（feeble → 3-291）<u>途切れがち</u>だったが，呼吸は次第に長くなり，まぶた（eyelids）が小さく震えて，その下にある白い眼球がちらりと見えた）　　　　　　　　　　　　　　　　　　　　　　　　　　　〈「株式仲買人」〉

sporadic ^{r1} /spəˈrædɪk/ は「散発［突発］的な」「不定期に起こる」「点在する（群生しない）」という意味です．

(iii) Eventually, in the year 1869, the movement rather suddenly collapsed, although there have been **sporadic** outbreaks of the same sort since that date.

（（ある秘密結社の活動に関する記述をホームズが読んで）やがて，1869 年には活動が突如として停止したが，その後は<u>散発的な</u>ぼっ発を見せている）　　　　　　　　　　　　　　　　　　　　　　　　　　　〈「五つのオレンジの種」〉

1-233

pharmaceutical ^{r1} /ˌfɑːrməˈsuːtɪkl/

pharmacy は「薬局」ということで「ファーマシー」と店の名前にそのまま使われることも多くなりました．pharmaceutical は「製薬の」とか「薬学の」という形容詞です．「薬剤師」は **pharmacist** ^{β2} /ˈfɑːrməsɪst/ です．

1-234

phase ^{α2} /feɪz/

「（変化や発達における）段階・局面」や「相」で，最近は医薬品の開発といった文脈でカタカナ語も定着してきました．変化や移り変わりを意識した言い方です．一方，**stage** は特定の段階に視点が置かれています．ちなみに，stage を動詞として使って "The violent scene on TV was **staged**." と言えば「テレビのその暴力シーンは<u>やらせだった</u>」ということです．

1-235

pierce

「ピアスの穴をあける」で知られていますが「尖ったものが人や物を突き通す」という動詞で，比喩的に **piercing** ^{r1} /ˈpɪrsɪŋ/（見透かすような，鋭い）という形容詞（文語的）もあります．**penetrate** は弾丸やナイフが「…を貫く」という動詞です．**penetrating** ^{r1} /ˈpenətreɪtɪŋ/ は見解や知性が「鋭い」ことも言います．'penetrating look / eyes / gaze' はこちらの心のうちを見抜いているような（こちらが困るくらい）「鋭い目つき」です．'penetrating voice' は（しばしば不快になるくらい）「かん高くてよく通る声」です．耳飾りのピアスは英語では earring(s) で，カタカナ語の「ピアス」も含みます．

1-236

pile ^{α2} /paɪl/

ものが積み上げられた「山」ですが，特に山の形にものを積み上げられた状態です．動詞で「…を積み上げる」という意味でも使われます．乱雑に山になっているのは **heap** ^{β2} /hiːp/．動詞では「（雑然と）…を積み上げる」という意味です（2-25 例文の解説も参照）．整然と積み上げられているのは **stack** ^{α2} /stæk/ といいます．'a pile / heap / stack of …' で「山のようにたくさんの…」「…の山」の意味になります．動詞としては「（整然と）…を積み上げる」という意味です．

(i) The people who live in this street **pile** their garbage over there.
（この通りに住んでいる人たちはあそこにゴミを<u>積んでいる</u>）

(ii) Every Monday, there is a **heap** of garbage outside my house.
（毎週月曜日には私の家の外に<u>雑然とした</u>ゴミの山ができる）

(iii) After the lecture is finished, we'll **stack** the chairs up over there.

（講義が終わったら私たちがそちらに椅子を積み上げておきます）

1-237
pity

「人や動物などへの哀れみ」です（下位への目線ということで，見下した気持ちを含むこともあります）. **sympathy** は相手の苦しみや悲しみを理解しての「同情」や「共感」です. **sympathy** が強まって何とか助けたいと思うのは **compassion** ^{β1} /kəmˈpæʃn/（哀れみ，同情）といいます.

(i) Don't you feel **compassion** for people less fortunate than yourself?

（あなたはあなた自身より恵まれない人に哀れみを感じないのですか）

empathy ^{γ1} /ˈempəθi/ は「感情移入」です.

1-238
poison

「毒」ですが，形容詞は poisonous（有毒な）です（'a poisonous spider' で「毒グモ」）. 動植物などが作り出す物質について「有毒な」という場合には **toxic** ^{β1} /ˈtɑːksɪk/ も使われます.「有毒廃棄物」は 'toxic waste(s)' です. 比喩的に（貸付金などが）「不良の」ということで 'toxic debts [assets]'「不良債権」というようにも使われます. バクテリア・細菌などの作り出す「毒素」は **toxin** /ˈtɑːksɪn/ です.

1-239
poll ^{α2} /poʊl/

「世論調査（＝opinion poll）」です. **survey** /ˈsɜːrveɪ/ も「（意識）調査」です（動詞は /sərˈveɪ/「調査［概観，測量］する」cf. surveillance /sɜːrˈveɪləns/（監視））. **census** ^{α2} /ˈsensəs/ は「国勢調査」, **questionnaire** ^{α2} /ˌkwestʃəˈner/ は「アンケート」です.

1-240
pollution

「汚染（物質）」や汚染による「公害」です. 動詞は **pollute**「…（空気，水，土など）を（〜で (with)）汚す［汚染する］」です. **contaminate** ^{β2} /kənˈtæmɪneɪt/「…を汚染する」は難度の高い語ですが，特に明らかにはわからなくても害の程度が重大な汚染というときに使われます. 一般的に「…をむしばむ」とか「…を徐々に害する」という意味では **undermine** ^{β2} /ˌʌndərˈmaɪn/ をぜひ覚えておきたいところです.「…を浸食する」という意味でも用いられますので，**erode** ^{β2} /ɪˈroʊd/（浸食する，（金属などを）腐食させる［腐食する］），名詞 **erosion** ^{β2} /ɪˈroʊʒn/ とともに覚えておきましょう.

(i) **Contaminated** foodstuffs pose major health problems.

（汚染された食料品は命に係わる健康問題を引き起こす）

(ii) Rather than supporting me, he is **undermining** my position.

（私を支援するどころか彼は私の地位を<u>侵食している</u>）

   (iii) Acid **erodes** certain metals.

       （酸はある種の金属を腐食させる）

corrode ^{γ1} /kəˈroʊd/ は薬品などが金属をゆっくりと「腐食する」ことで（Salt **cor-rodes** car bodies.（塩は車体を<u>腐食する</u>）），比喩的に，「徐々に衰退［悪化］させる」という意味でも使われます．

   (iv) Corruption **corrodes** moral standards.

       （汚職は道徳的基準を<u>徐々にむしばむ</u>）

1-241
portfolio ^{α2} /pɔːrtˈfoʊlioʊ/

「（書類などを入れる）大型の折カバン」が原義ですが，個人や企業が所有する資産の一覧やその組み合わせという意味での「ポートフォリオ《金融》」という意味ではカタカナ語としても定着しています．その他に「（画家や写真家の）作品集成」とか「商品の品揃え」，「大臣の職務［地位］」いった意味もあります．'portfolio inflow' は「ポートフォリオ・インフロー（証券投資を通しての資金流入）」（inflow は 1-124 参照）．

1-242
portrait ^{α2} /ˈpɔːrtrət/

「ポートレート（**portrait**）」は絵画や写真の「肖像画」や「人物写真」です．語源を同じくする **portray** ^{γ1} /pɔːrˈtreɪ/ は「（自分の視点で）人を描写する［描く］」とか「（俳優が）…の役を演じる」という意味の動詞です．名詞 **portrayal** ^{γ1} /pɔːrˈtreɪəl/ は「描写」や「演技」です．

1-243
pose ^{β1} /poʊz/

「姿勢（をとる）」や「見せかけ（る）」という意味での「ポーズ」はカタカナ語として定着していますが，英語の pose は動詞として「質問，要求，問題などを持ち出す［提起する］」いう意味もあります．

   (i) Various emerging economies are grappling with the challenges **posed** by surging capital inflows.   〈Internet から採録〉

       （様々な新興市場経済は，増大する資本流入によって<u>引き起こされている</u>問題に取り組んで（grapple with）いる）

例文中の **grapple** ^{β2} は「（問題に）取り組む（with）」とか「（人と）取っ組み合う（with）」という意味です．

1-244

practical

「実際的な」「実地の」とか，「（考え方が）現実的な」「実用的な，役に立つ」という形容詞です．

　関連した語を見ておくと，学問分野などに関係した文脈で **empirical** *γ1* /ɪmˈpɪrɪkl/（（理論よりも実験などに基づく）経験的な）があります．

(i)　This is a theoretical solution and not an **empirical** one.

（これは理論的な解決法で経験に基づいたものではありません）

他にも，**applied** *α2* /əˈplaɪd/（応用的な，実用的な）があります．例えば言語学 (linguistics) でいえば理論言語学（'**theoretical** linguistics'）に対して応用言語学（'**applied** linguistics'）といった言い方をしますが，外国語教育と直接的に関連した分野は後者です．

1-245

prepare

「準備する」，「用意する」「（食事の）支度をする」という動詞です．形容詞として **prepared** になると「前もって準備された」という意味の他に，「覚悟ができた」という意味で用いられます．**preparatory** は「準備（するため）の」という意味です．似たような形容詞の **preliminary** *β1* /prɪˈlɪmɪneri/ は「予備的な」という意味です．

(i)　As a **preliminary** event before the main one, there will be a short concert.

（メインの出し物の前の前座として短時間のコンサートがあった）

米国で 'a preparatory school' というと大学進学のための私立の寄宿学校を指し，英国ではパブリックスクール進学のための私立の寄宿初等学校を指します．略式には 'a prep school'，あるいは単に prep. ともいいます．

1-246

principle /ˈprɪnsəpl/

「原理」「原則」です．関連語として，学術的な文脈での **rule**「規則」，**theory**「理論」，**theorem** *γ2* /ˈθiːərəm/「定理」などもおさえておきましょう．**dogma** *β1* /ˈdɔːgmə/ は「教義」です（doctrine の項 3-105 も参照）．

　principle は「校長」という意味の **principal** *α2* /ˈprɪnsəpl/ とスペリングが似ていますし発音は同じなので注意しましょう．principal は形容詞では「主要な」という意味です（"That's the **principal** reason." （それが主たる理由です））．

(i)　This **theorem** has still never been proved.

（この定理はいまだ証明されていない）

(ii)　Even now, people are persecuted for denying the truth of religious **dogma**.

（今なお宗教的な教義の真理に背いたとの理由で人々が迫害される）

tenet ^{γ1} /ˈtenɪt/ は哲学者・宗派・政党・教会などの理論や教義が真理として基づいている「理念」「原則」「信条」「主義」「教理」です（'one of the basic/central tenets of Christianity'（キリスト教精神の基本とする/中心にある教義の1つ）). dogma はときに独断的といった悪い意味を込めて用いられることもありますが（→ 3-105），tenet にはそのような意味合いを含みません．

1-247
problem

problem は「理解や処理が困難な問題」で，**question** は「答えを必要とされる問題」，**issue** は論争となっている「法的・社会的な問題」に用いられます．また，議論の対象になる問題という意味で **matter** もあります．対処困難な問題が1つの場合は problem を使い，問題山積という状況では **difficulty**（あるいは複数形で **difficulties**）を用います．**challenge** は「課題」や「挑戦」ですが肯定的な意味合いで用いられるのが通例です．**complication** ^{β1} /ˌkɑːmplɪˈkeɪʃn/ は「面倒な事態」や「(状況をいっそう困難にする) 混乱のもと」という意味です（通例複数形 complications で「合併症」という意味での用法もあります）．

(i) Because the document in question is of such immense importance that its publication might very easily—I might almost say probably—lead to European **complications** of the utmost moment.

（なぜなら問題の書類は非常に重要なもので，公にされれば，高いと言ってよい確率でヨーロッパを最高潮の<u>紛糾</u>に至らしめるであろう）　　　〈「第二のしみ」〉

問題や仕事などに「取り組む」という意味の動詞としては **tackle** がよく使われます（to **tackle** the issue/problem/inflation ...）．

1-248
product

「製品」や「産物」という意味でカタカナ語でも知られていますが，集合的に「農産物」というときに英語では名詞用法の **produce** /ˈproʊduːs/, /ˈprɑːduːs/ を使います（organic produce（無農薬野菜，有機農産物））．また，**product** には「工業生産物」の他に「結果」や「成果」という意味もあります．形容詞の **productive** は「生産力のある」とか「肥沃な」あるいは「(作家が) 多作な」という意味もありますが，「肥沃な」という意味では **fertile** /ˈfɜːrtl/, 難度の高い語ですが「(作家が) 多作な」という意味では **prolific** ^{β2} /prəˈlɪfɪk/ があります．**proliferate** ^{γ1} /prəˈlɪfəreɪt/ は動詞で「急増する」「増殖する」「蔓延する」です．

(i) She is a **prolific** author.

（彼女は多作な作家だ）

(ii) If nuclear arms **proliferate** further, world peace will be threatened.

（もし核兵器が増強されれば世界平和がおびやかされるだろう）

犯罪や病気などが制御のきかない状態で「はびこっている」「猛威を振るっている」「（植物が）生い茂っている」という形容詞は **rampant** [n] /ˈræmpənt/ です（**rampant** inflation / corruption（蔓延しているインフレ / 腐敗））.

1-249
profit

「利益」や「収益」です．NPO（非営利組織［団体］）は non(-)profit organization．形容詞の **profitable** [α2] /ˈprɑːfɪtəbl/ は「もうかる」と「ためになる」の2つの意味があります．後者の意味では名詞の前に置かれるのが通例です（'a **profitable** discussion'（実のある議論））.

(i) Our new product is exceptionally **profitable**.

（私たちの新製品は並外れて収益性が高い）

proceeds /ˈproʊsiːdz/（発音注意）も販売や事業の「収益」という意味です．

1-250
proof [α2] /pruːf/

動詞の **prove** は「…を証明する」とか「…を立証する」という意味で，prove の名詞形が proof です．「防水」仕様の腕時計には 'water(-)proof' と書いてあるかもしれません．-proof は「…を防ぐ［通さない］」という意味です．'bulletproof glass' なら「防弾ガラス」となります．'childproof' は「子供にも安全な」という意味です．「フールプルーフ」としてカタカナ語でもときおり目にする foolproof は，方法や装置が簡単明りょうで操作を間違えても危険が生じないとか，誤った操作や危険な使い方ができないという意味の形容詞です．語源的には「証拠」や「証明」という意味の名詞 proof で，proof には「武具の耐力などが試験済み」という意味もあります．**proofread** [n] /ˈpruːfriːd/ は「…を校正する」という動詞です．

「証拠」という意味でおなじみの **evidence** は，正確には「判断の根拠になる証拠や証言の1つ」という意味です．それに対して proof は「証明」という意味もありますから，「証拠」として用いるときには，それを出されたら反論の余地なく証明が成立してしまうような決定的な証拠とか，evidence を積み重ねた結果得られるものという意味合いです．次の例文を見てみましょう．

(i) Do you have any **evidence**/*~~proof~~ to back up what you are saying?

（あなたの言っていることを支持するような根拠がありますか）

何か材料が1つでもあるかということですから，この例文では **evidence** が適切です．

動詞 prove はスペリングのよく似た **probe**（→ 2-48）と語源的に関係があります．probe は「探りを入れる」という意味で，無人の宇宙探査機なども probe と言いますが，語感がよく出ています．

難度の高い語ですが，**debunk** *ʳ²* /diːˈbʌŋk/ は「（通説の）誤りを指摘する」，「（不相応に高く評価されている人やものの）正体を暴く」という意味の動詞です．

(ii) He wrote an article **debunking** the much-admired theories of his opponent.

〈*Chambers*〉

（彼はライバルの過大評価されている学説の<u>誤りをあばく</u>論文を書いた）

1-251
protocol *ᵝ¹* /ˈproʊtəkɑːl/

「IP（インターネット・プロトコル）」といった具合にネットワーク通信といった文脈で「プロトコル」という語を目にするようになりました．その「送受信する上での通信規約［通信手順］」という意味ですが，元来は条約や協定など外交文書の原案や覚え書きのことで，英語では「外交儀礼」，「議定書（条約よりも重要性が少ない）」という意味でよく用いられ，その際の訳語として「プロトコ（ー）ル」というカタカナ表記も使われます．

1-252
query *ᵝ²* /ˈkwɪri/（発音注意）

question や inquiry（→ 2-48）の類義語で堅い言い方です．自分が正しく理解したかわからないときや，さらに情報を求めるために（通例会社などの組織に対して）行う「質問」や「問い合わせ」という意味です．「質問する」という他動詞としても使われます（"I **query** his ability to do the job." (＝I do not think he is able for the job.)（私は彼がその仕事をする能力について<u>疑問を呈します</u>））．

(i) **Query**, where are we to find the funds?

（<u>果たして</u>，財源をどこに見出すか）

《質問文を導入する語として置かれる例》

1-253
quotation *ᵅ¹* /kwoʊˈteɪʃn/

「クォーテーション・マーク（引用符）」でおなじみですが，「引用（文［句，語］）」（＝ **quote** 2-63）という意味の他に，ビジネスの文脈で「相場（表）」（'the latest **quotations** from the Stock Exchange'（証券取引所からの最新の<u>相場表［市場価格表示］</u>）），あるいは「見積り額」という意味もあります（＝ **quote**（2-63, 3-567））．

(i) Can you give me a **quotation** for building a garage?

（車庫を作るための<u>見積り</u>をいただけますか？）

通例 quotation の方が quote よりもフォーマルな言い方になります.

1-254
rack ^{α1} /ræk/

「ラック(棚, …置き(台))」で定着しています. 列車などの「網棚」としても使われます. 'on the rack' は「(プレッシャーや苦痛で)ひどく苦しんで」という意味です.

(i) He always put me **on the rack**.

(彼はいつも私を<u>苦しめる</u>)

1-255
rally ^{α2} /ˈræli/

テニスや自動車の「ラリー」はおなじみですが, 他にも rally は名詞として「(激励などの)集会[大会]」(a mass / protest rally(大規模 / 抗議集会))や, 格式市場などでの「回復[反発]」という意味でもよく使われます. 動詞としては「(激励や支援のために)集まる[集める]」「回復する」という意味があり, 特にビジネス関連では「(市場が)活況になる」とか「(株式が)商いを伴って上昇する」という意味で使われます.

(i) When John's business was in difficulty, his friends all **rallied round** (to help) him. 〈Chambers〉

(ジョンのビジネスがうまくいかなくなったとき, 彼の友人たちはみな彼を支援するために<u>集結した</u>)

(ii) Analysts have few expectations that the market will start **rallying** soon.

(アナリストたちは市場がすぐに<u>活況</u>をとりもどすとはあまり予測していない)

1-256
randomly ^{β1} /ˈrændəmli/

「手当たり次第に」とか「無作為に」という意味の「アトランダム('at random')」はカタカナ語として定着しています. randomly も同じ意味で, 'seven **randomly** chosen numbers'〈LDCE〉(<u>無作為</u>抽出された 7 個の数字)というようにも使えます. 人や事物のことを(面白がって, 興味をもって)「普通ではない」というときにも使われます("She's great—she's just so **random**!〈LDCE〉(彼女はすごい, <u>普通じゃない</u>よ!)).

1-257
rate ^{α1} /reɪt/

「レート」はカタカナ語としてかなり定着しているようですが, 名詞としては「割合」,「レート」,「ペース」,「等級」といった意味で, 動詞としては「…を評価[格付け]する」, 'rate A as …' の形で「A を…とみなす」という意味で用いられます.

(i) That was the balance of probability, **at any rate**.

(<u>いずれにせよ</u>そこらが蓋然性(**probability**)のつりあいのとれるところだろう)

〈『四つの署名』〉

(ii) "Oh, he **rates** my assistance too highly," said Sherlock Holmes, lightly.

（「ああ，彼は私の手助けを過大に<u>評価し</u>てくれているのですよ.」ホームズは気軽に言った）　　　　　　　　　　　　　　　　　　　　　　〈『四つの署名』〉

1-258
ratio $^{\alpha 2}$ /ˈreɪʃioʊ/

「レシオ」はカタカナ語としてかなり定着しているようですが，「（2つの数量間の）比（率）」とか「歩合」という意味です.

(i) After decades of males outnumbering females, the gender **ratio** on campus reached 50:50 in 2006. （何十年も男性が女性よりも数が多かった (outnumbered) のだが，2006 年にキャンパスにおける<u>割合</u>は 50 対 50 になった）

1-259
raw $^{\alpha 1}$ /rɔː/

食べ物が「<u>生の</u>」という意味で，**cook**（加熱して料理すること）されていないということですが，**uncooked** $^{\alpha 2}$ /ˌʌnˈkʊkt/ は特に「後は火にかけるだけという状態まで調理・加工してある」もので dough /doʊ/ （パン生地），pastry /ˈpeɪstri/ （ペストリー用の生地，パイやタルトなどの焼き菓子），ham （ハム）などについてしばしば用いられます. また raw は比喩的に「未加工［未処理］の」という意味合いで 'raw materials' （原料）とか 'raw data' （生データ）といった具合に用いられます.

1-260
rebate $^{\beta 2}$ /ˈriːbeɪt/

「リベート」というカタカナ語は (i) 支払い代金の一部を謝礼等の名目で支払い者に戻すこととかメーカーが販売促進のために小売業者に支払う金銭，あるいは (ii) 不正な割戻金 (kickback)，賄賂 (bribe) といったネガティブな意味で用いられますが，英語の rebate にはそのような意味はなく，払いすぎた税金などの「払い戻し」「還付」という意味です. (i) はそもそも日本独特の商習慣ですので英語にはありません. 類語としては，**refund** $^{\beta 1}$ /ˈriːfʌnd/ は商品やサービスが気に入らなくて店に返すときの「払い戻し」，**compensation** は何かの「（金銭的な）償い，補償」で「報酬［給与］」としても用いられます. 経費などの「返済」や「償還」は **reimbursement** $^{\gamma 1\ C}$ /ˌriːɪmˈbɜːrsmənt/ です.

(i) I returned the defective product and was given a **refund**.

（私はその欠陥商品を返却して<u>返金し</u>てもらった）

(ii) You will receive **reimbursement** for the cost of your journey.

（あなた旅行の代金の<u>払い戻し</u>をしてもらえますよ）

1-261
rebound $^{\alpha 2}$ /rɪˈbaʊnd/

「リバウンド」はカタカナ語としていろいろなところで目にします（バスケットボールなどの「リバウンド」は /ˈriːbaʊnd/）．英語の rebound は動詞として「はね返ってくる」という意味で，「報いとして（行為者に）はね返ってくる」とか，株式市場などで「反発する［戻る］」というように用いられます．

(i) Prices across a wide range of assets have **rebounded** sharply off their historic lows.　　　　　　　　　　　　　　　　　　　　　〈Internet から採録〉
　　(広範な資産の価格が歴史的な低水準から急激に戻ってきた)

1-262
recipient $^{\beta 2}$ /rɪˈsɪpiənt/

「受取人」，「受賞者（e.g. recipients of awards）」，「受給者」などの訳語があります．「レシピ（調理法）」とか「こつ［秘訣］」という意味の **recipe** とは同語源でラテン語 *recipere*（= to receive）に由来します．

※ recipe という語には古くは薬剤の処方箋という意味があったそうで，処方箋には R（Receive!「受け取れ！」の意）などと書いてあったとか．

1-263
recruit $^{\alpha 2}$ /rɪˈkruːt/

「新兵」，「新入生」，「新入社員」という意味です（'new [raw] recruits'（新米，新人））．動詞としては「…を新規に採用する」という意味になります（'recruit workers from abroad'（海外から労働者を受け入れる））．**recruiter** は「（企業の）人材採用担当者」です（「軍の募集［徴募］官」という意味もあります）．

1-264
refer

refer は他動詞では「人に照会する［問い合わせる］」とか「（問題などを）委託する」という意味がありますが，**referral** $^{\gamma 2}$ /rɪˈfɜːrəl/ は専門医への患者の「紹介」など，人や機関への「紹介」や「委託」です．アメリカでは専門医を受診するにはかかりつけの医師（Primary Care Physician, PCP）の紹介（referral）が必要になることがあります．

1-265
reflect

reflect は（光や熱などを）「反射する」，「反射」は **reflection** です．**reflex** は「反射（作用）《生理学》」，「反射神経」（have good / quick / slow reflexes（反射神経がよい / 早い / 鈍い））．**reflexive** $^{\beta 1}$ /rɪˈfleksɪv/ は「反射的な」という意味で，筋肉の動きが「反射的にピクッと」というときは **reflexively** です．文法用語で「再帰的」という意味にもなりま

す．himself など *one*self の形の代名詞は 'reflexive pronoun'（再帰代名詞）といいます．（再帰代名詞というのは "She prides herself on being punctual." というときに「（彼女が）誇りに思う」というという行為の対象になるのが「彼女自身（herself）」という自分になる形の代名詞のことです．）

　スペリングのよく似ている reflective /rɪˈflektɪv/ は「思慮深い（a quiet and reflective man）」とか「（素材が光や熱を）反射する（reflective car number plates（反射式ナンバープレート））」という意味の形容詞です．

1-266
reform

reform は「（社会制度や政治形態などを）革新［改革］する」という意味です．カタカナ語の「リフォーム」に相当する英語は **remodel** ^{β2} /ˌriːˈmɑːdl/ ですが，これは「（組織を）改編する」という意味でもよく使われます．類語の **reengineer** ^{γ1} /riˌendʒɪˈnɪr/ は「（機械や装置を）再設計する」という動詞ですが，「（会社や業務を）再構築［再編］する」という意味でも用いられ，カタカナ語の「リストラする」という意味合いに相当する語です．英語の restructure（再構築［再編成］する）には「人員整理」の意味はありません．

(i) We need to **remodel** our whole sales organisation.
　（私たちは全販売組織を改編する必要がある）

(ii) We are engaged in a full **reengineering** of our manufacturing process.
　（私たちは製造工程を完全に再構築するのにかかりきりになっている）

類語として，**refurbish** ^{γ2} /ˌriːˈfɜːrbɪʃ/（主に《英》，部屋や建物を「改装する」，計画などを「練り直す」），くだけた言い方として **revamp** ^{γ2} /ˌriːˈvæmp/（（外観などを）刷新［改造，改装，改良，改訂］する）があります．

(iii) The hotel has been extensively **refurbished**.
　（そのホテルは大規模に改装された）

(iv) Many old companies are attempting to **revamp** their image.
　（多くの古い会社が自分たちのイメージを刷新しようとしている）

1-267
regulator ^{β2} /ˈreɡjuleɪtər/

「レギュレーター」は「（圧力，温度，速度などの）調整装置」のことで，英語の regulator にはさらに「取締官」や「監察官」という意味もあります．**regulation** は「規則」，「規定」，「統制」です．**regulatory** ^{β2} /ˈreɡjələtɔːri/ は「規制の」とか「取り締まりの」という意味で，'regulatory reform' は「規制改革」，'regulatory gap' は「規制上の間隙(かん)」です．交通違反の取り締まりというときの「（厳重な）取り締まり」は crackdown

/ˈkrækdaʊn/ と言います (a **crackdown** on cyclists without lights (無灯火自転車の取り締まり)).

1-268
relevant

relevant は「… (問題にしているもの) と密接に関連性がある」という形容詞です. 名詞の **relevance** は「関連性」とか「存在意義」です. **relevant** の関連語で難度の高いフォーマルな語で, **pertinent** ʳ¹ /ˈpɜːrtnənt/ は「問題としていることがらに直接的に関連がある」という意味です.

  (i) That is a very **pertinent** question.
       (あれはとても的を射た問いだった)

pertinent と同語源の動詞 **pertain** ʳ¹ /pərˈteɪn/ は ‘pertain to A’ の形で「A に (直接) 関係がある」という意味で, ‘pertaining to A’ の形で前置詞的に「…に関する」という意味で使われることもしばしばです.

  (ii) The lawyer perused the documents **pertaining to** my business.
        (弁護士が私の商売に関係する書類を注意深く読んだ)

例文の中の動詞 **peruse** ʳ¹ /pəˈruːz/ は「注意深く読む」とか「詳しく吟味する」という意味の動詞です.

  関連しないのであれば **irrelevant** ですが, 関連語として **extraneous** ʳ¹ /ɪkˈstreɪniəs/ (状況やテーマと関係のない, まとはずれな), **immaterial** ᵝ² /ˌɪməˈtɪriəl/ (特定の状況において重要でない, 取るに足らない) をおさえておきましょう.

  (iii) A little occasional talk about half-crowns, oysters, or any other **extraneous** subject produces a pleasing effect of delirium. (ときおり少し半クラウン銀貨だの牡蠣だのと関係のないことをなにか言っておけば熱で錯乱 (delirium:《医》高熱などによる譫妄) しているふりが効果満点というわけさ) 〈「瀕死の探偵」〉

  (iv) You will, I am sure, agree with me that if the page be given, the number of the chapter is **immaterial**. (君だって, もちろん, ページ番号がわかっているのだから, 章番号は問題ではないということに同意してくれるだろう)〈『恐怖の谷』〉

1-269
remain

「(物が) 残る」, 「(人が) 居残る」という自動詞です. 名詞で **remains** (複数形) というときは何かの事態 (death, decay, decline, disintegration, consumption など) が起きたあとの「残り物」「残額」「遺物」というニュアンスがあるので「遺跡」, 「遺体」の意味にもなります. 名詞の **remainder** ᵝ¹ /rɪˈmeɪndər/ は「(引き算の) 差」という用語として, また「残り」という意味の一般語として広く使われます. **remnant** ʳ¹ /ˈremnənt/

（残り物，遺物，面影，半端な布切れ）はほかの大部分がなくなってしまって remainder がとても小さいとか少量であるときに用いられます（'the **remnants** of a banquet'（宴会の残り物））.

(i) The robbers took a thousand dollars each, then hid the **remainder** of the money.（その強盗は各人が千ドル以上とり，残りの金は隠した）

1-270
remote

「離れた」という形容詞ですが **distant** [α1] /ˈdɪstənt/ と違い「（行く人のいない）へんぴな」という意味がこめられます（'**remote** area allowance' は「遠隔地手当」）. 一般的な「遠い」という言い方としては 'a long way'（例えば "My house is a long way from the office." というように）が用いられます. **far** は否定文や疑問文，あるいは前に too とか so をつける形でよく使われます. distant は遠くにあって形が小さくしか見えないとか音もきこえてこないというニュアンスを感じさせます.

(i) He's a **distant** relative of mine.

（彼は私の遠い親戚にあたる）

なお，「（可能性などが）かすかな」という意味で 'a remote possibility [chance]' と言います.

1-271
render [β1] /ˈrendər/

割とよく目にする割になんとなくとらえどころのない語ですからしっかり理解しておきましょう. コンピュータグラフィックスでの画像生成や描画という意味で「レンダリング（**rendering**）」ということばを耳にすることがありますが，render には「（ことばや絵などで）表現［描写］する」という意味があります. 語源的には 'to give back' に相当する語で，「何かに答える形で与える」という語義から，'render A（援助・サービス等）to B（人）' または 'render B（人）A（援助・サービス等）' の形で「A（援助・サービス等）を B（人）に与える」（≒give）という意味ができ，さらに「表現を与える」という意味合いから「表現する」，「描写する」，「演奏する」という意味の動詞として用いられ，さらには「形を変えて与える」ということから 'render A（人・物）＋〔通例形容詞〕' の形で「A（人・物）を〔形容詞〕の状態」にする［変える］」（≒make）というのが主要な意味となっていて，この意味での make よりも形式ばった語です. 日本語で言えば「…ならしむ」とか「…たらしめる」といった語感が近いかもしれません.

(i) The high walls and the number of guards **rendered** escape impossible.

（高い壁と多数の看守が脱走を不可能にしていた）

'render A（人・物）＋〔通例形容詞〕' の形容詞にはここでの impossible のように否定

的な意味を伴う語になることがしばしばです.

1-272
rent

「ローン」,「レンタカー」,「リース」といったカタカナ語は定着していますが, ここで rent と lease について整理しておきましょう.

まず,「貸す」の意味では, '**rent** (out)' は 'rent (out) A to B' の形で「A（家や自動車）を短期間有料で B（人）に賃貸しする」という意味です.「借りる」の意味では, **rent** は 'rent A from B' の形で「A を B から（短期間お金を払って）借りる」の意味でも用いられます. **lease** ^{α1} /liːs/ は家, 部屋, 土地などを会社などと長期の契約を結んで「貸す」あるいは「借りる」です. 貸すのか借りるのかは文脈によります. また 'to …'（…に（貸す））や 'from …'（…から（借りる））の有無で判断できます.

lease は所有権の貸し借りであることにウエイトがあり, **rent** は使用権の損料（借り賃）としてお金を払うということにウエイトがあると説明されることもあります.

   (i) Buying a photocopier is expensive; we should **lease** one.
      （コピー機を買うのは高くつくのでリースにするべきだ）

1-273
replica

「レプリカ（複製品）」ですが, **replicate** ^{γ1} /ˈreplɪkeɪt/ は「…を複製する」「…を再現する」という動詞です.「同じ結果になるか検証する」であれば 'replicate the results' と言います. **duplicate** ^{β2} /ˈduːplɪkeɪt/ は「複製を作る」「（事を正確に）再現する」「二重（2倍）にする」「（むだに）繰り返す」という意味で, 下の例文のように「複製の」という意味の形容詞にもなります（名詞は **duplication** ^{β2} /ˌduːplɪˈkeɪʃn/（複写, 複製））.

   (i) Researchers tried to **replicate** these findings but subsequent experiments failed.（研究者たちは同じ結果になることを再現しようとしたが追実験は失敗した）

   (ii) How did you open it before? You have a **duplicate** key?
      （前回はどうやってそれを開けたのですか？ 合鍵をお持ちでしたか？）

〈「第二のしみ」〉

1-274
replacement ^{α2} /rɪˈpleɪsmənt/

「交換」「交代」とか「（古い物や壊れた物の取り替える）代わりの物」や「（組織内での）代わりになる人［後任］」です（'the **replacement** of the manager'（監督の更迭））. **substitute**（→ 2-68）は「代用品」,「スポーツの交替［控えの］選手」です. 'there is no **substitute** for …' は「…の代わりになるものはない」という意味です.

represent

「…を表す」「…を代表する」「…を象徴する」といった意味の動詞ですが，名詞の **representative** [α2] /ˌreprɪˈzentətɪv/ の様々な意味に注意しましょう．「(代表的な) 典型・見本」以外に，「代表者」「代理人」「代議士」「販売外交員 (セールスマン)」などがあります．

(i) His last novel is not really **representative** of his work.
  (彼の前作は彼の本当の代表作ではない)

関連語の動詞として，**embody** [β2] /ɪmˈbɑːdi/ (はっきりと [具体的に] 示す，(内容などを) 包括する)，**exemplify** [β2] /ɪgˈzemplɪfaɪ/ (…を例で示す，例証する) と **epitomize** [γ1] /ɪˈpɪtəmaɪz/ (… (の特徴) を典型的に表す，要約する)；epitome /ɪˈpɪtəmi/ (典型，権化，縮図) もおさえておきましょう．

(ii) "I was never so struck by anything in my life. I even **embodied** it in a small brochure with the somewhat fantastic title of 'A Study in Scarlet.'"
  《ホームズの推理や探偵ぶりについてワトソンがホームズに述べて》
  (これまであんな感銘を受けたことはないよ．ちょっと幻想的な『緋色の研究』という題名の小冊子にまとめてみたほどだ) 〈『四つの署名』〉

(iii) These buildings **exemplify** the style of post-modern architecture.
  (これらのビルディングはポストモダン建築スタイルのよい例である)

(iv) His treatment of his wife **epitomizes** his attitude to women. 〈*Chambers*〉
  (自分の妻への彼の対応は彼の女性一般へ態度を端的に表している)

「代理人」という訳語もあてられますが，**deputy** [β1] /ˈdepjuti/ は「補佐官」(フランスなどの下院代議士という用法もあります) という語で，報道などでよく目にします ('**deputy** prime minister' (副総理)，'a **deputy** secretary' (事務次官))．関連語として，「(想像によって他人の経験を通じて) 喜びなどを自分のことのように感じられる」というときには **vicarious** [γ2] /vaɪˈkeriəs/ という形容詞があります ('**vicarious** pleasure' (わがことのように感じる喜び))．

reputation

「評判」や「名声」という名詞です．類語としては **profile** [α2] /ˈproʊfaɪl/ があり，カタカナ語の「プロフィール」とか「横顔」「人物 (事物) 紹介」という意味で知られていますが，英語ではその他に「世間の注目度や評価」という意味もあります．'high-profile' は「脚光を浴びている」という形容詞です．「注目度の高い [低い]」は名詞で 'have a high / low profile' (脚光を浴びている / いない) のように使われます．

(i) There's a brief **profile** of the author at the beginning of the book.

（その本の冒頭に著者のプロフィールがある）

renowned ^{β2} /rɪˈnaʊnd/ は「（…で (for) / …として (as)) 著名な」という形容詞です．仕事ぶりや特殊技能で尊敬されている人とか高水準のサービスなどで評判の場所という意味合いでよく使われます．名詞の **renown** は「名声」「誉れ」．

  (ii) He is **renowned** as an artist / for his paintings.

    （彼は著名な芸術家だ / 絵で有名だ）

1-277

respond

「反応する」，「応答する」という動詞です．「回答を返す」という意味の **reply**（名詞および動詞）は少しフォーマルでビジネスなどの文脈でもよく使われます（Thank you for your prompt **reply**.（迅速な返信に感謝します））．**respond** はさらにフォーマルで，**reply** 同様にビジネスなどの場面で用いられます．難度の高い語ですが，「…と言い返す」という意味の動詞 **retort** ^{γ1} /rɪˈtɔːrt/ になると即座に怒りや攻撃あるいはユーモアをもって相手に返すことです．

  (i) He **retorted** rather rudely when he was criticized.

    （彼は批判されたときかなり無作法にやり返した）

respondent ^{β2} /rɪˈspɑːndənt/ は「（アンケート調査などの）回答者」です．

  関連する表現として，'off hand' は「即座に」とか「準備［下調べ］せずに」という意味で否定文の形でよく使われます．

  (ii) "Can you think of a specific person?"

    "Not **off hand**."   〈刑事コロンボ「祝砲の挽歌」〉

    （「思い当たる人物がありますか？」「ぱっとは（思いつかない）．」）

1-278

responsibility

「（仕事などを遂行する）責任・責務」です．失敗などに対する「責め」や「責任」は **blame** です．難度の高い語ですが，**liability**（**liable** の項（→ 1-175）を参照）はビジネスの場などで用いられる語で，法的な責任のことです．

1-279

revenge ^{α2} /rɪˈvendʒ/

カタカナ語の「リベンジ」はすっかり定着しましたが，英語でも「復讐」には revenge が一般語として用いられ，ゲームから人を殺すような場合まで幅広い状況で用いられます．**vengeance** ^{β2} /ˈvendʒəns/ は「報復」「懲罰」「（被害者に代わっての）かたき討ち」といった日本語が当てられますが，より暴力の度合いが強烈な意味合いがあります．また，当然の報いを加えるというニュアンスがあります．この意味を持つ動詞は

avenge /ᵛ¹/ /əˈvendʒ/ です.（3 語とも -venge- という部分があることからわかるように, 語源的には同根の語です.）

(i) One day I will have my **revenge** for what was done to me.

(いつか私は私になされたことへの報復をするつもりだ)

(ii) He exacted a fearful **vengeance**.

(彼は恐ろしい復讐を果たした（exact: 復讐などを果たす））

(iii) At the end of the story, the hero **avenges** his brother's death.

(その物語の最後で, ヒーローが兄［弟］の仇討ちをする)

retaliate /ᵝ²/ /rɪˈtælieɪt/ は自分がうけた侮辱や行為などに対して同じような手段で相手に報復することで, 集団から集団に対して行うこともあり, その場合, 最初の悪い行為に直接的な責任がない人たちが報復の対象となることもあります.

(iv) If we attack now, they may **retaliate** against us.

(今攻撃したら, 彼らは私たちにやり返してくるかもしれない)

1-280
revolution

「革命」です. **rebellion** /ᵝ²/ /rɪˈbeljən/ はもう少し規模などが限定的で, 政府や中心的組織に対しての（しばしば暴力を伴う）反乱です. 動詞は **rebel** /ᵝ²/ /rɪˈbel/（発音注意！）「（権力者などに）敵対［反発］する」（反逆者, 反乱軍の兵士という名詞では /ˈrebl/). 形容詞形は rebellious /rɪˈbeljəs/（反乱の, 反抗的な）('a rebellious age / phase'（反抗期）). 類語 insurrection は 3-449 参照.

(i) Teenagers often **rebel** against their parents or teachers.

(ティーンエージャーは親や先生によく反抗するものだ)

(ii) The American War of independence started as a small-scale **rebellion**.

(アメリカの独立戦争は小規模の反乱から始まった)

insurgency /ᵛ¹/ /ɪnˈsɜːrdʒənsi/ も反政府を掲げる「武装蜂起」です（しばしば長期にわたるものを指します). insurgent は「武装蜂起した兵士」「反政府軍の兵士」ということですが, 反乱（rebellion）を起こした反乱軍の兵士たちは自らのことを rebels と呼び, 政府など権威を有する側からは insurgent と呼ばれます.

riot /ᵝ¹/ /ˈraɪət/ は何かに抗議しての「暴動」「大混乱」という意味です. **revolt** /ᵝ/ /rɪˈvoʊlt/ は政府に対する「反乱」「暴動」（動詞は 1-129). **uprising** /ᵝ²/ /ˈʌpraɪzɪŋ/ は国・地域・都市などで権力の地位にある人に対する「蜂起」「動乱」で歴史に残る反乱の名称として使われ, 力ずくで鎮圧されるものです.

(iii) The Hungarian **uprising** was quickly suppressed.　　　　〈Chambers〉

(ハンガリー動乱はすぐに鎮圧された)

「暴徒」は **mob** ^{β2} /mɑːb/ です（一般的な「群衆」という意味でも使われます）．サッカーの試合会場内外で暴力的な言動をする「フーリガン hooligan /ˈhuːlɪɡən/」はカタカナ語としても定着しました．フーリガンは通例グループですが，一般に無作法な，ときに攻撃的な若い男という意味では **lout** ^{γ2} /laʊt/ という語があります．

　動詞の **revolve** ^{α2} /rɪˈvɑːlv/ は「回転する」（回転式の連発ピストルは revolver）ですが，中心点の周りの軌道を動いて回る（車軸を中心に車輪が回るとか，天体（celestial bodies）の公転）という意味が原義です（**rotate**（自転する）と同じ意味に使われることもあります）．ホテルなどの「回転ドア」は 'a revolving door' といいます．「リボ払いのできるクレジットカード（'a revolving credit card'）」というときのリボはリボルビング（**revolving**）ですが，**revolve** の「定期的に起こる」という意味に由来しています．

(i) The Earth **revolves** around the Sun, and not vice versa.
（地球が太陽の周りをまわっているのであって逆ではない（**vice versa** ^{γ1} /ˌvaɪs ˈvɜːrsə/, /ˌvaɪsi ˈvɜːrsə/（逆もまた同様」））

「進化」は **evolution**（動詞は **evolve**）ですが，動植物の進化というのみならず，（単純なものから複雑なものへの）「ゆるやかな発達」（≒develop）という意味もあります．

(ii) The rise of technology in the workplace was an **evolution** that has now become a full **revolution** out of necessity.（職場におけるテクノロジーの出現は徐々に進んだものであったが必要に迫られて（out of necessity）今や大変革を起こしている）

1-281
rough

カタカナ語で「ラフ（な）」という言い方はゴルフの芝の刈り具合やテニスのラケット面に関する言い方などで定着しています．「（表面やきめが）粗い［でこぼこの］」，あるいは「荒っぽい」や「粗野な」「おおざっぱな」とか「だいたいの」といった意味です．'a rough draft' は「草稿」，'a rough estimate' は「概算」です．カタカナ語の「ラフな服装」に相当する意味では rough を使えそうにありませんから，'casual [informal] wear [clothes/clothing]' とか 'everyday clothes/clothing'（普段着）あたりの表現になるでしょう．

　approximate も estimate や idea あるいは数や量などについて「おおよその」とか「近似の」といった意味で用いられます．**indeterminate** ^{γ1} /ˌɪndɪˈtɜːrmɪnət/ になると「はっきりしない［正確にならない］」とか「不確定の」あるいは「漠然とした」という意味になります（'a man of indeterminate age'（年のころのはっきりしない男性））．

(i) My plans for the future are **indeterminate** at the moment.
（私の将来計画は今のところは漠然としている）

nebulous *r2* /ˈnebjələs/ は「漠然［ぼんやり］とした」(a nebulous concept / idea).

1-282
routine *α1* /ruːˈtiːn/

「いつもの手順」とか「決まった日課」という意味の名詞で，カタカナ語としても，ゴルフのボールを打つ前の手順などで，定着しています．「退屈な (boring)」という含みがあります．形容詞としては「いつもの決まりきった」という意味になります ('routine work')．コンピュータのプログラム用語のルーチンもこの語です．難度の高い語ですが，**mundane** *r1* /mʌnˈdeɪn/ は（否定的なニュアンスで）「ごく日常的な」「平凡な」「世俗の」といった意味です．

(i) It's only a **routine** task.

(それはいつもどおりの仕事でしかない)

(ii) When a man is near death he loses interest in **mundane** affairs. 〈*ISED*〉

(死に近づいたとき人は世俗的なことに関心をなくす)

1-283
rule

「規則」という意味で「ルール」も日本語になっています．また，**ruler**「(直) 定規」も小学校英語で登場しておなじみです．ruler には「支配者・統治者」という意味もありますが，動詞としての rule に「支配する」とか「裁決する」という意味があるからです．**govern** は選挙で選ばれた人が国を「統治する」という意味（**government** は「政府」，「統治」）で，rule は王，女王，皇帝などの専制的な支配をいいます．「多数が支配する，基調をなしている」というときや裁判官や議長が「採決・裁定する」というのも rule といいます．このような用法は govern にはありません．また，govern には法則などが（背後から）影響する，左右するといった意味があり，この意味は rule にはありません．**reign** *α2* /reɪn/ は「君臨する（実際に政治に関与しない場合も含む）」です．

(i) Queen Victoria had the longest **reign** of any British monarch.

(ヴィクトリア女王はイギリスのどの君主よりも長く君臨した)

1-284
sake *α1* /seɪk/

「ため」という訳語ですが，'for the sake of …' および 'for …'s sake' の形で「…のために」という意味であることをおさえておくことが重要です．

(i) It's not worth quarreling **for the sake of** a small amount of money.

(少額の金のために争う価値はない)

'for God's [goodness', pity's, mercy's, *etc.*] sake' は「お願いだから」という意味で命令文を強調したり，「いったい全体」という感じでいら立ちを表すのに使われます．

130

1-285
satisfy

'(be) satisfied' は「満ち足りた」という充足感です．**content** ^{α2} /kənˈtent/ は名詞の前には置かれず be 動詞などの述語動詞とともに述部を構成する叙述用法の形容詞として，自己満足的に「現状でよしとしている」，「甘んじている」という意味です．動詞としての用法もあります（'content *one*self' の形で「（ほどほどに）満足する」）．**contented** ^{β2} /kənˈtentɪd/ という形容詞はしばしば名詞の前に置かれて「（人生や仕事とか状況に）満足している（≒happy）」という意味なので混同しないよう注意しましょう（'a contented look'（満足顔））．

   (i)   I am **content** to live in a small house.
       （私はささやかな住まいに甘んじている）

   (ii)   I **contented** myself with pointing out a few minor problems.
       （私はいくつか小さな問題点を指摘できてまあまあ満足した）

   (iii)   She looks **contented** now.
       （彼女は今や満足げに見える）

1-286
script ^{β1} /skrɪpt/

映画や演劇などの「台本」という意味で「スクリプト」というカタカナ語をよく耳にするようになりました．基本的な意味は「（印刷に対して）手書き」ということから「筆記体」などの意味でも使われます．語源的にはラテン語の *scriber*（＝to write）です．関連語を見ておきましょう．**describe**（*de-* down + *scribere* to write）は「描写する」，**prescribe**（*prae-* before + *scribere* to write）は医師が処方を書くということで「処方する」（**prescription** は「処方箋」「処方薬」），**subscribe** ^{β1}（*sub-* under + *scribere* to write）/səbˈskraɪb/ は下に名前を書くということから「…（新聞や雑誌など）を予約して定期購読する」（→ 3-402），**manuscript** ^{β2}（*manu-* by hand + *scriptus* written）/ˈmænjuskrɪpt/ は手書きの写本ということから「原稿」や「草稿」です．

   (i)   This is an authentic **manuscript** from days of the Roman empire.
       （これはローマ帝国の時代から伝わる本物の写本だ）

1-287
search

コンピュータでの「検索（する）」という意味でおなじみですが，「捜索（する）」，「…を探す（紛失物や盗難物を隠していないかと場所や人を調べる）」という意味です．**pursuit** は利益や幸せとか目標達成の「追求」です．お金など個人的な充実を求めるイメージが感じられることもあります．動詞は **pursue**「…（目的など）を追い求める」

です (→ chase).

　最近ではゲームのタイトルなどでよく目にする **quest** [β1] /kwest/ は「探求」や「(名誉などを求めて長期間) 探し求めること」です．こちらはしばしば精神的な，普遍的な価値といった完全につかみとることのできないものを対象とします (the quest for gold / truth).

(i)　There is more to life than the **pursuit** of riches.

　　（富を<u>追求</u>するよりも大切なことが人生にはある）

(ii)　The Spaniards invaded South America in **quest** of riches.

　　（スペイン人は財宝を<u>求めて</u>南米を侵略した）

　野球やフットボールでボールをいったん取りかけながらお手玉して取りそこねるのを「ハンブル［ファンブル］」と言いますが，もとは英語の **fumble**「手探りする」(**fumble in** *one*'s pocket for a key （鍵を探してポケットを<u>探る</u>）)，「不器用にいじくる」(**fumble at a lock**（酔った人のように錠を<u>おぼつかない手つきであけようとする</u>）) という意味の動詞です．

1-288
sense

もはや日本語になったかのような「センス」ですが（「感知装置」は sensor で「検閲する」は censor （「検閲」は censorship）ですから混同しないように），'in a sense'（ある意味で）の形でよく使われる「意味」という語義も大事です．…がある・いるとか，実は…であると「気づく［感づく］」という意味での動詞としてもよく使われます．また，'make sense'（意味をなす，道理にかなう）も重要な表現です．語尾が変化して **sensitive** なら「敏感な」とか「取り扱いに注意を要する」．**sensible** なら「分別のある」となります．正しい選択を理性的に行える **sensible** な人がリスクを避けて **careful** であるというのが **prudent** [β1] [L] /ˈpruːdnt/（思慮深い，用心深い，慎重な）です．prudent は人にも行動にも使われますが (a prudent person / attitude)，反対語の **imprudent** [γ1] /ɪmˈpruːdnt/（無分別な，無謀な，軽卒な）は行動について用いられ，人についてはあまり使われません．

(i)　It would be **prudent** to try to save a little more for a rainy day.

　　（もしものときに備えてもう少し蓄えをしておこうとするのは<u>思慮深い</u>ことだ）

(ii)　He **imprudently** puts himself into the power of the young man and his older

　　associate. （彼は<u>軽率にも</u>その若いやつとその年上の相棒の手中にはまったのだ）

形容詞 **sensory** [γ1] /ˈsensəri/ は「感覚［知覚］の」という意味です．'**sensory** organ' は「<u>感覚器官</u>」．

1-289

serious

「真剣な」とか「重大な」で問題，事故，病気，犯罪などについて用いられます．serious の類語としては，**grave** ᵃ² /greɪv/（重大な，ゆゆしい）があります．

(i) My uncle has a **serious**/**grave** illness.

(おじは深刻な病気を抱えている)

grave は事態の深刻さが serious より重大で強い懸念を持つという意味合いですが，表情について使われるときは「真剣な」という肯定的なニュアンスです（**serious** だと「ユーモアのない硬い表情」とか，何か深刻そうな（'slightly worried or unhappy'）という感じになります）．文修飾の副詞として "Seriously, …." と文頭に置くと，「冗談はさておき」と話を切り替えるときに使えます．また，"You can't be serious!" は決まり文句で「まさか，本気じゃないよね」という意味です．**solemn** ᵝ¹ /ˈsɑːləm/ は重要な場面や悲しい状況，あるいは儀式などで「真面目な」「おごそかな」という意味です．

(ii) The funeral was a very **solemn** occasion.

(その葬儀はとてもおごそかな式だった)

1-290

shield ᵃ¹ /ʃiːld/

カタカナ語の「シールド」として定着していますが，「盾」「防御するもの」「擁護者」（against）という意味の名詞です．動詞としては 'shield A from B' の形で「A を B から保護する」という意味になります．

(i) However, wretch as he was, he was still living under the **shield** of British law, and I have no doubt, Inspector, that you will see that, though that **shield** may fail to guard, the sword of justice is still there to avenge.

(しかし，恥ずべき（wretch）人間であるとはいえ彼も英国法の保護のもとにあったのですが，私は信じて疑いませんよ，警部，（法という）盾が守りきれなくても，正義の剣というものがあっていずれ仇を討つ（avenge）ものだと) 〈「入院患者」〉

類語として，**defense**（敵，悪天候，病気に対する防御），**safeguard**（害や危険から人を守る防衛対策），**buffer**（衝撃や反対を和らげる緩衝となる人や物）はカタカナ語になっています．問題防止や危険回避のための「用心」や「対策」とか「警戒」という意味の名詞である **precaution** ᵝ¹ /prɪˈkɔːʃn/ の例を見ておきましょう．

(ii) You should take an umbrella as a **precaution**. 〈ISED〉

(用心のために傘を持っていきなさい)

short

「不足している」という意味で，時間やお金についてよく用いられます．'run short of' は資金や貯蔵品について「不足になる」，「…をきらす」という意味です．

(i) I am **short** of time today. / I am **low** on cash right now.

　　(今日私は時間があまりない／今ふところが寒い)

low は自分の補給品や支給物が「不足している」とか「乏しい」という意味でよく用いられます．このような意味では，low も short も名詞の前に置く限定用法ではなく be 動詞などの述語動詞とともに述部を構成する叙述用法で使われます．それに対して，**scarce** ᵃ² /skers/ も「(必要なものの供給が) 乏しい」という意味の形容詞ですが，名詞の前に置いて 'scarce resource' (稀少資源) とか，資金の助成などが乏しいといった文脈で見られる 'scarce funding' (資金の調達不足) といった用例があります．

(ii) He made judicious use of **scarce** resources.

　　(彼は残り少ない資金をうまく使った)

　　《judicious /dʒuːˈdɪʃəs/: 思慮深い，分別のある，賢明な (→ 1-164)》

(iii) Oil has become a **scarce** resource.

　　(石油は残り少ない資源だ)

famine ᵝ¹ /ˈfæmɪn/ は「ある地域で死者が出るほどの深刻な食料不足」，「飢饉」，「(物資の) 欠乏［払底］」です．

(iv) In the past, **famine** was a common occurrence in nearly every country.

　　(過去には飢饉はほとんどどの国でも見られた)

shy

人が「シャイな」「恥ずかしがりや」「内気な」で，動物の場合は「臆病な」という意味です．**timid** ᵝ¹ /ˈtɪmɪd/ は人や動物が「臆病な」「びくびくしている」です．

(i) He hides it well, but actually he's quite **shy**.

　　(うまく表には出さないでいるが，彼は本当は内気なんだ)

(ii) Rabbits are **timid** animals which run away at the slightest hint of danger.

　　(ウサギはとても臆病な動物で，少しでも危険を感じると走って逃げる)

※ 例文中の 'run away' は危険などから逃れるために逃げ去ることです．フォーマルなことばですが **flee** ᵝ¹ /fliː/ も「(人などが危険な場所から急いで) 逃げる［避難する］」という意味です．(「逃亡者」「脱走者」は fugitive /ˈfjuːdʒətɪv/.) 過去形は fled /fled/ (発音注意) となります．

(iii) They have now **fled** together.

　　(二人は今頃はもう駆け落ちしてしまっているのです)　　　　〈「緑柱石の宝冠」〉

「臆病者」は **coward** ᵅ² /ˈkaʊərd/ です（You coward! What are you afraid of?（この臆病者！ 何を怖がってるんだ））。

1-293
side

問題や物事の「面」という語について確認しておきましょう．side は状況や人の性格の「面」について使われます．**aspect** は「様相」や「側面」といった日本語があてられ，**respect**（点，細目）は，あるものの一面をほかの面に比べて強調する意味で 'in some / many / all respects' とか 'in one / every respect' という形で用いられます．**dimension** ᵝ¹ /dɪˈmenʃn/（局面，様相）は社会や歴史に関連した文脈でしばしば用いられ，コロケーションとしてよく共起する語としては social / cultural / political / historical / environmental / human / moral などがあります．

(i) This drawing shows the building in three **dimensions**.

（この線画はその建物を立体的に［三次元で］示している）

1-294
silo ᵞ¹ /ˈsaɪloʊ/

家畜（livestock /ˈlaɪvstɑːk/（家畜の総称的な言い方），a domestic animal; poultry /ˈpoʊltri/ は家禽（集合的な言い方），a fowl /faʊl/）の飼料や穀物などの「貯蔵庫」とか弾道ミサイルの「地下格納庫」です．「窓がなく周囲が見えない」という意味があることから，silo は組織が縦割り構造になっていて各業務部門の活動が連動を欠いている「サイロ型業務」という意味で使われます．コンピュータ業務システムにおいてアプリケーションやデータが部門や個人ごとに孤立していることを「サイロ型システム」「アプリケーション・サイロ」「データ・サイロ」などといいますが，このようなときに動詞として「サイロ化する」という意味になります．

(i) We need to break down the **silos** among the divisions.

（私たちは部署間の壁を取り払う必要がある）

(ii) We must integrate these groups across the divisions and avoid having them **siloed**.（それらのグループを全ての部署にわたって連携することでサイロ化するのを防がなくてはならない）

1-295
simulation

「シミュレーション（**simulation**）」はおなじみのカタカナ語です．動詞 **simulate** ᵝ² /ˈsɪmjuleɪt/ は「シミュレーションをする」とか「模擬実験をする」，「まねる」，「（動物が）擬態をする」といった意味です．次の例では形容詞化して「見せかけの」という意味で使われています．

(i)　I sprang from my chair in **simulated** anger.

　　（私は腹を立てたふりをして椅子からとび上がった）　　　　　〈「有名な依頼人」〉

類語として，**mimic** ^β2 /ˈmɪmɪk/ は人を笑わせようとして癖やしぐさなどを「ものまねする」，物や人に「よく似ている」という意味です．

(ii)　Parrots **mimic** human speech.

　　（オウムは人の話し方をまねる）

1-296
skilled ^α2 /skɪld/

「スキル (skill)」はカタカナ語としても定着しています．何かをうまくこなす能力のことで，特に訓練などで身につけた技能です．見出し語の skilled は「熟練した」「腕がよい」という意味の形容詞です（'highly **skilled** workers'（高度な技術を有する労働者））．**ability** はものをどれくらいこなせるかという「能力」のことで，生まれつきの能力にも後天的な能力にも使います．**talent** は持って生まれた「才能」です．

(i)　Speaking English is a vital **skill** in international business.

　　（英語を話せることは国際的なビジネスをするうえで重要な技能だ）

関連語として，**knack** ^γ1 /næk/ は「技巧」「コツ」「要領」といった意味です（a **knack** for making money（金儲けのコツ））．

1-297
slope ^α1 /sloʊp/

「坂」「斜面」の「スロープ」はカタカナ語として定着しましたが，英語の slope は動詞として「（…の方に）傾斜する」「…を傾斜させる」という意味でも用いられます．**slant** ^β1 /slænt/（傾斜）も同じような意味で用いられますが，slope が「面」に焦点を置いているのに対し，slant は傾きの度合いについていうことがしばしばです．また，比喩的に「（記事などで事実を）偏向して［ゆがめて］書く［伝える］」，名詞として「見方」「観点」といった意味にもなります．

(i)　The house stands on a gengtle **slope**.

　　（その家はゆるやかな斜面に立っている）

(ii)　The roof has a steep **slant**.

　　（その屋根はきつい勾配になっている）

(iii)　The researchers **slanted** their findings in favor of their own belief.

　　（その研究者たちは研究の結果を自分たちの考えに合うようにゆがめて報告した）

1-298
smell

「におい」の一般的な語です．ただし，ほかの修飾要素なしで単体だとしばしば悪い臭

いという意味になります．動詞として「においをかぐ」，「においがする」という意味もあります．**aroma** β2 /əˈroʊmə/ はカタカナ語でも知られるようになりましたが，コーヒーなど飲み物あるいは食べ物の強くていい香りです．**fragrance** β2 /ˈfreɪɡrəns/ は花や果物のいい香り，**scent** β1 /sent/ はほのかないい香りですが，獲物や（比喩的に）犯人の残した臭いや気配のことをいう場合もあります．**odor** β1 /ˈoʊdər/ は不快ないやな臭いです．**stink** β1 /stɪŋk/ は鼻をつくような「ひどい悪臭（を放つ）」，**stench** γ2 /stentʃ/ も「ひどい悪臭」ですが文語的で，特に死臭とか腐臭という感じを与える語です（a **stench** of rotting fish（腐った魚のにおい））．比喩的に「不正などのにおい」という意味でも使われます（The government is filled with the **stench** of corruption.（その政府は汚職疑惑があふれている））．

(i) I could smell the **aroma** of coffee from outside.

(外からでもコーヒーの香りがする)

(ii) The **fragrance** of the flowers in summer is unforgettable.

(その花々の夏の芳香は忘れられない)

(iii) The perfume has a lovely **scent**.

(その香水（perfume）はよい香りだ)

(iv) There's an **odor** of sweat in the changing room.

(更衣室には汗のにおいがする)

※「発汗（作用）は perspiration」

(v) What a **stink**! Open the window.

(なんてにおいだ！ 窓を開けろ)

1-299

smile

声を出さずに微笑むのが smile です．さらに歯が見えると **grin** β1 /ɡrɪn/ で，**beam** α2 /biːm/ は「満面の笑み（'a big happy smile'）を浮かべる」，「喜びに輝く顔をする」，「…にほほえみかける（'beam at …'）」です．反対の語としては **frown** α2 /fraʊn/（しかめっ面をする，眉をひそめる）があります．

(i) He didn't laugh openly, but he was certainly **grinning**.

(彼はわかるようには笑わなかったが，確かににやりと歯を見せていた)

(ii) He **frowned** with displeasure.

(彼は不満そうにしかめっ面をした)

1-300

solve

「解く」，「解明する」という動詞です．名詞は **solution**「解答・解決（法）」．'way out'

（出口）も比喩的に「解決策」という意味になります．out のついた 'figure out' /
'straighten out' / 'work out' / 'puzzle out' も「答えを出す」とか「問題・難問を解く」
という意味で用いられます．**dissolve** [β1] /dɪˈzɑːlv/ は「溶かす」が原義で，「解散する」，
「解消する」，「（問題などを）解く」という意味で使われます．**resolve**（決心する，解決
する）は（**decide** と同じ意味合いで）明確な決定を下すという意味もあり，懸案だった
問題に決着をつけてすっきりさせる（settle）という意味です．「…しようと固く決心す
る」という意味もあります．名詞 **resolution** [α2] /ˌrezəˈluːʃn/ は「決議」，「決心」です．
形容詞 resolute /ˈrezəluːt/ は「断固とした」，irresolute /ɪˈrezəluːt/ は「優柔不断な」．

(i) She found the **solution** to the puzzle quite quickly.
（彼女はこのパズルの<u>解法</u>をたちまち見つけた）

(ii) He made a **resolution** to never make such a mistake again.
（彼は二度とこんな失敗をしないと<u>誓い</u>を立てた）

(iii) Sugar **dissolves** quickly in water.
（砂糖は水にすばやく<u>溶ける</u>）

soluble [γ1] /ˈsɑːljəbl/ は物質が液体に「溶けやすい」とか，問題などが「解決できる」
という意味です．

(iv) "From their lightness and transparency, I should imagine that they are **solu-
ble** in water," I remarked.（「明るく透き通っているから，<u>水溶性</u>なのだろうね」
と私は述べた）   （『緋色の研究』）

1-301
sort
コンピュータでデータを目的に合わせて並び替えることを「ソートする」と言うのも
すっかり定着しました．動詞として 'sort out' で「（問題を）解決する（この意味での用
法は主に《英》）」とか，「分類する」や「選り分ける」という意味で使われます．名詞と
しては「種類」という意味で，'a sort（＝kind）of'（「一種の」）といった形で使われま
す．'sort of' で「多少はね」とか「まあね」という意味でも使われます．assort /əˈsɔːrt/
（分類する）（→ 3-41）の派生形で 'assorted cookies'（クッキーの詰め合わせ）などに使
われる **assorted** [γ1] /əˈsɔːrtɪd/（各種取り合わせた，組み合わせた）は sort を語根に持っ
ています．**assortment** [γ1] /əˈsɔːrtmənt/ は「詰め合わせ」「寄せ集め」です．

(i) Perhaps if I help him, we can **sort out** the problem.
（おそらくだが，もし私が彼を手伝えばその問題を<u>処理できる</u>）

(ii) His music is a **sort** of mixture of rock and classical music.
（彼の音楽は<u>一種の</u>ロックとクラッシックの融合だ）

(iii) "What an extraordinary **assortment**!" I exclaimed.

138

（「なんとも奇妙な組み合わせだね」と私は叫んだ）（「ライゲイトの地主」）

学問分野で taxonomy /tækˈsɑːnəmi/ は「（生物）分類学」.

1-302
sound

形容詞として「健全な（＝healthy, in good condition）」,「正しい」という意味です. **robust** *β2* /roʊˈbʌst/ は delicate の反対という感じで,「（頑丈でたくましく）強健な」「活気のある」「（経済や成長が）しっかりした」といった意味です. **sturdy** *β2* /ˈstɜːrdi/ は「（物の作りが）頑丈な」（人や動物が healthy で「たくましい」,「屈強な」という意味でも使われます）.

  (i) He's quite old now, and not as **robust** as he was in the past.

     （彼は今ではすっかり年老いて, 昔のように頑丈ではない）

  (ii) The man who entered was a **sturdy**, middle-sized fellow, some thirty years of age, clean-shaven, and sallow-skinned, with a bland, insinuating manner, and a pair of wonderfully sharp and penetrating grey eyes.（入ってきたのは, がっちりした体つきの中背の男性で, 三十歳くらいの年恰好で, 顔をきれいに剃っており, 血色の悪い（sallow /ˈsæloʊ/）肌をしており, 無表情で（bland → 1-107）こびるような（insinuating → 2-43）物腰だったが, 灰色の両眼は鋭かった）

〈「花婿失跡事件」〉

1-303
speech

演説や講演ですが, **address** は speech よりもフォーマルで public な場で行われるものをいいます. **talk** は何かのテーマについて多くの場合インフォーマルな集いで話されるもののことです. **sermon** *β2* /ˈsɜːrmən/ は通例道徳や宗教的なことについての「説教」です（'Sermon on the Mount'（山上の垂訓））. なお, **preach** *β2* /priːtʃ/ は「宗教・道徳について説教する」という動詞ですが, 親や先生が子や生徒にくどくど「お説教する」という意味でも用いられます.

  (i) Jesus **preached** a message of peace and love.

     （イエスは平和と愛を説いた）

1-304
spelling

スペリングのことをカタカナ語で「スペル」という人が多いようですが, 英語では spelling です. **spell** *α2* /spel/ は名詞としては「呪文」「まじない」「魔法」「魅力」という意味や「（ある天候が続く）期間」（'a dry spell / a spell of dry weather'（日照り続き））とか「一続き［一時期］」という意味になります. 動詞としては「（語を）つづる」,「…

という語になる ("C-A-T spells 'cat'.")」,「…（悪い結果など）ということになる」という意味です ("Laziness spells failure."（なまけていると失敗する）). 'spell out' は「…を詳細に説明する」という言い方になります.

    (i)   He's a bit stupid—you'll have to **spell** it **out** for him.   ⟨*Chambers*⟩

        （彼はやや鈍いので，それを詳しく説明してあげないといけませんよ）

    (ii) It took the student an hour to **spell out** a page of French.   ⟨*ISED*⟩

        （その学生は1時間かけてフランス語の1ページを苦労して読んだ）

        《ここでは「苦労して読む（＝make out the meaning with difficulty)」という意味》

spellbound ᵃ² /ˈspelbaʊnd/ は「魔法にかけられた」という形容詞です.

    (iii) Holmes and I had listened **spellbound** to this extraordinary story.

        （ホームズと私はこの異様な物語に心を奪われて話を聞いていた）   ⟨「ぶな屋敷」⟩

動詞 **enchant** ᵝ² /ɪnˈtʃænt/ は「…をうっとりさせる［魅了する］」という意味です 'be enchanted by [with] A' の形で「A に魅せられる」という意味になります.

    (iv) She **was enchanted by [with]** the flowers you sent her.

        （彼女はあなたが送った花にうっとりしていた）

古い用法では「…に魔法をかける」という意味もあります (the enchanted palace (e.g. in a fairy tale, one where all the people have been put to sleep for a hundred years) ⟨*ISED*⟩).

1-305
spill

「（液体を）こぼす」という意味の動詞の spill (spilt は過去分詞形) です. 血や涙を流すのは **shed** ᵝ¹ /ʃed/ です（その他に，不要なものを捨てるという意味もあります）が，特にこの語については 'shed light on' という言い方を覚えておきましょう. 直訳すると「光を注ぐ」ということですが，「（問題などを）解明する」とか「解明の糸口を与える」という意味で，アカデミックな内容の文章に頻出します. 名詞の shed は「納屋」とか「倉庫」です.

    (i)   This letter **sheds light on** the reasons for his actions at the time.

        （この手紙が当時の彼の行動の理由を解明する手がかりを与えてくれる）

    (ii) We keep the tools in a **shed** beside the house.

        （私たちは道具を家のわきの納屋にしまっている）

1-306
spot ᵃ¹ /spɑːt/

舞台の1点にあてる照明が「スポットライト」ですが，突然（見つかりにくいものやミ

スを)「見つける，気づく」「見分ける」「突き止める」といった意味で用いられるのが英語の spot です。「見る (see)」のさまざまなバリエーションを見ておきましょう。**glance** $^{\alpha2}$ /glæns/ は「ちらっと視線をむける（こと）」で，**glimpse** $^{\alpha2}$ /glɪmps/ は「一瞬ちらっと見る（のだけれども不完全にしか見えないこと）」です。**peep** $^{\beta2}$ /piːp/ は「こっそりのぞき見る」です。**peek** $^{\gamma1}$ /piːk/ は「そっとのぞく」，「ちらっと見る」，「ちょっと見える (out)」です。

- (i) Can you **spot** any mistakes in these sentences?

  （この文章の中になにか間違いを見つけられますか？）

- (ii) I only have time for a brief **glance** at the newspaper in the morning.

  （私は朝には新聞をざっと読むだけの時間しかない）

- (iii) I caught a **glimpse** of the man as he quickly went past.

  （その男はすばやく走り去ったので私はちらりとしか見えなかった）

- (iv) I **peeped** into the children's room; they were asleep already.

  （子供たちの部屋をのぞいてみたら，もう寝てしまっていた）

- (v) The sun **peeked** out from behind the clouds.

  （雲の向こうから太陽がちらっと顔をのぞかせた）

1-307

spray $^{\alpha2}$ /spreɪ/

「スプレー」や「噴霧器」としてカタカナ語でもおなじみですが，英語の spray は名詞としては「しぶき」とか「噴霧」，動詞としては「液体を吹きかける」の他にも「銃弾などを浴びせる」という状況でも使われます。

- (i) The torrent, swollen by the melting snow, plunges into a tremendous abyss, from which the **spray** rolls up like the smoke from a burning house.

  〈「最後の事件」〉

  （急流 (torrent /ˈtɔːrənt/: 急流，土砂降り) は雪解け水でふくれあがり (swollen) 巨大な深淵 (abyss /əˈbɪs/) に落下して，そこからしぶきが火事で燃えている家の煙のように巻き上がっていた）

1-308

stall $^{\beta1}$ /stɔːl/

原義は厩舎の小さい区切りのことで，市場にあるような「売店 ('souvenir stalls' (土産物の売店))」「屋台」「露店」「(イギリス英語で) 劇場の舞台に近い特等席」といった意味で用いられます。

　booth は「ブース（小さく仕切られた空間）」としてカタカナ語になっています。催事会場などの仕切られた空間や小部屋，レストランなどのボックス席，芝居小屋，テン

トの売店，展示スペースといった意味でも使われます．**stand** は街頭にある新聞やホットドッグとかドーナッツの売店という意味でよく使われます．**kiosk** は駅や街頭で新聞や軽食の売店です．

1-309
stand by
「スタンバイ」はカタカナ語として定着していますが，英語の 'stand by' には「そばにいる」，「待機している」；「支持［擁護］する」；「（約束などを）守る」といった意味があります．「約束を守る」という意味の動詞には keep，**honor**（契約などを履行する），**carry out**（計画や約束などを実行する）などがあります．

(i) You say them out, and I'll **stand by** and come in on the choruses.

《お祈りのことばを覚えていないので一緒にお祈りしてくれと少女に頼む男のことば》

（お前がまず祈ってくれたら，私はそばにいて唱和（chorus）のところに一緒に入るから） 　　　　　　　　　　　　　　　　　　　　　　（『緋色の研究』）

(ii) He asked me if I would **stand by** the bargain.

（奴は私に取り決め（bargain → 1-212）どおりにやるかと尋ねてきました）

　　　　　　　　　　　　　　　　　　　　　　　（「一人ぼっちの自転車乗り」）

名詞 **standby** ʸ¹ /ˈstændbaɪ/ は「緊急時に頼りになるもの（'a standby battery'（非常用バッテリー））」，「テレビなどの予備番組」，「空席のキャンセル待ち」という意味です．

1-310
status
カタカナ語で定着しているとおりの高い「地位」や「身分」，そして「状態」や「現状」という意味です．これまたカタカナ語でよく使われる **prestige** は，高い社会的な地位などによる「信望」や「威信」で，形容詞的に「高級な」とか「一流の」という意味で用いられることもあります．**prestigious** ᵝ¹ /preˈstiːdʒəs/ は「権威ある」「由緒ある」「名声の高い」という形容詞です．**hono(u)r** は「名誉」や「名声」です．

(i) There will be a ceremony to **honor** the war dead.

（戦死者の栄誉を讃える式典が行われる）

(ii) The university has lost some of its **prestige** in recent years.

（その大学は近年その権威がいくらか失墜している）

(iii) It's one of the most **prestigious** universities in the country.

（そこはその国で最も権威のある大学の1つです）

1-311
stop

「…をやめる」「…しなくなる」という意味では，類語に **cease**「…を停止する（再開の可能性もあり）」や **quit**「（突然，意図的に）やめる」「辞職する」があります．

「（自動車を）停める」というときに，「道路の端に寄せて停める」という意味で ʻ**pull over**ʼ がよく使われるので覚えておきましょう．自動車や運転手を主語にして自動詞的にいうこともできます．

(i) The driver **pulled over** to the side of the road.
（運転手は道路のわきに<u>停車した</u>）

1-312
storm

「暴風（雨）」，「あらし」ですが比喩的に使われることもあります．「コップの中の嵐（つまらないことでの大騒ぎ）」は ʻa storm / tempest in a teacupʼ です．形容詞の **stormy** は「暴風（雨）の（ような）」「怒り狂った」，「（言動などが）荒れた」という意味になります．動詞として「勢い良く進む」という意味で使われることもあります．**inclement** [v2] /ɪnˈklemənt/（アクセント注意）は「（天候が）荒れ模様の」「底冷えのする」という意味です（frigid /ˈfrɪdʒɪd/ になると「極寒の」（Frigid Zone（寒帯），refrigerator（冷蔵庫）））．（スペリングの似ている **increment** [v1] /ˈɪŋkrəmənt/ は「（特に給料の）昇給」（special increment of salary（給与の特別増額））とか「増大」という意味で，語源的には英語の increase と同根のラテン語に至ります．）**fuss** [β1] /fʌs/ は「大騒ぎ」で，しばしば ʻmake a fussʼ の形で「悶着を起こす」とか「やかましく騒ぎ立てる」という意味で使われます．

(i) He **stormed** out of the room in a rage.
（彼は怒って部屋から<u>勢いよく飛び出した</u>）

(ii) What a big **fuss** over a tiny problem!
（ちっぽけな問題なのになんて<u>大騒ぎ</u>だ）

1-313
stretch

「ストレッチ（する）」や「ストレッチャー（担架）(stretcher)」はおなじみです．ʻ**stretch out**ʼ [α2] は「（手足を）のばす」「寝そべる」という意味です．

(i) My ramifications **stretch out** into many sections of society, but never, I am happy to say, into amateur sport, which is the best and soundest thing in England.（私の仕事（ramification /ˌræmɪfɪˈkeɪʃn/（波及効果））は社会のいろんな分野に<u>広がっています</u>が，幸運なことにアマチュア・スポーツとは関わっていません．英国で最も健全な（sound）分野ですからね）　〈「スリークオーターの失跡」〉

(ii) Putting his hands into his pockets, he s**tretched out** his legs in front of the fire and laughed heartily for some minutes. （ホームズは両手をポケットに入れ, 両足を暖炉の火の前に<u>伸ばす</u>としばし思う存分 (heartily) 笑った）

〈「ボヘミアの醜聞」〉

1-314

stripe ^{α1} /straɪp/

ネクタイなどの模様の「ストライプ」はおなじみです. 英語の stripe は「(一本の) 筋」 (stripe が規則的に並ぶと「しま」模様),「(軍人の) 階級章」という意味の名詞です.

(i) You might have gained your sergeant's **stripes** last night.

（君は夕べ巡査部長 (sergeant) の<u>階級</u>をつかんだかもしれなかったのですが）

〈『緋色の研究』〉

1-315

structure

「構造」です.「堂々とした建造物」という意味で用いられることもあります.「…を建設する」は **construct**, 名詞の「建設」は **construction** です. なお, **construction** が「解釈」('a strict **construction** of the low'（厳格な<u>法解釈</u>))という意味で用いられることがありますが, これは動詞 **construe** ^{β2} /kənˈstruː/ (「… (語句や条文) を解釈する」) の名詞形としての用法です.

(i) 20th century scientists discovered the **structure** of the atom.

（20 世紀の科学者は原子の<u>構造</u>を発見した）

(ii) The Empire State Building **was constructed** quickly and under budget.

（エンパイアステート・ビルは短期間で予算を余して<u>建てられた</u>）

(iii) There is a huge building **under construction** near my house.

（私の家の近所で大きなビルが<u>建設中</u>だ）

(iv) For him, such a result **construes** as failure rather than success.

（彼にしてみれば, そのような結果は成功というよりは失敗として<u>解釈される</u>）

※ この例文では 'construes' でも 'is construed' でも同じ意味になることに注意しましょう.

1-316

superior

なんとなく比較級のようなスペリングの語なのは無理もないことで, もともとラテン語の比較級の意味の語 (*superus* = situated above, upper) に由来します. 現代の英語としては 'be superior to …' で「…よりすぐれている」という意味になります. このように than ではなく to を使う形容詞としては, superior/**inferior** （劣った）/**interior** （内

部の) / **exterior** （外部の）/ junior / senior / **prior/** といったラテン語の比較級に由来する形容詞や **preferable** （動詞 **prefer** も）/ **subordinate** [β1] /sə'bɔːrdɪnət/ （従属した，下位の：部下）などがあります．また，**superior** を強調する場合には **far** がよく使われます（その他に much / clearly / definitely / vastly なども用いられます）．なお，限定用法で「優秀・上等な」という意味で（広告などで）使われるときは very で修飾されたり more / most がつけられたりすることもあります（ブランデーの等級で目にする V.S.O.P. は 'Very （非常に）Superior （優良な）Old （古い）Pale （透き通った)) の略語で熟成感の高さを表現しています）．

(i) The boss's **subordinates** all look up to him.

(その上司の部下たちはみんな彼を尊敬している)

1-317

sure

「確信している」という意味の形容詞ですが，使い方としては疑問文や否定文で「確かなの？」（"Are you sure (about that)?"）とか「確かじゃない」（"I'm not sure."）という内容を伝えるのにしばしば用いられます．くだけた言い方では「どういたしまして」の意味で "Sure." がよく使われます．疑いなく確信している（＝I have no doubt about it）というのであれば "I'm quite sure that ...." という形がよく用いられます．sure よりもややフォーマルなのが **certain** です．

positive も「確信した」とか「自信のある」という意味ですが，ほかの人がそうだとは思っていない時でも「前向き」とか「楽観的な」ことを意味することもしばしばあります．**confident** は，こうなるだろうとかこうできるという「自信がある」という意味です（「自信のない」「遠慮がちな」は diffident /'dɪfɪdənt/）．**convinced** は「それが正しいと思わせる証拠を提示されたり説得されたりして確かだと思っている」という意味です．自分では 100 パーセント真実であるかどうか確かめることが困難でも，状況から確かだと思えば convinced となります．次の例で確認しておきましょう．

(i) He feels **confident** of passing （＝confident that he will pass) the examination.   〈*ISED*〉

(彼は試験に合格する自信がある)

(ii) I am **convinced** she copied her essay from another student, even though I cannot prove it. （証明はできないが，彼女がエッセイをほかの学生が書いたのを不正に写して書いたと確信している)

(iii) The neighbor's testimony **convinced** me that the suspect was guilty.

(近所の人の証言で私はその容疑者が有罪だと確信した)

《**testimony** [β1] /'testɪmoʊni/ は法廷やあるいは一般的な「証言」》

surface

「表面」です. **superficial** は「表面的な」とか「見かけだけの」という意味です. **shallow** [β1] /ˈʃæloʊ/ は「浅い (deep の反対語)」とか「皮相的な」という形容詞です.

(i) It's safe for small children here, as the water is very **shallow**.

(ここは小さな子供にも安全ですよ，水深がとても浅いので)

territory

「テリトリー」として定着しているとおり，「領土」「担当地区」「縄張り」です.「植民地」は **colony** [α1] /ˈkɑːləni/ です.

(i) Vietnam was formerly a French **colony**.

(ベトナムはかつてフランスの植民地だった)

theme /θiːm/

「テーマ」というカタカナ英語で定着しています（発音注意）. 書き物や講演あるいは映画などの中核・底流にある「主題」や「題目」です. **topic** は討論や随筆などでの比較的小さな「話題」で，subject は討論や本あるいは映画などで語られたり扱われたりする「題」です. あるテーマのもとに作られた大型のレジャーランドは一般的に 'a theme park' (テーマパーク) と呼ばれます. **motif** (→ 1-207), **keynote** [γ1] /ˈkiːnoʊt/ (本や演説の基調) といった類語も覚えておきましょう.

toll [β1] /toʊl/

道路や橋などの「通行料」です. 有料道路は 'toll road' (米語では **tollway** とも) で，料金所は **tollgate** [β1] /ˈtoʊlɡeɪt/ です. 関連語に **fare** (運賃) や **fee** (料金) があります.

(i) Drivers pay a **toll** to use this highway.

(運転者はこの道路を利用するために料金を支払う)

(ii) He stopped his car at the **tollgate**.

(彼は料金所で車を停止した)

tool

「ツール」はカタカナ語になっていますが，「道具」とか「工具」です. **device** [α2] /dɪˈvaɪs/ は「器具」や「装置」です. **instrument** には「楽器」という意味もありますが，「道具」としては医療や科学で使うような細かな正確さが必要とされる仕事のための tool や device のことです. (**instrumental** [α2] /ˌɪnstrəˈmentl/ は「(…することに) 貢献する」

「助けになる」「役に立つ」.）ほかにも「計器・測定器」といった意味もあります．**implement**（→ 1-57）は農具などのように戸外で用いられ，電気などではなく手で動かす用具です．3-451 も参照．

　なお，動詞の **devise** *α2* /dɪˈvaɪz/（発音注意：「…を工夫する」「…を考案する」）と device は語源的には分ける（to divide）という意味のラテン語や古フランス語からきた語で，不動産など遺産を割り当てるという意味から「不動産を遺贈する」（devise）という意味やその方法を「考案する」（devise），あるいは思うように分けるための「工夫」（**device**）という意味が派生したと言われています．

- (i) A saw is a **tool** for cutting wood
  （のこぎりは木材を切る<u>道具</u>です）
- (ii) Is this **device** really of much utility?
  （この<u>装置</u>は本当にとても役立つのですか）
- (iii) I've **devised** a solution to the problem.
  （私はその問題の解決法を<u>考案した</u>）

1-323
tough *α1* /tʌf/

「頑丈な」という意味で「タフな」というカタカナ語が定着していますが，英語の tough はそれ以外にも「（問題などが）きびしい，難しい（difficult）」「手強い，非情な（severe）」「堅い（噛み切れない肉など）」等の意味があります．

- (i) We have a **tough** decision to make.
  （決定を下すには<u>困難を極めた</u>）

1-324
trace *α2* /treɪs/

図面の複写などで「なぞる」というときの「トレース」はカタカナ語でもよく知られています．英語の trace は「痕跡」や「足跡」，あるいは 'a trace / traces of …' で「微量の…」という意味にもなります．動詞としては「…をたどる」とか「…を（たどって）見つける」「…を突き止める」という意味になります．

- (i) There are **traces** of impurities in this metal.
  （この金属には<u>微量の</u>不純物が含まれている）

1-325
track

人や動物あるいは自動車などが通った跡，未舗装の道路という意味です．スポーツでの競走路の意味での「トラック」も（'track and field'（陸上競技）），CD などの音源上の「トラック」もこの語です．動詞として「…の後を追う」という意味でも使われます．

'**on track**' は「軌道に乗って」とか「順調に進んで」というときに使われます. **pavement** ^{α2} /ˈpeɪvmənt/ は歩道 (sidewalk), **path** ^{α2} /pæθ/ は野山や公園などで歩行のために作られた細くて長い道です. 家や生け垣の間の狭い道は **lane** ^{α2} /leɪn/.「裏通り」や「路地」は **alley** ^{β1} /ˈæli/ です.（スペリングのよく似ている **ally** ^{β1} /ˈælaɪ/ は「同盟国」,「連合する」(→ 3-22).）

  (i) The zebras were being **tracked** by a lion.

     （シマウマがライオンに<u>追いかけられ</u>ていた）

  (ii) The recovery seems to be on **track**.

     （景気回復は<u>順調に進ん</u>でいるようだ）

  (iii) A narrow **path** led up the mountain.

     （<u>細い道</u>が山に続いていた）

  (iv) The **pavements** were crowded with people out shopping.

     （<u>歩道</u>は買い物客でごった返していた）

  (v) The bar is at the end of an **alley**.

     （そのバーは<u>路地</u>のつきあたりにある）

1-326

transition ^{α2} /trænˈzɪʃn/

「移行」,「変化」,「過渡期」といった意味の名詞です ('transition period [stage]' (「過渡［移行］期」)). **transit** ^{β1} /ˈtrænzɪt/ は「輸送 (用の)」とか「輸送 [交通] 機関」という意味です. 'transit lounge' は「(空港の) 乗り継ぎ客用待合室」です.

1-327

trim ^{α2} /trɪm/

「トリミング」はカタカナ語として定着しています.「…を刈り込む」「…を手入れする」（形容詞として「きちんとした」）;「…を切り取る」「…を削減する」;「縁取る」「飾り付ける」(trim A with B：A に B を飾りつける) といった意味です.

  (i) A top hat, well brushed and **trim**, was placed upon the floor beside him.

     （きちんとブラシをかけて<u>手入れの行き届いた</u>シルクハットが彼の脇の床に置いてあった）   〈『緋色の研究』〉

動詞として「(意見などを都合のいいように) 変える」という意味もあります.

  (ii) He is not a sort of politician to **trim** his opinions.

     （彼は<u>都合のいいように意見を変える</u>たぐいの政治家ではない）

       〈例文・日本語訳ともに『ランダムハウス英和大辞典』からの引用〉

少し似た感じですが, tailor-made でおなじみの **tailor** ^{α2} /ˈteɪlər/（仕立屋, 洋服店）には動詞として「(要求・目的などに合うように) を作る [変える, 合わせる, あつらえ

148

る〕」という使い方があります.

(iii) This is the system specially **tailored** for small companies.

（これは小規模の会社向けに作られたシステムです）

1-328

trend

「傾向」「流行」「趨勢
<ruby>趨勢<rt>すうせい</rt></ruby>
」「風潮」といった意味で，「トレンド」というカタカナ語も定着しました．かつて日本のテレビ番組で流行ったトレンディー・ドラマというのがありましたが，形容詞形は **trendy**（流行の先端をいく）です．

(i) In most developed countries, there is a **trend** towards later marriage.

（大部分の先進国では婚期が遅くなる傾向がある）

(ii) He's nearly sixty, but tries to be as **trendy** as a twenty-year-old.

（彼は 60 歳近いが，20 歳の若者と同じ流行を追おうとする）

「最先端の」という意味では **cutting-edge** ^{β2} /ˌkʌtɪŋ ˈedʒ/（'**at [on] the cutting edge**'）（科学，技術，芸術の分野で「最新の」（'a company at the cutting edge of computer technology'（最先端のコンピュータ・テクノロジーの会社）））, '**state-of-the-art**' ^{γ1}/ˌsteɪt əv ði ˈɑːrt/（技術，装備，方法が「最先端の」（'state-of-the-art facilities'（最先端の設備）））, 名詞では **forefront** ^{γ1} /ˈfɔːrfrʌnt/（最も重要で先導的な「最前線」（'the forefront of the battle'（戦闘の最前線）））がよく使われます．「流行」という意味では，**fad** ^{γ1} /fæd/（けなして「一時的な流行」），**vogue** ^{β2} /voʊg/（フォーマルな語で「はやり」「ブーム」），**craze** ^{γ1} /kreɪz/（一時的な「熱狂」「大流行」），**epidemic**（病気や悪事の「流行」（→ 3-127））といった語をおさえておきましょう．

(iii) Will this fashion last or is it only a **fad**? 〈*ISED*〉

（このファッションはずっと続くだろうか，それとも一時的流行に過ぎないだろうか？）

(iv) Short hair for women was the **vogue** in the 1920s.

（ショート・ヘアーは 1920 年代にブームだった）

(v) Gliding is the latest **craze** (i.e. people today are very enthusiastic about learning to fly in gliders). 〈*ISED*〉

（この頃はグライダーに乗るのが大流行だ）

1-329

trouble

困難なあるいは危険な状況を表すのにも trouble が使われますが，特に持っているもの（お金，食料，衣服など）に不自由しているのが **hardship** ^{α2} /ˈhɑːrdʃɪp/，運のなさは **misfortune** ^{α2} /ˌmɪsˈfɔːrtʃən/（形容詞は **unfortunate** です）．境遇など外的な事情で順

調にいかない「逆境」は **adversity** ^{β2} /əd'vɜːrsəti/ (adverse → 3-473) です.

(i) Don't mention it. It's no **trouble** to help you.

（どういたしまして．お手伝いするのは<u>何でもありません</u>）

(ii) It's **unfortunate** that you cannot come to meet them tonight.

（今晩あなたが彼らに会いに来られないのは<u>あいにく</u>です）

(iii) She experienced great **hardship** when young.

（彼女は若いときに大変な<u>辛酸</u>をなめた）

(iv) I think he failed due to **misfortune** and not lack of effort.

（彼が失敗したのは<u>つきがなかった</u>のであって努力不足のせいではなかった）

(v) People's true greatness comes out in **adversity**.

（人のほんとうにすごいところは<u>逆境</u>で出てくる）

1-330

twist

「…をねじる」「…をひねる」「…をからませる」「…（顔）をゆがめる」という動詞で，自動詞としても用いられます．bend（曲げる，曲がる）をはじめとして，その類語について見ておきましょう．**crooked** ^{β2} /'krʊkɪd/ は「曲がった」とか「いんちきの」という意味で用いられます．**distort** ^{β2} /dɪ'stɔːrt/ は「ゆがめる」ですが比喩的に「（メディアや政府が）事実などを歪曲する」という意味でも用いられます．投票や市場の数字などを不正に操作するというときには **rig** ^{β2} /rɪg/ が報道などで使われます（**rig** the election（選挙結果を<u>不正に操作する</u>））．rig は「…を装備する」という意味でも使われます（This whole house is **rigged up with** closed-circuit television.（この家中に監視用カメラが<u>備え付けられている</u>））.

くだけた言い方で **twister** は「竜巻」（tornado）のことを指します.

(i) Perhaps this is not breaking the rules, but it is certainly **bending** them.

（もしかしたらこれは規則違反ではないかもしれないが，規則を<u>ねじ曲げている</u>のはたしかだ）

(ii) The shaft of this racket is **bent**.

（ラケットのシャフトが<u>曲がってしまっている</u>）

(iii) Can we trust him, or is he **crooked**?

（彼のことを信用できるだろうか，それとも<u>いんちきなやつ</u>だろうか？）

(iv) This mirror **distorts** the shape of the human body.

（この鏡は姿が<u>歪んで見える</u>）

(v) There is an unexpected **twist** in the plot at the end.

（物語の筋（plot）に予期しなかった<u>ひとひねり</u>が最後にあった）

※ 例文（v）にある plot はカタカナ語にもなっている「プロット（物語や映画の筋）」です．関連語として，抽象概念を擬人化して道徳的教訓を伝える **allegory** /ˈæləɡɔːri/ (寓話，寓意的作品)，「逸話」とか「ほほえましいエピソード」という意味の **anecdote** [β2] /ˈænɪkdoʊt/ (有名人などの逸話，エピソード) も覚えておきましょう．**fable** [β2] /ˈfeɪbl/ は教訓を目的にした「寓話」や「動物を擬人化した教訓物語」，**folklore** [β2] /ˈfoʊklɔːr/ は「民話」とか「民間伝承」です．**parable** [γ1] /ˈpærəbl/ は「（聖書の）たとえ話，寓話」です（'speak in parable'（たとえ話をする））．

類語として，動詞 **pervert** [γ1] /pərˈvɜːrt/（…を悪用する，…を曲解する；…を正道 [常道] から踏み外させる）を見ておきましょう．（形容詞は **perverse** [γ1] /pərˈvɜːrs/（（故意に）道理に反した，ひねくれた）．）

  (vi) I do not think that in our adventures we have ever come across a stranger example of what **perverted** love can bring about. (我々の冒険の中でも，ゆがんだ愛が引き起こしたこれほど奇妙な例に遭遇したことはなかった)

〈「ソア橋事件」〉

debase [γ2] /dɪˈbeɪs/ は「（品質を）落とす」（'to debase the coinage (＝make the value of money less)'（貨幣の価値 [質] を下げる））という意味になります．比喩的に「（品位を）落とす」という意味合いでも使われます（主として物に使われますが，人について使われるときには道徳的な低下というニュアンスになります）．類語の **demean** [γ2] /dɪˈmiːn/ は 'demean *one*self' の形で「周囲からの敬意を失う [評判を落とす] ようなことをする」という意味の動詞です．

  (vii) I wouldn't **demean** myself by arguing with him.　　〈*Chambers*〉
      (私は彼と言い争って自分の評判を落とすようなことはしない)

1-331
variation /ˌveriˈeɪʃn/

バリエーション（variation）というカタカナ英語が浸透していますが，そのニュアンスからもわかるように，同種のものでいろいろなタイプがあるという意味です．

  (i) These days there is a great **variation** in height among Japanese people.
      (この頃は日本人の間では身長にはずいぶん幅がある)

differ は 2 つ（以上）のものがお互いに本質的に異なっていることをいいます．**diverge** [β2] /daɪˈvɜːrdʒ/（原義は「分岐する」）は意見が異なるというときに使われます．名詞は **divergence** [γ1] /daɪˈvɜːrdʒəns/（分岐，逸脱，意見の相違）です．

diverse [β1] /daɪˈvɜːrs/ は「種々異なった」という形容詞で多様なものが含まれていることです．名詞 **diversity** [β1] /daɪˈvɜːrsəti/ は「多様性」．**divert** [β2] /daɪˈvɜːrt/ は「コースを変える」「そらす」という動詞で，名詞は **diversion** [β2] /daɪˈvɜːrʒn/（転換，流用，

わきへそらすこと）です.

(ii) Do alligators and crocodiles **differ** much?

（アリゲーターとクロコダイルはずいぶん違いますか？）

(iii) The average income in the two regions is **diverging** more and more.

（その２つの地域の平均収入は格差がますます開きつつある）

(iv) There's a **divergence** of opinion on the matter.

（この問題に関しては意見に相違がある）

(v) The population is more **diverse** than fifty years ago.

（住民は 50 年前とはずいぶん様変わりした）

(vi) There's a **diversion** due to road repairs.

（道路工事のため迂回路になっている）

(vii) This **diverts** attention from the real problem.

（これのせいで本当の問題から注意がそらされている）

diverge の反対語は **converge** ^{γ1} /kənˈvɜːrdʒ/ で，「（意見などが）１つにまとまる」，「（人や乗り物が）集結する」「（線や道路などが一点に）収束する」という意味です．名詞は **convergence** ^{γ1} /kənˈvɜːrdʒəns/（１つにまとまること，集合）.

(viii) Huge numbers of fans are **converging** on the stadium to watch the match.

（途方もない数のファン達がその試合を見るためにスタジアムに集結した）

関連語として，**eclectic** ^{γ1} /ɪˈklektɪk/ は「１つに偏らず，幅広い出所からよりすぐった」とか「折衷的な」という意味です（an **eclectic** mixture of the antique and the modern（アンティークとモダンの折衷的な混合））.

「変わらない」という意味合いでは，形容詞 **invariable** ^{γ1} /ɪnˈveriəbl/ は「一定不変の」（名詞としては「不変量」，「定数」）という意味です．副詞の **invariably** ^{γ2} /ɪnˈveriəbli/ は「常に」「変わることなく」．**homogeneous** ^{β1} /ˌhoʊməˈdʒiːniəs/ は「均質な」「一様な」です（a homogeneous group / society（均質なグループ / 社会））.

1-332

variable ^{β1} /ˈveriəbl/, /ˈværiəbl/

形容詞あるいは名詞で「変わりやすい（もの）」「変えられる（もの）」という意味ですが，数学や論理式などで出てくる「変数（記号）」「変項」という使い方も覚えておきましょう.

(i) "I suppose the Professor eats hardly anything?"

"Well, he is **variable**. I'll say that for him."

（「教授はほとんど食事をとらないのでしょう？」「それが，気まぐれでたくさん食べることもあるのですよ．これは申し上げておきますわ」）　〈「金縁の鼻眼鏡」〉

(ii) The **variables** in the equation are X, Y, and Z.

(その方程式の中の変数は X と Y と Z だ)

1-333
variant ^{r1} /ˈveriənt/, /ˈværiənt/

他と少し異なるものという意味で,「変異(体)」「ヴァリアント」「つづりの異形」です.
形容詞としても「(同種や標準と) 異なった」という意味で用いられます.

(i) Ralph, a little wrinkled old fellow, was in the conventional costume of black coat and pepper-and-salt trousers, with only one curious **variant**. (ラルフは小柄なしわだらけの老人で黒い服に霜降りのズボンという月並みの服装だったが, 1つだけどうにも風変わりなところがあった)　　　　　　　〈「白面の兵士」〉

1-334
variety

「多様性」とか「種類」というおなじみの語ですが,'a variety of …'の形で「いろいろの…」という意味になります.

(i) They have been pronounced by an expert to be of a rare **variety** and of considerable value.

《依頼人が自分のところに送られてきた送り主不明の真珠について語る場面》
(それら (の真珠) は鑑定した専門家によればとても珍しい種類のもので価値も高いそうです)　　　　　　　　　　　　　　　　　　　　〈『四つの署名』〉

※ 例文の rare のように,variety の前に wide などの形容詞がつくことがあります.

1-335
vegetarian

カタカナ語で定着しているとおり「菜食主義者」です. **vegetation** ^{r1} /ˌvedʒəˈteɪʃn/ は「植物」とか「(ある地域の) 植生」です.

(i) The rattle of our wheels died away as we drove through drifts of rotting **vegetation** … (枯葉のふきだまり (drift) を通っていくときには私たちの馬車の車輪の音 (rattle → 3-330) さえも消えていった…)　　〈『バスカヴィル家の犬』〉

1-336
veil ^{α2} /veɪl/

「ベールにつつまれている」というときの veil (「女性のかぶり物のベール」や「覆って隠すもの」) で, 動詞 (「… を覆う」「… を隠す」) としても用いられます. **unveil** ^{β2} /ˌʌnˈveɪl/ は「… (秘密) を明かす」とか「… を初公開する」という動詞です.

(i) Today the mountain is **veiled** by clouds.

(今日は雲で山が隠れている)

(ii) Nissan and Toyota have **unveiled** new models at the motor show.

（ニッサンとトヨタの新型車がモーターショーでベールをぬいだ）

類語として **unfold** [β2] /ʌnˈfoʊld/ も見ておきましょう.「（折りたたんだ紙などを）広げる［開く］」という意味ですが,「（秘密や計画を）打ち明ける」とか, 自動詞として「（物語などが）次第に明らかになってくる」という意味で堅い言い方として使われます.

(iii) Holmes pulled a large sheet of tissue-paper out of his pocket and carefully **unfolded** it upon his knee. （ホームズはポケットから大判の薄紙を取り出して注意深く膝の上に広げた） 　　　　　　　　　　　　　　　　　　　　　　　〈「背の曲がった男」〉

(iv) "Remarkable!" he said, when the story was **unfolded**, "most remarkable! I can hardly recall any case where the features have been more peculiar."

（事件の説明を受けたホームズが）「驚くべきことですな！」と話がつまびらかになると言った.「実に驚くべきことだ！ これほど風変わりな様相の事件は他に思い当たりません」） 　　　　　　　　　　　　　　　　　　　　〈『恐怖の谷』〉

1-337
veteran [α2] /ˈvetərən/

「（老若にかかわらず）退役軍人」という意味です. カタカナ英語の「ベテラン（熟練者）」に相当する英語は **expert** あるいは 'an experienced teacher' といった形の言い方をします. ただし 'a veteran golfer / politician / actor' のように「老練の…」という場合に形容詞的に名詞の前に置かれることはあります.

(i) He's a **veteran** of the Gulf War.

（彼は湾岸戦争の元従軍兵だ）

また, 運動選手や警官, 政治家といった活動や職業をずっと続けている「老練な人」という意味でも使われます.

関連語として,「経験」という名詞の **experience** には日常的に定型的な使い方が多いので覚えておきましょう.

(ii) "No **experience** necessary" （（広告などで）経験不問）

(iii) 'an **experienced** teacher' （経験をつんだ教師）

(iv) We need a person **with experience**. （経験のある人が必要です）

(v) I **had** / ***made** my first teaching **experience** in Scotland.

〈*Longman Dictionary of Common Error*〉

（私は初めての教師経験をスコットランドでつんだ）

1-338
voluntary [α2] /ˈvɑːlənteri/

カタカナ英語で定着している「ボランティア」ですが, 英語の **volunteer** は名詞として

「有志」、「ボランティアの人」という人のこと，あるは名詞の前に置いて「自発的な」とか「奉仕の」という形容詞的な意味で使われます．**optional**（反対語は **obligatory**（義務の）（→ 2-53））も強制されているとか必要があるということではないのですが，こちらは「自由に選択できる」や「随意の」という意味で「本質的に必要ということではないが，もし望むなら自由に選んで得ることができる」という点に焦点があります．自動車購入時のオプション（option）のことを例に考えると合点がいきます．なお，**opt** ⁿ¹ /ɑːpt/ は「（選択肢を検討して）選択する（'opt for', 'opt to *do*'）」という動詞で，たとえば国籍（citizenship）の選択といった状況で使われます．(He **opted to** go home. / He **opted for** a trip to Rome. (彼は戻る方を選んだ / 彼はローマへの旅を選んだ)．

arbitrary ᵝ² /ˈɑːrbɪtreri/ は「随意［任意］の」「恣意的な」「勝手な」という意味になります．

- (i) He made a **voluntary** decision to resign.
  （彼は辞任する決意を自発的に固めた）
- (ii) Due to the danger of the mission, **volunteers** were called for.
  （その任務の危険性に鑑み，志願者が募られた）
- (iii) This will be decided democratically and not by an **arbitrary** decision.
  （これは民主的に決定されるのであって，恣意的な決定にはよらないだろう）

「強制的な」であれば **coercive** ⁿ¹ /koʊˈɜːrsɪv/（動詞 **coerce** ⁿ¹ /koʊˈɜːrs/ は「（脅して［脅迫して］人に）…を強制［強要］する」）となります．名詞は coercion．

- (iv) Finding that their secret was out, and that their prisoner was not to be **coerced**, the two villains with the girl had fled away at a few hours' notice from the furnished house which they had hired, having first, as they thought, taken vengeance both upon the man who had defied and the one who had betrayed them.
  《通訳を使って妹の財産を渡す書類に署名させようとして兄が監禁された事件の顛末》
  （悪事が露見し，監禁していた男も脅迫に従いそうにないとわかって，二人の悪党（villain /ˈvɪlən/ 映画や小説などの「悪役」）は家具付きで借りていた家を数時間前の予告で引き払い娘を連れて逃亡したのだったが，まず考えていた通り，彼らに逆らった兄の方と裏切った男（通訳）に復讐を加えていた）　〈「ギリシア語通訳」〉

1-339
vote
自動詞（'vote for [against] A（人・議案）' の形）あるいは他動詞で「（…に）投票する」「（…を）票決する」という意味で，挙手や起立で決めるときにも使います．名詞として

は「投票」や「評決」といった意味になります．**poll**（→ 1-239）は「世論調査（＝opinion poll）」や特に選挙（**election**）の「投票」や「投票数」で，ジャーナリズムの文章でよく用いられます．**ballot** $^{\beta1}$ /ˈbælət/ は特定の組織内で行われるような「（通例無記名の）投票」のことです．「投票用紙」という意味で使われることもあります．

(i) In Japan you can **vote** from the age of eighteen.

（日本では 18 歳から<u>投票権がある</u>）

(ii) An **opinion poll** has shown very strong support for the prime minister.

（<u>世論調査</u>は首相への強い支持があることを示した）

(iii) The **secret ballot** is a fundamental democratic method.

（<u>無記名投票</u>は民主主義的なやり方の基盤だ）

関連語として，**referendum** $^{\gamma1}$ /ˌrefəˈrendəm/ は「住民［国民］投票」です．**constituent** は「構成（要）素」としてよく知られている語ですが，「（選挙区の）有権者」という意味でも使われます．

1-340
wage $^{\alpha1}$ /weɪdʒ/

「賃金」としてよく知られている語ですが，**wage** は動詞として「…（戦争，ストライキなど）を行う」という意味で使われます．

(i) America says it is **waging** war against terrorism.

（アメリカはテロリズムに対する戦いを<u>行っている</u>のだという）

1-341
waste

「…をむだに使う」「…を浪費する」という動詞ですが，名詞として「廃棄物」の意味で 'industrial **waste**'（産業<u>廃棄物</u>）とか 'household **waste**'（家庭<u>ゴミ</u>）のように使われます．難度の高い語ですが **extravagant** $^{\beta2}$ /ɪkˈstrævəgənt/ は「贅沢に浪費する」とか「金づかいの荒い」という形容詞で，その名詞形の **extravaganza** $^{\gamma1}$ /ɪkˌstrævəˈgænzə/（豪華絢爛な催し）は意外によく出てくる単語です．**fritter** $^{\gamma2}$ /ˈfrɪtər/ は大事な時間・労力・金などを浪費するという意味で，徐々に減っていくという語感があります．通例 away を伴って fritter away A / fritter A away の形になります．

(i) Developed countries **waste** a lot of food.

（先進国は膨大な食料を<u>消費する</u>）

(ii) Can he really afford such **extravagant** expenditure?

（ほんとうに彼はそんな<u>荒い</u>金遣いをする余裕があるのですか？）

(iii) The actor's birthday party was a real **extravaganza**.

（その俳優の誕生パーティーはほんとうに<u>豪勢な催し</u>だった）

(iv) Arthur won't **fritter away** hundreds of thousands of dollars on idiotic systems and inventions. 〈刑事コロンボ「ビデオテープの証言」〉

(アーサーはばかげたシステムや発明に何十万ドルも<u>浪費したり</u>はしないわ)

scuanderᵛ¹ /ˈskwɑːndər/ は時間・金・エネルギー・チャンスなどを浪費するという意味で，しばしば「使い切ってしまう」とか「貧しくなる」という含意を持ちます.

(v) He was a man of excellent birth and education, who had **squandered** a fortune upon the turf, and … (彼は生まれも教育も立派なのに，競馬 (turf /tɜːrf/) で財産を<u>なくしてしまい</u>…) 〈「シルヴァー・ブレイズ」〉

1-342
wrap ᵃ² /ræp/

「…を（紙などで）包む」「…を（毛布などで）くるむ」という動詞です．食品を新鮮に保つ「ラップ」は ‘plastic wrap’（アメリカ英語）や ‘cling film’（イギリス英語）といいます（Saran Wrap は商標）.

(i) We all helped to **wrap** the Christmas presents.

(私たちはみんなでクリスマスプレゼントを<u>包装する</u>のを手伝った)

1-343
wreck ᵝ² /rek/

「レッカー車（wrecker）」でおなじみですが，「…を難破させる」「…をひどく損なう」；（名詞として）「衝突」「難破船（の残骸）」「ポンコツ（破損して役に立たないもの）」「ひどく衰弱した人」）といった意味があります．形容詞 **wrecked** ᵝ² /rekt/ は「だめになった」（類語：ruin, spoil, impair (→ 3-182).)

(i) I was a happy and successful man, Mr. Holmes, and on the eve of being married, when a sudden and dreadful misfortune **wrecked** all my prospects in life. (私は幸福で成功した人間だったのです，ホームズさん，そして結婚の直前というときになって，突然の恐ろしい不幸が私の前途 (prospect) をすべて<u>ぶち壊してしまった</u>のです) 〈「海軍条約」〉

※ ‘on the eve of …’: …（重要な出来事）の直前に

(ii) He has taken to his bed, and Dr. Willows says that he is a **wreck** and that his nervous system is shattered. (父は病の床についてしまい (take to *one*'s bed)，ウィローズ医師は父が<u>衰弱してしまっていて</u>神経系がだめになってしまっている (be shattered) と言っています) 〈「ボスコム谷の謎」〉

関連語としてあげておきますと，物が破壊されたときの「破片」「残骸」「がれき」は **debris** ᵝ² /dəˈbriː/ です（発音注意）．一般的に「廃物」としても使われます．特に建物を壊したときの石やれんがなどのがれきは rubble /ˈrʌbl/ といいます.

(iii) We ascended to his study, and he laid the **debris** before me.

《マスグレイヴ家の儀式の謎を解いて見つけた古い金属片などの正体がひらめいたときの様子をホームズが回想して》

（私たちは彼の書斎に上がっていって（ascend），彼がそのがらくたを僕の前にひろげた）　　　　　　　　　　　　　　　　　　　　　　〈「マスグレイヴ家の儀式」〉

もう 1 つ関連語で，**crumble** ^{β2} /ˈkrʌmbl/ は物を「ぼろぼろ［粉々］にする」（自動詞用法としては「ぼろぼろ［粉々］になる」とか一部が「砕ける」，望みなどが「水泡に帰す」とか「無になる」という意味です）．

(iv) She **crumbled** the cheese over the salad.

（彼女はチーズを粉々にしてサラダにかけた）

(v) Not a word to show your suspicions—not a word, or my plans **crumble** to the ground.　　　　　　　　　　　　　　　　　　　　〈『バスカヴィル家の犬』〉

（一言も疑念を口にしてはいけないよ，一言もだよ．そうしないと僕の計画がおじゃんになってしまうからね）

第**2**章

類義語の拡張・展開

　この章では意味のよく似た語のグループを見ていきます．見出しに出ている語はそのグループの中の代表的な語です．82項目ありますが，それぞれの項目の囲みの中にある語彙のうち，本章で新しく学ぶ語には右肩に α1 から γ2 までの難度表記がつけてあります．それ以外は『大学入学レベル』に既出の語彙です．いくつかの例文では，下にあげたように（2-1 に掲載の例文）太字で表記されている単語のうちどちらを選ぶか考える形式になっていますので囲みの解説を確認しながら読み進めてみてください．

　▶I did not want to **desert / discard** the others suddenly but they had left me no choice.
　（ほかの人たちをいきなり見捨てたりしたくはなかったがどうしようもなかった）

abandon「捨てる」動詞のグループ

日本語では「捨てる」という訳語でも「見捨て（て去）る」「放棄する」「断念する」とか「不要になった物を捨てる，処分する（＝'get rid of'）」など意味する内容がさまざまです．使い分けに注意しましょう．

---

abandon

　責任のあるものを「見捨てる」「断念する」．

desert ^{ɑ1} /dɪˈzɜːrt/

　「見捨てる」「放棄する」（特に法的な義務や約束に反するというように，話者が非難の意味を込めて使うことがしばしばです）．

discard

　いらないものを「ポイと捨てる」（＝'throw away'）．

dispense with

　必要でない物・事や人を「使うのをやめる」「なしですます」．

dispose of

　問題が起きないように注意して処分する．

▶ I did not want to **desert / ~~discard~~** the others suddenly but they had left me no choice.

（ほかの人たちをいきなり見捨てたりしたくはなかったがどうしようもなかった）

※ 類語として，文語的ですが **forsake** ^{r1} /fərˈseɪk/（「（親しい人，故郷などを）見捨てる」「…を断念する」）もあげておきます．

▶ My previous letters and telegrams have kept you pretty well up to date as to all that has occurred in this most God-**forsaken** corner of the world.

《調査の具合をホームズに報告するワトソンの手紙の冒頭部分》

（前に送った手紙や電報で，まるで神に見捨てられたかのような世界の一角であるこの地で起きていることすべてに関して君は精通していることだろう）

〈『バスカヴィル家の犬』〉

forgo ^{r1} /fɔːrˈɡoʊ/ は楽しみなどを「我慢する」「差し控える」という動詞です．

▶ … I continually visited him and occasionally even persuaded him to **forgo** his Bohemian habits so far as to come and visit us. （(前略) 私はしょっちゅう彼（ホームズ）のところを訪ねており，ときにはボヘミアン的な生活習慣をあきらめさせて私たち（ワトソンと妻）の家に来させたものだった） 〈「技師の親指」〉

2-2

anger「怒り」の名詞グループ

一般語としては **anger** で「激しい怒り」です．怒りの度合いや理由など使い分けに注意しましょう．かたい表現の **indignation** と **wrath** は 3-198 を参照．

---

anger

不利益や不親切を受けたことへの怒り（しばしば個人的・利己的）．

fury

激怒．制しがたい一時的な狂気の状態のこと．**furor** ^r1 /ˈfjʊrɔːr/（《英》furore）は公的な出来事あるいは文学や芸術などが引き起こす熱狂的興奮（cf. fuss（→ 1-312））（the **furor** over the tax increases（増税に対する<u>大騒ぎ</u>））．

outrage ^β2 /ˈaʊtreɪdʒ/

「憤怒」，「激怒」（しばしば個人的なものではないという語感を持ちます），「（暴力や侮辱に対する）怒りやショック」．「目に余る暴力」や「非道な行為」という意味でも用いられます．形容詞 **outrageous** ^β2 /aʊtˈreɪdʒəs/ は「とんでもない」「無礼な」．

rage

自制がきかず，乱暴やはげしいことばで表される怒り．

resentment ^β2 /rɪˈzentmənt/

「（不当なことへの）怒り」「（いつまでも思い込んでいる）遺恨」anger ほど強烈ではないが永続的な語感があります．

▶ The latest terrorist **outrage** / ~~anger~~ has shocked people worldwide.

（最近のテロリストの<u>残虐行為</u>は世界中で人々を驚かせた）

※ outrage が与える shocking という響きを理解しましょう．

▶ "That's **outrageous**!" he protested.

（「<u>失礼だぞ！</u>」と彼は抗議した）

▶ It happened long ago, but he probably still harbors* a little **resentment** / ~~fury~~.

（それが起きたのはずいぶん前のことだが，おそらく彼はいまだに少し<u>恨み</u>に思っている）《*harbor: 心にずっと抱く》

※ ずっと根に持っているという語感を理解しましょう．

2-3

attribute「（A を B に）帰する［割り当てる］」動詞のグループ

前置詞 to とともに用いられ，'V A to B'（あるいは A が主語になっての受身形）の文型で「A（事）の原因を B に帰する」「A を B に割り当てる」という文を作ります．assign について 'He **assigned** his failure to his shortsightedness.' という例をあげている辞書もあるようですが，現実としては「原因を…に帰する」という文脈では assign ではなく attribute を使うと考えておくべきでしょう．

この項の 5 つの動詞のうち，assign, allocate, allot は 'V B A' の文型で「（権限に基づき公式に）B（人・物）に A（時間・お金・仕事など）を分配する，割り当てる，配分する」という文を作ります．'V B A' の文型では「B が A を所有する」という所有関係が含みとしてあります．ただし，'allocate B A' よりは 'allocate A to B' のほうが好まれるようです．次のような受動文はしばしば目にします．

> A lot of patients are waiting to be **allocated** a bed.

（ベッドが割り当てられるのをたくさんの患者たちが待っている）

ascribe も 'V A to B' の形で「A（事）の原因を B に帰する」あるいは「A（作品など）を B（人）の作とする」という意味で用いられます．

---

ascribe [β2] /əˈskraɪb/

'V A to B' の形で「A（事）の原因を B に帰する」あるいは「A（作品など）を B（人）の作とする」．

assign

「割り当てる」．特に権威を与えられた人が仕事や課題を与える，配属を決める，（会合などのために）時間や場所などを決める，設備やお金などをあてがうという意味です．（'V A to B' の文型で「A（人）を B に配属する・派遣する」という意味があり，この場合は通例 A が主語になっての受身形になります．）

attribute

'V A to B' の文型で「A（の原因）を B に帰する」「A（作品など）を B（人）の作とする」「A（性質など）が B にあるとみなす」（名詞（アクセントは先頭）として用いられると「属性」）．

allocate [β2] /ˈæləkeɪt/

'V A to [for] B' の文型で「A（物やお金）を B（人，特定の使途）にあてがう・割り振る」「A（物やお金）を B（特定の使途）のためにとっておく（= 'set apart'）」という意味です．一定の金額などのまとまりを特定の目的に向けるということに焦点がおかれます．

allot [β1] /əˈlɑːt/

'V A to B' または 'V A B' の文型で「A（お金・時間・空間など）を B（人）に割り当てる・分配する」，'V A to [for] B'「A（物やお金）を B（用途）に充当する」という意味です．分けて与えることに焦点がありますが，**assign** と同じく分配が公平・均一かどうかは触れないことが多く，**apportion** [ʳ¹] /əˈpɔːrʃn/（配分

する，割り当てる）は公平に，均一的に配分するという点に重点があります．

▶ The crime was **ascribed** to Nihilism, and the murderers were never arrested.

（その犯行は虚無主義者によるものとされたが，犯人はついにつかまらなかった）

〈「ウィステリア荘」〉

《この例文の ascribe は attribute と交換可能です》

▶ The best seats were **allocated / allotted** to the visiting dignitaries.

（最も良い席はお偉方（dignitary: 高位の人，VIP 高官）用にとっておかれた）

《良い席のある部分は偉いさんたちのためにほかの席と分けて空けておかれたということです．分配するという allot との使い分けに注意しましょう》

▶ An equal piece of land was painstakingly **allotted / assigned** to each farmer.

（大変な苦労の末に，どの農夫にも同じ面積の農地が分配された）

▶ All around farms were **apportioned** and **allotted** in proportion to the standing of each individual. 〈Doyle〉

（（町を）囲む農地は等分に区分けされて各人の地位（standing）に従って割り当てられた） 〈『緋色の研究』〉

※ 分けてそれぞれに与えられたということです．

2-4

assume「思う（想定・仮定・推定）」動詞のグループ

確たる証拠がなくても可能性があると考えてみるという動詞のグループです．アカデミックな文章でも，日常的な場面でも頻出する語ですからしっかりマスターしておきましょう．

assume

根拠はないが一応本当だと仮定してみる．

suppose

（推量の度合いが強めに）「…ではないかと思う」「ある仮定をしてみて，そうだとしたらどうだろうと想像する」．

presume [β1] /prɪˈzuːm/

証明はされていなくてもなんらかの根拠に基づいて「…と推定する」．'presume that …', 'presume A (to be) …' の形で用いられます．法廷では，そうでないことが証明されるまでは正しいと思う（有罪が証明されるまでは無罪と思う等）という文脈で用いられます．副詞 **presumably** [β2] /prɪˈzuːməbli/ は「どうも…らしい」《文修飾で **supposedly** /səˈpoʊzɪdli/（聞いた話では，一般に考えられているところでは）や **conceivably**（ことによると，考えられる限りでは cf. conceivable（→ 2-57）より確実性が高い》.

▶ I **presume** / ~~assume~~ that things will change drastically in my absence.

（私の不在中におそらく大きく情勢が変わるだろうと思う）

※ assume は「根拠なしに…と決めてかかる」という意味です. 根拠があって推定している presume が入ります. とはいえ通常 assume と presume は交換可能なことがほとんどです.

※ presumed は形容詞として「当然のことと考えられる」という意味になります. *Presumed Innocent*『推定無罪』は小説や映画のタイトルで有名ですが, 'presumption of innocence'（無罪の推定）は「被告人（被疑者）は裁判で有罪と認定されない限り無罪と推定されるという刑事手続き上の基本原則」（『英米法辞典』東京大学出版会）のことです. 類語として **putative** [r1] /ˈpjuːtətɪv/ は「推定上の」「世間では…で通っている［とみなされている］」という意味です（a **putative** husband [wife]（内縁の夫［妻］））.

2-5

ban 「禁止する」動詞のグループ

ban や prohibit（名詞形は prohibition）は名詞の形でもよく使われます. 名詞 **embargo** [r1] /ɪmˈbɑːrɡoʊ/ は特定国との「（通例特定の品目の）貿易禁止（命令）」です（The arms **embargo** was broken.（その武器貿易禁止令は破られた））.

---

ban
「禁じる」「（公に）…してはならないと宣告する」.
bar [a2] /bɑːr/
'bar A（人）from *doing*' の文型で（規則や法律が）「人が…することを禁止する」.
forbid
（権威に基づいて親や教師などが）「…してはならないと命じる」.
prohibit
違法であるとして「禁止する」.

▶ What **bars** you from coming（= makes it impossible for you to come）to the theatre with us?　　　　　　　　　　　　　　　　　　　　　〈ISED〉

（どうして私たちと劇場に行ってはだめなの？）

※ 関連語として, **veto** [β2] /ˈviːtoʊ/（拒否権, 拒否権の行使）をおさえておきましょう. 大統領などが議案などを「拒否する」という意味の動詞としても使われます.

▶ The president **vetoed** the bill.

（大統領はその法案を拒否した）

※ これも関連語としてですが，**curfew** ^{r1} /ˈkɜːrfjuː/ は「（戦時下の）夜間外出禁止令」とか「門限」という意味です．

▶ You must get home before **curfew**.

（門限までに帰宅しないといけませんよ）

2-6

belongings 「所有物」名詞のグループ

---

asset ^{α2} /ˈæset/

「重要なもの」とか法律用語で「資産」という名詞です．個人や会社の「資産」という意味でカタカナ語でもよく目にするようになりました（'asset management'（資産管理））．人についても「彼は会社にとって貴重な人材だ（a most valuable **asset** to the firm）」といった文脈で使われます．

belongings ^{α1} /bɪˈlɔːŋɪŋz/

「所持品」「身の回り品」「財産（金銭や不動産は含まない）」．

holding ^{α2} /ˈhoʊldɪŋ/

個人や美術館あるいは図書館の持つ所有財産や「収蔵品」．

property

「財産」「資産」「不動産」．

▶ I left some of my **belongings** / ~~holding~~ in the hotel room by mistake.

（私はうっかりしてホテルに身の回りの品を置いてきてしまった）

▶ She has a large **holding** / ~~property~~ of Japanese shares.

（彼女は膨大な日本株の持ち株を有している）

※ holding が具体的に「持ち株」を指すことがあります．会社名で「○○ホールディングス」というのは「持株会社」という用語です．「株主」は **shareholder** とか **stockholder** です．

※ 関連語として **liquidate** ^{β2} /ˈlɪkwɪdeɪt/ も見ておきましょう．資産を売却して現金にする「流動化する」，さらには「（会社が負債を）弁済する」とか「（会社を）清算する」という意味になります．比喩的に「（やっかいな人や物を）一掃する」という意味でも使われます．

▶ The stock was sold to **liquidate** the loan.

（ローンを清算するためにその株式が売却された）

blame「批判・非難する」動詞・名詞のグループ

「批判する」とか「非難する」という訳語が見出しのリストにある中の複数の語に用いられますが，英単語の語感は日本語の語感とかなり異なることがありますので使い分けに注意しましょう．関連語として **admonish** [r1] /ədˈmɑːnɪʃ/「A（人）を B の件で叱る［たしなめる，諭す］(admonish A for B)」「A（人）に…せよと勧告［注意］する (admonish A to *do*)」もおさえておきましょう.

▶ The teacher **admonished** the boys for being lazy.

（その先生は怠けているといって少年たちを<u>叱った</u>）

---

accuse（名詞は accusation「告訴」「告発」「非難」）

（だれそれが）悪いことをしたと「申し立てる」.

blame（名詞は blame「責任」）

「(事故や問題などを) 人 (や物，事) に責任があるとする」.

condemn

（通例道徳的な理由により）「とがめる」「強く非難する」.

criticize（名詞は criticism）

「批判する」「批評する」「論評する」.

nag [r2] /næg/

「(ふるまいなどについて人に) うるさく［がみがみ］説教する［小言を言う］；「絶えず悩ます」(This headache has been **nagging** me all day. (朝からずっとこの頭痛が私を悩ませている))

rebuke [r1] /rɪˈbjuːk/（名詞も同形「(しばしば公式の) 非難」「叱責」）

「(公にあるいはプライベートに) きびしく叱る」. 受身形でよく使われます.

reprimand [r2] /ˈreprɪmænd/

「(怠慢などの理由で職務上正式に人を) けん責［懲戒］する]」（名詞として「けん責」「戒告」「懲戒」等）

reproach [β2] /rɪˈproʊtʃ/（名詞は reproach（非難，叱責））

「(個人が個人を) 叱責する」（職務上の権限として叱責するというのではなく，失望したとか，愛想を尽かしたといった個人的感情で，ことさらに非難する．批判とあらさがしの意が含まれる，あらさがしといくぶん侮辱の意図がある）.

reprove [r2] /rɪˈpruːv/

「(人などを) 叱責する［戒める，たしなめる］」（名詞は reproof（たしなめ，戒め））. rebuke よりは穏やかに，あるいは期待を込めてよくなるようにと友好的にたしなめること (sharp で stern な reproof が rebuke) です.

▶ Her reputation is beyond ~~criticize~~ / **reproach**.

（彼女の評判には<u>非難する余地がない</u>）

《‘beyond [above] reproach’ は定型句で「非のうちどころがない」》

▶ "Ah, Mr. Mac," said Holmes, shaking a **reproving** forefinger, "you would not read that excellent local compilation which described the concealment of King Charles.

《古い領主館に隠れていた容疑者を見つけ出したホームズの手際に驚く（ホームズと仲のよい）マクドナルド警部にホームズがたしなめるように言う場面》

（「ああ，マック君」とホームズが<u>とがめるように</u>人差し指を振りながら言った．「君はチャールズ国王が隠れていた時のことを記述した地元のすばらしい冊子（compilation（編集した書物）；compile（→ 3–482））を読もうとしなかったからね」）

〈『恐怖の谷』〉

▶ To my surprise he was very angry, and **reproved** me in words which were quite savage for my curiosity.

《事件を依頼した助手が教授の小さな木箱を触って教授に叱られたときの様子をホームズに説明しているときのことば》

（驚いたことに教授はとても怒って，何か詮索しているのだろうと手厳しい（savage）ことばで私を<u>叱りました</u>）

〈「這う男」〉

▶ The student was **rebuked** by his teacher for cheating.

（その学生はカンニングをして先生に<u>厳しくしかられた</u>）

▶ My mom has been **nagging** me to clean up my room.

（お母さんは私に私の部屋を掃除しなさいと<u>うるさく言っている</u>）

▶ The soldier was severely **reprimanded** for being drunk.　　〈*Chambers*〉

（その兵士は酔っぱらっていたことで厳しい<u>懲戒処分を受けた</u>）

以上の語の他に，**slur** ^{n1} /slɜːr/ は「（酔っぱらってろれつがまわらないなど）不明りょうに発音する」という動詞ですが，‘slur at A’ の形で「A（人）を中傷する［けなす］」という意味になり，名詞としても「中傷」「誹謗（ひぼう）」という意味で ‘cast slurs at A’ とか ‘cast [put] a slurs on [upon] A’ といった形で使われます。

※ 難度の高い語ですが，**incriminate** ^{n1} /ɪnˈkrɪmɪneɪt/ は「…に罪を負わせる」「…を有罪にする」という動詞です。

　　▶ It was torn out of the dead man's hand. Why was someone so anxious to get possession of it? Because it **incriminated** him. （それは死んだ男の手から引きちぎられていました．なぜ誰かがそれを手に入れたいと思ったのでしょう？そいつの<u>しわざであることを明らかにする</u>からですよ）　　〈「ライゲイトの地主」〉

bother 「苦しめる・悩ます」動詞・名詞のグループ

---

annoy

　「(不快なことを繰り返したりして) むっとさせる」.

bother

　「うるさがらせる」「面倒をかける」.

distress

　困窮, 苦痛, 悲しみなどで「ひどく苦悩させる」. 名詞としては「大変な悩み」「苦
　悩」.

persecute ^{β2} /ˈpɜːrsɪkjuːt/

　「(政治, 宗教, 人種などの理由で) 迫害する」「いやがらせをする (= **harass**)」
　「しつこく悩ます (= pester /ˈpestər/《特に質問を繰り返すなどしてしつこくする
　こと》)」.

suffer

　「苦しむ (自動詞 ‘～ from’)」「(他動詞として) 苦痛を経験する, (被害を) 受け
　る」.

torment ^{β2} /tɔːrˈment/

　(肉体的にまたは精神的に「…を苦しめる [苦悩させる] (「うるさがらせる」と
　いった軽い意味での用法もあります). 名詞 (/ˈtɔːrment/ アクセント位置に注意)
　は長引き不断に繰り返される「苦悶」,「苦悩」で, 類語の **anguish** ^{β2} /ˈæŋgwɪʃ/
　は局部的, 一時的な心身の「苦痛」や「苦悩」です. **angst** ^{γ1} /æŋst/, /ɑːŋst/ は
　「将来や人生に関する苦悩や不安」です (‘teenage / adolescent **angst**’ (ティーンエ
　イジ / 青春時代の苦悩)). 動詞としては **torture** ^{α2} /ˈtɔːrtʃər/ (心身に苦痛を与える,
　拷問にかける) が類語です.

▶ Society often ~~annoys~~ / **persecutes** its weaker members.

　(社会はしばしばその弱者をしいたげるものだ)

▶ She was continually ~~distressed~~ / **tormented** by his memory.

　(ずっと彼女は彼のことが忘れられず苦悩していた)

　※ 絶え間なく繰り返し悩ませるという torment です.

▶ The child was very badly hurt and was in **anguish** all the evening. 〈ISED〉

　(その子は重傷を負ってその晩中痛がった)

▶ They **tortured** the prisoner until he made a confession. 〈ISED〉

　(彼らはその囚人を自白するまで拷問にかけた)

2-9

classify「区分・分類する」動詞のグループ

似ている種類に仕分けるという動詞のグループです．class も動詞としての用法がありますが，その場合は，「人々や物をある1つの種類としてみなす（'class（＝regard）A as B'）」という意味になり受身形でよく使われます（classify（分ける）との違いを理解しましょう）．

---

categorize ^{β2} /ˈkætəɡəraɪz/
部門・範疇(はんちゅう)（category）などで「分類する」．

classify ^{β1} /ˈklæsɪfaɪ/
（属する集団・類などに従って）「類別［分類］する」「等級付け［格付け］する」．

group
「寄せ集める」「集団にする」「集団に分ける」．

 ▶ My secretary **categorized** the books in my library.
 （私の秘書が私の書斎の本を分類した）
 ▶ Is a bat **classified** / ~~grouped~~ as a mammal or a bird?
 （コウモリはほ乳類それとも鳥類に分類されますか？）

2-10

chain「連続・連鎖」名詞のグループ

同種のものが連続している様子ですが，カタカナ英語として耳にするものも多いので英単語の語感を整理しておきましょう．'in alphabetical order'（アルファベット順で）のような order（順序，順番，オーダー）はここで扱う「一連の物や事」それ自体ではなく，配列の方式のことです．

---

chain
（人や物・事が）「つながった状態でひと続きになっているもの」「連鎖」．'a chain of command' は「命令系統」．

sequence
（秩序立ったつながりの）「連続（するもの）」「配列」．

series
同種のイベントやものごとの連続．（出版物や放送番組の）続き物（一作ずつ完結）．serial（名詞）は各回が次に連続していく．

string ^{α2} /strɪŋ/
「一連」「一続き」「一列のもの」．（人や同種のものが狭い間隔で並んでいるさま．）

---

succession

時系列など順序だてて並んでいる一連のもの. 相続や継承という意味合いでも用いられる.

▶ Our team has recently had a **string / ~~chain~~** of bad results.

（私たちのチームはこのところ悪い結果ばかり続いている）

※ 関連はないけれど短い間隔で続けざまに起きたという感じです.

2-11

charge 「とがめる・告発する」動詞のグループ

「批判・非難する」動詞のグループの項で出てきた **accuse** は，裁判や法廷に関する文脈では刑事訴訟において「告発する」，さらには accuser（原告）（法律用語では **plaintiff** [β2] /ˈpleɪntɪf/）や accused（被告）（法律用語では **defendant** [γ1] /dɪˈfendənt/）というように用いられます. **litigate** [γ2] /ˈlɪtɪgeɪt/ は「…を相手取って（against）法廷に訴える」という動詞です（名詞は litigation（訴訟）（→ 3-75））. この項では，「公に非難する，告発する」といった意味の動詞について見ておきます.

---

censure [γ1] /ˈsenʃər/

「…をきびしく非難する」（叱責，さらには議員などをけん責し，責任を問うといった文脈で用いられます.）

charge

「…（人）を起訴［告発］する」（'charge A with B'「A を B の罪で起訴する」，類語は **accuse**）；'charge that …'「（不正行為のかどで）公に非難する（類語は **blame**）」.

denounce [γ1] /dɪˈnaʊns/

「…を公然と非難する」；「…を（警察に）告発する」.

indict [γ1] /ɪnˈdaɪt/（発音注意）

「…（人）を（〜で）起訴［告発］する」（'indict A for B'「A を B の罪で起訴する」，名詞は **indictment**）

impeach [γ1] /ɪmˈpiːtʃ/

「…（政治家）を（〜で）弾劾［訴追，告発］する」（'impeach A for B'「A を B の罪で弾劾する」）（'impeach the president for perjury（＝lying）'（大統領を偽証罪で訴追する））, 名詞は **impeachment**）**unimpeachable** は「非の打ち所がない」.

▶ There can be severe penalties for **denouncing / ~~charging~~** corrupt regimes.

（腐敗した政権（**regime** 政権，制度，体制）を<u>表立って批判する</u>と大変な罰を受けか

170

ねない)

※ denounce の「公然と」というニュアンスがポイントです.

▸ The judge was **censured** / ~~denounced~~ for inappropriate comments about the defendant.

(その判事は被告人に関する不適切な発言のためにけん責処分となった)

▸ The man was **indicted** for riot [as a rioter, on a charge of rioting].

(その男は暴動[騒乱]の罪で起訴された)

▸ One of our most lucrative means of laying out money is in the shape of loans, where the security is **unimpeachable**. (いちばんよく儲かる投資の方法は貸し付けで, 特に担保が申し分のない人への貸し付けです)　　　　〈「緑柱石の宝冠」〉

2-12

cheat「だます・裏切る・詐欺」動詞・名詞のグループ

試験で「ずる」をすることを「カンニング」といいますが, 英語の **cunning** は「悪知恵」,「こうかつな」です. 学問の世界で厳禁である「剽窃（ひょうせつ）」は **plagiarism** [v2] /ˈpleɪdʒərɪzəm/ です. カタカナ英語として定着している **trick** は計略などでだますことですが, 悪意が含意されない場合もあります.

---

betray
「…（人・信頼など）を裏切る」: うっかり, あるいはわざと「…（秘密など）を暴露する」.

cheat
「（不正・インチキで）…（人）を自分の利益のためにだます」.

deceive
「（ウソをついたり真実を隠したりして）…（人）をだます, 欺く」.

fraud [β1] /frɔːd/
「詐欺（師）」「不正手段」という意味の名詞です.

▸ Two people have been arrested for obtaining money by ~~cheat~~ / **fraud**.

(詐欺でお金をだまし取ったかどで2人が逮捕された)

※ 名詞としての cheat は「いんちきをする人」が第一義 (アメリカ英語では cheat は書きことばで, 口語ではしばしば cheater となります).

※ 形容詞の類語を見ておきましょう. dishonest (不正直[不誠実]な), cunning (上記参照) の他に, **devious** [n1] /ˈdiːviəs/ は「よこしまな (‘**devious** means’ (不正な方法))」,「ずるい」,「(道が) 遠回りの (‘a **devious** route’ (遠回りのルート))」という意味です. また, 動詞 deceive (だます) から派生した名詞には **decep-**

tion ^{r1} /dɪˈsepʃn/「だますこと」「欺瞞」と **deceit** ^{β2} /dɪˈsiːt/「詐欺」「隠匿」「不誠実」がありますが，前者 (deception) は行為 (act) について述べる語で故意でないこともあるが，後者 (deceit) は心の習慣 (habit) についての語で常に故意に行われると説明されることがあります (He is skilled in **deception** and addicted to **deceit**. (彼は人をだますのがうまくなって詐欺が病みつきになってしまっている)). 形容詞形の **deceitful** ^{r1} /dɪˈsiːtfl/ は「人をだます」とか「うそつきの」という意味です ('**deceitful** behavior'（人を惑わす行動)). **hypocritical** ^{r2} /ˌhɪpəˈkrɪtɪkl/（偽善的な，みせかけの）の名詞「偽善（的行為）」は **hypocrisy** ^{r1} /hɪˈpɑːkrəsi/（⇔ sincerity）で，**hypocrite** ^{r1} /ˈhɪpəkrɪt/ は「偽善者」です.

難度の高い語ですが，**treacherous** ^{r1} /ˈtretʃərəs/ は「（人や言動が）不誠実な」とか「（物・事が）当てにならない」という害をなすイメージの語です．**fickle** ^{r1} /ˈfɪkl/ は「移り気［浮気］な」という信頼できない人を表す語です.

▸ The old story, Watson. A **treacherous** friend and a **fickle** wife.

（よくある話さ，ワトソン．裏切りの友と浮気妻という取り合わせだ）

〈「退職した絵具屋」〉

2-13

claim 「主張する」動詞のグループ

allege ^{β1} /əˈledʒ/

「（根拠は不確かなまま）…を主張する」という意味で，特に法廷での論議といった状況でよく用いられます．受身形で 'it is alleged that …' や 'be alleged to be [have, *etc.*] …' の形になることがしばしばです．また，alleged（…とされている（人，物，事））という形容詞形もよく用いられますが日本語訳だけでは分かりづらいので実例でよく理解しておきましょう．たとえば，限定用法の形容詞として 'the **alleged** murderer'（殺人の容疑者），'his **alleged** involvement in the murder'（殺人に関与しているという疑い）というように「疑いをかけられた」という意味や，副詞で "He was **allegedly** involved in the robbery."（強盗事件に関与しているらしいとされている）のように使われます．名詞は **allegation** ^{β2} /ˌæləˈgeɪʃn/（根拠のない）「主張」「申し立て」.

assert

「断言する」「主張する」という意味で，客観的な証拠はなくても信念にもとづき，はっきりと胸を張って相手に反駁するという感じがあります．

claim

「…を要求する（自分に正当な権利があると言う）」.

insist

強く主張するという意味で，ときに強引で自説を曲げないという感じです．

maintain

「…を主張する」という意味で，ほかの人が信じてくれないのにもかかわらず強く主張するという含意があります．

> ▶ It is **alleged** that the defendant is a member of a criminal organization.

（その被告は犯罪組織の一員だと言われている）

※ insist の派生形の形容詞 **insistent** ^{β1} /ɪnˈsɪstənt/ は「（行為や態度などが）しつこい［執ような］(on, upon)」という意味です．

> ▶ He was very **insistent upon** this point, and made me promise it faithfully.

《財産を譲るという遺言状について内緒にしておくようにとしつこく念を押したクライアントについて述べる事務弁護士のことば》

（彼はこの点についてとてもしつこく，必ず守ると私に誓約させました）

〈「ノーウッドの建築業者」〉

2-14

comfortable 「快い」形容詞のグループ

どの語も「快い」「心地よい」「居心地のいい」といった訳語でよいのですが，それぞれの語感を理解しておきましょう．

---

comfortable

物理的・肉体的にリラックスさせてくれる人・物について用いますが，「（お金など）不足のない（＝rich）」という意味でも用いられます．

cozy ^{β1} /ˈkoʊzi/

場所が快適で暖かいというときに用います．小さくて閉じられているという安心感があるという感じです．

restful ^{α2} /ˈrestfl/

安らかな（peaceful and quiet），安らぎ・休息をあたえてくれるようなという意味です．

snug ^{β2} /snʌg/

暖かくって寒さから守られている安心感のあるという心地よさです．人が暖かくしている状態（ベッドでぬくぬくとしている等）についても用いることがしばしばあります．'as **snug** as a bug in a rug' は，敷物の中のナンキン虫のように「ぬくぬくと居心地がいい」という意味の決まり文句です（韻を踏んでいます）．

▶ I would have liked the suit if it had been a little ~~more comfortable~~ / **snugger**.

(その服がもう少しだけ体にぴっちりしていたら気に入ったのだけど)

※ ここでの snug は「服がぴったりと合う」という意味です.

▶ A **restful** / ~~cozy~~ night's sleep was all that he needed.

(夜ゆっくり眠ることこそ彼には必要だった)

▶ I have booked a **cozy** / ~~restful~~ little Italian place I know for Valentine's Day.

(バレンタインデーにこじんまりしてくつろげるイタリアンのお店 (place) を予約した)

2-15

comment 「意見・所見」名詞のグループ

「コメント」や「オピニオン」はカタカナ英語としても定着しています. 本項で取り上げた語のうち, **comment** と **remark** は動詞と名詞が同形です (**observation** は名詞. 動詞は **observe** (2-52 'obey' も参照)). 日本語の会話でも英語の "No comment." をまねて「ノーコメントです.」などと言います.

'refuse to' の後につづけることができる動詞は **comment** で, **remark** や **observe** は使えません.

▶ He refused to **comment** / ~~observe~~ / ~~remark~~ until after the trial.

(彼は公判後までコメントを拒んだ)

動詞の comment (…と述べる) と同じような意味の動詞としての observe は「(観察して気づいたことに基づいて) 述べる」ということですが, 'refuse to observe' の形になってしまうとそもそも観察という部分がどうなっているかわからないということになり,「観察に基づき陳述する」という意味が成立しなくなってしまいます. (なお, この意味での observe の主語は 3 人称の人になります.) また, remark は反射的とか無意識的な (spontaneous) 行為なので「拒絶する (refuse)」とはそぐわない動詞です.

---

comment ^{α1} /ˈkɑːment/
　自分の考えを述べたもの, 論評, 話や作品についての「感想」.

observation
　「観察」, 観察をもとにした「意見」「所見」.

opinion
　意見, 考えた末に出す「見解」.

remark
　「所見」「意見」「寸評」「簡単な批評」.

▶ I have no **comment** / ~~remark~~ to make on my political future at this time.

(私の政治生命がどうなるかについて今は何も言えることがない)

※ 本項冒頭の解説にある通り，remark は反射的に行う行為なのでこの例文の文
脈には適合しません．

2-16

compensate 「埋め合わせる」動詞のグループ

カタカナ語として目にすることもある「オフセット」ですが，英語の **offset** [β1] L /ˈɔːfset/
は動詞としては「…を相殺する」「…を埋め合わせる」という意味です（名詞としては
「相殺するもの」，「オフセット印刷」）．

▶ The profit from the investments **offset** the decline in bank lending.

（投資による利益が銀行融資の減少を埋め合わせた）

名詞の compensation や関連語の refund は第 1 章の 'rebate' の項 (1-260) を参照．日
常的にもよく使われる語彙ですから，しっかりマスターしておきましょう．

reparation [n] /ˌrepəˈreɪʃn/ は動詞 repair（修理する）の派生名詞形で「（与えた損害
や罪に対して支払う）賠償［補償］」ですが，複数形 reparations で敗戦国が支払う「賠
償金」の意味になります．

---

compensate
「償う」「賠償，補償をする」「埋め合わせをする」．

complement [β1] /ˈkɑːmplɪment/
"complete" にするために足りないものを補う．「補完する」（よりよくするために
「補足する」のは supplement（名詞と動詞での発音の違いに注意））．学習英文法
で「補語」（SVOC の C）といわれるのは complement です．'complementary
angle' は「余角」．'complementary distribution' は「相補（的）分布」

make up
「償いをする」のですが，例えば金額にして 50 万円の損失に対して 50 万円の賠
償金を払うという compensate に対して，なんらかの状況改善を図るとか何か代
替措置をとるという意味合い．

▶ The décor did not **complement** / ~~make up~~ the design of the building.

（その飾りをつけてもその建物のデザインに合わなかった）

※ お互いに補ってぴったり合うという意味合いです．

2-17

complicated 「複雑な」形容詞のグループ

下にあげた語の他にも **involved** も人の立場や考えなどが「込み入った」（もっとわかり
やすく簡素化できるだろうにという含み）という意味でも用いられます．fiddle（フィド

ル：カントリーミュージックなどで使われるヴァイオリンの類）から転じて **fiddly** が（（指先を使うようなイメージで）作業が「細かい，困難な，面倒くさい」という意味で使われます．

> ## complex
> 「複雑な」「複合的な」「入り組んだ」．
> ## complicated
> 「複雑な」「込み入った」「ややこしい」．
> ## tangled $^{\beta 1}$ ᴸ /ˈtæŋgld/
> 「からまった［もつれた］」（tangled hair / branches（もつれた髪 / からまり合った枝）），「込み入った」．**tangle** は動詞として「…をもつれさせる」，名詞で「もつれ」という意味ですので，「複雑にからみあってわかりにくい状態の」という意味です（→ 3-417）．髪の毛やひもがからまったというイメージの語で，よく似たスペリングの **entangle** $^{\beta 2}$ /ɪnˈtæŋgl/ は網とかネットでからみとって身動きできなくするというイメージの語です（"Small animals can get **entangled in** the net."（小動物ならその網にかかります））．**entangled** は「…にからまった」「（やっかいごとなどに）巻き込まれて」とか「…（人）とかかわり合いになって」という意味になります．

> ▶ I **tangled** with him over politics.　　　　　　　　　　　　　　　〈*Chambers*〉
> 　（私は政治のことで彼と口論した）
> 　《争うとか紛糾するという意味での動詞》
> ▶ Your Majesty, as I understand, became **entangled with** this young person, wrote her some compromising letters, and is now desirous of getting those letters back.（陛下は，そうしますと，このお若いかたとかかわりを持たれ，後でご自分を危うくするような（compromising:（人に知られると）恥ずかしい，名誉を傷つける写真や状況など．compromise は 2-18 参照）手紙をお書きになり，そして今その手紙を取り戻したいとお考えなのですね）　　　　　　　　〈「ボヘミアの醜聞」〉

反対語としては **straightforward** $^{\beta 1}$ /ˌstreɪtˈfɔːrwərd/（容易な（＝easy to do [understand]），単刀直入［率直］な）をおさえておきましょう（a **straightforward** explanation（理解しやすい［単純明快な］説明））．主として書きことばになりますが，**lucid** $^{\gamma 1}$ /ˈluːsɪd/（明快［平易］な）は書いたものなどが明瞭（めいりょう）に表現されていて理解しやすいことです（a **lucid** account / explanation / style）．

　動詞 **complicate** は「…を複雑［めんどう］にする」という他動詞です．**confuse** は「（どう対処していいかわからなくて）まごつかせる」ということを強調する感じの動詞

176

です．クリアでない，わかりにくいという状態にするという意味の動詞の類語として **blur** [β2] /blɜːr/ をおさえておきましょう．「…をぼやけさせる［あいまいにする］」とか感覚を「鈍らせる」という意味の動詞で，境目などをクリアでなくするという語です．

▶ Tears **blurred** her eyes（＝made it difficult for her to see clearly）. 〈ISED〉
（彼女の眼は涙で曇った）

2-18

compromise 「譲歩・妥協」名詞のグループ

「ギブアンドテイク」（'give and take'）はカタカナ英語として定着していますが，この項では，それと同じように，2つのグループ間でのバランスをとって問題を解決するというときの語について見ます．

---

compromise

「妥協」「折衷」．少し譲る「歩み寄り」．動詞としては，自動詞として「妥協する［歩み寄る］」（on, over / with），他動詞として「（名誉や信用を）傷つける」「（信念などを）曲げる」．cf. compromising（→ 2-17 例文）.（動詞で「妥協して解決する」という意味での用法は《古》.）

concession [α2] /kənˈseʃn/

問題を終わらせる，あるいは状況を緩和するための「譲歩」．

trade-off [α2] /ˈtreɪd ɔːf/

「トレード・オフ」はカタカナ英語として定着しています．一方を得るために他方を犠牲にしなければならない状況でバランスをとることです．

▶ We must try to satisfy the other party too, if necessary by giving them some ~~compromises~~ / **concessions**.
（必要なら多少譲歩して相手方を満足させるようにしなければならない）
※ 一方（ここではこちら側）が譲るので concession が入ります．

▶ In designing military vehicles such as tanks, there is a **trade-off** / ~~concession~~ between speed and thickness of armor.（戦車のような軍用車両を設計する際にはスピードと装甲（armor /ˈɑːrmər/）の厚さとの間で，妥協しなければならないところがある）
※ スピードと装甲の厚さという相反する性質のバランスをとるということで trade-off が合致します．

concept「思考・概念」名詞のグループ

まとまったものであれとりとめのないものであれ，心に浮かんだ考えについて最も普通に用いられるのが idea ですが，それ以外の語も見ておきましょう．

---

concept
抽象的なものや事柄などについての「概念」「観念」．

conception ^{β1} /kənˈsepʃn/
「思考 (general ideas)」「思索 (activity)」．何かに関して個々人がこのようなものだと頭の中に持つイメージや見当．

notion
学術論文などでは「概念」や「観念」（≒concept）．通常は「考え」や「理解」とか「意図」ですが，その場合，根拠がなく漠然とした，あるいは話者にとってやや古くさいとか馬鹿げているという含意を持つことがあります．

thinking ^{α2} /ˈθɪŋkɪŋ/
「思想」「思索」．あるものに対して個人の抱く考え（notion の方が抽象的）．

thought ^{α2} /θɔːt/
「理性的に考えて浮かぶ考えや思いつき」．ただし，内容に重厚さや複雑さはない．

▶ I just had the strangest ~~conception~~ / thought.

(すごく奇妙な<u>考え</u>を思いついただけだ)

※ 何かについての概念 (concept) ではありません．

▶ Too much ~~thought~~ / thinking can often lead to a lack of definitive action.

(あまり<u>考えすぎる</u>と最終的な行動に移れなくなることがある)

※ 考えるという行為を指しています．

▶ The initial ~~concept~~ / conception of the project was several years ago.

(その企画をやってみようという<u>着想</u>は数年前にさかのぼる)

concern「心配・関心」名詞のグループ

心配している状態やその原因についていう語のグループです．

---

anxiety
「不安」「心配事」．通例，個人が抱くものです．

apprehension ^{γ1} /ˌæprɪˈhenʃn/
「気づかい」「不安」．やっかいなことや不快なことに対処しなければならないか

もしれないという不安感です．「逮捕」という意味もあります (apprehend の解説
参照 (→ 1-213))．

(It's a relief to hear about the **apprehension** of such a dangerous criminal. (そ
んな危険な犯罪者が<u>逮捕</u>されたと聞いて安心した))

concern

しばしば多くの人々が抱く「懸念」というときに用いられます．

worry

「心配事」「悩みの種」．個人が抱くものを指すのが通例です．anxiety よりもやや
インフォーマル．

▶ The lazy boy went into the examination room filled with **apprehension**.

⟨*ISED*⟩

(その怠惰な少年は<u>不安</u>でいっぱいの気持ちで試験室に入った)

2-21

conclude 「推論する」動詞のグループ

いずれも証拠や情報に基づいて判断する［決める，信じる］という意味の動詞です．ア
カデミックな文章などで使い分けが必要になりますので注意しましょう．

---

conclude

「事実を考慮して判断［決定］に至る」「(会議などを) 締めくくる」．

deduce [β2] /dɪˈduːs/

証拠や推論に基づき「…と推定する」．その判断は論理的に正しいものであるは
ずと考えられます．

infer [β1] /ɪnˈfɜːr/

持っている情報に基づき推察し，おそらく正しいであろうということで「…と判
断する (≒ conclude)」．

reason

事実を考察し理詰めで「…と判断する」．

▶ I could ~~reason~~/**infer** a certain superiority in the tone of voice she used.

(声の調子から，彼女が優越感を持っているのだと<u>察した</u>)

※ おそらくそうだろうと推断するという infer が入ります．

▶ Having weighed up the evidence, Sherlock Holmes then **deduced**/~~inferred~~
who the murderer was. (証拠を検討し (weigh up)，そして，シャーロック・ホー
ムズは殺人犯が誰なのかを<u>推理した</u>)

condition「条件」名詞のグループ

「条件」という意味の名詞グループですので, それを目的語としてとる動詞 (fulfill, meet, satisfy 等) や, それぞれの語を含む定型句などをしっかりおさえておきましょう.

---

condition

　「条件」の一般的な語です.

qualification [α2] /ˌkwɑːlɪfɪˈkeɪʃn/

　qualify の派生語で, 職業などのための「資格」, 修正や制限としてつけられた「条件」という意味で用いられます.「資格がある」という意味の **qualified** [α2] /ˈkwɑːlɪfaɪd/ と意味の似ている **eligible**「条件的に…する資格がある」は 3-117 参照. **credentials** [r1] /krəˈdenʃlz/（通例複数形）は「資格認定書」「業績, 人物などの証明書」. 動詞として **credential** [r1] /krəˈdenʃl/ は「資格を与える」「（人に）証明書を発行する」. 名詞 **credence** [r2] /ˈkriːdns/（発音注意）はほかの人の証言などへの「信用」「信頼性」(a letter of **credence**（信任状）). **credit** は商取引など金銭上の「信用」(→ 1-69).

requirement [α2] /rɪˈkwaɪərmənt/

　法や規則などで定められた必要条件.（「必需品」という意味での用法もあります.）

term

　支払いや金銭に関する契約など書類に書かれた条項（複数形になります）.

▸ We would like to interview you, but you do not have the **qualifications /~~conditions~~** needed for the job.（あなたの面接をしたいのだけれど, あなたはこの仕事に必要な資格を持っていませんね）

※「資格」は qualification です.

▸ All members of the military are subject to the same uniform **requirements /~~qualifications~~**.

（この軍の誰もが同一の<u>必要条件</u>を満たしていなければならない）

※ メンバーであるための必要な条件ということで requirement です.

関連語として,「必要（性）」という名詞の **necessity**,「（物事が）…を必要とする［余儀なくさせる］」という動詞の **necessitate** [β2] /nəˈsesɪteɪt/ もおさえておきましょう.

▸ "Well, I found my plans very seriously menaced. It looked as if the pair might take an immediate departure, and so **necessitate** very prompt and energetic measures on my part … (「ああ，どうやら僕の計画はひどく危機的 (menace → 2-69) なことがわかったよ．あの二人はすぐにも出発しそうなので，僕の方はとても迅速にかつ猛烈な手段を余儀なくされるように思われた…」)　　〈「ボヘミアの醜聞」〉

2-23

confirm 「立証する」動詞のグループ

証拠に基づき「…が真実であると思う」と言うときの動詞です．

---

certify [β1] /ˈsɜːrtɪfaɪ/

　資格などの証明書で公式に「証明する」「認定する」．

confirm

　「(真・正確であると) 確認する」，「間違いない [本当だ] と言う」．

testify [β1] /ˈtestɪfaɪ/

　証拠に基づき「証言する」「…を示す証拠である [証拠となる]」．

verify

　confirm と同じような意味です．ただし verify は専門的な状況において，あるいはフォーマルな言い方として用いられます．

▶ This piece of paper **certifies** / ~~testifies~~ that I am a qualified lawyer.

　(この紙一枚が，私が弁護士の有資格者であることの証だ)

　※「資格の公的な証明書」は certificate です．

▶ I saw the crime and will have to ~~certify~~ / **testify** in court.

　(犯人を目撃したので法廷で証言しなければならない)

　※ 法廷で宣誓の上で証言することです．

2-24

conflict 「矛盾・衝突」名詞のグループ

「アンビバレントな」(ambivalent /æmˈbɪvələnt/) は「どっちつかずの」「矛盾する感情を同時に持つ」という語で，カタカナ英語としても定着しています．この項では，物理的に衝突するとか摩擦を起こすという意味から比喩的に「衝突，矛盾，食い違い，不和」といった用法を持つ語を見ます．

---

conflict

　「(武力や軍事の) 衝突」「紛争」;「食い違い」「矛盾」．

contradiction

　「矛盾 (2つのものが同時に真であることがない)」「不一致」．

collision [β1] /kəˈlɪʒn/

「衝突（crash よりも強烈）」「（比喩的に利害や思想などの）衝突，不一致」．動詞は **collide** [β2] /kəˈlaɪd/ 「激しくぶつかる」で，動く物や意見が衝突するというときに使われます．

friction

「摩擦」「（比喩的に）摩擦，不和」「軋轢（あつれき）」（＝tension）．

inconsistency [β1] /ˌɪnkənˈsɪstənsi/

consistent からの派生語で，「合致しない」「移り気な」「両立しない（2 つのものが相容れない，同時に成り立たない）」．

▶ What she said was totally **inconsistent / contradiction** with her actions.

（彼女が言ったことは彼女の行動とまったく合致しないものだった）

※ 'What she said was totally **in contradiction to** her actions.' とは言えます．

▶ The two vehicles approached from opposite directions, resulting in a head-on **collision / conflict**.

（2 台の車は正反対の方向から接近し，正面衝突した）

2-25

contempt 「軽べつ（する）」名詞・動詞のグループ

「なにか・誰かがとても嫌い」というときの一般的な語は hate ですが，より強意的あるいはフォーマルな嫌悪感を出すときには **loathe** [γ2] /loʊð/ （hate より強く「忌み嫌う」）が使われます．ただし，比較的インフォーマルで，それほど重要でないものに対して用いられることもあります．同語源の形容詞 **loath** [γ1] /loʊθ/ は「気の進まない」「嫌で」．**detest** [β2] /dɪˈtest/ はかなりフォーマルな言い方で「本当に嫌い」とか「虫唾が走る」という感じです．ただし会話での誇張形として「あまり好きじゃないけど」くらいの意味のときに使うこともあります．**abominable** [γ1] /əˈbɑːmɪnəbl/ （憎悪すべき）は，不吉とか忌まわしいという感じで忌み嫌うという意味の動詞 abominate から派生している形容詞形です．会話では bad の強意形として 'an **abominable** dinner / weather'（ひどい料理 / 天気）というようにも使います．

　以下で取り上げるのは，単に嫌いというのではなく，「道徳的な理由などから尊敬に値しないと思う・見下す」といった意味合いで軽蔑するという語のグループです．

contempt [α2] /kənˈtempt/

「軽べつ」．人やものを重要ではない，尊敬に値しないと思うこと．scorn のように態度が外に出るとは限らない（反対語：respect）．形容詞として **contemptuous** [β1] /kənˈtemptʃuəs/ 「軽蔑的な（'a contemptuous laugh'）」，**contemptible** [β2]

/kənˈtemptəbl/「卑劣な」があります.

derision ^{γ1} /dɪˈrɪʒn/

「あざけり」. 辛辣なあざけりを受けるという部分に焦点があります. 動詞は de-ride /dɪˈraɪd/「あざける」で, しばしば受身形で用いられます (be derided as …).

despise ^{α2} /dɪˈspaɪz/

「侮べつ」. 人やものを嫌っていて「拒む」「さげすむ」. contempt より強い.

disdain ^{β1} /dɪsˈdeɪn/

自分の求める水準に足りないと見下し, 拒絶する. 尊大さ, 自分の優位性を出す感じ. この項の中で最も強い. disdain を動詞として使うのは今はまれです.

scorn ^{α2} /skɔːrn/

「あざけり」. 人やものを相手にせずあざ笑う (こと). そのあざけりが発言など態度に出ている感じ. despise より強い. かなりフォーマルな語で, 動詞として使われることは今ではまれです.

※ disdain と scorn は大してよくないという拒絶の態度に焦点があり, あざ笑うという行為は含意されません.

▶ I have only **contempt / despise** for such behavior.

(私はそのような態度をわるいとは言わないが軽蔑するだけだ)

※ contempt は道徳的に良いか悪いかを言って自分の嫌悪感を正当化する語感があります.

▶ At one end of the corridor we were all marshalled by Sherlock Holmes, the constables grinning and Lestrade staring at my friend with amazement, expectation, and **derision** chasing each other across his features. (シャーロック・ホームズによって我々は全員が廊下の端に整列させられたが (marshal: 集結させる), 警官 (constable: 巡査) たちはニヤニヤし, レストレードはホームズを驚きと期待と嘲笑が交互に入り混じるかのような表情で見ていた)　　　〈「ノーウッドの建築業者」〉

▶ The Prime Minister showed his **disdain** for the interviewer by ignoring his question.

(総理はそのインタビュアーの質問を無視することで彼を見下していることを示した)

▶ The critics heaped **scorn** upon the movie when it flopped at the box office.

(評論家たちはその映画が不入りになるとに嘲笑を浴びせた (heap → 1-236))

※ この例文での heap は「(賞賛や非難を) どっさり与える」という意味です.

※ **flop** ^{β2} /flɑːp/ は「(映画や出版が) 売れない」とか「(計画が) 失敗する」という意味ですが, 語義は「ドスンと落ちる」ということで「ばったり倒れる」とか「ドスンと座る」というときに使われます (flop into [onto] a sofa).

▶ I **loathe** and fear him more than I can say.

（私はことばに表せないほど彼のことが嫌いで恐れてもいます）

〈「一人ぼっちの自転車乗り」〉

▶ Cleaning a bathroom? I **detest** that chore.

（バスルームの掃除？ 私はその仕事（chore: 家事などの決まりきった仕事）が嫌で仕方ないの）

▶ As he did so I caught a glimpse of his face in the mirror over the mantelpiece. I could have sworn that it was set in a malicious and **abominable** smile.

（彼がそうしたとき私はマントルピースの上にあった鏡に彼の顔がちらりと見えた. 断言してもよいが（'I could have sworn that …' = 'I'm sure …'）そこには悪意に満ちた忌まわしい笑みが浮かんでいた）　　　　　　　　　　〈「瀕死の探偵」〉

2-26

continuous 「絶え間ない・しつこい」形容詞のグループ

やり続けることを表す形容詞のグループです. 動詞としては「困難にもめげず頑張ってやり抜く」という **persevere** [β2] /ˌpɜːrsəˈvɪr/ という語がよく使われます（The task was almost impossible, but she **persevered** (with it). (その仕事は不可能に近かったが彼女はやり通した).（名詞は **perseverance** [β2] /ˌpɜːrsəˈvɪrəns/（がんばり，不屈，忍耐力））. 動詞 **persist** も「やり通す」という意味ですが「あくまで通そうとする」「主張を執拗に繰り返す」とか，「悪いことや好ましくないことが残ってしまう，続く」という意味でも用いられます（**claim**（→ 2-13）は強引に主張するという意味です）.

---

continual [α2] /kənˈtɪnjuəl/

「断続的に長く続く」「しつこく繰り返される」.

continuous [α2] /kənˈtɪnjuəs/

「途切れなく続く」.

perpetual [β1] /pərˈpetʃuəl/

（通常名詞の前に置いて）「絶え間の無い」「永久の」.（しばしば不快なというニュアンスで用いられる.）動詞は perpetuate /pərˈpetʃueɪt/（不快なものをいつまでも継続させる）.

persistent [α2] /pərˈsɪstənt/

（しばしば軽蔑的に）「しつこい」「なかなかよくならない」「繰り返し起こる」.

▶ He keeps asking me to give him a job—I must say he is **persistent / ~~perpetual~~**!

（彼は仕事をくれといつもわたしにせがむ. しつこいったらありゃしない！）

※ 人について「しつこい」というのは persistent です.

184

▶ Recently, our team has had ~~persistent~~ / **continual** good results.

(このところ私たちのチームは続けざまによい結果を出している)

※ 短い間隔をおいて連続するというのが continual です.

▶ Unfortunately, human poverty seems to have been a **perpetual** / ~~persistent~~ problem since the earliest times.

(残念ながら大昔から貧困はつねについてまわる問題だ)

※ 絶え間なくつきまとうという perpetual です. 名詞の前に置かれます.

▶ The teacher **continuously** / ~~perpetually~~ assesses the performance of the students.

(その先生はずっと教え子達の成績評価をし続けている)

※ 継続的にということです.

2-27

corrupt「腐敗・衰退」形容詞・動詞のグループ

庭などで生ゴミから堆肥 (compost) を作るための容器は composter と言います. food waste composter は微生物で生ゴミを分解して堆肥にする装置です. この **decompose** [γ1] /ˌdiːkəmˈpoʊz/ というのは「腐敗する ('decomposed body'(腐乱死体))」という動詞ですが, 特に化合物が分解していくというイメージがあります. この項では, 物が「腐敗する」(あるいは比喩的に「衰退する」) ことを表す語彙について見ます. 朽ちていくときの衰え始めで「低下する, 減少する, 衰える」という意味では decline が使われます.

　rotten の動詞は **rot** /rɑːt/ で「(植物などが) 少しずつ腐っていく」「…を腐らせる (虫歯にするという意味でも用いられます)」という意味です.

---

corrupt

　「(道徳的に) 腐敗した」. (「堕落させる」という動詞としての用法もあり.)

decay

　「腐敗 (する)」「(ゆっくりと時の流れとともに) 朽ちていく」. rot (腐る, …を腐らせる) のほうがくだけた言い方.

deteriorate [β2] /dɪˈtɪriəreɪt/

　「悪化する」「劣化する」「(道徳などが) 低下する」.

rotten [β1] /ˈrɑːtn/

　「腐って使い物にならない・食べられない」;「(道徳的に) 腐敗した」.

▶ You cannot eat that banana now—it is ~~corrupt~~ / **rotten**.

(もうそのバナナは食べられないよ. いたんでしまっている)

※ 食べ物が腐ってしまっているというのは rotten です.

　　▶ If you do not keep practicing, your tennis skills will slowly **deteriorate** / ~~rot~~.
　　（練習を続けなければテニスの腕前は徐々に落ちていくよ）

　　※「低下・劣化する」という意味で, deteriorate は日常的に使われる語です.

類語として, **stale** ᵝ² /steɪl/「（食べ物が）新鮮でない［腐りかけの］」（**stale** bread（古くなったパン）),「（酒などが）気の抜けた,（空気が）よどんだ,（人が）だれた,（比喩的に）古くさい」（a **stale** joke（陳腐な冗談）) という形容詞があります.（「（人が）堅苦しい［古くさい］(formal and dull)」とか「風通しが悪い」というのには **stuffy** ᵞ¹ /ˈstʌfi/ が使われます（'a **stuffy** room' は「風通しが悪い［むっとする］部屋」, 'a **stuffy** clothes' は「古くさい衣類」.)

　難度の高い語ですが, **atrophy** ᵞ² /ˈætrəfi/ は筋肉や機能が栄養［運動］不足で「萎縮［減退］（する）」という語で（muscle **atrophy**（《医》筋萎縮（症）), 比喩的に物や思想などが「衰退する」という意味で使われます（the **atrophy** of virtue（道義心の衰退）).

2-28

cruel 「残酷な」形容詞のグループ

「冷酷な」という cold-blooded（血も涙もない, 全く感情を見せないで残酷なことをする）や heartless（薄情な, 無慈悲な, 人の悲しみに同情せず傷つける）という語はそれぞれ「冷血な」とか「無情な」という意味がだいたい見てのとおりです. この項では, 意味の幅が広いものや凶暴や残忍といった意味合いも含む語などいくつか取り上げます.

---

barbarous ᵝ¹ /ˈbɑːrbərəs/

「残酷」で「むごい」「野蛮な」.

brutal ᵅ² /ˈbruːtl/

「（人間らしさのかけらもない）残忍な」. つねに強い意味で, 殺人や攻撃そのものについて, あるいはそのようなことを行う人や政権などを形容するのに用いられます. 天候の過酷さを言うこともあります.

cruel

「（ことばなどが）つらい思いをさせる」「残酷な（意図的にむごいことをする, それを楽しむ感じ）」.「思いやりの無い」という弱い意味で用いられることもあります.

ruthless ᵅ² /ˈruːθləs/

「無慈悲な」「残忍な」「冷酷な」. ruth + less の形で形成された語で, 古語 ruth は現代語ではほぼ使われませんが compassion（深い思いやり）に相当する語です.

vicious ᵝ¹ /ˈvɪʃəs/

186

「残忍な」「凶暴な（動物などにも使います）」（急に攻撃して怪我をおわせるようなイメージ）. 文面や口頭での攻撃を形容することもあります.

▶ When the Eiffel Tower was built, some Parisians considered it a **barbarous** / ~~vicious~~ folly and wanted it destroyed.（エッフェル塔が建設されたとき, パリ市民の中にはそれを<u>野蛮な</u>愚行（folly → 1-127）だとみなし塔を壊してほしいと思った人たちもいた）

▶ In one scene in the movie, a madman **brutally** / ~~cruelly~~ attacks a passerby with an axe.
（その映画の一場面では, 狂った男が<ruby>斧<rt>おの</rt></ruby>で通行人に襲いかかるんだよ）
※ brutal は例えば 'attack / murder / killing' といった語につけて使われます.

▶ The striker played well in the soccer match, but should have been more **ruthless** / ~~brutal~~ in front of goal.（そのサッカーの試合でそのストライカーはよいプレーをしたが, ゴール前ではもっと<u>情け容赦なく</u>やるべきだった）

▶ The dog was dangerous. It **viciously** / ~~brutally~~ attacked a child once.
（その犬は<u>癖が悪くて</u>前に子供にかみついたことがある）
※ 'a vicious dog' は「かみ癖のある犬」です.

関連語として,「悪意（**malice** [β1] /ˈmælɪs/）のある」,「意地の悪い」,「故意［悪意］の《法律》」という意味の形容詞 **malicious** [β2] /məˈlɪʃəs/ をおさえておきましょう.

▶ A very deep, **malicious**, vindictive person is the gentleman who is now awaiting us downstairs.
《二階の隠れ家に潜んでいた犯人を捕まえて警官たちに階下に連れて行かせた後に, 逮捕した現場に残って警部に説明をするホームズのセリフ》
（階下で我々を待っているあの紳士は実に腹黒くて（deep = sly）, <u>悪意に満ちた</u>, 執念深い（vindictive [γ2] /vɪnˈdɪktɪv/（復讐心のある））人物です）

〈「ノーウッドの建築業者」〉

※ 例文では倒置が起きて意味上の主語（the gentleman who is now awaiting us downstairs）が be 動詞（is）よりも右側にある形になっていることに注意しましょう.

2-29

describe 「描写する」動詞のグループ

学術論文などでもよく使われる語です. represent は第１章の represent の項（1-275）も参照のこと.

depict [β2] /dɪˈpɪkt/

「人や物を書き物（や絵など）で描写する」.

describe

「特徴などをことばで言い表す［記述する，描写する］」. 日常的に広範囲で使われます.

represent

「例や絵を示してわからせる」；「…を代表する」「…の典型である」.

▶ The short stories **depict / ~~represent~~** life in 19th century France.

（その短編小説は 19 世紀のフランスの生活を描いている）

※ 小説などの芸術で描写するというときの depict です.

類語として，**recount** [γ1] /rɪˈkaʊnt/ は「（自分の体験談を）語る」という動詞です.

▶ He was immensely tickled by his own adventures, and laughed heartily as he **recounted** them.（彼は自分自身の冒険を話して聞かせるときに大いに（immensely）喜んで（**tickle** /ˈtɪkl/（くすぐる，喜ばせる）），快活に（heartily）笑っていた）

〈「一人ぼっちの自転車乗り」〉

2-30

distinct 「明らかな」形容詞のグループ

この項にあげている語は，他と違っているとか普通ではなくて識別しやすいという意味の形容詞のグループです.

conspicuous [β1] /kənˈspɪkjuəs/

まわりにある他と異なっている違いが「明瞭な」，「人目を引く」.

definite /ˈdefɪnət/

はっきりと決められていて「明確な」（define → 3-74）.

distinct [α1] /dɪˈstɪŋkt/

「はっきりしていて容易に知覚（見たり，聞いたり，匂いをかいだり）できる」とか，他と異なる特定のタイプやグループに属することが「明瞭である」という意味です. **distinctive** [α2] /dɪˈstɪŋktɪv/ は「特徴のある」（→ 3-502）.

manifest [β1] /ˈmænɪfest/

「隠し隔てがないのでぱっとみてわかる」. 度が過ぎると「これみよがし」とか「わかりきった」という語感になります. 名詞の **manifestation** [β2] /ˌmænɪfeˈsteɪʃn/ は「表れ」「発現」（'the riots as a **manifestation** of people's discontent'（民衆の不満の表れとしての暴動））. ちなみに，政党の出す「マニフェスト」は manifesto

/ˌmænɪˈfestoʊ/ です.

pronounced [β2] /prəˈnaʊnst/

複雑さが無く「だれが見てもすぐわかる」という意味です. 障害などが目立つ,
見解がはっきりしているという文脈でよく使われます.

▶ Her manner displayed a **distinct / ~~conspicuous~~** lack of respect for the occasion.

（彼女の態度にはその行事への敬意の無さがあからさまだった）

※ distinct は名詞 (possibility, quality, feeling, *etc.*) の前につけて「疑いようの
ない」とか「まぎれもない」という意味合いになります.

▶ His great height and long, fair hair meant he was **conspicuous / ~~definite~~** even
in a crowd.

（背の高さと長い金髪のため人混みにいても彼は人目を引いた）

※ 周囲にいる人たちとの違いが際立っているということです.

▶ The ease with which they conquered was seen as evidence of **manifest / ~~distinct~~** destiny.

（征服が容易だったのは, それが明白なさだめであったことの証左であると思われた）

※ Manifest Destiny（明白なる使命：西部開拓を正当化する標語）はアメリカ史で
出てくることばです.

▶ Her speech impediment really is quite **~~definite~~ / pronounced**.

（実際のところ彼女が発話障害なのははっきりしている）

※ 誰の目にも明らかだという pronounced が文脈に合います.

形容詞 **tangible** [β2] /ˈtændʒəbl/ は「明白な (definite)」「実体のある (real)」「手で
触ることができる」という意味です (**tangible** assets（有形資産）). **intangible** [r1]
/ɪnˈtændʒəbl/ は「触れることのできない」「つかみどころのない」「(資産などが) 無形
の」という意味になります.

▶ "You can at least tell me whether my own thought is correct, and if she died
from some sudden fright."

"No, I do not think so. I think that there was probably some more **tangible**
cause …

《姉の死因を尋ねる依頼人とホームズのやりとり》

（「私の考えが正しいかどうかだけでも教えてくださいませ. 姉は急に何かの恐怖のた
めに死んだのでしょうか」

「いえ, そうではありますまい. おそらくなにかもっと実体をともなう原因があった
と思います（後略）） 〈「まだらの紐」〉

distinguish 「認識する」動詞のグループ

「区別する」という意味で distinguish と意味のよく似た語として **differentiate** [β2] /ˌdɪfəˈrenʃɪeɪt/（区別する，識別する）があります．こちらは人の主観的判断ではなく特に客観的・科学的に違いを示すような文脈で用いられます．(Men of character always **differentiate** their long letters, however illegibly they may write.（どんなに読みづらく書いたとしても，ちゃんとした人ならアルファベットの縦に長い字は長い字だと<u>わかる</u>ように書くものだよ（『四つの署名』）))

---

discern [β1] /dɪˈsɜːrn/

「（注意深く見たり考えたりすることによって）違いをつきとめる」「見分ける」．

distinguish

「識別する」「差を示す」．

identify

「誰（何）であると特定する」「…の身元を確認する」「A を B と同一視する（'identify A with B'）」．

recognize

「（以前に見聞きしたことがあって）知っている人や物であるとわかる」．「公式に認める」という意味で用いられることもあります．

▶ I thought I **discerned**/~~recognized~~ someone moving in the darkness.

（暗闇で誰かが動いているのが<u>見えた</u>と思った）

※ 目をこらして見て気づいたという意味で，discern がぴったりです．

doom 「運命」動詞のグループ

luck は「運（よい・悪いに関係なく）」ですが，この項では「つき」というのではなく「運命」という意味の語について見ます．

---

destiny

「重大な宿命」．

doom [β1] /duːm/

「不幸な，悲惨な，終局の運命」．「死」などの避けられない不幸が近づいたことを言うときの語（『ジーニアス英和辞典』）．**doomsday** [n1] /ˈduːmzdeɪ/ は「運命の日」「最後の審判の日」．

fate

「定め」「巡り合わせ」.

lot [a1] /lɑːt/

「運命，宿命」「境遇」．割り当てられた一生涯の運について言うことが多い語．（語源的には「割り当て，分け前」で，「くじ引き，抽選」の意味での用法もあります．「宝くじ（券）」は **lottery** [a2] /ˈlɑːtəri/.）

▶ The flawed plan of attack led to the **doom/~~destiny~~** of many of the soldiers taking part.（欠陥だらけの攻撃作戦のせいで攻撃に加わった兵士の多くが<u>命を落とすことになった</u>）

※「破滅」，「悲運」，「死」という意味の doom が入ります.

▶ Each of us should be content with our **lot/~~fate~~** in life.
（私たちはおのおのに与えられた境遇に満足すべきだ）

※ 当てはまるのは，「一生涯にわたって定められた運，定め」という lot です.

なお，関連語として，**destined** [n1] /ˈdestɪnd/（運命づけられた，…する運命である (be destined to *do*)，（乗り物が）…行きである (be destined for ...)）をおさえておきましょう.

▶ But it was not **destined** that our investigation should have so adventurous an ending.
（しかし我々の捜査はそんな冒険に満ちた結末とはならない<u>運命であった</u>）

〈「ウィステリア荘」〉

※ 上の例文の最後の部分は「非常に…な～」という言い方で 'so ...（形容詞）a ～（単数名詞）' の語順になっていることに注意しましょう.

destine と同語源の **destination** [c] /ˌdestɪˈneɪʃn/ は「目的地」，「運送先」，（形容詞的に）「お目当ての」（'a **destination** restaurant'（<u>お目当ての</u>レストラン））．destiny は「運命（の力）」.

2-33

doubtful「疑わしい」形容詞のグループ

dubious と suspicious は「（人や行動が間違っている，違法である，不正であるようで）あやしい」という語感の語です.

doubtful [a1] /ˈdaʊtfl/

「自信がない」「疑わしい」「危惧を感じる」という形容詞．単純に疑念を表明する語．起こりそうにない (unlikely)，とか迷った［自信がない］(unsure) という感じです．doubt があると思う［認める］ことと説明されることもあります（下の dubious と比較しましょう）.

191

dubious ^{β1} /ˈduːbiəs/

「半信半疑の (about)」，軽べつ的に「怪しげな」とか「いかがわしい」．真意がはっきりしなくて疑ってしまう感じです．「議論の余地あり (≒ arguable)」とほぼ同義．価値判断として表面的には「よいとも悪いとも断じがたい」という意味だけれども裏では「あやしいものだ」と否定的判断が優先している語感があります．doubt があるのであればそれを引き出そうとすることと説明されることもあります (上の doubtful と比較しましょう)．

skeptical ^{β1} /ˈskeptɪkl/

(真実ではないと感じていて)「懐疑的な」．**skeptism** ^{β2} /ˈskeptɪsɪzəm/ は「懐疑的な考え方」．

suspicious ^{α2} /səˈspɪʃəs/

「(人や行動が) 怪しげな」．自分の判断に疑いをさしはさむ語である doubtful や dubious とは違い，対象を疑う自分の判断にゆらぎがない語です．人や性質が「疑い深い」('**suspicious** nature' (疑い深い性質)) ということでも用いられます．

▶ The presence of a **suspicious-/~~dubious~~**-looking man was reported to the police.
(うさんくさい (suspicious-looking) 男がいると警察に通報された)

▶ I am **doubtful/~~suspicious~~** that he can really do this work well.
(彼がこの仕事をちゃんとやれるということには私は自信がない)

▶ It is very ~~suspicious~~/**dubious** whether the new airplane is really safe.
(その新型飛行機が本当に安全かはきわめてあやしい)

▶ I think you are too **skeptical/~~doubtful~~** about his motives.
(君は彼のやる気に対して懐疑的すぎるのではないかと思う)

2-34

elaborate 「精巧な」形容詞のグループ

類語については本章の「複雑な」形容詞のグループの項 (2-17) を参照．

---

elaborate

「入念な・緻密な・凝った・綿密な」．反対語は simple です．

exquisite ^{β1} /ɪkˈskwɪzɪt/, /ˈekskwɪzɪt/

「とても美しい (細やかで繊細な美しさ)」「精巧な (職人による完璧な技巧という感じ)」．類語は beautiful です．

intricate

小さな部品や詳細などを含んで「複雑な」．とてもよくデザインされて作られていると思うときによく使われます (*Longman Thesaurus of American English*)．「(機

192

械などが）入り組んだ，からみ合った，込み入った」．突き止めるのが面倒・困
難なという感じです．

- ► This champagne tastes ~~intricate~~/**exquisite**.

    （このシャンパンは<u>絶妙な</u>味わいだ）

    ※ シャンパンが 'extremely good' であるということで，繊細なとか精妙なと
    いった意味の exquisite がぴったりです．

2-35

employ 「使う」動詞のグループ

ある目的のために何かを「使う」という一般語は use ですが，文脈ごとのより適切な使
い分けを理解しましょう．カタカナ英語とは違った使い方での exercise が入っている
のにも注意しましょう．いずれもかなりフォーマルな用法です．変わったものとして，
「蛇口」を tap /tæp/ といいますが，樽などに栓や蛇口をつけて中身を取り出す感じで他
動詞としても（資源などを）「活用［開発］する（to tap resources）」という意味になり
ます．また，'tap into' で「（知識や経験などを）利用する」（'tap into a flow'（流れに乗
る））という意味になります．

---

exercise ^{α1} /ˈeksərsaɪz/

　個人がある目的のために「…（自分の権利や能力）を行使する」．

employ

　「…（スキルや手段）を使う」．

exert ^{β1} /ɪɡˈzɜːrt/

　何かを達成するために人や物が「…（権力・影響力・圧力）を働かせる［及ぼす］」．

utilize

　実用的な目的のために「…（物）を利用する」．

- ► He has some influence with the governor, so if we can get him to **exert**/~~employ~~ it, our proposal may have a chance. （彼は州知事になにがしかの影響力をもっ
    ているので，彼にその力を<u>発揮し</u>てもらえば私たちの提案にチャンスがあるかもしれ
    ない）

    ※ 権力や影響力などを働かすという exert です．

- ► For democracy to work, people have to **exercise**/~~exert~~ their right to vote.

    （民主主義が機能するためには人民が投票権を<u>行使し</u>なければならない）

    ※ 個人の権利を使うというときは exercise です．exert と同じように権力などを
    　行使するという意味での用法もあります（to exercise authority/control/power）．

2-36

essential 「肝心な」形容詞のグループ

essential は本項では necessary に近い意味の語として取り上げています.

> **crucial**
> 「きわめて重要な」「決定的な」「肝心な」.
>
> **essential**
> (…にとって)「不可欠の」「肝要な」.
>
> **indispensable** α2 /ˌɪndɪˈspensəbl/
> それなしではいられない重要なという意味で, 客観的な響きがあります.
>
> **pivotal** β2 /ˈpɪvətl/
> (単にとても大事ということではなく) ある特定の状況である誰か [何か] が果たす役割が「きわめて重要な」.
>
> **vital**
> essential や indispensable と同様で「絶対不可欠の」という意味ですが, 主観的なニュアンスがあります. **revitalize** は「…を活性化する」.

> ▶ You cannot leave our best player out of the team; he is ~~crucial~~ / **indispensable**.
>   (一番の選手をチームからはずせないよ. 彼は欠かせない)
>   ※ 彼なしでは成立しないという状況で, indispensable が合致します.
> ▶ The headmaster plays a **pivotal** role in the school.
>   (その校長先生は学校で中心的な役割を果たしている)

2-37

event 「出来事・事件」名詞のグループ

類語としては affair (事態, 事件, 出来事) もあげられます. accident は偶発的な event で, さらに adventure だと予期されない危険を伴う小説的な (聞いて面白い) ものとなっていきます.

> **event**
> 「重要な, 特別な出来事」や「行事・催し・パーティー」など.
>
> **occurrence** α2 /əˈkɜːrəns/
> 「起こったこと」を表す中立的・フォーマルな語. しばしば, 頻度 (daily / frequent / rare / everyday *etc.*) と関連して用いられる.
>
> **incident**
> 「(小さい) 出来事」「(ある事件に付随して起きた) 事件」.

194

▶ Scientists are researching the **occurrence** / ~~event~~ of autism in younger siblings.

（科学者は年下の兄弟姉妹にみられる自閉症（autism /ˈɔːtɪzəm/）の<u>発生</u>を研究している）

※「発生」とか「発症」というフォーマルな語として occurrence が用いられています．

2-38

exact 「正確な」形容詞のグループ

間違いが無く正しいことを意味する一般的な語は right，若干フォーマルになって correct ですが，ここではその他の語彙をおさえておきましょう．（correct については 1-67 も参照）

---

accurate
　情報や寸法あるいは記述が「正確だ」．入念で正確という意味でも使われます．

exact
　数値，量，時間が「寸分違わず正確な」．

precise
　細かい部分まで精密に「正確である」．

rigorous [β2] /ˈrɪɡərəs/
　気を抜かず厳格・厳密な取り組みの正確さという感じです（ほめる意味で使われることがしばしばです）．

▶ Each morning they had to perform **rigorous** / ~~accurate~~ training exercises.

（妥協無きトレーニングを毎朝こなさなければならなかった）

※ きちっと厳密な，ハードなという rigorous が適しています．

類語として「詳細な」（≒detailed）とか「綿密な」という意味の **minute** [β1]（発音注意 /maɪˈnjuːt/ /maɪˈnuːt/）があります（「微小な」「微細の」（＝extremely small）という意味でも用いられます）．'in **minute** detail' は「きわめて詳細に」という意味です．

2-39

examine 「調べる」動詞のグループ

「間違いや問題点などミスがないか探す」という意味では check が用いられます（examine や inspect にはこの意味はありません）．

---

examine
　examine は「調べる」という意味の動詞グループで最も一般的な単語ですが，専門家が調べるというときによく使われます．study にも注意深く調べるという意

味があります.

inspect

「全てのパーツを入念に調べる」という語感があります. また, 役所などが「査察する」という意味での用法も inspect の特徴です.

scrutinize [β2] /ˈskruːtənaɪz/

何かを入念に調べてそこから情報を見いだすという意味合いです. 名詞形は **scrutiny**(「調査」「検査」「監視」).

▶ If you minutely **scrutinize** / ~~inspect~~ the two pictures, you will notice tiny differences. (その 2 枚の絵を細かく (minutely; minute → 2-38) 精査したら, わずかな違いに気が付くだろう)

※ 細かく調べたらという部分が scrutinize の語感です.

2-40

expect 「予期する」動詞のグループ

「予想する」「予期する」という語のグループ (anticipate, expect) と「予報する」「予測する」といった訳語が与えられる語のグループ (forecast, foresee, predict) です. 類語の foretell(予言する)は 3-8, 3-74 の例文を参照のこと. prophecy は「予言」, prophet は「予言者」. **hunch** [r1] /hʌntʃ/ (have a hunch (that) …) は犯罪や謎を解決するときの「予感」「直感」,「第六感」といった意味です.

anticipate

「…を予測して備える」「…を楽しみに待つ」.

expect

「…を心待ちにする」「…をあてにする」.

forecast

持っている譲歩にもとづき科学的に「予測 [予報, 予知] する」.

foresee [β1] /fɔːrˈsiː/

「…を予見する」. まだ発見されていない, あるいは発生していない物事が存在する, または起きるとわかることです.

predict

持っている知識や意見あるいは情報などによって「予測 [予報, 予知] する」ことで, 不思議な能力で予測するというときにも用いられます.

▶ The fortune teller told me she ~~anticipated~~ / **foresaw** that I would get married quite soon. (占い師の予知するところでは私はすぐに結婚するそうだ)

196

※ 未来を予見するということですから foresee が合致します.

expectancy [β2] /ɪkˈspektənsi/ は「期待」とか「見込み」です. 'life expectancy' は「平均余命」.

2-41

finance 「資金」動詞のグループ

financial は「証券や不動産の運用に明るい」といった意味でも使われます.

▶ … I have heard some really extraordinary stories about your **financial** ability.

（あなたが株式や債券の取り引きにとても明るいとうかがっております）

〈「株式仲買人」〉

---

budget [α2] /ˈbʌdʒɪt/

「予算」「経費」.

capital [α1] /ˈkæpɪtl/

「資本（金）」.

finance

「財務・財政（学）」「金融」「資金の調達」.

fund [α1] /fʌnd/

「資金」「基金」;「財源（～s）」.

▶ The new business plan includes a substantial increase in the personnel **bud-get**/~~finance~~. （新しい事業計画には人件費のかなりの増加が含まれている）

▶ The company needs new ~~budget~~/**capital** to invest.

（その会社は新たな投下資本を必要としていた）

※「投下資本」とは事業のために調達投下した自己資本および借入債務のこと.

▶ He is a philanthropist and has created two charitable **funds**/~~finances~~.

（彼は慈善家で 2 つも慈善事業のための基金を創設した）

2-42

guess 「推測する」動詞のグループ

断言するのではなく「…と思う」という口調にする語として guess や suppose があります. suppose はどんなに頼りない事実でも主観的には何らかの根拠を持った上での発言です. guess は根拠のないこともしばしばです.

▶ I wouldn't like to **guess**/~~suppose~~ why he called off their wedding.

（彼が結婚式をなぜ取りやめたのかと無責任な憶測をしたくない）

conjecture [β2] /kənˈdʒektʃər/

十分ではない情報から推察・憶測して判断や意見を述べる．フォーマルな語．guess は手に持っている物を言い当てるといった簡単なことに用いられ，こちらは「歴史家，外交家などが不十分な材料からあることを推定する」といった複雑なことに用いられる．

guess

「推測する」「当て推量する」．よく知っているわけではないが答えようとすること．

surmise [γ1] /sərˈmaɪz/

既知の情報から（確証はなく，conjecture のときより薄弱な根拠で）こうであろうと推量する．フォーマルな語．「直感的に推測する」，ふわふわとした「空想的な（visionary）推量」，しばしば悪い意味（人を盗人と疑うなど）に用いられる．

※ conjecture と surmise には意味的に大きな違いはないのですが，下の例ではコロケーションレベルでの差を工夫して見せてくれています．

▶ Their false accusations were based on pure **conjecture** / ~~surmise~~.

(まったくの憶測に基づいて見当違いの非難をしていた)

※ 論理的に根拠が弱い，間違っているということです．

▶ It wasn't difficult to **surmise** / ~~conjecture~~ what the problem seemed to be.

(その問題とはどのようなものであろうかと<u>想像をたくましくする</u>のは難しいことではなかった)

※ どんな悪いことがあるのか想像をふくらませるというイメージの surmise です．

2-43

hint 「きざし・兆候」名詞のグループ

この項のリストに上がっている単語はよく知られているものばかりですが，「前兆」「きざし」という訳語が与えられることがある意外なものとして promise（通例何か良いことが起きる気配，きざし）('the promise of spring'（春のきざし）) や threat（何かとても悪いことが起こる可能性，前兆，きざし，恐れ）('the threat of famine'（飢饉の兆候）) があります．

hint

「ほのめかし」「暗示」，「かすかな，微量の (a hint of)」．

indication [α2] /ˌɪndɪˈkeɪʃn/

何かが起きるとか，何かを感じているという「しるし」「兆候」（通例，人などが示すもの，下記 sign を参照）．sign よりもフォーマルな語．

sign [α2] /sɪŋ/

何かがある，起きるといったことを示す出来事など．「前兆」「気配」（通例，出来事など起きるもの，上記 indication を参照）．

symptom

病気の「症状」「兆候」．何か悪いことがあるという「兆し」．

▶ I don't know the answer. Can I have a(n) **hint / ~~indication~~**?

（答えがわからないよ．ヒントもらえる？）

※ この「ヒント (hint)」は日本語として定着しているとおりです．

▶ There is no **sign / ~~hint~~** that weather is going to improve soon.

（天候がすぐに回復しそうな気配はないよ）

※ 何も変化 (sign) が生じていないということです．

▶ What **indications / ~~symptoms~~** are there that the economy is going to improve?

（経済が回復しそうなことを示すどんな兆候があるだろうか？）

※ symptom は悪いことを予期させるものです．

関連語を見ておきましょう．**omen** [β2] /ˈoʊmən/ は「前兆」「きざし」「予兆」で，よい意味でも悪い意味でも使われます（'a good / bad **omen** for the future'（将来へのよい / 悪いきざし））．なお，**ominous** [γ2] /ˈɑːmɪnəs/ は「不吉な」「縁起の悪い」です（'**ominous** dark cloud'（不吉な黒雲））．「幸先のよい」は **auspicious** [γ2] /ɔːˈspɪʃəs/ （'an auspicious start / beginning'（幸先のよい出だし））．

sign の関連語として，動詞 **signify** [α2] /ˈsɪgnɪfaɪ/ （…を意味する (mean，（身ぶりや行動で）…だと表明する）があります．似た意味のある **denote** [β1] /dɪˈnoʊt/ は「（記号やことばが）…を意味する」とか「…という印である」という動詞です．名詞は **denotation** [β2] /ˌdiːnoʊˈteɪʃn/「文字通りの意味」「明示的意味」「外延《論理学》」⇔ **connotation** [β2] /ˌkɑːnəˈteɪʃn/「含蓄」「暗示的意味」「言外の意味」「内包《論理学》」（動詞は **connote** [β2] /kəˈnoʊt/ （…を言外に意味する，…を含意［暗示］する））．

▶ He **signified** his agreement [that he agreed] with a nod.　　　⟨ISED⟩

（彼はうなずいて賛同の意を示した）

▶ The mark (∧) **denotes** that something has been left out.　　　⟨ISED⟩

（∧ の印はそこに何かが書き落とされていることを表している）

▶ The word "tropics" means the area between 23.43659° N and 23.43659° S; it **connotes** heat. （熱帯とは北緯 23.43659 度と南緯 23.43659 度の間の地域のことで，暑さを言外に含んでいる）

難度の高い語ですが，**insinuate** ^{r1} /ɪnˈsɪnjueɪt/ は不快なことを間接的に「ほのめか
す」とか，うまいことをいって巧みに「（考えなどを）入り込ませる［植え付ける］」と
いう動詞で（'insinuate *one*self into A'（A にうまく取り入る）），**insinuating** (→ 1-302)
は「（ことばが）意味ありげな」とか「ご機嫌取りの［取り入るような］」という意味の形
容詞になります．名詞は insinuation（それとない悪口，うまく取り入ること）．

▶ The politician **insinuated** that his opponent was responsible for the failure.
　（その政治家は彼の政敵がその失敗に責任があると<u>ほのめかした</u>）

2-44

holy 「神聖な」形容詞のグループ

「神」として deity /ˈdiːəti, ˈdeɪəti/ は「多神教の神（god）」ということで（例：Greek /
Roman / Hindu deities）」，the Deity と表記すれば「神（God）」「（一神教の）造物主」と
なります．holy と sacred は同じように用いられることも多いのですが，前者のように
内在的本質的な強い神聖さ（たとえば聖書）を表すものと，後者のように，団体や法令
によって神聖と認められた表面的な「神聖さ」を表すなどの意味の差などを理解しま
しょう．

---

divine ^{a2} /dɪˈvaɪn/
「神による（例：'a divine punishment'（神が与えた罰））」「神のような」「神々し
い」．

holy ^{a1} /ˈhoʊli/
「神聖な」ですが，崇拝する対象そのものについて言い，特に，唯一の God を認
めるキリスト教，ユダヤ教，イスラム教について用いられることが多い．直接神
に関する神聖なものそのものについて言います．

religious
「宗教（上）の」「敬虔な」．難度の高い語ですが，**devout** ^{r1} /dɪˈvaʊt/「信心深い」
や **pious** ^{β1} /ˈpaɪəs/「敬虔な」という形容詞もおさえておきましょう．pious の名
詞は **piety** ^{β2} /ˈpaɪəti/「敬虔」「信心」．

sacred ^{a2} /ˈseɪkrɪd/
「神聖な」ですが，やや間接的に神について言うときに用いられます．holy のと
ころであげた宗教と違い様々な gods を認める宗教について用いられることもし
ばしばです．'a sacred man' のように人について言うことはできません．反対に
「世俗的な」とか「通俗的な」というのは **profane** ^{r2} /prəˈfeɪn/（↔ sacred）とか
secular ^{r1} /ˈsekjələr/（↔ religious）（'secular music' は「宗教音楽に対しての世
俗音楽」）といった語があります．（profane は「<ruby>冒涜<rt>ぼうとく</rt></ruby>的な，罰当たりな」という意

200

味にもなります（'profane language' は「口ぎたないことば」のこと）.)

▶ Christians, Jews and Muslims all regard Jerusalem as a ~~divine~~/holy place.

（キリスト教徒もユダヤ教徒もイスラム教徒（**Muslim**）もエルサレムを<u>聖地</u>とみなしている）

※ 教徒にとって神聖なということで holy です.「神の加護」,「天の助け」は 'divine intervention' です（intervention は「介入」）.

▶ The opera singer sings divinely/~~sacredly~~.

（そのオペラ歌手は<u>神々しく歌う</u>）

※「神々しい」という意味の divine が入ります.

▶ The Koran is a sacred/~~religious~~ book to Muslims.

（コーランはイスラム教徒にとって<u>神聖な本</u>である）

※「宗教に関する」ではなく「神聖な」という sacred が合致します.

関連語として,理解しきれないほどに「荘厳［雄大,崇高］な」とか「この上ない」という意味の形容詞 **sublime** /səˈblaɪm/ があります（'**sublime** scenery/beauty'（<u>壮大な［雄大な］風景/美</u>）).

2-45

hurt 「心証を害する」動詞のグループ

このグループでは,人を悲しませたり腹立たしく感じさせる hurt や upset,何か言ったりしたりすることで人を不快にする offend や insult を取り上げます.

---

hurt
「…（人の気持ち）を害する」「（比較的軽い）けがをさせる」.

insult
ひどいこと・無礼なことを言って「…を侮辱する（深く感情を傷つける）」.通例意図的であることを含意します.

offend
つい無礼なことや無神経なことを言って（して）「…（人）を不快にさせる」「…（人の感情）を害する」.insult と同じく意図的に侮辱することを言う場合もあります.

upset α2 /ˌʌpˈset/
「動揺・狼狽させる」「むっとさせる」(unhappy, worried という気分).

▶ That news must be very upsetting/~~hurting~~ for you.

（その知らせはあなたに<u>不愉快な思いをさせる</u>に違いない）

201

▶ The team lost their most important match and the players are still ~~insulted~~ / **upset**.

（そのチームは最も大事な試合で負けてしまい，選手たちはまだ<u>狼狽している</u>）

※ hurt は日常的なくだけた言い方として次のような否定文での決まり文句的な言い方でもよく使われます．

▶ It wo**n't hurt** you to postpone the matter for a week (i.e. no harm will be done). 〈*ISED*〉

（その件を一週間待ったって別に<u>損はしない</u>だろうよ）

物理的な損傷を与えるというときにも用いられますが，物事について用いられると「損失（＝damage, detriment /ˈdetrɪmənt/「損失」「損害」）（を与える）」の意味になります．

▶ Japan's export is being **hurt** with the increased appreciation of the yen.

（日本の輸出が円高（appreciation: 外国為替相場の上昇）で<u>痛手を受けている</u>）

なお，damage は複数形で「損害賠償（金）という意味にもなります．「損害賠償を請求する」は 'to claim / demand / seek **damages**' と言います．また，上記の例文中の **appreciation** [β2] /əˌpriːʃiˈeɪʃn/ は「価格や価値の上昇」という意味です．反対語は **depreciation** [β2] /dɪˌpriːʃiˈeɪʃn/（currency **depreciation**（通貨価値の<u>下落</u>））．なお，動詞の depreciate には「資産の評価額が下がる」「貨幣の購買力が下がる」という他に「…を見くびる［軽視する］」という意味もあります．後者の意味では **deprecate** [n1] /ˈdeprəkeɪt/（…を軽視する）と同じ意味です．deprecate には他に「…に反対を唱える」とか「…を不可とする［とがめる］」という意味での使い方もあります．

▶ I **deprecate**, however, in the strongest way the attempts which have been made lately to get at and to destroy these papers. （しかしながら私は最近これらの資料を入手し（get at）葬り去ろうとした向きに対してこのうえなく<u>非難する</u>ものである）

〈「覆面の下宿人」〉

天災などによる大ダメージ（破壊，損害）は **havoc** [n1] /ˈhævək/ です（'to play havoc with A' ＝ 'to wreak havoc on / among / in A'「A に大混乱を起こす［大損害を与える］」《wreak /riːk/「損害などをもたらす」》）．

難度の高い語ですが，なにか upset させるような事態が起きて不機嫌である［不満である］という意味の語として **disgruntled** [n1] /dɪsˈɡrʌntld/（at, about, by, over, with）があります．

▶ The player was **disgruntled with** the umpire.

（その選手はそのアンパイアに<u>不満だった</u>）

2-46

include 「含む」動詞のグループ

involve が「…を含む［伴う］」という意味で用いられるときは，entail（…を必然的に伴う，…を必要とする）（→ 3-125）と同じ意味です.

▶ To accept the position you offer **involves**/**entails** a lot of hard work.

（君が提供してくれているポジションを引き受けるときつい仕事が多くなるね）

ただし，entail は何かを成立させるために必要なものであるというときに使われる語なので下のような例では使えません.

▶ Many of the crimes **involved**/~~entailed~~ drugs/violence.

⟨*Oxford Learner's Thesaurus*⟩

（その犯罪の多くに薬物/暴力が関与している）

下のような例での使い分けにも注意しましょう.

▶ Do you think she is up to the challenges that this role **entails**/~~involves~~?

（彼女にはこの任務に伴う課題をこなす実力がある（*be* up to）と思いますか？）

次の例と比較してみましょう.

▶ He realized that he was **involved**/~~entailed~~ in illegal activity when he saw the police arrive.

（警察が到着して，彼は自分が非合法な活動に関与していたことを理解した）

※ incorporate については第 1 章 'absorb' の項（→ 1-1）参照.

---

contain
　場所や容器が「…（物）を入れている」.「（話や文書が情報などを）含んでいる」とか「（食品などが成分を）含有する」といった場合にも用いられます. また，「抑制する」「封じ込める［阻止する］」という意味でも用いられます（to **contain** inflation pressures（インフレ圧力を抑制する））.

encompass ⁻¹ /ɪnˈkʌmpəs/
　「…（多くの話題や考え）を包括［網羅］する」「包囲する」.

include
　「（全体の一部として）…を含む」.

incorporate
　「一部を構成するように（意図的に，計画的に）組み入れる」.

involve
事件などに「…（人）を巻き込む」，必然的に「…を含む［伴う］」.

▶ This interdisciplinary course **encompasses**/~~incorporates~~ educational, psychological and sociological approaches.（この学際的なコースには，教育学的，心理学的，社会学的なアプローチが入っている）

※ 揃えているとか網羅しているというのには encompass が用いられます.

involve（人を巻き込む）の類語として，**embroil** ⁽²⁾ /ɪmˈbrɔɪl/ は「（戦いや議論に人を）巻き込む」という動詞でしばしば受身形で使われます.

▶ I don't want to get **embroiled** (= mixed up) in their quarrels.　　　　⟨ISED⟩
（私は彼らの争いに巻き込まれたくない）

2-47

increase 「増加・上昇させる」動詞のグループ

ここでは動詞を扱いますが，increase は名詞としても一般的に用いられます. rise は意図的でなく偶発的な増大という意味合いです（価格上昇というときに，会社の側から言えば 'price increase' ですが，消費者の側から見れば 'price rise'（increase も可）となります（*Oxford Learner's Thesaurus*）. 名詞の類語としては急激な量や数の増大という surge（→ 3-408）もよく用いられます. 動詞としては，難度の高い語として augment（フォーマルな語で，価値，量，効果などを増大させるという意味です（3-16））や，proliferate（急速にあちらこちらで激増，拡散，増殖する（させる）という動詞（1-248））があります.

---

boost ⁽²⁾ /buːst/
　報道などでよく用いられ，良い意味での「増大させる」という動詞として用いられます.

increase
　「大きさ，数，量，程度などが増える［増やす］」.

intensify
　「活動や感情の度合いを増大させる，強める（激しくなるという自動詞としての用法もあります）」.

raise
　「量やレベルを上昇させる」.

▶ Exports have been **boosted**/~~intensified~~ by the recent fall in the strength of the yen.（このところの円安によって輸出が押し上げられている）

※ 生産や景気の向上という文脈で boost はよく使われます.

2-48

inquire 「調査する」動詞のグループ

何かを見つけ出すために調べる，探るという動詞のグループです．名詞の形（inquiry,
investigation, probe（同形））にも注意しましょう．あるべき状態であるかを（公的に）
検分するというのが inspect（→ 2-39）ですが，本項の investigate はありうべからざる
ものや不祥事などを暴き立てるというのが語義で語感に違いがあります．

---

delve into ^{y2}

かなりフォーマルな語で，複雑なあるいは見つけ出しにくい情報を調べ出そうと
するという意味です．動詞 **delve** ^{y1} /delv/ は「探求する，徹底的に調べる，（過
去などを）詮索する」という意味です．かばんや入れ物の中を探るというときは
‘delve in’ の形になります（I **delved in** my bag for a pen.（ペンをさがそうとし
てバッグの中をさぐった））．

explore

論点や問題点などを綿密に調べつくすという意味です．本章 ‘examine’ の項（2-
39）も参照．

inquire

情報を求めて質問するという感じす．名詞形は inquiry です．イギリス英語では
単に情報を求めるという状況では enquiry を使い，きちんと時間をかけた調査と
いう意味合いには inquiry を使うと説明されることもありますが，どちらを使っ
てもよいという人が実際には多いようです．

investigate

事故や犯罪，問題などを綿密に（しばしば）組織的に調べるときに使われます．
警察の捜査も investigate です．

probe ^{β2} /proʊb/

医療で傷などの様子を調べるための探り針が原義で，秘密や犯罪などを暴こうと
して探りを入れるという動詞です．ジャーナリズムでよく用いられる語です．名
詞も同形です．

▶ To complete this research you will have to **delve/~~probe~~** deeply **into** the sub-
ject.（この研究を完成するためにはそのテーマを深く掘り下げる必要がある）
※ この例文のように research に関してもよく使われます．

▶ The enemy attacks began by their cautious **probing/~~investigation~~** of our front
lines.（我々の前線を用心深く調査することから敵の攻撃は始まった）
※ 状況が大丈夫かと入っていって（≒enter）調べるという probe です．

形容詞 **inquisitive** /in'kwɪzətɪv/ は「(…を) むやみに知りたがる (about)」という
意味で, しばしば軽べつしたニュアンスが入ります.

> ▶《電報が届いたので引き返してきたという事件関係者にホームズが質問する場面》
> "Might I ask from whom?"
> A shadow passed over the gaunt face of the explorer.
> "You are very **inquisitive**, Mr. Holmes."
> "It is my business."
> (「(電報が) どなたからだったかうかがってもよろしいでしょうか?」
> 探検家のやつれた (gaunt /gɔːnt/) 顔にさっと暗い影がよぎった.
> 「詮索なさるのですね, ホームズさん」
> 「それが私の仕事ですから」) 〈「悪魔の足」〉

「情報, 文書などを詳しく調べる [精査する]」というときは **sift** /sɪft/ が使われます.
「ふるいにかける」(**Sift** the flour into a bowl. (小麦をふるいにかけてボウルに入れる))
というのが原義です (料理などで使うふるいは sifter です).

> ▶ It is one of those cases where the art of the reasoner should be used rather for
> the **sifting** of details than for the acquiring of fresh evidence. (これは推理家
> (reasoner) の腕前が, 新しい証拠を得ることよりも, すでにある詳細をふるい分ける
> のに必要となる類の事件だよ) 〈「シルヴァー・ブレイズ」〉

2-49

interfere 「じゃま (する)・間に入る」名詞・動詞のグループ

このグループの語は日本語訳では一見似ているように見えるかもしれませんが, 意味内
容はかなり違っています (類語辞典でも別々の項目に入れられていることが多いようで
す). それぞれの意味をしっかり理解しましょう. 難度の高い語としては hamper (「邪
魔する (天気が悪くて進めないとか重い荷物があって走れないといった状況) (→ 2-59)」
があります.

---

disrupt /dɪs'rʌpt/
　「遮断する」「混乱させる」「妨害する」. 問題を起こして事態をストップさせる (会
　議などを妨害する) ことです. (≒block)

encroach /in'kroʊtʃ/
　'encroach on [upon] A' の形で「A (土地や権利) をじわじわと侵す [侵害する]」
　「A (力, 時間, 効果など) を削ぐ」.

interfere
　「干渉する」「手出し・口出しをする」. 望まれていないのに介入することです.

---

interrupt

「割り込んでじゃまをする」「さえぎる」. 進行中のものを短時間中断させることです.（≒disrupt）

intervene

「仲裁（お節介）などのために間に入る」;「…（2つの場所や時間の）間にある, 起こる」「介在する」.

meddle $^{\beta2}$ /ˈmedl/

「…に干渉する（in, with）」. 余計なおせっかいをすることです. meddler は「おせっかい屋」.

▶ The train accident ~~interfered~~/**disrupted** my schedule for the entire day.

（列車事故で私のまる一日のスケジュールが大混乱した）

※ ダイヤが乱れるというときなどに disrupt がよく使われます.

▶ The sea is **encroaching upon** the land (i.e. eating into it).　　　　〈ISED〉

（海がその土地を徐々に侵食している）

　アメリカン・フットボールなどで相手がパスしたボールを奪うことを「インターセプト」といいますが, 動詞 **intercept** ^{r1} /ˌɪntərˈsept/ はそのほかにも「…を途中で止める［横取りする］」,「さえぎる」などの意味で用いられます.

▶ She saw Mr. Barker, very pale and excited, come out of the study. He **intercepted** Mrs. Douglas, who was coming down the stairs. He entreated her to go back, and she answered him, but what she said could not be heard.

《事件があった家の家政婦の証言について述べている部分. 騒ぎが起きたときに主人のダグラス夫妻の友人ベイカー氏が階段から下りてきたダグラス夫人を途中で押し戻したという内容》

（家政婦はベイカー氏が青ざめて興奮した様子で書斎から出てきたのを目撃した. ベイカー氏はダグラス夫人が階段を下りてきたのを途中で押しとどめた. ベイカー氏は夫人に上の部屋に戻るよう頼み (entreat: 懇願する), 夫人が何か答えたが, 家政婦には聞き取れなかった）　　　　　　　〈『恐怖の谷』〉

※ 例文中の **entreat** ^{r1} /ɪnˈtriːt/ は「（人に…を）嘆願［懇願］する」という動詞です. 名詞は **entreaty**（‘make entreaties’（重ね重ね嘆願する））.

　難度の高い語ですが, 名詞の **lull** ^{r2} /lʌl/ は「（活動などの）一時的な休止」とか「小康状態（‘the **lull** before the storm’（嵐の前の静けさ））」という意味です（動詞の lull は 2-66 参照）. ビジネスの文脈などでよく使われます（‘a summer **lull**’（（マーケットやビジネスの）夏枯れ（夏場に取引参加者が減って値動きなどが鈍ること）））.

▶ "It is what I hoped, Mr. Holmes. There is an excellent train at two from Victoria if you could come."

"Of course we could come. There is a **lull** at present. I can give you my undi-
vided energies. Watson, of course, comes with us.

（「そう願っておりました，ホームズさん．お越しいただけるのでしたらヴィクトリア
駅2時発の恰好の列車があります」

「もちろん参りますとも．今は<u>手がすいていまして</u>ね．全力であたれますよ．ワトソ
ンももちろん一緒です」）　　　　　　　　　　　　　　　　〈「サセックスの吸血鬼」〉

▸ Don't you dare to **meddle with** my affairs.

（うちのことに余計な<u>おせっかいを</u>するんじゃないぞ）　　　　　　〈「まだらの紐」〉

「一時的な休止」という意味では **respite** $^{\gamma 1}$ /ˈrespɪt/ も見ておきましょう（'a **respite**
from toil（→ 3-396）/ the pain / poverty' は「苦労 / 苦痛 / 貧困から一時的に楽になるこ
と」）．債務などの「猶予」とか，刑の「執行延期」という意味でも使われます．

2-50

keep 「保つ・保持する」動詞のグループ

訳語には「保（つ）」という字が使われていても概念としては異なる語が多いのでそれぞ
れの語義を理解しておきましょう．

---

keep
　同じ状態を保つ，持ち続ける．

reserve
　先の目的のために「…をとって（蓄えて）おく」（≒save），「…（レストランの
　テーブルなど）を予約する」．「（権利を）留保する」「（判断を）保留する」．

retain
　「保持する」．keep とほぼ同じ意味ですが，フォーマルな言い方で主としてオフィ
　シャルな文書などの書きことばで用いられます．名詞 retention は「保持 [保有]」
　「記憶（力）」．

withhold $^{\beta 1}$ /wɪðˈhoʊld/, /wɪθˈhoʊld/
　「保留する」「与えずにおく」．（withstand（→ 3-470）は「耐える」．）

▸ The news of his father's death was **withheld** / ~~reserved~~ from the child.

（父親が亡くなったという知らせをその子には<u>ふせておかれた</u>）

※ 'withhold A from B'（A に対して B を隠そうとする）の型で用いられます．

2-51

mercy 「慈悲」名詞のグループ

他者に対しての寛容さを表す語です. 難度の高い語として **clemency** [v2] /ˈklemənsi/ 「寛大な措置」,「慈悲」('a plea for **clemency**'((敵や罪人への) 寛大な措置を求める請願)) があります.

---

charity [β1] /ˈtʃærəti/

「慈善 (行為,事業)」.「慈悲心」「思いやり」.

grace [α2] /greɪs/

「神の慈悲」. 優美さ,神の恩寵,感謝や祈りがこの語の主要な意味です. 'with good / bad grace' は「潔く [快く]」/「しぶしぶ」という成句です.

lenient [β2] /ˈliː.ni.ənt/

「(人や判決が) 寛大な [甘い,予想より軽い]」.

mercy [β2] /ˈmɜːrsi/

「(罰したり懲らしめたりできる相手に対して) 情けをかける態度,哀れみの情」. 'at the mercy of …' は「…のなすがままになって」という成句です.

▶ The king showed ~~charity~~ / mercy in sparing the life of his defeated foe.

(その王は倒した敵 (foe 《古》) の命を助けてやるという慈悲を見せた)

※ 倒した相手に対してというところが mercy という語のポイントです.

▶ He accepted defeat with good ~~mercy~~ / grace.

(彼はいさぎよく敗北を認めた)

※ 'with good grace' です. 上の囲み内の解説を参照してください.

▶ The poorest people in that country are completely dependent on ~~grace~~ / charity. (その国で最も貧しい人々は完全に慈善事業 [援助物資,施し] に頼っている)

※ カタカナ語として定着している「チャリティ」です.

▶《ホームズ譚の一場面で,執事が主人に一週間以内に出ていけと暇を出されるときの会話》

"Only a week, sir?" he cried, in a despairing voice. "A fortnight—say at least a fortnight!"

"A week," I repeated, "and you may consider yourself to have been very leniently dealt with."

(「たった一週間でございますか」彼は絶望的な声をあげた.「二週間 (fortnight),せめて二週間を!」

「一週間だ」私は繰り返した.「(一週間の猶予でも) 大いに温情的に扱ってもらってい

2-52

obey「従う」動詞のグループ

「従う」というときの状況によってさまざまに使い分けがあるのは日本語も同じです.
ここでは基本的な4つの語をあげていますが, たとえば「観察する」とか「注意して見
る」という意味でよく知っている observe も, 注意して法や決まりを守るという意味に
なりますし, 従うにしても, 権力などにしぶしぶ「応じる [屈服する]」というときには
'yield to …' を使います.

---

abide /əˈbaɪd/
　abide by ^{r1} の形で, 良いとか正しいとか思っていないけれども, 甘んじて決定
　などに従う. (「…を我慢する」という意味では 3-1 を参照.)
comply with
　要請・依頼を「承知する」, 命令・規則に「応じる, 従って行動する」. 法律や外
　交に関わる文脈でよく使われます.
conform to
　規則や慣習に従う, 基準に従う [適合する], (パターンや理論などに) 一致・ぴっ
　たりするという状況で用いられます.
obey
　権威や目上の人の忠告や指導に「従う」, 法や命令を「守る」という意味です.

▶ You must **abide by** the judge's decision / the rules of the game.
　(君は審判の決定 / 試合のルールに従わなければなりません)

2-53

obligatory「義務・必須の」形容詞のグループ

どういう場面で用いられるかという使い分けに注意しましょう.

---

compulsory ^{β2} /kəmˈpʌlsəri/
　「法律や規則で決められた義務の」. 教育やビジネスあるいは雇用といった状況に
　関連して使われることがしばしばです.
mandatory ^{β1} /ˈmændətɔːri/
　「法律で決められた (強い) 義務の」. 特に法律と結びついた状況で使われます.
　動詞・名詞は **mandate** ^{β1} /ˈmændeɪt/「義務付ける (mandate that …, mandate
　A to *do*)・権限 (a mandate for …, a mandate to *do*)」.
obligatory ^{r1} /əˈblɪɡətɔːri/

「法律や規則で，あるいは道徳的に義務の」．フォーマルな語で，（スポーツや仕事の場面での）安全に関わるような義務についてよく用いられます．名詞は **obligation** [β2] /ˌɑːblɪˈɡeɪʃn/「義務」．

requisite [γ1] /ˈrekwɪzɪt/

「特定の目的のために必要とされる条件」という意味です．

▶ Under these regulations, it is **mandatory** / ~~compulsory~~ not to employ anyone who has a criminal record.

（このような規則のもとでは，前科があると雇用できないきまりだ）

※ 法規で定められているということで，mandatory です．

▶ In his country, they still have **compulsory** / ~~requisite~~ military service.

（彼の国では今も兵役が課されている）

※ 強制的なという意味の compulsory です．

▶ One of the **requisites** / ~~mandatories~~ for being a good parent is patience.

（良い親であるための必要条件の1つは忍耐である）

※ 必須のという文脈ですから requisite が適切です．

▶ It is not ~~mandatory~~ / **obligatory** for a wife to cook her husband's dinner every evening.（毎晩妻が夫の夕食を作らなければならないなんてことはない）

※ ここでは法で定められたといった文脈ではありません．道徳的な責任などを意味するのは obligatory です．

2-54

opposition 「反対・抵抗」名詞のグループ

「（政治・政府に対して）反体制派の（人［活動家]）」は **dissident** [γ2] /ˈdɪsɪdənt/.

dissent [γ1] /dɪˈsent/

「（…に）異議（を唱える）」(from)．公式な決定や見解が決まった後での異議や抗議です．反対語は **assent** [γ2] /əˈsent/（≒approval)「権威ある人からの承認［同意]」．

hostility [α2] /hɑːˈstɪləti/

計画や状況に対する「怒りのこもった強い反対」「反感」「敵意」．

objection [α2] /əbˈdʒekʃn/

「異議」「不服」「反対意見（の理由)」．

opposition

「計画・法律・システムなどに対する強い反対［対立]」「（口論や戦いなどの）抵抗」．「ライバル」．

protest

「抗議（集会）」「異議（申し立て）」．protest は具体的な個別の抗議活動を指します．

resistance ^{α2} /rɪˈzɪstəns/

「考え・計画・法などに対する抵抗」「力による抵抗行為」．

▶ Only two members of the committee **dissented from** the official view.

（委員のうち二人だけが公式な見解に異議を唱えた）

▶ We were unanimous; there was not a single ~~hostility~~/**objection** from anyone.

（全会一致だった．誰からも１つも反対意見が出なかった）

※ この文脈では単に賛成か反対かという意味で，objection が入ります．

▶ The government increased the consumption tax despite the **resistance**/~~protest~~ to it. （政府は抵抗が多いにも関わらず消費税を引き上げた）

※ 前置詞に注意しましょう．'the protest ˣto …' とは言えません．'the protest ^{OK}about …' なら可能です．

▶ We will never be friends—I can never overcome his ~~protest~~/**hostility** to me.

（私たちは友になれそうもない．彼の私に対する敵意をどうしても克服できない）

※ hostility は強い敵性心の中に住む敵意です．

2-55

outstanding 「目立つ」形容詞のグループ

訳語としてはどの語も「目立つ」となりますが，それぞれの語感を理解しておきましょう．

conspicuous ^{β2} /kənˈspɪkjuəs/

他と違うために注意を引きやすい（≒obvious）ということで，「異彩を放つ」というイメージです．

noticeable ^{α2} /ˈnoʊtɪsəbl/

はっきりと見て取れるという意味で，「卓越した」「重要な」「優秀なことで知られている」ということです．

outstanding

普通ではなく驚くほどで，人目を引いたり賞賛されるようなという「目立つ」です．とても素晴らしい（extremely good）と褒めるときの語の１つです．

prominent

まわりと違っているためにすぐ目に入る，人目につくという感じです．重要な人物という意味合いで，政治やビジネスの文脈で用いられます．

remarkable

知覚的にすぐ気がつくような目立ちかたです．普通ではなく素晴らしい（あるいは悪い）ということです．

- ► That man is **conspicuous** / ~~prominent~~ in the group because of his very loud voice.（その男のすごく大きな声は異彩を放っていた）
  ※ 周りとの違いのために注意を引くということで conspicuous が入ります．
- ► As the only woman, she was very **noticeable** / ~~outstanding~~ in the group photograph.（集合写真の中でたったひとりの女性なのでよく目立った）
  ※ どこにいるかすぐに見つけられるという意味で noticeable が入ります．

2-56

own 「所有する」動詞のグループ

have が一番幅広く使われます．漠然と「ある，なし」を言うのは have です．（たとえば，「いま金がある」なら "I ᴼᴷhave / ˣown / ˣpossess money."）

　名詞の「所有物」については本章の belongings の項（→ 2-6）を参照のこと．

hold ᵃ¹ /hoʊld/

公式に「持っている」，特に財産，書類（"Do you **hold** a valid passport?"（パスポートを所持していますか？）），あるいは職や地位を占めるというときなどについて用いられます．また，「会・パーティ・選挙などを催す［とり行う］」という意味でも用いられます．

own

法律的に「所有する」ことが認められている場合です．

possess

特別なものや価値のあるもの，あるいは才能など形のないものを「所有する」と言うときに用いられます．名詞は possession（所有物，所持）です．

- ► The company intends to ~~possess~~ / **hold** some seminars later this year.
  （その会社はいずれ年内にいくつかセミナーを開く予定だ）
  ※ 会などを開催するという意味での hold です．

2-57

possible 「ありそうな」形容詞のグループ

なにか物事があり得る・もっともだといった意味の形容詞です．接頭語 im-/in- がついて否定的な意味になる implausible, incredible（信じがたい）（cf. incredulous

/ınˈkredʒələs/「疑い深い（'an **incredulous** look'（いぶかしげな目つき）」）, inconceivable も合わせて覚えておきましょう.

---

conceivable ^{α2} /kənˈsiːvəbl/
「想像し得る」「あり得ると思える」.

credible ^{α2} /ˈkredəbl/
「信頼できる」(反対語：「信じられない」)

possible
「あり得る」「可能性のある（公算は高いわけではない）」.

plausible
「（説明などが）理にかなっていて十分ありそうだ（公算が高い）」「（軽べつ的に）もっともらしいことを言って一見信用できそうな」.

▶ It is **conceivable / ~~plausible~~** that mankind will one day live outside the Solar System.（人類がいつの日か太陽系（the Solar System）の外で暮らすことだってあるかもしれない）

※ 理屈として想像できる，あり得ることだという意味で conceivable が入ります.

▶ This person is a **credible / ~~possible~~** witness and can tell the court exactly what happened.

（その人物は信頼できる証人で，何が起きたのかを正しく法廷で証言できます）

※ 信用できる人物という意味なので credible が入ります.

possible と似た意味の語として次の2つを覚えておきましょう.

---

viable $^{β2 \ C}$ /ˈvaɪəbl/
「実現可能な」という意味の語で，計画，方向，アイディアなどがうまくいきそうだとかプラン・プロジェクト・会社などが成功して利益をもたらすといった状況でよく使われます. 'a(n) economically / financially / politically **viable** plan' は「経済的に / 財政的に / 政策的に実現可能な計画」.

feasible $^{β2 \ C \ L}$ /ˈfiːzəbl/
「実現［実行］可能な」という意味で，計画，方向，アイディアなどが可能で見込みがあるということです.

▶ Of course there is only one **feasible** explanation. You have been brought there to personate someone, and the real person is imprisoned in this chamber.（もち

ろん見込みのありそうな説明が 1 つだけあります．あなたは誰かのふりをさせるために連れてこられたのであり，本物はこの部屋に閉じ込められているのです）

〈「ぶな屋敷」〉

2-58

praise 「ほめる」名詞・動詞のグループ

praise と compliment は名詞と動詞が同形，flatter は動詞で名詞は flattery です．

---

acclaim [γ1] /əˈkleɪm/

かなりフォーマルな語で，しばしば芸術的なことについて公に人や物を賞賛するという状況で，受身形でよく使われます．王などを歓呼して称えるという意味もあります．

commend [γ2] /kəˈmend/

praise の類語で「（人を）ほめる」という動詞ですが，特に「公式に」とか「人前で」という意味合いが入ります．recommend の下線部と語源は同じです．「…を推薦する」とか「…をゆだねる」という意味もあります．

extol [γ1] /ɪkˈstoʊl/

praise の強意語で，「激賞する」とか「ほめそやす」という意味です．もともとの語義的には「高く揚げる (lifting up, raising)」という含みがあり，なにか尊重されるものを，それと対照的なものとコントラストをつけて「持ち上げる」「称揚する」という状況でよく使われます．

flatter [β2] /ˈflætər/

「お世辞やおべっかを言う」．本気 (sincere) ではなく，気に入られたいとか何かを得ようとしてほめることです．

praise

好意的に「ほめる」ということですが，特に人について言うときは「優秀である」という判断を示すという意味合いになることがあります．「（神を）賛美する」という意味もあります．

compliment [β1] /ˈkɑːmplɪmənt/

「ほめる」という動詞で，名詞としては「ほめことば」ですが儀礼的なあいさつという感じもあります．可算名詞として扱われ，「挨拶」や「祝辞」という意味で用いられるときは複数形 (compliments) になります．

▶ His novel was critically **acclaimed** by international critics.

（彼の小説は国際的な評論家たちに書評でほめたたえられた）

▶ His work was highly **commended**. (i.e. people praised it very much.) 〈*ISED*〉

（彼の作品は高く賞賛された）

▶ An age must always decry itself and **extol** its forbears.

⟨John Galsworthy, *Studies and Essays, Complete*⟩

（時代というものはいつでもそのとき（の芸術）をけなし（decry），遠い先人たち（for-bear＝forebear）（の芸術）を<u>ほめたたえる</u>ものだ）

※ forbear /fɔːrˈber/ は動詞で「を我慢する」「… (to *do*, from *do*ing) することを差し控える」という意味もあります．（We must **forbear** from talking about it.（それについて話すことは<u>差し控え</u>なくてはならない））

▶ She turned bright red when I gave her a **compliment**.

<u>（ほめそやしたら彼女はぱっと赤面した）</u>

※ compliment には可算名詞の用法があります．

▶ If you want to please him, **flatter** him by complimenting him on his singing.

⟨*Chambers*⟩

（彼を喜ばせたいのなら，彼の歌唱をほめておだててあげなさい）

※ 名詞として，**tribute** [β2] /ˈtrɪbjuːt/ も合わせて理解しておきましょう．特に亡くなった人への「賛辞」「賞賛（のことば）」（'pay (a) tribute to A'（A を賞賛する））「感謝のしるし」「弔辞（'in tribute of A'（A を追悼して））」といった意味で，公に示されるものです．名詞 compliment（賛辞）は人前で公に示されるものよりは，個人と個人の間で交わされることばを指すことがしばしばです．'be a **tribute** to A' の形で「A の良さの表れ［あかし］である」という言い方にも使われます．同意語として **accolade** [γ2] /ˈækəleɪd/ は「（偉業や功績への）賞賛［賛美］」です（「ナイト爵位授与式」を指すこともあります）．**homage** [γ1] /ˈhɑːmɪdʒ/ は「…に対する敬意（to）」です（'pay homage to …'（…に敬意を払う））．

関連語として，**obituary** [γ1] /ouˈbɪtʃueri/ は「訃報」「死亡記事」，**condolence** [γ1] /kənˈdoʊləns/ は「お悔み」「（通例 ～ s で）哀悼のことば」です．

2-59

prevent 「妨げる」動詞のグループ

難航させるとか進行を遅らせるなどで困難にするという hamper や hinder を prevent と混同しないよう注意しましょう．prevent は不可能にすることです．

---

avert [γ2] /əˈvɜːrt/

特に，まもなく起こりそうなよくないことについて「…を避ける」「回避する」；「（目や顔を）そむける（avert *one*'s eyes from …（…から目をそむける））」．

hamper [γ1] /ˈhæmpər/

「…を阻止する」「…する（達成する）のを困難にする」．

hinder [β1] /ˈhɪndər/

「…（の進行や成功を）妨げる」（＝hamper），「足をひっぱる」．口語では‘get in the way of …’が使われます．名詞は **hindrance** [γ2] /ˈhɪndrəns/（ものごとを行う上でじゃまになる人や物，障害物，妨害）．

inhibit [β1] /ɪnˈhɪbɪt/

正常な発生や迅速な進展を「妨げる」「抑制する」．

obstruct [α2] /əbˈstrʌkt/

「道などをふさぐ」．進捗を意図的に妨害することです．

prevent

何かが起きる，誰かが何かをするのを「妨げる」．‘prevent A from *do*ing’，‘prevent A's *do*ing’，‘prevent A *do*ing（主にイギリス英語）’の形がおなじみですが，‘to prevent accidents’というように目的語を取る形で「…を防ぐ［予防する］」という意味の他動詞としても使われます．

refrain [α2] /rɪˈfreɪn/

「控える」とか「思いとどまる」という自動詞です．「…を慎む」は‘refrain from …（名詞・動名詞）’の形です．

stunt [γ1] /stʌnt/

適切な成長や発展を妨げるという意味の動詞です．

▸ His quick thinking **averted** the disaster.

（彼の素早い判断によって大惨事を回避することができた）

▸ Carrying that thing while running will only **hamper** your movement.

（走りながらそんなものを持っていると，邪魔になるだけだよ）

※ 妨げる要因になるということです．

▸ He tries to help but always ends up **hindering** me.

（彼は手伝ってくれようとするんだけどいつも私の足を引っぱることになる）

※ 足手まといになるということです．

▸ He's a very famous and important man, but don't feel **inhibited** about asking him questions.

（彼は有名で重要人物であるけれど，彼に質問をするのに気をつかわなくてもいいよ）

※ ためらいを感じる言動などを抑えるという意味の inhibit です．

▸ A large object was **obstructing** the doorway.

（大きなものが玄関をふさいでいる）

▸ Please **refrain from** smoking here.

（ここでの喫煙はご遠慮ください）

▶ I tiptoed down the path and stooped behind the low wall which surrounded the **stunted** orchard.（私は小道をつま先立って忍び寄り，育ちの悪い果樹を取り囲んでいる低い塀のうしろにかがんだ）　　　　　　　　　　　　　　　　〈『バスカヴィル家の犬』〉

関連語として，「(A（人）に B（…すること）を思いとどまらせる (deter A from B)」とか「…を抑止する」という意味の **deter** ^{r1} /dɪˈtɜːr/ を見ておきましょう (deterrent /dɪˈtɜːrənt/（抑止力）).

▶ Failure didn't **deter** him from trying again.　　　　　　　　〈ISED〉

（失敗しても彼は再びの挑戦を思いとどまらなかった）

もう 1 つ関連語として，**foil** ^{r2} /fɔɪl/ はアルミホイルの「ホイル（= 金属箔，薄片）」ですが「(悪事などを) 未然に防ぐ [阻止する]」という動詞として，ジャーナリズムでよく用いられます.

▶ She was **foiled** in her attempt to become President.　　　　〈Chambers〉

（彼女は大統領になろうという企てを阻止された）

preclude ^{r1} /prɪˈkluːd/ は（通例人ではなく）状況や出来事が「…を妨げる [不可能にする]」という意味の動詞です.

▶ She explained the matter very clearly, so as to **preclude** all misunderstanding.

〈Chambers〉

（彼女はあらゆる誤解が起きないようにするため，その件をとても明確に説明した）

refrain の類義語で **abstain** ^{r1} /əbˈsteɪn/ は「(道徳・健康などの観点から酒や快楽などを) 慎む [自制する]」「(会議などで投票を) 棄権する」という動詞です.

▶ The doctor ordered him to **abstain from** beer and wine.　　　〈ISED〉

（医者は彼にビールやワインを控えるように命じた）

2-60

promise 「誓う・約束する」動詞のグループ

英語圏の社会文化と関連するものもありますので確認しておきましょう. 法的な「捺印(なついん)契約書」とか「(寄付金などの) 定期支払契約」といった正式な契約は covenant /ˈkʌvənənt/ です（「神と人間の契約《聖書》」は the Covenant）.

---

guarantee

「保証 [保障] する」「請け合う」.

pledge ^{β1} /pledʒ/

公に，正式に，「誓う」「約束する」という意味です.（"We all had to **pledge** allegiance to the flag (= state that we are loyal to our country)." （私たちはみなアメリカ合衆国の国旗に忠誠を誓う)) 名詞として「誓約」「公約」;「抵当」「担保 [品]」という意味もあり，動詞として「…を担保に入れる」というときに使われます (to

---

pledge the assets as collateral（その資産を担保に入れる）(collateral: 3-481)).

promise

「…を約束する」.

swear

神などにかけて「誓う」. 物事が真実である［あった・あろう］と言う, 宣誓する.

vow

真剣な誓い, 結婚の誓約というときに使われます.「禁…」のような自分自身に誓う, 決意するというときもあります. swear と違い将来的なことについて必ずと言うときによく使われます.

▶ He kept his **pledge**/~~swearing~~ never to drink alcohol again.

（彼は二度とお酒を飲まないという誓約を守った）

※ 'honor/keep/fulfill a pledge' で「約束を果たす」です.

2-61

prosperous 「富んだ・繁栄した」形容詞のグループ

財産や資産の多いという語ですが, よく使われるのは rich と wealthy で両者に違いはあまりありません. 本項では関連した語について見ます. 類語として 3-478 も参照のこと.

affluent ^{β2} /ˈæfluənt/

「裕福な（= rich)」「豊富な」. 生活水準の高い社会, 集団, 地域やその状況について用いられます. 貧困さと裕福さの対比といった文脈でも用いられ, 常に「よい」という意味で用いられるとは限りません.

lucrative ^{β2} /ˈluːkrətɪv/

仕事やビジネスが「もうかる」「利益の上がる」. successful や profitable に近い意味の語です.

prosperous

人や場所がビジネスなどで成功して「繁栄している」「景気のよい」.

thriving ^{β1} /ˈθraɪvɪŋ/

「成功している（= successful)」「繁栄している」「盛況な」. ビジネス, 産業, 地域, 貿易などを表す語と結びつきます. thrive は「すくすく育つ」「繁栄する」.

wealthy

「裕福な（= rich)」. 特に長きにわたって豊かであるときに用いられます.

▶ They live in a very ~~lucrative~~/**affluent** part of our town.

219

（彼らの家はこの町の高級住宅街にある）

※ 地域が豊かであるにことを述べる affluent です．

▶ The company's sales have risen and it is undoubtedly **thriving/~~affluent~~**.

（この会社は売り上げが上がっていて間違いなく<u>好業績</u>だ）

※ 繁盛しているという意味で thriving が適しています．

▶ What huge profits! It's a very **lucrative/~~affluent~~** business

（なんて利益が大きいんだ！ それはすごく<u>儲かる</u>ビジネスだ）

※ 稼がせてくれる，大儲けさせてくれるという意味で lucrative です．

2-62

puzzle 「困惑させる」動詞・形容詞のグループ

理解や説明が不能であるという状態を表す語です．難度の高い語ですが，puzzle のさらに意味の強い語として **baffle** ^r2 /ˈbæfl/ や **mystify** ^r2 /ˈmɪstɪfaɪ/「（人を）当惑させる」があり「説明や理解がまったくできないほどひどく当惑させる」という意味です．細かいことをいえば，baffle は当惑させたり（confusing）まごつかせたりする（perplexing）ことによっていらいらさせる（frustrate）という感じの語で，mystify は重要なことを隠して困惑させる（perplex）という感じのフォーマルな語です．

---

confound ^r1 /kənˈfaʊnd/

「（期待や予想を裏切って）困惑させる」．「…が誤りである事を証明する（＝dis-prove）」という意味でも用いられます．

bewilder ^β1 /bɪˈwɪldər/

「狼狽させる」．どうしていいかわからず 'very confused' という状態になることです．perplex の意味に加えて，冷静にものを考えられない状態であるという点に重点が置かれた語です．

confuse

「当惑させる（何が起きているのか，どうしたらよいのかわからない状況にする）」「まごつかせる」「〜を…と混同する（'confuse A with [and] B'）」．

perplex ^β2 /pərˈpleks/

「まごつかせる（どうしていいかわからなくて困ってしまう状態にして不安を感じさせる）」．puzzle の意味に（個人的な）不安感が加わった感じです．

puzzle ^α1 /ˈpʌzl/

「（人の）頭を悩ませる」．

▶ The high unemployment figures **confounded/~~puzzled~~** their expectations.

（失業率の高い数字は彼らの<u>予測を裏切った</u>）

220

※ 予想と食い違って困ったという感じ．puzzled だと「理解できなくて困らせた」という意味合いで，そのような文脈であれば用いることができます．

▶ She loves cheese, and was happy to be transferred to France where the supermarkets offer a **bewildering** / ~~puzzling~~ array of cheese. （彼女はチーズが好きでフランスに転勤になるのを喜んでいた．フランスのスーパーマーケットでは戸惑うほどチーズが並んでいるのだ）

※ 選択肢が多様で戸惑うというのが bewildering です．

※ 'an **array** of A' は「ずらりと並んだ A」という意味です（array は「整列，配列」）．

▶ My grandfather likes to spend his mornings **puzzling** / ~~perplexing~~ over the crossword in the newspaper.

（祖父は，新聞のクロスワードを解いて朝の時間を過ごすのが好きだ）

※ 難問を解こうと長い時間頭を悩ますという 'puzzle over …' という言い方です．

▶ Our boss tends to shout and get angry, which makes it rather **perplexing** / ~~bewildering~~ to be in the office at times.

（うちのボスは叫んだり怒ったりしがちなので，オフィスで途方に暮れることがある）

※ 困ってしまうなあと思わせる（= to make someone feel confused and worried）のは perplex です．

参考までに baffle と mystify の例文をあげておきます．

▶ "When I hear you give your reasons," I remarked, "the thing always appears to me to be so ridiculously simple that I could easily do it myself, though at each successive instance of your reasoning I am **baffled** until you explain your process. （「君が種明かしをするのを聞けば」私は言った「ばかばかしいくらい単純で僕にもできそうなのだが，君の推理の各段階を聞いているときには筋道を説明してもらわないとただ当惑するしかないね） 〈「ボヘミアの醜聞」〉

▶ Lestrade grabbed it up and stared at it with **mystified** eyes.

（レストレードはそれ（死体から転げ落ちた指輪）をつまみ上げ，いぶかしげな眼で見つめた） 〈『緋色の研究』〉

※ 本項の囲みの上に書いた baffle と mystify の解説と読み比べてみてください．baffle の例で推理の道筋がわからなくてもどかしさを感じているとワトソンが告白しているニュアンスが，mystify の例では拾い上げた指輪に何の意味が隠されているのか不思議がっているレストレード警部の様子がそれぞれの動詞から読み取れるのではないでしょうか？

quote 「引用する」動詞のグループ

論文など学術的な関係の文脈で使われる用語としても，使い分けを理解しておきましょう．

---

adapt

「…を改作する［翻案する］」．また，「順応する」「…を適応させる」という意味でもよく使われます．

cite

論拠となる例として「…を引き合いに出す」．

excerpt ʸ¹ /ekˈsɜːrpt/

「…を抜粋（する）」．この場合は引用されている文章には何も手が加えられていません．

quote

「…（ことば，文句）を引用する」．「商品（A）に値段（B）をつける」（'quote A at B' / 'quote B on [for] A'）という言い方で使われることもあります．

▶ I have not read the whole book, only some **excerpts / ~~cites~~**.

（この本の全部ではなく抜粋をいくつか読んだだけだ）

※ excerpt は名詞としても用いられます．名詞で「引用（文）」は citation といいます．

rational 「理にかなった」形容詞のグループ

「ロジック（logic（論理））」や「ロジカル（logical（論理的な））」はカタカナ語としても定着していますが，論理や証拠に基づいた考えや行動であるという意味の語を見ておきます．

---

coherent ᵝ² /koʊˈhɪrənt/

「理路整然とした」「首尾一貫した」；「結合した」．計画（approach, plan, program, scheme）や組織（framework, pattern, structure, system）とか理論（policy, strategy, theory）といったことについて使われます．人について用いられる事もあります（「話が理路整然としている［一貫している］」し，グループや集団について使われるときは「共通の目的を持って団結した」という意味です）．

rational

「理性的な」「理にかなった」．否定の意味になるときは **irrational**（不合理な，ば

かげた）となります．

reasoned ^{β1} /ˈriːzənd/

主張，考え，意見，議論が「筋が通っている」という意味です．名詞の前に置かれます．

▶ The professor told me my essay writing needs to be more ~~rational~~ / **coherent**.
（教授に私の小論文はもっと首尾一貫した書き方でなければならないと言われた）
※ 統一のとれたという意味の coherent が入ります．

▶ It is difficult to make a **reasoned** / ~~coherent~~ choice when you are so emotional.
（そんなに感情的になっているとよく考えて選択をすることが難しいよ）
※ 熟慮した上でのという意味の reasoned がぴったりです．

2-65

reduce 「減る・減らす」動詞のグループ

日本語では「カットする」と言って便利に使っていますが，cut だけをとっても 'to cut costs'（コストを減らす）というわかりやすいものだけではなく，'to cut farm subsidies by 15 per cent'（農家への補助金（subsidy → 3-560）を 3 割削減する），'to cut back expenditure / production'（支出／生産を縮小する），'to cut down expenses'/'to cut down on coffee and cigarettes'（経費をきりつめる／コーヒーやタバコを減らす）といった言い方があることを理解しておく必要があります．本項では 4 つの代表的な語彙をおさえておきましょう．この 4 つは自動詞としても使われます．難度の高い語で，**curtail** ^{γ1} /kɜːrˈteɪl/ という動詞があり，その意味は「…（当初の予定よりも出費など）を切り詰める」「一部を省く」「…（権力など）を削減する」で，他動詞としての用法のみです（to **curtail** a speech [a lecture, *one*'s holidays, a theatre programme [theater program], an allowance of money, *etc.* ⟨*ISED*⟩）．難度の高い語ですが，**dwindle** ^{γ2} /ˈdwɪndl/ は「だんだん減少 [低下] する」という動詞です（His fortune / hopes **dwindled**.（彼の財産 / 希望は減少していった））．

decrease ^{β1} /dɪˈkriːs/

「…（量，水準）を下げる [減らす]」．「減る」という自動詞としての用法もあります．

diminish

自動詞として「…（数，量，強さ）が低下する」，他動詞として「…を減らす」；「…を軽んじる，傷つける」．形容詞は diminutive /dɪˈmɪnjətɪv/（= very small）．

reduce

「…（大きさ，量，数，水準）を小さくする [減らす]」．自動詞として「…に (to)

減少する」,「痩せる」という意味で用いられることもあります.

shrink ^{β1} /ʃrɪŋk/

「…（大きさ，量）が収縮する」．他動詞として「…を縮小する」という意味でも用いられます．冷めると収縮する金属やガラス，あるいは筋肉について言うときは contract が使われます．マーケットや経済については shrink と contract の両方が用いられます（contract の方がフォーマル）．「病気にかかる」の意味での contract は 3-195 参照.

> ► If my salary ~~cuts~~/decreases, I will leave the company.
> （給料が下がるなら会社を辞めるよ）
> ※ 自動詞としての用法です.

> ► My trousers shrunk/~~decreased~~ in the washing machine.
> （洗濯機にかけたらズボンが縮んだ）
> ※ 衣類が縮むというときは shrink が用いられます.

> ► His powers has been severely/drastically curtailed by the law.
> （その法律によって彼の権力は厳しく / 大幅に削減された）
> ※ severely/drastically といった副詞がよく伴われます.

2-66

relieve 「静める，和らげる」動詞のグループ

カタカナ語でおなじみのクッション（**cushion**）ですが，動詞として「（衝撃や落下などを）和らげる」という意味の他動詞としても使われます（to cushion the impact of the shock（ショックの影響を和らげる））．つらさ，深刻さを緩和するという意味で **ease** が使われますが，他にも痛みや深刻さ，あるいは激しさを和らげるという状況で，渋滞（traffic congestion）の緩和とか近年では中央銀行が市場に資金を大量供給するという金融の量的緩和（quantitative easing, QE）といったときにも使われます．この項では，関連語とその使い分けについて見ます．日本語としては同じような訳語になりますが，それぞれの特徴を理解しましょう.

allay ^{γ2} /əˈleɪ/

恐怖，不安，疑いなどの不快な感情を弱くする［鎮める］という意味です.

alleviate ^{β2 L} /əˈliːvieɪt/

感情や問題を一時的に弱める，深刻でなくするという意味の動詞です．「治す」という cure とか remedy とは違うことに注意しましょう．反対の意味の語としては「悪化させる」という意味の aggravate（→ 3-7）とか exacerbate（→ 3-7, 3-496）があります.

appease [y1] /əˈpiːz/

要求に応じて人を「なだめる」，怒りなどを「静める」ことです．

relieve

心の苦しみや体の痛みの原因となる悪い事態を解消あるいは緩和するという動詞
です．痛い部分の痛みをおさえるという意味では使えません．

soothe [β1] /suːð/

神経，感情，痛みを静める（＝calm），神経や筋肉など体の一部を楽にするとい
うように体の痛みがある部分に使えますし，感情に関することにも使えます．al-
leviate とは違い不快な感情のもとになることを深刻でなくするというようには使
えません（to alleviate / ~~soothe~~ the stress（ストレスによる不快感を和らげる））.

▶ Take a long, hot bath to **soothe** / ~~relieve~~ the aching part of your body.
  （体の痛い部分を楽にするために熱いお風呂に長くつかりなさい）
  ※ 筋肉などを楽にするという文脈ですので soothe が適しています．

▶ The new software was supposed to **alleviate** / ~~allay~~ our IT problems, but in-
  stead it exacerbated them.（その新しいソフトウェアが IT の問題を軽減するはず
  だったのに，さらに事態を悪化させた）
  ※ exacerbate の反対の語として alleviate がこの文脈に合致します．

▶ Going to the police about the stalker problem made her feel better, but did not
  completely **allay** / ~~alleviate~~ her fears.（ストーカーの問題を警察に届けて少し気が
  楽になったが，完全に恐怖を取り除けたわけではなかった）
  ※ 不快な気持ちを鎮めるという allay です．alleviate は一時的，部分的というと
    ころに焦点がある語です．

▶ Nothing **appeased** his anger / curiosity / hunger.
  （何をしても彼の怒り / 好奇心 / 空腹はおさまらなかった）

関連語として，「雪解け」や「雪が解ける」という意味の **thaw** [y1] /θɔː/ がありますが，
比喩的に緊張などの「緩和」や「やわらぐ」とか「ほぐす」という意味で用いられること
もあります．

▶ It is **thawing** (i.e. the temperature is such that ice, snow, *etc.* are melting). ⟨*ISED*⟩
  （気温が上がって雪や氷が溶け始めている）

▶ At first the visitors were shy, but after drinking a glass of wine they **thawed**.
  ⟨*ISED*⟩
  （最初のうち訪問客たちは緊張した様子だったが，ワインを一杯飲んだら打ち解けた
    態度になった）

また，**dilute** [y1] /daɪˈluːt/ は「（何かを加えて）薄める［希釈する］」(Dilute the paint with a little oil. (その塗料はオイルを少し入れて薄めなさい)) とか「中和する」という意味の動詞です. 何かの影響が加わることで「(質, 信念, 効果などを) 弱める」という意味でも使われます. 形容詞として「薄めた」,「希薄な」という意味にもなります (a **dilute** solution (希釈(溶)液)).

難度の高い語ですが, 動詞の **lull** *r2* /lʌl/ は「(人を) なだめる ('to lull a person's fears [suspicions]' (=to get rid of fears [suspicions] and make him/her feel calm and safe, often by deceiving him/her)) 〈*ISED*〉」とか「寝かしつける ('lull a baby to sleep')」という意味の動詞です. 名詞としての lull は 2-49 を参照. **quench** *r1* /kwentʃ/ は典型的には「のどの渇きをいやす (quench *one*'s thirst (with …))」という動詞で「火を消す」とか比喩的に「(感情や欲望などを) 和らげる [抑制する]」という状況でも用いられます.

2-67
remove 「取り除く」動詞のグループ
必要としないものや人をなくす (いなくする) という動詞です.

---

discard
　「… (不要なものを) 処分する」.

dispense with
　「… (不要なものを) 使わないようにする」「…なしですます」(→ 2-1).

dump *β1* /dʌmp/
　「…を (適切ではないところに) 捨てる [廃棄する]」. ダンプカー (dump truck) やダンピング (dumping (不当廉売)) の「ダンプ」です.

remove
　'get rid of' よりフォーマルな語です.「…を除去する」「… (厄介なもの) を (場所から) どかす」.

get rid of
　物理的に「いなくする」「捨てる」「取り除く」. eliminate は実際にものを捨てるという行為の意味で使うことはありません. 人について言えば, 'get rid of' は人を去らせるとか追い払うことですし, eliminate であれば役職から解任するという意味になります.

▶ The company has been illegally ~~dispensing with~~/dumping toxic waste.
　(その会社は有毒廃棄物を不法投棄してきた)
　※ 不法に捨てるという dump が入ります.

226

2-68

replace「かえる・とりかえる」動詞のグループ

「変える」とか「変わる」の change,「交換する・取り替える」の exchange はなじみの深い単語で区別もよくわかります．ただし，change のそもそもの語義には交換の意味があったため，現在でも「両替する」というときに change を使うこともあります．

---

barter $^{\beta 1}$ /ˈbɑːrtər/

「…を物々交換する」．'barter A for B'「A（物）と B（物）を交換する」．

exchange

「…を交換する・取り替える」．

replace

「…に取って代わる」「…の代わりを見つける（新しいのに替える）」．

substitute

「…を代わりに用いる」．自動詞として 'substitute for A' で「A（人）の代理 [代役] をつとめる」．

supersede $^{\gamma 1}$ /ˌsuːpərˈsiːd/

「（新しい効率的なものが古い性能の劣るものに）に取って代わる」（しばしば 'be superseded by' の形の受動文で使われます）．

swap $^{\beta 1}$ /swɑːp/

「…を交換する」ですが，exchange より口語的です．同種のものを取り替えるときにもよく使いますが，trade は異種のものを交換するときによく使われます．

▶ The two baseball clubs agreed to ~~substitute~~/swap players to strengthen their teams.（両球団は補強目的で選手の交換トレードに合意した）

▶ Then the bronze sword began to **supersede** the stone axe.
（それから銅剣が石斧に取って代わり始めたのです）

▶ Before money became widespread, trade was often carried out by the **bartering**/~~swapping~~ of different goods.（お金が普及する以前は，交易は異なった商品の物々交換によって行われることが多かった）
※ 物々交換ですから異なる種類の物を取り替えます．

2-69

risk「脅威・危険（にさらす）」名詞・動詞のグループ

「危険」という意味での一般語は danger です．**jeopardy** $^{\gamma 1}$ /ˈdʒepərdi/（危険，危機）は難度が高くあまり使われないとされることもあるようですが，「…を危険にさらす」という意味で 'put [place] … in jeopardy' という句をしばしば目にします（This strike has **put** many men's jobs **in jeopardy**. 〈*Chambers*〉(このストライキで多くの男たちの職が危うくなった)). なお，見出しでは名詞形を取り上げていますが，それぞれの形容詞や動詞もきちんと把握しておきましょう．名詞形 danger と形容詞形 dangerous とはいずれもよく目にしますが，下の囲みの中の peril（かなり難度の高い単語です）は形容詞の perilous（危険な，冒険的な）よりも 'in peril'（差し迫った大きな［不測の］危険にさらされて）や 'at *one*'s peril'（命がけで，危険を承知で）という形でよく使われます．なお，menace は同形で動詞にもなりますが，threat の動詞は threaten です．

---

hazard ^{β1} /ˈhæzərd/

「健康や安全をそこなわせる（偶然の，あるいは避けることのできない）危険」．物質や仕事あるいは旅行といった文脈でよく使われます．動詞としては命や財産などを賭けるという他動詞になります．

menace ^{β2} /ˈmenəs/

「威嚇（する）」．重大なことがらについて用いられます．threat(en) と違い menace のターゲットはしばしば人です．「脅威」「危険人物」．動詞としては，「…に脅威を与える」「…を脅す」です．

peril ^{β2} /ˈperəl/

「生命にかかわる危険が差し迫っていることを感じさせる」．航海など旅行や移動中などの状況によく使われます．フォーマルな書きことばです．名詞としての用法のみです．

risk

自らの判断で何かをする（しようとする）ときに誤って悪いことを引き起こす可能性です．動詞としては「…（生命など）を危険にさらす」，'risk *doing*' で「…する危険を冒す」です．マーケット関連で，'risk appetite'（リスクをとって投資しようとする態度），'risk aversion'（リスク回避）などの言い方で使われます．

threat ^{β1} /θret/

「脅迫」「脅し」「前兆」．このままだと悪いことが起きるという可能性．比喩的な意味でも使われます．対象は人以外でも 'a threat to Japan's trade' のように事物でも可能です．

▶ The country feels **menaced**/~~risked~~ by the missile installations of the neighboring country.（その国は隣国のミサイル設置に脅威を感じている）

※ 威嚇されているという menace です．

▶ The explorer accepted his journey would be full of **hazard**/~~menace~~.

（その探検家は彼の旅が危険に満ちたものになるであろうことを受け入れている）

※ 命などの危険ということで hazard です.

▶ The kidnap victim is believed to be in ~~threat~~ / **peril** of his life.

（その誘拐（kidnap）の犠牲者は生命の危険にさらされている）

※ 'in peril' は本項冒頭の解説を参照してください.

※ ちなみに「身代金」は **ransom** [v1] /ˈrænsəm/，「人質」は **hostage** [v1] /ˈhɑːstɪdʒ/ です.

threaten の類語として，**intimidate** [v1] /ɪnˈtɪmɪdeɪt/ は「（人を）脅す」，「…（人）を脅して〜させる」という意味の動詞です.

▶ They were **intimidated into** voting for the candidate.

（彼らはその候補者に票を投じるように脅迫された）

2-70

steady 「一貫した」形容詞のグループ

一定のパターンに従い，変わらないという意味の語です.

---

consistent

「首尾一貫した」.

constant

「一定の」「絶え間ない」.

stable

「安定している」.

static [β2] /ˈstætɪk/

「変化なしの」という意味で，ビジネスなどの文脈では「伸びない」というマイナスのイメージでの語感をもつことがあります.

steady

「着実な」.

▶ Interest rates have been almost completely ~~stable~~ / **static** for several months now.（ここ数か月，利率はほとんど変動していない）

※ ビジネスの文脈で用いられる static です.

2-71

stick 「くっつく」動詞のグループ

「棒」という意味の stick はカタカナ語でもおなじみですが，本項では「（のりなどで）くっつく」という意味とその発展について類語と合わせて見ていきます.

adhere

自動詞で，‘adhere to …’ の形をとって「…（主義など）に固執する」「…（規則など）を固守する」「…（物）に粘着［付着］する」の意味になります．

cohere ^γ2^ /koʊˈhɪr/

自動詞で「密着する」「結合する」という意味ですが，考えや議論などが明快で首尾一貫して「まとまっている」というときに用いられます．形容詞の **coherent** ^β2^ /koʊˈhɪrənt/（筋の通った，結合した）は本章 ‘rational’ の項（2-64）を参照．名詞 **cohesion** ^γ2^ /koʊˈhiːʒn/ は「結合（力）」「結束」．

stick

自動詞として「（のりなどで）くっついて離れない」「（はまって）動かなくなる」．他動詞としては「…を（～に (on)）突き刺す，貼り付ける」です．また，‘stick to …’ で「…（主義など）に固執する」「…（約束など）を守る［やりとげる］」という意味で使われます．

▶ The movie as a whole fails to **cohere** / ~~stick~~.

（その映画は全体としてまとまりがない）

※ きちっと筋が通っているという自動詞の cohere です．

2-72

strange 「奇妙な」形容詞のグループ

普通とは違っていて理解しがたいという意味の語です．日常語としてもよく使われますので，よく理解しておきましょう．人や人のいうことについて strange や weird と言うときは，非難や侮辱の含意があります．

bizarre ^β2^ /bɪˈzɑːr/

「奇抜な」「奇怪な」という語感の語です．

odd

「奇数の」がもともとの意味で，他とそぐわないとか，正しくない，あるいは違和感のある，変わっているという感じです．‘odds and ends’ は「がらくた」「はんぱ物」．

peculiar

odd と同じような意味ですが，フォーマルな響きがあります．他と違う風変わりな点が意表を突くような感じです．ちょっと面白いというような肯定的な意味合いでも使われます．

strange

ちょっと不思議な，あるいは恐ろしいという語感があります．このグループの中でもっとも一般的に使われる，奇妙さの度合いの低い語です．

weird

「変わった」「異様な」「おかしな」．このグループのなかで奇妙に感じる度合いがもっとも強い語です．

▶ His behavior that day was not just a little unusual; I would describe it as utterly **bizarre / ~~odd~~**. (その日の彼の行動は，ただ少しいつもと違うというものではなかった．完全に異様だったといえる)

※ bizarre は 'very unusual and strange' という語感です．odd は strange と同じような意味ですが，odd people なら危害を加えてきそうにない感じですが，strange people は危害を加えてくるかもしれませんと説明されることもあります．bizarre は very strange ということです．

2-73

successive 「続いた」形容詞等のグループ

series（シリーズもの）(serial と違い一話完結のもの）や serial はカタカナ語としておなじみです．なお，コーンフレークやオートミールなどのシリアル食品は cereal（穀類の）です．

---

consecutive [β2] /kənˈsekjətɪv/

間隔を置かずに「連続した」「通しの」「引き続いて起こる」．通例名詞の前に置かれます．

serial [β1] /ˈsɪriəl/

「シリアル・ナンバー」（通し番号）というカタカナ語でおなじみです．「連続の」「続き物になった」「常習の」．

in a row [α2] (**raw** /rɔː/)

「一列に」「(同じことが）続けて」．名詞の後に置きます．"He had several / three wins <u>in a row</u>."（幾度も / 3 度連勝した）のように数詞の後の名詞は複数形（下線部）．ただし，次のように序数詞の後の場合は単数形です．"This is my <u>third</u> win in a row."（これで 3 連勝だ））

successive [α2] /səkˈsesɪv/

「連続する」「引き続いての」．間隔があいても連続していればよい．

▶ We have made a profit every ~~consecutive~~ / **successive** leap year now.

（我々は<u>毎</u>うるう年に利益をあげている）

※間があいたり，連続するものの性質が違っている場合は successive が使われます．下の例文と比較してみましょう．

▶ The team were relegated to a lower division after two consecutive/~~successive~~ defeats. (そのチームは 2 試合続けての敗戦の後に下位リーグに降格された)

※ **relegate** [r1]/'relɪgeɪt/ は「…（人など）を～に追いやる［降格する］」という動詞で，しばしば受身形で用いられます．

▶ A notorious ~~successive~~/serial killer has recently been executed.
(悪名高い連続殺人犯の死刑が最近執行された)

※ 犯罪者が連続して起こすというときに serial が使われます．

▶ For charity, she ran a full marathon on three **consecutive**/~~serial~~ days.
(チャリティのために，彼女は 3 日連続でフルマラソンを走った)

※ 間隔をあけずに同じことを続けたので consecutive が合致します．

▶ Our team has now won five matches ~~serially~~/in a row.
(うちのチームは現在 5 試合連続で勝利している)

※ 立て続けに同じことが起きるというときの 'in a row' です．

2-74

suppose 「思う（想定・仮定・前提・推定）」動詞のグループ

suppose は本項および **assume** 「思う（想定・仮定・推定）」動詞のグループ (2-4) の中にも登場しています．この項では，可能性があることを言ったり，証拠はなくてもそうであるかのようにふるまったりという意味の動詞を見ます．難度の高い語として **posit** [r2] ('posit that …' (that 節の内容が事実であると仮定する)) という言い方も学術的な文章などに出てきます．

---

postulate [β2] /'pɑːstʃəleɪt/

議論や理論の基礎・出発点として「…であると（自明のこととして）思う［仮定する］」(≒posit).

presuppose [r1] /ˌpriːsə'poʊz/

「必要条件として…を前提とする」(≒assume)，「（証明されていないが当然のこととして）決めてかかる」(≒presume). 名詞は **presupposition** [r1] /ˌpriːsʌpə'zɪʃn/ (推定，推定される内容).

speculate

事実や細部は知らないが，そうであると思う・言う．確固とした根拠がないことが含意されます．名詞 (speculation) は「投機」という意味でも使われます．

suppose

232

…が正しいと仮定する，そのようにふるまう．that 節を後に続けて「…（that 節の内容）と仮定してみよう」という言い方もよく用いられます．

▶ Some early astronomers actually did **postulate** / ~~presuppose~~ that the earth orbits the sun.

（初期の天文学者の中には地球は太陽の周りを回っていると<u>考えている</u>ものもいた）

※ 事実として受け入れて仮定・想定しているということです．

▶ Your suggestion **presupposes** / ~~speculates~~ she wishes to cooperate, but I don't think she actually does. （君の提案は，彼女が協力したいと思っていることを<u>前提としている</u>が，僕は彼女が実際そう望んでいるとは思わない）

※ 彼女の考えを決めてかかっているという文脈です．

2-75

sympathy 「同情・あわれみ」名詞のグループ

人を哀れむ態度や同情を示す語についての項です．どの語も「同情」や「思いやり」といった訳語になりますが，使い分けが生じる状況などを理解しておきましょう．たとえば compassion であれば相手に共感する，苦しさを共有するという語感があるのに対して，pity にはそういった語感はありませんから，「同情はごめんだね」と言うなら "I don't want your pity!" となります．

---

compassion ^{β1} /kəmˈpæʃn/

苦しんでいる人に対して同情をいだき助けたいと強く思いやる気持ちです．

pity

「相手をふびんに思う気持ち」のことで，自分より下のものに対しての感情のことであることがしばしばです．

sympathy

「相手の状況を理解し思いやり，同じ感情を持つこと」です．この気持ちがより強く，助けたいと思う心をさす場合には compassion が用いられます．

▶ I don't think you understand how sad he is about this. You seem to feel no **compassion** / ~~pity~~. （彼がこのことでどんなに悲しんでいるか，君が理解しているとは思えない．君は思いやるという気持ちがまったくないみたいだね）

※ 相手に共感するという感覚が問題になっているので compassion が入ります．

tactic 「方法・戦略」名詞のグループ

状況を自分に有利にするクレバーな手段という意味の語です．類語として第1章の means（→ 1-191）も参照してください．

---

device

巧みで有効な「工夫」「方法」．ときに「不正な策略」という意味で用いられることもあります．

ploy γ2 /plɔɪ/

同情させたりだましたりして優位に立つための「策略」．しばしばけなした意味合いで用いられます．clever で dishonest な trick という語感です．

maneuver β2 /məˈnuːvər/

巧みで入念に練られた「策略」．ときに卑劣な「工作」という意味で用いられることもあります．

tactic

特にゲームや競争といった場面での「方法」「戦術」．

▶ The aerodynamic shape of the aircraft gives it an excellent ability to ~~ploy~~/maneuver.

（その飛行機の空気力学的形状のおかげですばらしく操作しやすくなっている）

※ maneuver が動詞で用いられるときは，大きくて重いものを巧みに動かすという意味になります．

▶ I think their talk of cooperation with our company is a mere ploy/~~tactic~~ to gain time.（彼らがわが社との提携の話をしているのは時間稼ぎの策略だと思う）

※ 相手の注意をそらす手といった意味で用いられる ploy です．

関連語ということになりますが，「弾丸［弾薬］」という意味の **ammunition** γ1 /ˌæmjəˈnɪʃn/（'live ammunitin'（実弾），くだけた言い方や新聞の見出しで **ammo** γ2 /ˈæmoʊ/）は比喩的に「攻撃手段」，「（交渉や議論で役立つ）情報［事実，論拠］」という意味で使われます（'have **ammunition** for negotiation'（交渉に有利になる情報を得る），'use A as **ammunition** to attack B'（B を責める材料として A を使う））．

▶ "That he has not left the service long is shown by his still wearing his '**ammunition** boots', as they are called," observed Mycroft.（「彼が除隊して間もないことは彼がまだ軍靴（ammunition boots = ammo boots）をはいていることでわかるね」とマイクロフトが説明した）　　〈「ギリシア語通訳」〉

2-77

terrible 「ひどい」形容詞のグループ

この項で見る語はそれ自体に「とても」という意味合いがあり，very をつけると変になりますから注意しましょう．**awe**（畏怖，畏敬），dread（悪いことが起きるのではという恐怖感）（→ 3-110），**horror**（身の毛のよだつ思い，戦慄），**terror**（激しい恐怖）という名詞の語義を押さえておくことも大事です．terror はラテン語 *terrere*（＝frighten）に由来します．派生語の **terrorism**（テロ行為）はよく知られています．ただし terrible は恐怖よりもくだけた意味合い（ひどい，わるい，まずい等）としてよく使われます．terrible と terrific（「ものすごい」という意味もありますが，むしろ「すごくいい」の意味が第一義です）を混同しないよう注意しましょう．terrific は上述のラテン語 *terrere*（＝frighten）の形容詞形 *terrificus* に由来し，「すごくいい」という意味での用法は 20 世紀のアメリカ英語で生じました．**fabulous** [β2] /ˈfæbjələs/ も terrific のように 'extremely good' という意味ですが，やや古くさい言い方と感じられるようになりました．

---

awful

「ひどい，いやな（不快さを表す）」「悪い（人や物が悪い，量の大きさなどが極端な）」「有害［衝撃的］で恐ろしい」．awe /ɔː/ は「畏敬」「畏怖」．

dreadful [β2] /ˈdredfl/

「恐ろしい」．ただしイギリス英語では「ひどく悪い・質が低い・いやな・とても悲しい」（≒very bad）の意味で使われるのが普通です．

horrible

「ぞっとするような」「ひどく悪い」「意地悪・不親切な」「不快な」「惨めな」．

terrible

「耐えがたい」「まずい」「深刻な」「（災禍，天変地異，人や行為などが）危害を加えそうで恐ろしい」．

► His pronunciation is absolutely **dreadful**/~~horrible~~.

（彼の発音ときたらまるでひどいものだ）

※ 低レベルということで dreadful です．

2-78

treat 「扱う」動詞のグループ

おなじみのものばかりですが，ニュアンスをしっかり理解しておきましょう．「（事務）処理をする」であれば transact という動詞があります（cf. transaction (3-434)）．また，「扱う」とは反対に「手に負えない」，「扱いの難しい」という意味では（難度の高い語ですが）intractable（→ 1-79）という形容詞があります．

deal with

「問題を解決するために行動する」,「処理する」を含意するときによく用いられます.「人・書物が問題を論じる（この意味では 'deal with' と treat は同じように用いられます）」.

handle [α1] /ˈhændl/

「問題や困難な状況に（適切な判断を下しながら）対処する」.その対処がうまい/へただ（handle well/badly）という点について述べるときの言い方としてよく用いられます.

manage

「たいへんな問題や人,困難な状況をなんとか扱いこなす」.'cope with'（困難な状況などを冷静にうまく処理する）も同じような意味です.

treat

「（事柄を）扱う,（物を）取り扱う」「（人を）遇する（名詞「楽しいこと,おごり,ごちそう」は Halloween でおなじみです）」「人・書物が問題を論じる」.

▶ This is a legal matter. We should let the lawyers ~~manage~~/handle it.

　（これは法的な問題なので,弁護士に<u>対応</u>をまかせるべきだ）

　※ 適切な判断をしながら片付けていくというイメージで handle が適切です.

2-79

tremble 「震える」動詞のグループ

驚きや風邪などで震えてしまうというときの表現です.小刻みに震えるという一般的な語である shake はカタカナ英語としてもおなじみですが状況によって使い分けられることもあります.ここにあがっている動詞はいずれも「ひとりでに」というコントロールがきかずに震えてしまうというときの語です.

quiver [γ1] /ˈkwɪvər/

怒りや興奮で体や声がかるく震える.葉などが揺れるというときにも使います.

shiver [β1] /ˈʃɪvər/

怒りや寒さ,風邪などの寒気で体が瞬間的にぶるっと震える.

shudder [β2] /ˈʃʌdər/

寒さや恐れあるいは嫌悪感など強い感情で突然がたがたと震える.

tremble [α2] /ˈtrembl/

神経質だとか興奮や恐れなどで継続的に小刻みに震える.木が風でそよぐというときにも使います.

236

▶ The thinly-dressed boy was ~~shuddering~~/shivering from the cold.

（その薄着の男の子は寒くてぶるぶるしていた）

※ 寒気で体が瞬間的にぶるっとするというのは shiver です.

▶ The violin strings quivered/~~shuddered~~ as the violinist played.

（奏者が演奏するとバイオリンの弦が震えた）

※ 物が揺れるということですから quiver です.

▶ The ground was still trembling/~~shivering~~ in the immediate aftermath of the earthquake.（地震の余波でまだ地面が揺れていた）

※ 継続的に揺れるので tremble です.

▶ I ~~quiver~~/shudder to think what would have happened if the nuclear reactor had exploded.

（原子炉（reactor）が爆発していたらどうなったろうと思うと身震いしてしまう）

※ 怖くてガタガタ震えるという shudder が入ります.

2-80

trust 「信念」名詞のグループ

類語として confidence（人や物の能力などへの根拠があっての信頼, 信用）があります（形容詞形の confident は 1-317, confidential は 3-49 を参照のこと）.

belief
証拠がなくても（存在を）「信じること」「信念」.

conviction [β1] /kənˈvɪkʃn/
「確信」「信念」. …が正しいというかたい信念（belief）や, 簡単には自分の気持ちを変えないほど強い意見のこと（It is my strong **conviction** that … (i.e. I feel quite certain that …).）.「説得力」という意味で His story does not carry much **conviction** (i.e. does not appear to be true). というようにも使われます.「有罪判決」という意味もあります.

creed [β2] /kriːd/
「主義」「（信じる側からの視点で）宗教上の信条（'people of all colors and creeds'（肌の色や信条にかかわらずすべての人））」「綱領」.

faith
「（人と人との関係についての文脈で）信用（confidence は上記解説を参照）」「信仰」「約束」.

trust
「人や物が honest/good であるとの（直観的な）信用（confidence の場合ほど明

確な根拠はなくても信頼する）」．⇔ **distrust** ^β1 ^L /dɪsˈtrʌst/「疑う」；「不信」（"We looked at each other with **distrust**."（不信の目でお互いを見た））

▶ Everything he said lacked ~~creed~~/conviction.

（やつの言うことにうなずけるものがない）

※ 説得力ということで conviction です．

▶ They did not follow any particular code or **creed**/~~conviction~~ in life.

（生きる上で特定の様式や主義にとらわれない）

※ 例文中の **code**（規範）に対応する語としての「主義」や「信条」は creed です．

2-81

vanish 「消える，なくなる」動詞のグループ

expire ^β1 /ɪkˈspaɪər/

自動詞として「終了する」「（有効・賞味）期限が切れる」．「息を引き取る」の意味も（文語）．類似の表現として 'run out'（在庫などがなくなる，期限や契約などが切れる）があります．

perish ^α2 /ˈperɪʃ/

「（過酷な状況のために天寿を全うせず）死ぬ」「滅びる」．存在を失うというところに焦点をおいた語感があります．類語は「死ぬ」という意味の die や 'pass away'（'die' と言うのがはばかられるときの言い方）です．

vanish

「（突然，説明のつかないかたちで）消える・なくなる」という意味の自動詞で，類語は disappear です．**dissolve** は「溶ける」，「消滅する」という自動詞の意味と「…を溶解する」とか「…を消滅させる」という他動詞の意味があります．

▶ Among the dead were many who **perished**/~~vanished~~ due to lack of food.

（亡くなった方の多くは食料不足のため非業の最期を遂げたのだった）

※ やや文語調になりますが，不慮の災難（飢餓，寒さ，暴力など）で死ぬという perish が入ります．'perish ^OKfrom/^OKof/^*~~with~~ hunger' なら「飢えで朽ち果てる」という意味になります．

▶ My passport has **expired**/~~perished~~, so I must renew it.

（私のパスポートは期限切れなので更新し（renew）なくてはならない）

※ クレジットカードなどでも 'expiration 《米》[expiry 《英》] date' というのをよく目にします（exp. と略記されることもあります）．

2-82
weak 「弱い・もろい・安定した・均衡した」形容詞のグループ

brittle [β2] /ˈbrɪtl/

硬くて粉々に砕けるものについて「もろい」(**brittle** bones (もろい骨)).

faint

音などが「かすかな」, 体の働きなどが「弱々しい」, 考えなどが「おぼろげな」. 「気が遠くなりそうな (例えば "I feel faint.")」というときにも用いられます. feeble については 3-291 参照.

fragile

「もろい」「壊れやすい」「薄弱な」「繊細な」.

frail [β2] /freɪl/

体質が「弱い」. 特にお年寄りなどについて用いられます. 望みなどが「はかない」とか意思が「弱い」といった文脈でも使われる事があります.

weak

物理的に重さや負荷に耐えられないという語感です. 肉体的に弱いという意味合いでも用いられます.

▶ His father was so strong as a young man, but now he is old and ~~fragile~~/**frail**.

(彼の父親は若いころは丈夫だったが, 今は年をとって弱ってしまっている)

※ 年老いて弱いというのは frail です.

第3章

シャーロック・ホームズの例文で
高難度語彙を攻略

　シャーロック・ホームズものの長編・短編から引用した用例です。日本語訳とつき合わせながらじっくり読んでみましょう。見出し語がどのような文脈で使われているのか，いっしょにどのような語彙が用いられているかにも気を配りながら名作の英文を味わってください。

　たとえば下の例（3-200 に掲載）に出ている indulgently と tolerant はいずれも「寛大に（も）」という訳語が与えられる単語ですが，ホームズの笑みに対する著者ワトソンの書きぶりはずいぶん違っていることが indulgently と tolerant の使い分けから伝わってきますが，いかがでしょうか？そんなことが理解できるようになる章です。

《つかまって悪態をつく犯人に対するホームズの態度》
"I have to thank you for a good deal," said he. "Perhaps I'll pay my debt some day."
Holmes smiled **indulgently**.

"Well, well, MacKinnon is a good fellow," said Holmes with a **tolerant** smile.

3-1
abide $^{β2\,C\,L}$ /əˈbaɪd/

「…を我慢する」「…に耐える」(「…に従う」という意味では 2-52 参照)

【類語：bear, endure, stand, suffer, tolerate】

※ **abide** には受身的に耐える (patience) とか屈服 (submission) (→ 3-401) している という語感があります．**endure** は心や体の耐える強さに比重を置く言い方．

《事件の関係者が船員だった容疑者について語っている場面》

… he was so fond of her that he **couldn't abide** to leave her for so long, and ….

(前略) 彼は彼女をいたく気に入って，長く離れているのに耐えられませんでしたし (後略)　　　　　　　　　　　　　　　　　　　　　　　　〈「ボール箱」〉

※ 例文にあるように，**abide** は通例 can / could not とともに疑問文や否定文で用いられます．

3-2
accommodate $^{β1\,C\,L}$ /əˈkɑːmədeɪt/

「(ホテルなどが人員・客を) 収容する」；「(金や宿を) 提供する」

【類語：house ((建物が) …を収容する)；offer, provide, supply, serve】

※ 例文ではフォーマルな表現として「(環境などに) 適応させる」('accommodate one-self to') という意味で用いられています．

《ホームズと知り合ったワトソンがベイカー街の新居に移る場面》

For a day or two we were busily employed in unpacking and laying out our prop-erty to the best advantage. That done, we gradually began to settle down and to **accommodate ourselves to** our new surroundings.

一両日は荷物をといたり身の回りのものをちゃんと並べたりするのに忙しかった．それが済むと次第に落ち着いて，新しい環境に慣れ始めた．　　〈『緋色の研究』〉

---

accommodative ^{γ2} 「潤沢な」

▶ There is more money in the economy recently as the central bank has adopted an **accommodative** monetary policy.　　　　　　　〈Internet から採録〉

(中央銀行が潤沢な金融政策をとったため資金供給量がいっそう増加している)

3-3
acid $^{β2\,L}$ /ˈæsɪd/

「酸」；「すっぱい」

【類語：sour】【反対語：alkaline /ˈælkəlaɪn/（アルカリ）】

※ 下の例文には関連する語彙が豊富に登場しています．

《ワトソンがベイカー街の部屋に戻ってみるとホームズは化学実験に没頭していた様子で…》

A formidable array of bottles and test-tubes, with the pungent cleanly smell of hydrochloric **acid**, told me that he had spent his day in the chemical work which was so dear to him.

所狭しと並んだ（formidable（恐ろしく大量の））ビンや試験管がぴりっとした（pungent（/ˈpʌndʒənt/））消毒したような（cleanly（/ˈklenli/ 発音に注意））塩酸の（hydrochloric acid）臭いをさせており，ホームズが一日中大好きな（dear（大事な，かわいい））化学実験をして過ごしたことを物語っていた． 〈「花婿失踪事件」〉

※ 'an array of A'「ずらりと並んだ A」（→ 2-62）

※ 日常語ですが，antiseptic /ˌæntiˈseptɪk/ は「消毒剤」「防腐剤」；「殺菌の」「無菌状態の」．

3-4
adjacent [β2] C L /əˈdʒeɪsnt/
「…の隣の」「…に近い」

【類語：neighboring, bordering】

※ adjoining（**adjoin** [v1] /əˈdʒɔɪn/: 隣り合っている）と違って必ずしも「隣接」である必要はありません．

The isolated house in which Chester Wilcox lived was about five miles off in an **adjacent** valley.

チェスター・ウィルコクスが住む家は5マイルほど離れた近くの谷にぽつんとあった． 〈『恐怖の谷』〉

They slept in **adjoining** rooms, and Mrs. King had rushed in to Saunders.

彼女たち（キング婦人とソーンダーズさん）は隣り合った部屋に寝ていて，キング婦人はソーンダーズの部屋に飛び込んだのだった． 〈「踊る人形」〉

3-5
advent [β2] L /ˈædvent/
「出現」「開始」「到来」；「キリストの降臨」

【類語： arrival, coming, appearance, **onset** ^{β2} ^{L} /ˈɑːnset/（よくないことの始まり（'the **onset** of disease / cold'（病気 / かぜの初期）），発生），birth】

※ arrival よりも厳粛な感じが込められる語です.

《古い歴史を持つマスグレイヴ家に伝わる古文書を解読する場面》

Then, "Who shall have it?" "He who will come." That was Charles the Second, whose **advent** was already foreseen.

それから「其（そ《古》＝それ）は誰のものにすべきや」「来るべき人のものに」だ. これはチャールズ二世のことで，王政復古の到来がすでに予見されていたのだね.

〈「マスグレイヴ家の悲劇」〉

※ 例文中の "He who will come." では代名詞 He が関係代名詞 who の先行詞になっています.

　　関連語として **loom** ^{β2} /luːm/「(不気味にぼうっと) 現れる［見えてくる］」を見ておきましょう. 比喩的にも使われ「(危険や困難な状況が) 次第に迫ってくる」という意味になります.

▶ The dangers of the international situation **loomed** large in our minds. 〈*ISED*〉
（国際的な危機的状況が私たちの心に重くのしかかってきた）

3-6

afflict ^{γ1} ^{L} /əˈflɪkt/

「…を苦しめる」

【類語：trouble, distress, **torment** ^{β2} /ˈtɔːrment/（苦しめる：苦もん）（→ 2-8)】

※ 強い苦痛や苦悩で人を苦しめることで，'be afflicted with' の形で受身形でも用いられます. 長引くとか繰り返されるという場合には torment が使われます.

My sister died of the dropsy which had long **afflicted** her.

私の妹は長く患っていた水腫 (dropsy) で亡くなったのです.

〈「ショスコム・オールド・プレイス」〉

《結婚した日からずっと不幸であったとホームズに告白する女性のことば》

From that day I was in hell, and he the devil who **tormented** me.

その日からは私にとって地獄で，彼は私を責めさいなむ悪魔でした.

〈「覆面の下宿人」〉

※ この例文では and の右側の he と the devil の間にあるはずの be 動詞（前にあるの

と同じ was）が省略されていることに注意しましょう．

類語として，**beset** ⁿ ᴸ /bɪˈset/（包囲する，（困難や誘惑などが）つきまとう［悩ます］）を見ておきましょう．

《ある男が，財宝を相続するはずだった女性に，自分の父親が横領してしまったのだと告白する場面で，自分の父親の言ったことばを回想して述べている場面》

The cursed greed which has been my **besetting** sin through life has withheld from her the treasure, half at least of which should have been hers.

生涯私につきまとった罪であった呪わしい（cursed）貪欲さのため，財宝を彼女に渡さずにいた（withhold）（→ 2-50）のです．少なくとも半分は彼女のものでありましたのに． 〈『四つの署名』〉

3-7

aggravate ʳ¹ C ᴸ /ˈæɡrəveɪt/

「（状態の悪いものを）さらに悪化させる」

※ 不快・困難であることがすでに明白である状態をいっそうひどくさせることです．

【類語：worsen, weaken, **exacerbate** ᴸ /ɪɡˈzæsərbeɪt/（→ 3-496）（aggravate とほぼ同義，ただし負傷（injury）についてよく使うのは aggravate と言われます．**exacerbating**（→ 3-496）），provoke, **exasperate** ʳ² /ɪɡˈzæspəreɪt/（ひどくいらいらさせる）（≒annoy）】

It was, then, in the spring of the year 1897 that Holmes's iron constitution showed some symptoms of giving way in the face of constant hard work of a most exacting kind, **aggravated**, perhaps, by occasional indiscretions of his own.

それから，1897 年の春，ホームズの頑強な肉体（constitution）も骨の折れる（exacting）きつい仕事の連続がたたってきた（give way）兆候（symptoms）を見せていた．おそらくは彼自身の時折の（occasional）不摂生（indiscretions）によってさらに悪化していたのだが． 〈「悪魔の足」〉

※ 'give way' は「崩壊する」「道を譲る」「屈する」等の意味で使われます．

※ 例文の aggravated 以下が分詞構文として修飾要素になっていることにも注意.

▶ An attempt to hide one's grief may only **exacerbate** it. 〈Chambers〉
（悲しさを隠そうとしても苦しみを悪化させるだけかもしれない）

Yet upon that afternoon, whether it was the Beaune which I had taken with my lunch, or the additional **exasperation** produced by the extreme deliberation of his manner, I suddenly felt that I could hold out no longer.

"Which is it to-day?" I asked,— "morphine or cocaine?" 〈『四つの署名』〉

ところがその日の午後は，昼食で飲んだボーヌ・ワイン（Beaune）のせいか，それとも彼（ホームズ）の態度のえらく落ち着き払った様子（deliberation）がいらつきを加速させたのか，突如としてこれ以上は黙っていられないという気分になった．「今日（to-day）（《古》＝today）はどっちだい」と私は尋ねた．「モルヒネかい，それともコカインかい？」

3-8
aggregate $^{ア1\,L}$ /ˈæɡrɪɡət/
「まとめる」「総計…となる」；「総計（の）」

【類語：conglomerate（→ 1-60），sum, total, gross】

※ コングロマリット（複合企業体）は合併・吸収された異業種会社で構成される巨大企業で「異業種混成の」という語感が強くあります．aggregate / aggregation（集合（体））は単一のものを形成していることを感じさせますが，構成要素自体はブレンドされて融合・調和しているという感じでありません（コンクリートを形成しているセメントと砂利の関係のようなイメージ）．

"Winwood Reade is good upon the subject," said Holmes. "He remarks that, while the individual man is an insoluble puzzle, in the **aggregate** he becomes a mathematical certainty. You can, for example, never foretell what any one man will do, but you can say with precision what an average number will be up to. Individuals vary, but percentages remain constant. So says the statistician …

「ウィンウッド・リードはこの問題にいいことを言っているよ」とホームズが言った．「人というのは個人を見ると不可解な（insoluble）謎だが，総体として見ると数学的な確率の存在となる．たとえば，一人の行動は予言する（foretell）ことができないものだが，平均的な人数がどう行動するかは正確にわかる．個人は多様だが，パーセンテージは一定である．というのがその統計学者の言っていることだ（後略）

〈『四つの署名』〉

3-9
antiquity $^{ア1\,L}$ /ænˈtɪkwəti/
「古代」「古いこと」

【類語：ancient, old-fashioned, outdated, antique（骨董的な（古くて価値があるというよい意味）），antiquated（古くさい（通例軽べつした語感がある）），**archaic** $^{β1\,L}$

/ɑːrˈkeɪɪk/（古語の，古代の），**obsolete** *β1 L* /ˌɑːbsəˈliːt/（すたれた，時代遅れの，使われなくなった）（→ 3-524）'obsolete words / customs / text-books'（死語 / 古臭い風習 / 時代遅れの教科書）】

※ 上記の類語のニュアンスに注意しましょう.

'It is rather an absurd business, this ritual of ours,' he answered. 'But it has at least the saving grace of **antiquity** to excuse it. I have a copy of the questions and answers here if you care to run your eye over them.'

「ばかげたものだけどね，わが家のこんな儀式なんて」と彼は答えた.「でも少なくとも古いことがとりえ（the saving grace）だとは言い訳できるがね. 問答の写しがここにあるから，なんなら見てみてくれ.」　　　〈「マスグレイヴ家の儀式」〉

3-10

appendix *β1 L* /əˈpendɪks/

「虫垂（いわゆる盲腸（**blind gut**））」；「付録」「付属物」

【類語：addition, **supplement** *β1 C L* /ˈsʌplɪmənt/（補遺，追加），**postscript** *γ2* /ˈpoʊstskrɪpt/（追伸，後記，補遺，付け足し）】

※ appendix はすでに完成しているものにさらに効果的になるように付け加えるものという含意があるのに対して，supplement は付け加えられるものが完成のために必要であるという語感を持ちます.

I am a brain, Watson. The rest of me is a mere **appendix**.

僕は頭脳（brain）（cerebral /ˈserəbrəl/ は「（大）脳の」）そのものなのだよ，ワトソン. 残りはただの付属品に過ぎない.　　　〈「マザリンの宝石」〉

▶ She is breast-feeding her baby but he needs **supplementary** bottle feeds as she doesn't have enough milk.　　　〈*Chambers*〉

（彼女は赤ちゃんに母乳を飲ませているが，お乳の出が十分でなく補充が必要なためほ乳びんでミルクを飲ませている）

adjunct *γ2* /ˈædʒʌŋkt/ は「付属物」「付加詞《文法》」「補助役［非常勤職員］」.

3-11

applaud *β1 L* /əˈplɔːd/

「（賞賛，同意を表明して）…に拍手する」「賞賛する」

【類語：clap, complimentary（→ 3-47），praise, **hail** *β2 L*（…を歓呼して迎える（→ 3-174），（タクシーを）呼び止める）（'Let's hail a taxi, shall we?'）】

※「拍手喝采する」は applause です．混同しないよう注意しましょう．

> His eyes fairly glittered as he spoke, and he put his hand over his heart and bowed as if to some **applauding** crowd conjured up by his imagination.
>
> しゃべりながら彼の目はらんらんと輝き (fairly glittered)，自分の手を胸に当ててまるで目の前に観衆がいて (conjure (/ˈkɑːndʒər/ up: 魔法を使ったかのように作り出す，霊などを呼び出す；(記憶などを) を思い起こさせる)) 拍手しているのに応えるかのようにおじぎをした (bowed)． 〈『緋色の研究』〉

※ 類語として **eulogy** /ˈjuːlədʒi/ (大賞賛，賛美；(故人への) 賞賛のことば ('a eulogy speech' (追悼演説)) もおさえておきましょう．
  ▶ His novel earned the **eulogies** of the critics.
  （彼の小説は批評家達から賞賛された）

3-12
apprentice β2 C /əˈprentɪs/
「見習い (徒弟奉公) に出す (to)」；「職業見習い」「初心者」
【類語：trainee, **novice** (→ 1-219), **probation** /proʊˈbeɪʃn/ (見習い期間，保護観察，検定)】【反対語：master】
※ 名詞では職人やスキルを必要とする仕事 (配管工，シェフなど) を学んでいる人のこと (an **apprentice** electrician (電気工見習い))．「職業訓練プログラム」という意味で apprenticeship という語が使われます．高い教育レベルを必要とする職業の「研修生」や「実習生」という場合は **trainee** β2 /ˌtreɪˈniː/ です．

> By profession I am a hydraulic engineer, and I have had considerable experience of my work during the seven years that I was **apprenticed** to Venner & Matheson, the well-known firm, of Greenwich.
>
> 私は職業は (by profession) 水力技師で，かなりの経験を積んでいます．7年間の見習いをグリニッジ (Greenwich (/ˈɡrenɪtʃ/, /ˈɡrenɪdʒ/)) にある有名なヴェナー・アンド・マシソンでしましたから． 〈「技師の親指」〉

類語にある **probation** は probate (遺言書の検認) や prove (立証する) と同じくラテン語 *probare* (＝approve) に由来します．なお，approve や approbation /ˌæprəˈbeɪʃn/ (公式な認可，承認) は *probare* を含むラテン語 *approbare* (*ad-* (＝to) ＋*probare* (＝prove)) に由来します．

3-13

articulate ^{β2 L} /ɑːrˈtɪkjuleɪt/

「…（考えなど）を明確に述べる」「発音が明瞭な」「歯切れの良い表現」

※ 考えや感情をよくわかるように，あるいは効果的にことばで伝えることです．

【類語：**coherent**（理路整然とした（→2-64）），**eloquent**（雄弁な（→3-118）），

fluent，**intelligible** ^{β2} /ɪnˈtelɪdʒəbl/（（話や書かれたものが）明瞭な）】

Our visitor was so excited that he could hardly **articulate**, but at last in gasps and bursts his tragic story came out of him.

私たちの訪問客はひどく興奮して<u>はっきりと話す</u>こともできなかったが，喘いだり (gasp) まくしたてたりしながらなんとか悲劇的な (tragic) 話を語った．

〈「悪魔の足」〉

If we wait a little, Watson, I don't doubt that the affair will grow more **intelligible**.

もう少し待てばね，ワトソン，事態がもっと<u>はっきり見えてくる</u>に違いないよ．

〈「赤い輪」〉

---

unintelligible ^{γ2} /ˌʌnɪnˈtelɪdʒəbl/ は「理解不能の」とか「意味不明な」で，**illegible** ^{γ1} /ɪˈledʒəbl/ は「判読できない」（**legible** ^{β2} /ˈledʒəbl/ は筆跡などが「判読容易な」）です．

《事件の手がかりになる手紙の筆跡を鑑定するワトソンとホームズ．まずワトソンが分析して（この囲みの例文はいずれも『四つの署名』より）》

"It is **legible** and regular," I answered．"A man of business habits and some force of character."

「<u>読みやすくてきちんとしている</u>（文字だ）」私は答えた．「事務処理に慣れた，しっかりとした性格の人だね．」

《それを否定して長い文字（手紙に書かれている d や l の文字）を見るようにいうホームズのことばの一部》

They hardly rise above the common herd．That *d* might be an *a*, and that *l* an *e*．Men of character always differentiate their long letters, however **illegibly** they may write.

長い文字が他（短い字）と高さが変わっていないじゃないか (above the common herd)（下記の※を参照）．あの d は a のようだし，あちらの l は e みたいだ．きち

249

んとした人なら，どんなに読みにくく書いたって長い字は他と違えて書くものだよ.

※ すぐ上の例文にある 'above the common herd' は「群を抜いて」という熟語です
（herd は「（牛や羊などの動物の）大きな群れ」，ここではほかの文字のこと）.

3-14
attire ⁿ1 C /əˈtaɪər/
「衣服」「服装」
※ 身なりというニュアンスで，衣服が醸し出す全体的な印象に焦点がある語です.
【類語：dress, dressing】

> Familiar as I was with my friend's methods, it was not difficult for me to follow
> his deductions, and to observe the untidiness of **attire**, the sheaf of legal papers,
> the watch-charm, and the breathing which had prompted them.
> 私はホームズのやり方に慣れていたので，彼の推理をたどるのはむずかしいことで
> はなく，服装の乱れ，法律書類の束（sheaf (/ʃiːf/)），時計についている飾り，そし
> て荒い息づかいといった推理の根拠を見て取った.　　　　〈「ノーウッドの建築業者」〉

3-15
audit β2 C L /ˈɔːdɪt/
「会計検査（をする）」
※ 取り引きや財務に関する公式の監査，品質や基準の公式な検査です.
auditor ⁿ1 C 「会計検査官」「監査役」；「（大学の）聴講生」
【類語：inspection（点検，監査，視察）】

> 《ホームズが兄のマイクロフトについてワトソンに初めて話す場面》
> He has an extraordinary faculty for figures, and **audits** the books in some of the
> government departments.
> 彼は並外れて数字（figures）に強いので幾つかの省庁で会計検査（books（帳簿，会
> 計簿））をしているんだ.　　　　　　　　　　　　　　　〈「ギリシア語通訳」〉

3-16
augment ⁿ1 L /ɔːɡˈment/
「…を増大させる」
※ 物質的なものにはあまり用いられません. 勢力や財産の大きさや価値などを増大さ
せることですが，弱いところから増大していくというニュアンスのある increase と

は違い，augment はもともと十分なレベルであるものがさらに大きくなるという含意があります．自信（confidence）が increase したのであれば，もとは自信がなかったという感じですが，augment したという場合にはそのような語感はありません．

【類語：increase, enlarge, **multiply**（どんどん増やす［増える］）(→ 3-249), **boost** (押し上げる，増す) (→ 2-47)】

《復讐の機会を狙い続けるジェファーソン・ホープについて語られる場面》

…, and they hoped that time had cooled his vindictiveness.

Far from doing so, it had, if anything, **augmented** it. The hunter's mind was of a hard, unyielding nature, and the predominant idea of revenge had taken such complete possession of it that there was no room for any other emotion.

（前略）彼らは時が彼の復讐心（vindictiveness）(→ 2-28) を薄れさせたのではと思うようになった．ところがそれどころか，時が何かをしたというならば，時は復讐心を増大させるばかりだった．追っ手となった彼の心は固く凝り固まって（unyielding），復讐（revenge）でいっぱいになった（predominant）(→ 3-309) 心にはそれ以外の感情が入り込む余地はなかった．　　　　　　　　　　　〈『緋色の研究』〉

3-17

axiom ^{γ1 L} /ˈæksiəm/

「自明の理」「公理（すでに確立され認められている自明の真理）」「格言」

【類語：premise (→ 3-311)】

It has long been an **axiom** of mine that the little things are infinitely the most important.

昔から自分の格言としているのはささいなことこそが何よりも重要なのだということです．　　　　　　　　　　　　　　　　　　　　　　〈「花婿失踪事件」〉

3-18

bail ^{β2} /beɪl/

「保釈（金）」

《ホームズが宿敵モリアーティ教授とその組織についてワトソンに語る場面》

… the word is passed to the Professor, the matter is organized and carried out. The agent may be caught. In that case money is found for his **bail** or his defence. But the central power which uses the agent is never caught—never so much as suspected.

(前略)(犯罪を依頼する)ことばが教授に伝えられ，段取りが組まれて実行（carry out）される．手下（agent）は捕まるかもしれない．その場合はそいつの保釈や弁護（defence（《英》= defense））の費用が準備される．しかし中央にいて手下を使う親玉は決して捕まらず，疑われることすら（so much as）（否定文などで「…程度のことすら」）ないのだ． 〈「最後の事件」〉

bailout $^{\gamma 1 \, \text{L}}$

「（経済的な）救済措置」

▶ Since Congress passed $700 billion financial **bailout**, the remaining institution considered "too big to fail" have grown larger and failed to restrain the lavish pay for their executives. 〈Internet から採録〉
(連邦議会が 7000 億ドルの緊急金融支援を可決したため，「大きすぎて潰せない」と考えられて生き残っている金融機関は一層巨大化し，更に巨額の（lavish → 3-516）役員報酬の規制も怠っている)

bail out $^{\beta 2}$

「（人や会社などを窮地から）救済する」

▶ a higher probability of being **bailed out** in the event of a financial crisis
〈Internet から採録〉（金融危機にあって救済される可能性がいっそう高いこと）

※ リーマンショック前後，ベアスターンズ，リーマンブラザーズ，AIG や GM など企業の救済などについて盛んに議論されました．なお，政治的な（political）あるいは金融に関する（financial）状況に大きな被害を与えるような事態を **calamity** $^{\beta 2}$（災害，大惨事）と言います．disaster や catastrophe ほどにはひどくないもののことで（死者は出ない程度），個人に降りかかる災難ということでも使われます．

Supposing that this unhappy young man's story were absolutely true, then what hellish thing, what absolutely unforeseen and extraordinary **calamity** could have occurred between the time when he parted from his father, and the moment when, drawn back by his screams, he rushed into the glade? 〈「ボスコム谷の謎」〉
(この不幸な若者の話が全くの真実だとすると，どんな凶悪な（hellish）ことが，どんな思いもかけない奇怪な災難が，彼が父親と別れてから悲鳴を聞いて（池のほとりの）空き地（glade）に駆け戻るまでの間に起き得たというのだろう)

3-19
bang ^{β1 L} /bæŋ/

「…をドンと打つ」「(ドアや窓などを) バタンと閉める」;「強打」「大きな音」

【類語 : explosion, boom, blow】

※ 物をほかのものにぶつけて急に大きな音 (sudden and violent noise) を立てることです. crash は乗り物などが衝突して大破するとか墜落あるいは雷の音に使われます. clash は金属がガチャンと音を立ててぶつかることです.

> We heard the steps of our visitors descend the stair and the **bang** of the front door. In an instant Holmes had changed from the languid dreamer to the man of action. 私たちは客の足音が階段を下りたのと玄関のドアがバタンと閉まるのを聞いた. 即座にホームズはもの憂げで (languid) (/ˈlæŋgwɪd/ うつろな, けだるい) 夢を見ているような人から一転して活動的な男に変わった. 〈『バスカヴィル家の犬』〉

※ 例文中の languid はたとえば暑すぎて人の動きが緩慢な様子を思い浮かべると典型的な例としてわかりやすいでしょう.

3-20
barren ^{β1 L} /ˈbærən/

「(土地が) 不毛の」「(内容に) 面白みがない」

【類語 : infertile, **sterile** ^{β2} /ˈsterəl/ ((動物が) 子を産まない, 繁殖能力のない : (土地が) 不毛の, やせた), unproductive】【反対語 : fertile】

※ sterile は「不毛の」「実を結ばない」という意味の形式ばった語です. sterile には「無菌の」「殺菌の」という意味もあり (sterilize (殺菌 [消毒] する)), その場合は **hygienic** ^{γ1} /haɪˈdʒenɪk/ (衛生的な) の類語です (**hygiene** ^{β2} /ˈhaɪdʒiːn/ (衛生)). 'hygienic conditions' は「衛生状態」, 'mental hygiene' は「精神衛生」("This kitchen is not very **hygienic**." (このキッチンはあまり衛生的ではない)).

sanitary ^{β2} /ˈsænəteri/ は「(公衆) 衛生の」「衛生的な」.

> The **barren** scene, the sense of loneliness, and the mystery and urgency of my task all struck a chill into my heart.
> この荒涼とした情景, 孤独感, そして謎めいて緊迫した役目の全てが私の心に冷気 (a chill) を感じさせた (strike A into (A (恐怖など) を B の心に起こさせる)).
> 〈『バスカヴィル家の犬』〉

《ワトソンがホームズに最近手に入れた懐中時計を見せて前の持ち主のことを推理させた場面》

"Though unsatisfactory, my research has not been entirely **barren**," he observed, staring up at the ceiling with dreamy, lack-lustre eyes.

「満足のいくものではないが，僕の調査も全く<u>成果がない</u>ってわけではなかったよ.」と述べ (observed)，天井を夢見るようなどんよりした (lack-lustre (/ˈlæklʌstər/)) 目で見つめた. 〈『四つの署名』〉

※ 例文中の lack-lustre の lustre（光沢, つや）はイギリス英語のスペリング. アメリカ英語では luster /ˈlʌstər/.

《面白い事件がないと不満をもらすホームズ》

Life is commonplace, the papers are **sterile**; audacity and romance seem to have passed forever from the criminal world.

毎日がかわりばえせず (commonplace)，新聞記事も<u>退屈なものばかり</u>；大胆さ (audacity (/ɔːˈdæsəti/ 無謀さ, 厚かましさ) も冒険心 (romance) も犯罪の世界から永遠に消え失せてしまったのだよ. 〈「ウィステリア荘」〉

※ 例文中の audacity は勇敢だけれども無鉄砲で驚かされるという語感があります. 形容詞は **audacious** ᵛ¹ /ɔːˈdeɪʃəs/（大胆な, 厚かましい）.

3-21
bid ^{β2 C} /bɪd/

「値を付ける」「応札する」

※ オークション (auction) など買い手が複数いる状況でよく用いられます.

There were only four stationers of any consequence in the town, and at each Holmes produced his pencil chips and **bid** high for a duplicate.

町には文房具屋 (stationers) と言えそうなのは 4 軒しかなく，ホームズはそれぞれの店で削りかすを提示して (produced) 同じもの (a duplicate) があれば高い<u>値</u>で買うと申し出た. 〈『四つの署名』〉

※ of any consequence は日本語に訳しにくいところです. ここでの consequence は「社会的な価値」とか「重要性」といった意味で，上では文房具商 (stationers) と言っていいくらいの「それなりの」店ということです. また，ここでの produce は「取り出して見せる」という意味での用法です.

3-22

bind $^{\beta 2}$ /baɪnd/

「まとめる」「縛る」

binding $^{\beta 2\ C}$ /ˈbaɪndɪŋ/「拘束力のある（'a binding agreement / contract / promise'（拘束力のある合意 / 契約 / 約束））」

【類語：tie；restrain：unite, incorporate, combine, joint, solidarity /ˌsɑːlɪˈdærəti/（団結，連帯），unity, integrate, accompany】

※ tie は紐などを結ぶこと，また，物などを（動かないものに）縛りつけて動かないように拘束すること．bind は 2 つ（以上）の物をいっしょにして結びつけることに焦点があります．リボンは頭に bind され，あごの下で紐が tie されるとも説明されます．

My sister and I, you will recollect, were twins, and you know how subtle are the links which **bind** two souls which are so closely allied.

姉と私は，覚えて (recollect) おいでのとおり，双子でして，とてもよく似た (allied) 2 つの魂を繋げているものがどれほど微妙に反応するかご存じのことでしょう．　　　　　　　　　　　　　　　　　　　　　　　　　　〈「まだらの紐」〉

※ **ally**（→ 1-325）は「同盟国」や「同盟させる」，**allied** は「同盟した」という意味で単語集などに収録されていますが，ここでは「関連した」とか「同類の」という意味で双子の姉と妹の魂がそっくりであるという意味で allied が使われています．

　犬をつなぐ紐は leash（《英》lead），馬の手綱は **rein** $^{\beta 1}$ /reɪn/ ですが，rein は通例複数形 the reins で「統率 [拘束]（力）」という意味で使われます（'hold / drop / hand over **the reins** of A'（A の支配権を握っている / 失う / 譲り渡す））．rein の形でも，'give [allow] A free [full] **rein**（= give [allow] free [full] **rein** to A' A）「A（人）に好きなように仕事をさせる」「A（感情や才能など）を自由に表現させる」という表現で使われます．

3-23

blast $^{\beta 1\ L}$ /blæst/

「突風」「疾風」；「爆破する」

【類語：wind, breeze, blow】

※ 風の種類について見ておきます．**breeze** は微風，**gust** は（短時間の）突風，blast は gust より強く長い突風．**gale** は強風（breeze と storm の中間で，数時間から数日続き，帆船に喜ばれる風）．

It is possible even that you may have heard that his grip has been upon me these twenty years, and he has **blasted** my life.

奴の私への付きまとわり（grip）はこの二十年に及び，私の人生を<u>台無しにしてし</u>まったのです． 〈「ボスコム谷の謎」〉

《逃亡中の三人が通っている山道の描写》

So steep were the rocky banks on either side of them, that the larch and the pine seemed to be suspended over their heads, and to need only a **gust** of wind to come hurtling down upon them.

両側の岩だらけの斜面（bank）はとても険しく（steep），カラマツ（larch）やマツ（pine）は頭上にぶらさげられている（be suspended）ようで，突風のひと吹きだけで彼らの上に猛烈な勢いで飛んで（hurtling）きそうだった． 〈『緋色の研究』〉

《犯人たちは帆船で逃亡したが…》

Very long and very severe were the equinoctial **gales** that year.

秋分の（equinoctial（/ˌiːkwɪˈnɑːkʃl/, /ˌekwɪˈnɑːkʃl/: 春分や秋分の，彼岸ころの））<u>風</u>はその年とても長くて激しかった． 〈「五つのオレンジの種」〉

3-24
bleed ^{α2 L} /bliːd/

「出血する」；「採血する」「しぼり取る」

※ 傷口から出血することですが，比喩的に 'bleed A of B' の形で「A（人）から B（金銭）をしぼり取る」という状況でも使われます．

【関連語：**emit** ^{β1} /iˈmɪt/（光，熱，音，ガスなどを放出［放射］する）（→ 1-51）】

Of course, there was no **bleeding** on the line if the body had **bled** elsewhere.

もちろん線路（line）には<u>血が流れて</u>いなかったわけだ，死体はよそで出血してしまっていたのであれば． 〈「ブルース・パーティントン型設計図」〉

※ 例文中の bled は bleed の過去・過去分詞形です．

3-25
bogus ^{γ1 L} /ˈboʊɡəs/

「にせの」「インチキの」

※ 医者とか警察あるいは公的な資格などがにせもの・いんちきであるという状況でよく使われます．また，公的な支援などの偽りの申請にも用いられます．

【類語： **counterfeit** /¹ ᴸ /ˈkaʊntərfɪt/ （（お金や商品が）偽造の，にせ金）（→ 1-117），

phony /² /ˈfoʊni/ （まやかしの，にせの，誠実でない；いかさま（師））（下記解説参照），

false, fake】

※ phony は人をだますために見かけがまぎらわしくて困らせるようなものをいいます．
　'a **phony** business trip' は「空（から）出張」．**pseudo** /² /suːdoʊ/ は名詞の前に置
　かれたり連結要素（pseudo-）として語につけられたりして「疑似の」という意味を
　与えます．'*pseudo*podium' は「偽足（アメーバや白血球などに見られる突起）」．

《ホームズに嘘を教えようとたくらむ宝石泥棒ですが，そのときホームズは…》
I'll see this sucker and fill him up with a **bogus** confession.
俺があの若造（sucker）に会ってでまかせの告白（confession）をたっぷり吹き込ん
でやるさ．　　　　　　　　　　　　　　　　　　　　　〈「マザリンの宝石」〉

※ 上の例文の confession / confess は「告白（する）」という意味ですが，**profess** /ᵝ²
　/prəˈfes/ は「（口先だけで）公言する」「…を持つと自称する」という意味の動詞です
　（≒declare, claim, pretend *etc.*）．語源的には，-fess の部分はラテン語の *fateri*（＝
　to acknowledge（認める））に由来します．

3-26
bold /ᵝ¹ ᴸ /boʊld/
「大胆な」「ずうずうしい」「目立つ」
【類語：daring】

※ 困難さや危険に自ら踏み込むというイメージの語です．**daring** /ˈderɪŋ/ は向こう見
　ずというように恐れを知らないという含みが強くあります（dare → 3-67）．

When I touched him on the shoulder and warned him to come quietly with us, he
answered us as **bold** as brass, 'I suppose you are arresting me for being concerned
in the death of that scoundrel Drebber,' he said.
やつの肩にさわっておとなしく我々に同行せよと伝えると，やつは図々しくも（as
bold as brass）「おそらく皆さんは私をあの悪党（scoundrel（/ˈskaʊndrəl/））ドレバー
の殺害に関する件で逮捕しようとしているのでしょうな」と応じましたよ．
　　　　　　　　　　　　　　　　　　　　　　　　　　　　〈『緋色の研究』〉

3-27
bound /ᵝ¹ /baʊnd/ (be bound to *do*)
「必ず…する」「きっと…するはずだ」「…する義務がある」

※ 'be bound to *do*' の形で用いられ，名詞の前には置かれません.

【類語：very likely, certain】

《ジェファーソン・ホープの大動脈瘤に気づいたワトソンにホープが身の上話を語り始めた場面》

I went to a doctor last week about it, and he told me that it **is bound to** burst before many days passed.

先週医者に診察してもらったら，そう遠くないうちに破裂する<u>はず</u>だと言われました.
〈「緋色の研究」〉

※ ホームズものには言いにくいことを切り出すときの決まり文句である "I'm bound to say that …"（…と言わなければならない［認めざるをえない］）というフォーマルなイギリス英語がしばしば用いられます.

3-28
breach ^{β2} C L /briːtʃ/

「違反」「（法律や約束などを）破る」

※ break よりもフォーマルな語. ある特定の規則を破るというときに使われます. 'a **breach** of promise' は「約束の（特に婚約）<u>不履行</u>」.

【類語：violate, **infringe** ^{β2 L} /ɪnˈfrɪndʒ/（（法律や誓約を）破る，権利などを侵害する (→ 3-204))，break】

【反対語：comply】

If, as I imagine, there is no **breach** of the law in this matter, you can absolutely depend upon my discretion and my co-operation in keeping the facts out of the papers.

もし，私が推測するように，この件では<u>違法</u>な点がないのであれば，あなたは私が口外しないこと（discretion（思慮分別，慎重，口がかたいこと）(→ 3-94)）と新聞に嗅ぎつけられないでおくように協力するものと思ってください.
〈「スリークオーターの失跡」〉

類語として，**transgress** ^{γ1} /trænzˈgres/ は「…に違反する（break a law / agreement / command）」「（限度などを）超える（go beyond, exceed）」，**transgression** ^{γ2} /trænzˈgreʃn/ は「違反」「犯罪」「（宗教・道徳上の）罪」.

▶ This book **transgresses** the bounds of decency. 〈*ISED*〉

（この本は良識で許せる範囲を<u>超えている</u>）

258

3-29

bribe ^{β1} /braɪb/

「(人に) 賄賂を使う」「(ほうびなどで子供を) つる」

【類語：pay-off, **bait** ^{β2} /beɪt/ ((おびき寄せるための) わな) (下記参照)】

※ pay-off は見返りの報酬 (カタカナ語の「ペイオフ」は deposit insurance system「預金保険制度」のこと). bait は釣りの餌や罠にしかける餌のことですが,「おとり」の意味でも使われます.

She came down and brought money with her, trying to **bribe** me to go.
彼女は私のところに金を持ってやってきました. <u>金でつって</u>厄介払いしようというのです. 〈「踊る人形」〉

《ホームズの人形で部屋の窓に影をうつして犯人を罠にかけようという状況をワトソンが描写するシーン》
That angular shadow up yonder was the **bait** and we were the hunters.
あちらの (yonder (あそこに見える《古》)) 上に見える骨ばった (angular) 人の影は<u>おとり</u>で我々がハンターなのだ. 〈「空き家の冒険」〉

3-30

brochure ^{β2 C L} /broʊˈʃʊr/

「(営業用の) パンフレット」;「小冊子」

【関連語：flyer (→ 1-126)】

【類語：leaflet (1 枚 (数ページ) のちらし), booklet (案内, 説明用のパンフレットや小冊子, 商品券などの 1 綴り), pamphlet (パンフレットや小冊子)】

"I was never so struck by anything in my life. I even embodied it in a small **brochure** with the somewhat fantastic title of 'A Study in Scarlet.'"
He shook his head sadly. "I glanced over it," said he.
「僕はそれまであんなに感銘を受けたことはなかった. 僕はそれを<u>小冊子</u>にまとめることまでして, 少々不思議な『緋色の研究』という題をつけたのだ.」彼は情けないというように頭を振って言った.「ざっと目を通したがね.」 〈『四つの署名』〉

3-31

bulk ^{β1 C L} /bʌlk/

「大部分」「容積」「かさばるもの」「大量・巨体」

※ 注文などが「大口の」「大量の」というのも bulk です.
【類語：size, volume, quantity, mass, **magnitude** [β2] /ˈmæɡnɪtuːd/（規模, 重大さ,（地震の）マグニチュード, 星の等級）('stars of the first magnitude'（一等星）), **amplitude** [γ1] /ˈæmplɪtuːd/（広さ, 大きさ, 振幅）(→ 1-13); huge, big, vast, enormous】

> He stretched his hand up, and took down a **bulky** volume from the shelf.
> ホームズは手を伸ばして分厚い本を本棚から取り出した. 〈『四つの署名』〉

cumbersome [γ1] /ˈkʌmbərsəm/ は「大きくて［重くて］扱いにくい［運びにくい］」(a **cumbersome** piece of furniture（かさばって運びにくい家具）),「複雑で面倒な」(**cumbersome** legal procedures（面倒な法律手続き）) という意味です.

3-32
bulletin [β1] [C] [L] /ˈbʊlətɪn/
「(テレビやラジオの) 短いニュース」「公報, 告示」「広報 (＝ newsletter)」
【類語：news, notice, journal】
※ 電子掲示板は BBS (bulletin board system).

> For six days the public were under the impression that Holmes was at the door of death. The **bulletins** were very grave and there were sinister paragraphs in the papers.
> 六日間も人々はホームズが瀕死の状態にあると思っていた. 容態の発表はかんばしいものではなかったし, 新聞には不吉な (sinister) 寸評が載っていた.
> 〈「有名な依頼人」〉

3-33
bundle [α2] [C] /ˈbʌndl/
「(手紙・衣類・棒などの) 束」「塊, 群れ, 集まり」「たくさん［ひとかたまり］の (a bundle of)」
※ 'a bundle' で「大金」(make [cost] **a bundle**（大金を稼ぐ［がかかる］)).
【類語：roll（ひと巻き）】

> Holmes rose and sat down at the table with his pen in his hand and a **bundle** of paper before him. "Just tell us the truth," he said.
> ホームズは立ち上がり, ペンを手に持ち紙の束を彼 (容疑者) の前に置いてテーブ

ルに向かって座った.「ありのままの真実を言ってください」と彼は言った.

〈「ボスコム谷の謎」〉

3-34
burglar ^{β1} /ˈbɜːrglər/

「強盗」「侵入窃盗犯」

burglary「強盗（罪）」「強盗事件」

【類語：theft（盗み，窃盗（罪）），stealing, robbery, thievery /ˈθiːvəri/（窃盗）】

※ burglar は通例こっそり忍び込む. **robber** は押し入って暴力などをはたらく強盗.
prowler /ˈpraʊlər/ は「空き巣ねらい」とか「うろつく人」「ストーカー（stalker）」.

> "Is it not extraordinary that a **burglary** and a **burglar** who had had some previous experience should deliberately break into a house at a time when he could see from the lights that two of the family were still afoot?"
>
> 「強盗が，それも既にいくつもの経験のある強盗犯がわざわざあえて（deliberately）続けざまに（at a time）押し入るなんて異常な（extraordinary）ことじゃありませんか，しかも明かりで家のものが二人起きている（afoot（都合の悪いことが進行中で））のがわかっているのに.」 〈「ライゲイトの地主」〉

※「…なのに」や「…だというのに」といった意味で用いられる when にも注意.
類語にはありませんが，特に「横領する」とか「着服する」という場合には **embezzle** ^{γ2} /ɪmˈbezl/ が使われます.

> ▶ I have **embezzled** funds.（私は基金を着服してしまったのだ）

3-35
cardinal ^{γ1 L} /ˈkɑːrdɪnl/

「主要な」「基本的な」；「基数（cardinal number）」（「序数」は ordinal number）

※ 最も重要でものを動かす中心となるところと考えられているものということです.
「枢要な」といった訳語もあてられます.

【類語：vital, essential, fundamental, **rudimentary** ^{γ1} /ˌruːdɪˈmentri/「（知識などが）基本的［初歩的］な」（'a **rudimentary** knowledge of mechanics'（力学の初歩的な知識））】

> From this starting-point I proceeded to step, having first taken the **cardinal** points by my pocket-compass.
>
> まず携帯用の方位磁石で基本４方位（東西南北）を確認しておいて，私はこの出発

3-36

cautious ^{β1 C L} /ˈkɔːʃəs/

「用心深い」「慎重な」

【類語：**beware** ^{β1} /bɪˈweɪr/（'beware of A'「A に用心する」（'Beware of the dog.'（猛犬注意）））, **careful**】

※ 危険などを避けようとして用心深いことです. careful は誤りなど避けるために用心することにも, 何かをなすために注意深いことにも使われます.

If I had been less **cautious** I might have been more wise, but I was half crazy with fear that you should learn the truth.

あんなに用心しなければもっと賢明だったのかもしれませんが, 私は半分狂ったようにあなたが真実を知るのではないかと恐ろしかったのです.　　　　〈「黄色い顔」〉

《暗号がイタリア語の '*attenta*'（女性に「気をつけて」と言う語）であることを解読したホームズとワトソンの会話（注：男性に「気を付けて」と言うときは '*attento*' で語尾が -a ではなく -o となります）》

"Why, of course, it is Italian! The A means that it is addressed to a woman. '**Beware**! **Beware**! **Beware**!' How's that, Watson?"

  "I believe you have hit it."

  "Not a doubt of it. It is a very urgent message, thrice repeated to make it more so. But **beware of** what? …

「だってもちろんイタリア語なのさ！（最後の）A は女性に向けて発信されたということだ. 『注意せよ！ 注意せよ！ 注意せよ！』となるね. どうだいワトソン？」

「うまく当てていると思うよ.」

「疑いの余地もないね. 緊急のメッセージだよ. 三度も（thrice）繰り返して, よほどの緊急連絡になっている. だが何に気をつけろというのだろう？（後略）

　　　　　　　　　　　　　　　　　　　　　　　　　　　　　　　　〈「赤い輪」〉

※「暗号」は a code, a cipher /ˈsaɪfər/, a cryptogram /ˈkrɪptəgræm/（暗号文＝cryptograph）といった言い方があります.「… を暗号化する」は encrypt /ɪnˈkrɪpt/,「… を解読する」は decrypt /diˈkrɪpt/. 暗号やコード化されたデータなどを「解読する（＝decipher）」のは decode /diˈkoʊd/（「暗号化, コード化する」のは encode /ɪnˈkoʊd/）.

3-37

chronic ^{β1 C L} /ˈkrɑːnɪk/

「慢性の」「常習的な」

※ 病気や習慣が慢性的なことや，しつこく続く状態について用いられます.

【関連語：**inveterate** ^{γ2} /ɪnˈvetərət/（根が深い，常習の）（'an **inveterate** gambler'（ギャンブル常習者）），**persistent** ^{β1} /pərˈsɪstənt/（しつこい）（'**persistent** efforts / headache'（たゆまぬ努力 / しつこい頭痛）），lasting, **obstinate**（→ 1-79）】

It was clear to me at a glance that he was in the grip of some deadly and **chronic** disease.

私には一目でこの男が命にかかわる慢性的な病に冒されているとわかった.

〈「ボスコム谷の謎」〉

3-38

chunk ^{β2 L} /tʃʌŋk/

「大きなかたまり」「（チーズ，肉，パンなどの）切り取った一片」

※ 割ったり切り分けたりした固形のかたまり. piece はいろいろな材料・料理に使われます.

【関連語：piece, **lump** ^{α2} /lʌmp/（かたまり（形のはっきりしないもの），しこり），block, slice, loaf（パンのひとかたまり），**slab** ^{γ1} /slæb/（（肉やベーコンの）厚切り，厚板），**hunk** ^{γ1} /hʌŋk/（（肉，パン，チーズの）厚切り）】

Evidently, as they had dragged the stone up they had thrust the **chunks** of wood into the chink, until at last, when the opening was large enough to crawl through, they would hold it open by a billet placed lengthwise, which might very well become indented at the lower end, since the whole weight of the stone would press it down on to the edge of this other slab.

どうやら (evidently)，彼らは石のふたを引きずり上げて木材を何本もすき間 (chink) に押し込み (thrust (→ 3-426))，ついには中に入り込めるくらい開けると，縦に (lengthwise) 棒切れ (billet) をかませておいたので，その木材の下端にくぼみができている (indented) のももっともだね，石の重みが全部もう一方の敷石 (slab) の縁にかかったのだから. 〈「マスグレイヴ家の儀式」〉

関連語として **segment** ^{β2} /ˈseɡmənt/（（分けた［分かれた］）切片［部分，区分］）をおさえておきましょう. 'a **segment** of an orange'（「オレンジの実の中の 1 房」），'a market **segment**'（市場区分）

3-39
circulate $^{\beta 1\ C\ L}$ /'sɜːrkjəleɪt/

「循環する」「…を循環させる」；「広まる」「流通する」

名詞は **circulation** $^{C\ L}$ /ˌsɜːrkjəˈleɪʃn/

【関連語：flow, issue, cycle；**disperse** (分散，伝播) (→ 3-491)；spread】

※ flow は液体や電気などの流れ．

Pray take this chair by the fire, Mr. Baker. It is a cold night, and I observe that your **circulation** is more adapted for summer than for winter.

この椅子を暖炉のそばへどうぞ，ベイカーさん．寒い夜ですし，お顔の<u>血色</u>(circulation (血液の循環)) を拝見したところ夏よりも冬がこたえるようですね．

〈「青いガーネット」〉

3-40
clash $^{\alpha 2\ L}$ /klæʃ/

「ガチャンと鳴る」「ぶつかる (音がする)」

※ bang の項 (3-19) 参照．

《隠れているワトソンが逮捕場面の音を聞いている記述》

There was a sudden rush and a scuffle, followed by the **clash** of iron and a cry of pain.

突然ドタバタと取っ組み合い (scuffle) の音がして，金属が<u>ぶつかる音</u>と痛いという叫び声が上がった． 〈「瀕死の探偵」〉

3-41
classify $^{\beta 1\ L}$ /'klæsɪfaɪ/

「(共通の特徴で) 分類する」

【類語：**assort** $^{\gamma 1}$ (1-301 および下記参照)，categorize, grade】

※ 物理的に分けることではなく，ある観点からみた範疇に従って分類することを言うことがしばしばです．**assort** は目的などに応じて同類のものに分類すること．

But these specimens are so well labelled and **classified** that they hardly need your personal explanation.

しかしこれらの標本にはきちんとラベルが貼られて<u>分類されています</u>のでわざわざ説明いただかなくてもいいほどですね． 〈「三人ガリデブ」〉

3-42

coarse $^{\beta2}$ ^{L} /kɔːrs/

「(不快感を与える) 粗野な」「(生地や手などが) ざらざらした」

【類語：rough, **harsh**, rude】

※ 粗いという意味で一般的な語は rough（粗くザラザラしている）．上品さを欠いている
という意味では coarse は rude や rough より程度が悪いと説明されることがあります．

> Stangerson was a quiet reserved man, but his employer, I am sorry to say, was far
> otherwise. He was **coarse** in his habits and brutish in his ways.
> スタンガソンさんの方は物静かで控えめだったのですが，雇い主の方が，こう言っ
> てはなんですが，（スタンガソンさんとは）大違いでした．ふるまいは粗野で万事が
> 荒っぽいものでした． 〈『緋色の研究』〉

※ coarse の意味については本章の vulgar の項（3-459）も参照．

3-43

commence $^{\beta1}$ ^{L} /kəˈmens/

「始める」（名詞は **commencement** $^{\gamma1}$ /kəˈmensmənt/「始まり」「(大学・高校の) 卒
業式」）

【類語：begin, start】

※ begin と意味はほぼ同じで，begin よりもフォーマルな語．ニュアンスとしては，
begin は end（終わる）の反対語で，commence は complete / conclude（完成する）の
反対語と言われます．begin は時間の順序，commence は事をなす努力に主眼が置
かれます．

> He was dragged back into the room, and then **commenced** a terrific conflict.
> 彼は部屋に引きずり戻されて，そしてものすごい抵抗（conflict（衝突，矛盾））を始
> めた． 〈『緋色の研究』〉

3-44

compatible $^{\beta1}$ ^{L} /kəmˈpætəbl/

「両立できる」，「矛盾のない」

【反対語：**incompatible** $^{\beta2}$ ^{L} /ˌɪnkəmˈpætəbl/（両立しない，相いれない）】

【類語：**consonant** $^{\gamma1}$ /ˈkɑːnsənənt/「子音（反対語：vowel（母音）），協和音の；…と
一致［調和］して」（'actions **consonant** with one's beliefs'（信念に沿った行動）），

consonance /² ᴸ/ˈkɑːnsənəns/ は「調和」「協和音」「一致」, consistent】

※ consonant は他とのハーモニー（子音は母音と一緒に発音されるものとして考えられた）という意味合い. compatible は完全に調和していなくてもほかのものとの不一致や不協和を起こさずにいられる能力. consistent は他との矛盾がないこと.

There can be no doubt that Stapleton exercised an influence over her which may have been love or may have been fear, or very possibly both, since they are by no means **incompatible** emotions.

ステイプルトンが彼女への影響力を発揮していたのは疑いないが, それが愛なのか恐怖なのか, あるいはおそらくその両方ということなのだろうが, 決して<u>相いれない感情</u>ではないからね. 〈『バスカヴィル家の犬』〉

本や作品の用語索引とかコンピュータで抽出した前後の文脈などを伴う索引データをコンコーダンスと言いますが, **concord** /¹ /ˈkɑːnkɔːrd/ は意見や利害などの一致, 調和, 協調といった意味で 'peace with amity' といったポジティブな語感を持ちます（'in concord (with)'（…と調和して）).

3-45
competent /²⁻ ᴸ/ˈkɑːmpɪtənt/
「有能な」「優秀な」

【類語： **capable** /¹ /ˈkeɪpəbl/（資格や経験があり有能な）, **skillful** /² /ˈskɪlfl/（腕のいい）】

※ 能力があって効率よくバリバリ仕事をこなすイメージ（'a competent housekeeper' なら「家事の切り盛りがうまい家政婦さん」というイメージ）です. ただし, competent は「とてもよくできる」という意味も表せますし,「まずまずできる」という意味でも用いられます. capable は「専門職などで能力に欠けたところがない有能さ」という語感です.

Inspector Gregory, to whom the case has been committed, is an extremely **competent** officer. Were he but gifted with imagination he might rise to great heights in his profession.

事件の担当になっているグレゴリー警部はとても<u>有能な</u>警察官だ. 想像力に恵まれてさえいれば素晴らしい経歴を残すのだが. 〈「シルヴァー・ブレイズ」〉

※ 仮定法の 'Were he …' や「ほんの, ただ…だけ」という意味の but の使われ方にも注意しましょう.

《奇妙な出来事に見舞われた依頼人に，ホームズは用心して事態の経過を見るように言いながら》

"… Is that lawyer of yours a **capable** man?"

"Mr. Sutro is most **capable**."

「(前略)（さきほど話に出た）あなたの弁護士は有能な人ですか？」

「スートロさんはとても有能な方ですわ．」 〈「スリー・ゲイブルズ」〉

skillful の類語としては，**dexterous** ^r2 /ˈdekstrəs/「(操作や動きなど) 手先の器用な」(a **dexterous** surgeon ((手術の) 腕のいい外科医)) があります．少し似ている語として，**nifty** ^r1 /ˈnɪfti/ は「手際のよい，巧みな」('a **nifty** trick' (あざやかな芸当))；「便利な (handy)」(a **nifty** gadget (便利なガジェット))，「かなりの」(a **nifty** profit (かなりのもうけ)) といった用法があります．

3-46
complication ^β2 L /ˌkɑːmplɪˈkeɪʃn/
「やっかいな問題 [状況]」「状況を困難にする問題」；「困難化」

※ complicate にはものごとをやっかいにするという語感があります．

【類語：complexity】

> "Don't drop the instruments, I beg. Your arrest as a suspicious character would be a most unfortunate **complication**."
>
> 「道具を落とさないでくれよ，お願いだから．不審者として君が捕まったりするとなんとも面倒なことになるからね．」 〈「ブルース・パーティントン型設計図」〉

3-47
complimentary ^r1 C /ˌkɑːmplɪˈmentri/
「賞賛の」；「無料で提供される」

【類語：praise, admiration, **eulogy** (→ 3-11)；free】

※ admiration や praise を表明すること．会社やホテルなどから無料で提供されるチケットや飲食物についても用いられます．

> 《現場を見に行くための馬車が用意してあると言ったレストレード警部にホームズが答えて》
>
> "It was very nice and **complimentary** of you," Holmes answered. "It is entirely a question of barometric pressure."
>
> 「とても (nice and) ありがたいことですね」とホームズが言った．「(現場に行くか

どうかは）気圧（barometric pressure）次第ですが.」 〈「ボスコム谷の謎」〉

※ 例文中の 'nice and' は後に続く形容詞を強調して「大いに」の意味で口語において
使われます.

3-48
conceive ^{β2 L} /kənˈsiːv/

「(計画などを) 思いつく」「…を想像する」

【類語：come up with, think, imagine, fancy】

※ 否定文（あるいは疑問文）での「見当がつかない」といった意味では imagine のほう
がよく使われます. 'conceive of'「(…すること, …か) を想像する」.

> I cannot **conceive** anything which will cover the facts.
> 私は事実を説明するようなものはなにも思いつかないよ. 〈『四つの署名』〉

※ **conceivable** ^{β2} /kənˈsiːvəbl/ は「考えられる」とか「ありそうな」という意味の形
容詞です.

> "Well, certainly that is also a **conceivable** hypothesis," said Holmes, smiling.
> 「ええ，それも確かに考えうる仮説の1つではあります」ホームズが微笑しながら
> 言った. 〈「独身貴族」〉

3-49
confidential ^{β1 L} /ˌkɑːnfɪˈdenʃl/

「内密の」「うちとけた」「腹心の (限定用法)」

【類語：secret, private, undisclosed；familiar】

※ 'strictly confidential' は 'completely secret' という意味. **confide** ^{β2} /kənˈfaɪd/ は
相互の信頼に基づいて「打ち明ける」ということです.

> I have had some **confidential** talks with Mr. James Wilder, his Grace's secretary.
> 私は何度か公爵閣下 (his Grace) の秘書であるジェームズ・ワイルダー氏とうちと
> けた話をしたことがあるのです. 〈「プライアリ・スクール」〉

> 《スキャンダルになる写真を取り戻してくれとホームズに依頼する国王のことば》
> Yet the matter was so delicate that I could not **confide** it to an agent without put-
> ting myself in his power.

しかしながら事態は非常に慎重を期す問題だったので誰か代理の者に打ち明けるというわけにはいかなかったのだ．その者に弱みを握られることになるのだから．

〈「ボヘミアの醜聞」〉

※ 上の例文では他動詞の用法．下の例文のように 'confide in A' で「A（人）を信頼して（秘密などを）打ち明ける」という用法もあります．

《ホームズが兄のマイクロフトにだけは秘密を打ち明けていたことをワトソンに弁明する場面》

As to Mycroft, I had to **confide in** him in order to obtain the money which I needed.

マイクロフト関しては，彼に打ち明けて必要なお金を確保しなければならなかったからね． 〈「空き家の冒険」〉

3-50
congestion ᵧ1 C L /kənˈdʒestʃən/

「混雑（**congest**「混雑する」）」「渋滞」；「充血」

【類語：congested → full, packed, **crammed** ᵝ2 /kræmd/「ぎっしり詰まった」（**cram** ᵝ2 /kræm/（ぎっしり詰める））】

※ ぎっしり詰まったという一般語は full で，packed は建物や部屋が「いっぱいの，満席の」，それがぎゅうぎゅうで不快感を与えるような場合には crammed が使われます．日本の学習塾を 'a cram school' と訳すこともあります．

With a rush we got to the poisoned men and dragged them out into the well-lit hall. Both of them were blue-lipped and insensible, with swollen, **congested** faces and protruding eyes.

私たちは（部屋に）飛び込むと，毒にやられた二人のところにかけ寄り，明るい踊り場に引きずり出した．二人とも唇が青くなって気を失っており，顔ははれぼったく充血して目が飛び出して（protruding）いた． 〈「ギリシア語通訳」〉

※ 例文中の protruding は **protrude** ᵧ1 /proʊˈtruːd/ は「（…から（from），…の上に（over））突き出る［はみ出る］」という動詞の現在分詞です．

《チャリングクロスにあるコックス銀行の貴重品保管庫にあるワトソンのブリキの文書箱についてワトソンが述べている文章》

It is **crammed** with papers, nearly all of which are records of cases to illustrate the curious problems which Mr. Sherlock Holmes had at various times to examine.

それには文書がぎっしり詰まっていて，そのほとんどが事件の記録でシャーロック・ホームズ氏がいろいろなときに手掛けた奇怪な謎を語ってくれるのだ.

〈「ソア橋事件」〉

※ 困難や問題に「満ちた」とか危険を「はらんだ」という意味では **fraught** [r1] /frɔːt/ が使われます（'a voyage [expedition, enterprise] **fraught** with risks'（危険をはらんだ航海［探検，企て］））.

3-51

consignment [r1 C] /kənˈsaɪnmənt/

「発送」「配送」「発送される商品」

【類語：shipment, **lot** [α2] /lɑːt/（商品のロット，1口(くち)），load】

※ shipment の方がより一般的ですが，しばしば国外など長距離という語感を伴います.
consignment は近距離でも用いられます.

《コーンウォール半島に転地療養することになったホームズの様子についてワトソンが語る場面》

The ancient Cornish language had also arrested his attention, and he had, I remember, conceived the idea that it was akin to the Chaldean, and had been largely derived from the Phoenician traders in tin. He had received a **consignment** of books upon philology and was settling down to develop this thesis …

古代コーンウォール語に彼（ホームズ）は興味を持ち，なんでも彼の考えによれば，カルディア語に近く，主にフェニキアの錫（すず）商人によってもたらされたということだった. 彼は言語学（philology（「歴史［比較］言語学））の本の荷を取り寄せ，その研究テーマ（thesis（論題，（学位請求）論文））の展開に腰をすえてかかろうとしていた（後略）

〈「悪魔の足」〉

※ 動詞 **consign** [β2] /kənˈsaɪn/ は「…（商品など）を発送する」のみならず「（厄介なものを施設や管理者に）ゆだねる」とか「…をごみ箱に捨てる（to **consign** a letter **to** a wastebasket（手紙をくずかごに捨てる））」「…（人や物）を～（不快な状態）に（to）陥れる（He was **consigned to** wheelchair.（彼は車いす生活になった））」という意味で用いられます.

It **was consigned to** Mr. Abe Slaney, Elrige's Farm, East Ruston, Norfolk.

それ（手紙）はノーフォーク州イースト・ラストン，エルリッジ牧場，エイブ・スレイニー宛てになっていた． 〈「踊る人形」〉

3-52
contagious $^{\beta2}$ ^{L} /kənˈteɪdʒəs/
「感染性の」

【類語：infectious, epidemic（→ 3-127）】

※ 名詞は contagion $^{\gamma1}$ ^{L} /kənˈteɪdʒən/．一般的には混同して使われることがしばしばですが，本来は infectious $^{\beta1}$ /ɪnˈfekʃəs/ は「間接感染による」で，contagious は「接触感染による」という意味です（'vaccines against infectious diseases'（伝染病に対するワクチン））．

> One thing only is certain. It is infallibly deadly, and it is horribly **contagious**.
> 1つだけはっきりしていて，確実に（infallibly）死に至るし，おそろしいほどの感染性があるのだ． 〈「瀕死の探偵」〉

3-53
contingency $^{\beta2}$ ^{C} ^{L} /kənˈtɪndʒənsi/
「将来起こりうること」「不測の事態」「偶然（性）」

※ contingency は起こる可能性（possibility），あるいは予測がつかないという不確かさ（uncertainty）のどちらの意味合いでも用いられます．形容詞 contingent $^{\beta2}$ /kənˈtɪndʒənt/ は「に依存して」「を条件として」．'be contingent on' の形で「…に左右される」という意味です．

> We must fall back upon the old axiom that when all other **contingencies** fail, whatever remains, however improbable, must be the truth.
> 我々はほかの全ての可能性がダメとわかったら，何であれ，ありそうにないものであっても残ったものが真実なのだという古い公理（axiom）をよりどころとする（fall back (up) on）必要があるね． 〈「ブルース・パーティントン型設計図」〉

【類語：happening, incident：contingent, **fortuitous** $^{\gamma2}$ /fɔːrˈtuːɪtəs/（偶然の，思いがけない）《良い結果を生むという含みをしばしば持ちます》】

> ▶ I didn't plan our meeting—it was quite **fortuitous**. 〈*Chambers*〉
> （私は私たちの会議の予定を立ててはいませんでした．本当に思いがけず開催することができたのです）

271

3-54

converse ^{β2} C L /ˈkɑːnvɜːrs/

「反対（の）」「逆（の）」

【類語：reverse, opposite, contrary】

※ 話の内容や述べ方が逆［正反対］であるということです．命題で "The **converse** is equally true." (逆も同じく真である) というときの「逆」が converse です．

My dear Watson, you as a medical man are continually gaining light as to the tendencies of a child by the study of the parents. Don't you see that the **converse** is equally valid.

ワトソン君，両親を調べることで子供の性質を知る手がかりを得るというのは医者としていつもやっていることだろう？ 逆もまた有効だ (valid) とは思わないかい？

〈「ぶな屋敷」〉

※ 動詞 converse /kənˈvɜːrs/「(うちとけて) 会話する」と区別しましょう (発音の違いも注意)．cf. conversation

---

Another fact, which had struck Major Murphy and three out of five of the other officers **with** whom I **conversed**, was the singular sort of depression which came upon him at times.

マーフィー少佐，そして私が話した5人の将校のうち3人が気にかけたもう1つの点は，彼 (バークレー大佐) がときおり見せるひどい落ち込み (depression) だった．

〈「背の曲がった男」〉

---

convert は「(異なったものに) 転換する」という動詞で，名詞の **conversion** ^{β1} /kənˈvɜːrʒn/ は「転換」，「変換 ('conversion rate' ((通貨の) 交換レート))」とか「改宗」という意味になります．

3-55

convey ^{β1} C L /kənˈveɪ/

「知らせる」「運ぶ」

【類語：inform, communicate；carry】

※ 情報や気持ちなどを知らせる (communicate)，ものをほかの場所に運搬する (carry) というのが主要な意味です．carry は運ぶだけですが，convey は到着地で荷物を引き渡すということまで含意します．(ベルトコンベアは '(belt) conveyer [conveyor]' とか 'conveyer [conveyor] belt' です．

The Coroner: What did you understand by that?

Witness: It **conveyed** no meaning to me. I thought that he was delirious.

検屍官：それ (a rat ということば) をどういう意味だと思いましたか？

証人：私にはなんの意味も<u>伝わり</u>ませんでした．うわ言を言っている (delirious (/dɪˈlɪriəs/ 意識が錯乱した)) のだと思いました．　　　　〈「ボスコム谷の謎」〉

I have a confused memory, too, of having been lifted and **conveyed** somewhere.

記憶もこんがらがって (confused) いるのですが，担がれてどこかに<u>運ばれた</u>ように思います．　　　　　　　　　　　　　　　　　　　　〈「技師の親指」〉

3-56
count ^{α2} /kaʊnt/

「数える」「数に入れる」「重要である」

※ 自動詞で「重要である」という意味の用法や例文の 'count for'（…だけの価値がある）にも注意しましょう．'count A as C' は「A を C とみなす」("I **count** myself **as** lucky." (僕は自分が幸運に恵まれていると<u>思う</u>))．

【類語： regard】

"Evidently," said I, "Mr. Wilson's assistant **counts for** a good deal in this mystery of the Red-headed League ….

「間違いなく」と私は言った．「ウイルソン氏の店員はこの赤毛組合の謎においてとても重要な<u>役目をはたしている</u>ね (後略)　　　　　　　　〈「赤毛組合」〉

3-57
courtesy ^{β1 C L} /ˈkɜːrtəsi/

「礼儀」「丁寧さ」「好意」

※ 特別な提供や転載を許可することへの謝辞で 'Reprinted with permission (by) **courtesy** of the publisher'（出版社の<u>好意</u>により許可転載）というような形でもよく目にします．'a courtesy telephone' は「(ホテルなどの) 無料電話機」．

【類語： respect, **venerable** ^{γ1} /ˈvenərəbl/ (尊ぶべき，由緒ある) (下例参照)】

Sherlock Holmes welcomed her with the easy **courtesy** for which he was remarkable, and, having closed the door and bowed her into an armchair, he looked her over in the minute and yet abstracted fashion which was peculiar to him.

シャーロック・ホームズは彼女 (メアリー・サザランド) を持ちまえのやわらかな

(easy) 物腰で迎え入れ，ドアを閉めて彼女に肘掛椅子を勧めると，彼女を観察しながらも彼独特の注意深い (minute (→ 2-38)) けれどうわの空 (abstracted) といったふうであった． 〈「花婿失跡事件」〉

※ ドアを閉めるのは 'to close the door'，ドアを少し開けておくというのは 'to leave the door **ajar**' となります (ajar /əˈdʒɑːr/: slightly open)．

He is a man of **venerable** appearance and of saintly life.
彼は見るからに立派な聖職者らしいかたです． 〈『バスカヴィル家の犬』〉

動詞の **venerate** $^{\gamma 1}$ /ˈvenəreɪt/ は聖なるもの・高齢者・由緒あるものを「あがめる [尊ぶ]」という意味です．

3-58
craft $^{\beta 1 C}$ /kræft/
「技術」「工芸」「(特殊な技術を要する職業の) 専門家たち」；「船」「船舶」

※ 熟練 (delicate skill, fine workmanship) の手わざ (handicraft) によく使われます．大工や鍛冶工には使いますが，農夫や庭師には用いません．

▶ The ship is a fine specimen of the builder's **craft**. 〈*ISED*〉
(その船は作った船大工の技術を示す素晴らしい実例だ)

Our **craft** was evidently a very fast one.
私たちの船がかなりの快速艇であることはすぐにわかった． 〈『四つの署名』〉

3-59
credit $^{\alpha 2}$ /ˈkredɪt/
「信用」「信用貸し」「履修単位」
creditor $^{\gamma 1 L}$ /ˈkredɪtər/「債権者」
【類語：belief, trust, faith】

※ 主に取り引き上の信用ということで，上記の類語にある語彙は宗教上の信仰という意味がありますが credit にはありません．「信用する」：'credit A with B'「A が B の性質などを持っていると思う」：「A に B の功績などがあると思う」(= credit B to A)：「A に B の金額を信用貸しする」(= credit B to A)

※ 'credit crunch' は「信用収縮 (金融が逼迫すること)」「貸し渋り」(**crunch** $^{\gamma 1}$ /krʌntʃ/ は「危機的状況」とか「試練の時」)．

《ホームズとワトソンの有名な出会いの場面》

"How are you?" he said cordially, gripping my hand with a strength for which I should hardly have **given** him **credit**. "You have been in Afghanistan, I perceive."
"How on earth did you know that?" I asked in astonishment.

「初めまして」彼（ホームズ）はにこやかに（cordially（友好的に））言うと私の手を彼のどこにそんな力が<u>あったかと思う</u>ほど強く握って続けた.「アフガニスタンにおられましたね，お見かけしたところでは.」
「いったいどうしてわかったのですか?」私は驚いて尋ねた.　　　　〈『緋色の研究』〉

※ 'give A（人）credit for B（性質など）' は「A が B を持っていると思う」という意味です.

※ 例文中の cordially の形容詞形 **cordial** [β2] /ˈkɔːrdʒəl/ は「（関係や雰囲気が）友好的な」という意味です（'a **cordial** relationship'（<u>親密な間柄</u>））.

3-60
culminate [γ1] [L] /ˈkʌlmɪneɪt/
「（結果的に極度の状態に）…に達する［に終わる］」

culmination [γ1] /ˌkʌlmɪˈneɪʃn/「成果」「最高潮」

※ culmination は運動や成長が最終点に到達することや目的を達成するという含意があります.

【類語：summit, climax, pinnacle /ˈpɪnəkl/（仕事や業績の絶頂, 小尖塔）, zenith /ˈziːnɪθ/（絶頂, 天頂《天文学》）】

For this reason I will now lay before the reader the facts connected with Miss Violet Smith, the solitary cyclist of Charlington', and the curious sequel of our investigation, which **culminated** in unexpected tragedy.

そのようなわけで，私はチャーリントンの孤独な自転車乗りヴァイオレット・スミス嬢に関する事実と，予期せぬ悲劇に<u>終わった</u>我々の捜査について読者に紹介するものである.　　　　〈「一人ぼっちの自転車乗り」〉

※ 次の例は「（最終的に）…（極度の状態）になる」という意味での用法.

《撃たれたワトソンにホームズが懸命に声をかけるのを聞いたワトソンの胸に去来した思い》

For the one and only time I caught a glimpse of a great heart as well as of a great brain. All my years of humble but single-minded service **culminated** in that moment of revelation.

このただ一度だけ私は偉大な頭脳とともに偉大な心があるのを垣間見ることができたのだ．私のささやかな，でも誠実に尽くしてきた年月はこの啓示 (revelation (/ˌrevəˈleɪʃn/ 驚くべき新発見，暴露，天啓)) の瞬間に頂点に達したのだ．

〈「三人ガリデブ」〉

3-61
cultivated ^{α2} ^{L} /ˈkʌltɪveɪtɪd/

「教養のある」

※ 'refined and well educated' というのが中核的な意味です．cultivate は「（土地を）耕す」という原義から「（才能などを）みがく」という意味でも使われ，cultivated も「（土地が）耕作された」という意味から比喩的に「教養のある」とか「洗練された」という意味になっています．日本語の「培う」も，元来は草木の根に土をかけて育てるという耕作に関係した語であったものが，品性・資質などを養成すると意味での「培う」という語となって使われているそうです．

【類語：trained, refined, urbane /ɜːrˈbeɪn/「（都会風に）あか抜けした (refined, polished in manner, (too) smoothly polite)」】

Holmes had remarkable powers, carefully **cultivated**, of seeing in the dark.
ホームズには，入念に鍛え上げたものだが，暗闇でも目がきくという珍しい能力があった．〈「チャールズ・オーガスタス・ミルヴァートン」〉

3-62
cumulative ^{γ1} ^{C} /ˈkjuːmjəleɪtɪv/

「累積的な」「しだいに増える」

【類語：increasing, **accumulative** ^{γ2} ^{C} /əˈkjuːmjələtɪv/（累積的な）(**accumulate** ^{β2} $^{C L}$ /əˈkjuːmjəleɪt/ → multiply (3-249))】

※ 継続的に大きさ，量，力，重要さなどが増加していくことです（'**cumulative** effect'（累積効果））．同じ意味で accumulative という語がありますが，影響力の大きさなどが含意されるときなどでは cumulative の方がよく使われます．

Each fact is suggestive in itself. Together they have a **cumulative** force.
それぞれの事実はそれ自体が示唆に富んでいる．それらが一緒になると累積的な説得力を発揮するよ．〈「ブルース・パーティントン型設計図」〉

276

《踊る人形のデータが増えてきて喜ぶホームズのセリフ》

Holmes rubbed his hands and chuckled with delight.

"Our material is rapidly **accumulating**," said he.

ホームズはご機嫌で両手をこすり合わせて含み笑いをした.

「私たちの材料がどんどん増えてきましたな」と彼は言った. 〈「踊る人形」〉

3-63
current ^{β1} ^{C} ^{L} /ˈkɜːrənt/

「現在の」「流通している」('the current issue of a magazine' は「(雑誌の今週 [今月] 号)」);「(水, 空気, ガスなどの) 流れ」「風潮」

currency ^{β1} ^{C} ^{L} /ˈkɜːrənsi/

「通貨」;「普及」

【類語: flow, prevailing (ある時期に流行している), prevalent /ˈprevələnt/ (ある特定の時や場所でよく見られる, 広く行きわたっている):stream】

※ 変化していくものや人から人に伝わっていくものについて, 今現在はやっているということを言う語.「流れ」の意味では, stream よりも方向性や力について主眼が置かれます.

《老教授の様子がおかしくなった事件をワトソンに語るホームズのことば》

Then the **current** of his life was broken.

それが, 彼 (教授) の生活の流れが壊されてしまったのだ. 〈「這う男」〉

3-64
curse ^{α2} /kɜːrs/

「…をのろう」「…を罵る」「悪態をつく」

※ 悪口雑言を吐くということです.「のろう」という意味もあります (反対語は bless/blessing). swear (ののしりことばを使う) は日本語で言えば「くそっ」とか「ちくしょう」といった口汚いことばを使うということです.

【類語:swear (ののしりことばを使う), damn】

I have enough already upon my soul since I crossed the threshold of this **cursed** house.

この呪われた家の敷居 (threshold (玄関口, 境目, 出発点 → 3-424)) をまたいでからというもの私の心は十分過ぎるほど苦しんできました. 〈「金縁の鼻眼鏡」〉

3-65

custody $^{\beta2}$ /ˈkʌstədi/

「保護」「親権」「管理」「監督」

※「親権」は正式には 'child custody' です．「拘留」という意味もあります（'in custody' は「拘留中」）.

【類語：protection】

"That is better," said John Clay serenely. He made a sweeping bow to the three of us and walked quietly off in the **custody** of the detective.

「それでよろしい」とジョン・クレイは平静に（serenely）言った．彼は私たち 3 人にひとわたりお辞儀をする（bowed）と警官に付き添われて静かに出て行った.

〈「赤毛組合」〉

3-66

damp $^{\beta1\ L}$ /dæmp/

「じめじめした」「湿り気のある」

【類語：moist, wet, humid】

※ 天候について言う場合は霧など低温での不快な湿気のこと（**humid** は「むしむしした暑さ」）.

▶ Wipe the leather with a **damp** cloth.

（湿らせた布でその革をふいてください）

We had left the **damp** fog of the great city behind us, and the night was fairly fine.

都心を後にして湿った霧を離れると，実に気持ちのよい夜であった.〈『四つの署名』〉

3-67

dare $^{\alpha2}$ /der/

（否定文や疑問文で）「思い切って…する」

▶ "I'll tell Dad." "You wouldn't **dare**."

（「お父さんに言いつけるから」「できもしないくせに」）

▶ Did he **dare** (to) ask for a raise?

（彼は厚かましくも昇給を求めてきたのですか？）

以下にいくつかの用例パターンをあげておきます.

➤ How dare …? 「よくもまあ…できるものだ」

▶ **How dare** you accuse me of lying!

（私がうそをついたなんてお前がよく言えたものだ！）

➣ Don't you dare …? 警告して「（私を怒らせるような）…をするな」

▶ **Don't you dare** talk to me like that!

（私にそんな口をきくんじゃない！）

➣ dare 人 to *do*「人に…できるものならやってみろと言う」

▶ I **dare** you to do it. (やるならやってみろ)

➣ I dare say (I daresay) (特にイギリス英語)「おそらく…だろう」

▶ I **daresay** things will improve. (きっと事態は好転しますよ)

It shines on a good many folk, but on none, I **dare** bet, who are on a stranger errand than you and I.

それ（太陽）は多くの人を照らすが，（照らされている人の中で）君と僕よりも奇妙な用向き（**errand**（使い（走り）））に出てる人はいないと言い切れるね.

〈『四つの署名』〉

※ **errand** [β1] /ˈerənd/「使い（走り）」「（使いの）用事［任務］」

【類語：risk, venture, hazard, presume】

※ dare は「あえて…する」「厚かましくも…する」という語です．類語にある語彙も見ておきましょう．risk は「危険を承知で賭けに出る」，venture は「人を怒らせるかもしれないけれども思い切って［あえて］言う［やる］」，hazard は「間違っているかもしれない提案や推測をあえてやってみる」（'hazard a guess'（あてずっぽうを言ってみる）），presume は通例否定文で「おこがましくも…する」です.

▶ I **ventured** (to remark) that her skirt was too short. 〈*Chambers*〉

（彼女のスカートが短すぎるんじゃないかと思い切って言ってみた）

▶ I would**n't presume** to disturb you. 〈*ISED*〉

（あなたのおじゃまをするつもりはありません）

3-68

daunt [γ1] [L] /dɔːnt/

「ひるませる」（しばしば受身形で用いられます）

daunting「おじけづかせるような」

【類語： discourage, **demoralize** [γ2] /dɪˈmɔːrəlaɪz/ （士気をくじく，意気消沈させる）《「逆」という意味の接頭語の de- に moral （精神的な支え）が連なってできています》, respectable, sound】

At last in the stress of her fear she did that which might have **daunted** the bravest or most active man, …

とうとう恐怖のあまり彼女はどんな剛勇な男でも<u>尻込みする</u>ような行為に出た（後略） 〈『バスカヴィル家の犬』〉

3-69
decent $^{\beta 2}$ ᴸ /ˈdiːsnt/

（身なり，振る舞いなどについて）「ちゃんとした」「適切な」；（人や家系などが）「きちんとした」；（質などが基準を満たして）「結構な」「まあまあの」「相当な」

【類語：solid（しっかりした），respectable，sound】

※ 類語にあげた語群は必ずしも excellent とか special という語感があるわけではなく，質などが十分基準を満たしていることを言います．solid は人や会社の業績などがしっかりしていることについてよく使われます．respectable は仕事ぶりや競争などのパフォーマンスについてよく使われます．sound には excellent という語感はありません．

《モリアーティ教授がいないロンドンは退屈だと嘆くホームズにワトソンが諭して》
"I can hardly think that you would find many **decent** citizens to agree with you," I answered.

「<u>善良な</u>市民の多くは賛成しないだろうがね」と私は答えた．

〈「ノーウッドの建築業者」〉

3-70
decree $^{\gamma 1}$ ᴸ /dɪˈkriː/

「法令」「布告」「命令する」

※ 統治者や政府から出された法となる公的な命令ということです

【類語：order，command，instruction】

He is connected with the Mafia, which, as you know, is a secret political society, enforcing its **decrees** by murder.

奴はマフィアにつながっているのです．マフィアはご存知のとおりの秘密政治結社で，<u>命令</u>を執行する（enforce）ためなら（相手であれ自分の仲間であれ）殺害するのです． 〈「六つのナポレオン」〉

※ 'enforcing its decrees by murder' の箇所は，書き換えれば 'The Mafia uses murder to achieve its aims, against both ordinary people and its own members.' という意味です。

3-71

deduction ^{β2} /dɪˈdʌkʃn/

「控除」；「推論」「演繹」

deduce ^{β2 L} /dɪˈduːs/（→ 2-21）「推測する」「結論を引き出す」「演繹する」

「帰納法」は **induction**（→ 3-199, induce は 1-208）

【類語： discount, **subtract** ^{β1 L} /səbˈtrækt/（数や量を引く，減じる）； conclude, infer（推断する）（→ 2-21）】

deduct ^{γ1 L} /dɪˈdʌkt/「差し引く」「控除する」

※ deduct は税金の控除といった文脈でよく使われます（"Tax is **deduced** at source."（税金は源泉（at source）徴収される））。infer は理由に基づいておそらく正しいだろうと推論すること，deduce は事実から論理的に正しいはずである内容や解答を導くこと。

The reasoning was close and intense, but the **deductions** appeared to me to be far-fetched and exaggerated.

推論は綿密（close）で熱烈（intense）だが，結論の導き方は私にはこじつけ（far-fetched）で誇張されているように見受けられた。　　　　　　　　　〈『緋色の研究』〉

▶ If you **subtract** 5 from 8, 3 is left [you get 3]. 　　　　　〈Chambers〉

(If 5 is subtracted from 8, the answer is 3. / 5 subtracted from 8 is [equals] 3.)

（8 引く 5 は 3）

3-72

deference ^{γ1 L} /ˈdefərəns/

「服従」「敬意」

※ 主としてフォーマルな書きことばとして用いられます。特に，社会的な地位の高い人などに対しての態度です。

※ deferment は「延期」，「繰り延べ」；「支払い猶予」；「徴兵猶予」．

defer ^{γ1 L} /dɪˈfɜːr/「（敬意を払って）従う」；「先送りする」

deferential ^{γ2 L} /ˌdefəˈrenʃl/「敬意のこもった」

【類語： compliance, submission（→ 3-401）, respect, **esteem** ^{β2} /ɪˈstiːm/（尊敬［尊重］する）（self-esteem（→ 1-93）の形でよく使われます）】

"Oh, if you say so, Mr. Jones, it is all right," said the stranger **with deference**.

「ああ，ジョーンズさん，あなたがそうおっしゃるなら結構です」話に入ってきた男（メリウェザー氏）はうやうやしく言った． 〈「赤毛組合」〉

「敬意」という意味での類語として，**reverence** [β2] /ˈrevərəns/ を見ておきましょう．「特に強い尊敬の念」とか「敬愛」という意味です．動詞は revere /rɪˈvɪr/（…を深く尊敬する）．the Reverend で（プロテスタントの）聖職者の名前につけて「…師」(the Reverend Edwin Alden（エドウィン・オルデン牧師））となります（カトリックでは Father）．

▶ Young people nowadays show little **reverence** for the church. 〈*Chambers*〉
（この頃の若い人は教会に敬意を示さない）

3-73
deficiency [β1] [L] /dɪˈfɪʃnsi/
「不足（分）」；「欠陥」「不備」
※ 健康のために必要な要素が欠乏しているという文脈でよく使われます（'vitamin **deficiency**' は「ビタミン不足」）．
【類語：lack, deficit (→ 1-106)；**deficient** [β2] [L] /dɪˈfɪʃnt/（欠陥のある；不十分な）（特に本質的なものが比較的不足していることを表す），inadequate（不適当な：質（や量）について不足している），insufficient（量や強さについて不十分な）】

I am not retained by the police to supply their **deficiencies**.
僕は欠陥を補うようにと警察から依頼を受けているわけじゃないんだ．
〈「青いガーネット」〉

※ ここでの retain は「（弁護士などに）依頼する」という意味です．

《ホームズに相談を持ち掛けたというフランスの探偵をホームズが評して》
He has all the Celtic power of quick intuition, but he is **deficient** in the wide range of exact knowledge which is essential to the higher developments of his art.
彼はケルト系の鋭い直感をあますところなく持っているが，彼の仕事のいっそうの発展に必要な広範囲にわたる正確な知識に欠けている． 〈『四つの署名』〉

3-74
define [β1] /dɪˈfaɪn/
「限定する」「定義する」（名詞「定義」は **definition** [β1] /ˌdefɪˈnɪʃn/)
definite [β1] /ˈdefɪnət/「限定された」「明確な」
※ definite は明確（clearly fixed）であいまいなところがない（unambiguous）ことです

(≒explicit)．**definitive** ʸ¹ └ は決定的 (decisive) で最終的 (final) なこと (≒conclusive) です ('**definitive** agreement' (<u>正式な契約</u>))．

【類語：explicit】

《ワトソンの友人がワトソンにホームズを紹介する前にホームズを評して》

He appears to have a passion for **definite** and exact knowledge.

彼 (ホームズ) は厳密で正確な知識というものに一生懸命なのでしょう． 〈『緋色の研究』〉

関連語として，**formulate** ᵝ² /ˈfɔːrmjuleɪt/ は「(理論や規則などを) 体系づける [策定する]」「(計画などを) 練る」「…を定式化する」という意味の動詞です．

《(現場に来る前の列車の中で) 警察の考えそうな説明はこんなところだろうと事前にホームズがワトソンに予想していたところ，現場でグレゴリー警部がワトソンに…》

Gregory was **formulating** his theory, which was almost exactly what Holmes had foretold in the train.

グレゴリー警部は彼の見解を<u>述べていた</u>が，それはホームズが列車の中で予言していたのとほとんどまったく同じものだった． 〈「シルヴァー・ブレイズ」〉

3-75

defy ᵝ² /dɪˈfaɪ/

「(法や規則などに) 従わない」「無視する」「('defy A to *do*' の形で) (人に) できるなら…してみよと挑む」

※ 'defy description/analysis/belief *etc.*' で「(記述や理解が) 不能である」("The beauty of the scene **defies** description." は「その光景の美しさは筆舌に尽くし<u>がたい</u>」という意味)．

【類語：oppose, disobey】

名詞は **defiance** ᵝ² └ /dɪˈfaɪəns/「公然の反抗」「挑戦的な態度」「無視」(類語は resistance, opposition, neglect)．

《長老が花婿候補として決めた男を娘の父親が追い払い，男が娘の父親に毒づく場面》

"You shall smart for this!" Stangerson cried, white with rage. "You have **defied** the Prophet and the Council of Four. You shall rue it to the end of your days."

「思い知る (smart) ことになるぞ！」スタンガスンが怒りで顔面を蒼白にして叫んだ．

「お前は預言者様と四長老会議（council（評議会，地方議会））に逆らったのだ．死ぬまで後悔する（rue（/ruː/（文語）））のだ．」　　　　　　　　　　〈『緋色の研究』〉

《癇癪（かんしゃく）もちで訴訟（litigation（/ˌlɪtɪˈɡeɪʃn/））好きの老人のことをワトソンがホームズに伝える文章》

Sometimes he will shut up a right of way and **defy** the parish to make him open it. At others he will with his own hands tear down some other man's gate and declare that a path has existed there from time immemorial, **defying** the owner to prosecute him for trespass.

奴ときたら通行権を停止しておいて，地元の人たち（parish（教区民））に対して自分に道を開けさせることができるものならやってみろと挑むかと思えば，自分の手で他人の門を壊しておいて遠い昔の（immemorial）頃からそこには道があったのだから，不法侵入（trespass（→ 1-8））で訴え（prosecute（起訴［告訴］する））たければやってみろと言うといった具合らしい．　　　　　　　　　　　　　〈『バスカヴィル家の犬』〉

※ 形容詞 **defiant** ^r1 /dɪˈfaɪənt/ は「喧嘩腰の」とか「反抗的な」という意味で従わない様子が時に攻撃的であることもあります．**naughty** は「言うことをきかない」という形容詞で聞き分けのないことをいう悪い意味です（mischievous /ˈmɪstʃɪvəs/ になると「茶目っ気のある」「やんちゃな」というニュアンスを感じさせます）．

She was silent and her face was still very pale. At last she looked up with something reckless and **defiant** in her manner.

彼女のは黙りこくって顔は蒼白になっていた．ついに彼女は顔を上げ，どこかすてばち（reckless）で挑戦的な態度になった．　　　　　　〈『バスカヴィル家の犬』〉

※ neglect（注意を払わない）や disregard（重要でないものとして扱う）はおなじみですが，ついでに **snub** ^r1 /snʌb/（無視して人を冷たくあしらう（こと））も押さえておきましょう．

　　▶ He **snubbed** me by not replying to my question.　　　　〈Chambers〉
　　（彼は私の質問に答えないことで私を無視［侮辱］した）

3-76
degrade ^β1 ^L /dɪˈɡreɪd/
「…（品位など）を下げる」「侮辱する」；「…（状態）を劣悪にする」
名詞は **degradation** ^β2 /ˌdeɡrəˈdeɪʃn/「免職」「左遷」「下落」
【類語：corruption，**lapse** ^β1 ^L /læps/（一時的な衰え（→ 3-224），日時の経過），decline】

※ 品位や地位，価値などについて用いられる語です．**disgrace** [β1] /dɪsˈɡreɪs/（不名誉，名を汚す，はずかしめる）は面目を失わせるという意味です．

《ワトソンの著作にホームズが不満を述べる場面》

You have **degraded** what should have been a course of lectures into a series of tales.

君は筋道立った講義であるべきものをひと続きのお話に<u>堕落させて</u>しまったのだよ．

〈「ぶな屋敷」〉

I can't bear **disgrace**, sir. I've always been proud above my station in life, and **disgrace** would kill me. 〈「マスグレイヴ家の儀式」〉

（わたくしは<u>不名誉</u>には耐えられません．わたくしはまったく (in life) 分不相応なほど (above *one*'s station (station は「地位《古》」)) 誇りを持って生きてまいりましたので，<u>汚辱</u>をこうむるのでしたらわたくしは死にます．

3-77
delinquency [β2] [L] /dɪˈlɪŋkwənsi/

「非行」；「（債務の）不履行」「滞納［未払金］」（'mortgage **delinquency**'（住宅ローンの<u>滞納</u>））．**delinquent** [β1] /dɪˈlɪŋkwənt/ は「未成年の非行者」．

※ 通例若い人の悪い行いのことを言います（'a juvenile **delinquent**'（非行少年［少女］《可算名詞》），'juvenile **delinquency**'（（青）少年犯罪［非行］《不可算名詞》）．

【類語：crime，**misconduct** [γ2] /ˌmɪsˈkɑːndʌkt/（専門的職業における違法行為）（→ 1-57），**vice** [β1] /vaɪs/（邪悪，悪徳：悪業，非行，麻薬や売春などの犯罪行為）（→ 1-105）】

She told us many details about her brother-in-law the steward, and then wandering off on the subject of her former lodgers, the medical students, she gave us a long account of their **delinquencies**, with their names and those of their hospitals.

彼女は客室係をしている義弟について細かいことをたくさん話し，それから話は脱線して (wander off) 話題は彼女の下宿人 (lodgers) の医学生たちのことになり，彼らの<u>品行の悪さ</u>を散々並べて名前や病院名まで教えてくれた． 〈「ボール箱」〉

3-78
deplete [γ1] [C] [L] /dɪˈpliːt/

「ひどく減らす」「使い尽くす」

※ 大量になくなって残りが十分でなくなることです．名詞「枯渇」は depletion（'ozone

depletion'（オゾン層破壊））です.

【類語：empty, **drain**（→ 3-108）, use up】

A **depleted** bank account had caused me to postpone my holiday, and as to my companion, neither the country nor the sea presented the slightest attraction to him.

底をついた銀行口座のために休暇は先送りせざるをえなかったし，ホームズはといえば田舎も海も少しも彼の関心を引かなかった.　　　　　　〈「ボール箱事件」〉

3-79

deplore $^{β2\ L}$ /dɪˈplɔːr/

「…を嘆かわしく思う［遺憾に思う］」「…を嘆き悲しむ」

【類語：disapprove, **lament**（→ 3-222）, regret, criticize】

※ 公に強く不賛成（disapproval）や批判（criticism）を表明することです．condemn と違い人を目的語にしません．「嘆き悲しむ」の意味では，価値あるものが取り返しのつかないことになって深く悲しむ絶望感を表す語です．lament はそれよりは弱く，苦痛や苦悩に声を出して悲しむことです.

《ホームズの有名なセリフの1つ "The game is afoot."（獲物が飛び出したぞ）が出た後の場面．ホプキンズ警部が呼び出すのは必ず面白い事件だと褒めてホームズが続けたことば》

I fancy that every one of his cases has found its way into your collection, and I must admit, Watson, that you have some power of selection which atones for much which I **deplore** in your narratives.

ホプキンズの事件はいずれも君の著作集に入っていると思うが，ワトソン，僕は君が選択眼といったものの持ち主だと認めなくてはならないし，その選択眼はいつも僕が嘆く君の語り口のまずさを埋め合わせている（atone (/əˈtoʊn/ 償う)) のだよ.

〈「アベイ農場」〉

3-80

deposit $^{β1\ C\ L}$ /dɪˈpɑːzɪt/

「預金」「手付金」；「堆積物」「沈殿物」

（動詞（「…を預ける」「堆積させる」）としても用いられます）

※ 物を借りたときの賃料とは別に払う「保証金」（問題がなければ借りたものを返すときに戻ってくるお金）としても使われます.

【類語：save：payment】

> He was all right, as far as money went, but in his **deposit** he had given her what looked like a bad florin. She showed it to me, Watson, and it was an Indian rupee.
> 彼は支払いについてはちゃんとしているそうだが，保証金として彼女に支払ったのは偽のフローリン金貨のようだったそうだ．彼女は僕に見せてくれたのだけれど，ワトソン，それはインドのルピー貨幣だったよ． 〈「背の曲がった男」〉

> I was fortunate enough to discover that there was a **deposit** of fuller's-earth in one of my fields.
> 幸運にも私の地所にはフーラー土の層があることが分かったのです．〈「技師の親指」〉

3-81
derivative ⁷¹ ᴸ /dɪˈrɪvətɪv/
「派生物」
※「デリヴァティブ」（金融派生商品）としてカタカナ語でおなじみです．
【関連語：derive, spring】

> Returning to France I spent some months in a research into the coal-tar **derivatives**, which I conducted in a laboratory at Montpelier, in the South of France.
> フランスに戻ってから数か月はコールタールからの派生物を研究して過ごしたよ，南フランスのモンペリエのとある研究所でね． 〈「空き家の冒険」〉

3-82
desert ᵅ² ᴸ
「砂漠」/ˈdezərt/ ('the Sahara Desert'（サハラ砂漠））；「見捨てる」/dɪˈzɜːrt/
【関連語：wilderness, wasteland】
※「（海辺の）砂丘」は dune（または sand dune）．動詞は第2章「捨てる」動詞のグループの項（2-1）を参照．アクセント位置の違いに注意．なお，dessert /dɪˈzɜːrt/ は「デザート」．

> "Who was he, then, and what was his object in **deserting** Miss Sutherland?"
> 「じゃあそいつは何者で，サザランド嬢を見捨てた目的は何だったのだい？」
> 〈「花婿失跡事件」〉

3-83

detain *β2* **L** /dɪˈteɪn/

「引き止める」「勾留する」「足止めをくらわせる」

※ 話しかけたり仕事で手間取らせたりして他に行くのを遅らせたり引きとめるといった状況でよく使われます.

【類語：hold up, hold back, keep wait, confine】

> "If I am Mr. Neville St. Clair, then it is obvious that no crime has been committed, and that, therefore, I am illegally **detained**."
> 「もし私がネヴィル・セントクレア氏であるなら，明らかに犯罪は行われておらなかったのだから，私は不法に<u>勾留されている</u>ことになりますな.」〈「唇のねじれた男」〉

3-84

detach *β2* **C L** /dɪˈtætʃ/

「…を分離する」；「(物事や感情などを) 考えないようにする」

※ 大きなものから取り外すこと. detached (→ 1-77) は「分離した」とか「(態度が) 超然としている」，「無表情である」といった意味です (detachment は「分離」；「公平無私」「超然」).

【関連語：**undo** ((ひもなどを) ほどく，(衣服などを) ゆるめる，(包みなどを) 開く；取り消す，無効にする), indifferent (3-197)】

> Sherlock Holmes had, in a very remarkable degree, the power of **detaching** his mind at will.
> シャーロック・ホームズは，まったくもって驚くほどであるが，気持ちを意のままに問題から<u>切り離す</u>能力があった. 〈『バスカヴィル家の犬』〉

retract *β1* /rɪˈtrækt/ は「(前言・約束などを) 撤回する [取り消す] ('to **retract** a statement' (前言撤回する))」；「(身体の一部などを) 引っ込める」

  ▶ A cat can **retract** its claws.

    (猫は爪を<u>引っ込める</u>ことができる)

3-85

detour *γ1* **C** /ˈdiːtʊr/

「回り道」「迂回路」('make [take] a **detour**' は「迂回する」)

※ 何かを避けたり，立ち寄ったりするために遠回り (roundabout route) をすることで，動詞 (「迂回する」) としての用法もあります.

【関連語：route, path】

> Sometimes Holmes would hurry on, sometimes stop dead, and once he made quite a little **detour** into the meadow.
>
> ときおりホームズは駆け出すこともあれば，じっと止まっていることもあり，一度などは牧草地の中にかなりな回り道をした．　〈「ボスコム谷の謎」〉

※ 'quite a little' は 'a considerable detour' とか 'quite a long detour' ということで「たくさんの」「かなりの」という意味です．

3-86

devoid ˠ¹ ᴸ /dɪˈvɔɪd/

「…を欠いている」

【類語：**void** ᵝ² /vɔɪd/（…を欠いている；欠落；（契約などを）無効にする，空にする）(3-458)．void は devoid より意味が強く，感知できる限りにおいて空虚であることを強調します】

※ 質 (quality)，特徴 (character)，傾向 (tendency) などがない，欠けているという点を強調する語です．void は性質などがかけらもないといったときに用いられます(法的に「無効の」(valid の反対語) としても用いられます)．

> The case is not entirely **devoid** of interest.
>
> この事件は興味深い点がないわけではない（なかなか面白そうだ）．　〈「三人の学生」〉

3-87

dialect ᵝ¹ /ˈdaɪəlekt/

「（ある地域や特定の階層の）方言」

【関連語：**vernacular** ˠ¹ /vərˈnækjələr/（下記※参照），language, tongue, **jargon** ˠ¹ ᴸ /ˈdʒɑːrɡən/（下記参照），**idiolect** ˠ² /ˈɪdiəlekt/（下記※参照）】

※ 上記の関連語もカバーしておきましょう．vernacular は「お国ことば（家庭で最初に身につけることば）」，jargon は特定の職業やグループの専門［業界］用語，idiolect は個人（言）語（ある特定の人の特有のことばづかい）．

> 《カナダで農場をやっていてアメリカにもいたサー・ヘンリーがイギリスに帰国していきなり盗難事件にあって》
>
> So furious was he that he was hardly articulate, and when he did speak it was in a much broader and more Western **dialect** than any which we had heard from him in the morning.

（サー・ヘンリーは）あまりにも怒りすぎて満足にことばが出ず，やっと口をきけた
と思ったら朝聞いたのとは似ても似つかぬアメリカ訛りになっていた.

〈『バスカヴィル家の犬』〉

関連語として，word に -ing のついた **wording** は（何か書かれたものの中の）「ことば
づかい」「表現」「言いまわし」という意味です. **cliché** *β2* /kliːˈʃeɪ/ は「言い古された表
現［考え方］」です.

3-88
diffuse *γ1* L /dɪˈfjuːz/
「拡散する」「散らす」
名詞は **diffusion** *γ1* L /dɪˈfjuːʒn/「拡散」
※ 音，光，匂い，上記などがある場所全体に広がるというのが原義で，知識などが普
　及することや，形容詞として「散漫な」とか「冗長な」という意味で使われることも
　あります.
【類語：**dispersion** *γ1* /dɪˈspɜːrʒn/（分散，散布）（→ disperse 3-491），spread, **dissem-
ination** *γ2* /dɪˌsemɪˈneɪʃn/（情報などの流布）（動詞は **disseminate** *γ2* L /dɪˈsemɪneɪt/
（広める，普及させる））'**dissemination** of information'（情報の普及）】

Down the Strand the lamps were but misty splotches of **diffused** light which
threw a feeble circular glimmer upon the slimy pavement.
ストランド通りでは街灯の拡散した光のぼやけた（mist）点（splotches）があるだけ
で，ぬかるんだ歩道にかすかな（feeble）円形の光（glimmer）を投げかけていた.

〈『四つの署名』〉

3-89
dig *α1* C L /dɪg/
「…を掘る」「…を（土の中から）掘り出す」
【関連語：**delve**（徹底的に調べる）（→ 2-48），**excavate** *γ1* L /ˈekskəveɪt/（発掘［掘削］
する）】
※ 関連語の delve（掘り下げる）は 'delve into' の形で「探求する」とか「精査する」と
　いう意味で学術論文などでもよく使われますし，excavate は考古学での発掘やトン
　ネルなどを掘って作るというときに使われます.

For weeks and for months we **dug** and **delved** in every part of the garden, without
discovering its whereabouts.
〈『四つの署名』〉

何週間も何か月も私たちは庭のあらゆるところを掘り返して調べましたが（財宝の）行方はわかりませんでした．

《フーラー土（漂布土：羊毛の脱脂などに使われる貴重な粘土）を掘るための水圧プレスを直してくれという男に水力技師が質問して》
What, you **dig** fuller's-earth in the house?
なんですって，家の中でフーラー土を掘るのですか？ 〈「技師の親指」〉

《上の例文より前の場面で水力技師が質問するセリフ》
"I quite follow you," said I. "The only point which I could not quite understand was what use you could make of a hydraulic press in **excavating** fuller's-earth, which, as I understand, is dug out like gravel from a pit."
「お話はよくわかりました」と私は言いました．「ただ1つ分からないのは，水圧プレス（hydraulic press）をフーラー土の掘削にどう使うのですか，私の理解するところでは，砂利（gravel）のように穴（pit）から掘り出す（dug（dig の過去分詞形）out）ものでしょう．」 〈「技師の親指」〉

※ 例文中の pit の関連語として，**cavity** ⁿ ˪ /ˈkævəti/「腔《医学》(oral cavity（口腔)），空洞，虫歯」や **hollow** ᵝ² /ˈhɑːloʊ/「くぼ地，空洞（の），空疎な［うわべだけの］（≒perfunctory（おざなりの）(a perfunctory inspection（通りいっぺんの調査)))，価値がない」を覚えておきましょう．

《紛失した手紙が隠されているはずの床の板一枚ずつに爪をかけて開くかどうか確かめるホームズだったが》
A small black **cavity** opened beneath it.
（一枚の板の）下に小さな暗い穴が現れた． 〈「第二のしみ」〉

《ホームズに連れられて銀行の地下室におりた頭取が舗石をステッキでたたいてみたところ…》
Why, dear me, it sounds quite **hollow**!" he remarked, looking up in surprise.
「おや，どうしたことか，うつろな音がするぞ！」と言って驚いて顔をあげた． 〈「赤毛組合」〉

291

diligent ^{β1} C L /ˈdɪlɪdʒənt/

「勤勉な」

【関連語：**conscientious** ^{β2} L /ˌkɑːnʃiˈenʃəs/（誠実な，入念な）（3-239 も参照），名詞は **conscience**（良心）), industrious, **meticulous**（慎重な）(→ 3-239)】

※ diligent はその仕事や勉強が好きで熱心に丹念にやること．conscientious は人や言動について「まじめな」，「誠実な」，「慎重な」と言う語です．習慣として，あるいは性格的に勤勉なのは industrious．meticulous（注意深い，念入りな）は細部にまで注意を払うことです．

> You have been reading the papers **diligently** of late, have you not?
> 君（ワトソン）は近頃（of late）<u>熱心に</u>新聞を読んでるんじゃないかい？
>
> 〈「独身貴族」〉

> I am not sure that as a **conscientious** detective my first duty is not to arrest the whole household.
> <u>良心的な</u>探偵ならまず第一の任務は屋敷の全員を逮捕することだと思いかねませんな． 〈『バスカヴィル家の犬』〉

※ 例文は二重否定の形になっている点に注意しましょう．

dim ^{β1} L /dɪm/

「薄暗い」；「(姿などが）ぼんやりした」

【類語：faint：gloomy, dreary, dismal, **opaque** ^{γ1}/oʊˈpeɪk/（不透明の）(⇔ transparent)】【反対語：bright】

※ dim は空や部屋など場所が薄暗いこと，faint は光そのものについて述べる語です．**dreary** ^{β2} /ˈdrɪri/ は「もの寂しい」，gloomy は「陰気な」，dismal (→ 3-96) は「寂しい」とか「荒涼たる」という意味です．

> In the **dim** light I saw his head thrown forward, his whole attitude rigid with attention.
> 薄明かりの中で私はホームズが頭を前に出して全身に緊張感をみなぎらせているのを見た． 〈「空き家の冒険」〉

空が雲でおおわれて「どんよりとした」という形容詞は **overcast** ^{γ2} /ˌoʊvərˈkæst/ です

('an **overcast** sky / day'（陰鬱な空 / 曇りの日）).

 desolate ^{β1} /ˈdesələt/ は場所や風景などが「さびれた (without trees or any living things)」(a **desolate** landscape（不毛な景色）) とか「孤独な (friendless)」という語です.

3-92

directory ^{β2} ^C /dəˈrektəri/, /daɪˈrektəri/

「名簿」「電話帳」「住所録」

【類語：list, index】

※「電話帳 (a telephone directory)」という意味では 'a phone book' という言い方がよく使われます.

> I don't think we shall find him in the **directory**. Honest business men don't conceal their place of business.
> 人名簿を見ても載っていないでしょうね. まともな商売人なら所在地を隠したりしませんから. 〈「スリー・ゲイブル」〉

3-93

discharge ^{β2} ^L /dɪsˈtʃɑːrdʒ/

「開放する」「解雇する」「放出する」

※ 軍隊で「除隊させる」とか病院で「退院させる」という意味でも用いられます. 液体や気体の放出という意味で汚染物質の排出や排出物といった状況で名詞でもよく使われます ('the **discharge** of toxic waste' は「汚染物質の排出」).

【類語：fire, **unemployment**（失業）；leak（漏れる）, **seep** ^{γ1} /siːp/（漏れ出る, しみ出る［込む］)】

> "An old soldier, I perceive," said Sherlock. "And very recently **discharged**," remarked the brother.
> 「元軍人だね, 見たところ」シャーロックが言った.「そしてごく最近除隊になったばかりだ」と彼の兄が述べた. 〈「ギリシア語通訳」〉

▶ All his confidence **seeped** away. 〈*Chambers*〉
  （彼の内緒ごとはすべて漏出した）

3-94

discreet ^{β1} ^C ^L /dɪˈskriːt/

「思慮［分別］のある」「慎重な」

discretion [β2] /dɪˈskreʃn/（発音注意）「分別」

【類語：**prudent**（用心深い，慎重な，思慮分別のある）(→ 1-288)】

※ discreet は目の前の事物に対して用心することで，**prudent** は将来ありそうなことを先見して用心することと説明されることがあります．また，discrete は自制のきいた prudent な判断ができるという価値に重点のある語です．その反対に「軽率な」「無謀な」というのは **imprudent** /ɪmˈpruːdnt/.

I found that country pub which I had already recommended to your notice, and there I made my **discreet** inquiries.

僕は君（ワトソン）の知らせに対して言ったように田舎のパブを見つけ，そこで<u>慎重な</u>捜査をしたよ． 〈「一人ぼっちの自転車乗り」〉

※ スペリングの似ている discrete (→ 3-489) は「分離した」，「バラバラの」（類語：separate, different）.

I understand that this gentleman, your friend, is a man of honour and **discretion**, whom I may trust with a matter of the most extreme importance.

こちらの紳士は，あなたのご友人とのことだが，信義と<u>思慮分別</u>をお持ちで私が信頼してきわめて重大な事態を話せるのでしょうな． 〈「ボヘミアの醜聞」〉

※ ここでは口が固いとか，人を怒らせないよう用心するといった意味です．本章の wary の項（3-464）も参照．

discretion の関連語として **tact** [β2] /tækt/ を見ておきましょう．「機転」，「こつ」，「如才なさ」といった意味で，気の利いたことを言うばかりでなく，人の気分を害するようなことを言わないでいるといったことを含めた臨機応変な気配りのことです．

《開業間もない貧乏な医者が，自分のところに突然現れて資金援助を申し出た男の話した内容をホームズに話して》

"'Answer me frankly,' he continued, 'for you will find it to your interest to do so. You have all the cleverness which makes a successful man. Have you the **tact**?'
…

「『正直に話してくださいよ』と男は続けました．『そうするのがあなたにとってもよいことだとお分かりになりますから．あなたは成功するために十分な賢さをお持ちだ．<u>世渡りの才</u>はおありかな？』」（後略） 〈「入院患者」〉

3-95

discrepancy ^{r1} **C L** /dɪˈskrepənsi/

「食い違い」,「相違」

【類語 : inconsistent】

※ inconsistent よりも discrepant の方が（2 つの者の間で合致あるいは相似するはずの詳細に）食い違いが大きいことを示唆します.

《父親を殺害した容疑者となっている若者に対する検死官の尋問に関する新聞記事についてのワトソンのコメント》

He calls attention, and with reason, to the **discrepancy** about his father having signalled to him before seeing him, also to his refusal to give details of his conversation with his father, and his singular account of his father's dying words.

彼（検死官）が注意を喚起しているのは，もっともなことだが，<u>つじつまが合わないところ</u>があるという点だ．父親が息子の姿を認めるよりも前に合図を送っているし（signalled《英》(=signaled)），息子は父親との会話の詳細を話そうとせず，そして死ぬ間際の父親のことばに奇妙な（singular）説明をしている.

〈「ボスコム谷の謎」〉

3-96

dismal ^{β2} **L** /ˈdɪzməl/

「陰うつな」;「お粗末な」

【類語 : dim ; poor】

※ dim の項（3-91）参照.「お粗末な」の意味では failure, performance, result, record, weather とのコロケーションでよく使われます.

I cannot live without brain-work. What else is there to live for? Stand at the window here. Was ever such a dreary, **dismal**, unprofitable world?

僕は頭脳を使うことが生きがいなんだ．他に何があるというんだい？ ここで窓のところに立ってごらんよ．かつてこんなに退屈で（dreary）<u>陰うつで</u>無益な世界があっただろうか. 〈「一人ぼっちの自転車乗り」〉

3-97

dismantle ^{r1} **L** /dɪsˈmæntl/

「分解する」「解体する」「廃止する」

【類語 : **strip** ^{β1} /strɪp/（裸にする，はく奪する）, disassemble, **demolish** ^{β2} **L** /dɪˈmɑːlɪʃ/

（古い建物などを解体する（demolish a building），議論などをくつがえす（demolish the theory）】

※ strip は人から衣服を取るとか財産や権力などをはく奪することです．dismantle は建物や船あるいは大きな機械から設備などを取り払ってしまうことです．

I went round to my employer, found him in the same **dismantled** kind of room, and was told to keep at it until Wednesday, and then come again.

私は雇い主のところに戻りました．彼は同じがらんとした部屋にいましたが，水曜まで（リスト作成の仕事を）辛抱して続けて（keep at（（退屈な仕事などを）根気よくやり続ける），それからまた来てくれと言われたのです．　〈「株式仲買人」〉

He had gone to bathe and had **stripped**, as the naked footsteps showed.

彼は泳ぎに行って服を脱いでいた，それは裸足の足跡が示しているとおりだ．

〈「ライオンのたてがみ」〉

3-98
dismay ^{β1} /dɪsˈmeɪ/

「うろたえ」「おびえ」「落胆」

※ 不快な驚きを受けたときの不安や失望です．他動詞（「うろたえさせる」）としての用法もあります（下記例文参照）．

【類語： shock, horrify, disgust】

It was in the spring of the year 1894 that all London was interested, and the fashionable world **dismayed**, by the murder of the Honourable Ronald Adair under most unusual and inexplicable circumstances.

それは1894年の春のことだったが，ロンドン中が好奇の目を向け，社交界（the fashionable world）が狼狽させられたのは極めて異常かつ不可解な（inexplicable）状況でのロナルド・アデア閣下（Honourable）殺害であった．　〈「空き家の冒険」〉

※ ここでの dismayed は他動詞が受動分詞になったもので，その前の was が省略されていることに注意しましょう．この was の省略は前の London was interested という受動文を受けて重複を避けて行われたものです．

　上の例文中にある **inexplicable** ^{γ1} /ˌɪnɪkˈstrɪkəbl/, /ɪnˈekstrɪkəbl/ は「原因や理由を説明する（explain）ことできない」という意味です．よく似ている語ですが **inextricable** ^{γ2} /ˌɪnɪkˈstrɪkəbl/, /ɪnˈekstrɪkəbl/ は「もめごとなどから解き放つ（extricate）ことが

第 3 章

できない」というのが原義で「(状況などが) 回避 [脱出] 不能な」,「(困難が) 解決できない」,「(結び目などが) もつれた」という意味です.

… there was something in his masterly grasp of a situation, and his keen, incisive reasoning, which made it a pleasure to me to study his system of work, and to follow the quick, subtle methods by which he disentangled the most **inextricable** mysteries.

(前略) そして彼のみごとな状況の把握と鋭くて (keen) 的を射た (incisive) 推理 (reasoning) にはすばらしいものがあり, 私が彼の仕事のやり方を研究し, この上なくもつれて解決不能な謎を素早くも巧妙に解きほぐしていく (disentangle) 方法を追って行くのは楽しみであった. 〈「ボヘミアの醜聞」〉

3-99
disorder ^{β1} **C L** /dɪsˈɔːrdər/

「混乱」「乱雑」('an eating **disorder**' は「摂食異常 (拒食症, 過食症など)」)
【類語: mess, trouble, **untidy** ^{β1} /ʌnˈtaɪdi/ (ちらかった, 乱雑な)】
※ **disordered** は乱雑なさまのことですが, この意味での形容詞としてはアメリカ英語では **messy** が, イギリス英語では untidy がよく使われます (イギリス英語で messy というと汚れた感じを含意することが多いようです).

His **disordered** dress showed that he had been hastily aroused from sleep.
着ているものの乱雑な様子からすると, 彼は急いで眠りから起こされた (arouse) ものであったのだろう. 〈「踊る人形」〉

With five volumes you could just fill that gap on that second shelf. It looks **untidy**, does it not, sir?
5 冊ほど入れれば 2 段目の棚の隙間が埋まりますよ. あれじゃ不体裁でしょうが? 〈「空き家の冒険」〉

"You've done it now, Watson," said he, coolly. "A pretty **mess** you've made of the carpet."
「やってくれたね, ワトソン」彼 (ホームズ) は落ち着いた口調で言った.「カーペットがだいなしじゃないか.」 〈「ライゲイトの地主」〉

297

3-100

dispatch $^{\beta 1}$ **C L** /dɪˈspætʃ/

「派遣する」「発送する」「処理する」

※「急いで送る」という意味が特徴的な語です. 手紙や商品, あるいは軍隊や警察について用いられます.

【類語：send】

"For example, observation shows me that you have been to the Wigmore Street Post-Office this morning, but deduction lets me know that when there you **dispatched** a telegram."

「例えば, 観察（observation）は君が今朝ウィグモア街の郵便局に行ってきたことを示してくれるのだが, 推理は（deduction（推論, 演繹（法）））それからそこで君が電報を<u>送った</u>と教えてくれる.」　　　　　　　　　　　　　　　〈『四つの署名』〉

※ 例文中の when は 'and then' にほぼ等しい語で, その前の発話中に出ている 'you went to the Wigmore Street Post-Office this morning,' といった内容を受けて 'when（＝and then）there you dispatched a telegram.' と続く関係になっています.

3-101

dispel $^{\gamma 1}$ **L** /dɪˈspel/

「一掃する」「追い払う」

※ 漠としたものや無形のものを追い払う（driving away）という意味です.

【類語：scatter, **disperse** $^{\beta 1}$ **L** /dɪˈspɜːrs/（scatter よりも広く分散［解散］させる, …を伝播する）（→ 3-491）, **dissipate** $^{\gamma 1}$ **L** /ˈdɪsɪpeɪt/（霧などを消散させ消滅させる, 浪費する）】

Mr. Sherlock Holmes was always of opinion that I should publish the singular facts connected with Professor Presbury, if only to **dispel** once for all the ugly rumours which some twenty years ago agitated the university and were echoed in the learned societies of London.

シャーロック・ホームズ氏がかねがね私に意見していたのは, プレスベリー教授にまつわる奇怪な事実を公表すべきで, そうすれば20年ほど前に大学を騒がせ（agitate）ロンドンの学会にも聞こえてきたほどの醜聞（rumour《英》（＝rumor））を<u>一掃</u>することにはなるだろう（'if only to *do*'（たとえ…するだけであっても））ということであった.　　　　　　　　　　　　　　　　　　　　　　　　　　　〈「這う男」〉

298

《事件の説明の前に探偵業について大事な点を語るホームズ》
It is of the highest importance in the art of detection to be able to recognize, out of a number of facts, which are incidental and which vital. Otherwise your energy and attention must be **dissipated** instead of being concentrated.
探偵（detection（捜査））術において最も重要なのは多くの事実の中でどれが付随的なものでどれが中心的なものであるかを認識することです．それでないと労力も注意力も浪費されるだけで集中させることができなくなるので．〈「ライゲイトの地主」〉

敵や攻撃を「追い払う」という意味では **repel** /rɪˈpel/ という動詞があります．害虫などを「寄せ付けない」，人を「不快な気持ちにする」という意味にもなります．
　難度の高い語になりますが，**repellent** /rɪˈpelənt/ は「…に不快感を起こさせる」とか「とてもいやな」という意味の形容詞です．名詞として「防虫剤」の意味でもよく使われます（'to apply insect **repellent**'（虫よけを塗る））．

《ワトソンの作品の欠点を指摘するホームズにワトソンが言い返して》
"It seems to me that I have done you full justice in the matter," I remarked with some coldness, for I was **repelled** by the egotism which I had more than once observed to be a strong factor in my friend's singular character ….
「僕は君のことを書いた中では正当に扱ったと思うのだがね」と私はいくぶん冷淡に言った．というのも私は友人の特異な性格の中にある強烈な要素となっている自負心（egotism（うぬぼれ，利己主義））によって一度ならず不快な思いをさせられたからだ（後略）〈「ぶな屋敷」〉

I assure you that the most winning woman I ever knew was hanged for poisoning three little children for their insurance-money, and the most **repellent** man of my acquaintance is a philanthropist who has spent nearly a quarter of a million upon the London poor.
請け合ってもいいが，僕が知っている中で最も魅力的（winning）だった女性は保険金目当てで三人の幼児を毒殺して絞首刑になったし，一番いやな（repellant＝repellent）奴だと思った男はロンドンの貧民のために25万ポンドも出した慈善家（philanthropist）だったよ．〈『四つの署名』〉

3-102

displace ^{β2} ^{L} /dɪsˈpleɪs/

「…に取って代わる」;「(災害などで)…(人や動物)を追い立てる」「(通常の位置から)…を移す」;「脱臼する」

【類語：expel】

▶ The dog had **displaced** her doll in the little girl's affections.

(その犬が人形に取って代わってその女の子の愛情を注がれていた)

《ホームズがワトソンに法廷弁護士が自分の事件に関することなら専門家とも議論できるくらいに詳しくなるのに，1週間か2週間ほど別の裁判を手掛けると前の事件は頭から追い出されてしまうという例え話をした後に》

So each of my cases **displaces** the last, and Mlle. Carere has blurred my recollection of Baskerville Hall.

それと同じで僕の事件たちも直前の事件を頭から追いやってしまうのさ．だからマドモアゼル(Mlle.)・カレールの件がバスカヴィルの館の僕の記憶をぼやけたものにしてしまったよ (blur (→ 2-17))．　　　　　　　　〈『バスカヴィル家の犬』〉

▶ The whole village was **displaced** by the flood.

(全村民が洪水のために退去させられた)

※ displace は物や人の場所を「移動させる」ことです．国から出るよう追放するのが expel です．さらに，displace には職(場)から人を「追い出す」という意味もあります．

… I presume there are other papers there.　Well, it may have got mixed with them."

"It was on the top."

"Someone may have shaken the box and **displaced** it."

(前略)ほかの書類もそこ(箱の中)にあったのですよね．では，それらの中に紛れ込んでしまったのかもしれませんね．」

「一番上に置いてあったのですよ．」

「誰かが箱を揺さぶって位置が変わってしまったのかもしれません．」

〈「第二のしみ」〉

3-103

dissection ^{γ2} ^{L} /dɪˈsekʃn/, /daɪˈsekʃn/ (動詞は dissect)

「解剖」「解体」「分析」;「解剖体」

※ 内部を分析することで，問題や理論を詳しく分析するという比喩的な意味でも使われますが，特に実際に切り開いて見えるようにするという語です

【類語：analyze】

Sometimes he spent his day at the chemical laboratory, sometimes in the **dissecting**-rooms, and occasionally in long walks, which appeared to take him into the lowest portions of the City.

ときおり彼は化学実験室で一日を過ごし，また解剖室にいることもあったし，長い散歩に出かけることもあって，ロンドンの下層階級の人たちのところに行っている様子だった.　〈『緋色の研究』〉

3-104

dizzy $^{\alpha 2}$ /ˈdɪzi/

「めまいがする（形容詞）」（"I feel dizzy." は「ふらふら［くらくら］する」）

dizzying $^{\alpha 2}$ /ˈdɪziɪŋ/「目もくらむほどの」

【類語：**giddy** $^{\gamma 2}$ /ˈgɪdi/ （めまいがする，有頂天の）】

※ dizzy と giddy は同じように用いられますが，giddy は精神的な面，dizzy は肉体的な面に主眼を置いた感じがあります.

Suddenly, however, as I ran, a deadly **dizziness** and sickness came over me.

ところが走っている最中に突然ひどいめまいと吐き気が襲ってきました.　〈「技師の親指」〉

《ホームズと宿敵モリアーティ教授の対決の場面となるライヘンバッハの滝を見下ろすワトソンの描写》

The long sweep of green water roaring forever down, and the thick flickering curtain of spray hissing forever upward, turn a man **giddy** with their constant whirl and clamor.

長くてカーブ（sweep（緩やかに伸びる曲線））した青い水が絶えずうなりながら落下し，分厚くて光のちらついた水しぶき（spray）のカーテンがシューと音を立てて（hissing（hiss → 3-558））どこまでも上へと立ち上っており，見る者はそれがずっとぐるぐる回り（whirl）音を立てる（clamor）様子に目まいがするような気にさせられるのだった.　〈「最後の事件」〉

※ 例文中の sweep は動詞として「…を掃く」とか「掃き掃除をする」という意味でよ

301

く知られていますが，思想や病などが「急速に広まる」という意味でも使われます
（→ 3-411 例文）．名詞としては「さっと弧を描いて流れるような曲線」という意味に
なります．

※ 例文中の **clamor** *β2* /ˈklæmər/ は「騒ぎ」，「騒々しい音」；「…を大きな声で要求す
る」；「騒ぎ立てて（人に）…させる）」という意味の語です．

    ▶ They're all **clamoring** for their money back.   ⟨Chambers⟩

    （彼ら全員が自分たちの金を返せと<u>騒ぎ立てている</u>）

3-105
doctrine *β1* /ˈdɑːktrɪn/
「原則」「綱領」「主義」「教義」
【類語： principle, **dogma** *γ1* └ /ˈdɔːɡmə/（教理）】
※ 仏教やキリスト教などの教義や教理，政治や政策などの主義について用いられます．
  dogma は教会聖地の教条・教義で，ときに独断とか独善的な意見という意味でも使
  われます．

A study of family portraits is enough to convert a man to the **doctrine** of reincar-
nation. The fellow is a Baskerville—that is evident.

家族の肖像画を研究してみると霊魂転生（reincarnation）の<u>教え</u>を信じたくもなる
よ．奴はバスカヴィルの一族だ，これは明白だよ．   ⟨『バスカヴィル家の犬』⟩

《出会って間もないころのワトソンが推理術について語るホームズに懐中時計を手渡
してもとの持ち主について推理してみろという場面》
I handed him over the watch with some slight feeling of amusement in my heart,
for the test was, as I thought, an impossible one, and I intended it as a lesson
against the somewhat **dogmatic** tone which he occasionally assumed.

懐中時計をホームズに手渡したとき私は内心ちょっぴり面白がっていた．というの
もこのテストは，私の考えでは，答えられるはずのないものだったし，ホームズが
ときおり見せる（assume）どこか<u>偉そうな</u>態度に一度お灸をすえてやろうという思
いもあったのだ．   ⟨『四つの署名』⟩

※ ここでのような assume の使い方（「様相などを呈する」の意味）にも注意しておき
  ましょう．

3-106
domain $^{\beta2}$ ^{L} /doʊˈmeɪn/

「分野」「領域」

※ 学問の領域とか活動の範囲ということです．歴史に関する文脈では「領地」という意味でも用いられます．

【類語：area, field, territory, **realm**（領域，王国（→ 3-332））】

《ホームズとワトソンが謎を秘めた納骨堂の秘密を暴く相談をする場面》
We might, perhaps, enter the sacred **domain** to-night without fear of bodily assault.
我々が今夜その聖なる場所に入っても肉体的な暴行（assault）を受ける心配はまずないわけだ． 〈「ショスコム・オールド・プレイス」〉

3-107
dose $^{\beta2}$ /doʊs/

「（薬の）一服」「一回分の服用量」「（一回に経験する不快なことの）一とおり（の量など）」
（"I had a bad **dose** of flu." で「私はインフルエンザでひどい目にあった」）」

※ dose は動詞（「投薬する」「薬を飲ませる」）にもなります．

More and more brandy was poured down his throat, each fresh **dose** bringing him back to life.
矢継ぎ早にブランデーが彼の喉に注ぎ込まれ，一杯ごとに彼の命は戻って来た．
〈「ライオンのたてがみ」〉

3-108
drain $^{\beta2}$ ^{L} /dreɪn/

「水を抜く」「排水する」；「水気を切る」；「（比喩的に）枯渇する［させる］」

※ 水を抜いて空っぽにすることで，他動詞（排水する）と自動詞（水がはける，血の気が引く）の両方があります．

【類語：discharge, empty】

《ホームズがワトソンに恐喝王ミルヴァートンについて語る場面》
With a smiling face and a heart of marble he will squeeze and squeeze until he has **drained** them dry.
にこやかな顔に非情な（marble）心を持って相手を絞りに絞り上げてカラカラに干上がらせてしまう． 〈「チャールズ・オーガスタス・ミルヴァートン」〉

303

3-109

drawback ^{β2} ^{C} /ˈdrɔːbæk/

「不利な点」「欠点」

※ 進展や成功の障害となる不利や不都合が disadvantage で，drawback は物事の魅力を損なう欠点や難点ということです．

【類語：disadvantage】

《ホプキンズ警部の推理の問題点をホームズが指摘する場面》

It seems to me to have only one **drawback**, Hopkins, and that is that it is intrinsically impossible.

（君の説明には）1 つだけ欠陥があるようだよ，ホプキンズ（警部），つまりそのようなことはそもそもありえないという点だ．　　　　　　　　〈「ブラック・ピーター」〉

※ 例文中の **intrinsic** ^{γ1} /ɪnˈtrɪnzɪk/ は「本質的な」「本来備わっている」，反対語の **extrinsic** ^{γ2} /eksˈtrɪnzɪk/ は「本質的な関連のない」「外部からの（‘**extrinsic** factors’（外部［外因性］要因））」という意味です．

▶ The **intrinsic** value of a coin is the value of the metal in it, usually less than its face value. （硬貨の内在的価値はその中の貴金属の価値ということになるが，普通はその額面価格より少ない）

3-110

dread ^{β2} /dred/

「…を恐れる」；「恐れ」

【類語：fear, terror】

※ 一般語は fear，dread は将来に対する不安，心配の種です．fear は臆病さという含意もあります．

形容詞は **dreadful** ^{β2} /ˈdredfl/「恐ろしい」で，死を感じさせるような恐怖を表します．

Then suddenly, about five minutes later, there came a most horrible yell—the most **dreadful** sound, Mr. Holmes, that ever I heard.

それからおよそ五分ほどして，突然に身の毛のよだつ (horrible) 叫び声がしました，これ以上ないような恐ろしい声でしたよ，ホームズさん．　　〈「六つのナポレオン」〉

3-111

drought ^{β1} ^{L} /draʊt/ （発音注意）

「日照り続き」「干ばつ」

【類語：heat, heatwave, dryness, **aridity** /əˈrɪdəti/（乾燥）（**arid** /ˈærɪd/（土地などが（異常に）乾燥した，雨が少ない，不毛の））】
※ heatwave は「猛暑」「酷暑」.

I then worked the lawn very carefully for signs and traces, but this **drought** has made everything as hard as iron.

それから何かの印や痕跡がないか芝生（lawn）を念入りに調べてみたが，この日照り続きで何もかもが鉄のようになってしまっていた. 〈「ノーウッドの建築業者」〉

《北アメリカの不毛の砂漠の描写》

In the central portion of the great North American Continent there lies an **arid** and repulsive desert, which for many a long year served as a barrier against the advance of civilisation.

北米大陸の中央部には乾燥したおそろしい（repulsive（→ 1-129））砂漠があり，それが長い（'many a 単数名詞'「幾多の」）年月にわたって文明（civilisation《英》（= civilization））の前進を阻む障壁であった. 〈『緋色の研究』〉

3-112
dull β1 L /dʌl/

「退屈な」（→ 1-204）；「（天候が）どんよりとした」 【類語：**tedious**（→ 1-204）】

※ 単調で活気がない. boring はワクワクしない，面白くない，tedious は同じことが長く繰り返されるのに飽き飽きすること.「（切れ味が）鈍い」という意味でも用いられます（"I have a **dull** pain in my back." は「背中［腰］に鈍痛を覚えた」）.

《ワトソンが初めてホームズと事件現場に向かう場面》

As for myself, I was silent, for the **dull** weather and the melancholy business upon which we were engaged, depressed my spirits.

私はといえば，黙りこくって，どんよりとした天気とこれから関わる憂鬱な（melancholy）仕事を前に気が滅入ってしまっていた. 〈『緋色の研究』〉

---

murky β2 /ˈmɜːrki/ は「（空，空気，光などが煙や霧などで）どんよりとした［曇った］」（'a murky night'（霧深い夜））とか「（不正な感じで）怪しい」「（説明などが）不明瞭な」という意味の形容詞です.

▶ She has a somewhat **murky** past.

（彼女にはなにか暗い過去がある）

305

3-113
duplicate $^{\beta2}$ ^{L} /ˈduːplɪkeɪt/

「複製」「複写」；「複写する」

【類語：copy, reproduce, **replicate** $^{\gamma1}$ ^{L} /ˈreplɪkeɪt/ ((科学研究などで) 結果を再現できるか検証する, (ウイルスなどが) 自己複製する (cf. replica (複製, レプリカ)) (→ 1-273))】

※ 書類や手紙や用紙の複本，写しを作るときによく用いられ，copy よりも細部まで正確に同一であることが含意される語です.

Here are his keys, which are the **duplicates** of Mr. Rucastle's.

これが彼の持っていた鍵で，ルーカスさんのと<u>同じもの</u>です.　　　〈「ぶな屋敷」〉

▶ We expect future experiments to **replicate** these findings.

(今後の実験でこれらの成果が<u>再現性が確認される</u>と私たちは期待している)

3-114
dwell $^{\beta1}$ /dwel/

'dwell on [upon] …' で「… (よくないこと) について長々と考える [語る]」('to **dwell on** past mistakes' (昔の失敗をくよくよ考える))

※「住む」という意味での動詞の用法は文語調です.

【関連語：**sweat** $^{\sigma2}$ /swet/「やきもきする (くだけた言い方)」('to be in a **sweat**' で「ひやひや [びくびく] している」), **harp on** $^{\gamma2}$ (harp /hɑːrp/ (くどくど言う [書く]))】

dwelling $^{\beta2}$ /ˈdwelɪŋ/「住居」

Therefore it is **upon** the logic rather than **upon** the crime that you should **dwell**.

だからこそ，推理の方を犯罪よりも<u>きちんと語る</u>べきなのだよ.　　　〈「ぶな屋敷」〉

▶ Let them **sweat** a bit before we give the the test results.

(彼らにテストの結果を知らせる前にちょっと<u>やきもき</u>させておけ)

▶ She is continually **harping on** (about) her misfortunes.

(彼女はしょっちゅう自分の不運について<u>くどくど言っている</u>)

3-115
edge $^{\beta1}$ /edʒ/

「ものの中央から一番遠い部分」「端」「縁」「へり」「すそ」「(山の) 稜線」「屋根の背」

【類語：end, periphery, margin：lead (トップの, 主要な)】

※ end は物や場所の一番遠い反対位置. periphery は「周辺」「外縁」, margin は「地域, 水域の端」. edge は「優位」や「まさっている点」という意味でも使われます ('leading **edge**'（技術の最先端）, 'the **cutting edge** of molecular biology' は「最先端の分子生物学」）

> The photograph becomes a **double-edged** weapon now.
> 例の写真は今や諸刃の剣となりました.　　　　　　　　〈「ボヘミアの醜聞」〉

ridge *β2* /rɪdʒ/ は「尾根」「山脈」「隆起した線」「（畑や織物の）うね」「（動物の）背すじ」「（建物の）棟」です.

3-116
elastic *β1 L* /ɪˈlæstɪk/
「ゴム製の」「弾力のある」「柔軟な」
【類語: flexible, **pliable** *γ1 L* /ˈplaɪəbl/「柔軟な, 順応性のある, 言いなりになる」（**pliers** *γ1* /ˈplaɪərz/ は「ペンチ, プライヤ」）'**pliable** metal/wire'（柔軟な金属/ワイヤー）】
※ 柔軟に曲げられるのが flexible で, 伸び縮みできるのが elastic. いずれも比喩的にも使われます.

> Sherlock Holmes was threatened with a prosecution for burglary, but when an object is good and a client is sufficiently illustrious, even the rigid British law becomes human and **elastic**.
> シャーロック・ホームズは住居不法侵入の罪で起訴（prosecution）される恐れはあったのだが, 善良な目的であり, しかも依頼人がとても有名である（illustrious）と厳格なイギリスの法といえど人間味を帯びて柔軟になるようだ.　〈「有名な依頼人」〉

　▶ She is very **pliable** (= easily persuaded).　　　　　〈*Chambers*〉
　　（彼女はすぐ人の言いなりになる）

versatile *β2 C* /ˈvɜːrsətl/ は人について「多様な才能を持っている」とか「多芸の」（'a **versatile** actor'（多才な俳優）), 道具などについて「用途の広い」とか「多目的の」（'a **versatile** vegetable'（万能野菜））という意味で肯定的に使われる語です.

3-117
eligible *β2 C L* /ˈelɪdʒəbl/
「（条件的を満たしていて）…する資格のある」
【類語: included, admitted】
※ 例えば年齢的に…できると周りから認められるということです. qualified (→ 2-22) は「仕事などにつく能力・資格（免許など）がある.

All red-headed men who are sound in body and mind and above the age of twenty-one years, are **eligible**.

赤毛の男性で心身ともに良好な（sound）年齢が 21 歳を超えているものは誰でも応募資格がある.　　　　　　　　　　　　　　　　　　　　　〈「赤毛組合」〉

※ qualified とか completely developed / trained / established（本格的な，れっきとした）という意味で **full-fledged** [β2] /ˌfʊl ˈfledʒd/（《英》fully fledged）という言い方があります（'a **full-fledged** war / instructor'（本格的な戦争 / れっきとした指導者））. fledge は「（ひな鳥が）羽毛が生えそろう」という意味です.

3-118
eloquent [α2] /ˈeləkwənt/
「雄弁な」；「心に訴える」（'an **eloquent** letter'（感銘を与える手紙））
※ 公衆の前で話すときの様子によく使われます
【類語：articulated（articulate（→ 3-13））】

I am not often **eloquent**. I use my head, not my heart. But I really did plead with her with all the warmth of words that I could find in my nature.

僕は普段は雄弁な方ではない. 僕が使うのは頭であって心ではないからね. だが僕の中にある限りの温かいことばを振り絞って彼女に嘆願した（plead with）よ.
　　　　　　　　　　　　　　　　　　　　　　　　　　　　　　　〈「有名な依頼人」〉

3-119
embassy [β1] /ˈembəsi/
「大使館」「大使の職」
【関連語：ambassador（大使），minister（公使（ambassador の次位））】
※ 関連語に注意.

The French or the Russian **embassy** would pay an immense sum to learn the contents of these papers.

フランスかロシアの大使館ならその文書の内容を知るのに大金を支払うことだろう.
　　　　　　　　　　　　　　　　　　　　　　　　　　　　　　　〈「海軍条約」〉

3-120
embed [β2] [L] /ɪmˈbed/
「埋め込む」「組み込む」

※ 特定の機能を果たすために家電製品や機械，装置に組み込まれているコンピュータ・システムを「組み込み［エンベデッド］システム（embedded system）」と言います

【関連語：place, implant】

> It is filled with rough salt of the quality used for preserving hides and other of the coarser commercial purposes. And **embedded** in it are these very singular enclosures.
>
> それ（箱）には獣皮（hide（/haɪd/））などの業務用に使われる粗塩が詰められていた．そしてその中に埋め込まれていたのがこれらのとても異常な（singular）同封品（enclosure（/ɪnˈkloʊʒər/ → enclose 下記参照））だったわけだ．　　〈「ボール箱事件」〉

※ **enclose**「同封する，囲む」（enclosure（→ 3-554））

implant は歯科インプラントなどのように人工的な物を埋め込む［植立する］ことで，**transplant** [β2] /trænsˈplænt/ は「（臓器などを）移植する」ことです．

3-121
enact [γ1] /ɪˈnækt/

「（禁止令／法案／法律を）制定する」（enact a ban／bill／law）（→ 1-5）；「（劇を）上演する」

> A coincidence! Here is one of the three men whom we had named as possible actors in this drama, and he meets a violent death during the very hours when we know that that drama was being **enacted**. The odds are enormous against its being coincidence.
>
> 偶然の一致（と言うのかい）！ ここに我々がこの劇を演じられる役者として我々が名前をあげた三人のうちのひとりがいて，その劇が演じられているまさにそのときに非業の死をとげたのだよ．偶然に一致ではないという可能性（odds（見込み，確率））の方がはるかに大きいよ．　　〈「第二のしみ」〉

3-122
endanger [β1] C /ɪnˈdeɪndʒər/

「…を危険にさらす」

※ risk のように自分の物事をかけてチャンスをつかもうとするという意味ではなく，危難や（差し迫った）危機にさらされている（**exposure** /ɪkˈspoʊʒər/「さらすこと，露見」，動詞は expose）ことに重点がある語です．

> "'I will swear it,' I answered, 'provided that the fort is not **endangered**.' …

「『誓います』と私は答えた.『ただし砦 (fort) が<u>危険な目にあわされ</u>ないという条件でだ.』(後略)　　　　　　　　　　　　　　　　　　　〈『四つの署名』〉

※ fort /fɔːrt/ は壁で守られた兵隊の駐屯地, fortress /ˈfɔːrtrəs/ は大規模な城とか城郭都市のことです.

※ fort は語源的には「強化された」ということで,「強化する」という動詞は **fortify** [v1] /ˈfɔːrtɪfaɪ/ です (They **fortified** the town **against** the enemy (by building walls, trenches, *etc.*). (彼らは敵に備えて (壁や塹壕で) 町を<u>防備した</u>)).

【類語: venture (危険を冒してやる), imperil (生命・計画などを危うくする, 危険にさらす) (peril → 2-69), **jeopardize** [β2] /ˈdʒepərdaɪz/ (人 (の将来) を危険にさらす) (‘put ... into **jeopardy**「…を危険にさらす」(→ 2-69)), threaten (…するおそれがある)】

▶ The soldier **jeopardized** his life to save his comrade.　　　〈*ISED*〉

(その兵士は仲間 (comrade 戦友) を救うために自分の命を危険にさらした)

　関連語として, **vulnerable** [β2] /ˈvʌlnərəbl/ は「(病気に) かかりやすい」とか「(攻撃などに) もろい」という意味です (→ 3-460).

《弾丸が命中して魔犬が鳴き声を上げたのを聞いて恐怖心が吹き飛んだワトソンが思ったこと》

If he was **vulnerable** he was mortal, and if we could wound him we could kill him.

もし<u>手傷を負った</u>というなら魔犬は不死身ではない (mortal) ということだし, 負傷させられるのなら殺すこともできるはずだ.　　　　　　〈『バスカヴィル家の犬』〉

攻撃されても被害を受けないのであれば invulnerable となります. **invincible** [v1] /ɪnˈvɪnsəbl/ は人や軍隊などが「不屈 [無敵] の」という意味合いになります (スペインの「無敵艦隊」は ‘the **invincible** Armada (/ɑːrˈmɑːdə/)’). 困難などが「克服できない (invincible difficulties)」という意味でも使われます.

3-123
endorse [β2] C L /ɪnˈdɔːrs/
「(公に) …を支持 [推奨] する」「商品を (コマーシャルなどで) 推奨する」;「… (手形や小切手) に裏書する」

【類語: approve, back ; recommend】

※ recommend は自分で使った経験がある物であることが通例です.

From the pocket of his light summer overcoat protruded the bundle of **endorsed** papers which proclaimed his profession.

軽い夏のコートのポケットから裏書のある手形が突き出ていて (protruded (→ 3-50)) 彼の職業をはっきりと物語っていた (proclaim (→ 3-317)).

〈「ノーウッドの建築業者」〉

3-124
enforce ^{β2} ^{L} /ɪnˈfɔːrs/

「…（法律や義務など）を守らせる［執行する］」("The law was strictly **enforced**." (その法は厳格に執行された))；「…を強いる」("The teacher failed to **enforce** classroom discipline." (その教師はクラスの規律を守らせることができなかった))

> The invalid, with her weak heart and inability to get about, has no means of **enforcing** her will.
> その病弱な (invalid) 女性は心臓が弱く歩き回ることもできなくて自分の意思を実行に移す手段がない. 〈「ショスコム・オールド・プレイス」〉

※「病身の（人）」の意味での invalid については『アクティブな英単語』p. 70 参照.

enforcement ^{β2} ^{L} /ɪnˈfɔːrsmənt/「（法律などの）施行［執行］」

【類語：implement】

※ enforce は行政などで法や規則に従わせることですが, implement は法案 (bills, acts) や認められたプロジェクトや提案などを実行に移すことです.

3-125
entail ^{γ1} ^{C} ^{L} /ɪnˈteɪl/

「…を必然的に伴う」("The situation **entails** considerable risks." (その状況には大変なリクスがある))「必然的な結果として…を必要とする」「…を論理的必然として内含する」

【類語：mean, involve】

※ entail と involve は多くの場合交換可能です（違いが生じるケースについては 2-46 参照）. また, 下の例では, involve は直接的にかかわってくることを含意していることがわかります.

▶ My mother was too **involved** / entailed in my personal life.

（母は私の私生活にからみ過ぎだった）

> At any rate, we may take it as a hypothesis and see what consequences it would **entail**.

いずれにせよ，それを仮説として認めた上でどんな帰結（consequence）が必然的に引き起こされるのか見てみようよ．　　　　　　　　　　　　　　〈「ウィステリア荘」〉

3-126
entitled *β2* **C** /ɪnˈtaɪtld/

「**A（人）に…する資格を与える**」("I am **entitled** to enter the laboratory." (私はその実験室に入る資格を与えられている))；「**題が付いている**（通例 'be entitled' の形）」('a lecture **entitled** "Language and Society"' (『言語と社会』というタイトルの講義))

【類語：allow, call】

※ "The book is **entitled** / **titled** *Love Story*." (この本は『ラブ・ストーリー』という題名だ) のように「書籍や映画などに題名をつける」という意味では受け身形で使われることがしばしばです．また，この意味（「書籍や映画などに題名をつける」）では entitle と title のどちらでも使えますが，title の方を好むという話者も多いようです．

> … there is now another vacancy open which **entitles** a member of the League to a salary of £4 a week for purely nominal services ….
>
> （前略）組合員の資格が与えられる空きが1つできたが，仕事はほんの名ばかり (nominal (→ 3-257)) で週給4ポンド（後略）　　　　　　　〈「赤毛組合」〉

3-127
epidemic *β1* **L** /ˌepɪˈdemɪk/
「**（病気の）流行**」「**感染症**」

【類語：wave, outbreak】

※ epidemic は感染症が流行しているという意味でも用いられますし，ガンや心臓病などが数多く発生しているという場合にも使われます．

> Gregory, let me recommend to your attention this singular **epidemic** among the sheep.
>
> グレゴリー警部，この珍しい羊の流行病に注目すべきですよ．
>
> 　　　　　　　　　　　　　　　　　　　　　　　　　〈「シルヴァー・ブレイズ」〉

関連語ですが，**plague** *β2* /pleɪg/ は大規模な「疫病」，「伝染病」です．'the Plague' は「ペスト」(pest は「害虫」, pest control は「害虫駆除」)．'a **plague** of locusts' で「バッタ［イナゴ］の大量発生」というようにも使われます．

3-128

equivocal $^{r2\,L}$ /ɪˈkwɪvəkl/

「あいまいな」「決定的ではない」；「疑わしい (**questionable**)」

【類語：ambiguous, doubtful】

※ ambiguous（2つの［いろいろな］意味にとれる）と同じような意味ですが，特にわざと (intentionally) ぼんやりさせるという含みがあり，行動や態度がいかがわしいという意味にもなります．混乱や誤りを助長させるようなという語感があり，意図的にだましたり責任逃れをするとか，個人の行動や人生に対しての功罪の評価が分かれるという意味でも用いられます．

… and if I can see this Mrs. Laura Lyons, of **equivocal** reputation, a long step will have been made towards clearing one incident in this chain of mysteries.
（前略）もしこの評判がさまざまのローラ・ライオンズさんに会うことができれば一連の謎の中の1つの事件を解き明かす大きな前進となるだろう．

〈『バスカヴィル家の犬』〉

3-129

erroneous $^{r1\,L}$ /ɪˈroʊniəs/

「誤った」，「間違った」

※ 間違った，とか正しくない根拠に基づいているという意味です．

【類語：wrong, incorrect】

"I had," said he, "come to an entirely **erroneous** conclusion which shows, my dear Watson, how dangerous it always is to reason from insufficient data ….
「僕はね」ホームズが言った．「まったく間違った結論に達していたわけだが，ワトソン君，これはいかに不十分な (insufficient) データから推論するのが危険であるかということの証しだね（後略）

〈「まだらの紐」〉

3-130

especially ^{α2} /ɪˈspeʃəli/

「（同種の他と比べて目立っている感じで）特に，とりわけ」

※ particularly は「（いくつかある中で何かを選び出して）特に」という意味で，特定のものを取り上げる感じ（general の反対語）です．especially の方が particularly よりも強意的と説明されることもあります．

【類語：particularly, specially】

※ especially はフォーマルな文体に，particularly は形式ばった文体にも日常的な文体にも用いられます．specially は「わざわざ」という訳語がぴったりくる場合があります（I came here specially（＝on purpose）to see you.（あなたに会いにわざわざやって来たのです））．この場合 especially は使えません．

"There are several points on which I should like your advice, and **especially** as to whether we do not owe it to the public to remove our horse's name from the entries for the Cup."

"Certainly not," cried Holmes, with decision. "I should let the name stand."

「いろいろご助言をいただきたい点がございます，<u>何にもまして特に</u>，私どもは馬の名前をレース（ウェセックス杯）の出馬表から外す義務が世間に対して無いのだろうかという点です.」

「外す必要は全くありませんな」ホームズは断定的に強く言った．「名前は変更しないでおく（stand）ことができるようにします.」　　　　　〈「シルヴァー・ブレイズ」〉

※ 通常 especially は強調する要素の前に置かれますが，主語を修飾するときは主語の後に置かれます（文頭に置くことはありません）．

※ 形容詞の especial はあまり用いられず，special が通常使われます．また，下の例のように「目的や用途に合わせて特別に」という意味では specially を使います．

I was annoyed at this criticism of a work which had been **specially** designed to please him.　　　　　　　　　　　　　　　　　　　　　　　〈『四つの署名』〉

彼（ホームズ）を喜ばそうとして<u>特別に</u>計画して書いた作品をこんなに批判されて私は不愉快になった.

3-131

evacuate $^{\beta 2}$ C L /ɪˈvækjueɪt/

「避難する（させる）」「退去する（させる）」

※ 他動詞の場合，目的語として人または場所（building / area / school *etc.*）をとります（'to **evacuate** the island / the building / a fort'（島・ビル・要塞から避難させる［<u>撤退する</u>］）).

【類語：**throw** A **out** $^{\gamma 1}$（A を追い出して戻れなくする）（口語では 'kick A **out** $^{\gamma 1}$'），**evict** $^{\gamma 1}$ /ɪˈvɪkt/（（法的な権限で）立ち退かせる）】

It seems that in view of the approaching battle all these poor creatures had been **evacuated** the day before.

314

戦闘が近いとみて，気の毒なものたち（患者たち）は前の日に避難していたようだ．

〈「白面の兵士」〉

《戦友の安否を確かめたくて友人の実家を訪れたものの父親（エムズワース大佐）に追い出されたと語る依頼人とホームズの会話》

"…, and a good deal has happened since then. If Colonel Emsworth had not **kicked** me **out**—"

"**Kicked** you **out**!"

"Well, that was what it amounted to ….

「（前略）そしてそれからもいろんなことがありました．エムズワース大佐が私を追い出しさえしなければ…」

「あなたを追い出したですって！」

「ええ，追い出したも同然でした（後略）

〈「白面の兵士」〉

▶ As he hadn't paid his rent for months, he was **evicted**.

（何か月にもわたって家賃を払っていなかったので，彼は退去させられた）

※ 退却（する），後退（する），撤回（する））という意味では retreat がありますが，類語として **recede** /rɪˈsiːd/ もおさえておきましょう．「（もとあった位置から）次第に遠ざかる［退く］」という意味で，頭髪の生え際が後退する，潮（tide）が引く，問題や価値が弱まるとか低下するといった状況でも使われます（cf. ebb /eb/（引き潮，衰退））．recess や recession と同語源です．

▶ The prospect of bankruptcy has now **receded** (= it is less likely).

（破産の見通しは後退した）

〈*Oxford Learner's Dictionary*〉

3-132

eventually ᵝ1 C L /ɪˈventʃuəli/

「結局（は）」「最後に」

【類語：in the end, finally】

※ いろいろな出来事のあとの結末に，という意味です．finally は予定外に長い時間がかかったことを強調［暗示］するときに使われます．

▶ We waited and waited, and the train **finally** arrived.

（待ちに待った末に，やっとのことで列車が到着した）

eventually はあれこれ困難や問題があった末にということを強調するときに使えます（**Eventually** they got to the hospital.（最後には彼らは病院にたどり着いた））．また，「そのうちに（は）」とか「将来ゆくゆくは」という意味でも使われます（**Eventually**, he'll

315

find out. (そのうち彼にもわかりますよ)). 単に時間的に「最後に」であれば 'in [at] the end' を使います. 話し手のいらだちや安堵を伝えて「やっと」というときは 'at last' がよく使われます.

▶ **At last** you've come!　　　　　　　　　　　　　　　　〈*ISED*〉

(やっと来てくれたのね！)

> As I grew richer I grew more ambitious, took a house in the country, and **eventually** married, without anyone having a suspicion as to my real occupation.
>
> 金がたまるともっと欲が出て，田舎に家も買い，ついには結婚までしました．誰も私の本当の仕事について不審に思わなかったのです. 　　　　〈「唇のねじれた男」〉

3-133

exaggerate $^{\beta 2\ \text{L}}$ /ɪɡˈzædʒəreɪt/

「誇張する」「大げさに言う [考える]」

【類語：**brag** $^{\gamma 1}$ (自慢する)《boast よりも嫌味な感じが強い語》，**magnify** $^{\beta 1\ \text{L}}$ /ˈmæɡnɪfaɪ/ (拡大する)(「拡大鏡」は magnifying glass)，**embellish** $^{\gamma 1\ \text{L}}$ /ɪmˈbelɪʃ/ (虚実交えて話を面白くする，事実を粉飾する)】

※ **overstate** $^{\gamma 1}$ /ˌoʊvərˈsteɪt/ は importance, significance, seriousness などについて単に実際よりも大げさに伝えるとか強調するという意味で，exaggerate がときに含意するようなネガティブな意味合いはありません. (exaggerate も常に dishonest であるという意味合いがあるわけではありません.) 修辞的に exaggeration (誇張) が使われるのが **hyperbole** $^{\gamma 2}$ /haɪˈpɜːrbəli/ (誇張法) です.

> 《自分の怪我がひどいと思わせる作戦をワトソンに説明するホームズのことば》
> The first thing is to **exaggerate** my injuries.
>
> 第一に，僕の怪我を誇張して伝えてくれ. 　　　　　　　　　〈「有名な依頼人」〉

> 《探偵術についての高慢な口ぶりに閉口して，話題を変えようと部屋の窓から見える男を指して「あの男は何をしているのだろう？」と言ったワトソンにホームズが答えて…》
> "You mean the retired sergeant of Marines," said Sherlock Holmes.
> "**Brag** and bounce!" thought I to myself. "He knows that I cannot verify his guess."
>
> 「君の言っているのはあの海兵隊の退役兵曹かい？」とシャーロック・ホームズが言った.

「偉ぶってほらを吹いて（bounce）やがら！」と私は腹の中で思った.「私には彼のあて推量を確かめようがないと思っているのだ.」 〈『緋色の研究』〉

上の例文中にある **bounce** ^{β1} /baʊns/ は「（ボールなどが何かに当たって）はずむ［跳ね返る］」とか「バウンド（する）」という意味ですが，ここでは「反発力」から転じて「からいばり」といった意味の俗語として使われています.

《警察からの協力依頼の電報を受け取って現場に向かうホームズがワトソンに》
The difficulty is to detach the framework of fact—of absolute undeniable fact—from the **embellishments** of theorists and reporters.
難しいのは事実—絶対に揺るがない（deniable）事実—の骨組みを理論家や報道の諸説紛々たる話の中から抜き出すことだ. 〈「シルヴァー・ブレイズ」〉

It would be an **overstatement** to say that he was shocked or even excited by the amazing announcement.
その驚くべき報告に，彼（ホームズ）が衝撃を受けた，いや刺激されたというだけでも誇張というものだろう. 〈『恐怖の谷』〉

3-134
exclaim ^{β2} /ɪkˈskleɪm/
「語気を強める」「（怒り，驚き，興奮などで）叫ぶ」
【類語：cry out, **blurt** ^{β2} /blɜːrt/（出し抜けに言う），burst out】
※ exclaim や burst out は強い感情が爆発して大声でものを言うとか叫ぶといった意味です. blurt は興奮して思わず［うっかり］口に出してしまうということです.

"What a very attractive woman!" I **exclaimed**, turning to my companion.
「なんて魅力的な女性だい！」私はホームズの方を向きながら興奮して叫んだ. 〈『四つの署名』〉

※ 名詞形は！の記号の exclamation mark でおなじみです.

《ホームズの見事な事件解決にあぜんとしたホプキンズ警部の様子》
Stanley Hopkins was speechless with amazement.
"I don't know what to say, Mr. Holmes," he **blurted out** at last, with a very red face. 〈「ブラック・ピーター」〉

スタンリー・ホプキンズはあっけにとられて口もきけなかった.「ホームズさん, な
んと申し上げればいいのか」やっとのことで彼は上気した顔つきで声を出した.

3-135

excursion ^{β2} **C** **L** /ɪkˈskɜːrʒn/

「小旅行」「外出［お出かけ］」「脱線」

【類語：field trip】

※ 'field trip' は校外の社会見学とか実地見学, 研究のための現地調査や研修旅行といっ
た意味です.

《伝説の発祥地に案内してもらったワトソンの記述》

It was an **excursion** of some miles across the moor to a place which is so dismal
that it might have suggested the story.

（発祥地には）湿原（moor）を越えて数マイルの遠出になったが, そこは陰鬱（dis-
mal）でいかにも伝説が生まれそうなところだった.　　　〈『バスカヴィル家の犬』〉

3-136

execution ^{β2} **C** **L** /ˌeksɪˈkjuːʃn/

「（計画などの）実行」;「処刑」

※「最高経営責任者（chief executive officer, CEO）」といった言い方はおなじみにな
りました.

【類語：death penalty（死刑）, capital penalty（極刑）（penalize（罰則を科する））; per-
form】

▶ His intention was good but his **execution** of the plan was a failure（＝he failed
in executing the plan）.　　　　　　　　　　　　　　　　　　　〈ISED〉

（彼のねらいはよかったのだが計画の遂行には失敗した）

Consider what the Ritual says: How does it run? "Whose was it?" "His who is
gone." That was after the **execution** of Charles.

儀式の問答を考えてみよう. どう書いてあったかね?「そは誰のものなりしや」「去
りし人のものなりき」チャールズ一世の処刑後のことだったのだ.

〈「マスグレイヴ家の儀式」〉

※ 例文中の "He who is ..." の部分については 3-5 を参照.

3-137

expedition ^{β2} /ˌekspəˈdɪʃn/

「遠征」「探検」

【類語：exploration, tour】

「迅速さ」('with expedition'（迅速に））

※ ビジネスや出来事などでのスピードや能率というイメージの語で，手際よく効率的に進めていくという感じを与えます．expedite（下記参照）の迅速な行動という意味合いから「旅行」や「遠征」の意味に拡大しました．

My friend insisted upon my accompanying them in their **expedition**, which I was eager enough to do, for my curiosity and sympathy were deeply stirred by the story to which we had listened.

友人（ホームズ）は（捜査のための）外出に私（ワトソン）もついてくるようにと勧めるし，私もここまで聞いた話に好奇心と同情心をかき立てられていて行きたくてたまらなかったのだ．　　　　　　　　　　　　　　　〈「緑柱石の宝冠」〉

---

expedite ^{γ1 L} /ˈekspədaɪt/「… を促進する［迅速に遂行する］」「はかどらせる」（形容詞 **expedient** ^{γ1} /ɪkˈspiːdiənt/ は「（目的達成のために）適切な」「（必ずしも正しいとは限らない）方便的な」('an **expedient** politician'（ご都合主義の政治家））．名詞（「便法」「一時しのぎの処置」）としての用法もあります．impede は **3-185** 参照．

　▶ We need strategies to **expedite** the decision-making process.

　　　（私たちは意思決定のプロセスをスピードアップする方策を必要としている）

3-138

exponent ^{γ1 L} /ɪkˈspoʊnənt/

「主唱者」，「代表的人物」，「理論などの解説者」，「典型」；「指数」

【類語：advocate, **proponent**（支持者，唱道者（→ 3-535）），representative】

Holmes listened to him intently, with no sign of that impatience which the official **exponent** too often produced.

ホームズは彼（現地のサセックス州警察から派遣された捜査主任ホワイト・メイソン氏）の話を熱心に（intently）聞いていて，警察の代表（the official exponent（サセックス州警察が応援を頼んだスコットランドヤード（ロンドン警視庁）から派遣された担当者であるマクドナルド警部））が幾度となく見せたようないらいらした様子はみじんもなかった．　　　　　　　　　　　　　　　　　〈『恐怖の谷』〉

---

exponential ^{γ1 L} /ˌekspəˈnenʃl/「指数の」「幾何級数的な」「（増加が）急激な」('expo-

nential increase'（急激な［指数関数的な］増大））

3-139
extinguish ^β1 C L /ɪkˈstɪŋgwɪʃ/
「消す」「消滅させる」（名詞は **extinction**（→ 1-114））

※ ろうそくの炎を突然吹き消すとか水でジュッと完全に消すというイメージの語.

【類語：put out】

> I have no doubt that she loved you, but there are women in whom the love of a
> lover **extinguishes** all other loves, and I think that she must have been one.
> 彼女があなたを愛していたことは間違いありませんが，恋人の愛がほかのすべての
> 愛情を忘れさせてしまう女性というのがいるもので，彼女もその一人だったので
> しょう. 〈「緑柱石の宝冠」〉

3-140
fabric ^β1 C /ˈfæbrɪk/
「織物」「構造」

※ 部品になるものを集めて組み立てたものというのが原義で，現在は織物という意味
　で用いられるのが一般的です.

fabrication ^γ1 C /ˌfæbrɪˈkeɪʃn/「作り事」「偽造」「組み立て」

※「ファブレス」(fabless) は fab（= fabrication plant [facility]「製造工場［加工施設］」）
　を持たない製造業の業態のことです.

> How do I know that they are lying?　Because it is a clumsy **fabrication** which
> simply could not be true.
> なぜ彼らが嘘をついているとわかるのかって？なぜなら絶対に真実ではありえない
> ことを不器用 (clumsy) に組み立てたものだからだよ. 〈『恐怖の谷』〉

fabricate ^γ1 L /ˈfæbrɪkeɪt/「ねつ造する」「組み立てる」

【類語：**concoct** ^γ2 L /kənˈkɑːkt/「でっちあげる」（'to **concoct** an alibi / excuse'（アリ
バイ / 言い訳を捏造する［でっちあげる］），「（飲食物を）混ぜ合わせて作る［調合する］」】

　　▸ Sometimes I **concoct** a meal from leftovers.
　　（私はときおり残り物を調理して食事をこしらえる）

3-141
facet ^γ1 L /ˈfæsɪt/
「（問題などの）面」「様相」「（宝石や結晶の）面」（'multi-faceted'（多面体の））

【類語 : aspect（phase よりも表面的な様相），phase（発達や変化の中の段階，局面，様相），side（複数ある面や側で，視点を変えないと他が見えないもの）】

※ aspect や phase は視点の変化なしにわかるものです.

In the larger and older jewels every **facet** may stand for a bloody deed.

これより大きくて古い宝石となると，カットされた面の数と同じだけ血なまぐさい事件（bloody deed）があるのだ.　　　　　　　　　　〈「青いガーネット」〉

3-142

facilitate $^{\alpha 2}$ $^{\text{C L}}$ /fəˈsɪlɪteɪt/

「…を容易にする」「…を促進する」

【類語 : assist, aid】

※ aid, assist, facilitate は交換可能なことがしばしばです. 望んでいる行動（action）や進展（process）が起きやすくしたり助長することです.

　　▶ **Aided** by strong winds, wildfires burn across the inland region.

　　　　　　　　　　　　　　　　　　　　　　〈Internet から採録〉

　　　（強風の影響で山火事（wildfires）が内陸部全体で猛威を振るっている）

上の例のように有益でないことが進展するというときには aid がよく使われると説明されることもありますが，話者によって判断は異なることも多いようです.

You see I have a lot of special knowledge which I apply to the problem, and which **facilitates** matter wonderfully.

僕は特殊な知識が豊富だから問題に応用すれば事態をとても容易なものにしてくれるのさ.　　　　　　　　　　　　　　　　　〈『緋色の研究』〉

3-143

fanatic $^{\gamma 1}$ ^{L} /fəˈnætɪk/

「狂信者」「熱狂者」（形容詞「狂信的な」は **fanatical** $^{\gamma 1}$ ^{L} /fəˈnætɪkl/）

【類語 : enthusiastic】

※ fanatical は very enthusiastic ということですが，他者から見て，度を過ごしているという意味合いがあります.

fanaticism $^{\gamma 2}$ ^{L} /fəˈnætɪsɪzəm/「熱狂」「狂信（的言動）」

I answer that there was a great deal which was unreasoning and **fanatical** in the hatred which he bore my heir.

お答えしますと，理屈にはならない狂気じみたもののある憎悪（hatred）を彼は私の

321

嫡男（heir（/er/ → 3-177））に抱いていたのです. 〈「プライアリイ・スクール」〉

3-144
faulty ^{β2} ^C /ˈfɔːlti/

「欠点のある」「不完全な」

※ 品物や機械の部品あるいは装備などについて用いられます. 人間の器官については
使われません（記憶（memory）には使われます）.

Was it not possible that his nimble and speculative mind had built up this wild
theory upon **faulty** premises?

彼の鋭敏で（nimble）論理的な頭脳が間違った前提に基づいて的はずれな推理をし
ていた可能性はなかったか？ 〈『四つの署名』〉

---

nimble ^{β2} /ˈnɪmbl/「（ここかと思えばまたあちらという身軽な感じで）敏捷な」「理解が
早くて機転の利く」（cf. 3-311 例文）. nimble の類語として, **agile** ^{γ1} /ˈædʒl/ も「（手
足の器用さ（dexterity）をイメージさせる感じで）すばしこい」とか「機知にとんだ」と
いう意味の形容詞です.

The man drew out paper and tobacco and twirled the one up in the other with sur-
prising dexterity. He had long, quivering fingers as **agile** and restless as the anten-
nae of an insect.

その男は紙と刻みタバコを取り出すと驚くほどの器用さ（dexterity（/dekˈsterəti/;
dexterous → 3-45））でくるくると巻き上げた. 長くてかすかに震えている彼の手の
指は昆虫の触角のように休みなく素早く動いていた. 〈『バスカヴィル家の犬』〉

3-145
feat ^{β1} /fiːt/

「功績」「業績」「妙技」

※ 技能や力とか勇気などを要する行為や仕事ということです. 'no mean [easy, small]
feat'（＝difficult to do）（至難の業である）という成句でも用いられます（"Persuading
the bosses to go on TV and admit their guilt was **no mean feat**."（テレビに出て罪
を認めるよう上司を説得するのは難儀なことだった））.

However, as you know, my habits are irregular, and such a **feat** means less to me
than to most men.

しかしながら君（ワトソン）も知ってのとおり僕の生活は不規則だから, こんな難

322

れ業（事件解決のために三日間飲まず食わずだったこと）も普通の人よりはこたえ
ないけどね. 〈「瀕死の探偵」〉

3-146
feed $^{\alpha 1}$ /fiːd/

(i) 「食事（赤ちゃんには乳）を与える」("Don't forget to **feed** the dog." （犬に<u>餌をやる</u>のを忘れないでね）)

※ 'feed on' (= to eat) は動物によく使われます. 'live on' (…を常食 [主食] にする) は人間にも動物にも使われます ("What do horses **feed on** in winter?" （冬に馬は何を<u>食べる</u>のですか？)).

Such hounds have a way sooner or later of biting the hand that **feeds** them.
そういう（優れた）猟犬 (hound) こそいずれ<u>餌を与える手</u>を噛むものですよ.
〈「スリー・ゲイブルズ」〉

(ii) 「入力する」「供給 [提供] する」('feed A with B'; 'feed B into/to/through A')

※ **feedback** （消費者や視聴者などからの反応, コメント）はカタカナ語として定着しています.

【類語： eat, devour： nourish, sustain (sustenance /ˈsʌstənəns/ （食物, 栄養)) **subsist** $^{\gamma 2}$ /səbˈsɪst/ ((… に頼って) 生存する (on)), 名詞は **subsistence** $^{\gamma 1\, L}$ /səbˈsɪstəns/ （生存, （最低限の）生計, 生活の糧)】

▸ The old man had to **subsist on** a small pension.
（その老人はわずかな年金でどうにか暮らさなければならなかった）

※ pension は政府などによる公的年金. annuity /əˈnuːəti/ も「年金」という訳語にされることが多いようですが, 個人年金（保険）というイメージです.

guzzle $^{\gamma 2}$ /ˈgʌzl/ は「がぶがぶ飲む」「がつがつ食べる」という動詞です. gas-guzzler はガソリンをがぶがぶ飲むということで燃費の悪い自動車のことです.

3-147
flatter $^{\alpha 2}$ /ˈflætər/

「おだてる」「お世辞を言う」

名詞は **flattery** $^{\alpha 2}$ /ˈflætəri/

【類語： compliment「（通例個人が）ほめる (≒ praise)」(complement （補足する, 補部）と同じ語源)】

※ compliment は心からの (sincere) 称賛のこともあれば形式的な場合もあります.
flattery は本心からではない (insincerity) 感があり, また虚栄心などから技巧をこ

らして相手におもねるようなことばをかけていると感じさせることがあります.

"I **flatter** myself that I have managed it rather neatly," the detective answered proudly.

「我ながらかなりうまくやれましたよ.」刑事は誇らしげに答えた. 〈『緋色の研究』〉

3-148
foreman ^{r1} /ˈfɔːrmən/

「現場監督」「親方」

※ 女性の場合の forewoman という言い方もありますが, 現代では性差のない **supervisor** ^{β2} /ˈsuːpərvaɪzər/ (監督者) が好まれます.

【類語 : manager】

Father was a plumber in the Tottenham Court Road, and he left a tidy business behind him, which mother carried on with Mr. Hardy, the **foreman**; but when Mr. Windibank came he made her sell the business, …

父は (生前) 配管工をトットナム・コート通りで営んでおり, かなり大きな (tidy) 店を残してくれ, 母と職人頭のハーディさんが後を継ぎました. ところがウィンディバンクさんが来たら母に店を売らせてしまいました (後略) 〈「花婿失跡事件」〉

関連語として, **oversee** ^{β2} /ˌoʊvərˈsiː/ は「(仕事や工具を) 監督 [監視] する」という意味です. (「…を見落とす」の意味には **overlook** (→ 3-284) を用います. 名詞の **oversight** (→ 3-285) には「監視」および「見落とし」という意味があるので注意.)

A man named Abel White, who had come out there as an indigo-planter, wanted an **overseer** to look after his coolies and keep them up to their work.

〈『四つの署名』〉

(エイブル・ホワイトって人が, 藍 (indigo) の栽培業者で来てたたんですが, クーリー (苦力) (coolies) を見張って働かせる監督を探しておったんです.

3-149
forestall ^{r1} /fɔːrˈstɔːl/

「先手を打つ」「機先を制する」「裏をかく」

【類語 : anticipate, **preempt** (**pre-empt**) ^{r2} /priːˈempt/ (先手 (beforehand action) を打って…を阻止する) ('a **preemptive** strike [attack]' (先制攻撃)), prevent】

※ 書きことばで preempt と同じような意味です. 何か不可避 (inevitable) のものに先

324

んじてそれを無害にするとか機能しないようにするということです.

Her light grey eyes wandered continually from one to the other, noting every little want and **forestalling** it if possible.
彼女の灰色がかった目はいつも二人の子供に向けられていて，どんな小さな望みでも可能なら先回りしてかなえてあげようと気を配っておられるのです.

〈「ぶな屋敷」〉

3-150
forgery *1 /ˈfɔːrdʒəri/
「偽造」「模造品」(3-231 例文も参照)(**forge** 「形成する」「偽造する」(3-504 例文も参照))

【類語：fake, imitation, **dummy** *2 /ˈdʌmi/（見本，ダミー）】

※ 人を欺くために書かれた文書などによく使われます．fake は一般的に偽物という意味で，だます目的のものとは限りません．

"But he must be alive, Mr. Holmes."
"Unless this is a clever **forgery** to put us on the wrong scent …．
「彼は生きているに違いありませんわ，ホームズさん.」
「これ（手紙）が私たちの捜査を混乱させようとする巧妙な偽造でなければ（後略）

〈「唇のねじれた男」〉

※ scent (→ 1-298) は「香り」，on the scent で「（犯人を）追跡中で」「（猟犬が獲物を）臭跡を追って」という意味です．

3-151
formidable *2 L /ˈfɔːrmɪdəbl/ /fərˈmɪdəbl/（強勢位置に注意，第一音節または第二音節の二通りあり）
「強力な」「手強い」「おそろしくたくさんの」

※ 恐れや畏怖を引き起こす (inspiring fear, dread, awe)，手に負えそうにない (difficult to accomplish)，大きさや量や数が大きい (considerable) という意味で，terrible（気の転倒するような恐怖）よりも落ち着いた力であることを暗示する語で，そうであるかもしれないけれども (contingent) それが必然ということではない (not necessary) ものについて使われます．

But your other difficulties are not so **formidable** as they seem.

ご指摘の諸問題は見かけほど難しいことではありませんよ.

〈「シルヴァー・ブレイズ」〉

There upon a shelf was the row of **formidable** scrap-books and books of reference which many of our fellow-citizens would have been so glad to burn.

棚の上にはずらりと (row (列)) 我らが同胞であるロンドン市民の少なからずが喜んで燃やしてしまうであろう大量のスクラップブックや参考資料が並んでいた.

〈「空き家の冒険」〉

※ ユーモラスな書き方になっていますが, 要するに犯罪者たちにとって困る記録のある書類ということです.

3-152
fraction ^{α2} /ˈfrækʃn/

「一部」「断片」「分数」

※ 'decimal fraction' (小数) (→ 1-218) や 'discard [omit] **fractions**' (端数の切り捨て) といった表現もおさえておきましょう.

【類語: bit, piece, **fragment** ^{β1} /ˈfrægmənt/ (破片, 断片, かけら)】

《モリアーティ教授の手下に襲われたときの様子をワトソンに話す場面》

I sprang for the foot-path and saved myself by the **fraction** of a second.

僕は歩道 (foot-path) に飛び上がって助かったが, あと数分の一秒といったところだったよ.

〈「最後の事件」〉

《なんということはない勘定書にホームズが興味を示して》

"And over here is what appears to be the **fragment** of a hotel bill, which interests me deeply."

そしてこちらはホテルの勘定書の切れ端のようですが, これは実に興味をそそられますな.

〈「独身貴族」〉

3-153
fracture ^{γ1} /ˈfræktʃər/

「骨折する」「(硬いものが) 破損する」

【類語: break, **crack** (ひび (が入る [を入れる]))】

※ 骨, 頭蓋骨, 関節の損傷に広く使われます (crack は関節には使いません, break は

頭蓋骨には使いません）．

> "He could not have **fractured** his skull in a fall?"
>
> "In a morass, Watson?"
>
> 「転倒して頭蓋骨（skull）を折ったなんてことはないよね？」
>
> 「湿地（morass）でかい，ワトソン？」　　　　　　　〈「プライアリイ・スクール」〉

3-154

frugal $^{\beta 2}$ /ˈfruːgl/

「質素な」「倹約な」

【類語： **austerity**（→ 3-486），**thrifty** $^{\gamma 1}$ /ˈθrɪfti/（倹約な），**stingy** $^{\gamma 1}$ /ˈstɪndʒi/（けちな，出し惜しみする（＝mean））（'**stingy** budget / portion'（緊縮予算 /（料理などの）けちくさい盛り［割り当て］），"My father is **stingy with** his money / **about** giving me money."（父はけちだ / 私にお金を出し惜しみする））】

※ 必要最低限なだけのお金や食べ物しか使わないという意味です．thrifty より倹約の度合いが強い語です．

> My friend rubbed his thin hands together with an appearance of avidity which was a surprise to me, who knew his **frugal** tastes.
>
> "I fancy that I see your Grace's cheque-book upon the table," said he. "I should be glad if you would make me out a cheque for six thousand pounds ….
>
> 我が友人（ホームズ）はほっそりした手を擦り合わせ，報酬を渇望（avidity（/əˈvɪdəti/：形容詞は avid「渇望している」））している様子だったが，彼がつましいことを好むと知っている私は驚いた．
>
> 「テーブルの上にあるのは閣下（your Grace）の小切手帳のようですね」ホームズが言った．「私に 6 千ポンドの小切手を切って（'make A out [out A]'（小切手や請求書などを切る））いただけますか（後略）　　　　〈「プライアリイ・スクール」〉

▶ She has to be **thrifty** because her husband does not earn very much money.
　（夫の稼ぎが少ないので彼女は倹約につとめなければならなかった）

3-155

fume $^{\beta 2}$ **C** /fjuːm/（名詞としては通例複数形 ～s）

「憤慨する」「（煙，ガス，蒸気などを）発する」；「ガス，煙，蒸気」

※ しばしば強い匂いで有害なものに用いられます．

《火事かと思ったワトソンであったが …》

As I entered, however, my fears were set at rest, for it was the acrid **fumes** of strong coarse tobacco which took me by the throat and set me coughing.

部屋に入ってみると私の恐れは杞憂であった．私は強い安 (coarse) 煙草の鼻をつく (acrid (/ˈækrɪd/)) 煙がのどを刺激して咳き込んだのだった．〈『バスカヴィル家の犬』〉

3-156
furious *β2* /ˈfjʊriəs/

「ひどく立腹した（＝extremely angry）」「荒れ狂う」

※ ひどく興奮しての暴力的なふるまいなどを感じさせる語です．

【類語：outraged *β1* /ˈaʊtreɪdʒd/（不公正なことなどに激怒した）（→ 2-2)】

"What has she been saying to you?" screamed the old man **furiously**.

「娘が何をしゃべっていたのだ？」その老人は怒り狂って叫んだ．　〈「まだらの紐」〉

類語としてさらに見ておくものとして，**indignant** *β2* /ɪnˈdɪɡnənt/ は「（不公平な扱いに）憤慨した」という形容詞です（indignation（→ 3-198))．

《書類にサインするように伝えろと命じられた通訳と，サインを強要されている男のやりとりの場面》

Again and again I had to ask him whether he would give in and sign the documents. Again and again I had the same **indignant** reply.

観念して（give in（降参する））書類にサインするつもりはないかと何度も尋ねなければなりませんでした．そしてそのたびに憤然とした返事がもどってきました．

〈「ギリシア語通訳」〉

3-157
futile *β2* **L** /ˈfjuːtl/

「無益な」「無駄な」；「（人が）無能の」

※ 完全な失敗やまったくの無能さを含意する語です．名詞は futility /fjuːˈtɪləti/（無益，無価値）．

【類語：useless, vain】

However, our speculations are **futile** until we have all the facts.

しかし，すべての事実がわかるまでは我々の憶測 (speculation) も無駄でしかな

いよ. 〈「覆面の下宿人」〉

3-158
garment ^{β1} ^C /ˈɡɑːrmənt/

「衣類」「衣料品」;「外見」

※ フォーマルな語でビジネス関連の場面や文語的な表現で用いられます.日常的には 'a piece of clothing' といった言い方をします.

【類語：clothes】

> The possession of a grey **garment** was a third point which, granting the son's statement to be correct, was a certainty.
>
> 犯人が灰色の服を持っているということが三番目のポイントだったが,息子の供述が正しいなら,それも確実なことだね. 〈「ボスコム谷の謎」〉

3-159
gauge ^{β1} ^L /ɡeɪdʒ/ (米語で **gage** ^L /ɡeɪdʒ/ も)

「計器」「規格」「基準」「尺度」

※ 動詞として「(計器で)測る」「判断する」という意味でも用いられます.

> You know my methods in such cases, Watson. I put myself in the man's place and, having first **gauged** his intelligence, I try to imagine how I should myself have proceeded under the same circumstances.
>
> こういう場合の僕のやり方は知っているだろう,ワトソン.自分を彼の立場に置いてみて,まず彼の知力を推し量ってから,同じ状況にあったらどうするだろうかと考えてみるのだ. 〈「マスグレイヴ家の儀式」〉

【類語：estimate, **criterion** ^{γ1} /kraɪˈtɪriən/(判断や選定の際の基準や尺度).複数形は **criteria** /kraɪˈtɪriə/】

  ▶ What are your **criteria** for deciding which words to include in this dictionary?

〈*Chambers*〉

(この辞書にどの語彙を入れるか決めるためのあなたの判断基準は何ですか？)

類語として **appraise** ^{γ2} ^L /əˈpreɪz/ もおさえておきましょう.財産などを鑑定する('appraise A as junk [rubbish]/real'(A をがらくた / 本物と鑑定する))とか,人物や品質を評価・判断する《この意味での用法は文語的》というときに使う動詞です.カタカナ語として定着している「ベンチマーク」は **benchmark** /ˈbentʃmɑːrk/ で「(比較評価するための)基準」です.

3-160

generate ^{β1} /ˈdʒenəreɪt/

「生む」「発生させる」「生成する」

※ produce, create と同じ意味ですが, 特に power, money, idea といったものについて用いられます.

【類語： produce, create】

《若い女性の依頼人の指先の形からタイピストか音楽家と推理する場面》

"... There is a spirituality about the face, however"—he gently turned it towards the light—"which the typewriter does not **generate**. This lady is a musician ....

「(前略) しかし表情には天賦の聡明さが感じられる」ホームズは彼女の顔を明かりの方に向けて言った.「それはタイプライターが生み出さないものだ. こちらの女性は音楽をやっておられるのだ (後略)」　　　　　　　　〈「一人ぼっちの自転車乗り」〉

関連語として **spawn** ^{γ1} /spɔːn/ を見ておきましょう. 魚やカエルが卵を「産む」とか,「… (結果など) を引き起こす [生み出す]」という意味で, けなす感じで使われることもしばしばです.

▶ The new Government department has **spawned** huge numbers of useless documents.　　　　　　　　〈*Chambers*〉

(新しい政府の部署が膨大な量の無用な書類を生み出している)

engender ^{γ1} /ɪnˈdʒendər/ は「(ある状況や気持ちなどを) 引き起こす [生じさせる]」という動詞です.

▶ Crime is often **engendered** by poverty.　　　　　　　　〈*ISED*〉

(犯罪はしばしば貧困から引き起こされる)

3-161

get over ^{α2 C}

「乗り越える」「(困難などを) 克服する」

※ 感情や問題をコントロールできるようになることです. 日常語です.

【類語： overcome, conquer (**subdue** (→ 3-400) も参照)】 cf. 'get A over' (しばしば 'get it over (and done) with' の形で) は不快なことを「やめにする」「きりあげる」「すます」(I'm not looking forward to this meeting, but let's **get it over with**. (この会合はいやだけれども, すませてしまおう)).

《ホームズの説明についていけない警部のことば》

Your thoughts move a bit too quick for me, Mr. Holmes. You leave out a link or

---

330

two, and I can't **get over** the gap.

あなたの思考の動きは私には少々早すぎますよ，ホームズさん．あなたは1つ2つ
話のつながりを省かれるので，私はそのギャップを乗り越えられません．

〈『恐怖の谷』〉

その他の類語として，**surmount** ^{β2} /sərˈmaʊnt/「…に打ち勝つ（≒overcome）」は（意
志の力によって）困難や障害に打ち勝つとか危機を乗り越えるという意味です．問題を
直に解決するというよりは問題を超越する能力によって克服するという語感のある動詞
です．下の例では否定の意味の接頭辞 in- がついています．

"And yet, with a little more material, we may prove that they are not **insur-
mountable**," said Holmes.

「それでも，もう少し材料があれば，これらのことが克服不可能なことではないとわ
かるだろうさ．」とホームズが言った．

3-162
glitter ^{β1} /ˈɡlɪtər/

「きらめく」「（反射して）キラキラ光る」

※ 光を放つ，あるいは反射して光るという動詞として，**gleam** ^{α2} /gliːm/（やわらかく
きらめく），**glow**（明かりや夕日が白熱光を発する）（→ 3-164），**sparkle** ^{α2} /ˈspɑːrkl/
（星，宝石がきらきら光る）(sparkling（ワインなどが発泡性の)))，**glisten** ^{α2} /ˈɡlɪsn/
（表面が濡れていたり磨かれていて光る），**shimmer** ^{γ1} /ˈʃɪmər/（陽炎などがゆらめく），
twinkle ^{α2} /ˈtwɪŋkl/（星などがぴかぴか輝く，またたく），**glint** ^{γ1} /ɡlɪnt/（閃光や反射
光が小さく強くきらめく，（比喩的に）目が輝く）('with a sudden glint'（急に眼を輝か
せて)))があります．

【類語：shine】

《恐喝王ミルヴァートンの前に現れた謎の女性の描写》

It was a dark, handsome, clear-cut face which confronted Milverton, a face with a
curved nose, strong, dark eyebrows shading hard, **glittering** eyes, and a straight,
thin-lipped mouth set in a dangerous smile.

黒髪で端正なはっきりした輪郭をした顔がミルヴァートンの前にあった．
その顔は曲線を描いた鼻，キリッとした黒い眉の下のはっきりした輝く目，そして
真一文字に結ばれた薄い唇の口で，危険な笑みを浮かべていた．

〈「チャールズ・オーガスタス・ミルヴァートン」〉

3-163
gloomy ^{β2} /ˈgluːmi/

「暗い」「憂うつな」

【類語：dim (→ 3-91)，depressed】

※ 薄暗くてよく見えないのが dim で，gloomy は暗闇に近い (almost dark) 感じです．不幸せで希望がなく悲観しているという意味で depressed と同じですが，gloomy はそれが態度などに表れている感じがあります．

> In ordinary life he was a strict Puritan—a silent, **gloomy** fellow.
> 普段の暮らしでは彼は厳格なピューリタンで，もの静かな陰気な男でした．
> 〈「ブラック・ピーター」〉

3-164
glow ^{β2} /gloʊ/

「赤く燃える（炎や煙は出さない）」「輝く」

【類語：shine】

※ glitter の項 (3-162) を参照．

> As the sun rose slowly above the eastern horizon, the caps of the great mountains lit up one after the other, like lamps at a festival, until they were all ruddy and **glowing**.
> 太陽が東の地平線にゆっくり昇ると，雄大な山々の頂が次々とまるで祭りの灯火のように輝き，ついには全てが赤く (ruddy) 輝いていた． 〈『緋色の研究』〉

3-165
go in for $^{α2\ C}$

「（趣味などを）する」；「（競技などに）参加する」「（試験などを）受ける」

※ 趣味や関心のあることをするとか始めるというときに使われますが，しばしば否定文で用いられます ("He never really **went in for** golf." (彼は決してゴルフをしなかった))．また，イギリス英語で「仕事として…を選ぶ」「試験を受ける」「競技に参加する」という意味でも使われます．

【類語：play, compete, enter】

> I have determined not to **go in for** the examination. I have been offered a commission in the Rhodesian Police, and I am going out to South Africa at once.
> 私は試験を受けないことにしました．ローデシアの警察から任命 (commission) を

受けましたので，直ちに南アフリカに参ります． 〈「三人の学生」〉

動詞 **partake** ˠ¹ /pɑːrˈteɪk/ はかなりやや古く堅いことばで「…に参加する」とか「（食べ物や飲み物を）ともに食べる［分かち合う］(of)」，「いくぶん（…の）性質がある(of)」という意味です．

Finally, an analysis has shown that the remains of his supper left by the stable-lad contain an appreciable quantity of powdered opium, while the people at the house **partook** of the same dish on the same night without any ill effect.

最後に，調査によると馬丁 (stable-lad) がとっておいた食事の残りからアヘンの粉が検出されたのだけれども (appreciable (感知できるほどの))，その厩舎の人は同じ料理を同じ晩に一緒に食べてなんともなかったのです． 〈「シルヴァー・ブレイズ」〉

---

participant ᵃ² /pɑːrˈtɪsɪpənt/ は「参加者」，「関与した人」，「当事者」という名詞としての用法が普通です．

3-166
go over ᵃ¹ ᶜ

「…を点検［検討］する (= examine the details of)」；「**(理解してもらうために)** おさらいする (= rehearse)」

※ 'go over A' で「A のことを考え続ける［思い起こす］」という意味にもなりますが，A は通例いやな内容（事件やほかの人の発言）です．

"You gave me a few particulars in your letter, Mr. Hilton Cubitt, but I should be very much obliged if you would kindly **go over** it all again for the benefit of my friend, Dr. Watson."

「お手紙で幾つか詳しい事実 (particulars) をお知らせいただいたのですが，ヒルトン・キュービットさん，よろしければ友人のワトソン君の便宜のために全体をもう一度繰り返していただけるとありがたい (be obliged (ありがたく思う)) のですが．」
〈「踊る人形」〉

3-167
go with ᵃ¹ ᶜ

「（…と）調和する［合う］」「（…に）付属する［伴う］」

※ 'go with A' で A がある場所やイベントなどに行くために同行するという意味です．また，A と関係が深く A の一部であるとか A と共に存在しているという意味でも用いられます．

【類語：accompany】

> 《家政婦が怪しいとにらんだホームズのセリフ》
> There was a sort of sulky defiance in her eyes, which only **goes with** guilty knowledge.
> 彼女の目にはむっつりとした (sulky) 挑戦的な態度 (defiance) があったよ．それはやましいところのある人間に付随するものだ． 〈「ノーウッドの建築業者」〉

※ defiance は「無視」や「挑戦的態度」．動詞は defy (「…に反抗する」(→ 3-75))．
形容詞 **congruent** *v2* /ˈkɑːŋgruənt/ は「(…と (with)) 調和 (compatible (→ 3-44), fit well with) [一致 (consistent)] する」「(図形が) 合同な (**congruent** triangles (合同な三角形))」という意味です．名詞は congruence「一致」「適合」．

3-168
grab *β1* /græb/
「つかむ」「素早くとらえる」
【類語：take】
※ 一般語は take ですが，ほかの類語として snatch, catch, seize (急に強くつかむ，機会をつかむ，没収する) とがあります．snatch は特に人の手から物をひったくる，すばやく奪い取るというときによく使われます．自動詞で 'grab at' (…をつかもうとする) という用法もあり，比喩的な意味でも使われます．

> When a woman thinks that her house is on fire, her instinct is at once to rush to the thing which she values most …. A married woman **grabs at** her baby; an unmarried one reaches for her jewel-box.
> 自分の家が火事だとわかった女性は本能的に一番大事なもののところに猛然と向かうものだよ (中略)．母親なら赤ん坊を急いで抱え上げるし，独身女性なら宝石箱に手を伸ばすものだ． 〈「ボヘミアの醜聞」〉

3-169
grant *α2* /grænt/
「承諾する」「認める」
※ 許可するという意味では，公式なあるいは法的なものについて用いられます．意見や事実などを是認するという意味では，'granted (that) …' の形で「…だとしても」とか「…は認めるにしても」という仮定や譲歩を表す用法もあります．
【類語：give, allow, admit, accept】

《ホームズに面会を求める手紙の文面》
Sir James begs to say that the matter upon which he desires to consult Mr. Holmes is very delicate and also very important. He trusts, therefore, that Mr. Holmes will make every effort to **grant** this interview, and that he will confirm it over the telephone to the Carlton Club.
サー・ジェイムズがホームズ殿にご相談したき儀があり，ことは微妙かつ重要なものなれば，ホームズ殿におかれましてはこの面会を<u>かなえる</u>べくご高配のうえ，電話にてカールトン・クラブにご承諾の旨をお知らせくださるようにとご希望です.

〈「有名な依頼人」〉

※ 'take … for granted' は「…を当然のことと思う」
　'take it for granted that …' は「…ということを当然のことと思う」

《列車の中で書かれた遺言状の謎についてホームズが説明する場面》
Granting that his whole journey was occupied in drawing up the will, then the train was an express, only stopping once between Norwood and London Bridge.
乗っている間中この遺言状（will）を書くのに費やしていた<u>と仮定して</u>，その列車は急行で，ノーウッドとロンドン・ブリッジの間で一度しか停車していないのです.

〈「ノーウッドの建築業者」〉

※ 'granting (that) …' は「仮に…と認めるにしても」，「…と仮定して」.通例 'granted (that) …' のほうが普通とされます.
名詞としての grant は「補助金」，「奨学金」，「交付されたもの」.

3-170
gravity $^{\alpha 2}$ /ˈɡrævəti/
「重力」;「重大さ」「真剣さ」
【類語：importance, significance, seriousness】
※「深刻であること（= seriousness）」という意味での用法に注意しましょう.

My friend rose now and paced up and down the room, his hands in his pockets, and an expression of the most profound **gravity** upon his face.
ホームズは立ち上がると部屋を行ったり来たりしたが，両手をポケットに入れ，表情には深い（profound）<u>深刻さ</u>が浮かんでいた. 〈「ぶな屋敷」〉

3-171

grim $^{\beta 2}$ /grɪm/

「(表情や声などが) 険しい」「(状況などが) 厳しい」「不快な」

【類語：bad, stern, **lousy** $^{\beta 2}$ /ˈlaʊzi/, **wretched** $^{\beta 1}$ /ˈretʃɪd/】

※ 様子が深刻そうなことです．類語の stern はしばしば非難するような厳しい様子でという語感をともないます．場所や建物などについて不快な，気味の悪い，気のめいるようなという意味でも用いられます．lousy は会話でよく使われ，「うんざりする」とか「最低の」という意味の形容詞です（"I feel really **lousy**."（気分がもう最低））．wretched は主として書きことばで「極端にひどい」，「とても不快な」という意味です．人が散々な目にあっているとか，物・状態が劣悪であるといった状況で使われますが，人についてくだけた感じで「いやな感じの」とか「ひどい」というときにも使われます．

《事件に関わりのある黒人プロボクサーのことをワトソンが描写して》

We came on him quite suddenly, and a **grim** and menacing figure he looked in that lonely place.

突然彼を見かけた (come on) のだが，こんな寂しいところだと，うす気味悪くて恐ろしい (menacing (脅すような →2-69)) 姿だった． 〈「スリー・ゲイブルズ」〉

《隠れていた場所からホームズの計略で飛び出して警察に捕まった犯人の様子》

The **wretched** creature began to whimper.

その惨めな男は泣き言を言い (whimper (3-466)) 始めた．

〈「ノーウッドの建築業者」〉

3-172

gross $^{\beta 2}$ ^{L} /groʊs/

「総計の」「全体の」；「ひどい」

【類語：overall（全体の（形容詞），全体として（副詞））; disgusting】

※ 総計のという意味での反対語は **net** $^{\beta 1}$ /net/（正味の，中身だけの）です．'net income（＝net earnings)' なら「税引き後の手取りの収入」ということになります．不快なという意味では，味や臭い，あるいは人の趣味についても使われます（'Oh, **gross**!' は「うえっ，気持ち悪い！」といった感じになります）．

My **gross** takings amount to £27 10s.

総収入が 27 ポンド 10 シリングです． 〈「技師の親指」〉

I passed over the **grossness** of his language, as he seemed half out of his mind with fear.

私は彼のことばづかいのひどさも大目に見ました，というのも彼は恐怖で半狂乱のようでしたから． 〈「入院患者」〉

3-173
habitation *ᵞ1* /ˌhæbɪˈteɪʃn/
「居住地」「生活の営み」

※「居住」という意味でも使われます．'unfit for human **habitation**' は「人の居住に適さない」という意味です．**habitat** は「生息地」（植物なら「生育地」）です．

As I approached the hut, …, I satisfied myself that the place had indeed been used as a **habitation**.

掘っ建て小屋 (hut) に近づいてみると，（中略）思ったとおりここが住まいとして使われていることがわかった． 〈『バスカヴィル家の犬』〉

3-174
hail *β2 ᴸ* /heɪl/
「歓迎する」「賞賛する」「（タクシーなどを）呼び止める」

※「公然と賞賛する」という意味での用法は特にジャーナリズムで使われます．
【類語：praise】

《戦地から帰国してロンドンであてどなく暮らすワトソンが昔の知り合いであるスタンフォード（この後にホームズを紹介してくれる友人）に偶然出会った場面》
In old days Stamford had never been a particular crony of mine, but now I **hailed** him with enthusiasm, and he, in his turn, appeared to be delighted to see me.
昔はスタンフォードが特に遊び友達 (crony) というほどではなかったのだが，今は彼を大喜び (enthusiasm（熱意，熱狂）) で歓迎したし，彼の方でも僕に会えて嬉しそうだった． 〈『緋色の研究』〉

※ hail はひょう（雹）という意味もあります．ひょうの一粒は hailstone /ˈheɪlstoʊn/．

3-175
haphazard *ᵞ1 ᴸ* /hæpˈhæzərd/
「無計画の」「でたらめの」
【類語：random *ᵃ2* /ˈrændəm/（無作為の，任意の）（'a **random** selection'（無作為抽出）

(randomly → 1-256)), arbitrary, careless】

※ 'at random'（無作為の，手当たり次第の）はカタカナ語としても知られていますが，統計や調査といった文脈でよく目にします．haphazard は効果（逆効果）などよく考えず成り行きまかせということです．

> It is curious—is it not?—that a man should draw up so important a document in so **haphazard** a fashion.
> これは奇妙だ，そうじゃありませんか，こんな大事な書類をそんな行き当たりばったりのやり方で書き上げるなんて．　　　　　　　　　〈「ノーウッドの建築業者」〉

3-176
hedge $^{\beta 2}$ ^{L} /hedʒ/

「生け垣」「（金銭的損失からの）防衛手段」；「生け垣で囲む」「…の防衛措置を講じる（against）」「（言質を取られないよう）ことばをにごす」(Stop **hedging**, and answer 'yes' or 'no.' (ことばを濁さないで，『はい』か『いいえ』で答えなさい))

※「ヘッジ」は金融関係の用語でカタカナ語に定着しました (Owning gold may be a **hedge** against inflation. (ゴールドの保有はインフレに対するヘッジの１つになるかもしれない))．

【類語：encircle, defend】

> Nothing was to be seen save that some body or bundle had been dragged through a low privet **hedge** which is in a line with the wood-pile.
> 何も見つからなかったが，ただ（save（…を除き））人か何か荷物が引きずられて材木置き場に沿った低いセイヨウイボタノキ（privet（生け垣によく用いられる木））の生け垣の間を抜けて通った跡があったよ．　　　　　　〈「ノーウッドの建築業者」〉

3-177
heir $^{\alpha 1}$ /er/

「相続人」「跡取り」「後継者」

【類語：successor, descendant（下降する，世襲の，伝来の）⇔ ascendant（上向きの，支配的な）】

※ 後継者（＝successor）という意味もありますが，遺産の相続人というのが第一義です．

> Above all, he hated my young legitimate **heir** from the first with a persistent hatred.

とりわけ，初めからあれは自分よりも年下である私の嫡男を嫌っており，執拗な
(persistent) 憎しみ (hatred) を抱いておりました． 〈「プライアリイ・スクール」〉

posterity γ1 /pɑːˈsterəti/ は「後世の人々」，「子孫」(⇔ **ancestry** β2 /ˈænsestri/「祖先」，
「遠い先祖」)

▶ These treasures must be preserved for **posterity**.

（これらの宝物は後世まで残しておかなければならない）

3-178
herald β2 /ˈherəld/

「前兆」；（しばしば新しいことやポジティブなことについて）「…の前触れになる」

※「伝達 [報道] 者」の意味もあり，しばしば Herald の形で新聞社名に使われます．

【類語：forerunner（先駆者，予兆）】

> There are few who cannot recall that day and remember the one little incident
> which **heralded** the dawn of a new life.
> 誰しもその日のことを思い出せるであろうし新たな人生の訪れを告げたひそやかな
> 出来事を覚えているものだろう． 〈『緋色の研究』〉

3-179
hoist β2 /hɔist/

「（ロープやクレーンで重いものなどを）持ち [つり] 上げる」「高く上げる」

> After a short, final struggle he was **hoisted**, still bound hand and foot, into the
> spare seat of the little car.
> 少しばかり最後にあがいた後に彼はひょいと持ち上げられて，手足が縛られたまま
> で小さな自動車の予備席に押し込まれた． 〈「最後の挨拶」〉

※ この例文のように 'hoist＋目的語＋前置詞句・副詞句' の形になることもしばしばで
す．

3-180
huddle γ1 L /ˈhʌdl/

「押し合いへし合いする」「群がる」「体を丸めて縮こまる」

※ 'huddle together'（押し合いへし合い集まる）とか 'huddle up'（縮こまる）のように前
置詞・副詞をつけて使われるのが通例です．

【類語：crowd】

When I looked in at the window, I found Drebber all **huddled** together in a drunken sleep.

窓から覗き込むと，ドレッバーは全身を縮こまらせて酔い潰れていました．

〈『緋色の研究』〉

3-181
humiliate ^{β2} /hjuːˈmɪlieɪt/

「…に恥をかかせる」

humiliation ^{β2} /hjuːˌmɪliˈeɪʃn/「屈辱」

【類語：embarrass, humble（《動詞としての用法》人の品位［地位］を落とす，誇りや意志などをくじく）, **mortify** ^{β2} /ˈmɔːrtɪfaɪ/（恥をかかせる，屈辱を感じさせる）名詞は **mortification** ^{β2} /ˌmɔːrtɪfɪˈkeɪʃn/】

※ 外面的な状態に重点のある語です．勝者は敗者の面目を失わせる（humiliate）ことはできても，へりくだらせる（humble）ことは容易ではないというように説明されることもあります．

Holmes was as cool as ever, but I was hot with anger and **humiliation**.

ホームズは変わらず冷静でいたが，私は怒りと屈辱でカッとなっていた．

〈「レディ・フランセス・カーファックスの失跡」〉

▶ The king tried to **humble** the proud barons.　　　　〈Chambers〉

（その王は男爵たちの高慢な鼻を折ろうとした）

《恐喝業者ミルヴァートンにやりこめられたホームズ》

Holmes was grey with anger and **mortification**.

ホームズは怒りと無念な思いで顔が青ざめていた．

〈「チャールズ・オーガスタス・ミルヴァートン」〉

※ grey（《英》= gray）は灰色ですが，よくないイメージを感じさせる語です．

3-182
impair ^{β2} /ɪmˈpeər/

「害する」「損なう」「悪化させる」

※ 名詞につけて 'speech-**impaired**'（言語障害のある）のように，健康，能力などについて使われます．impair することが進行すると injury になります．

※ 反対語は improve です．**ameliorate** ^{γ1} /əˈmiːliəreɪt/ は「（悪い・不十分な状態だっ

340

たものを）改善［改良］する」という意味です（'to **ameliorate** the situation/the problem of ...'（「状況/…の問題を改善する」）).

... Sir Charles's health has for some time been **impaired**, and points especially to some affection of the heart, manifesting itself in changes of colour, breathlessness, and acute attacks of nervous depression.

（前略）サー・チャールズの健康状態はここしばらく悪化しており，特に心臓の疾患と思われ，顔色（colour《英》(= color)）の悪化や息切れ，そして神経衰弱の発作を起こしていた． 〈『バスカヴィル家の犬』〉

【類語：damage, ruin, **mar** ᵞ¹ ᴸ /mɑːr/（台なしにする，損なう）, spoil, degrade】
類語にある mar はフォーマルな語で，受身形でもよく使われます．そうでなければちゃんとしていたはずのものがだめにされたという含みの語です．

He had a large red face, with pendulous cheeks, and a general air of superficial benevolence which was **marred** by a cruel, vicious mouth.

彼は大きな赤ら顔に頬がたれ気味で全体的な雰囲気は表面では慈悲深い（→ 1-94）ものだったが，残忍で邪悪な口もとが台なしにしていた． 〈「レディ・フランセス・カーファックスの失跡」〉

3-183

impatient ᵃ² ᶜ /ɪmˈpeɪʃnt/
「もどかしがって」「待ちかねている」「がまんできない」
【類語：eager, restless】
※「すぐに…したい［してほしい］(≒eager)」とか「長く待たされてじれている（≒restless)」という意味です．

I had expected to see Sherlock Holmes **impatient** under this rambling and inconsequential narrative, but, on the contrary, he had listened with the greatest concentration of attention.

私はシャーロック・ホームズがこのとりとめのない（rambling）そしてつまらない（inconsequential）話にじれているのではと思ったが，それどころか，彼はとても注意を集中して話を聞いていた． 〈「花婿失跡事件」〉

3-184

impeccable $^{\beta2}$ /ɪmˈpekəbl/

(行為やセンスなどが)「非の打ちどころのない」「欠点のない」

※ 有名ブランド「シャネル」のカリスマ創業者 Coko Chanel のことば "Dress shabbily and they remember the dress; dress **impeccably** and they remember the woman."（ひどい服装だと服だけが目につき，非の打ちどころのない（impeccably（完璧に））装いをすると女性を引き立たせる）で有名な語です．

shabby $^{\gamma1\ L}$ /ˈʃæbi/ は衣服や住居が「とてもみすぼらしい」「粗末な」という意味です．

Pinchin Lane was a row of **shabby** two-storied brick houses in the lower quarter of Lambeth.

ピンチン小路（lane）はランベスの低地帯（quarter（地区））にあって，れんが造りのみすぼらしい二階家が並んでいた． 〈『四つの署名』〉

3-185

impede $^{\gamma1\ L}$ /ɪmˈpiːd/

「妨害する」「邪魔する」（名詞は **impediment** $^{\gamma1}$ /ɪmˈpedɪmənt/)

【類語：obstruct, hamper, hinder (→ 2-59), block】

※ 動作中あるいは進行中のものの邪魔をすることです（止めることを含意することはあまりありません）．

The savage man, and the savage beast, hunger, thirst, fatigue, and disease—every **impediment** which Nature could place in the way—had all been overcome with Anglo-Saxon tenacity.

蛮人，野獣，飢え，渇き，疲労，そして病気，それらは自然がもたらし得るありとあらゆる障害であったが，アングロ・サクソンのねばり強さ（tenacity）で乗り越えてきたのだ． 〈『緋色の研究』〉

※ 'savage man' は古い言い方で，現代的にはしばしば差別的な語になります．

※ 例文中の **tenacity** $^{\gamma1}$ /təˈnæsəti/ は「粘り強さ」とか「不屈」といった意味の名詞です．形容詞形は tenacious /təˈneɪʃəs/.

3-186

impending $^{\beta2\ C\ L}$ /ɪmˈpendɪŋ/

「差し迫った」「今にも来そうな」

【類語：**imminent** $^{\beta2}$ /ˈɪmɪnənt/（危険などが差し迫った）(→ 3-503)】

※ impending と imminent は「差し迫った」という訳語が与えられ，多くの場合，よくないことが近づいている不吉な感じを表します（悪い意味ではなく単に何かが時間的に迫っているというだけの意味で用いられることもあります）．通常 impending は危機の予兆があるという語感で，imminent の方がより緊迫感が強く，事態がもう起きているという語感を持つこともあります．

> I could not sleep that night. A vague feeling of **impending** misfortune impressed me.
> 私はその夜は寝つかれませんでした．不幸なできごとが差し迫っているような漠とした（vague）不安がのしかかる感じがして． 〈「まだらの紐」〉

3-187
imperative β2 C /ɪmˈperətɪv/
「絶対必要な」（'an **imperative** duty'（回避できない義務））「断固とした」「高圧的な」
【類語：essential】
※ とても重要で緊急の注意や対応が必要だという感じです．文法用語で「命令文」は 'an imperative sentence' です．

> "You must let me speak," said the woman, in an **imperative** voice, and her face contracted as if in pain.
> 「私に話をさせてください」とその女性は命令的な声で言うと，彼女の顔は苦しみを訴えるようにゆがんだ． 〈「金縁の鼻眼鏡」〉

3-188
impetus γ1 /ˈɪmpɪtəs/
「はずみ」「刺激」
【類語：incentive, motivation, stimulus】
※ 報道などでよく使われます．stimulus が何かを始めるきっかけであるのに対して，impetus はすでに始動したものの勢いに主眼のある語です．

> If anything had been needed to give an **impetus** to Jack McMurdo's popularity among his fellows it would have been his arrest and acquittal.
> ジャック・マクマードの仲間内での人気に拍車をかけるものが必要だったのであれば，彼の逮捕と釈放（acquittal (/əˈkwɪtl/)）はうってつけのものであった． 〈『恐怖の谷』〉

※ 例文中の acquittal の動詞形は **acquit** ^{r1}（無罪を言い渡す，義務から解放する《通例受身形》）です．類語の **vindicate** ^{r1} /ˈvɪndɪkeɪt/ は「（証拠によって）…の潔白を証明する」という動詞です．

    ▸ She was completely **vindicated** by the new evidence.
    （彼女はその新たな証拠によって完全に<u>容疑を晴らされた</u>）

3-189

impress ^{α2} /ɪmˈpres/

「感銘を与える」「A（人）に B（事）の大切さをわからせる」

【類語：move, affect】

※ 感心［感動］させるという意味です．類語の move（強い同情や悲しみで心を動かすという意味です），touch（ちょっとした親切などに感謝したりや同情の念を抱くときに使います），affect（深い感動あるいは悲しみや哀れみを抱かせる）もあわせて理解しておきましょう．形容詞形は moving（sympathy とか sadness で感動させる，胸を打つ，涙をさそう）とか, touching（sympathy とか gratitude で心を揺り動かす，じんとくる）となります．主に書きことばになりますが, **poignant** ^{r1} /ˈpɔɪnjənt/（発音注意）は「（悲しみなどが）身を刺すような（poignant sorrow）」とか「涙ぐましい」という意味です．

First of all I wish to **impress** upon you that the boy certainly left of his own free will.

まず第一に，君に<u>わかっておいてもらいたい</u>のだが，少年は確かに自分の自由な意志で（of *one*'s own (free) will）出て行ったのだ．　　　　〈「プライアリイ・スクール」〉

類語として，「…の目を奪う」「…を驚嘆させる」「（強い光が）目をくらませる」という意味の動詞 **dazzle** ^{β1} /ˈdæzl/ があります．**dazzling** ^{β1} /ˈdæzlɪŋ/ は「まばゆい」「目がくらむほどの」「印象的な」という形容詞です．

《ワトソンたちの部屋に入って来た老婆がランプの光にまぶしそうにする場面》
She appeared to be **dazzled** by the sudden blaze of light, and ….
彼女はランプの炎を急に見たので<u>まぶしそうにした</u>が，（後略）　　　　〈『緋色の研究』〉

《登場人物がトリックを思いついたときの様子を回想して》
It was at that instant that the idea came to me. I was fairly **dazzled** by the brilliance of it.
その瞬間に名案が浮かんだのです．あまりの冴え（brilliance）にかなり<u>うっとりす</u>

るくらいでした. 〈『恐怖の谷』〉

3-190
improper ^{β1} C /ɪmˈprɑːpər/
「不正な」「不適切な」「不作法な」「不道徳な」

※ 不正直とか不法である, あるいは道徳的にけしからんという意味で, 金銭的なことや性的なことについて言うときによく用いられます.

※【類語: **indecent** ^{γ1} /ɪnˈdiːsnt/ (みだらな, 下品な) (cf. decent (→ 3-69) (ちゃんとした)), **indelicate** ^{γ2} /ɪnˈdelɪkət/ ((かたい, 婉曲的な言い方で) みだらな, 下品な, 無神経な (an indelicate question)), **indiscreet** ^{γ2} /ˌɪndɪˈskriːt/ (軽率な) (discreet (→ 3-94) (思慮のある)), dishonest, illegal】

"Never in my life have I been placed in such a situation. It is most **improper**—most outrageous. I must insist upon some explanation." He swelled and puffed in his anger.
《ホームズに不愉快な謎の経験を怒り心頭で話す依頼人のことば》
「これまでの人生でこれほどな目にあったことはありません. 不作法で, 実に無礼な (outrageous). 納得のいく説明がほしいものです.」彼は怒りで感情がいっぱいになり (swelled) 喘いだ (puffed). 〈「ウィステリア荘」〉

※ 上の例文の **puff** ^{β1} /pʌf/ は「息をきらす」という自動詞ですが, 他にも「…をプッと吹きだす」「(たばこを) ふかす」「…をふくらませる」といった意味があります.

3-191
impulse ^{β1} /ˈɪmpʌls/
「衝動」「インパルス《電気》」「(物理的な) 衝撃」

※ motive (動機) と違い, 実際に行動することを含みとして持つとは限りません. 行為の効果よりも行為の推進力に重点をおいた語で, impulse は抑え込むことができるものです. 例文にある 'My first impulse was to *do*' は「とっさに…しようと思った」という決まり文句です.
【類語: desire, motive, stimulus】

My first **impulse** was, of course, to call for assistance; but I could not but recognize that there was every chance that I would be accused of his murder.
まず私の頭に浮かんだのはもちろん助けを呼ぶことでした. しかし私が殺人の容疑をかけられる可能性が高いと思わざるをえなかったのです. 〈『四つの署名』〉

3-192

inadvertently ^{r1} C /ˌɪnədˈvɜːrtntli/

「不注意で」「うっかり」「思わず」

【類語： careless, thoughtless, **heedless** ^{r2} /ˈhiːdləs/ 「(忠告や警告などに耳を傾けず) 不注意な」('**heedless** bravery' (無鉄砲な勇敢さ); heed は 1-145 参照】

※ むとんちゃく (heedless) であることですが, 人や気持ちについてではなく, 行動や失敗などについて言うのに用いられ, 無視していたとかわざとというのではないけれどもほかのことに気を取られてしまったために起こした失敗といったときによく使われます.

> 《本当の依頼人の名前を出し渋る訪問客と話すうちにホームズが述べたことば》
> "Dear me! But surely you have **inadvertently** let out the name of your client? It is no doubt General de Merville."
> 「おやおや. でもあなたは依頼人の名前をつい出してしまわれたようですよ. まぎれもなくド・メルヴィル将軍ですね.」　　　　　　　　　　　〈「有名な依頼人」〉

3-193

inception ^{r1} C L /ɪnˈsepʃn/

「発端」「開始」

※ 組織や制度など (an undertaking, a project, an institution, a practice *etc.*) の開始 [始まり] という意味でよく用いられます.

【類語： beginning, origin, root, source】

> 《自分でホームズに持ち込んだ事件が 2 つあるという話をワトソンが述べるくだり》
> Of these the latter may have afforded a finer field for an acute and original observer, but the other was so strange in its **inception** and so dramatic in its details that it may be the more worthy of being placed upon record, …
> これらのうち 2 つ目の方が鋭くて (acute) 独創的な (original) 観察者 (であるホームズ) にとってはよりよい活躍の場だったかもしれないが, もう 1 つの方がことの発端が奇怪であったのと詳細が劇的であるのとで記録にとっておく価値が上かもしれないのだ (後略)　　　　　　　　　　　〈「技師の親指」〉

3-194

inclusive ^{β1} /ɪnˈkluːsɪv/

「込みの」「いっさいを入れた」

【類語：included】(「税込みの」は 'tax included', 'before taxes')

※ 'an all-inclusive rate' (全部込みの料金) というように使います. 例文の「(期限を) 含めた」という意味での使い方はイギリス英語式で, アメリカ英語では 'From the years 1894 **through** 1901' がよく見られます (看板などで 'Open Mon **thru** (= through) Fri' のような表記もよくあります).

From the years 1894 to 1901 **inclusive** Mr. Sherlock Holmes was a very busy man. 1894 年から 1901 年までシャーロック・ホームズ君は多忙を極めていた.

〈「一人ぼっちの自転車乗り」〉

3-195

incur ^{β2} **C** /ɪnˈkɜːr/

「(不安, 怒りなどを) 招く」「(損害などを) 被る」

※ 予見していたかどうかにかかわらず, 起きてしまったことに責任のあることを含意します.

【類語：**contract** ^{β2} /kənˈtrækt/ (病気にかかる, 悪癖がつく：(…と) 契約する, …することを請け負う (to *do*))】(名詞「契約」/ˈkɑːntrækt/)

《警察に援助を求めなかった理由をホームズが刑事たちに説明する場面》

If I fail I shall, of course, **incur** all the blame due to this omission; but that I am prepared for.

もし私が失敗すれば, もちろん私がこの (警察に援助を求めなかったという) 手ぬかり (omission) についての非難を一身に受けるわけですが, その覚悟はできています.

〈『緋色の研究』〉

Her husband developed some hateful qualities; or shall we say that he **contracted** some loathsome disease, and became a leper or an imbecile?

彼女の夫は何かいやな性質を強めてきた, あるいは忌々しい (loathsome (loathe → 2-25)) 病気にかかったということか, ハンセン病患者 (leper (/ˈlepər/)) であるか知的障害 (imbecile (→ 1-68)) になったのかな？

〈「黄色い顔」〉

※ 上の例文中の imbecile はここでの意味 (中程度の知的障害) としての用法は《やや古》となります.

3-196

indebted ^{β2} /ɪnˈdetɪd/

'be indebted to A for B' の形で「A (人) に B という恩恵を受けている」「A (人) に B を感謝している」

【類語：grateful (I would be grateful if you could … 手紙などでフォーマルにお願いをするときの言い方), appreciative】

※ 助けてもらったことへの感謝を表すフォーマルな語です。**appreciative** /əˈpriːʃətɪv/ は親切を受けたときに使うかなりフォーマルな語です。

I am sure, Mr. Holmes, that we are very much **indebted** to you for having cleared the matter up.

私どもはホームズさんに事件を解決していただいたことを感謝するものです。

〈「唇のねじれた男」〉

▶ We are **appreciative** of all your work on this. 《フォーマル》

（本件に関しましてのご尽力に感謝申し上げます）

3-197

indifference ^{β2 L} /ɪnˈdɪfrəns/

「無関心」「冷淡さ」

【類語：uninterested, **apathetic** /ˌæpəˈθetɪk/ （鈍感な, 冷淡な）。名詞は **apathy** /ˈæpəθi/「…に対する無関心 (toward, about)」】

※ 形容詞の indifferent は「無関心 [冷淡] な」のほかに,「さえない」とか「まずい」 (＝**mediocre** ^{β2} /ˌmiːdiˈoʊkər/ (not very good; ordinary) の意味でも用いられます》

I can still remember your complete **indifference** as to whether the sun moved round the earth or the earth round the sun.

太陽が地球の周りをまわるのか地球が太陽の周りをまわるのかについて君が全く<u>無関心だった</u>ことを僕は今でも覚えているよ。 〈『バスカヴィル家の犬』〉

※ 例文中の moved は主語が太陽 (the sun) なのに過去形になっている珍しい例です。

《警察から捜査の依頼がきて張り切って出かけようとするホームズをワトソンが描写して》

He hustled on his overcoat, and bustled about in a way that showed that an energetic fit had superseded the **apathetic** one.

彼はコートをてきぱきと着て (hustle), せわしく準備を始め (bustle about), あた

かも精力的な発作 (fit (一時的なたかぶり, 気まぐれ) cf. fitful (断続的な, 気まぐれ な)) が無気力な発作に取って代わった (supersede (→ 2-68)) かのようだった.

〈『緋色の研究』〉

《ホームズがモリアーティ教授とともに死んだと思われた後も, 犯罪事件に関心を持ち続けていたというワトソンの独白》

… after his disappearance I never failed to read with care the various problems which came before the public, and I even attempted more than once for my own private satisfaction to employ his methods in their solution, though with **indifferent** success.

(前略) 彼がいなくなった後も報道されるさまざまな事件について欠かさず読んでいたし, 一度ならず自己満足のためにホームズの方法を適用してみようとさえしたのだが, 芳しくない結果に終わった. 〈「空き家の冒険」〉

《謎の病気に侵されたホームズを診ようとするワトソンの申し出を断った後のホームズのことば》

But facts are facts, Watson, and, after all, you are only a general practitioner with very limited experience and **mediocre** qualifications.

しかし事実は事実だよ, ワトソン, だって (after all), 君はごく限られた経験とありきたりな資格を持つ一般開業医に過ぎないのだから. 〈「瀕死の探偵」〉

3-198

indignation ^{β1} /ˌɪndɪɡˈneɪʃn/

「憤り」「憤慨」「義憤」(anger より堅く, 正義感からくる憤り)

※ 個人的あるいは利己的なものではなく, 不公平や不合理なものによって引き起こされる強い怒りやショックのこと.

【類語: anger, rage, fury, outrage】

"Mr. Holmes!" said the lady, and her face was pink with her **indignation**, "this is surely most unfair and ungenerous upon your part …

「ホームズさま」夫人は憤りで頬を紅潮させて言った. 「これは本当に随分と理不尽でむごいなさりようですこと (後略) 〈「第二のしみ」〉

※ on A's part / on the part of A 「A (人) に責任のある」

※ 類語の **wrath** /ræθ/ は **indignation** 同様に anger より意味の強い語ですが，復讐とか懲罰（王や神の怒り（'the wrath of God'）といった場合）の含みを持つ激しい怒りというときによく使われます．

3-199
induction /ɪnˈdʌkʃn/
「誘導《電気》」「帰納法《論理学》（演繹法は **deduction**（→ 3-71））」；「（役職などへの）就任（式）」「（新入生や新入社員などへの）研修」

※「（新入生や新入社員などへの）研修・オリエンテーション」（induction course）という文脈でよく使われます．

inductive /ɪnˈdʌktɪv/「誘導の《電気》」「帰納的な《論理学》」

【類語：debut /deɪˈbjuː/（デビュー），**inauguration** /ɪˌnɔːɡjəˈreɪʃn/（（アメリカ合衆国大統領の）就任式，開会［開通，落成］式）】

"Yes, gentlemen," said he, "it is the most famous pearl now existing in the world, and it has been my good fortune, by a connected chain of **inductive** reasoning, to trace it from the Prince of Colonna's bedroom at the Dacre Hotel, where it was lost, to the interior of this, the last of the six busts of Napoleon which were manufactured by Gelder & Co., of Stepney …

「そうです，諸君」彼は言った．「これは現存する最も有名な真珠で，幸運にも，<u>帰納的推理</u>の鎖をつなげることにより，これがデイカー・ホテルのコロンナ公の寝室で盗まれたことに始まってステップニーのゲルダー商会で製造された六つのナポレオン像（bust（胸像））のうちの最後の1つであるこの像の内部に隠されるまでの道をたどることができたのです（後略）　　　　　　　〈「六つのナポレオン」〉

3-200
indulge /ɪnˈdʌldʒ/
動詞：「ほしいままにする」「（快楽などに）ふける」「（悪事などに）興じる」「甘やかす」

《女性の来客をワトソンに紹介する際にホームズが自分のことを棚に上げて言ったユーモラスなセリフ》

"Mrs. Merrilow does not object to tobacco, Watson, if you wish to **indulge** your filthy habits …

「メリロウ夫人は喫煙をお許しくださったよ，ワトソン君，もし君の不潔な（filthy（→ 1-129））楽しみに<u>ふけり</u>たいのならね（後略）　　　　　〈「覆面の下宿人」〉

---

indulgent ^{β2} /ɪnˈdʌldʒənt/ 形容詞：「気ままにさせる」「甘い」「(あまりに) 寛大な」

【類語：tolerant】

※ indulgent は軽蔑した意味合いで用いられますが，tolerant (寛大な，寛容な) は肯定的なニュアンスです．下の例で比較してみてください．

《つかまって悪態をつく犯人に対するホームズの態度》

"I have to thank you for a good deal," said he. "Perhaps I'll pay my debt some day."

Holmes smiled **indulgently**.

「きさまにはたっぷり礼をしなきゃな」奴が言った．「いつの日か借りを返すぜ.」ホームズは好きに言わせておきながら微笑んだ． 〈「ノーウッドの建築業者」〉

※ すでにつかまっているにもかかわらず犯人が偉そうに悪態をついているというのにホームズときたら犯人に言いたい放題言わせておいて自分は笑みを浮かべているんだから，という感じでワトソンが描写していることが indulgently という語から伝わっていきます．

"Well, well, MacKinnon is a good fellow," said Holmes with a **tolerant** smile.

「結構，結構，マキノン警部はいいやつだからね」ホームズは寛大な笑みを浮かべて言った． 〈「退職した絵具屋」〉

※ 本当はホームズが解決した事件が報道ではマキノン警部の手柄になっているのにも関わらず，そのままマキノン警部を立てておいてあげようというホームズの寛大さにワトソンが感銘を受けているという文脈であることが tolerant のニュアンスとして伝わってきます．

　「甘やかす」という意味での類語として **pamper** ^{r1} /ˈpæmpər/ は (人を)「…を与えて (with) 甘やかす」という動詞です (a spoiled and pampered child (わがままで甘やかされて育った子供) (spoil「(子供を甘やかして) だめにする」).

3-201
inert ^{β2} ^{L} /ɪˈnɜːrt/

「自力で動けない」「緩慢な」「不活性の」

【類語: still, motionless, immobile, 'at a standstill' (行き詰っている) (→ 3-387), inactive, **inertia** ^{r1} /ɪˈnɜːrʃə/ (不活発，ものぐさ，《物理》惰性), **lethargy** ^{r1} /ˈleθərdʒi/ (昏睡 (状態)) (lethargic (けだるい，動きがにぶい (sluggish, slow)), torpid (体の器官が不活発な，体が動いていない (unmoving), 冬眠中の (cf. hibernation (冬眠), dormant

（休眠状態の））】

※ 物が動くためのパワーがないとか，効果を発揮しないという意味です．inactive（不活発な：停止［休止］中の）は物にも人にも使われます．

《押収された丸薬が事件で使われた毒薬のはずなのに毒性が見られずホームズが慌てる場面》

The very pills which I suspected in the case of Drebber are actually found after the death of Stangerson. And yet they are **inert**. What can it mean? Surely my whole chain of reasoning cannot have been false.

ドレッバーの事件で怪しいとにらんだ丸薬が，スタンガソンが死んだ後に見つかった．それなのに丸薬は<u>効かない</u>．どういうことなのだ？ 僕の推理の連鎖が全部間違っていたなんてことはありえないし． 〈『緋色の研究』〉

《レストレード警部たちの操作が順調に進んでいるのに，違う説を追っているホームズが自分の捜査がうまくいかなかったワトソンにぐちをこぼす場面》

They were piling up their score all the time and we were **at a standstill**.

彼らは着々と得点を重ねていたというのに，我々は<u>手詰まりの状態</u>だった．

〈「ノーウッドの建築業者」〉

A moment later the tall and portly form of Mycroft Holmes was ushered into the room. Heavily built and massive, there was a suggestion of uncouth physical **inertia** in the figure, but …

すぐに背が高くかっぷくのいい（portly）体格をしたマイクロフト・ホームズが部屋に案内されて（was ushered into）入ってきた．大柄でがっしりして，どうにも（uncouth /ʌnˈkuːθ/ 粗野な，洗練されていない））運動神経が<u>不活発</u>といった体つきだが，（後略） 〈「ブルース・パーティントン型設計図」〉

He entered with a weariness and **lethargy** which was even more painful than his violence of the morning before, and he dropped heavily into the armchair which I pushed forward for him.

部屋に入ってきた彼は疲れ果てて<u>無気力</u>な様子で昨日の朝の興奮状態よりもかえって痛々しく，私がすすめた肘掛け椅子にぐったりと座り込んだ． 〈「緑柱石の宝冠」〉

▶ Everybody felt **torpid** in the heat of the sun.　　　　〈*Chambers*〉

（誰もが太陽の灼熱で<u>無感覚</u>になった）

3-202

infinite ^{β1} /ˈɪnfɪnət/

「数えきれない」「無限の」（⇔ finite（→ 3-498））

※ とてつもなく大きい（exceeding greatness）とか広大（vastness）であるというのみならず，不（確）定（indefiniteness）であるという語感のある語です．

【類語：eternal, boundless（限りない，果てしない），uncircumscribed（無制限の（**circumscribe** ^{γ2} /ˈsɜːrkəmskraɪb/（権利や行動の自由を）「制限する」《語源的には周りに（circum-＝around）線を引く（scribe＝to write）ということで，数学で三［四］角形などに円を「外接させる」というときにも使います．**inscribe** ^{γ1} /ɪnˈskraɪb/）は「内接させる」「（言葉や名前を石・硬貨・紙などに）刻み付ける」】

"They say that genius is an **infinite** capacity for taking pains," he remarked with a smile. "It's a very bad definition, but it does apply to detective work."

「天才とは苦痛を受け入れる能力が<u>無限なこと</u>だそうだが，」ホームズはにっこりして言った．「その定義はどうかと思うが，探偵の仕事にはなるほどあてはまるね.」

〈『緋色の研究』〉

《事件の起きた家で継母に折檻された少年のことをホームズが質問して》

But the boy—he is fifteen, I understand, and probably very developed in mind, since his body has been **circumscribed** in action. Did he give you no explanation of these assaults?"

しかしその少年は，15歳でしたね，おそらく知力はとてもしっかりしておられるのでしょう，身体の方が<u>自由でない</u>こともあって．彼はその折檻（assault（→ 1-22））について何も言ってないのですか？　　　〈「サセックスの吸血鬼」〉

Tell Inspector Patterson that the papers which he needs to convict the gang are in pigeonhole M., done up in a blue envelope and **inscribed** "Moriarty."

パターソン警部に伝えてほしいのだが，一味を投獄するのに必要な書類は整理棚（pigeonhole）Mの部にあり，「モリアーティ」と<u>表書きした</u>青い封筒に包んで入れてある（do up（包装する））．　　　〈「最後の事件」〉

---

circumvent ^{γ1 L} /ˌsɜːrkəmˈvent/ も circum- で始まりますが，語源的には周り（circum-

=around）を取り囲む（vent＝to come／go）ということだったものが，現代では「（法規や困難などを）すり抜ける」という意味になっています．

▶ The company opened an account overseas to **circumvent** the corporate tax law.
（その会社は法人税法の適用を<u>免れる</u>ために海外に口座を作った）

3-203
inflict ^{β2} /ɪnˈflɪkt/
「（損害ややっかいごとなどを）押し付ける［もたらす］」
※ いやなこと（罰（punishment），罰金（penalty），損失（loss），苦痛（suffering），傷（wound）など）を課す（impose）ことです．
【類語：deal, impose】

But there are still four cartridges in the revolver. Two have been fired and two wounds **inflicted**, so that each bullet can be accounted for.
拳銃にまだ4発（cartridge（弾薬筒））残っている．2発が撃たれて傷を2箇所<u>負わされている</u>のだから，それぞれの弾丸は説明がつくだろう．　　　　〈「踊る人形」〉

The stab was on the right side of the neck and from behind forwards, so that it is almost impossible that it could have been **self-inflicted**.
刺し傷（stab）は首の右側を後ろから前方向についていますから，<u>自分でやった</u>（self-inflicted（自傷行為の，自ら招いた））というのはほぼ無理でしょう．
〈「金縁の鼻眼鏡」〉

3-204
infringe $^{β2\ \text{L}}$ /ɪnˈfrɪndʒ/
「（法律や契約などを）破る」「（権利などを）侵害する」
※ 行動や計画が法を破ったり権利を侵害したりすることです．
infringement $^{γ1\ \text{C}}$ /ɪnˈfrɪndʒmənt/「違反（行為）」「侵害」（→ 3-28）
※ 下の囲みにある例文のように，法（law）や条約（treaty）の violation／infraction（違反）という意味でも使われますが，それよりも trespass（侵害）という文脈でよく使われます．'copyright **infringement**' は「著作権<u>侵害</u>」．

The Socialists had many branches in America, and the deceased had, no doubt, **infringed** their unwritten laws, and been tracked down by them.
アメリカには社会主義者の支部が多く，（殺害された）被害者（the deceased（故人））

は彼らの不文律を破り，組織に追い詰め (track down) られたのであろう．

〈『緋色の研究』〉

【類語：break，violate，**trespass**（財産や権利への不法侵害，家屋への不法侵入）(→ 1-8)，**breach**（→ 3-28)，**infraction** /ɪnˈfrækʃn/（規則や法律の違反，侵害）(法的には「もっとも軽い種類の犯罪で，違反に対し軽い罰金刑しか科されないもの」．「亀裂骨折」という意味でも使われます)】

▶ An **infraction** is the least serious offense. As such, **infractions** do not lead to jail time, probation, or create a criminal record. 〈Internet から採録〉

(infraction は最も軽い種類の犯罪 (offense) です．なので，infraction で懲役刑になるとか，保護観察 (probation) (→ 3-12) に付されるとか，前科がつくということはありません)

3-205
ingenious ^{β1} /ɪnˈdʒiːniəs/

「巧妙な」「利口な」

※ 発明の才 (inventive faculty) や器用さ (skill) を感じさせる語．

【類語：creative，**innovative** ^{β2} /ˈɪnəveɪtɪv/「革新的な」(実用やビジネスといった文脈で (inventive はもっと artistic な文脈で) よく使われます)，clever，original】

He was a man of good family and of great ability, but of incurably vicious habits, who had, by an **ingenious** system of fraud, obtained huge sums of money from the leading London merchants.

やつは良家に生まれ才能にも恵まれていたのだが，どうにもならない悪癖があり，巧妙な詐欺 (fraud) で巨額のお金をロンドンの一流商人たちからまきあげたのだ．

〈「グロリア・スコット号」〉

3-206
inhabit ^{α2} /ɪnˈhæbɪt/

「…に住む」(＝ live in)

※ 動物が…に生息する，人が…に住む (個人のことをいう場合には 'live in' を用います．

【類語：dwell in (on)】

The manor-house is, as I have already said, very old, and only one wing is now **inhabited**.

屋敷（manor-house（広い敷地の大邸宅））は，申し上げましたとおりとても古くて，一翼（横に出ている部分）しか人が住んでいません. 〈「まだらの紐」〉

3-207

initiate ^{β1} ^L /ɪˈnɪʃieɪt/

「始める」「創始する」；「手ほどきする」「(秘密の知識を) 教える」；「入会させる」
【類語：begin】

> What was his horror one evening to meet in the streets the very man who had **initiated** him in Naples, the giant Gorgiano, a man who had earned the name of 'Death' in the south of Italy, for he was red to the elbow in murder!
>
> 彼の恐怖はいかばかりだったでしょう，彼をナポリで（結社に）入会させたまさにその男，巨人ゴルジアーノにある晩夜道で出会ってしまったのです. その男は南イタリアでは「死神」という名前で呼ばれていて，人を殺して肘まで真っ赤だというのです. 〈「赤い輪」〉

initiation ^{β1} ^L /ɪˌnɪʃiˈeɪʃn/「開始」「入会」
【類語：debut /deɪˈbjuː/】
※ 'initiation ceremony' は非公式な入会の儀式で何か不快な行為をさせられることがよくあります.

> When McMurdo awoke next morning he had good reason to remember his **initiation** into the lodge. His head ached with the effect of the drink, and his arm, where he had been branded, was hot and swollen.
>
> 翌朝起きたときマクマードは支団（lodge（秘密結社の支部））への入団式をいやでも思い出さなければならなかった. 酒で頭痛がするし，腕には焼き印を押されて（branded）熱をもって腫れていた（swollen）. 〈『恐怖の谷』〉

3-208

inject ^{β1} ^L /ɪnˈdʒekt/

「注射する」「注入する」（名詞は **injection** ^{β1} ^L /ɪnˈdʒekʃn/）
※ 比喩的に「(刺激などを) 加える」とか「(資金や設備などを) 投入する」という意味でも使われます.
【関連語：**irrigate** ^{β2} /ˈɪrɪɡeɪt/（傷口を洗浄する，灌漑する）（**irrigated** land（灌漑地）），pierce（突き刺す），insertion（挿入）】

356

"I suppose, Watson," said he, "that you imagine that I have added opium-smoking to cocaine **injections**, and all the other little weaknesses on which you have favoured me with your medical views."

「どうやらワトソン」彼は言った「君が医学的見地から意見してくれているコカイン注射に加えて僕がアヘン (opium (/ˈoʊpiəm/)) まで吸い始めたと思っているようだね.」

〈「唇のねじれた男」〉

3-209
instruct $^{\alpha 2}$ /ɪnˈstrʌkt/

「指示する」「教える」(instructor は「教官, インストラクター」)

※ 正式にあるいは公式にどうせよと指示するという感じのある語です.

【類語：order, direct (公式に命令を与える)】

Simple as it was, there were several most **instructive** points about it.

それは単純だけれども, とてもためになる点がいくつもあるよ. 〈『緋色の研究』〉

3-210
intact $^{\beta 2}$ /ɪnˈtækt/

「損なわれないで」「無傷の」

※ いろいろなことをくぐりぬけながらも状態が保持されていることに焦点が置かれている語です.

【類語：perfect】

The Premier snatched the blue envelope from his hand.

"Yes, it is it—and the letter is **intact**. Hope, I congratulate you."

首相 (premier (＝prime minister)) は彼の手から封筒をひったくった (snatch).

「そうだ, これこそが探していた封筒だ. そして中の手紙もそのままだ. ホープ君, おめでとう.」

〈「第二のしみ」〉

※ 例文中の **premier** $^{\beta 1}$ (発音注意《米》/prɪˈmɪr/ /prɪˈmjɪr; 《英》/ˈpremiə(r)/) は形容詞としては「最高級の」,「最重要の」,「第一の」という意味です. 同じような意味の語としては **foremost** $^{\beta 1}$ /ˈfɔːrmoʊst/ が「第一位の」,「先頭の」,「主要な」という意味の形容詞です. premier は人気のあるものや人などによく使われますが (a premier chef/restaurant/player *etc*.), foremost はフォーマルな語で堅さを感じさせる語です ('the foremost authority on the subject' (その問題に関する一番の権威)).

3-211

intensify ^{α2 L} /ɪnˈtensɪfaɪ/

「強化する」；「強くなる」

※ 活動や感情が増大することについて言います. 名詞は intensity /ɪnˈtensəti/「激しさ」「強度」.

【類語：increase, enlarge, aggravate (悪化させる, 深刻にする) (→ 3-7)】

> He was of a sickly color, and his thin, sandy hair seemed to bristle up with the **intensity** of his emotion.
>
> 彼は病人のような顔色で, 砂色でうすくなった髪の毛は動揺のあまりの<u>強さ</u>のために逆立っている (bristle with) ようだった. 〈「入院患者」〉

※ 例文中の bristle /ˈbrɪsl/ は「短く硬い毛」, 「(怒りなどで (with)) 毛が逆立つ [毛を逆立てる]」という意味です.

3-212

intention ^{β1} /ɪnˈtenʃn/

「意図」(= what you intend to do)

intent ^{β2} /ɪnˈtent/ (名詞として)「…しようという意図」；(形容詞として)「熱心な」

※ 動詞 intend は「意図する」「意味する」で, intended は「故意の」「意図された」という意味です ('intended meaning' は「意図された意味」). intention は通例心の中にある気持ちという以上の含意は特にありませんが, intent は intention よりも具体的な計画や方法の策定や練り上げがなされているという含意があります. 法律用語で「意思」や「意図」として用いられるのは intent です ('criminal intent' (犯意)). なお, intent は上の例文のように形容詞として「熱心な」, 「熱中して」という意味で用いられることもあります.

> Holmes picked up several of them and examined them carefully. I was convinced from his **intent** face and his purposeful manner that at last he was upon a clue.
>
> ホームズは (壊されたナポレオン像の) 破片をいくつか拾い上げて入念に調べた. 私は彼の<u>熱心な</u>顔つきと明確な目的のありそうな態度から彼がついに手掛かりをつかんだと確信した. 〈「六つのナポレオン」〉

intently ^{β2} /ɪnˈtentli/「熱心に」「一心不乱に」

> He leaned back in the cab, and I could see by his drawn brow and his vacant eye that he was thinking **intently**.

358

彼は馬車の座席に背をもたせかけたが，眉をひそめて視線がうつろな (vacant) ところを見ると一心に考え込んでいるのがわかった． 〈『四つの署名』〉

3-213
intermediate $^{\beta 1\ \text{L}}$ /ˌɪntərˈmiːdiət/

「中間の」「中級の」

※ 名詞として「仲介者」「介在物」という意味で用いられることもあります．

【類語： middle, mediate （紛争などの調停をする）（→ 1-193)】

I knew you came from Afghanistan. From long habit the train of thoughts ran so swiftly through my mind, that I arrived at the conclusion without being conscious of **intermediate** steps.

僕は君がアフガニスタンから帰還したとわかったんだ．長年の習慣で思考の流れがとても早くめぐるものだから中間段階を意識せずに結論に到達してしまったのさ．

〈『緋色の研究』〉

3-214
intrude $^{\beta 2}$ /ɪnˈtruːd/

「立ち入る」「じゃまに入る」「場を乱す」

intruder $^{\beta 2}$ /ɪnˈtruːdər/「侵入者」「じゃま者」

※ 呼ばれていない（いるべきではない）私的なところに首を突っ込んでじゃまになる，望ましくないことをするという意味です．

【類語： interfere, interrupt】

Sherlock Holmes had sprung out and seized the **intruder** by the collar.
シャーロック・ホームズが飛び出して侵入者の襟首をつかまえた． 〈「赤毛組合」〉

barge $^{\gamma 1}$ /bɑːrdʒ/ は名詞では「はしけ」ですが（3-431 例文参照）動詞としては「無理やりに進む」とか 'barge in' の形で（人が何かしている最中に無作法に「おしいる」「（発言などに）口をはさむ」という意味になります．

▶ I hope you don't mind us **barging in** like this.
（こんな風に押しかけて，ご迷惑でなければよいのですが）

3-215
invade $^{\alpha 2\ \text{L}}$ /ɪnˈveɪd/

「侵入する」「侵害する」

※ 軍事力をもって他国に侵攻するというときによく使われます.

【類語：interfere, conquer, occupy】

> Mrs. Hudson, the landlady of Sherlock Holmes, was a long-suffering woman. Not only was her first-floor flat **invaded** at all hours by throngs of singular and often undesirable characters but her remarkable lodger showed an eccentricity and irregularity in his life which must have sorely tried her patience.
>
> シャーロック・ホームズの下宿の女主人であるハドソン夫人は忍耐強い女性だった. 二階 (first-floor) の部屋には始終たくさんの (throngs of) (throng → 3-250) 風変わりなそしてしばしば好ましからざる人物たちが押しかけてくるだけでなく, 彼女の並外れた下宿人 (lodger) 自身が変わり者で生活の不規則な男なので彼女の忍耐力にひどく負担をかけていることだろう. 〈「瀕死の探偵」〉

3-216

invert ^{β1 L} /ɪnˈvɜːrt/

「逆にする」「ひっくり返す」

※ 通例上下をひっくり返す (turning upside down) ことですが, まれに内側と外側を逆にする (turning inside out or outside in) という意味のこともあります.

【類語：reverse, **overturn** ^{β2} /ˌoʊvərˈtɜːrn/ (転覆させる)】

難度の高い語ですが, **upend** ^{γ2} /ʌpˈend/ は「…をさかさまにする [ひっくり返す]」とか「…を負かす」という意味の動詞です ('an **upended** box' (ひっくり返された箱)).

▶ It's an attempt to **upend** the global financial order.

　　(それは世界的な金融秩序をひっくり返そうという試みだ)

'turn over' は「ひっくり返る」, 'turn A over [over A]' は「…をひっくり返す」ですが, **turnover** ^{β2 C} /ˈtɜːrnoʊvər/ は「転覆」といった意味もありますが,「取引 [売上] 高 ('an annual **turnover** of 95 million' (年 9,500 万円の総売上))」とか「離職率 ('a high / low **turnover** of staff' (従業員の高い / 低い離職率))」という意味でよく使われますので注意しておきましょう.

　　関連語も見ておきましょう.

inverse ^{γ1 L} 「(順序や位置が) 逆の」

【類語：opposite】

※「反比例の」というときによく用いられます. 'inverse proportion' は「反比例」(正比例は 'direct proportion'), 'inverse relationship' は「反比例の関係」「逆相関」.

> Now you clearly see the sequence of events, though you see them, of course, in

the **inverse** order to the way in which they presented themselves to me.

さてもう一連の出来事のつながりがおわかりでしょう．ただもちろん皆さんがご覧になったのは僕の前に示されたのとは逆の順序だったのですが．

〈「六つのナポレオン」〉

《海軍省関連の大事件が起きて兄マイクロフトがホームズに捜査を頼む場面》

But it is a real crisis. I have never seen the Prime Minister so upset. As to the Admiralty—it is buzzing like an **overturned** bee-hive.

しかしこれは大変な危機なのだ．総理があれほど慌てておられるのを初めて見た．海軍省（Admiralty）ときたら，蜂の巣（bee-hive）をひっくり返したような大騒ぎだ． 〈「ブルース・パーティントン型設計図」〉

3-217

invoice ^{r1} /ˈɪnvɔɪs/

「送り状」「請求書」；「(売り手が売渡し商品の) 送り状を作る [送る]」

【類語：bill, charge】

※ 電気，ガス，電話などのサービスについては bill が使われます．商品や仕事の完了を雇い主の会社や顧客などに送るのは invoice です（bill も使われます）．

They were mere **invoices** to say that a fresh bottle was being sent to Professor Presbury, or receipt to acknowledge money.

それらはプレスベリー教授宛に追加のボトルを送ったというただの送り状や，代金を受け取ったという領収書だった． 〈「這う男」〉

3-218

invoke ^{β2} ^{L} /ɪnˈvoʊk/

「(法などに) 訴える」「(権利など) 行使する」

※「law, rule, sanction, right, *etc.* に訴える [行使する]」「idea, image, feeling などを心に呼び起こす (≒evoke)」「神の加護などを祈願する」といった意味で使われます．

【類語：entreat (→ 2-49)，resort to】

I mean to teach them in these parts that law is law, and that there is a man here who does not fear to **invoke** it.

わしはここらの連中に教えてやるつもりですわい．法は法だということ，そしてこ

こに法を行使することを恐れないものがいるということを.

〈『バスカヴィル家の犬』〉

3-219
itinerary ^{r1} ^C /aɪˈtɪnəreri/
「旅程」「旅行計画」

※ itinerancy は「外回り」「巡業」(‘a sacred itinerancy’(遍路)).

【類語：schedule】

itinerant ^{r2} ^C /aɪˈtɪnərənt/「地方巡回の」

※ 商人, 牧師, 判事など巡回［旅回り］をする個人やグループに用いられます.

Lawler was an elderly man, shrewd, silent, and self-contained, clad in an old black frock coat, which with his soft felt hat and ragged, grizzled beard gave him a general resemblance to an **itinerant** preacher.

ローラーは年配の男で, そつのなさそうで (shrewd) 無口な, うちとけない感じで (self-contained), 古い黒のフロック・コートを着ていた (clad (clothe の過去・過去分詞形《古》)) が, それが彼のやわらかなフェルト帽やもじゃもじゃで (ragged (→ 3-328)) 白いものの混じった (grizzled) あごひげと相まって, 巡回の布教師 (preacher) のような (resemblance (類似)) 風貌にしていた.　　　　〈『恐怖の谷』〉

3-220
jargon ^{r1} ^L /ˈdʒɑːrgən/
(特殊な職業や仲間内で用いられる)「専門用語」「通語」

※ 技術的なことなど専門や業界の人にしかわからない用語のことで, しばしば軽蔑したニュアンスで使われます.

【類語：dialect, slang, **vernacular** ^{r1} /vərˈnækjələr/ (ことばがその国や地方など特有［本来］の) (→ 3-87), **gibberish** ^{r2} /ˈdʒɪbərɪʃ/ (早口, たわ言) (動詞 **gibber** は意味不明のことを早口でぶつぶつ言うとか, サルなどがきゃっきゃと言うという意味)】

※ slang (俗語) は教養ある談話 (cultivated speech) には用いられず著しく口語的な (markedly colloquial) ことばということです (colloquial (口語(体)の)).

I might not have gone but for you, and so have missed the finest study I ever came across: a study in scarlet, eh? Why shouldn't we use a little art **jargon**.

君がいなかったら (but for (…がなかったら)) 僕は出かけていなかっただろうから, これまで出くわした (come across) 中で最も注目に値するものを見逃すところだっ

た．緋色の習作とでも呼ぼうか？ ちょっと美術の用語っぽいのもいいだろう．
〈『緋色の研究』〉

His face was convulsed, and he grinned and **gibbered** at us in his senseless rage.

彼の顔はひきつり (convulsed)，歯を見せてにやりとして意味不明な逆上をしながらわけのわからないことばを早口で言っていた． 〈「這う男」〉

3-221

jolt ﾔ¹ ᴸ /dʒoʊlt/

（自動車などが）「揺れながら進む」

※ 急に，荒っぽく動くイメージで，ぐいと動かしてバランスをなくすという感じです．

【類語： shake, **rattle** ᵝ² /ˈrætl/ （ガタガタ走る［鳴る］）(→ 3-330)，**wobble** ﾔ² /ˈwɑːbl/ （（安定感なく椅子やテーブルなどが）がたつく，ぐらぐら［がたがた］する：…をふらつかせる），**jiggle** ﾔ² /ˈdʒɪgl/ （上下左右に素早く小刻みに揺れる［揺する］）('jiggle *one*'s leg' （貧乏ゆすりをする）)，impact】

The country roads seem to be not very good in that part of the world, for we lurched and **jolted** terribly.

そのあたりの田舎道ときたらひどいもので，私たちはひどく傾いたり (lurch (/lɜːrtʃ/ がくんと傾く，揺れる)) 揺さぶられたりしながら (馬車で) 進みました．

〈「技師の親指」〉

3-222

lament ᵝ² ᴸ /ləˈment/

「…を嘆く［悼む］」「…を後悔する」

lamented ﾔ¹ /ləˈmentɪd/ 形容詞：「悼まれる」「惜しまれる」(the late lamented は「故人」)

【類語： deplore （遺憾に思う，嘆かわしく思う）(→ 3-79)，rue (→ 3-75 例文)】

※ deplore は貴重なものが修復［回復］不可能になったことを強く深く心の中で嘆くことで，lament は悲しみや嘆きを表に出すことを含意し，ことばにして言うことを意味することがしばしばです．

▶ She **lamented** that she had never been to Paris. 〈*Chambers*〉

（彼女はパリに行ったことがないのを嘆いた）

"From the point of view of the criminal expert," said Mr. Sherlock Holmes, "London has become a singularly uninteresting city since the death of **the late lament-ed** Professor Moriarty."

「犯罪の専門家の見地からすると」ホームズが言った.「ロンドンは<u>故人となってしまった</u> (the late lamented (故人)) モリアーティ教授の死以降はなんとも面白くない都市になってしまったものだ.」 〈「ノーウッドの建築業者」〉

3-223
landlord ^{β1} /ˈlændlɔːrd/

「大家」「家主」「地主」

※ 部屋, 家, 土地を貸す人で, イギリス英語では「パブの主人」としても使われます.

【類語: landlady】

Finally, I went to the **landlord**, who is an accountant living on the ground-floor, and I asked him if he could tell me what had become of the Red-headed League.

とうとう私は<u>大家</u>のところに行って, その大家というのは 1 階に住んで会計士をやっているものですが, 赤毛組合がどうなったかわかるか尋ねてみました.

〈「赤毛組合」〉

3-224
lapse ^{β1} /læps/

「(時間や人生の) 経過 [推移]」;「ちょっとした過失」「一時的な欠如」

※ 動詞として「品質などが落ちる」,「無効になる」,「弱まる」,「(時が) 過ぎる」といった意味にもなります. 語源的にはラテン語の *labi* (＝slip, slide) から「誤り」の意味で英語に入りました.

【類語: passage, mistake, error, corruption】

※ 契約やメンバーシップなどの「期限などが切れる」というときなどには 'run out' が通常使われます (Time is running out. (残り時間はわずかです)).

For his own honour stands so high that he could not forget or pardon a **lapse** in another.

主人の名誉 (honour 《英》(＝honor)) は非常に重んじられるべきものですから, 主人はほかの人間の<u>ささいな過ち</u>も忘れたり許したりできないのです.

〈「第二のしみ」〉

It was my intention to have stopped there, and to have said nothing of that event

364

which has created a void in my life which the **lapse** of two years has done little to fill.

私の思いとして，（ホームズの事件を書くのは）もうおしまいにして，あの事件については何も言わないできたが，あの事件が私の人生にぽっかりと空けたままの穴 (void（喪失感 → 3-458)) は 2 年の時の経過があってもほとんど埋められていない.

〈「最後の事件」〉

3-225
lateral *γ1* **L** /ˈlætərəl/

「横（へ）の」「側面（から）の」('**lateral** thinking'（水平思考）/ 'vertical thinking'（垂直思考))

※ 仕事などで同じ地位や身分への配置転換 (lateral move) というような文脈でも使われます. **bilateral** /ˌbaɪˈlætərəl/ (→ 3-474) は「相互の」「2 国間の」「互恵的な」という意味です ('**bilateral** negotiation'（二国間交渉)). unilateral は「一方だけの」とか「一方的な」.

【類語：sideways（横に)】

Consider an athlete with one dumb-bell! Picture to yourself the uni**lateral** development, the imminent danger of a spinal curvature.

1 つしかダンベルを持っていない運動選手を想像してごらんよ！ 自分の片側だけしか発達しないすがたを思い浮かべてみれば，背骨の (spinal) 歪み (curvature) をきたす危険が差し迫ってくる.

〈『恐怖の谷』〉

3-226
limb *β2* **L** /lɪm/

「(手足の) 1 本」「肢」

※ leg / arm / wing の婉曲な言い方です.

【類語：leg, branch (large branch は「大枝」)】

An elderly man with a red face and shaking **limbs** came staggering out at a side door.

初老の男が赤ら顔をして手足を震わせながら横側のドアからよろよろと (staggering (stagger → 3-398)) 出てきた.

〈「ぶな屋敷」〉

linger ^{β2} /ˈlɪŋgər/

「なかなか消えない」；「立ち去らないでいる」

【類語：remain, stay】

※ 臭いなどが思ったよりも長く残る（≒remain），立ち去らないでずっととどまる（文語的な言い方です）（≒stay）という意味です．

Well, to make a long story short, I loved her and I married her. It was only when the romance had passed—and it **lingered** for years—that I realized that we had nothing—absolutely nothing—in common.

手短に申し上げますと，私は彼女を愛し結婚したのです．情熱が醒めてようやく，そうは言っても数年は残っていたのですが，私は妻との間に何も，ほんとうに何も共通したものがないとわかったのです． 〈「ソア橋」〉

For some months Jefferson Hope **lingered** among the mountains, leading a strange wild life, …

数ヶ月もジェファーソン・ホープは山中にとどまり奇妙な野生生活をおくった（後略） 〈『緋色の研究』〉

---

locus ^{γ1 L} /ˈloʊkəs/

「場所」「中枢」「軌跡《数学》」

【類語：place】

※ 語源は下の囲みの例文にあるようにラテン語の *locus*（＝place）．物・事の存在する［起きた］場所とか，中心の重要な部分という意味です．‘**locus** of responsibility’ は「責任の所在」，‘**locus** of control’ は「支配の中枢」．

And here comes the country surgeon and Mrs. Rucastle, so I think, Watson, that we had best escort Miss Hunter back to Winchester, as it seems to me that our *locus standi* now is rather a questionable one.

どうやらルーカスル夫人と地元の外科医がやってきたようだから，ワトソン，僕たちはハンターさんを送ってウインチェスターに引き上げるのがよさそうだよ（‘had best *do*’ は ‘had better *do*’ を強調した言い方）．見たところ我々のロカス・スタンディ（*locus standi*（＝legal [rightful] standing＝right to be here（合法的立場（ラテン語の法律用語）））はかなり怪しげになっているからね． 〈「ぶな屋敷」〉

3-229

longitudinal ^{γ1} ^L /ˌlɑːndʒəˈtuːdnl/

「経度の」「縦の」「長さの」;「長期にわたる」

longitude ^{β2} 「経度」/ˈlɑːndʒɪtuːd/

※ 研究などが長期にわたるという意味でも使われます.

【関連語：**latitude** ^{β1} /ˈlætɪtuːd/（緯度，（行動などの自由な）幅，（心の）ゆとり）】

> Heidegger's tyres were Palmer's, leaving **longitudinal** stripes.
>
> ハイデガーのタイヤ（tyre《英》(= tire)）はパーマー社のだったから，縦じまが残る
> はずなんだ. 〈「プライアリイ・スクール」〉

3-230

lump ^{α2} ^L /lʌmp/

「かたまり」「しこり」「こぶ」;「とんま」

※ 通例，形がとくにはっきりしない固形のかたまりです.「角砂糖」は 'a sugar lump'
 とか 'a sugar cube' と言います.

【関連語：piece, **tumor** ^{β2} ^L /ˈtuːmər/（腫瘍）（'tumor cell'（腫瘍細胞，がん細胞））】

> Holmes's quiet day in the country had a singular termination, for he arrived at
> Baker Street late in the evening with a cut lip and a discoloured **lump** upon his
> forehead, …
>
> ホームズが田舎で過ごした静かな一日は風変わりな（singular）終わり方になった.
> というのも彼がベイカー街に到着したのは夜おそくで唇（lip）が切れて額には紫色
> に変色した（discoloured《英》(= discolored)）こぶができているという具合で（後
> 略） 〈「一人ぼっちの自転車乗り」〉

3-231

manuscript ^{α2} ^L /ˈmænjuskrɪpt/

「原稿」「写本」

【類語：script, text】

※ script は「台本」や「脚本」．manuscript は印刷される前の原稿などです.

> "I have in my pocket a **manuscript**," said Dr. James Mortimer. "I observed it as
> you entered the room," said Holmes. "It is an old **manuscript**." "Early eigh-
> teenth century, unless it is a forgery."
>
> 「私はポケットに書類をひとつ持ってきています」ジェームズ・モーティマー博士が

言った.「部屋にお入りになった時から気づいていましたよ」とホームズ.「古い文書です.」「18 世紀初めのものでしょう, 偽造 (forgery) (→ 3-150) でなければですが.」 〈『バスカヴィル家の犬』〉

3-232
marked ^{β1} ^L /mɑːrkt/ (発音注意)

「著しい」「目立った」「有標の」(反意語:unmarked (無標の))

副詞は **markedly** ^{γ1} /ˈmɑːrkɪdli/ (発音注意)

【類語:distinct, striking(ly), pronounced (はっきりした, 非常に目だつ) (→ 2-30), conspicuous (顕著な, 人目を引く) (→ 2-30), notably】

※ marked は「容易に見て取れる」という意味で definite や pronounced と交換可能で用いられますが, ビジネスの文脈でよく使われます.

▶ The campaign will have / produce a **marked** effect on [upon] sales.
(そのキャンペーンは売り上げに著しい効果がある[効果を与える]だろう)

There was nothing **markedly** abnormal in any of these conditions, which harmonized with my former experiences.
(患者の検査結果の) 状態に特に目立って異常といったところはなく, 私がこれまでに経験した症例と一致していました. 〈「入院患者」〉

3-233
marrow ^{γ1} ^L /ˈmæroʊ/

「髄」「(比喩的に) 真髄」

【関連語:bone marrow (骨髄), the spinal marrow (せき髄)】

※ 'to the marrow' で「骨の髄まで」という言い方になります.

He was a sportsman, was Godfrey, down **to his marrow**, and he wouldn't have stopped his training and let in his skipper if it were not for some cause that was too strong for him.
彼は, ゴッドフリーは骨の髄までスポーツマンでしたから, トレーニングをやめてキャプテン (skipper) を困らせる (let in) としたら彼によほどのことがあったのでしょう. 〈「スリークオーターの失跡」〉

3-234

massive ^{β1} /ˈmæsɪv/

「巨大な」「思い」「名高い」

【類語：heavy, huge】

※ 金属や岩石などのがっしりしてうつろでない（solid）感じや，比喩的に数量などの
巨大［大規模］なことを言います．bulk は重量よりも容積や空間に占めているかさ
の大きさを言います（大型の船のように「図体が大きい」というのは **bulk** (bulk →
3-31)).

No wonder that it was heavy. The iron-work was two-thirds of an inch thick all
round. It was **massive**, well made, and solid, like a chest constructed to carry
things of great price, …

（箱が）重いのも無理はなかった．ぐるりと三分の二インチの厚さの鉄でできていた
た．頑丈な作りに細工も精巧でどっしりとしていて，貴重品を入れて運ぶために作
られた箱（chest）のようだったが，（後略） 〈『四つの署名』〉

難度は高くなりますが，**humongous** ^{γ2} /hjuːˈmʌŋɡəs/ は「ばかでかい（= enormous)」
という意味のくだけた言い方で，話しことばでも用いられます（humungous《英》）．'a
humongous market' なら「どでかい市場」．

hefty ^{γ1} /ˈhefti/ は「大きくて重い」（'a tall **hefty** man'（背の高いがっちりした男)) と
いう形容詞で，「（料金や金額が思ったより）かなり高額な」という意味でも使われます
('a **hefty** fine'（重い罰金)).

3-235

meager ^{β2} /ˈmiːɡər/

「貧弱な」「乏しい」「痩せた」

※ 量は少なく質は低いということです．人や動物について言うときは病気や飢えなど
でやせ細ったという意味です．

【類語：inadequate, insufficient, **scant** ^{γ1} /skænt/（あるべき量よりも乏しい），**sparse** ^{γ1}
/spɑːrs/（まばらな，希薄な），**deficient** ^{β2} /dɪˈfɪʃnt/（必要なものが不足している（→
3-73))】

He brightened and rubbed his thin hands together as he listened to the **meagre** but
remarkable details.

ホームズは顔を輝かせ骨ばった両手を擦り合わせて，乏しくはあれども驚くべき詳
細に聞き入った．《meagre《英》(= meager)》 〈『恐怖の谷』〉

《ワトソンが学生時代ラグビーをやっていた頃に他校の選手だった人物から事件捜査の依頼をもらって出会ったものの昔日の面影はなく》

There is surely nothing in life more painful than to meet the wreck of a fine athlete whom one has known in his prime. His great frame had fallen in, his flaxen hair was **scanty**, and his shoulders were bowed.

人生で何が痛ましいと言って，その全盛期を知っている素晴らしかった運動選手が面影もなくやつれ果てた姿（wreck（残骸 → 1-343））を見ること以上のものはない．彼の立派な体格（frame）は衰え，亜麻色［淡黄色］の髪の毛は薄くなり，両肩も前かがみになっていた． 〈「サセックスの吸血鬼」〉

《有名な競走馬がいなくなったという事件の知らせを受けて，なぜすぐに捜査にでかけなかったのかとワトソンに責められて》

The fact is that I could not believe it possible that the most remarkable horse in England could long remain concealed, especially in so **sparsely** inhabited a place as the north of Dartmoor.

実を言うと，イングランドで最高の名馬をダートムア北部みたいな人がまばらにしか住んでない場所で隠し続けるなんて無理だと思っていたんだよ．

〈「シルヴァー・ブレイズ」〉

3-236

meantime $^{\alpha 1}$ **C** /ˈmiːntaɪm/

‘in the meantime’ の形で「その間に」「それまでの間に」「ところで」

※ ‘in the mean time’ はあることが起きるのを待っている間に何かするつもりだという文脈で使われます．

【類語：interval, **interim** $^{\gamma 1}$ /ˈɪntərɪm/（合間，当座），**interlude** $^{\gamma 1}$ /ˈɪntərluːd/（幕間，合間），**lapse**（時間的な間隔（＝interval））（→ 3-224），**intermission** $^{\beta 1}$ /ˌɪntərˈmɪʃn/（（試合や劇などの）休憩時間，幕間）】

We can do little more until next Saturday, and **in the meantime** I may make one or two inquiries myself.

土曜日までこれ以上できることはないから，それまでの間に僕が1つ2つ自分で調べてみるよ． 〈「一人ぼっちの自転車乗り」〉

《事件解決に必要な手紙は出してしまったとワトソンに言うホームズ》

And now, Doctor, we can do nothing until the answers to those letters come, so we may put our little problem upon the shelf for the **interim**.

さて，ワトソン，手紙に返事が来るまで何もすることがないから，我々のささやかな問題は<u>しばらく</u>おあずけにしておこうよ． 〈「花婿失跡事件」〉

《ワトソンに依頼の内容を説明しようとしたところに，首を突っ込むなと脅しに来た男が現れて逆にホームズに追い払われ，あらためてホームズが事件のあらましをワトソン説明しようとする場面》

I was going to tell you when we had this comic **interlude**. Here is Mrs. Maberley's note. If you care to come with me we will wire her and go out at once.

説明しようと思っていたらあのこっけいな<u>幕間</u>となったというわけさ．これがメイバリー夫人の手紙だ．もし一緒に来てくれるなら夫人に電報を打ってすぐに出かけようと思うんだがね． 〈「スリー・ゲイブルズ」〉

3-237

meanwhile $^{\beta1}$ **C** /ˈmiːnwaɪl/

「そうしているときに」「それまでの間」「ところで」「(**2** つのことを比べて，あるいは **1** つのことを **2** つの側面から比較して) 一方で」

※ 'in the mean time' と同じ意味で用いられることもあります．

Meanwhile, have you anything more to tell us about the case?

<u>ところで</u>，他に何か我々に話すことがあるかね． 〈「金縁の鼻眼鏡」〉

I am not sure that in defence of your own life your action will not be pronounced legitimate. However, that is for a British jury to decide. **Meanwhile** I have so much sympathy for you that if you choose to disappear in the next twenty-four hours I will promise you that no one will hinder you.

正当防衛として君の行為が合法である (legitimate) と判決がくだされる (be pronounced) かどうか僕は確信を持てない．しかしそれは英国の陪審 (jury) が決めることだからね．<u>一方で</u>，僕は君に大いに同情 (sympathy) するので，もし君がこの 24 時間以内に身を隠すなら誰も君のじゃまをする (hinder (→ 2-59)) ことはないと約束するがね． 〈「アベイ農場」〉

3-238

merge ^{β2} /mɜːrdʒ/

「…と (**with**) 合併する」「…に (**into** [**in**]) 溶け込む」

(他動詞として 'merge A with [into] B', 自動詞として 'merge with [into] …')

※ ビジネスや政治などの文脈でグループや組織が合併・統合するというときによく使われます.

【類語: **combine**, **integrate** (統合する, 融合させる) (integral → 3-509), **consolidate** ^{β2} /kənˈsɑːlɪdeɪt/ (固める《技術》, 統合する《ビジネス》, 強固にする [なる]) ('consolidate *one*'s position as …/ foothold for …' (…の立場/足場を固める) (→ 3-556)), **fuse** (→ 1-134) (融合する) ('nuclear **fusion**' (核融合))】

merger ^{β2} /ˈmɜːrdʒər/「(企業) 合併」

【類語: **amalgamate** ^{γ1} /əˈmælgəmeɪt/ (合併する, 融合する, アマルガム (水銀とその他の金属の合金) にする); 名詞は amalgamation. incorporation, consolidation (→ 3-556 も参照), **coalesce** ^{γ2} /ˌkoʊəˈles/ (別々の物・考え・組織が結合 [合体] する) (同語源の coalition は 1-21)】

… he swept his long arm towards the huge mottled expanse of green-splotched bog which stretched away until it **merged** into the russet slopes of the moor.

(前略) 彼 (ホームズ) が長い腕を差しのばした (swept) 先にはまだらの (mottled) 草が点々とある (green-splotched) 沼地 (bog) の巨大な広がりが赤褐色の (russet) 荒れ野 (moor) の斜面に溶け込んでいた.　　　　　　　　　〈『バスカヴィル家の犬』〉

《水力技師を雇って機械修理をしようとした怪しげな男たちの正体について警部が語る場面》

"They are coiners on a large scale, and have used the machine to form the **amalgam** which has taken the place of silver."

「奴らは大がかりなにせ金造り (coiners) で, あの機械を使って銀の代わりになる合金を製造していたのです.」　　　　　　　　　　　　　　　　〈「技師の親指」〉

※ シャーロック・ホームズの研究書によれば, この作品に出ているアマルガム化合物に関するドイルの知識には疑問符がつくそうです (笑).

▶ The small firm had to **amalgamate** with the larger one to survive.

(その小さな会社は生き延びるために大きな会社と合併しなければならなかった)

《勤め先を探している株式仲買人のところに, 雇いたいという男が現れて株式市況を

見ているかどうかを試す質問をする場面をホームズに説明しているところ》

"… You won't mind my testing you, will you? Let me see. How are Ayrshires?"

"One hundred and five to one hundred and five and a quarter."

"And New Zealand **Consolidated**?"

"A hundred and four."（引用符は筆者が変更）

「(前略) 試しに質問をしてもよろしいでしょうな？ さて，エアーシャはいくらです？」

「105 ポンドから 105 ポンド 4 分の 1 です．」

「ではニュージーランド整理公債は？」

「104 ポンドです．」 〈「株式仲買人」〉

※ consolidated（bond）は「整理公債」((既発行公債を 1 つにまとめるために発行される公債) です.

3-239

meticulous (ly) ^{r1} C L /məˈtɪkjələs/

「慎重な」「細部にまで気を配った」

※ ときに細かすぎて神経質な, うるさいという含意を持つことがあると説明されることもあるようですが, アメリカ英語およびイギリス英語ともにポジティブな意味合いでしか使わないとする話者が多いようです.

【類語：**conscientious** ^{β2} /ˌkɑːnʃiˈenʃəs/（注意深くて正確な）(→ 3-90), careful, fastidious /fæˈstɪdiəs/（服装・外見などに細心の注意を払う）, fussy （…にうるさい (about)）(fuss → 1-312), precise】

《訪問客の身だしなみにすきがないことをワトソンが描写する場面》

His lucent top-hat, his dark frock-coat, indeed, every detail, from the pearl pin in the black satin cravat to the lavender spats over the varnished shoes, spoke of the **meticulous** care in dress for which he was famous.

ぴかぴかの (lucent (/ˈluːsnt/ = shining)) シルクハット (top-hat) や黒いフロック・コートから, 実に細部も, 黒いサテンのアスコットタイ (cravat) についた真珠のタイピンからツヤツヤした (varnished) 靴の上のラベンダー色のスパッツ (足の甲を覆うゲートル) までが彼を有名にしている身だしなみへの細やかな気配りを物語っていた. 〈「有名な依頼人」〉

類語の **scrupulous** ^{r1} /ˈskruːpjələs/ は「綿密な」「几帳面な」「細心の」(**scrupulous** attention to detail (詳細への細心の注意)) と言った意味の形容詞ですが, scruple が「良心のとがめ (を感じる)」という意味の語で, scrupulous は「良心的な」という意味にも

なります（to be **scrupulous** in business dealing（商取引について誠実である））. **pe-dantic** ^r1 /pɪˈdæntɪk/ になると「細かいところを気にしすぎる」「学者ぶって（どうでもいい）細部にこだわる」という意味合いの形容詞になります.

3-240
mingle ^β1 /ˈmɪŋgl/

（感情, 音, 匂いなどについて）「混ぜる」「混ざる」

【類語：mix, blend】

> The spy **mingled with** the crowd.　　　　　　　　　　　　〈*Chambers*〉
> （そのスパイは群衆にまぎれた）

※ 混ぜられた後にもとの個性（個人［個体］性）を失う度合いが mix ほど強くないという含意があります（→ 1-200）.（自動詞で, パーテイーなどで会場内をあちこち動いて様々な人と歓談するという意味で用いられることもあります.）

《恐ろしい悲鳴（yell）が聞こえている場面》

It swelled up louder and louder, a hoarse yell of pain and fear and anger all **mingled** in the one dreadful shriek.

叫び声はしだいに大きくなり（swell up）, しわがれた（hoarse）わめき声（yell）は苦痛と恐怖と怒りが全て入り混じった身の毛のよだつ金切り声（shriek）になっていた.　　　　　　　　　　　　　　　　　　　〈「まだらの紐」〉

※ 例文には声に関する言い方がいくつか出ていますが,「（音や声が）よく響く」とか「（部屋や壁が）よく反響する」というときには形容詞 **resonant** ^r1 /ˈrezənənt/ が使われます.

And then suddenly, in the very dead of the night, there came a sound to my ears, clear, **resonant**, and unmistakable.

すると突然, こんな真夜中に聞こえてきた音がある. はっきりとしてよく響き, 聞き間違えようがなかった.　　　　　　　　　　　　　　〈『バスカヴィル家の犬』〉

3-241
misplace ^r1 C /ˌmɪsˈpleɪs/

「…を置き間違える」「…を置き忘れる」

※ 置き場所を間違えて, どこに置いたかわからなくなることです. misplaced は「置き忘れた」といった意味もありますが,「まちがった」という意味でよく使われます.

【関連語：**displace**（移動させる, …に取って代わる）（→ 3-102）, replace（…を取り

替える，…に取って代わる）】

misplaced [n1] /ˌmɪsˈpleɪst/ 「見当違いの」「不適切な」

To his sombre and cynical spirit all popular applause was always abhorrent, and nothing amused him more at the end of a successful case than to hand over the actual exposure to some orthodox official, and to listen with a mocking smile to the general chorus of **misplaced** congratulation.

ホームズの陰鬱で（sombre《英》(＝somber /ˈsɑːmbər/ 陰気な，薄暗い)）皮肉な (cynical) 精神には大衆の喝采は嫌悪感を起こさせる (abhorrent (/əbˈhɔːrənt/)) ものでしかなかったし，事件が成功裏に終わってしまうと関心がなくなって手柄を誰か公の人に渡してしまうと，あざけるような (mocking (→ 3-243)) 笑みをうかべて世間の人が見当違いの賛辞を送るのを聞くだけだった． 〈「悪魔の足」〉

3-242

mitigate [β2] [L] /ˈmɪtɪgeɪt/

「（影響や被害などを）和らげる［軽減する］」

※ 苦痛を和らげるとか問題を軽減するという意味ですが，苛烈さや苦痛が less serious, painful, harmful になるということであって，必ずしも和らいで我慢できるようになるということを含意するわけではなく，苦痛などが与えられる［課される］というニュアンスです．逆に，harmless という意味では **innocuous** [n1] /ɪˈnɑːkjuəs/「当たりさわりのない」「無害［無難］な」という形容詞があります．

【類語：relieve, ease, **alleviate**（一時的または部分的に軽減する）(→ 2-66)】

… but his penalty was changed to penal servitude in consideration of **mitigating** circumstances, and the certainty that Hilton Cubitt had fired the first shot.

（前略）しかし彼の量刑は懲役刑 (penal servitude（懲役（英法)))に変えられた．軽減事由 (mitigating circumstances（酌量すべき情状))が配慮されたのとヒルトン・キュービットが真っ先に発砲したことが確かであったためである． 〈「踊る人形」〉

3-243

mock [β2] /mɑːk/

「あざける」「からかう」「失望させる」

※ 実験用などの実物大の模型を mockup（モックアップ）と言いますが，mock はもとは「まねをしてからかう」という意味で，形容詞としては「模擬の」とか「にせの」という意味になります ('a **mock** interview'（模擬面接))．ridicule は意地の悪い冗

談を飛ばしたりして嘲笑することです.

【類語: **ridicule** *β1* /ˈrɪdɪkjuːl/（あざけり，からかう）（形容詞形は ridiculous）】

Now, we will suppose that you were shut up in this little room, had not two minutes to live, but wanted to get even with the fiend who was probably **mocking** at you from the other side of the door. What would you do?

さて想像してみましょう. この小さな部屋に閉じ込められて，あと 2 分間も生きていられないのだけれど仕返しをし（get even with）たい，そのドアの外側からあざ笑っている残虐非道な奴（fiend (/fiːnd/)）に. あなたならどうします？

〈「退職した絵具屋」〉

3-244

moderate *β1* /ˈmɑːdərət/

「（怒りや要求などを）和らげる」「（値段などを）下げる」；形容詞（「適度の」「穏健な」）としての用法については『アクティブな英単語』p. 263 参照.

※ ふるまいや批判など人間のすることについてよく用いられ，主語が人であることがしばしばです.

【類語: modify, tone down, mild, gentle, **temperate** *β2* /ˈtempərət/（温暖な，節度ある）】

《恐喝業者と交渉するホームズのセリフ》

I beg, therefore, that you will **moderate** your demands, and that you will return the letters at the price I indicate, which is, I assure you, the highest that you can get.

だからお願いですよ，要求額を下げてください，そして私の提示した金額で手紙を返してください. 間違いなくあなたが得ることのできる限度額ですよ.

〈「チャールズ・オーガスタス・ミルヴァートン」〉

《行方不明になった男のことをホームズがワトソンに話す場面》

Mr. St. Clair is now thirty-seven years of age, is a man of **temperate** habits, a good husband, a very affectionate father, and a man who is popular with all who know him.

セントクレア氏は 37 歳で，温厚な人柄，良き夫で，愛情深い（affectionate）父親であり，彼を知る誰もから好かれている.

〈「唇のねじれた男」〉

blunt ^β2 /blʌnt/ は「相手の気持ちを考慮せず無遠慮な［ぶっきらぼうな］；とがっていない（a blunt knife（なまくらなナイフ））」という意味です.

> "I must say that I am rather disappointed in our London consultant," said Colonel Ross, **bluntly**, as my friend left the room.
> 「ロンドンから来てもらった探偵さんにはがっかりですな」ロス大佐はわが友が部屋を出ていくと歯に衣着せず言った. 〈「シルヴァー・ブレイズ」〉

3-245
modesty ^β1 /ˈmɑːdəsti/
「謙遜」「控え目」「慎み深さ」（modest は「遠慮がちの」）
※ 女性の慎み深さというときに modesty が使われます. moderate は「ほどほどの」.
【類語： shyness, retiring】

> 《ホームズがワトソンに兄マイクロフトのことを初めて話す場面》
> I cannot agree with those who rank **modesty** among the virtues. … When I say, therefore, that Mycroft has better powers of observation than I, you may take it that I am speaking the exact and literal truth.
> 僕は謙遜を美徳としてあげる人には賛成できないね.（中略）だから僕がマイクロフトは僕よりも優れた観察力を持っていると言ったら, それはことばどおりに受け取ってくれていいんだよ. 〈「ギリシア語通訳」〉

3-246
monarch ^α2 /ˈmɑːnərk/
「君主」（king, queen, emperor）
【類語： king, sovereign（君主, 主権者）】
※ monarch や sovereign は王や女王である人そのものを指すときに使われますが, sovereign の方がよりフォーマルです.

> It is always a joy to meet an American, Mr. Moulton, for I am one of those who believe that the folly of a **monarch** and the blundering of a minister in far-gone years will not prevent our children from being some day citizens of the same world-wide country under a flag which shall be a quartering of the Union Jack with the Stars and Stripes.
> アメリカの方と会うのはいつも楽しみなのですよ, モールトンさん. 私は遠い昔のさる国王の愚行（folly）と大臣の失敗（blunder（失敗（する）→ 1-185））は, 私たち

377

の子孫がいつかユニオン・ジャックと星条旗を 4 半分に組み合わせた国旗のもとに世界に広がる大国となることを妨げるものではないと信じるものの一人です.

〈「独身貴族」〉

※ ここでの国王と大臣はジョージ 3 世とノース卿のことを指しています.

関連語として,「国王の」とか「王室の」という意味の **royal** ^{α2} /ˈrɔɪəl/, 名詞「王位［王権］」の **royalty** ^{β2} /ˈrɔɪəlti/ (royalties で「印税」という意味でも用いられます) があります.

3-247

mortal ^{β1} /ˈmɔːrtl/

「やがては死ぬ運命にある」「人間の, 現世の」「極度の」;「(神に対して) 人」「人間」

【類語: **deadly** ^{β1} /ˈdedli/ (毒物や攻撃が致命的な, 非常に危険な《事故には用いない》), **fatal** ^{β2} /ˈfeɪtl/ (命取りの, 助からない, 取り返しのつかない, 決定的な), **malignant** ^{β2} /məˈlɪɡnənt/ (腫瘍 (tumor) や疾患 (disease) とともに用いて悪性の《腫瘍が「良性の」は **benign** /bɪˈnaɪn/》)】

※ 'deadly wound' は必ずしも死ぬわけではないが, 'mortal wound' は助かる見込みのない致命傷.

mortality ^{β1} /mɔːrˈtæləti/「死亡率」

immortality ^{β2} /ˌɪmɔːrˈtæləti/「不死」「不朽」「不滅」

Like all other arts, the Science of Deduction and Analysis is one which can only be acquired by long and patient study nor is life long enough to allow any **mortal** to attain the highest possible perfection in it.

ほかの芸術と同じく,「推理と分析の科学」も長く辛抱強く時間をかけてはじめて習得できるものであって, 命に限りのある人間にとってはその高みにある完成を待つには人生は短すぎるのだ. 〈『緋色の研究』〉

※ nor の後の is と life の倒置に注意.

I will keep your confession, and if McCarthy is condemned I shall be forced to use it. If not, it shall never be seen by **mortal** eye ….

あなたの告白を記録しておきますので, もしマッカーシー君が有罪にされる (is condemned) ようなことになれば使わせていただきます. そうならなければ (告白の記録は) 人目にふれることはありません (後略) 〈「ボスコム谷の謎」〉

From his manner it struck me that he was **in mortal dread** of something or somebody, but when I questioned him upon the point he became so offensive that I was compelled to drop the subject.

彼の様子から，彼は何かあるいは誰かをひどく恐れている (in mortal dread [fear, terror]) と思ったのですが，そのことを彼に聞くととても怒るのでその話をやめざるをえませんでした．　　　　　　　　　　　　　　　　　　〈「入院患者」〉

Suppose a man had fired through the window, it would indeed be a remarkable shot who could with a revolver inflict so **deadly** a wound.

窓越しに撃ったのだとしたら，それはまさに大変な射撃の腕前で拳銃一発で命にかかわるような傷を負わせた (inflict (→ 3-203)) ということになる．〈「空き家の冒険」〉

《変死したサー・チャールズの死因を説明するホームズのセリフ》

His nerves were so worked up that the appearance of any dog might have had a **fatal** effect upon his diseased heart.

彼の神経は極限状態（work up（興奮させる，刺激する））でしたからどういう犬であれ現れたら病んでいた心臓に致命的な効果を及ぼしたことでしょう．

〈『バスカヴィル家の犬』〉

3-248
mortgage *β1* **C** /ˈmɔːrɡɪdʒ/
「住宅ローン」「抵当」

※「（家や土地を）抵当［担保］に入れる」という意味での動詞としての用法もあります．

【類語：loan, credit, advance（前金）】

Nothing was left save a few acres of ground, and the two-hundred-year-old house, which is itself crushed under a heavy **mortgage**.

わずかに残されたのは数エーカーの土地と築後二百年ほどの家ばかりで，その家も抵当でがんじがらめの状態です．　　　　　　　　　　　　　〈「まだらの紐」〉

3-249
multiply *β2* **L** /ˈmʌltɪplaɪ/
「どんどん増やす［増える］」「倍加する」「A（数）に B（数）を掛ける」

【類語：build up, **accumulate** *β2* **C L** /əˈkjuːmjəleɪt/ (3-62 も参照), advance】

※ 数，量，レベルが増していくことです．accumulate は金銭について利子，利益，借金が大きくなるときや，ものがひとつのところに積もる［蓄積する］というようなときに用いられます．

> There are small lateral columns of water outside which receive the force, and which transmit and **multiply** it in the manner which is familiar to you.
> 外側の側面に細い水管が何本もあって受けた水力を伝達し増幅していくことはあなたのよくご存知の通りです． 〈「技師の親指」〉

> 《殺人現場にあった隠し部屋の描写》
> There was no furniture of any sort, and the **accumulated** dust of years lay thick upon the floor.
> 家具といえるようなものはなく，長い年月に積もったほこりが床を厚くおおっていた． 〈『四つの署名』〉

3-250
multitude ^β1 L /ˈmʌltɪtuːd/

「多数」；「大衆」

※ 人や物の数の多さを表す語です．'the multitudes' は（けなした感じで）「一般大衆」，「庶民」（a multitude（群衆）（= **throng** ^β2 /θrɔːŋ/（人の集団）（3-215 の例文も参照）は古い言い方）．**myriad** ^γ1 /ˈmɪriəd/ は文語的で「無数の」（'a **myriad** of stars' / '**myriads** of stars'（無数の星））．

【類語：build up, accumulate, advance；crowd】

> 《大平原の彼方に見えたかすかな砂塵がぶあつい雲のようになっていく情景》
> This cloud continued to increase in size until it became evident that it could only be raised by a great **multitude** of moving creatures.
> この雲（のような砂塵）は大きさを増していき，ついには動物の大群が移動して引き起こされたのに他ならないとはっきりした． 〈『緋色の研究』〉

> 《ワトソンが路上で老人とぶつかってしまい，その老人がワトソンをののしりながら雑踏に消えていくという場面》
> With a snarl of contempt he turned upon his heel, and I saw his curved back and white side-whiskers disappear among the **throng**.

のφののしり（contempt）のどなり声（snarl）をあげると老人はくるっと背を向け，彼の曲がった背と白いほおひげが人ごみの中に消えていった．　〈「空き家の冒険」〉

3-251

municipal ^{β1} **C L** /mjuːˈnɪsɪpl/

「地方行政の」「市［町］の」

※ 市の行政機関に関連する［属する］という意味です．

【類語：civic（市民の，市の），civil（市民（一般）の），civilian（（軍人や警官に対して）一般人の，民間の），city】

On the other hand, it was clearly shown by the united and unfaltering evidence of six citizens, including that high **municipal** official, Councillor McGinty, that the men had been at a card party at the Union House until an hour very much later than the commission of the outrage.

一方，一様に断固とした（unfaltering）証言が六人の市民から示された．その六人は市の上級役人であるマギンティ議員（Councillor《英》（＝Councilor））を含み，彼ら（被告たち）は暴力事件（outrage）の実行（commission）よりも1時間以上も遅くまでユニオン・ハウスでトランプをしていたというものだった．　〈『恐怖の谷』〉

3-252

mutter ^{β2} /ˈmʌtər/

「ぶつぶつ言う」「愚痴る」

【類語：whisper（ささやく），murmur（聞き取れないくらい小さな声で話す），**mumble** ^{β2} /ˈmʌmbl/（ぶつぶつ言う）】

※ いらいらさせられたり，むっとさせられたりして聞き取りにくいことばでぶつぶつ言うという意味です．mumble は恥ずかしさや当惑したり頭にきてなどの理由でぶつぶつ言うという意味ですが，小さい声でというだけでなく聞き取りにくい話し方でという感じがあります．

"Very strange!" **muttered** Holmes, pulling at the rope. "There are one or two very singular points about this room ….

「じつに奇妙だ」ホームズはつぶやいて綱を引いた．「この部屋には1つ2つとてもおかしな（singular）ところがある（後略）　〈「まだらの紐」〉

Witness: He **mumbled** a few words, but I could only catch some allusion to a rat.

証人：彼は何かつぶやきましたが，私に聞き取れたのは何かラット（ねずみ）を思わせるもの（allusion（ほのめかし→1-150））だけでした.　　〈「ボスコム谷の謎」〉

3-253
nap $^{\beta 1}$ ^{C} /næp/

「うたた寝」「まどろみ」「昼寝」

※ 日中に短時間の昼寝をすることです. 'take [have] a nap' は「うたた寝をする」，'catch A napping' は「A（人）の不意をつく」.

【類語：sleep, doze（うたた寝する，居眠りする），snooze（いびきをかく）】

> On the third night after Brunton's disappearance, the nurse, finding her patient sleeping nicely, had dropped into a **nap** in the arm-chair, when she woke in the early morning to find the bed empty, the window open, and no signs of the invalid.
>
> ブラントンが姿を消してから三日目の夜，病人がおとなしく眠っていたので看護師がアームチェアでうたた寝をしてしまい，早朝に目覚めてみるとベッドはもぬけのからで窓が開いており，病人（invalid）はいなくなっていたというわけだった.
>
> 〈「マスグレイヴ家の儀式」〉

※ 関連語として，「眠たい」，「眠気を誘う」，「（眠ったように）活気のない［のどかな］」という **drowsy** ^{r1} /ˈdraʊzi/（動詞 **drowse** ^{v2} /draʊz/ は「うとうとする」，「居眠りする」）があります（'a drowsy spring [summer] afternoon'（眠気を誘う春［夏］の午後））.

3-254
needy $^{\beta 2}$ ^{C} /ˈniːdi/

「困窮している」；「かまってもらいたがる」

【類語：poor, **disadvantaged** ^{r1} /ˌdɪsədˈvæntɪdʒd/（《文語》社会的・経済的に恵まれない）特に貧しくて社会的に成功する機会に恵まれない人たちの集団について使われます. '**disadvantaged** children'（貧困家庭の子供たち），impoverished ^{r1} /ɪmˈpɑːvərɪʃt/（（人や地域について）貧困にあえぐ）（'an **impoverished** student'（困窮している学生），**impoverish** ^{r1} /ɪmˈpɑːvərɪʃ/（貧しくする，不毛にする）】

※「貧しくて（poor）緊急に助けが必要な」という意味ですが，愛情に飢えているといった意味もあります. impoverished はジャーナリズムでよく用いられます.

Miss Morstan, could we secure her rights, would change from a **needy** governess to the richest heiress in England.

モースタン嬢は私たちが彼女の権利を守って上げられれば，貧しい家庭教師 (governess) から英国随一の豊かな女性相続人 (heiress (heir → 3-177)) になるのだった．

〈『四つの署名』〉

※ 例文中の 'could we secure her rights' の部分は 'if we could secure her rights' の if を省略して could が倒置された形です．

※ 動詞としての **secure** は「（安全や協力を）確保する」，「を入手する」，「（担保でローンを）保証する」，「（ドアや錠を）しっかり閉める」という意味になります (3-314 も参照).

3-255
negligence ^{β1} /ˈneglɪdʒəns/

「怠慢」「不注意」（形容詞は **negligent** ^{β2} /ˈneglɪdʒənt/)

【類語：neglect（無視する，放置する，怠る），carelessness】

※ 責任があることへの不注意で，深刻な結果を引き起こすことをしばしば含意します．neglect は 1 回の怠慢な行為を言いますが，negligence は常習［習慣］的な怠慢です．

Holmes strolled round the house with his hands in his pockets and a **negligent** air which was unusual with him.

ホームズは両手をポケットに入れてぶらぶらと歩きまわったが，いつもの彼らしからぬむとんちゃくな雰囲気をただよわせていた． 〈「海軍条約」〉

3-256
nocturnal $^{γ1\ L}$ /nɑːkˈtɜːrnl/

「（動物が）夜行性の」「夜の」

【類語：nightly（夜ごとの）（反対語）diurnal ^{γ2} /daɪˈɜːrnl/（昼行性の，昼ごとの）】

※「夜の」という意味では nightly と交換可能ですが，「夜に活動する」という意味があるのは nocturnal です．

What was this **nocturnal** expedition, and why should I go armed?

この夜の探検 (expedition) は何なのか，そしてなぜ武器を持っておかなければならないのか． 〈「赤毛組合」〉

nominal γ1 C L /ˈnɑːmɪnl/

「わずかの」「名ばかりの」

※ 'nominal sum / charge / fee *etc.*'（わずかばかりの金額 / 料金 / 謝礼），'nominal head / leader'（名ばかりのトップ / リーダー）といった用例をおさえておきましょう．'nominal wages' は「名目賃金」．

【類語 : minimal, small】

'And the work?'

'Is purely **nominal**.'

'What do you call purely **nominal**?'

'Well, you have to be in the office, or at least in the building, the whole time. ...

「仕事（の中身）は？」

「ほんの<u>名ばかり</u>のものですよ．」

「その<u>名ばかり</u>とおっしゃいますと？」

「なに，事務所または少なくとも建物の中にずっといてもらわなければならないのですが．(後略) 〈「赤毛組合」〉

※ pure（例文では purely）は「（混じりけがなく）完全な (complete)」という意味ですが，同じような意味の語に **sheer** ^{β1} /ʃɪr/（まったくの，純然たる）があります（「とてつもない…の」という強調する訳語も使われます）．

《暖炉の前で倒れていた大佐 (Colonel) の死因を推理するホームズのセリフ》

... the Colonel fell down from **sheer** fright at the sight of him, and cut his head on the corner of the fender.

（前略）大佐は彼がいるのを見て<u>とてつもない</u>恐怖のあまり卒倒し（暖炉の）囲いの角に頭を打ったのだ． 〈「背の曲がった男」〉

---

notice ^{α2 C} /ˈnoʊtɪs/

「予告」「通知［通告］」

※ 'at [on] short notice' ^{γ1}（= 'at a moment's notice'）で「（事前の予告無しに）急に」とか，'give [hand] in *one's* notice' ^{γ1} で「退職の予告をする」といった言い方をおさえておきましょう．

【類語 : warning, caution ; leave】

> But the German went without his socks. He certainly acted **on very short notice**.
> しかしドイツ人教師は靴下も履かずに出ている．彼は急に行動したということだろうね．〈「プライアリイ・スクール」〉

3-259
nourish $^{\beta2}$ /ˈnɜːrɪʃ/

「…を養う」「…に栄養を与える」「(望み，怒り，恨みなどを) 抱く [はぐくむ]」

※ 食べ物を与えて養うというだけでなく，特性や自重心などを「涵養する」という文脈でも使われます（"They need to **nourish** their hopes and dreams." は「彼らは希望や夢を抱く必要がある」）．

【類語：serve, feed, bring up, breed】

> His features were peaky and sallow, and his little pointed beard was thready and **ill-nourished**.
> 彼の顔立ちは不健康そうで (peaky) 血色が悪く (sallow)，その小さなとがったヒゲはぼさぼさで (thready) 手入れが行き届いていませんでした．〈「ギリシア語通訳」〉

3-260
nucleus $^{\beta1\ \text{L}}$ /ˈnuːkliəs/

「中核」「原子核」「細胞核」

※ 一番重要な部分（組織であれば人）を指すのに使われます．core は教育やビジネスなどの文脈でよく使われます．

【類語：point, core, heart (精神的な問題の中心部分)】

> Just see how it glints and sparkles. Of course it is a **nucleus** and focus of crime. Every good stone is. They are the devil's pet baits.
> ごらんよきらきらして (glint) 輝いている (sparkle)．犯罪の中心的なまとになるのももっともだ．どんな宝石もそうだけれどね．悪魔が好んで使う餌 (bait (→ 3-29)) なのさ．〈「青いガーネット」〉

3-261
nuisance $^{\beta2}$ /ˈnuːsns/

「迷惑な行為」「やっかいな人 [物]」

※ 'public nuisance' は「公的不法行為《法》」で，騒音など地域全体に迷惑をかける行為です．

【類語：inconvenience, headache】

> 'If it really annoys you, Hilton, we might go and travel, you and I, and so avoid this **nuisance**.'
>
> 「もしそんなに気にさわるなら，ヒルトン，旅行にでも行きましょうよ，あなたと私で．そしたらこんな<u>やっかいごと</u>から離れられるわ．」　　　　　　　　〈「踊る人形」〉

3-262
numerical　$^{\beta 2}$ ^{L} /nuːˈmerɪkl/

「数の」「数字上の」

【関連語：numeral（数字），**numeration** $^{\gamma 2}$ /nuːməˈreɪʃn/（計算（法）），**numerous** $^{\alpha 2}$ /ˈnuːmərəs/（数多くの（many より堅い語））（'a numerous family'（大家族）），**innumerable** $^{\beta 1}$ /ɪˈnuːmərəbl/（無数の（countless），おびただしい）（'innumerable difficulties/errors'（数えきれないほどの困難/過ち）），**enumerate** $^{\gamma 2}$ /ɪˈnuːməreɪt/（数え上げる，列挙する）】

※ Arabic numeral は 1, 2, 3 などの「アラビア数字」，Roman numeral は I, II, III などの「ローマ数字」．figure は「数字」「額」「価格」です．数字を使った（デジタルの）というのは digital ですが，**digit** $^{\beta 1}$ /ˈdɪdʒɪt/ は「アラビア数字（0～9 の各数字，指（digit）で数えたことに由来）」，「桁（'a two **digit** number' は「2 桁の数字」）」「指」「指の幅（約 3/4 インチ）」．

> The order of the English letters after E is by no means well marked, and any preponderance which may be shown in an average of a printed sheet may be reversed in a single short sentence. Speaking roughly, T, A, O, I, N, S, H, R, D, and L are the **numerical** order in which letters occur; but T, A, O, and I are very nearly abreast of each other, and it would be an endless task to try each combination until a meaning was arrived at.
>
> 英語の文字で E の次によく使われる数字の順番というのはけっしてよくわかっていないし，印刷された 1 ページに多く現れる順（preponderance (/prɪˈpɑːndərəns/ 優位，優勢))の平均値だって短い文では順番が逆になることだってあるからね．大雑把に言うと，T, A, O, I, N, S, H, R, D, そして L というのが文字の現れる（頻度の）<u>数値順</u>だろうが，T, A, O, そして I は互いにほぼ横一線（abreast（横に並んで））というところだし，意味が通るようになるまで配列を変えてみるというのはきりのない作業だろう．　　　　　　　　〈「踊る人形」〉

《同居し始めて間もないころ，太陽系も知らないというホームズがどのような知識をもっているか数え上げてみようとするワトソン》

I **enumerated** in my own mind all the various points upon which he had shown me that he was exceptionally well-informed.

私はまず頭の中で彼が特に博識であるということを見せた様々な点をすべて<u>数え上</u><u>げてみた</u>. 〈『緋色の研究』〉

3-263

nurture ^{β2} /ˈnɜːrtʃər/

「養育する」「促進する」「(計画・思想・感情などを) はぐくむ」

【類語： nurse，**nourish**（→ 3-259，下の解説も参照），cherish（愛情込めて世話をする）】

※ 養育や訓練などを語感として持ち，肉体や精神の増強というイメージの語です．nurse は弱い［不安定な］ものに栄養を与えて強健にする，感情などを抱くという意味で使われます．**nourish** は食物を与えて養う，事物や精神的なものを助長・育成するという意味で使われます（Good food **nourish** people.（良質な食べ物でこそ人は育つ））．また，事業・活動などを活性化する［助長する］という意味でも使われます（3-259 例文も参照）．

… but in other respects he appears to be a powerful and **well-nurtured** man.

（前略）しかし見方を変えると彼は力も強そうだし<u>体格もよさ</u>そうだ． 〈「唇のねじれた男」〉

3-264

oath ^{β2} **C L** /oʊθ/

「誓約」「(神にかけての) 誓い」；「ののしりことば《やや古》」

※ 神への誓いという語で，法廷での宣誓 (on [under] oath)，(就任の) 宣誓 (an oath of office) といった文脈で使われます．

【類語：pledge（禁酒などの誓約）（→ 2-60），vow（神に対しての誓約）（→ 2-60）】

"I have sworn it by the most solemn **oaths** which a man can take."

「これ以上はないくらい偽りのない (solemn （<ruby>厳<rt>おごそ</rt></ruby>かな，心からの）→ 1-289) 誓いをいたしました．」 〈「唇のねじれた男」〉

3-265

obese ⁿ¹ C /ouˈbiːs/

「肥えた」「肥満の」

※ 太っていて不健康であると医者が言うときに使われます.

obesity ⁿ¹ /ouˈbiːsəti/「肥満の」

【類語: fat, **plump** ᵝ² /plʌmp/（体（の一部）が少しふっくらして好ましい感じ），**chubby** ⁿ¹ /ˈtʃʌbi/（好ましい感じで赤ちゃんや子供に使います）】

Our visitor bore every mark of being an average commonplace British tradesman, **obese**, pompous, and slow.

私たちの訪問客はあらゆる点で英国の平均的でごく普通の（commonplace）商人という風情で，よく太った，尊大な態度で（pompous（→ 1-19））鈍重な感じだった.

〈「赤毛組合」〉

《ホームズを訪れた恐喝王をワトソンが描写して》

Charles Augustus Milverton was a man of fifty, with a large, intellectual head, a round, **plump**, hairless face, a perpetual frozen smile, and two keen grey eyes, which gleamed brightly from behind broad, golden-rimmed glasses.

チャールズ・オーガスタス・ミルヴァートンは五十年配の男で，大きくて知性のほどをしのばせる頭，丸く肉付きがよくてひげのない顔，絶え間なく浮かぶ冷たい微笑，そして鋭い灰色をした両眼が幅広の金縁眼鏡の奥できらりと光っていた.

〈「チャールズ・オーガスタス・ミルヴァートン」〉

《ガリデブという変わった名前の訪問客をワトソンが描写して》

The general effect was **chubby** and rather childlike, so that one received the impression of quite a young man with a broad set smile upon his face.

全体としての感じ（effect）は丸ぽちゃでかなり子供っぽいところがあり，こわばった笑みを顔全体に浮かべて実際の年より若い印象を与える男であった.

〈「三人ガリデブ」〉

3-266

oblique ⁿ¹ L /əˈbliːk/

「遠回しの」「間接的な」「斜めの」

※ 水平，垂直から少し離れたという意味合いで，間接的，あるいは一筋縄ではいかな

388

い感じという語です.

【類語：**crooked** *β2* (→ 1-330), **awry** *γ2* /əˈraɪ/（曲がって，斜めに，まちがって），indirect】

The interplay of ideas and the **oblique** uses of knowledge are often of extraordinary interest.

さまざまな考えを取り合わせてみたり，知識を<u>からめ手から</u>使ってみるととても面白いことになるのがしばしばだよ. 〈『恐怖の谷』〉

《狼狽して興奮した様子で部屋に入ってきた依頼人にホームズが》

Please arrange your thoughts and let me know, in their due sequence, exactly what those events are which have sent you out unbrushed and unkempt, with dress boots and waistcoat buttoned **awry**, in search of advice and assistance.

どうぞお考えをまとめてからお話ください. 出来事を順番に，正確にどんなことが起きてあなたが髪に櫛も入れず (unbrushed) 服装は乱れて (unkempt)，礼装用のブーツでチョッキのボタンを<u>斜めに掛け違えている</u>という状態で送り出され，助言と助力を求めておいでになったのか. 〈「ウィステリア荘」〉

※ awry と語源的に関係のある **wry** *γ1* /raɪ/ は顔や表情が「ゆがんだ（‘a wry smile’（苦笑い））」とか，ユーモアや性格が「皮肉な」「ひねくれた」という意味です.

《直前のホームズの「かわいそうなマクファーソンさんの悲劇の真相がそこにあります (it contains a full explanation of the tragedy of poor McPherson.")」という言葉を受けて》

"And incidentally exonerates me," remarked Ian Murdoch with a **wry** smile.

「そしてついでに僕の無罪を証明してくれる (exonerate) わけですね」とイアン・マードックが<u>皮肉っぽい</u>笑みを浮かべて言った.

※ 例文中の **exonerate** *γ1* /ɪgˈzɑːnəreɪt/ は「（罪や容疑から）…の疑いを晴らす」「（義務や非難から）…を解放する」という意味の動詞です.

3-267

obliterate *γ1* **L** /əˈblɪtəreɪt/

「…を完全に破壊する」「…を抹消する」

※ おおい尽くしてなくしてしまうというイメージの語です. 下の【類語】に入れた ‘blot out’ も obliterate も上に何かを塗りたくって判読できなくするという感じがあります.

【類語：**blot out** /ʳ²/ (抹消する，おおって見えなくする) (blot /blɑːt/ は「吸取紙などで吸い取る，ふく，ぬぐい取る」)，erase (こすって消す)】

Here, once again, was the mark of the bicycle, though nearly **obliterated** by the hoofs of cows.

ここにもまた自転車のタイヤの跡があったが，牛のひづめ (hoof (/huːf/)) でほとんどかき消されている.　　　　　　　　　　　　　　　　　〈「プライアリイ・スクール」〉

Amid the crowded millions of London the three persons we sought were as completely **obliterated** as if they had never lived.

ロンドンの何百万人の雑踏の中で (amid (＝among)) 我々が追い求めている三人はまるでもともといなかったかのように完全に覆い隠されていた.

〈「レディ・フランセス・カーファックスの失跡」〉

《記憶をたどって事件の概要を教えてくれと頼むワトソンにホームズが答えて》
"Certainly, though I cannot guarantee that I carry all the facts in my mind. Intense mental concentration has a curious way of **blotting out** what has passed ….

「いいとも，でもすべての事実を記憶にとどめているとは保証できないよ. 強烈に精神を集中させると奇妙なことに過去の記憶を消し去ってしまうからね (後略)

〈『バスカヴィル家の犬』〉

3-268
obsess /ᵝ²/ /əbˈses/

「(固定観念や妄想などが) … に取り付く」「… を悩ます」(名詞は **obsession** /ᵝ²/ /əbˈseʃn/)

※ なにか物や人のことが気持ちを占有してしまってほかのことを考えられない状態のことです.

obsess(**ed**)「取り付かれた」

【類語：possess, **haunt** /ᵝ¹/ /hɔːnt/ (長く取りつかれて苦しめられる), **preoccupation** /ᵝ¹/ /priˌɑːkjuˈpeɪʃn/ (心配事などをずっと考えていてほかのことを考慮しなくなってしまうこと) (→ 3-312)】

《女たらしの悪人に誘惑されてしまった令嬢のことを依頼人が説明する場面》
To say that she loves him hardly expresses it. She dotes upon him; she is **ob-**

sessed by him.

奴を愛しているなんてなまやさしい言いぐさではすまない状態です．令嬢は奴にのぼせあがって（dote（/dóʊt/）(on)）しまっていて，もはや奴に憑かれているといった状態です． 〈「有名な依頼人」〉

《「ライオンのたてがみ」という謎の句についてホームズが以前読んだ本にあったと説明する場面》

That phrase 'the Lion's Mane' **haunted** my mind. I knew that I had seen it somewhere in an unexpected context.

「ライオンのたてがみ」ということばが私の頭から離れませんでした．それをどこか思いもかけない文脈で見たことは覚えていました． 〈「ライオンのたてがみ」〉

3-269
occupancy γ1 C /ˈɑːkjəpənsi/
「土地や家の占有」「居住」「(客室などの) 稼働」
occupant β2 C /ˈɑːkjəpənt/「居住者」「占有者」
※ occupant は車の「乗員」という意味でも用いられます．
【類語：tenant（営業用または居住用に家賃を払う借家人）】

The names of the **occupants** were painted at the bottom on the wall, but there was no such name as the Franco-Midland Hardware Company, Limited.

入居者の名前は壁の下の方にペンキで書いてあったのですが，フランコ・ミッドランド・ハードウェア社なんて名前はありはしませんでした． 〈「株式仲買人」〉

3-270
onward γ1 C /ˈɑːnwərd/《主に米》：onwards /ˈɑːnwərdz/《主に英》
「(副詞) 前方へ」
※ 前方の明確な目的や目標あるいは場所を目指しての前進について用いられます．
onward β1 C「(形容詞) 前方への」
【類語：forward（場所や時に関しての前進的な動きについて言う語）】

A vague, nameless dread came over him, and he hurried **onwards** frantically, dropping the precious food in his agitation.

漠然として言いようのない恐怖が襲ってきて，動揺（agitation）のあまり貴重な食糧

391

さえ捨てて，彼は狂ったように (frantically) 前に走り出した． 〈『緋色の研究』〉

From ten o'clock **onwards** Mr. Lucas had the house to himself.
家では 10 時以降はルーカス氏が一人だけ起きていた． 〈「第二のしみ」〉
《家政婦や執事が寝てしまっていたり不在だったりしてルーカス氏だけが起きていた
という文脈です》

3-271
oppress ^{β1} /əˈpres/
「…を虐げる」「…を悩ます」；「重苦しい思いをさせる（しばしば受身で）」
※ 軍事的あるいは政治的な文脈で「抑圧する」というときによく用いられますが，per-
secute（迫害する）ほど意味は強くなく，特定の集団の行動や自由の制限をするとい
う意味です．意味は似ていますが，suppress は人・暴動・情報などを，repress は人
の行動［感情，欲求］を目的語として取ります．discourage の類語としては，悲し
みや不安で人をふさぎこませるという意味です．
【類語：**suppress** ^{β1} (→ 1-55，3-400)，**repress** ^{β2} (→ 1-55，3-400)；discourage
（落胆させる）】

I trust that I am not more dense than my neighbours, but I was always **oppressed**
with a sense of my own stupidity in my dealings with Sherlock Holmes.
私は自分が周りの人 (neighbour《英》(= neighbor)) よりも飲み込みが悪い (dense)
とは思わないのだが，シャーロック・ホームズとやりとりすると自分の鈍さにいや
になってしまうのが常だ． 〈「赤毛組合」〉

形容詞 **oppressive** ^{β2} /əˈpresɪv/ は「圧制的な」「非道な」；天候や雰囲気が「うっとう
しい」，「(暑くて) むしむしする」といった意味になります ('oppressive law / heat' (苛
酷な法律 / うだるような暑さ))．

3-272
orbit ^{β1} /ˈɔːrbɪt/
「軌道」「影響が及ぶ範囲」
※ 遊星や物体の描く円軌道です．
【類語：way, route, path】

《兄マイクロフトがやってくると知ったホームズのことば》
But that Mycroft should break out in this erratic fashion! A planet might as well

leave its **orbit**.

しかしあのマイクロフトがいつもと違って（erratic（/ɪˈrætɪk/ 不規則な，気まぐれな））お出ましになるとは．（兄が珍しい動きをするなら）惑星だって軌道をはずれかねないぞ．　　　　　　　　　　　　　　　　　〈「ブルース・パーティントン型設計図」〉

※ 例文中の might as well の使い方にも慣れておきましょう．

3-273
orphan [α2] /ˈɔːrfn/
「孤児」

orphanage [γ1] /ˈɔːrfənɪdʒ/「孤児院」

※「孤児院」と言うときには，現代では ‘children's homes’ や ‘residential care homes’ が使われるのが通例です．

"You must know," said he, "that I am an **orphan** and a bachelor, residing alone in lodgings in London ….

「まずご承知置きいただきたいのですが」彼は言った．「私は<u>親がなく</u>独身で，ロンドンの下宿で一人暮らしをしています（後略）　　　　　　〈「技師の親指」〉

3-274
oscillate [γ1] [L] /ˈɑːsɪleɪt/
「ぐらつく（ぐらつかせる）」「動揺する（させる）」「振動する（させる）」

※ 振り子のように規則的な弧を描いて 2 点間を揺れ動くことで，心理的にぐらつくという文脈や，電流や電波の振動についても使われます．最近では株式チャートなどで相場の「買われ過ぎ」「売られ過ぎ」を表すテクニカル分析の指標の「オシレーター（oscillator）指標」がカタカナ語として知られています．

【類語：swing（単一な調子で前後あるいは左右に揺れる），**sway** [β2]（ゆっくり揺れる）《ボクシングやゴルフの「スウェー」でおなじみです》）】

《ホームズに相談しようか迷っている女性の姿をみとめた場面》

… she peeped up in a nervous, hesitating fashion at our windows, while her body **oscillated** backward and forward, and her fingers fidgeted with her glove buttons.

（前略）彼女はためらうように私たちのいる窓をちらっと見上げながら，体を前後にゆすり，手は手袋のボタンをいじっていた（fidget（/ˈfidʒɪt/ そわそわする，もじもじする））．　　　　　　　　　　　　　　　　　　〈「花婿失跡事件」〉

《殺人の容疑で警察に追われている若者がベーカー街の部屋に飛び込んできてホームズに助けを求めているときの様子》

He wrung his hands in an agony of apprehension, and **swayed** backwards and forwards in his chair.

彼は逮捕（apprehension）されるという悲痛（agony）のあまり両手をぎゅっと握りしめ（wrung（wring（布などを絞る）の過去形）），椅子の中で体をしきりに前後に<u>ゆ</u><u>すった</u>.　　　　　　　　　　　　　　　　　　　　　　　　〈「ノーウッドの建築業者」〉

3-275
ought to *do* ᵅ¹ ᶜ

「…すべきである」

【類語：should】

※ ought to と should は同じような意味で，いずれも責任や義務を述べたり，なすべき正しいことを伝える［助言を与える］ときによく使われます（疑問文では should を使うのが普通です）．ごくわずかな違いとして，外的な要因（社会的な慣習・規則など）によって義務であると判断されるような文脈では 'ought to' が使われ，内的な主観など（道徳的に必要であるとか得策であるといった見地からの判断）では should がよく使われると説明されることもあります．下の例文では ought to と should の両方が入っています．

ought to be ᶜ（be または状態を表す動詞）「…のはずである」

《ワトソンの著作にホームズが苦言を呈する場面》

Honestly, I cannot congratulate you upon it. Detection is, or **ought to be**, an exact science, and should be treated in the same cold and unemotional manner.

正直に言うと，君の著作におめでとうと言う気にはなれないね．探偵というのは，厳然とした科学だし，科学であるはずのものなのだから，冷徹さを保って余計な感情の入ることのない状態で扱われないといけないんだよ.　　　　　　　〈『四つの署名』〉

3-276
out of order ᵅ² ᶜ

「故障して」「不具合で」

※ 日常語で機械や設備の機器が故障しているというときには 'not working'（"The cell phone's not working."（その携帯電話は故障している））や broken を使います．

【類語：broken：out of line（節度をわきまえない《イギリス英語》）】

《謎の屋敷に招待された男が状況を説明する場面》

I sprang up and rang for the servant. There was no response. I rang again and again, with the same result. Then I came to the conclusion that the bell was **out of order**.

私は飛び起きて召使呼ぼうと呼び鈴を鳴らしました. 何の反応もありません. 何度もやってみましたが同じことでした. そこで呼び鈴が故障しているのだろうと結論しました. 〈「ウィステリア荘」〉

※使用人の待機する部屋にあるベルを鳴らすように紐で繋がったハンドルなどが客の部屋にあって, それを操作したということです.

　関連として **glitch** ^{r1} /ɡlɪtʃ/ は「(機械などの) 故障」「誤作動」「(異常電圧による) 誤信号」です ('Japan Exchange Halts Trading on Technical **Glitch**' ((報道の見出しで) 日本取引所 (東京証券取引所や大阪取引所などを傘下に持つ日本取引所グループ) が機器故障で取引停止) (halt → 3-387, 3-472)).

3-277
outbreak ^{β2} /ˈaʊtbreɪk/

「突発」「発生」

※ 暴力や病気など好ましくないものが突然始まることです.

【類語：wave, epidemic (→ 3-127), occurrence, incidence】

《老教授の謎の発作の頻度をホームズが分析する場面》

… there was trouble upon July 2nd, and from then onward it seems to have been at nine-day intervals, with, so far as I remember, only one exception. Thus the last **outbreak** upon Friday was on September 3rd, which also falls into the series, as did August 26th, which preceded it. The thing is beyond coincidence.

(前略) 騒ぎは 7 月 2 日に起きて, それ以降 9 日置きのようだ. 記憶しているところでは例外がこれまで 1 度あったようだが. したがって (thus) 直近の金曜日の発生は 9 月 3 日で, その前が 8 月 26 日だからここまでの流れに合致する. この事態は偶然なんてものではないよ. 〈「這う男」〉

3-278
outfit ^{β2} ^C /ˈaʊtfɪt/

「衣装 [装備] 一式」；「小規模の集団 [会社, 一行]」

※「集団」の意味ではスポーツや音楽あるいはビジネスで独立して活動している小さいグループについてよく使われます.

"You are, of course, the Mr. John Garrideb mentioned in this document. But surely you have been in England some time?" "Why do you say that, Mr. Holmes?" I seemed to read sudden suspicion in those expressive eyes. "Your whole **outfit** is English."

「あなたが，もちろん，この書類に記載のあるジョン・ガリデブさんですね．でもあなたはしばらくイギリスで暮らしていらっしゃるようですね。」「どうしてです，ホームズさん」

私には彼の表情豊かな（expressive）両目に疑念が浮かんだように思えた。「あなたの衣装一式がイギリス式なものですから．」　〈「三人ガリデブ」〉

3-279
outnumber ^{γ1 C} /ˌaʊtˈnʌmbər/

「…に数でまさる」

※ 数のまさる割合を表すときは "In this profession, women **outnumber** men by two to one." (＝"there are twice as many women as men." (この職業では女性が男性の倍の人数を占めている)) と言います．

【類語：be many】

《ならず者集団スコウラーズの説明部分》
In ten long years of outrage there had been no single conviction, and the only danger that ever threatened the Scowrers lay in the victim himself—who, however **outnumbered** and taken by surprise, might and occasionally did leave his mark upon his assailants.

10年にわたる残虐行為（outrage）にもかかわらず，有罪判決（conviction）を一度も受けたことがないのだが，スコウラーズを脅かす唯一危険なものといえばスコウラーズに襲われる犠牲者それ自身であった．いくら人数でまさるうえに不意打ちをかけるのであっても犠牲者のほうが襲撃者（assailants）に痛手をおわせる（leave *one's* mark（爪痕を残す））可能性はあるし実際に（スコウラーズが）痛手をおったこともあったのだ．　〈『恐怖の谷』〉

※ 例文中の mark は「汚れ」とか「傷跡」という意味になりますが，切り傷（あるいはやけどやできものなど）の「傷跡」は **scar** ^{β1} /skɑːr/ と言います (a **scar** on his cheek（彼の頬にある傷跡））．

3-280
outset ^{β2 L} /ˈaʊtset/

「初め」「発端」

※ 'at [from] the outset'（初めから）の定型句で使われます.

【類語: beginning, start, **onset**（病気など肉体に関する不快なことの始まり）(→ 3-5)】

Should it prove to be an interesting case, you would, I am sure, wish to follow it **from the outset**.

もし面白い事件なら，きっと君は話を初めから聞きたがるだろうね.〈「まだらの紐」〉

3-281
outward ^{α2 C} /ˈaʊtwərd/

「外にある［向かう］」「表面上の」

※ 本当の姿ではなく見かけのという意味です.「外へ向かう」という意味もありますが，運動を含意し（'outward voyage / journey'（往航（外国航路）/ 旅の往路)），空間的な位置関係で「外の」というときは outer がよく使われます.

【類語: apparent, seeming, superficial, **ostensible** ^{r1} /ɑːˈstensəbl/（（軽蔑して）表向きの)（'the **ostensible** purpose'（表向きの目的)), purported（…であると称されている)】

Holmes was **outwardly** calm, but his whole body gave a wriggle of suppressed excitement as he spoke.

ホームズは表面的には平静を装っていたが，話をしているときに興奮を押し殺しそう（suppressed）として全身が小刻みな震え（wriggle）を見せていた.

〈「ノーウッドの建築業者」〉

※ 類語にある **purported** ^{r1} /pərˈpɔːrtɪd/ は「本当はそうではないかもしれないけれども，そうであるとされている」という意味で，purportedly は「うわさによると」となります. purport は名詞（発音は /ˈpɜːrpɔːrt/）としては「趣旨」とか「要旨」，動詞（発音は /pərˈpɔːrt/）としては「(真実かどうかはあやしいが) …すると主張する」という意味です.

It was a typical American advertisement, but **purporting** to be from an English firm.

それはいかにもアメリカ的な広告なのにイギリスの会社が出したということになっている.

〈「三人ガリデブ」〉

3-282

outweigh ^{r1} /ˌaʊtˈweɪ/

「… より重大である」

【類語：**prevail**, **outbalance** ^{r2} /ˌaʊtˈbæləns/（… より上である，… より重い）】

※ 他よりも重大である（heavier, greater, more significant）ということです．outbalance も「…より重い」の他に，重要である（important）とか価値がある（valuable），影響力が大きい（influential）という意味で使われます．

> And who could it be who was her confederate? A lover evidently, for who else could **outweigh** the love and gratitude which she must feel to you?
>
> そして誰が彼女の共犯者（confederate（/kənˈfedərət/））でありうるか？ 明らかに恋人です．だって彼女があなたに感じている愛情や感謝に勝る存在がほかにあるでしょうか？　　　　　　　　　　　　　　　　　　〈「緑柱石の宝冠」〉

paramount ^{r1} /ˈpærəmaʊnt/ は「最重要な」という意味の形容詞です．

> I will call at four o'clock in the afternoon, and, should you have any other engagement at that time, I hope that you will postpone it, as this matter is of **paramount** importance.
>
> 午後 4 時に訪問いたしますので，もし他にお約束をその時間にしておいででしたら本件は最重要につき，そちらは延期願います．　　　　　　　　　〈「独身貴族」〉

3-283

overdue (adj) $^{r1\ C}$ /ˌoʊvərˈduː/

「定刻［期限］を過ぎた」

long-overdue $^{r2\ C}$ 「もっと早くすべきだった」「延び延びになっている」「長年の懸案だった」（'a **long-overdue** plan'（長年の懸案となっている計画））

※ 支払いや返却が期限をすぎていることです．遅れている時間を入れると，たとえば "My baby is two weeks **overdue**."（出産予定日を 2 週間過ぎている）とか "The bus is ten minutes **overdue**."（そのバスは 10 分遅れている）といった言い方になります．

【類語：late】

> Well, Mr. Gibson, I was just saying to Dr. Watson that you were somewhat **overdue**.
>
> これは，ギブソンさん，ドクター・ワトソンにあなたのお越しが遅れているなあと話していたところですよ．　　　　　　　　　　　　　　　　〈「ソア橋事件」〉

3-284

overlook ^{β1} /ˌoʊvərˈlʊk/

「…を見落とす」「…を見下ろす」「…を黙認する」

※ 重要な点とか事実やアイディアを見落としているという文脈でよく使われます. 難度の高い語ですが **connive** ^{γ2} /kəˈnaɪv/ という動詞（名詞は connivance /kəˈnaɪvəns/）は悪事を「見てみぬふりをする (at, in)」とか「…と共謀する (with)」という意味です（'to **connive** at an escape from prison' なら「脱獄を<u>黙認する</u>」）.

※ 大きな辞書では「…を監視［監督］する」という意味も掲載しています（overlooker《英》（監督, 取締人））.

【類語：miss, 関連語：onlooker（傍観者）】

This was **overlooked** because it was in the darkest corner of the room, and no one thought of looking there.

これが<u>見過ご</u>されていたのは, あったのが部屋の隅で暗くて誰も見てみようと思わなかったためです. 〈『緋色の研究』〉

On a rock which **overlooked** the track, showing out dark and plain against the sky, there stood a solitary sentinel.

道を<u>見下ろす</u>岩の上に, 夜空に黒くてくっきりとした (plain) 姿を浮かび上がらせて見張り (sentinel) が一人立っていた. 〈『緋色の研究』〉

I hear that she is about to marry the young Duke of Lomond, who might almost be her son. His Grace's ma might **overlook** the age, but a big scandal would be a different matter, …

あの女はローモンド公と近く結婚するのだが, 公爵は彼女の息子でいいほどの年の差だ. 公爵の母君も年齢は<u>目をつぶる</u>かもしれないが, 大スキャンダルとなると話が違ってくる（後略） 〈「スリー・ゲイブルズ」〉

3-285

oversight ^{γ1} ^C /ˈoʊvərsaɪt/

「見落とし」；「監視 ('have oversight of' = 'be in charge of')」（動詞 **oversee** ^{β2} /ˌoʊvərˈsiː/ は「監視する」（「見落とす」は **overlook**）

※ 何かを忘れていたとか気づいていなかったとかで起こしたミスのことです.

【類語：mistake】

It struck me that it might have been fastened by a mere **oversight**, so I took out my bunch of keys and tried to open it.

たんなるミスで鍵がかけてある (fasten) のかもしれないと思い，鍵束を取り出して開けてみようとしたのです． 〈「ぶな屋敷」〉

3-286
overtake ^{β2} /ˌoʊvərˈteɪk/

「(車や人を) 追い越す」「(相手を) 打ち負かす」「(恐怖や悪いことが) … (人) を突然襲う」

※ 速度の速い方が追い越していくというときに pass も overtake もどちらでも使われます (イギリス英語では overtake が，アメリカ英語では pass がよく使われます．

【類語：lead, pass】

This morning I had hardly started when the doctor in his carriage **overtook** me.

今朝家を出るとすぐに医師の馬車 (carriage) が私に追いつきました． 〈「悪魔の足」〉

※ 'hardly … when'「…するとすぐに」

'My God, my God, my sins have **overtaken** me!'

「ああ，なんてことだ，我が罪の報いがついに来たか！」 〈「五つのオレンジの種」〉

3-287
paralyze ^{β2} /ˈpærəlaɪz/

「麻痺させる」

※ 比喩的に「活動不能にする」という意味でも用いられます．

【類語：**numb** $^{β2 L}$ /nʌm/ (寒さなどで無感覚になった)，disable (無力にする) (→ 1-82)】

paralyzed ^{γ1}「麻痺した」「機能しなくなった」

paralysis $^{β2 L}$ /pəˈræləsɪs/「麻痺」

Dr. Fordham came over at once. We put him to bed; but the **paralysis** has spread, he has shown no sign of returning consciousness, and I think that we shall hardly find him alive.

フォーダム医師がすぐにやってきて，僕たちは父をベッドに寝かせたのだが，麻痺が全身に広がって意識が戻る様子はなく，もう長くはないと思う．

〈「グロリア・スコット号」〉

《バスカヴィル家の新しい相続人であるサー・ヘンリーをワトソンが館に連れて行き
暖炉で温まる場面》

Sir Henry and I held out our hands to it, for we were **numb** from our long drive.
サー・ヘンリーと私は暖炉に手をかざした．長いこと馬車に乗っていて冷えきって
感覚がなくなっていたのだ． 〈『バスカヴィル家の犬』〉

3-288

parcel ^{β1} C /ˈpɑːrsl/

「(土地の) 1 区画」「(郵便) 小包」「群れ」

※ 動詞として 'parcel off' というと「(土地などを) 分割して売る」という意味です．

【類語：package（荷造りされた小包）(packet より大きい)，**packet**（(手紙などの) 一束，小さな包み）(→ 1-226)】

"There's the check upon the table. I claim the right to examine that **parcel** before you pick the money up."
「小切手はテーブルにおいたぞ．お前がその金をつかむ前に，私には包みを確認する
権利があるぞ．」 〈「最後の挨拶」〉

3-289

partial ^{β1} C /ˈpɑːrʃl/

「部分的な」；「身びいきな（えこひいきをする）」

※ 部分的な説明 / 解答 / 解決（explanation / answer / solution）といった文脈でよく使われます．

【類語：incomplete（不完全な，未完成の），fragmentary（断片的な）(fragment → 3-152)】

When I woke, one man was at the bedside and another was rising with a bundle in his hand from among my son's baggage, which was **partially** opened and littered over the floor.
気がついたとき，一人の男がベッドのかたわらにいて，もう一人が息子の荷物の中
から紙の束を手に取って立ち上がるところでした．息子の荷物は包みが一部ほどか
れて床に散らばっていました (litter)． 〈「スリー・ゲイブルズ」〉

3-290

patent ^{α2} **C L** /ˈpætnt/

「特許」「特許の」「(悪いことなどが) 明白な」

※ イギリス英語では /ˈpætnt/ または /ˈpeɪtnt/. アメリカ英語でも形容詞の場合の発音
　には /ˈpeɪtnt/ もあることに注意しましょう.

【類語：incomplete, fragmentary (断片的な)】

These are the more **patent** facts which are to be deduced from his hat.

この帽子から推理できるもっと明白な事実はこんなところだね.

〈「青いガーネット」〉

I glanced down at the new **patent leathers** which I was wearing.

私は自分が履いているエナメル革 (patent leather) のスリッパに目をやった.

〈「青いガーネット」〉

3-291

pathetic ^{α2} **L** /pəˈθetɪk/

「哀れをさそう」「いたましい」；「情けない」「おそまつな」

【類語：sad, unfortunate】

※ pity, sadness を感じさせるようなという感じの語です.「どうしようもない」,「(努
　力など) 不十分で効果のない」('**pathetic** attempt / explanation' (効果のない努力 / 説
　得力のない説明)) という意味になります. 類語の **feeble** ^{β2} **L** /ˈfiːbl/ は力が欠けてい
　るというのが中心的な意味合いで,「(体が) 弱い」「(光や音が) かすかな」「説得力
　を欠く」「効果のない」「不十分な」といった意味で使われます (a **feeble** joke は「あ
　まり面白くない冗談」).

"What did you think of him?"

"A **pathetic**, futile, broken creature."

"Exactly, Watson. **Pathetic** and futile. But is not all life pathetic and futile? …

「彼のことをどう見たかね？」

「いたましく, 何の役にも立たず (futile (→ 3-157)), 打ちひしがれた人間だね.」

「まさしく, ワトソン. でも人生そのものがいたましく何にもならないものじゃない
かい？ (後略)

〈「退職した絵具屋」〉

402

《首吊り自殺を図った容疑者を助けたホームズとワトソン》

"What do you think of him, Watson?" asked Holmes.

I stooped over him and examined him. His pulse was **feeble** and intermittent, but his breathing grew longer, and there was a little shivering of his eyelids, which showed a thin white slit of ball beneath.

「どうだい，ワトソン？」ホームズが尋ねた．

私はかがみこんで様子を調べた．脈は弱くてとぎれがち (intermittent) だったが，呼吸は長くなり，まぶた (eyelids) が小さく震えて，すき間から白い眼球が見えた．

〈「株式仲買人」〉

3-292
pathway ^{β1 L} /ˈpæθweɪ/

「小路」「通路」「経路」「手だて」

【類語：path】

※ path と同じ意味ですが，神経の経路 (neural pathway) という意味でも使われます．

I had little doubt that I had come to the end of my career when I perceived the somewhat sinister figure of the late Professor Moriarty standing upon the narrow **pathway** which led to safety.

僕は自分の生涯がいよいよ終わりにきたのだと悟ったよ．安全な方に続く狭い小路に今は亡きモリアーティ教授が不吉な (sinister) 姿で立っているのを認めるに至ってはね．

〈「空き家の冒険」〉

3-293
patient ^{β1} /ˈpeɪʃnt/

「患者」；「忍耐力のある」

※ 反対語は **impatient** (3-183)（類語として restless（そわそわして落ち着かない）(→ 1-170) があります）．副詞は 'listen / sit / wait patiently' といった言い方でよく使われます．

【類語：invalid；calm】

"Sarasate plays at the St. James's Hall this afternoon," he remarked.

"What do you think, Watson? Could your **patients** spare you for a few hours? ...

「サラサーテが午後セント・ジェイムズ・ホールで演奏するよ」ホームズが言った．

「どうだい，ワトソン君．患者たちは君に数時間都合してくれるかい？（後略）

〈「赤毛組合」〉

I was well aware that nothing but business of importance would have brought him to me at such an hour, so I waited **patiently** until he should come round to it.

私はこんな時間にホームズがやってきたからには重要な事件に違いないとよくわかっていたから，彼が本題を切り出すまで忍耐強く待った． 〈「背の曲がった男」〉

3-294

patriotic $^{\beta 1}$ /ˌpeɪtriˈɑːtɪk/

「愛国心のある」

patriot $^{\beta 1}$ /ˈpeɪtriət/「愛国者」

【類語：nationalist】

【関連語：**racism** $^{\beta 2}$ /ˈreɪsɪzəm/（人種差別（主義），人種的偏見），nationalism, chauvinism（(軽べつして) 過度な愛国主義者）

※ nationalism は本来軽べつ的な語ではありませんが，文脈によっては軽べつ的な意味合いで使われることもあります．

《ホームズの部屋にまつわる有名な逸話》

I have always held, too, that pistol practice should be distinctly an open-air pastime; and when Holmes, in one of his queer humors, would sit in an arm-chair with his hair-trigger and a hundred Boxer cartridges, and proceed to adorn the opposite wall with a **patriotic** V. R. done in bullet-pocks, I felt strongly that neither the atmosphere nor the appearance of our room was improved by it.

私はかねてより拳銃の練習はまぎれもなく屋外（open-air）での楽しみ（pastime）であると考えてきた（hold）が，ホームズときたら彼のいっぷう変わった（queer）ユーモアで，肘掛け椅子に座って触発引き金（hair-trigger）の拳銃と 100 発のボクサー弾を出して向かいの壁に愛国的な V. R.（ヴィクトリア女王）と弾痕（bullet-pocks）で飾ったり（adorn）し始めた日には，私たちの部屋の雰囲気も見栄えも台無しだと強く感じたものだ． 〈「マスグレイヴ家の儀式」〉

※ 例文中にある queer は現代では「（特に男性の）同性愛者（の）」という意味で用いられるのがもっぱらです．

3-295
pay off $^{\beta 1}$ C

「(借金 (debt) などを) 完済する」「給料を全額払う (解雇する)」；自動詞的に「(計画などが) うまくいく」「(努力が) 実を結ぶ」

※ 要求されたお金や口止め料などを払うという意味もあり，名詞の payoff (支払い，結末，退職手当) には「わいろ」の意味もあります.

【関連語：bribe】

《恩人ジョン・フェリアを殺したイノック・ドレッバーに復讐したことを自白している場面》

That was how Enoch Drebber came to his end. All I had to do then was to do as much for Stangerson, and so **pay off** John Ferrier's debt.

それがイノック・ドレッバーの迎えた最後でした. そこで私が次になすべきは同じ仕打ちをスタンガソンにしてジョン・フェリアの恨みを返すことだけでした.

〈『緋色の研究』〉

3-296
peasant $^{\beta 1}$ /ˈpeznt/

「小作農」「教養のないがさつな人」

【類語：farmer, peasantry (集合的な言い方)】

※ 現代では途上国の小作農について使われます (先進国の小作農は 'tenant farmer' ということもあります). farmer は farmhand (= field hand (農場労働者)) を雇う農場経営者の意味です.

It is extraordinary how credulous the **peasants** are about here! Any number of them are ready to swear that they have seen such a creature upon the moor.

ここらあたりの農民の迷信深い (credulous (→ 3-407)) こととったら大変なものです！ 誰も彼も沼沢地 (moor) でそんな生き物を見たと本気で言うのですから.

〈『バスカヴィル家の犬』〉

3-297
perennial $^{\gamma 1}$ L /pəˈreniəl/

「多年生の《植物学》」('perennial plant' (多年生植物))；「永続的な」

【類語：continual, lasting, perpetual (絶え間ない) (→ 2-26)】

※ 継続的な繰り返し (continual recurrence) や再生 (constant renewal) といった語感のある語です.

But what end? There is the great standing **perennial** problem to which human reason is as far from an answer as ever.

でもどんな目的だというのだろう？ 大きな，いつまでたってもずっと続いている問題があって，それに対して人類の理性は相変わらず (as ... as ever) 答えを出せないでいるのだよ． 〈「ボール箱」〉

3-298
petty $^{β2\ \mathrm{L}}$ /ˈpeti/

「ちんけな」「心が狭い」「ささいな」

※ 犯罪や汚職などについてよく使われます．狭量なとかけちくさいといったニュアンス (small-mindedness) を感じさせる語です．

【類語：minor, trivial, peripheral（周辺的な，枝葉的な）(→ 3-529)】

How small we feel with our **petty** ambitions and strivings in the presence of the great elemental forces of nature!

自然の強力な (elemental) 力を前にすると，我々がちっぽけな野心をいだいたりあくせくしたりというのはなんてちっぽけなことかと思ってしまうよ． 〈『四つの署名』〉

niggling ^{γ2} /ˈnɪɡlɪŋ/ は doubt / worry / suspicion や injury といった名詞につけて「ささいな（でも忘れられない）」という訳語になる形容詞ですが，**niggle** ^{γ2} /ˈnɪɡl/ が名詞としては「ささいな感情」とか「ちょっとした不満」，動詞としては「いらいらさせる (annoy, bother)」という意味の語です (A doubt **niggled at** her.（疑念が彼女の頭をいらつかせて離れなかった）)．

3-299
plead ^{β1} /pliːd/
「嘆願する (with / for / to *do*)」

【類語：beg（重要なことを頼む［リクエストする］)】

plea ^{β2} /pliː/「嘆願」「申し立て」「弁明」

※ 緊急のことを情に訴えかけて強く頼むことです．以下の代表的な型を覚えておきましょう．

> ‘plead with A for B’「A（人）に B（物，事）を懇願する」，
> ‘plead with A to *do*’「A（人）に…してくれと懇願する」，
> ‘plead A’ / ‘plead that ...’「A / that ...を言い訳にする［理由として申し立てる］」
> ("Incredibly, the wealthy banker **pleaded** poverty when he was fined by the court."

(= "The banker was rich, but told the court he could not afford to pay the fine.")
（信じられないことに，その裕福な銀行家は罰金を科されて経済的に貧しいから払えないと申し立てた））

《重病のホームズがその病気に精通しているある人物を連れてきてくれとワトソンに頼む場面（ちなみに「病理学」は pathology /pəˈθɑːlədʒi/ と言います)》
… My life depends upon it. **Plead with** him, Watson. There is no good feeling between us.
（前略）僕の命はそれ（その男を連れてきてくれること）にかかっているんだ．彼に懇願してくれ，ワトソン．僕と彼の関係は良好ではないんだ．　　　　〈「瀕死の探偵」〉

"Oh, spare me, Mr. Holmes! Spare me!" she **pleaded**, in a frenzy of supplication.
「お許しください，ホームズ様！ お許しを！」彼女は狂気（frenzy (/ˈfrenzi/ 熱狂，逆上，取り乱し)）のような哀願（supplication）ぶりで頼んだ．　　〈「第二のしみ」〉

3-300
plight ʳ¹ /plaɪt/
「苦境」「窮地」（動詞で「（結婚を）かたく誓う」という用法は《古》)
※ 健康や危険等で人や集団がとても不愉快なとか困った状況にあって難渋している（distress）という意味の語です．不運や不幸という語感があります．
【類語：mess, dilemma, **predicament** ʳ¹ /prɪˈdɪkəmənt/（どうしていいかわからず困った状況，窮地，苦境．抜け出せなくて身動きできない感じの話.)】

《衰弱しきったホームズの様子を見たワトソンの心のつぶやき》
…, how could I be angry when I saw him lying in such a **plight** before me?
（前略）どうして怒ったりできるものか，君が僕の前でこんな苦境にあって横たわっているのを目の当たりにしているというのに．　　　　〈「瀕死の探偵」〉

▶ I seem to have gotten myself into quite the financial **predicament**. Currently, my cash flow is just a mess as I never seem to have enough money to live.
〈Internet から採録〉
（どうやら私は金銭上の苦境に陥ってしまったようだ．今は現金収支がめちゃめちゃで生活費にも事欠くような状態だ）

3-301

plow (《英》では plough) ^{α2} /plaʊ/

「(耕作のための)すき」「すきで耕す」

【類語：farm, cultivate】

※ イギリス英語のスペリングは plough です．農業の用語としては，cultivate は耕耘機で耕すことです．<ruby>耕耘<rt>こううん</rt></ruby>

> … Did you notice nothing curious about that advertisement?" "I saw that the word '**plough**' was misspelt." "Oh, you did notice that, did you? Come, Watson, you improve all the time. Yes, it was bad English but good American ….
>
> (前略) あの広告に何かおかしなところはなかったかい？」「『すき』のスペリングが間違ってたね．」「ああ，それに気づいたのかい？ いいね，ワトソン，日進月歩だね．そう，あれはイギリス英語ではおかしいけどアメリカ英語では正しいんだよ (後略)
>
> 〈「三人ガリデブ」〉

※ 関連語として，**arable** ^{γ2} /ˈærəbl/ は「耕作可能な」です ('**arable** land / field' (耕地 / 耕作に適した土地)，'**arable** crops' (耕作可能な作物))．

3-302

plumber ^{α2} ^C /ˈplʌmər/

「配管業者」「水道工事業者」

※ 水道管，風呂，トイレの修繕をする人です．

【類語：artisan /ˈɑːrtəzn/ (職人，熟練工)，mender (修理人)】

> John Horner, a **plumber**, was accused of having abstracted it from the lady's jewel-case.
>
> 鉛管工事人のジョン・ホーナーが伯爵夫人の宝石箱からそれを盗んだ (abstract) 容疑で逮捕された．
>
> 〈「青いガーネット」〉

3-303

plural ^{α2} ^L /ˈplʊrəl/

「複数の」反対語は singular (「単数形」は 'singular form')：「(文化など) 多元的な」

【関連語：**pluralism** ^{γ1} /ˈplʊrəlɪzəm/ (多元的共存 (主義))】

> I can imagine that the word was taken out of a dictionary, which would give the noun but not the **plural**.
>
> 僕が思うには，その単語は辞書からとってきたのだろうね．辞書にはその名詞

(noun) は載っているけれど<u>複数形</u>では書いてないだろうからね. 〈「赤い輪」〉

3-304

point out ^{α1} C

'point out (to 人) that 節 / wh 節 ' の形で「…を (人に) 指摘する」

'point out A (物, 事) to B (人)' = 'point A (物, 事) out to B (人)' の形で「**A (物, 事) を (B (人) に) 指し示す**」

※ 指摘して情報を与えるという意味です. たとえば書物を見せるのは show で, その書物の内容の優れた点などを特に指摘するのが 'point out' と説明されることもあります.

【類語: highlight (問題を浮かび上がらせて注意を喚起する) (→ 1-149)】

You are welcome to all the official credit, but you must act on the line that I **point out**.

公式な手柄 (credit) は君の自由にしていいよ. ただし僕が<u>示す</u>とおりにうごいてくれなくてはいけないよ. 〈『四つの署名』〉

※ 'You are welcome to' (to は to 不定詞, または前置詞の to に名詞句が続く形) は「自由に…してよい」「…をどうぞご自由に」という意味です.

"I don't mean to deny that the evidence is in some ways very strongly in favour of your theory," said he. "I only wish to **point out** that there are other theories possible ….

「証拠はどうも君の説に味方 (favour 《英》(= favor)) しているのを否定するつもりはないよ,」ホームズは言った. 「ただほかの仮説もありうるのだということを<u>指摘</u>しておきたいんだ (後略) 〈「ノーウッドの建築業者」〉

3-305

pottery ^{β2} /ˈpɑːtəri/

「(集合的に) 陶器類」

※ 陶器 (土 (clay (粘土, 土, 泥)) でつくる) で, うわぐすりをかける (glazed) ものとかけないものがあります.

【類語: china / porcelain /ˈpɔːrsəlɪn/ (磁器 (石の粉でつくる, うわぐすりをかけた半透明のもの), 陶磁器類)】

He is, I believe, a recognized authority upon Chinese **pottery** and has written a book upon the subject.

彼はたしか中国陶器の知られた権威で，その分野で本も書いている.

〈「有名な依頼人」〉

3-306
pragmatic $^{\beta2}$ ^{L} /præɡˈmætɪk/

「実用本位の」「実際的な」('a **pragmatic** person / decision'（(理論にとらわれない) 実際的な人 / 決定))；《古》「多忙な」「独断的な」

【類語：realistic, practical（実用的な）(→ 1-244)】

※ 取り組み / 対応 / 解決策（approach / response / solution *etc.*）などが理論によらず実際的・現実的（practical）であることです. 慣行に従わない態度でという語感があります.

> I wonder who William Whyte was. Some **pragmatical** seventeenth century lawyer, I suppose. His writing has a legal twist about it.
> ウィリアム・ホワイトって誰かなあ. 17世紀のやり手の弁護士か何かだろうね. 筆跡に法律家らしい癖があるよ. 〈『緋色の研究』〉

3-307
precipitate $^{\gamma1}$ ^{L} /prɪˈsɪpɪteɪt/

「(予期しないうちに) 突然引き起こす」「早める」；「沈殿する《化学》」；「投げ落とす」

※「まっさかさまに落ちる［落とす］」が原義で，そこから上の訳語にある様々な意味に広がっています.

【類語：speed, accelerate（促進する）, **hasten**（→ 1-144）】

※ 類語にある動詞と同様に（より）早くするという意味の動詞ですが，思っていたより性急（impetuousness：impetuous /ɪmˈpɛtʃuəs/（性急な，衝動的な））とか突然（suddenness, abruptness）を含意し，多くの人々に深刻な影響することに使われます.

> ▶ Credit market strains have intensified and spread across asset classes and banks, **precipitating** a financial shock that many have characterized as the most serious since the 1930s. 〈Internet から採録〉
> （クレジット市場の緊迫の度合いが増して資産クラス（投資対象となる資産）間および銀行間にも広がっており，1930年代以降最も深刻とされる金融危機を急速に悪化させている）

> "I have found a re-agent which is **precipitated** by hemoglobin, and by nothing

else."

「私はヘモグロビンで沈殿する試薬 (re-agent) を発見したんですよ, しかもヘモグロビン以外には反応しないのです.」 〈『緋色の研究』〉

※ 類語にある accelerate の反対語は **retard** ⁿ /rɪˈtɑːd/「…を遅らせる [妨げる]」です. **decelerate** ᵛ² /ˌdiːˈseləreɪt/ は「(車の速度を) 落とす」「(経済の成長などが) 減速する」.

  ▶ Strikes only serve to **retard** this country's economic progress. 〈*Chambers*〉
    (ストライキはこの国の経済発展を遅らせることにしかならない)
  ▶ Economic growth sharply **decelerated** last year.
    (昨年に経済成長が急激に鈍化した)

precipitation ⁿ ᴸ /prɪˌsɪpɪˈteɪʃn/「降雨」「突進」「火急」

I did not act, however, with undue **precipitation**.
しかし私はむやみに (undue (/ʌnˈduː/ 過度の, 不当な)) 軽率な動きはしませんでした. 〈『緋色の研究』〉

※ 形容詞 **precipitous** は 3-388 参照.

3-308
predecessor ᵝ¹ /ˈpredəsesər/
「前任者」「前に存在していたもの」(反対語は successor です)
【類語 : forerunner, **precursor** ⁿ /priˈkɜːrsər/ (先駆者, 前身, 前触れ), antecedent】

Thus as my **predecessor** weakened his practice declined, until when I purchased it from him it had sunk from twelve hundred to little more than three hundred a year.
なので, 私の前にやっていた人の具合が悪くなるにつれて患者数も減ってしまい, 私が彼の病院を買い受けたときには年 1,200 人いたのが 300 人ちょっとに落ち込んでいた. 〈「株式仲買人」〉

※ little more than …「…くらいしか, …とほとんど同じ」

… it is not really difficult to construct a series of inferences, each dependent upon its **predecessor** and each simple in itself.
(前略) 推理の流れを構築するのはさして難しい事ではないのだよ, それぞれの推理 (inference) がその前になされたものに基づいていて, かつ 1 つ 1 つの推理それ自体

は単純でね. 〈「踊る人形」〉

Again I saw that grim face look over the cliff, and I knew that it was the **precursor** of another stone.

再びぞっとする (grim (→ 3-171)) 顔が崖をのぞき込んでいるのが見えたが, それはもう1つ石が落ちてくる<u>前兆</u>だと僕にはわかっていた. 〈「空き家の冒険」〉

3-309

predominantly *β2* **L** /prɪˈdɑːmɪnəntli/

「圧倒的に」「優勢に」

※ predominant は「最も目立つ, 見てすぐわかる (obvious, noticeable)」という意味の語で, しばらくの間勢いがあって影響力があるという語感がある語です.

【類語: mostly, mainly, **dominant** *β1* **C L** /ˈdɑːmɪnənt/ (支配的な (ruling, commanding))】

▶ The audience was **predominantly** male (80 percent).

(聴衆は圧倒的に (80 パーセント) 男性だった)

《組織の部下に恐れられているモリアーティ教授をホームズが説明する場面》
When any of that party talk about 'He' you know whom they mean. There is one **predominant** 'He' for all of them.
あの連中の誰でもが「彼」と言うとき, それが誰を指すのか分かっている. 連中にとって「彼」というのは奴らを<u>支配している</u>たった一人の男しかいないのだから.
〈『恐怖の谷』〉

3-310

preface *β2* **L** /ˈprefəs/

「序文」「発端」

※ 本の冒頭にある, 特に著者の狙いを書いた文章のことです.

【類語: introduction, foreword】

With this short **preface** I shall turn to my notes of what proved to be a strange, though a peculiarly terrible, chain of events.
短いけれど<u>序文</u>はこれくらいにしておいて, とても恐ろしいのだが奇妙な一連の出来事となった事件の記録に移ることにしよう. 〈「ボール箱事件」〉

3-311

premise *β2* **C L** /ˈpremɪs/

「前提」；「(複数形 premises で)(土地を含めた)建物，構内，敷地内」

【類語：proposition, hypothesis】

※ 論理的に推論を導くための「前提」というときの一般語は presupposition ですがそれ自体の真偽がどうであるかにかかわらず用いられます．それに対し premise は単に前提となる命題 (proposition) ではなく，それ自体が真であることが確立されているという含みがあります．

Was it not possible that his nimble and speculative mind had built up this wild theory upon faulty **premises**?

ホームズの回転の早い (nimble (→ 3-144)) 推論的な (speculative) 頭脳だって不完全な (faulty) 前提に基づいてこの突拍子もない (wild) 推理を立ててしまったということがありうるのではないか？　　　　　　　　　　　　　〈『四つの署名』〉

I think, with your permission, I will now take a stroll round the **premises**.

お許しをいただければ，私は構内を見てまわりたいのですが．

〈「ブルース・パーティントン型設計図」〉

3-312

preoccupied *β1* /priˈɑːkjupaɪd/

'be preoccupied by[with] A' で「**A** に夢中になっている」

※ 何か心配事を考え続けていてほかのことに注意が向かなくなっていることです．

【類語：obsess (…にとりつく)，abstracted (心を奪われたてぼんやりした)，absent-minded (うわの空の)】

《待ち合わせ時間に戻ってきたホームズの様子をワトソンが描写する場面》

I saw nothing of Holmes all day, but at the hour named he returned, grave, **preoccupied**, and aloof.

終日ホームズの姿を見かけることはなく，彼は指定した時間に戻ってきたのだが，深刻な顔をして (grave)，考え事に心を奪われた様子で，話をしたくなさそうだった (aloof (→ 1-131))．　　　　　　　　　　　　　〈「退職した絵具屋」〉

3-313

prey ^{β1 L} /preɪ/

「獲物」「犠牲」；「捕食する」「(比喩的に) 食い物にする」

※ 肉食鳥獣の獲物, 餌食(えじき)という語で, さらに比喩的に用いられます.

【類語：game, victim】

Yes; one of my natural enemies, or, shall I say, my natural **prey**.

そう. 僕の天敵 (natural enemy) の一人, あるいは僕の宿命の餌食とでもいうかな.

〈「唇のねじれた男」〉

《大活躍の無理がたたって衰弱したホームズをワトソンが描写する場面》

… I found him a **prey** to the blackest depression.

(前略) 私にはホームズはひどい抑鬱状態のとらわれになっているのがわかった.

〈「ライゲイトの地主」〉

3-314

procure ^{γ1 C L} /prəˈkjʊr/

「…を獲得する」

procurement ^{γ2} /prəˈkjʊrmənt/「調達」

※ 苦労して獲得するという語感があります. 名詞は「獲得」のほかに, 政府や軍による物資の「調達」という意味で使われます. secure は法律, ビジネス, 金融といった文脈でよく使われます.

【類語：gain, earn, obtain, secure (…を獲得する)】

By chance, however, the first boot which was **procured** for him was a new one and, therefore, useless for his purpose.

ところが, 最初に彼のために調達されたブーツはたまたま新品だったので彼の目的のためには役に立たなかった. 〈『バスカヴィル家の犬』〉

3-315

proficiency ^{β2 C} /prəˈfɪʃnsi/

「熟達」「技量」「習熟度」

※ 訓練や練習 (training and practice) で身につけた技能のことです. 形容詞は **proficient** (熟練 [熟達] した) です.

【類語：skill, expertise, competence】

You are aware that I have some **proficiency** in the good old British sport of box-ing. Occasionally it is of service.

僕が英国古来のスポーツであるボクシングの心得がいささかあることは知っているだろう．ときどきこれが役に立つのだよ． 〈「一人ぼっちの自転車乗り」〉

3-316

progression ^{β1} **L** /prəˈɡreʃn/

「前進」「前後の関連」；「数列〈数学〉」

【類語：succession, progress, advance】

※ progress はほめて「進化」という意味で用いられるのがしばしばです（⇔ regression（後戻り，退歩，退化））．progression は連続的な段階の中で次に進行すること（たとえば「病気の進行」（**progression** of the disease））です．

"Thick and horny in a way which is quite new in my experience. Always look at the hands first, Watson. Then cuffs, trouser-knees, and boots. Very curious knuckles which can only be explained by the mode of **progression** observed by—" Holmes paused and suddenly clapped his hand to his forehead.

「ぶあつくてごつごつした（horny（/ˈhɔːrni/ 皮膚などがざらざらした））具合は見たことのないものだったよ．（観察には）まず手を見ることだよ，ワトソン．それから袖口，ズボンの膝，そして靴だ．（あれは）非常に奇妙な指の関節で，説明するとしたらあの進化の説によるしかないね，提唱しているのは—」ホームズは話を止めて，突然自分の手で額をぽんとたたいた（clap（ポンとたたく））． 〈「這う男」〉

3-317

pronounce ^{β1} **L** /prəˈnaʊns/

「…であると宣告［宣言］する」「判決を下す」；「…を発音する」

※「判決（sentence）を下す」は 'pronounce sentence' で，sentence が動詞として使われるときは 'sentence A to B' の形で「A（人）に B（刑）を宣告する」の意味になりますが，しばしば受身形で使われます（'He was sentenced to death.'（彼は死刑を宣告された））．また，'sentence A to *do*' の形で「A（人）に…するよう宣告する」という言い方もあります．

【類語：declare, state, announce, **proclaim** ^{β2} /prəˈkleɪm/（公布する，公式に表明する，…であることを示す）（**proclamation**（→ 1-176））】

A scientific expert would **pronounce** at once that this was drawn up on a suburban line, since nowhere save in the immediate vicinity of a great city could there be so quick a succession of points.

科学的な専門家であればただちにこれが近郊 (suburban) 線の車中で書かれたものであると<u>断定しますよ</u>. 大都市のすぐ近郊 (vicinity (→ 3-539)) でなければ (save) こんなに線路のポイントがすぐに続くことはありませんからね.

〈「ノーウッドの建築業者」〉

《マイクロフトから紹介されたギリシア語通訳がホームズのところにやって来て》
A few minutes later we were joined by a short, stout man whose olive face and coal-black hair **proclaimed** his Southern origin, though his speech was that of an educated Englishman.

数分して, 背の低い, でっぷりとした (stout (fat の婉曲な言い方 → 3-338)) 男がやってきた. 彼のオリーブ色 (淡褐色) の顔と真っ黒な髪の男は南国生まれであることを<u>示していた</u>が, 話しぶりは教養ある英国人のものだった. 〈「ギリシア語通訳」〉

3-318

prop (up) (against) ^{β2} **C** /prɑːp/

「**立てかける**」(He **propped** a bike **against** the tree. (彼は自転車を木に<u>もたせかけた</u>)) ;
「**支援する**」('**prop up** the economy / currency' (経済を<u>下支えする</u> / 通貨を買い支える)) 」
※ もたせかける, つっかい棒をするという意味ですが, 比喩的に「人を支持する [励ます]」という意味にもなります. 名詞「支え」としての用法もあります.

【関連語：lean】

《レストランで急ぎの食事をしながら新聞で事件の記事を読むホームズ》
Two columns were occupied with a highly sensational and flowery rendering of the whole incident. Holmes **propped** it **against** the cruet-stand and read it while he ate.

事件の非常にセンセーショナルで派手な (flowery) 表現 (rendering) が新聞の二段にわたって占めていた. ホームズは新聞を薬味の台 (cruet-stand) に<u>立てかけて</u>食事をしながら読んだ. 〈「六つのナポレオン」〉

同じような語に **shore** ^{r1} /ʃɔːr/「…を下支え [てこ入れ] する (up)」「…を支柱で支える (up)」があります (cf. 3-477 bolster). shore は名詞では「支柱」とか「つっかい棒」です.

▶ The measures were aimed at **shoring up** U.S. banks and the debt markets.

（それらの方策は米銀と債券市場を<u>下支え</u>するためにとられた）

3-319

proposition ^{β2} **C L** /ˌprɑːpəˈzɪʃn/

「陳述」「（ビジネス上の）提案」；「（対処すべき）問題」；「命題《論理学》」「定理《数学》」

【類語：proposal, theory】

※ proposal（提案，申し出）と同じような意味もありますが，主に取り引きといったビジネスの文脈で使われます（'business proposition'（商売上の提案，事業案））．

… I would ask the lodge to choose a trusty committee, Mr. Chairman—yourself, if I might suggest it, and Brother Baldwin here, and five more. Then I can talk freely of what I know and of what I advise should be done."

　The **proposition** was at once adopted, and the committee chosen.

（前略）わたしは支部（lodge）に信頼の置ける委員会を設置することを提案します．私の考えを言わせていただけるなら，議長，あなたと，ここにいる同志ボールドウィン，そしてあと5人ほど．そうしたら私は知っていることやどうすれば良いだろうかということを忌憚なくお話できます．」

　その<u>提案</u>は直ちに採択され，委員会が選任された．　　　　　〈『恐怖の谷』〉

Yes; but the next step wants considering. He's a hard **proposition**. He's heavily armed.

ええ，でも次の段は注意が必要です．奴はとても<u>やっかい</u>です．がっちり武装してますからね．　　　　　　　　　　　　　　　　　　　　　〈『恐怖の谷』〉

《ホームズがワトソンの書いた『緋色の研究』の批判をする場面》

You have attempted to tinge it with romanticism, which produces much the same effect as if you worked a love-story or an elopement into the fifth **proposition** of Euclid.

君はあの事件にロマンチシズムを添え（tinge（/tɪndʒ/ 薄く色づけする））ようとした．それは恋物語や駆け落ち（elopement）をユークリッドの<u>第五定理</u>に入れ込もうとしたようなものだ．　　　　　　　　　　　　　　　　　　〈『四つの署名』〉

3-320

proprietor *γ1* **C** /prəˈpraɪətər/

「所有者」

【類語：owner, possessor】

※ owner と同じような意味でフォーマルな語ですが，ビジネスの文脈では「店舗や企業の所有者」としてよく使われます．

proprietary *γ1* **L** /prəˈpraɪəteri/

「所有主の」「専売の」「特許権者の」

The largest landed **proprietor** in that part is a Mr. John Turner, who made his money in Australia and returned some years ago to the old country.

そこの一番広い土地の所有者はジョン・ターナー氏で，オーストラリアで財をなして数年前にイギリスに帰国したそうです． 〈「ボスコム谷の謎」〉

3-321

propriety *β2* **L** /prəˈpraɪəti/

「礼儀正しさ」「妥当性」

【類語：**decorum** *γ1* /dɪˈkɔːrəm/（礼儀正しさ）《話し方，身なり，ふるまいが上質で礼儀作法がフォーマルな状況にふさわしいことです（'the rules of decorum'（礼法））》，**decency** *β1* /ˈdiːsnsi/（無作法さのないこと，礼儀正しさ）（decent → 3-69），etiquette, **dignity**（→ 1-93）】

※ 礼儀正しいという語ですが，decorum は特に礼儀作法にかなっていることを含意し，decency は無作法さがないという消極的な語感があり，propriety はスタンダードで適切といった意味合いです．

※ proper（適切な），property（特性，資産），propriety（礼儀正しさ），proprietor（所有主）は同語源の語で，本来の「資産」という意から「個人の持つ特質としての行いの適切さ」を意味するようになったと言われています．

《ホームズの静養のためワトソンの旧友ヘイター大佐の家にいる場面》

We were at breakfast when the Colonel's butler rushed in with all his **propriety** shaken out of him.

私たちが朝食をとっていたところに大佐（Colonel）の執事がいつもの礼儀正しさもかなぐり捨てて駆け込んできた． 〈「ライゲイトの地主」〉

3-322

province $^{\alpha 2}$ /ˈprɑːvɪns/ 形容詞は **provincial** $^{\alpha 2}$ /prəˈvɪnʃl/

「州（の）」「（中国の）省（の）」「地方（の）」

【類語：county, state, district】

※ county（イギリスの州，アメリカの郡（複数で州を編成する）），state（アメリカやオーストラリアの州），province（カナダの州（複数の county に分かれる））は国によって使われ方が異なります．

> "I tell you that I would give one of the **provinces** of my kingdom to have that photograph."
>
> 「あの写真を取り戻せるなら我が王国の一部を与えてもよいくらいなのだ．」
>
> 〈「ボヘミアの醜聞」〉

3-323

provision $^{\alpha 2}$ /prəˈvɪʒn/

「（先を見越した）用意，備え」「供給，蓄え」「（法的な）規定，条項」

【類語：supplies（貯蔵物資），planning（計画を立てること），condition, **proviso**（ただし書き）（→ 3-534）】

※ 長旅などに備えた食料や飲料水，将来起こる（かもしれない）ことへの備え，法的文書の条項や規定といった意味です．「ただし書き」や「（小さな文字で印刷された）注意事項」は proviso と言います．

> 《依頼主がホームズに自分たち姉妹の亡き母とその再婚相手のライロット博士について説明する場面》
>
> She had a considerable sum of money—not less than £1000 a year—and this she bequeathed to Dr. Roylott entirely while we resided with him, with a **provision** that a certain annual sum should be allowed to each of us in the event of our marriage.
>
> 母はかなりの財産を持っておりました．年に 1000 ポンドはくだらない収入です．そしてそれをライロット博士に全て遺言で譲った（bequeath（下記※参照））のですが，条項がついていて，私たちが結婚した場合にはそれぞれにまとまった額が毎年支払われることになっておりました．
>
> 〈「まだらの紐」〉

※ bequeath /bɪˈkwiːð/「（遺言などによって人に動産を）残す［譲る］」「（後世の人に知識，慣習，制度などを）伝える」

3-324
provisional $^{\beta1}$ /prəˈvɪʒənl/

「暫定的な」「仮の」「臨時の」

【類語：**tentative** $^{\beta2}$ /ˈtentətɪv/（試験的な，ためらうような）】

※ この先長く続くものができあがるまで当面の間だけのという意味です（'a **provisional** government'（暫定政府））．tentative は確定的な（definite）ものが決まるまでの「試験的な」とか「仮の」といった意味で用いられます（'a **tentative** contract'（仮契約））．

Let us, then, form the **provisional** theory that every nine days the professor takes some strong drug which has a passing but highly poisonous effect.
では暫定的な仮説として9日ごとに教授がなんらかの強い薬物を摂取しておりそれには一時的とはいえ高い毒性があると考えることにしよう． 〈「這う男」〉

《鉄や石炭を採掘するヴァーミッサ谷に向かう列車に乗っている一人の旅人を描写する場面》
Having made one or two **tentative** remarks to the nearest miner, and receiving only short, gruff replies, the traveller resigned himself to uncongenial silence, staring moodily out of the window at the fading landscape.
そばにいた坑夫（miner）に遠慮がちな声を一言二言かけてみたものの，短くそっけない（gruff）返事しかなかったので，旅人（traveller《英》（= traveler））は性に合わないけれども（uncongenial）黙っているしかなくて，ふさぎこんで（moodily）窓の外の暮れていく風景を眺めるばかりだった． 〈『恐怖の谷』〉

※ 例文中の uncongenial（気の合わない，適さない）は **congenial** $^{\gamma1}$ /kənˈdʒiːniəl/（気心のあった，性分に合った）に接頭語 un- がついたものです（a **congenial** colleague / working environment（気心の合う同僚 / 居心地のよい職場環境））．スペリングのよく似ている **congenital** $^{\gamma2}$ /kənˈdʒenɪtl/ は「（病気などが）先天的な［生まれつきの］」です．

3-325
pulse $^{\beta1\ L}$ /pʌls/

「脈拍」「表紙」「波動」「（集団の）意向［動向］」

【類語：beat, **throb** $^{\gamma1}$ /θrɑːb/（心臓の鼓動；脈打つ，ずきずき痛む）】

※ beat よりも強く，一定のリズムがあります．

When we returned to my father his head had dropped and his **pulse** had ceased to beat.

父のところに戻ってみると，頭をたれて脈も止まっておりました．　〈『四つの署名』〉

I lit a cigar, and puffed at it to steady my nerves, but my hands were trembling, and my temples **throbbing** with excitement.

私は神経を鎮めようとして葉巻に火をつけてふかしましたが，興奮のあまり両手は震え，こめかみはぴくぴくしていました．　〈『緋色の研究』〉

3-326
radiation $^{\beta 1}$ /ˌreɪdiˈeɪʃn/

「放射線」「放射（エネルギー）」「発散［放射］」

※ 'electromagnetic radiation'（電磁波），'ultraviolet radiation'（紫外線），'microwave radiation'（電子レンジの電磁波），'radiation exposure'（被ばく）などよく使われる表現をおさえておきましょう．

【類語：emission, **radioactivity** $^{\eta L}$ /ˌreɪdiʊˌækˈtɪvəti/（放射能）】

《ホームズがワトソンにモリアーティ教授と犯罪組織について説明する場面》
He sits motionless, like a spider in the center of its web, but that web has a thousand **radiations**, and he knows well every quiver of each of them.

モリアーティ教授はじっとして動かず，網の中央にいるクモのようだが，そのクモの巣は無数の放射状に張っていて，教授はあらゆる振動（quiver（→ 2-79））が手に取るようにわかるのだ．　〈「最後の事件」〉

3-327
radius $^{\alpha 2 L}$ /ˈreɪdiəs/

「半径」「（比喩的に）行動や勢力などの範囲」

※ 直径は diameter．範囲という意味の場合でも円形のエリアであるという含意があります．

【類語：range】

Within a **radius** of five miles there are, as you see, only a very few scattered dwellings.

半径5マイルの範囲内には，見ての通り数えるほどの住居（dwelling）がまばらにあ

るだけだ. 〈『バスカヴィル家の犬』〉

3-328
rag ^{β1} /ræg/

「ぼろ切れ」

ragged ^{β2}/ˈrægɪd/（発音注意）cf. rugged（→ 3-355）「ぼろぼろの」「ぼろを着た」；「(仕事・呼吸などが) ばらばらの」

※ 'be on the ragged edge' は「とても疲れて［動揺して］」（アメリカ英語の口語）という意味です.

> When he reached the crest I saw the **ragged** uncouth figure outlined for an instant against the cold blue sky.
> 彼が山頂 (crest) に到着したとき, ぼろ着をまとった粗野な (uncouth（→ 3-201)) 姿の彼の輪郭が寒々とした青い空に一瞬見えた. 〈『バスカヴィル家の犬』〉

3-329
raid ^{β1} **C L** /reɪd/

「襲撃」「(警察の) 手入れ」「強盗」「不法侵入」

【類語：attack, **incursion** ^{γ1} /ɪnˈkɜːrʒn/（invasion より突然で急激な侵入）, invasion（他国の領土に侵入する）, **assault**（→ 1-22）, rob】

※ 迅速かつ突然で用意周到な invasion のことですが, 意味が拡張されて警察などの「手入れ」や「踏み込み」という意味で使われます. 強盗に入る（≒rob）という意味でも使われます.

> It seems that William had secretly followed his two masters on the night when they made their **raid** upon Mr. Acton's, and having thus got them into his power, proceeded, under threats of exposure, to levy black-mail upon them.
> ウイリアムはこっそり自分の主人である二人の後をつけたのですが, その夜に二人がアクトンさんの家に強盗に入ったので, 二人の弱みを握り, 暴露 (exposure) するぞと二人に恐喝 (black-mail) をしかけ（**levy** ^{β2} (/ˈlevi/（金を) 取り立てる［徴収する])）にかかったのです. 〈「ライゲイトの地主」〉

▶ In the morning they made an **incursion** into enemy territory.
（朝のうちに彼らは敵地への侵入を行った）

422

3-330
rattle ^{β2} /ˈrætl/

「ガタガタ走る」「ガタガタ鳴る」

【類語：shake, **clatter** ^{γ1} /ˈklætər/ （かたいものがぶつかってガタガタ鳴る），**wobble**
（ぐらぐら［がたがた］させる）(→ 3-221)】

※ 乗り物がガタガタ音を立ててうごくときに使われます．clatter は馬の蹄（ひづめ）が音を立て
て石を敷いた道路を馬車が動くといった感じです．

I reviewed the whole extraordinary sequence of events as I **rattled** on through the
silent gas-lit streets.

ガス灯のともった静かな通りを馬車でガタガタと進みながら私は一連の驚くべき出
来事の全体を思い出してみた．　　　　　　　　　　　　　　　〈『四つの署名』〉

《恐喝王ミルヴァートンの馬車がベーカー街にやってきた音がしたときの描写》
At that instant there was a **clatter** and a rattle in the street below.

そのとき，下の往来から蹄の音と馬車のガタガタいう音 (rattle) がした．
　　　　　　　　　　　　　　　　　〈「チャールズ・オーガスタス・ミルヴァートン」〉

3-331
ray ^{α1} /reɪ/

「光線」「熱線」「わずか，少量」

【類語：beam】

※ 光が発光体から（あるいは反射して）一点から放射状に出ている感じです．beam は
いわば棒状の光ですが，小さな穴から太陽光線が入っているようなものを ray と言
うことはあります．

The shutters cut off the least **ray** of light, and we waited in absolute darkness.

よろい戸が光線を完全に遮断していて，我々は完全な暗闇の中で待っていた．
　　　　　　　　　　　　　　　　　　　　　　　　　　　　　　〈『まだらの紐』〉

3-332
realm ^{α2} /relm/

「領域」「範囲」「部門」「王国」

※ 活動や学問あるいは興味の分野や領域という意味で範囲の内か外かを意識する感じ
の語です．'within the realm of possibility' (= 'not beyond the realm(s) of possi-

bility') は（ありそうにないと思っているけれども）可能性の範囲内ではあると言うときのユーモラスな言い回しです.

【類語：area, sector, **sphere**（活動や知識の範囲，勢力圏）（→ 3-382）】

《事件が超自然的なことではないかとおびえる依頼人がホームズに言ったことば》
"There is a **realm** in which the most acute and most experienced of detectives is helpless."
「どんなに鋭くて経験を積んだ探偵でもどうにもならない領域というのはあるものでしょうし.」 〈『バスカヴィル家の犬』〉

3-333
reap ^{β1} /riːp/
「(作物を) 刈り入れる [収穫する]」「(成果などを) あげる」

※ 働いて大きくした直接的な成果（benefit, profit, reward）を手に入れることです. "You reap what you sow." は「自分のしたことに対して報い（善・悪）を受けるものだ」という意味になります.（**sow** ^{β1} /soʊ/（(種を) まく）（'sow seeds'（種をまく），'sow discord'（不和の種をまく））

【類語：get, receive, collect】

《事件の重要人物と思われる乞食を生業にしている男についてホームズがワトソンに説明する場面》
… and I have been surprised at the harvest which he has **reaped** in a short time.
（前略）そしてぼくは彼が短時間で稼ぐ収穫（の大きさ）に驚いたよ. 〈「唇のねじれた男」〉

3-334
reckless ^{β2} /ˈrekləs/
「向こう見ずな」「意に介さない」

※ 危険をかえりみないとか，起きる結果のことを気にしないということです.
【類語：**irresponsible** ^{β2} /ˌɪrɪˈspɑːnsəbl/（行動や態度に責任感がない），hasty（→ 1-144），**rash** ^{β1} /ræʃ/（向こう見ずの，軽率な），heedless（→ 3-192）】

《ホームズが犯人の父子の手口を説明する場面》
It was a dangerous, **reckless** attempt, in which I seem to trace the influence of young Alec.

危険で<u>無謀</u>な試みでしたが，息子のアレックらしいしわざだろうという気がします
よ. 〈「ライゲイトの地主」〉

《不審な間借人を追い出そうと相談に来たウォレン夫人に，間借人に危険がせまって
いることを察知したホームズが話す場面》
"Wait a bit, Mrs. Warren. Do nothing **rash**. I begin to think that this affair may
be very much more important than appeared at first sight. It is clear now that
some danger is threatening your lodger ….
「お待ちください，ウォレンさん.<u>早まったこと</u>をしてはいけません. この事件は当
初考えていたよりもずっと重要なものであるという気がしてきました. 今やあなた
の間借人に危険が迫っていることは明白です（後略） 〈「赤い輪」〉

▶ It would be very **irresponsible** to leave a small child alone in the house.
（小さい子を一人で家に残すなんてとても<u>無責任</u>というものだろう）

3-335
reckon ^{β2} ^{L} /ˈrekən/
「…と思う」「A を …（名詞・形容詞）とみなす」「推定［計算］する」
【類語：think, estimate, regard】
※「…であると思う」という意味ではイギリス英語でよく使われます.「見積もる」と
いう意味では estimate より大雑把な感じです.「…とみなす」という意味での用法
は主にイギリス英語で，アメリカ英語では consider をよく使います.

《捕まえた男にホームズが賞賛される場面をワトソンが記述して》
"If there's a vacant place for a chief of the police, I **reckon** you are the man for
it," he said, gazing with undisguised admiration at my fellow-lodger.
「もし警察署長に空き（vacant）があるなら，あんたこそ適任だと思うよ」と（捕まっ
た）男は賞賛の思い（admiration）を隠そうともせず私の下宿仲間（fellow-lodger
（ホームズのこと））を見ていた. 〈『緋色の研究』〉

※ reckon には「計算する」という語義があるので，価値を測るとか評価するといった
ニュアンスがあります.

3-336
reconcile ^{β2} ^{C} ^{L} /ˈrekənsaɪl/
「折り合いをつける」
'reconcile A with B'「**A を B と調和［和解］させる**」

'reconcile *one*self to', 'be reconciled to'「**(不愉快な状況などに)甘んじる**」

※ 不快だけれども変わりようのない状況を受け入れるということです.「…を喜んで受け入れる」とか「…を快諾する」のであれば **embrace** が使われます.

【類語:accept, **conciliation** /kənˌsɪliˈeɪʃn/(調停,和解,懐柔)《conciliate /kənˈsɪlieɪt/ は「人の怒りや反感などを説得して鎮める」ことです.形容詞形は conciliatory》】

"Since the tragedy, Mr. Holmes, there have come to my ears several incidents which are hard to **reconcile** with the settled order of Nature."

「あの悲劇の後,ホームズさん,自然の法則と<u>一致しない</u>ようなでき事がいくつも私の耳に入ってきたのです.」　　　　　　　　　　　　　　　〈『バスカヴィル家の犬』〉

… we must **reconcile** ourselves to the fact that we have no case at present, and that it is worth our while to run any risk in order to establish one.

(前略)我々には現時点では筋の通った言い分(case)がないということを<u>受け入れ</u>なければならないし,何か1つでもつかむ(establish)ためならどんな危険も冒す価値があるよ.　　　　　　　　　　　　　　　　　　　　　〈『バスカヴィル家の犬』〉

※ it is worth (A's) while *doing* [to *do*]「(A(人)が)…するだけの価値がある」

※ 例文中の establish の用法に注意しましょう.「(公式あるいは科学的な調査などにおいて状況的な事実を)特定[究明]する」という意味です.同じような意味の動詞に **ascertain** /ˌæsərˈteɪn/ がありますが,こちらは個人が事実を「特定する」,「突き止める」といった状況でも用いられます.語源的には古フランス語 *acertener*(= to make certain)に由来します.

《宝石を飲み込んでいたガチョウの持ち主を探し出そうとするホームズがワトソンに》

So now we must set ourselves very seriously to finding this gentleman and **ascertaining** what part he has played in this little mystery.

そういうわけだから問題の紳士を探し出して彼がこの謎にどんな役割を果たしていたのか<u>突き止める</u>ことに全力をあげようよ.　　　　　　　　〈「青いガーネット」〉

Next day I found the colonel rather more **conciliatory**, and as his wife remarked that there were some places of interest in the neighbourhood, it gave me an opening to ask whether my presence for one more night would incommode them.

翌日には大佐が思ったより態度を軟化させていましたし，夫人が近所に面白いところがいくつかあると教えてくださったので，もう一晩ごやっかい (incommode ((人に) 不便を感じさせる)) になれないかと切り出してみました. 〈「白面の兵士」〉

3-337
recur ^{β2} C /rɪˈkɜːr/

「(事件や病気が) 再発する [繰り返される]」「(考えなどが) 再び心に浮かぶ [思い出される]」「(小数点の後で数字が) 循環する」

※ 元に戻ること，そして一定の間隔をおいてそれを繰り返すことというイメージの語です．カタカナ語としてリカレント教育 (recurrent education) はこの頃よく見かけます.

【類語：return, repeat, **reiterate** (→ 1-59)】

Again and again he **recurred** to the fact that if he could be assured that society was freed from Professor Moriarty he would cheerfully bring his own career to a conclusion.

彼が何度も繰り返し語ったのは，もし社会がモリアーティ教授から解放されるのが確かになるのであれば自分は喜んで探偵としての経歴に終止符を打つということであった. 〈「最後の事件」〉

---

revert ^{r1} /rɪˈvɜːrt/ は「元の状態に戻る [復帰する]」「元の話題に戻る」という動詞です.

《サー・ロバートが妹と住む屋敷 (妹の今は亡き夫のもの) についてホームズが説明することば》

It is only a life interest and **reverts to** her husband's brother.

それ (屋敷) は彼女一代限りの所有 (interest (所有権)) でしかなく，いずれは夫の弟のものに復するのだ. 〈「ショスコム・オールド・プレイス」〉

3-338
redeem ^{r1} C /rɪˈdiːm/

「…を買い戻す [挽回する] ('redeem *one*'s reputation (…の名誉を挽回する))」「(商品券などを) 使う」「(欠点などを) 埋めあわせる」

※「(キリスト教的な意味で) 人を救済する」ということですが，一般的な意味で「状況を立て直す」という文脈でも使われます.

【類語：save, bail out (救済する) (→ 3-18), rescue】

Secondary inference,—that he had occasional bursts of prosperity, or he could not have **redeemed** the pledge.

2つ目の推理（inference）だが，彼は羽振りがいいとき（prosperity）がたまに突発（burst）したようだね．そうでなければこの<ruby>質種<rt>しちぐさ</rt></ruby>（pledge）を受け出すことはできなかったろう． 〈『四つの署名』〉

The country detective was a stout, puffy, red man, whose face was only **redeemed** from grossness by two extraordinarily bright eyes, almost hidden behind the heavy creases of cheek and brow.

この田舎警部はかっぷくがよく（stout）ふくよかで（puffy），赤銅色の肌をした男だったが，その顔はとても輝いた両目によって粗野（grossness）にならずに救われていたものの，その両目も頬と眉（brow）の深いシワ（crease (/kriːs/)）に埋もれそうだった． 〈「ウィステリア荘」〉

※ 文中の **stout** /staʊt/ は「（中高年の）かっぷくのよい」という意味で，「太っている」の遠回しな言い方．**fat** というと「デブ」のような直接的な響きになります．**chubby**（→ 3-265）は子供や女性の「ぽっちゃりした」という好意的な言い方になります．「（物などが）頑丈な」とか「（態度が）確固とした」という意味でも使われます．

3-339
rejoice /rɪˈdʒɔɪs/

「…に歓喜する」（幸福を隠しきれない感じ）

※ 語源の古フランス語 *rejoir* は *re-*（強意）+*joir*（to be joyful）という意味構成の語で，大喜びをこらえきれず表に出して歌や笑いやお祭りなどで表すという語感の語です．

【類語：delight（理知的というよりは感情的な喜び），**gratify** /ˈɡrætɪfaɪ/（満足感を与える）《grateful, gratitude と同語源》】

Far from feeling guilty, I **rejoiced** and exulted in our dangers.

罪悪感を感じるどころか，私はこの危険の中にあって興奮を隠しきれず大喜びし 有頂天になっていた（exult (/ɪɡˈzʌlt/ 達成感などのある喜びを示す）のだった． 〈「チャールズ・オーガスタス・ミルヴァートン」〉

《薄幸の女性がホームズに身の上話をする場面》

I had but one desire, Mr. Holmes, and I had enough money to **gratify** it. It was that I should cover myself so that my poor face should be seen by none, and that I should dwell where none whom I had ever known should find me.

私はたった1つだけ願いがございました，ホームズ様．そしてそれを<u>かなえられる</u>だけのお金もありました．私は自分を覆ってしまい誰にも私の無残な顔を見られないようにすることと，私の知り合いだった人が私を見つけられないところに住むことだったのです． 〈「覆面の下宿人」〉

※ **gratifying** は「喜ばしい」，「満足な」です．関連語として，**rewarding** /rɪˈwɔːrdɪŋ/ は「やるだけの価値がある」，「報いられる」という意味になります（'(financially) rewarding jobs'（(金銭的に) やりがいのある仕事)）.

3-340
reliability ᵃ² ᶜ /rɪˌlaɪəˈbɪləti/
「信頼性」「確実度」

【類語：loyalty，trust，credibility（信頼性，威信），fidelity /fɪˈdeləti/（忠誠心 (to)）】

※ 当てにできるということです．reliable と trustworthy は同じような意味ですが，reliable の方が信頼の度合いは下とされます．trustworthy は秘密までも打ち明けるほど信頼している，reliable は頼んだことを確実にやってくれると信頼しているという感じです（a **trustworthy/reliable** messenger（<u>秘密を打ち明けてよい信頼のおける</u>使者/<u>まちがいなく用務をはたしてくれる</u>使者)）.

I have three maid-servants who have been with me a number of years and whose absolute **reliability** is quite above suspicion.

女中は三人おりますが，長く働いてくれている者ばかりで絶対に信頼<u>できること</u>は疑いありません． 〈「緑柱石の宝冠」〉

reliant /rɪˈlaɪənt/ 'be reliant on'「…を当てにしている」「…に依存している」
reliance /rɪˈlaɪəns/「依存」「信頼」

Lord Backwater tells me that I may place implicit **reliance** upon your judgment and discretion.

バックウォーター卿から，あなた様のご判断とご思慮 (discretion) には絶対的な (implicit) <u>信頼</u>が置けるとうかがいました． 〈「独身貴族」〉

3-341

relic ^{β2 L} /ˈrelɪk/

「遺物」「なごり」

【類語：remain, **token** ^{β1} /ˈtoʊkən/（しるし，記念品，引換券，代用貨幣），**remnant** （→ 1-269, 3-349)】

※ 訳語は上記のほか，「遺品」「遺跡」「廃墟」「形見」「記念品」「聖遺物《キリスト教》」 など多くあります．

> I had remained indoors all day, for the weather had taken a sudden turn to rain, with high autumnal winds, and the Jezail bullet which I had brought back in one of my limbs as a **relic** of my Afghan campaign throbbed with dull persistence.
> 私は終日部屋にいた．というのも天気が急に変わって雨と強い秋の風になり，アフガニスタン戦に従軍 (campaign) したときの記念品として持ち帰った私の四肢 (limb) の1つにあるジザイル銃弾による古傷がずきずきとうずいて (throb (→ 3-325)) やまなかったのだ． 〈「独身貴族」〉

※ ワトソンの傷がどこにあったのかは研究家の間に諸説あります．

3-342

reminiscence ^{β2 L} /ˌremɪˈnɪsns/

「回想［回顧］(録)」

【類語：memory, recollection（回想，思い出），**remembrance** ^{β1} /rɪˈmembrəns/（回想，追憶，追悼)】

※ 過去のことについて覚えていることを書いて（または話して）残したもので，recollection よりも知的な性質が強く快い内容の追憶が多いとも言われます．

reminiscent ^L /ˌremɪˈnɪsnt/「…を思い出させる (of)」「追憶的な」

> I endeavoured to cheer and amuse her by **reminiscences** of my adventures in Afghanistan ….
> 私はアフガニスタンでの冒険の思い出話で彼女を元気づけて楽しませようと努力した (endeavour《英》(endeavor《米》→ 3-396)) が（後略） 〈『四つの署名』〉

> "Matilda Briggs was not the name of a young woman, Watson," said Holmes in a **reminiscent** voice.
> 「マチルダ・ブリッグズといっても若い女性の名前じゃないよ，ワトソン，」とホームズは昔を思い出しているような声で言った． 〈「サセックスの吸血鬼」〉

《ホームズの計略で依頼人と遠くに旅立つことになったワトソンが回想して》

My **remembrance** of the journey is not a pleasant one, for the weather was hot, the train slow, and my companion sullen and silent, hardly talking at all save to make an occasional sardonic remark as to the futility of our proceedings.

その旅は思い出しても愉快なものではなかった．暑い陽気で，汽車は遅く，連れはむっつりとして (sullen (/ˈsʌlən/)) 黙っているし，ほとんど口も利かずただときおり我々の行動（proceeding（出来事，手続き））が無駄 (futility) だと皮肉っぽい (sardonic (/sɑːrˈdɑːnɪk/ あざけりの)) ことを言うだけだった． 〈「退職した絵具屋」〉

3-343

remit ^{γ1} **C** /rɪˈmɪt/

「(A: 金銭などを)（B: 人・場所に）送る」('remit A to B' / 'remit B A')

「(A: 問題などを)（B: 専門家などに）任せる」('remit A to B')

「(税金や刑罰などを) 免じる」

※ 上記の文型に注意しましょう．ほかに 'remit payment by cheque' は「支払金を小切手で送る」という言い方です．名詞は remittance.

【類語： send, forward（発送する，転送する），**dispatch** ^{β2} /dɪˈspætʃ/ ((特使・軍隊などを) 派遣する，(手紙・物資などを) 発送する），(仕事などを) 手早くすます)】

《金に糸目をつけぬという高圧的な依頼人にホームズが返事をする場面》

"My professional charges are upon a fixed scale," said Holmes coldly.

"I do not vary them, save when I **remit** them altogether."

「私の諮問料金は基準が決まっていましてね，」ホームズは冷ややかに言った．「それを変えることはないのですよ．もっとも全額免除するという場合を除いて (save (… を除く)) はということですが.」 〈「ソア橋事件」〉

《教師の死体を発見したことを急いで警察と校長（ハックスタブル博士）に知らせようとするホームズとワトソンが近くに農夫を見つけて》

I brought the peasant across, and Holmes **dispatched** the frightened man with a note to Dr. Huxtable.

私が農夫を連れてくると，ホームズはそのおびえている男にハックスタブル博士宛の短い手紙を託して急ぎ送り出した． 〈「プライアリイ・スクール」〉

3-344

remuneration *ʳ2 C* /rɪˌmjuːnəˈreɪʃn/

「(…に対する) 報酬 (for)」

remunerative *ʳ2 C* /rɪˈmjuːnərətɪv/「(仕事などが) 儲かる」

【類語 : earnings, pay, reward, lucrative (→ 2-61)】

※ pay と同じような意味ですが, 報奨とかほうびといったニュアンスのある語です.
remunerative も普通より報酬の金額が大きいとか, とても儲かるという感じがあります.

> It is, of course, well known to you that in a successful banking business as much
> depends upon our being able to find **remunerative** investments for our funds as
> upon our increasing our connection and the number of our depositors.
> ご存知のように銀行ビジネスの成功にはいかに<u>有望な</u>資金の投資先を見つけるかが
> 得意先を広げて預金者の数を増やすのと同じように大事です. 〈「緑柱石の宝冠」〉

3-345

repent *β2 L* /rɪˈpent/

「後悔する (of)」(他動詞の用法もあるが自動詞として用いられることが多い)

※ 心を入れ替える, 道徳的なものの欠如を反省する, 罪悪感を引きずるといった幅広
いイメージで使われます.

repentance *ʳ1 L* /rɪˈpentəns/「(非行や戒律違反などに対する) 悔恨, 悔い改め」

※ 深い悔悟, 特に宗教的な意味合いで後悔するという語感があります.

【類語 : regret, **contrition** *ʳ1* /kənˈtrɪʃn/ (深い悔悟)《神の慈悲に背いたと悔いる感
じの語です. 形容詞形は **contrite** *ʳ2* /kənˈtraɪt/ (自責の念を抱いた)》, **remorse** *β2*
/rɪˈmɔːrs/ (regret より強い自責 [後悔] の念)《自分の犯した罪を認めて悔いることです》】

> Well, well, you must not do anything rash, or that you might **repent**.
> まあまあ, はやまるんじゃない, 後で<u>後悔する</u>ことになるぞ. 〈『四つの署名』〉

> Let me advise you to gain at least the small credit for **repentance** and confession,
> since there are still some details which we can only learn from your lips.
> ご忠告申し上げますが, せめて多少でも心証がよくなるように<u>反省し</u>白状なさいま
> せ. まだ私たちがあなたからしか直接うかがうことのできない細かな点がいくつも
> 残っているのですから. 〈「ブルース・パーティントン型設計図」〉

432

※ ここでの lip（唇）は 'from one's lips'（…の口から直接に）という成句になっています．他にも，'lick one's lips'（舌つづみを打つ，舌なめずりをする，わくわくする）という成句も覚えておきましょう．lick は「なめる」という動詞です．

《無実を主張する容疑者の青年の奇妙な供述は信じるに足るのではないかというホームズのセリフ》

The self-reproach and **contrition** which are displayed in his remark appear to me to be the signs of a healthy mind rather than of a guilty one.

彼の証言の中に見られる自責と悔恨の情は僕にはやましいところのある心のというよりは健全な精神の象徴のように思えるのだよ． 〈「ボスコム谷の謎」〉

《自らのたくらみがもとで殺人事件が起きてしまったことを秘書が白状したとホームズに説明する公爵のことば》

The instant that he heard of it he made a complete confession to me, so filled was he with horror and **remorse**.

それ（殺人のこと）を知るとすぐに彼はすべてを私に告白しました，恐怖と後悔の念にさいなまれたのです． 〈「プライアリイ・スクール」〉

3-346

repetition $^{\alpha 2}$ ^{C} /ˌrepəˈtɪʃn/

「繰り返すこと」「反復」（形容詞「繰り返しの多い」は repetitive）

※ 同じことをもう一度［何度も］言ったりしたりすることです．悪いことの「再発」という意味もあります．

【類語： reiteration（何度も繰り返すこと）→ **reiterate**（→ 1-59），reduplication（倍加）→ **duplicate**（1-273, 3-113）】

… but by degrees, with many **repetitions** and obscurities which I may omit from his narrative, he laid his strange story before us.

（前略）次第に（by degrees）ではあるが，たくさんの繰り返しや不明瞭なところは省くことにするけれども，彼は私たちに（次のような）奇妙な話を聞かせてくれた． 〈「スリークオーターの失跡」〉

3-347

requisite $^{\beta 2}$ ^{L} /ˈrekwɪzɪt/

「…に必要な（for, to）」「なくてはならない」；「必需品」「必要条件」

【類語： necessary, **compulsory**（強制的な，必修の（＝required）），**mandatory**（法律や規則により強制的な，義務的な），**obligatory**（義務的な）】《requisite を含め 2-53 を参照》

※ 特定の目的のために必要なという意味です．essential ほどは強くなく，人の主観によるという語感があります．内在的で本質的なものというよりは外から課されたオフィシャルな要件という感じ．

《届けられた暗号解読のために必要な二段組で分厚い本とは何かをホームズがワトソンと話す場面》

Let us consider the claims of Whitaker's Almanac. It is in common use. It has the **requisite** number of pages. It is in double column.

ホィッティカー年鑑（Almanac）に（我々の求めている）資格（claims）があるか検討してみよう．これは一般に使われている．必要なページ数もある．二段組にもなっている． 〈『恐怖の谷』〉

3-348

resent *β2* /rɪˈzent/

「…に憤慨する」「…をひどくきらう」

※ 不公正だと思って苦々しく思うということです．anger ほど強烈ではないが永続する感じの語です．

【類語： ˈtake **exception to**ˈ *γ2*（（人の発言に）腹を立てる，異議を申し立てる），**be-grudge** *γ2* /bɪˈɡrʌdʒ/（ˈ～（A）Bˈ（A（人）の B（成功など）をねたむ），ˈ～（A）Bˈ（A（人）に B（お金・時間など）を出し惜しむ））】

《具合の悪いホームズを診察してくれと頼むワトソンに答える専門家の返事》

This sounds serious. It would be inhuman not to answer his call. I very much **resent** any interruption to my work, Dr. Watson, but this case is certainly exceptional. I will come with you at once.

これ（ホームズの容態）は深刻そうですな．往診の依頼に応えないのは不人情（inhuman）というものでしょう．私は仕事のじゃまをされるのはとても嫌うのですがね，ワトソン先生，今回は例外です．すぐにご一緒しましょう． 〈「瀕死の探偵」〉

▶He took great **exception to** my comments on his paper.
（彼は彼の論文に関する私のコメントに激しく異議を唱えた）

▶Some husbands **begrudge** their wives money to buy clothes（＝don't wish to

434

give them money and give them as little as possible).　　　　　　〈*ISED*〉

（妻が服を買うお金を<u>出ししぶる</u>夫もいる）

3-349
residue $^{\beta 2 \ L}$ /ˈrezɪduː/

「残り」「残留物」「（割り算の）剰余」「（清算された後の）残余財産《法律》」

【類語： remainder（残りの者・人（＝rest），残余，引き算の差，割り算の剰余），**remnant**（残余，残りのはした）（→ 1-269）, remains（遺物，残骸）】

※ 何かが消滅した後にしつこく残っている物質ということです．

> "There were many insignificant sums to individuals, and a large number of public charities.　The **residue** all went to Sir Henry."
>
> 「（遺言で遺贈を受けたのは）少額ですがもらった個人は大勢いましたし，公的な慈善事業団体も数多くございました．（それらを除いた）<u>残り</u>が全てサー・ヘンリーのものになりました．」　　　　　　　　　　　　　　〈『バスカヴィル家の犬』〉

3-350
respiration $^{\gamma 1 \ L}$ /ˌrespəˈreɪʃn/

「呼吸（作用）」

respiratory $^{\gamma 1 \ L}$ /ˈrespərətɔːri/「呼吸（器）の」

※ respire は科学上のまたは極めてフォーマルな語で，breathe が日常語です．

【類語： breathing, inhale（息を吸う）（→ 3-507）, exhale（息を吐く）】

> And then, at last, with **artificial respiration**, with injected ether, and with every device that science could suggest, some flutter of life, some quiver of the eyelids, some dimming of a mirror, spoke of the slowly returning life.
>
> それから，ついに，<u>人工呼吸</u>やら，エーテル（ether (/ˈiːθər/)）注射やら，ありとあらゆる科学的な処置をして，いくらか生命の鼓動（flutter (→ 3-375)）やまぶたのわずかな震え，鏡を曇らせる（dimming (dim → 3-91)）くらいの呼吸といったものがゆっくりとした蘇生を告げた．　　　〈「レディ・フランセス・カーファックスの失跡」〉

3-351
retailer $^{\beta 2 \ C}$ /ˈriːteɪlər/

「小売業者」

※ 店（shop）で品物（goods）を売る人です．「卸売業者」は wholesaler /ˈhoʊlseɪlər/ です．

Their wholesale price was six shillings, but the **retailer** would get twelve or more.
卸値は6シリングでしたが，小売りの店では12シリングかそれ以上で売っている
だろう． 〈「六つのナポレオン」〉

3-352
retiring ^{γ1 L} /rɪˈtaɪərɪŋ/

「内気な」「(生活が) ひっこみがちな」；「リタイア [退職] していく」「引退間近の」

※ ほかの人と一緒にいたがらないとうことです．'the **retiring** president' は「退任の近
い大統領」．

He was a very shy man, Mr. Holmes. He would rather walk with me in the eve-
ning than in the daylight, for he said that he hated to be conspicuous. Very **retir-
ing** and gentlemanly he was.
彼はとても内気な人なのです，ホームズさん．私を連れて歩くので日中よりも夕刻
を選ぶのも，人目につく (conspicuous) のがいやだとかで．とてもはにかみ屋のお
となしい人ですわ． 〈「花婿失踪事件」〉

placid ^{γ1} /ˈplæsɪd/ は人や動物について「おとなしい (a **placid** baby / horse)」，物や事
について「静かな [おだやかな] (the **placid** water of the lake)」の意味で使われます．

3-353
roam ^{β2} /roʊm/

「(あてもなく) 歩き回る」「(目が) ゆっくり見回す」

【類語：wander, **stroll** (ぶらぶら歩く) (→ 3-397), **ramble** ^{β2} /ˈræmbl/ (長い距離を
ぶらつく) (3-395 も参照)】

※ wonder も roam も「目的もなく歩き回る [放浪する]」という意味ですが，roam に
は何かを求めて (それが何でどこにあるかはわかっていない) というニュアンスがあ
ります．

Then he has a beast of a dog which **roams** the garden.
それと，奴は庭に獰猛な犬を飼っていて，それが庭をうろついているんだ．
〈「チャールズ・オーガスタス・ミルヴァートン」〉

《早春のハイド・パークに散歩に出かけたワトソンとホームズ》
For two hours we **rambled** about together, in silence for the most part, as befits

436

two men who know each other intimately.

二時間ばかり私たちは二人で歩き回っていたが，ほとんど口もきかず，それが気心の知れた同士には似つかわしかった (befit (/bɪˈfɪt/))． 〈「黄色い顔」〉

3-354

roar ^{α2} /rɔːr/

「吠える（声）」「とどろく（とどろき）」「大笑いの声」

※ 猛獣の吠える声，怒号，どっと笑う声，（飛行機などの）爆音，どよめきなどいろいろな状況で使われます．自動詞としても使われます．

【類語：laugh, **rumble** ^{β2} /ˈrʌmbl/（遠雷やお腹がゴロゴロ鳴る）】

A few seconds later a **roar** like thunder burst upon our ears, and as the smoke thinned away there was no sign left of the Gloria Scott.

数秒後に雷鳴のような轟音(こうおん)が私たちの耳に響き，煙が薄くなる (thin) とグロリア・スコット号は跡形もなくなっていた． 〈「グロリア・スコット号」〉

《取り戻すよう依頼された写真のありかをどう探るかホームズとワトソンが相談しているところに，写真の持ち主である女性が馬車で帰宅してくる場面》

"I will get her to show me."

"But she will refuse."

"She will not be able to. But I hear the **rumble** of wheels. It is her carriage. Now carry out my orders to the letter."

「（写真のありかを）教えろと言うのさ．」

「でも断るだろうよ．」

「断れないさ．ああ，車輪の音がする．彼女の馬車だ．じゃあ，僕がさっき頼んだことをきっちりと (to the letter（契約などの文字通りに））やってくれたまえよ．

〈「ボヘミアの醜聞」〉

3-355

rugged ^L /ˈrʌɡɪd/（発音に注意）

「（土地が）でこぼこの（**rugged** mountains（ごつごつした山々））」「（顔つきが）精悍な」「（性格が）無骨な［頑固な］」「頑丈な」

【類語：**bumpy** ^{γ1} /ˈbʌmpi/（でこぼこの多い）（道路のでこぼこのバンプ (bump) はカ

タカナ語になっています（'a bumpy road'（でこぼこ道）），rocky，rough】

※ 岩でごつごつしていて歩きにくいということですが，風景や顔立ちをほめて「ごつい」，「頑健な」といった男性的というイメージで使われることもあります.

In age he may have been about fifty, with a strong-jawed, **rugged** face, a grizzling moustache, peculiarly keen gray eyes, and a wiry, vigorous figure which had lost nothing of the strength and activity of youth.

年の頃はおそらく50歳ほどで，はった顎の精悍（せいかん）な顔つきに白いものがまじった（grizzling）口ひげ（moustache）と異様に鋭い灰色の目，そして屈強な（wiry /ˈwaɪərɪ/）精力にあふれた体格は若い頃の強さや活発さをみじんも失っていなかった.　　　　　　　　　　　　　　　　　　　　　　　　　　　　〈『恐怖の谷』〉

3-356

rust ^{γ1 L} /rʌst/

「錆（さび）」「さびる」

rusty ^{β2 L} /ˈrʌstɪ/「さびた」

※「さびる」は 'go rusty' とも言います. rusty は比喩的に「（以前と違って）さびついている」という意味でもつかわれます.

【関連語：poor, bad, weak】

《初対面のワトソンにホームズが自分の試薬について語る場面》

His linen or clothes are examined, and brownish stains discovered upon them. Are they blood stains, or mud stains, or **rust** stains, or fruit stains, or what are they?

彼（容疑者）の下着や衣服が調べられて，茶色がかった（brownish）しみ（stain（下記※参照））がみつかったとする. それは血痕なのか，泥なのか，錆なのか，果汁なのか，いったい何なのか?　　　　　　　　　　　　　　　　　〈『緋色の研究』〉

※ **stain** ^{β1} /steɪn/ はなかなか取れない「しみ」や「汚れ」（比喩的には「汚点」）ですが，**spot** ^{β1} /spɑːt/（動詞は 1-306）は「はん点」や「まだら」とか「ぶつぶつ［発疹（はっしん）］」，**streak** ^{β2} /striːk/ は長細い「筋［しま模様］」とか「（好ましくない性質の）傾向がある［…気味］」という意味です. いずれも「しみ［はん点，しま］をつける」という動詞にもなります.

《家庭教師として雇われた女性が雇い主に連れてきてもらった屋敷の様子を述べて》

It is, as he said, beautifully situated, but it is not beautiful in itself, for it is a large square block of a house, whitewashed, but all **stained** and **streaked** with damp and bad weather.

お屋敷は雇い主が言っていたように美しいところにありましたが，お屋敷そのものはそれほどでもなく，大きな四角い建物で，しっくいで白く塗ってありましたが，湿気や悪天候でいたるところに<u>しみやしまができていました</u>．　　　〈「ぶな屋敷」〉

3-357
sag *γ1* /sæg/
「(何かの重みや圧力で) 沈む [たわむ]」

Within, the ceilings were corrugated with heavy oaken beams, and the uneven floors **sagged** into sharp curves.

（建物の）中に入ると，天井にはどっしりした樫の梁<ruby>梁<rt>はり</rt></ruby>が何本もひだのように走り (corrugated (/ˈkɔːrəgeɪtɪd/))，でこぼこした床はひどく<u>たわんでいた</u>．
〈「サセックスの吸血鬼」〉

3-358
salvation *β1* **L** /sælˈveɪʃn/
「(キリストによる罪からの) 救い」「救済 (手段)」
【類語：save, rescue】
※ **salvage** *β2* /ˈsælvɪdʒ/ は「(貨物などを) 回収する」「(船舶を) 引き揚げる」「火事や船の難破から…を運び出す」「失敗などから評判などを) 取り戻す」といった意味で，名詞としては「サルベージ (船舶などの海難救助)」です．

"But very few books would correspond with that."
"Exactly.　Therein lies our **salvation**.　Our search is narrowed down to standardized books which anyone may be supposed to possess."

「しかしそれにあてはまる本などそうそうあるまい.」
「まさにね.　そこに我々にとっての<u>救い</u>がある.　さがす範囲はどれも同じ本で，しかも誰もが持っていると思われるものに限られるのだから.」　　〈『恐怖の谷』〉

3-359
saturate *β2* **L** /ˈsætʃəreɪt/
「…を浸す [ずぶぬれにする]」
'saturate A with B' は「A (物) に B (水分など) を染み込ませる [いっぱいに詰め込

む］」

【類語：soak（→ 3-374），drench（→ 3-374）】

saturation ʸ¹ᴸ /ˌsætʃəˈreɪʃn/「充満」「飽和」

※ saturated（ずぶぬれの，びしょぬれの）は 'very wet' ということで，soaked や drenched と同じような意味ですが，かなりフォーマルな書きことばです．他に「飽和状態の（with）」という意味もあります．

I therefore directed my attention at once to the garden path, which was **saturated with** recent rain and would certainly show any footmarks.

そこで私は注意を庭の小径に向けました．そこは最近降った雨でびしょびしょに なっているのでどんな足跡でもわかるでしょう． 〈「金縁の鼻眼鏡」〉

《悪天候で古傷が痛み，ベイカー街の部屋に閉じこもっているワトソンの様子》

With my body in one easy-chair and my legs upon another, I had surrounded my-self with a cloud of newspapers until at last, **saturated with** the news of the day, I tossed them all aside and lay listless, watching the huge crest and monogram upon the envelope upon the table and wondering lazily who my friend's noble correspondent could be.

安楽椅子に体を沈めて両足をもう 1 つの椅子に投げ出した格好で，私は新聞の山に 埋もれていたが，やがてその日の記事にも読み飽きてしまい，新聞をわきに放って （toss aside）無気力に（listless）寝ころがってテーブルの上にある大きな紋章と頭文 字の組合せのついた封筒を見てわが友（ホームズ）に手紙を書いたのはどこの貴族 だろうかとぼんやり考えていた． 〈「独身貴族」〉

例文中の toss（放り投げる）はカタカナ語になっていますが，**hurl** ʸ¹ /hɜːrl/（ある方向に 強く投げつける）とか **fling** ᵝ² /flɪŋ/（怒って投げつける，体を投げ出す，物を急に激しく動 かす）もよく目にします．

Then, with a gesture of desperation, he tore the mask from his face and **hurled** it upon the ground. "You are right," he cried; "I am the King ….

すると，万事休すといったふうで，彼は仮面をむしり取ると床に投げつけた． 「そなたの言う通り」彼は叫んだ．「私が王である（後略） 〈「ボヘミアの醜聞」〉

Holmes edged his way round the wall and **flinging** the shutters together, he bolted them securely.

ホームズは壁際に沿ってじわじわと歩を進める (edge) と鎧戸を荒々しく閉めるとしっかり錠をかけた. 〈「最後の事件」〉

saturate の関連語として,「充満する」という日本語訳があてられますが, **pervade** β2 /pərˈveɪd/ は「(においなどが場所に) 行き渡る [充満する, しみ渡る]」ということです. **pervasive** β2 /pərˈveɪsɪv/ は (通例好ましくないものが)「すみずみまで広がる [行き渡る]」,「広く浸透した」という形容詞です ('the **pervasive** influence of television' (行き渡ったテレビの影響)).

An odour of age and decay **pervaded** the whole crumbling building.
長い年月と腐朽(ふきゅう)のにおい (odour《英》(= odor)) がそのぼろぼろの (crumbling) 建物全体に充満していた. 〈「サセックスの吸血鬼」〉

permeate γ2 /ˈpɜːrmieɪt/ は「(液体や気体が) …に浸透する」「(思想や感情が) 行き渡る」という意味の語です.

▶ The water **permeated** through [into] the soil.

(水が土壌にしみ渡った)

▶ The new idea **permeated** the minds of the people.

(新しい考えが人々の心に広まった)

3-360

savage β1 /ˈsævɪdʒ/

「獰猛 (どうもう) な」「残忍な」「粗暴な」

※ ジャーナリズムでよく使われ,「凶暴な (fierce and violent)」とか「甚大な被害をもたらす」といった意味で使われます. 文明化した (civilized) 人間にある抑制がないという感じの語です.

【類語: cruel (冷酷な), brutal (残忍な, 情け容赦ない), **vicious** (凶悪な, 凶暴な)(→ 2-28), barbaric (野蛮な, 残忍な), **inhumane** β2 /ˌɪnhjuːˈmeɪn/ は「非人道的な」とか「残忍な」《同情とかあわれみや思いやりがないということ》.

inhuman β1 /ɪnˈhjuːmən/ は「無慈悲な」「冷酷な」「人間離れした」. 同情やあわれみにかぎらず人間らしさがないということで, inhumane よりきつい (harsher) 語です.
humane β2 /hjuːˈmeɪn/ は「人道的な」,「慈悲深い」,「苦痛を与えない」という意味です ('the humane treatment of all refugees' (難民の人道的な扱い))】

The beast was **savage** and half-starved. If its appearance did not frighten its victim to death, at least it would paralyze the resistance which might be offered.

あの犬は<u>どう猛だった</u>うえに半分飢えた状態だった．たとえ姿を見た犠牲者が驚いて死ぬことはなくても，少なくとも抵抗する (offer resistance) 力は麻痺してしまうだろう．　　　　　　　　　　　　　　　　　〈『バスカヴィル家の犬』〉

▶ **Inhumane** treatment of political prisoners is a serious offense under international law.（政治犯への<u>非人道的な</u>扱いは国際法の重大な違反である）

▶ I was utterly horrified by his **inhuman** cruelty.
（私は彼の<u>人間とは思えない</u>残虐さにまったくぞっとした）

3-361
scale $^{\alpha 1}$ **C** **L** /skeɪl/

「(はしごなどを) 登る」「(切り立った山などを) 登る」

※ scale は名詞としては「目盛り」，「段階」，「規模」，「縮尺」，「比率」といった意味があり，動詞としてもそれぞれに関連した意味になり，「縮尺で書く［作る］」，「(やりとげて) 上りつめる」，「規模を縮小する」，「割合に応じて調整する」などの訳語があります．

【類語：climb】

《忍び込んだ屋敷から脱出をはかるホームズとワトソン》
"This way, Watson," said he; "we can **scale** the garden wall in this direction."
「こっちだ，ワトソン，」ホームズが言った．「こっちから庭の壁を<u>登れる</u>ぞ．」
　　　　　　　　　　　　　　　　〈「チャールズ・オーガスタス・ミルヴァートン」〉

3-362
scorch $^{\gamma 1}$ **L** /skɔːrtʃ/

「…を焦がす」

scorching $^{\gamma 1}$ /ˈskɔːrtʃɪŋ/（＝exceedingly hot）「焼けつくような」；（比喩的に）「痛烈な」「手厳しい」

※ 表面を焦がすとか焦げるという意味ですが，太陽などが草を枯らすとか町や作物を焼き払うという意味でも使われます．

《ワトソンが風邪をひいていたことをホームズが当ててみせる場面》
"Your slippers are new," he said. "You could not have had them more than a few weeks. The soles which you are at this moment presenting to me are slightly **scorched** ….

「きみの室内履きは新しいね」ホームズは言った.「まだ数週間もたっていないだろが,今僕の方に向けていた底がわずかに<u>焦げている</u>(後略) 〈「株式仲買人」〉

※ slipper「寝室などで使う室内履き」日本語でいう「スリッパ」は mule /mjuːl/(通例 mules)とか scuff /skʌf/(通例 scuffs)と言います.

3-363
scramble ^{α2} ^{L} /ˈskræmbl/

自動詞:「**よじ登る**」「**這うように進む**」(他動詞は「**…を混乱させる,ごちゃまぜにする**」)

※ 手を使ってよじ登るという意味です.

※ ‘scramble for A’ で「**A(物)を奪い合う**」,‘scramble to *do*’ で「**争って…しようとする**」という意味です.

【類語: climb, mount(上る,登る(=ascend)),ascend(上る,登る),**scale**(とても高いものに上る,はしごなどの道具を使って登る)(→ 3-361)】

《ホームズにたくらみを暴かれた犯人が床の穴から出てくる場面》

"Well, well!" said he coolly as he **scrambled** to the surface. "I guess you have been one too many for me, Mr. Holmes ….

「やれやれ!」男は地上に<u>上がって</u>きながら冷静に言った.「あんたは俺には手に負えない人物のようだね,ホームズさんよ(後略) 〈「三人ガリデブ」〉

3-364
scrape ^{β1} ^{L} /skreɪp/

「**こする**(cf. sky scraper(摩天楼))」「**…(汚れなど)をこすり落とす**」「**(引っ掻いて穴などを)掘る**」

【関連語: **abrade** ^{γ2} /əˈbreɪd/(皮膚をすりむく,…をすり減らす),**graze** ^{γ1} /greɪz/(体の部位をすりむく:《語源的には別系統ですが》家畜が草を食(は)む),rub(なんども前後にこする),scratch(ひっかく,すり傷をつける),**scuff** ^{γ2}(ざらざらしたものですり傷をつける,足を引きずって歩く)】

※ scrape は scratch よりも幅広の跡とか大きな傷がつくという語感があります.

《ワトソンの靴についている引っ掻き傷から,ワトソンが雑な女中を雇ったことをホームズが当ててみせる場面》

Obviously they have been caused by someone who has very carelessly **scraped** round the edges of the sole in order to remove crusted mud from it.

明らかにその傷がついたのは誰かがろくに注意をせずに靴底のふちをこすってこびりついた (crust (表面が硬くなる: かさぶた, パンの耳, 外皮)) 泥をおとそうとしたのだ. 〈「ボヘミアの醜聞」〉

▶ You've **scuffed** the toes of your new shoes.

(君はおろしたての靴のつま先に擦り傷をつけてしまったんだね)

▶ The bullet **grazed** my arm.

(銃弾が私の腕をかすめた (銃弾で腕にかすり傷をおった))

関連語にある abrade の名詞は abrasion /əˈbreɪʒn/ (擦り傷, 摩滅), 形容詞は abrasive (いらつかせる, 失礼な, 耳障りな: (名詞として) 研磨剤) です.

As long as the criminal remains upon two legs so long must there be some indentation, some **abrasion**, some trifling displacement which can be detected by the scientific searcher.

犯人がずっと二本足で立っている (幽霊などでなく生身の人間である) 限り, ちょっとしたくぼみとか, なにかこすれた跡とか, 物が少し (trifling (/ˈtraɪflɪŋ/ わずかの; trifle → 1-199)) 動いているとか科学的な捜査で見つかるはずだよ.

〈「ブラック・ピーター」〉

3-365

sequel *ⁿ¹* /ˈsiːkwəl/

「続編」「結果として起こること」

※ いったん間 (interval) をおいてから生じる結果というニュアンスです. 'in the sequel' は「結果として」,「結局」という意味です.

【類語: effect, result, consequence, outcome, **aftermath** *ⁿ¹* /ˈæftərmæθ/ (余波)】

The crime was of interest in itself, but that interest was as nothing to me compared to the inconceivable **sequel**, which afforded me the greatest shock and surprise of any event in my adventurous life.

事件そのものも興味深かったのだが, その興味もその後の思いがけない (inconceivable) 続編に比べればまるで何でもないもので, (その続編は) 私の冒険的な生涯の何にもまして最大の衝撃と驚きを受けた出来事であった. 〈「空き家の冒険」〉

▶ the **aftermath** of a financial crisis (金融危機の余波)

類語として **repercussion** *ⁿ¹* /ˌriːpərˈkʌʃn/ は何かが起きたことで生じる (しばらく続く)「悪影響」という名詞です.

▶The collapse of the company had great **repercussions** throughout the world.
（その会社の破綻は世界中に甚大な悪影響を及ぼした）

3-366
setback 〽1 C /ˈsetbæk/

「妨げ」「（悪いことの）ぶり返し」；「後退」「敗北」

※ 後退とかつまずきということで，進行を遅らせたり状況を悪くするということです．

【類語：blow（突然の（大）打撃），**hiccup** 〽2 /ˈhɪkʌp/「しゃっくり」（それ以外にも「一時的な進行の障害や支障」の意味でも使われます．たとえば，'a **hiccup** in the timetable／negotiation' なら「予定／交渉の一時的な遅れ［中断］」），**hitch** 〽1 /hɪtʃ/（ちょっとした遅れの出る軽い障害や故障）（乗車させてもらう（cf. hitchhike）とかロープなどを巻きつけるとかぐいと引き上げるといった動詞での意味もあり）】

It was a blow, Baron—the worst **setback** in my whole campaign.
そいつは痛手（blow）でしたよ，男爵．私の活動（campaign）の中の最大のつまずきでした．　　　　　　　　　　　　　　　　　　　　　〈「最後の挨拶」〉

▶Until now, the biggest **setback** in the market's rebound had been a 7 percent slide from mid-June to mid-July.（現時点までで，この戻り相場の中の最大の下げは，6 月半ばから 7 月半ばまでの 7%の下落であった）

▶The demonstration was cancelled because of a few last-minute technical **hitches.**
（土壇場での若干の技術的障害のためそのデモンストレーションは中止となった）

3-367
set off C

自動詞的に「出かける」

他動詞的に「（爆弾などを）爆発させる」「（機械を）始動させる」「…を目立たせる」「…を（〜と）相殺する（against）」（'set off gains against losses' = 'set off losses by gains'）

※ 出かける，出立する，旅（journey）に出ることです．上記の「相殺するというときの型に注意しましょう．

【類語：start, take off（離陸する，（場所を）発つ），set sail（船旅に出る）】

I packed my things, banged the hall door behind me, and **set off** for Esher, with my bag in my hand.
私は荷物をまとめ，ホールのドアを後ろ手でバタンと閉め，そして鞄を手にさげてエシャー（町の名）に向かいました．　　　　　　　　　　　　〈「ウィステリア荘」〉

▶ Some of your debts can be **set off by** other money owing to you.

(君の負債のいくらかは君に対して未払になっているお金で相殺できるよ)

3-368
shatter ^{β2} /ˈʃætər/

「…を粉砕する」「…を台なしにする」

【類語：smash（打ち砕く，粉砕する），**break up** ^{σ1}（ばらばらにする［なる］）】

※ 意図的に壊す場合に smash が使われ，ものが壊れたというときには 'be shattered' の形がよく使われます．

In a moment, however, our hopes **were shattered** by our being arrested as the murderers of Achmet.

ところが，あっという間に，私どもはアクメット殺しの犯人として逮捕されて，希望は粉々にされちまったのです． 〈『四つの署名』〉

3-369
shrewd ^{β2} ^{L} /ʃruːd/

「そつがない」「機敏な」（スペリングの似ている shroud /ʃraʊd/ は「死者を包む白布」）

※ ビジネスなど実際的な場面で状況判断が的確で頭が切れるという語感です．

【類語：perceptive（洞察力のある，鋭敏な），**astute** ^{γ1} /əˈstuːt/（頭のよく働く，明敏な），**incisive** ^{γ2} /ɪnˈsaɪsɪv/（的を射た，鋭い），**canny** ^{γ2} /ˈkæni/（（ビジネスや政治で）抜け目ない，利に聡い）《如才なさすぎという感じで，ここに列挙した類語の中ではほめる感じが弱い語です》，**discriminating** /dɪˈskrɪmɪneɪtɪŋ/（見る目のある，目の肥えた）（'a discriminating eye'（鑑識［批評］眼），**discerning** ^{β2} /dɪˈsɜːrnɪŋ/（識別力のある）（**discern** → 2-31）】

※ 類語中の discriminating のベースになる discriminate は「識別［区別］する」という意味です（'discriminating tariff'（関税の差別税率））．

《亡くなった先代のバスカヴィル家の当主の人となりを説明する友人のことば》

He was a strong-minded man, sir, **shrewd**, practical, and as unimaginative as I am myself.

彼は強い精神の持ち主でした．頭が切れて，実際的で，私もそうですが迷信とは縁のない人でした． 〈『バスカヴィル家の犬』〉

▶ Every stock market crash is an opportunity for the **canny** speculator.

(抜け目ない投機家にとって株式市場の暴落はいつもチャンスだ)

446

《ワトソンがホームズの書いたものであると知らずに雑誌の記事を批判する場面》

It struck me as being a remarkable mixture of **shrewdness** and of absurdity. The reasoning was close and intense, but the deductions appeared to me to be farfetched and exaggerated.

その文章は鋭さとばかばかしさの驚くべき混合だった．その論理的思考は細やかで強烈だが，推論の導きだす結果（deduction）はこじつけられて（far-fetched）誇張された（exaggerated）もののように思えた． 〈『緋色の研究』〉

《夫を殺したのは妻と夫の友人の二人ではあるまいかとワトソンと検討するホームズのことば》

However, we will suppose that they are an extraordinarily **astute** couple, who deceive everyone upon this point, and conspire to murder the husband.

しかし，二人がとても抜け目なく，この点でみんなをあざむいており，夫を殺そうと共謀した（conspire）のだと仮定してみよう． 〈『恐怖の谷』〉

《依頼人の様子から多くのことを推理するホームズにワトソンが感嘆して》

"And what else?" I asked, keenly interested, as I always was, by my friend's **incisive** reasoning.

「そして他には？」私はとても興味をひかれて尋ねたが，いつもながらわが友の鋭い推理にはそうなるのだった． 〈「花婿失跡事件」〉

3-370

shrug $^{\beta 1}$ /ʃrʌg/

「（肩を）すくめる（こと）」

※ 定型句として 'shrug *one*'s shoulders'（肩をすくめる）や 'with a shrug'（肩をすくめて）の形で使われます．

Lestrade **shrugged** his shoulders. "I am afraid that my colleague has been a little quick in forming his conclusions," he said.

レストレード警部は肩をすくめて言った．「どうも私の仲間（ホームズ）は少しばかり結論を出すのを急いでいるようですな．」 〈「ボスコム谷の謎」〉

3-371

slaughter $^{\beta2}$ /ˈslɔːtər/

「屠殺」

【関連語：**massacre** $^{\beta2\ L}$ /ˈmæsəkər/（大虐殺），**carnage** $^{\gamma2}$ /ˈkɑːrnɪdʒ/（通例戦争による殺戮）】

※ 戦争などでたくさんの人を残酷に殺すことです．slaughter は人だけでなく動物にも使われます．

I give you my word that I got a shake when I put my head into that little house. It was droning like a harmonium with the flies and bluebottles, and the floor and walls were like a **slaughter-house**.

誓っていいますが，私はあの小さな家に顔を入れてのぞいたとたんにおぞけがつきました．オルガン（harmonium）の音のようにハエや青バエのブンブンという音がして（drone），床や壁は食肉処理場のようでした．　　　　　〈「ブラック・ピーター」〉

※ drone /droʊn/ は「（蜂などが）ブンブンいう音（を出す）」ですが「ドローン（無線操縦の偵察飛行機）」の意味の方はカタカナ語でおなじみになりました．

《謎の民族についてホームズが本の記載を読み上げて》

They have always been a terror to shipwrecked crews, braining the survivors with their stone-headed clubs, or shooting them with their poisoned arrows.　These **massacres** are invariably concluded by a cannibal feast.

彼らは難破船の乗組員にとって恐怖の的で，生存者の頭を石のついた棒で頭を砕いたり（brain），毒矢を射かけたりする．そのような大虐殺は人食い（cannibal（人食い人種））祭り（feast（祝祭））で終わるのを常とする．　　　〈『四つの署名』〉

3-372

slavery $^{\alpha2\ L}$ /ˈsleɪvəri/

「奴隷であること」「奴隷の身分」「奴隷制度」

【関連語：**bondage** $^{\gamma2}$ /ˈbɑːndɪdʒ/（奴隷であること），**bondsman** $^{\gamma2}$ /ˈbɑndzmən/（奴隷，農奴；ボンズマン（保釈金を貸し付ける金融業者＝bondperson））】

※ slavery は一般的に使われる語ですが，bondage は詩など文学での文章語として使われます．

《依頼人（ギブソン氏）がホームズに面会に来る約束の時間の直前にその依頼人の土地建物の管理人がやって来てホームズに語った話》

I have given him notice. In a couple of weeks I shall have shaken off his accursed **slavery**. A hard man, Mr. Holmes, hard to all about him.

私は彼（ギブソン氏）に辞表 (notice) を出しました．二週間のうちに私は彼のいまわしい (accursed《古》) 奴隷の身分を断ち切れる (shake off) のです．ひどい男ですよ，ホームズさん，周りの誰に対しても非情なのです． 〈「ソア橋」〉

3-373

sniff $^{\beta1}$ **L** /snɪf/

「鼻をクンクン鳴らす」「鼻をすする」「（香水などを）吸い込む」

※ 音を立てて空気を吸い込むことです．

【関連語：breathe】

I remembered how he had **sniffed** his lips, and had no doubt that he had detected something which had given rise to the idea.

私は彼（ホームズ）がどんなふうに彼（被害者）の口元の臭いをかいでいたのを覚えているし，彼の推理を思いつくに至る何かを突き止めていたことは疑いなかった． 〈『緋色の研究』〉

3-374

soak $^{\beta1}$ /souk/

「…を（液体に）浸す，ぬらす」「（液体を）吸い取る」

【類語：drench (ずぶぬれにする); dip ((少しの間) 浸す，つける), **moisten** $^{\beta2}$ /ˈmɔɪsn/ (本来濡れている (湿らせておきたい) ものを少し湿らす) (moist → 1-201), **dampen** $^{\gamma1}$ /ˈdæmpən/ (本来乾いているものを少し湿らす，勢いを減退させる) (to dampen shocks (ショックを和らげる) damp (→ 3-66)). **immerse** $^{\beta2}$ /ɪˈmɜːrs/ (完全に浸す，つける，沈める) は「イマージョン (immersion /ɪˈmɜːrʒn/)」(学習している外国語だけを使って授業をする「没入法」) としてよく聞くようになりました】

※ drench は大量の水が降ってくる［押し寄せる］ときによくつかわれ，意図的に物を浸すというときは soak が使われます．

Pads of cotton-wool **soaked** in salad-oil seemed to take the agony from the strange wounds.

サラダ油に浸した脱脂綿をあててやるとこの奇怪な傷の苦痛が取り除かれるようだった． 〈「ライオンのたてがみ」〉

《息子が誘拐された公爵のことを説明する依頼人のことば》

"His Grace is never very friendly with anyone. He is completely **immersed** in large public questions, and is rather inaccessible to all ordinary emotions. But he was always kind to the boy in his own way."

「閣下はどなたとも親しくはなさりません．たくさんの公的な問題に没入しておられまして，ありきたりな感情といったものには無縁です．それでもご子息にはいつもご自分なりにお優しくなさっていました.」　　　　〈「プライアリイ・スクール」〉

3-375

soar ^{β2} **C L** /sɔːr/

「(空高く) 舞い上がる」「(レベルや量が) 急上昇する」

【類語： fly, **flutter** ^{β1} /ˈflʌtər/ (羽ばたきして飛ぶ：どきどきする鼓動 [動悸]); jump, **surge** (価格，利益，割合などが跳ね上がる) (→ 3-408), leap】

※「急上昇する」という意味での反対語は **tumble** (急落する，崩壊する，転げ落ちる) (→ 3-439), **plummet** (株価や人気が急落する，垂直に落下する (3-439 参照)) です.

《捜査のため荒れた丘陵地に登ったワトソンの描写》

One great gray bird, a gull or curlew, **soared** aloft in the blue heaven.

一羽の大きな灰色の鳥が，カモメなのかダイシャクシギ (curlew) なのか，青い天空 (heaven) を高く (aloft) 舞っていた.　　　　〈『バスカヴィル家の犬』〉

《昆虫採集をしている博物学者のステイプルトンと出会ったときのことをワトソンが記述した文章》

A small fly or moth had **fluttered** across our path, and in an instant Stapleton was rushing with extraordinary energy and speed in pursuit of it.

小さなハエか蛾が一匹私たちのいる小路を横切って飛んだが，そのとたんにステイプルトンはものすごい勢いでそれを追いかけていった.　　　　〈『バスカヴィル家の犬』〉

3-376

so (-) called ^{β1} **C** /ˌsoʊ ˈkɔːld/

(i) (軽蔑的な含みはなく中立的に)「いわゆる」; (ii) (話者がその呼び方をふさわしく思っていないときの軽蔑的な言い方)「…とやら」「…と称する」

【類語： 上記 (ii) の意味で fake (偽造の，模造の), false (書類などが不正確な [間違った]，体の一部 (ひげなどについて) 本物でない), **bogus** ((医者などの資格が) にせの,

450

いんちきの）（→ 3-25）】

※ 上記の (i)「俗に言う」と (ii)「（軽蔑して）…とやら」の違いに注意しましょう.

It was a debt of honor, **so called**, which I had to pay, and I used money which was not my own to do it, in the certainty that I could replace it before there could be any possibility of its being missed.

それはいわゆる名誉の負債（下記※参照）というやつで（法的な拘束はなくても）支払わなければならず，私は自分のものではないお金をそれに使ってしまったのだが，（誰かがそのお金が）無いと気付く（miss）前にもとに戻しておけると確信していたのだ. 〈「グロリア・スコット号」〉

※ 賭博（とばく）の借金などで，法的拘束力のある証文を書いたわけではなく法律上の罰はないものの返さなければならない借金.

《悪名高いグルーナー男爵のことをホームズが説明する場面》

I am as sure that he killed his wife when the **so-called** 'accident' happened in the Splugen Pass as if I had seen him do it.

シュプリューゲン峠（pass）で「事故」とやらが起きたとき，（事故でなく本当は）奴が妻を殺したのだということはこの目で見たかのように確信していますよ.

〈「有名な依頼人」〉

3-377

solicit $^{\beta2}$ C L /sə'lısıt/

「（資金や援助などを）請い求める」

※ money / help / information を求めることです. アメリカ英語では商品などの訪問販売という意味でも使われます（'No solicitation allowed' や 'No soliciting' は「押し売りお断り（玄関などの掲示）」）.

solicitor「ソリシタ（事務弁護士）《イギリス英語》」（→ 1-30）

【類語：beg, entreat（→ 2-49）, press, **nag**（うるさく言う）（→ 2-7）】

"We have come," continued Stangerson, "at the advice of our fathers to **solicit** the hand of your daughter for whichever of us may seem good to you and to her …

「我々がやってきたのは，」スタンガソンが続けた.「父達の言いつけどおりに，あなたとあなたのお嬢さんに気に入られたほうがお嬢さんに結婚を申し込むためです（後略）

〈『緋色の研究』〉

3-378

sore *α1* /sɔːr/

「(さわると) 痛い」「炎症を起こした ('have a sore throat' は「のどが痛い」)」「ただれた (foot-sore (くつずれ))」「筋肉疲労で痛い」;「感情を害している」

※「…のことで腹を立てている」という (主にアメリカ英語) の用法では前置詞の about や over,「人に対して怒っている」のであれば at や with とともに使います.

【関連語: painful, **inflamed** *r1* /ɪnˈfleɪmd/「炎症を起こした (**inflame** *r1* /ɪnˈfleɪm/「状況を悪化させる」「憤激させる」), **excruciating** *r2* /ɪkˈskruːʃieɪtɪŋ/ (痛みがひどい) ('excruciating toothach' (ひどい歯痛)), itchy (→ 3-511)】

You will excuse us for feeling **sore** when you jump in with methods which we cannot use, and so rob us of the credit.

私たちがふてくされても大目に見てくださいよ,ホームズさんは私たちの使えない方法を使って捜査して私たちから手柄 (credit) を奪っていかれるのですから.

〈「退職した絵具屋」〉

※「許す」とか「大目に見る」は excuse とか forgive がよく知られていますが,難度の高い語として **condone** *r1* /kənˈdoon/「(罪や過失を) 大目に見る」があります.目的語として人はとらず,人を入れる場合は 'condone A (人) doing' の形になります.

You have **condoned** a felony and you have aided the escape of a murderer; …

閣下は重罪 (felony (/ˈfeləni/)) に目をおつぶりになり,殺人犯の逃亡をほう助なさいました (後略)

〈「プライアリイ・スクール」〉

《第一次世界大戦前,ドイツのスパイに対するホームズのことば》

The Englishman is a patient creature, but at present his temper is a little **inflamed**, and it would be as well not to try him too far.

英国人は辛抱強い国民ですが,今は少々気が立っていますから,あまり興奮させない方がよろしいでしょう.

〈「最後の挨拶」〉

3-379

sour *α1* /ˈsaʊər/

「すっぱい」;(比喩的に)「不機嫌な」「意地の悪い」

【類語: bitter, rotten】

※ bitter も味 (苦い) と人のふるまい (痛烈な,しんらつな,敵意のある) について使

われます.

Having sniffed the dead man's lips I detected a slightly **sour** smell, and I came to the conclusion that he had had poison forced upon him.

死体の唇の匂いを嗅いで（sniff）みると, かすかに<u>酸味のある</u>匂いに気づいたので, 彼は無理やり毒を飲まされたのだと結論した. 〈『緋色の研究』〉

3-380

sovereign $^{\beta1}$ /ˈsɑːvrɪn/

「**君主**」「**主権を有する**」

【類語：king, monarch（王, 女王, 皇帝）】

※ monarch よりフォーマルな語です. 報道では 'sovereign debt' や 'government debt' は国の借金（国債（government bonds（Treasury note は「米国債」））や借入）という意味で使われます.

You will be relieved to hear that there will be no war, that …, that the indiscreet **Sovereign** will receive no punishment for his indiscretion, …

こう聞けば君もほっとするだろう. 戦争にはならないし, （中略）, 無分別な（indiscreet）<u>君主</u>は軽率（indiscretion; indiscreet）（→ 3-190）のそしりを受けることもないだろう（後略） 〈「第二のしみ」〉

3-381

specimen $^{\beta1\ \text{L}}$ /ˈspesɪmən/

「**見本**」「**標本**」；（形容詞をともない）「**… なやつ**」

【類語：sample】

※ sample と同じような意味ですが科学的, 専門的な言い方になります.

Someone wanted to learn to imitate your writing, and had to procure a **specimen** of it first.

誰かがあなたの筆跡をまねたいと思い, それにはまず<u>見本</u>を入手する（procure（→ 3-314））しかなかったのです. 〈「株式仲買人」〉

3-382

sphere $^{\alpha2}$ /sfɪr/

「**球**」；「**範囲**」「**領域**」「**身分**」

【関連語：ball, globe, bulb】

※ 幾何学上の「球」ですが，「天球」や「天体（儀）」という意味でも使われます.

Pooh, man; you should soar above it. You are not in your true **sphere**.

いや，あなた. あなたはもっと活躍できるところに舞い上がる（soar）べきです. あなたは自分のいるべき本当の場所にいないのですよ.　　　　　〈「株式仲買人」〉

3-383
spontaneous ^{β1} /spɑːnˈteɪniəs/
「自然発生的な」「無意識の」

※ 前もっての計画がなく「自然に起こる」とか，訓練されてないで「のびのびした」という意味です.

【類語：**impromptu** ^{γ1} /ɪmˈprɑːmptuː/ （(speech / party / meeting が) 即興の，即席の），**impulsive** ^{β1} /ɪmˈpʌlsɪv/（衝動的な）（'an impulsive person'（衝動的な人）），**off-the-cuff** ^{γ2} /ˌɔːf ðə ˈkʌf/（ぶっつけ本番の，でまかせの）（'off-the-cuff remark'（とっさに思いついた発言））】

"Gentlemen," he cried, "let me introduce you to the famous black pearl of the Borgias."

Lestrade and I sat silent for a moment, and then, with a **spontaneous** impulse, we both broke out clapping as at the well-wrought crisis of a play.

「諸君」彼（ホームズ）が大きな声で言った.「有名なボルジア家の黒真珠を紹介します.」

レストレードと私は一瞬ことばを失い，そしてまるで上手に書かれた（wrought《文》（入念に作られた））演劇の山場（crisis）になったかのように自然な衝動で拍手（**clapping**）を送っていた.　　　　　　　　　　　　〈「六つのナポレオン」〉

▶ His speech was **impromptu** but very informative.　　　　〈*Chambers*〉
　（彼のスピーチは即興だったがとても有益だった）

《依頼人の若い女性の義父がホームズに呼び出されて述べたことば》

It was quite against my wishes that she came, but she is a very excitable, **impulsive** girl, as you may have noticed, and she is not easily controlled when she has made up her mind on a point.

私は娘がこちらへうかがうのに反対したのですが，娘は興奮しやすく衝動的なところがありますので，お気づきのことでしょうが，何か決めたら抑えがきかなくなる

のです.　　　　　　　　　　　　　　　　　　　〈「花婿失跡事件」〉

3-384
spouse $^{\beta2}$ /spaʊs/, /spaʊz/
「配偶者」

【類語： wife, husband, **missis** ^{r2}（＝missus)/ˈmɪsɪz/（妻,（呼びかけて）奥様),
hubby ^{r2} /ˈhʌbi/（(くだけた言い方で) うちの亭主)】

※ フォーマルな状況や書きことばで使われます. partner は一緒に住んでいても結婚していないときによく使われますが, 結婚しているかどうかや性別が問題でない場合やわからない場合にも使えます.

What is more, the faithless **spouse** carried off the old man's deed-box as her personal luggage with a good part of his life's savings within.

さらには, この裏切った奥方は（夫である）老人の証書（deed）箱を自分の手荷物として持ち出してしまったが, その中には彼の蓄えのあらかたが入っていたんだ.

〈「退職した絵具屋」〉

3-385
stagnant $^{\beta2}$ C L /ˈstægnənt/
「よどんだ（water lying **stagnant** in pons and ditches（沼や水路のよどんだ水))」「**停滞**した（'Business was **stagnant** last month.'（先月の取り引きは低調だった))」

【類語： inert（不活発な, 不活性の, 自力で動けない）(→ 3-201)】

stagnate ^{r1} C /ˈstægneɪt/「**沈滞する**」「**不活発になる**」

※ 水や空気がよどんでいるというのが原義ですが, 比喩的に発達（development）や進歩（progress）が止まっていることを言うのに使われます. 名詞の stagnation は 'economic stagnation'（経済の停滞）といった言い方でよく目にします.

《サリー州警察のベインズ警部がホームズに言ったことば.（サリー（Surrey）はイングランド南東部の州)》

We **stagnate** in the provinces. A case of this sort gives a man a chance, and I hope that I shall take it.

我々はこの田舎でくすぶっているのです. このような事件はチャンスを与えてくれますから, わたしはそれをつかみたいと思っているのですよ.　〈「ウィステリア荘」〉

3-386
at stake ^{β1 C} (stake /steɪk/)

「賭けられている」「危険にさらされている」

※ stake 自体は「杭」(stake の語源は古英語の *staca*（＝stick）)，「つっかい棒」，「賭け金」，「懸賞金」，「競争」，「出資（金)」，「利害関係」といった意味があります．

【類語：being risked】

《スコットランド・ヤードのジョーンズ警部がホームズの助力を求める場面》

It's a very dark case, and my professional credit is **at stake**.

この事件はとても不可解なもので，私の職業的な信用も<u>危機にさらされている</u>のです．　　　　　　　　　　　　　　　　　　　　　　　〈『四つの署名』〉

3-387
standstill ^{β2 C} /ˈstændstɪl/

「停止」「休止」「行き止まり」（'at a standstill'（動いているはずのものが止められている）(→ 3-201)

※「（交通が）停止［まひ］した」とか「（状況が）行き詰まりになった」という意味で 'come to a standstill'（＝'bring A to a standstill'）という言い方がよく使われます．

【類語：deadlock（デッドロック，行き詰まり，膠着状態)，**halt** ^{β1} /hɔːlt/（中断（報道でよく使われます)；…を停止する，止まる)】

But a singular interruption brought us to a **standstill**.

ところが突拍子もない (singular) 邪魔が入って私たちを<u>停止</u>させた．　〈「入院患者」〉

《怪しい男が乗っている馬車をワトソンが見つけて》

I saw that a hansom cab with a man inside which had **halted** on the other side of the street was now proceeding slowly onward again.

私は一台の二輪馬車 (hansom cab) に男が一人乗っていて通りの反対側に<u>止まって</u>いたのが再びゆっくりと走り出すのを見た．　　　　　　〈『バスカヴィル家の犬』〉

3-388
steep ^{β1 C} /stiːp/

「（坂などが）急な」「急激な」「大幅な」

※ 価格や要求が法外 (too much) だという意味でも使われることに注意しましょう（'a **steep** tax / demand'（<u>不当に高い</u>税金 / <u>法外な</u>要求)).

【類語：**precipitous** [n] /prɪˈsɪpɪtəs/（とてもけわしい［急な］（＝very steep）），high（（価格や要求が）高い）】

I walked along the cliff path which led to the **steep** descent to the beach.

私は海岸へ続く<u>急な</u>下り道（descent）につながる崖（cliff）の道を歩いていた．

〈「ライオンのたてがみ」〉

《事件現場付近の地図を見ながらホームズがワトソンに》

There is a church there, you see, a few cottages, and an inn. Beyond that the hills become **precipitous**.

そこに教会があるだろう，ほら，いなか家が少しと，宿屋が一軒．それを越えると丘が<u>断崖</u>になる．

〈「プライアリイ・スクール」〉

3-389

stiff [α2] /stɪf/

「堅い」「曲がりにくい」「堅苦しい」「やっかいな」

【類語：solid, tight, formal, difficult】

※ 寒さでかじかんで指が動かない（≒solid），窓やドアが開かないとか膝が曲がらない（≒tight），くそまじめでよそよそしい（≒tight），（試験／坂道／書物／問題／取り扱い等が）骨の折れる（≒difficult），といった意味で使われます．

stiffen [β2] /ˈstɪfn/「こわばらせる」

【類語：**solidify**（…を凝固させる，団結させる）（→ 3-556），harden】

《ワトソンがアフガニスタンにいたという推理をホームズが説明する場面》

His left arm has been injured. He holds it in a **stiff** and unnatural manner.

彼の左腕は古傷があるようだ．動きが<u>こわばっていて</u>ぎこちない． 〈『緋色の研究』〉

《寒い夜空の下で長時間見張りをしていたワトソンたちが容疑者を発見する場面》

We were all upon our feet, staggering after him with our **stiffened** limbs, ...

私たちは全員立ち上がり，手足を寒さで<u>こわばらせ</u>ながらも彼（ホームズ）の後についてよろよろと進み（stagger（→ 3-398）），（後略） 〈『恐怖の谷』〉

3-390

stifle ^{r1 L} /ˈstaɪfl/

「窒息させる」「あくび，涙，笑い声などを抑える」（'stifle a yawn'（あくびをかみころ
す））「鎮圧［阻害］する」

※ 火の熱や煙で息ができないというときによく使われます.

【類語：**suffocate** ^{r1 L} /ˈsʌfəkeɪt/（窒息「息苦しく」させる），**choke, strangle** ^{r1}
/ˈstræŋgl/（首を絞めて窒息させる，（比喩的に）抑圧する），**smother** ^{r1} /ˈsmʌðər/
（'smother A with B'（A を B ですっかり覆う［窒息死させる］），'smother a fire with
sand'（砂をかけてたき火を消す））《煙やほこりなどで息が吸えないという感じです》）】

> As he fell back into his chair he clapped his hand to his lips as if to **stifle** a
> cough.
> 彼は椅子に倒れこむと手をぱっと口にあてがい（**clap**）まるで咳を抑えるといった
> 格好だった.　　　　　　　　　　　　　　　　　　　　〈「退職した絵具屋」〉

※ 例文中の **clap** は「拍手する」という意味でおなじみですが，ここでのように「（失敗
　や失望で）手を顔の一部にあてる」という意味でも用いられます. 他にも「手で体の
　一部をポンとたたく」というときにも使われます.

　　▶ The mother **smothered** her baby with kisses.
　　　（彼女は自分の赤ちゃんに立て続けにキスした）
　　　《比喩的に，息ができないくらいキスをするという言い方をしています》

3-391

still ^{α1 C L} /stɪl/

「じっとした」「静かな」

【類語：motionless, **stationary** ^{β1} /ˈsteɪʃəneri/（形容詞として「（乗り物や機械が）停
止している」. 名詞での「文房具」という意味はカタカナ語でもおなじみです），**inert**
（力がなくぐったりしている）（→ 3-201），'**at a standstill**'（動いているはずのものが止
められている）（→ 3-201）】

※ still は一般語として人や動物あるいは物体の静止していることのほか，川の流れが
　静かとか風がないといった状況にも使われます.

> "What is that?" asked Holmes, suddenly.
> We all **stood still** and listened. A low moaning sound was coming from some-
> where over our heads.
> 「あれは何だ！」ホームズが突然言った.

私たちは皆じっとして耳を澄ませた．頭上のどこかから低いうめくような (moaning) 声が聞こえていた． 〈『緋色の研究』〉

話さないで静かだというとき，quiet はあまりたくさんしゃべらない，silent は何も話さない，**reticent** $^{\gamma 2}$ /ˈretɪsnt/ は「寡黙でいる」，特に何かの話題について「口を閉ざしている」という意味です．

Douglas was a **reticent** man, and there were some chapters in his life of which he never spoke. 〈『恐怖の谷』〉
ダグラスは寡黙な男で，彼の経歴には彼が固く口を閉ざしていて不明な時期がいくつかあるのです．

3-392
stipulate $^{\beta 2}$ ^{L} /ˈstɪpjuleɪt/
「規定する」「(条件として) 明記する (≒ demand)」
※ condition は契約や合意のための条件とか何かが発生するための前提となる条件，stipulation は当事者に対してそこに規定された通りにせよと要求し縛る内容が成文化された契約条項，**provision** (→ 3-323) は法律の規定に従って書類に書かれた条項です．specify はいくつもある候補の中からこれであるとはっきり (明示的に，あるいは細部に至るまで) 指定することです．学術論文の文脈では，stipulate / stipulation は理論 [論理] 的に説明が尽くされていないけれどもこれこれであると規定する (こと) という意味で用いられ，批判的な意味合いになることがあります．
【類語：demand, postulate (→ 2-74)】

I sat in silent dejection until the **stipulated** time had passed.
私はことばもなく落胆 (dejection (/dɪˈdʒekʃn/)) して椅子にすわり，定められた時間が過ぎるのを待った． 〈「瀕死の探偵」〉

《身分を明かせない依頼人の代理人がホームズに状況を説明する場面》
It was his own suggestion that you should be called in, but it was, as I have said, on the express **stipulation** that he should not be personally involved in the matter.
ホームズさんにお願いすべきというのが依頼なさった方自身のお考えなのですが，申し上げたとおり，依頼人ご自身は本件に関わらないというはっきりした (express) 規定をしておきたいというのが条件なのです． 〈「有名な依頼人」〉

3-393
stoop ^{β2} /stu:p/

「前かがみになる」「恥を忍んで…する ('stoop to A/*doing*')」

※ 'stoop to A/*doing*' は普段ならしないようないけないことや道徳的によくないこと
をするという意味です ("He would never **stoop to** lying." (彼はうそをつくことまで
はするまい)).

【類語：bend, crouch (身をかがめる，獲物を狙って低くかまえる) (cf.「クラウチング・
スタート」)】

> 《ワトソンがドアの鍵穴から部屋の中をのぞく場面》
>
> I stooped to the hole, and recoiled in horror.
>
> かがんで鍵穴からのぞいたのだが，恐ろしい光景におもわず後ろに飛び退いた (re-
> coil). 〈『四つの署名』〉

3-394
strand $^{β2\ \text{L}}$ /strænd/

「取り残す」「立ち往生させる」

※ 空港で飛行機を待っていたり，乗っていた電車などが故障して乗客が立ち往生した
りといった状況でよく使われます．'be stranded' で「船が座礁する」という意味に
もなります．

【類語：leave】

> And now, my poor Watson, here we are, **stranded** and friendless in this inhospita-
> ble town, which we cannot leave without abandoning our case.
>
> はてさて，可哀想なワトソン君，僕たちはこの無愛想な (inhospitable) 町に友人も
> なく取り残されてしまったというわけだ．しかも事件を放り出してここを出て行く
> というわけにもいかない． 〈「スリークオーターの失跡」〉

※ hospitable は「親切にもてなしてくれる」という形容詞.

3-395
stray $^{β2\ \text{L}}$ /streɪ/

「道に迷う」「はぐれる」「脱線する」「それる」

※ 歩むべき本来の道から外れ，道を失い行方不明となる危険があるといった含意があ
ります．「ストレイシープ」(stray sheep) は「迷える羊」.

【類語：wander, **roam** (自由に歩きまわる) (喜びや享楽という語感 → 3-353)), **ram-**

ble （長い距離をぶらつく）（不注意とか漫然といった語感があります → 3-353）．形容詞の
astray ^{r1} /əˈstreɪ/ は「迷って」，「正しい道からそれて」】

David **strayed** a little occasionally, you know, and on one occasion in the same
direction as Sergeant James Barclay.

デイヴィッドはときどき道を踏みはずし，一度はジェイムズ・バークレー軍曹と同
じことをしたじゃないか． 〈「背の曲がった男」〉

※ デイヴィッドとは旧約聖書『サムエル記』のイスラエル王ダビデのこと．

She is a **stray** chicken in a world of foxes．When she is gobbled up she is hardly
missed.

彼女は狐の国に迷い込んだひよこみたいなものだ．がぶっと食べ（gobble）られて
も誰も気づかないよ． 〈「レディ・フランセス・カーファックスの失跡」〉

3-396

strive ^{β1} /straɪv/

「（真剣に）努力する」「努める」「（不正などと）戦う」

※ 長い期間にわたり懸命に努力することです．名詞に striving（努力，奮闘）がありま
す．語源的には strive は古フランス語 *estriver*（＝ to quarrel, to contend）が中英語
に入ったもので，**strife**（闘争，抗争）（→ 1-120）は語源的にはその古フランス語
estriver から派生した *estrif* が中英語に入ったものという関係にあります．

【類語： try, struggle, '**endeavor** /ɪnˈdevər/ **to** *do*' ^{β1}（一生懸命に努力する）（3-342
例文参照），'**go for A**' ^{β1}（A を手に入れる［達成する］ために懸命に頑張る《話しことば
》），**toil** $^{β2 L}$ /tɔɪl/（精を出して働く，苦労して進む：苦役，骨折り仕事）】

…, and he gave me the impression, from his vacant eyes and his abstracted man-
ner, of a man who is **striving** to recall something to his memory.

（前略）私は彼（ホームズ）のうつろな（vacant）目とぼんやりした（abstracted（物思
いにふけった））様子から，彼が何かを思い出そうと懸命になって記憶をたぐってい
るのだという印象を受けた． 〈「チャールズ・オーガスタス・ミルヴァートン」〉

《犯人たちを乗せた船の情報が届かなくてワトソンと相談しているホームズのこと
ば》

If no news comes to-day, I shall start off myself to-morrow, and **go for** the men

---

rather than the boat.

もし今日情報が入らないようなら，明日は僕自身が出かけて行って，船ではなく犯人たちを捜してみようと思う． 〈『四つの署名』〉

《男が飢えと渇きで死にかけながら水を求めて荒野の谷間（ravine）を下り，さらに高台（elevation）に登ってきた場面の描写》

He had **toiled** painfully down the ravine, and on to this little elevation, in the vain hope of seeing some signs of water.

彼は峡谷を苦労して下り，またこの小さな高台に登ったのだが，水のありそうな気配を見つけられないかというのはむなしい（vain）望みであった． 〈『緋色の研究』〉

3-397

stroll ^{β1} strool/

「ぶらぶら歩く」「さまよう」

※ 楽し気に，くつろいでゆっくり歩くことです．

【類語：walk，stride（大また（で歩く），決然と（決まった方向に）歩く），**prowl** ^{γ1} /praol/（（人が退屈や心配で）ぶらぶら歩く，（動物や人が獲物や盗むものをねらって）うろつく）】

※ 類語の stride が変形してできた語が **straddle** ^{γ1} /ˈstrædl/（またがる）で，意味が広がって「（あることに）二またをかける」というときに使われ，たとえば株式のオプション取引でコールオプションとプットオプションを組み合わせた取り引きが「ストラドル」というカタカナ語として定着しています．

It was impossible to work upon so delightful a day, and I **strolled** out before breakfast to enjoy the exquisite air.

とても気持ちのよい日なので仕事をする気にもならず，私は朝食前にすばらしい（exquisite）空気を吸おうと外を散歩した． 〈「ライオンのたてがみ」〉

※「ライオンのたてがみ」はホームズ自身が書いた作品という設定です．

Several times in the course of the night I heard him **prowling** about the house.

その夜の間，私は何度も彼が家の中を歩き回る音を聞いた．

〈「レディ・フランセス・カーファックスの失跡」〉

462

3-398
stumble $^{\beta 1}$ **C** **L** /ˈstʌmbl/

「つまづく（'stumble along'（つまずきながら進む））」;「偶然出くわす」

※ 疲れていたり，暗かったりでよろけながら歩く［動く］ことが原義です.

【類語： **stagger** $^{\beta 2}$ /ˈstægər/（病人や酔っぱらいとか重い荷物を持った人がよろよろ歩く）（他動詞で「よろめかす」）， **limp** $^{\beta 2}$ /lɪmp/（不自由な片足を引きずって歩く）， **shuffle** $^{\gamma 1}$ /ˈʃʌfl/（足やはき物を引きずって歩く）《トランプの「シャッフルする」という意味もあります》， **reel** $^{\gamma 2}$ /riːl/（めまいや衝撃でよろめく）， **hobble** $^{\gamma 2}$ /ˈhɑːbl/（足が不自由でよたよた歩く）： encounter, come across（偶然出会う，ふと見つける）】

We **stumbled** slowly along in the darkness, …

私たちはゆっくりと闇の中をつまずきながら進んだ（後略）　〈『バスカヴィル家の犬』〉

《知り合いの男が持ち込んだ白いガチョウのことをホームズがワトソンに説明する場面》

In front of him he saw, in the gaslight, a tallish man, walking with a slight **stagger**, and carrying a white goose slung over his shoulder.

彼の目の前を，ガス灯の光の中で，背の高い（tallish）男が白いガチョウを肩からぶら下げて（sling（ひもなどでぶら下げる））少しよろめきながら歩いていたのだ.

〈「青いガーネット」〉

「…をぶら下げる」とか「ぶらりと垂れる」という意味の動詞として **dangle** $^{\gamma 1}$ /ˈdæŋgl/ があります. 何かをさせようとして人の前にほうびをちらつかせるという状況でもよく使われます.

▶ The boss **dangled** the prospect of higher wage in front of us.

（上司が私たちに昇給の可能性をちらつかせた）

《現場を調査して犯人像を推理したホームズにワトソンが質問して》

"But his lameness?"

"The impression of his right foot was always less distinct than his left. He put less weight upon it. Why? Because he **limped**—he was lame."

「でも足が不自由だっていうのは？」

「彼の右足の足跡（impression）は常に左足のよりもぼやけている.右足に体重をかけていないからだ.それはなぜか？　片足をひきずって歩いているからだ.足が不自由（lame（/leɪm/））なのだね.」

〈「ボスコム谷の謎」〉

※ 差別的に響くので現在では lame は人については通例用いられません.

関連後として, 幼児が「よちよち歩く」は **toddle** *ʳ²* /ˈtɑːdl/ です.

stun *ʳ¹* /stʌn/

「仰天［ぼうぜんと］させる」

※ 一撃をくらわせて気絶させるという意味もあります. 暴漢などに電気ショックを与える高電圧銃のスタンガン (stun gun) はカタカナ語で知られています.

【類語: **astound** *ʳ¹* /əˈstaʊnd/ (astonish よりも強く「びっくり仰天させる」), **stagger**
(動揺させる) (上記 stumble の項の stagger (ぐらつかせる) も参照)】

《新聞の売り子が持っていたプラカードを目にしてワトソンが驚く場面》

There, black upon yellow, was the terrible news-sheet:

> MURDEROUS ATTACK
> UPON SHERLOCK HOLMES

I think I stood **stunned** for some moments.

そこには, 黄色の地に黒い文字で恐ろしい見出しが書かれていたのだ.

『殺人者がシャーロック・ホームズ氏を襲撃』

私はしばらく呆然として立ちつくしていたのではないかと思う. 〈「有名な依頼人」〉

《息子を誘拐した犯人は誰なのかと尋ねる父親 (公爵) にホームズが驚くべき答えを
述べる場面》

"And whom do you accuse?"

Sherlock Holmes's answer was an **astounding** one. He stepped swiftly forward
and touched the Duke upon the shoulder.

"I accuse *you*," said he.

「それで誰が犯人だとおっしゃるのです？」シャーロック・ホームズの答えは驚愕(きょうがく)す
べきものだった. 彼はさっと前に出て公爵の肩に手を置いて言った.「あなたです
よ.」 〈「プライアリイ・スクール」〉

---

stunning *β²* /ˈstʌnɪŋ/ はややくだけた会話で「(人・物が) とても美しい［魅力的な］(=
splendid, marvelous)」とか「(物・事が) 驚くべき (= surprising, shocking)」という意
味で使われます.

3-400
subdue $^{\beta2}$ /səbˈduː/

「制圧する」「抑制する」

※ コントロール下におく（≒conquer），政府などが集団や活動を鎮圧［弾圧］すること
　です．

【類語： conquer, **suppress**（団体や活動を鎮圧［弾圧］する）(→ 1-55)，**oppress**
（(権利や自由に関して) 人を迫害する），**repress**（人の活動を弾圧する，(衝動を) こらえ
る）(1-55, 3-271)】

It had cleared in the morning, and the sun was shining with a **subdued** brightness
through the dim veil which hangs over the great city.

よく晴れた朝で，大都市の空にかかった薄い (dim) もやを通しておだやかな日がさ
していた． 〈「五つのオレンジの種」〉

3-401
submission $^{\beta1}$ /səbˈmɪʃn/

「服従」「屈服」；「提出」

【類語： give way, give in, **relent** ^{r1} /rɪˈlent/（態度を和らげる：静まる）(**relentless** ^{r1}
は 1-170)，**succumb** ^{r1} / səˈkʌm/（発音注意）(不本意ながら圧力・病気・誘惑・攻撃な
どに屈する)，yield】

※ submission は単なる行為 ('**submission** to authority'（権威への服従)) で，obedi-
ence は意思の結果 ('**obedience** to one's parents'（両親への孝順))と説明されるこ
ともあります．'force / frighten / beat / starve *etc.* into **submission**'（力ずくで / おび
えさせて / うちのめして / 兵糧攻めで服従させる），'**submit** an application / a claim / a
complaint / a proposal'（申込書 / 請求 / 不服申し立て / 計画 (案) を提出する）といっ
た言い方がよく使われます．【類語】にある succumb は yield や submit よりも力に
抵抗できない感じが強く，破滅的な結果を含意します（遠回しに「死ぬ」の意味でも
用いられますので '**succumb** to cancer' なら「がんに屈する (=がんで死ぬ)」とな
ります）．

I meekly answered that I had spoken without knowing all the facts. My **submis-
sion** pleased him and led him to further confidences.

私は事実を全てわかってないまま話したことを従順に (meekly) 認めた．私のしお
らしさが彼を喜ばせ，彼はさらに打明け話 (confidences) をしてくれた．

〈『バスカヴィル家の犬』〉

※ confidence は「自信」「信頼」「確信」という意味では不可算名詞.

※ **meek** ^{γ1} /miːk/ は「(人が) おとなしい [従順な]」という意味で人に言われたとおりにするという感じ. **docile** ^{γ1} /ˈdɑːsl/ は「(人や動物が) おとなしい [扱いやすい] (a **docile** child / horse / temperament)」.

▶ And as you know, Lieutenant, the best men are not always the most **docile**.
(それにまあ, 警部, 最優等の人物が必ずしも使いやすいわけではありません)

〈刑事コロンボ「祝砲の挽歌」〉

tame ^{β1} /teɪm/ は「(動物が人に) なれた」とか「退屈な」.

《恋仲になったエティの父親であるシャフターじいさんに悪者の一味と思われて彼の下宿から追い出されたマクマードであったが》

Shafter had **relented** to the extent of letting McMurdo come to his meals there when he liked; so that his intercourse with Ettie was by no means broken.

シャフター爺さんも気持ちを和らげて, マクマードに好きな時に食事に来ていいと言ってくれるまでになっていたので, エティとの交際は途絶えることがなかった.

〈『恐怖の谷』〉

3-402
subscribe ^{β1 C} /səbˈskraɪb/

「(新聞や雑誌などを) 定期購読する」「(サービスなどに) 会員登録する」;「…に賛同する」「…を支持する」

※ 'subscribe to the view / opinion / theory / belief / idea' は「人の意見に賛成する」という意味ですが, しばしば疑問文や否定文で使われます.

But I am sure that it will interest Mr. Horace Harker and the **subscribers** of the Central Press Syndicate.

しかしその方がホレス・ハーカー氏にもセントラル・プレス通信 (syndicate (ニュースなどを新聞や雑誌に供給する企業)) の読者にも面白いのは間違いありませんな.

〈「六つのナポレオン」〉

関連語として, **registry** ^{γ1} /ˈredʒɪstri/ は「登録 (簿)」「登記 (簿)」です (**register** ^{α2} /ˈredʒɪstər/ は「登録する」;「記録 [登録] (表 [簿])」).

3-403
subside ^{γ1} /səbˈsaɪd/

「(水やはれが) 減退する」「(興奮や嵐などが) 静まる」「(地面などが) 沈下する」

※ ゆるやかな下降で水準以下に下がることです. subsidiary, subsidize, subsidy は 3-560 参照.

【類語：fall, sink（沈む, 土地や建物などが落ち込む［傾く］, 崩れる, 衰える）, slump】

Mycroft Holmes struggled out of his overcoat and **subsided** into an armchair.

マイクロフト・ホームズは肩を窮屈そうにしてオーバーを脱ぐと肘掛け椅子に<u>身を沈めた</u>. 〈「ブルース・パーティントン型設計図」〉

3-404

substitution $^{β1\ L}$ /ˌsʌbstɪˈtuːʃn/

「代用（品）」「代理（人）」;「メンバーチェンジ」「置換」

※ 'substitute A for B'（= 'substitute B with A'）は「B の代わりに A を使う」

【類語： exchange, replacement（よいものへの取り換え）(→ 1-274), swap（交換）《ジャーナリズムでよく使われます》, barter（物々交換）】

Yes, Watson, there are good reasons to suspect that there has been a **substitution** of lodgers.

そうだね, ワトソン, 間借り人（lodger）に<u>替え玉</u>がいるのだと疑うに足る理由がいろいろあるよ. 〈「赤い輪」〉

3-405

summon ^{β2} /ˈsʌmən/

「（人を）呼び出す」;「（助けなどを求め）人を呼ぶ」;「（勇気など）振るい起こす」「（記憶など）呼び起こす」

※ 裁判所に出頭を求めるなど, 招集者が権力を持っていて形式ばった招集をするという語感のある語です. 会議の招集というときにも使われます.

【類語：call】

He had trained it, probably by the use of the milk which we saw, to return to him when **summoned**.

奴はそれを, おそらく我々が（現場で）目にしたミルクで訓練し, <u>呼ばれたら</u>彼の元にもどるようにしていたのだろう. 〈「まだらの紐」〉

She fell back against the wall with shriek after shriek of laughter, while I, horrified at this sudden hysterical attack, rushed to the bell to **summon** help.

彼女は壁に倒れかかり金切り声（shriek）で笑い続け，僕はこのヒステリーの発作（attack）が恐ろしかったものだから，助けを求めようと呼び鈴に走った.

〈「マスグレイヴ家の儀式」〉

Well, Watson, there seemed to be no more to say, so I took my leave with as much cold dignity as I could **summon**, but, …

それで，ワトソン，もうこれ以上言うこともなかったので，私はありったけの冷静沈着さ（dignity（威厳））を振り絞ってその場を去ろうとしたのだが（後略）

〈「有名な依頼人」〉

※「会議を招集［開催］する」という意味では，かたい言い方として **convene** ʸ¹ /kənˈviːn/ という動詞があります（'convene a meeting'（会議を招集する），**convention** ʸ¹ /kənˈvenʃn/ は（大会，協議会）).

　▶ The committee will **convene** next month.

　　（その委員会は来月に集まるだろう）

　　《convene の自動詞としての用法》

※ 信徒などの「集会［集合］」は congregation /ˌkɑːŋɡrɪˈɡeɪʃn/ で，動詞 **congregate** ʸ¹ ᴸ /ˈkɑːŋɡrɪɡeɪt/ は「（人などを）集める［集まる］」という意味です.

　▶ A large crowd **congregated** in the street.

　　（人の大きな集団がその通りに集まっていた）

3-406
superb *β2* C L /suːˈpɜːrb/
「実に見事な」

※ 'extremely good and impressive' という意味で，話しことばでよく使われます.

【類語：excellent, outstanding】

Irene Adler, as I will still call her, had hurried up the steps; but she stood at the top with her **superb** figure outlined against the lights of the hall, looking back into the street.

アイリーン・アドラーは，彼女の名をまだそう呼ぶことにするがね，玄関の階段を駆け上り，上まで行くとホールの明かりにその美しい姿の輪郭を浮かび上がらせ，通りの方を振り返っていた. 〈「ボヘミアの醜聞」〉

※ 意味の似たところのある語として，**breathtaking** ʸ¹ /ˈbreθteɪkɪŋ/ （（通常よい意味で）はっと息をのむほどの，ハラハラするような）（'a breathtaking view of mountains'（息

468

をのむような山々の光景))もあります.

※ **magnificent** [β1] /mægˈnɪfɪsnt/ は驚きや感銘を受けるほど景観や外見などが「壮麗な」とか「壮大な」という意味の形容詞です.

《国家の財産である宝冠をワトソンが描写して》

It was a **magnificent** specimen of the jeweller's art, and the thirty-six stones were the finest that I have ever seen.

それは宝石芸術の極致にある逸品(specimen(→ 3-381))で,36 個の宝石はかつて見たことのない素晴らしさだった. 〈「緑柱石の宝冠」〉

同義語とその度合いの強さ(弱→強)は以下のようであると言われます:

impressive / imposing → grand / majestic / splendid → magnificent / spectacular / glorious

3-407

superstition [β1] /ˌsuːpərˈstɪʃn/

「迷信」

【類語: **credulity** [γ2] /krɪˈduːləti/(軽々しく信じること)(形容詞は **credulous** [γ1] /ˈkredʒələs/「性格的にだまされやすい」(3-296 例文参照)),**credo** [γ1] /ˈkriːdoʊ/,/ˈkreɪdoʊ/ は「信条」(creed は 2-80 参照),**gullible** [γ1] /ˈɡʌləbl/(ぼんやりしていてだまされやすい)(知力が低いという感じの語)】

※ 日本で「茶柱が立つといいことがある」といった迷信があるように,英語圏にも「蹄鉄(horseshoe(/ˈhɔːr(ʃ)ʃuː/))を路上で見つけたらいいことがある」などたくさんの迷信があります.

Stapleton may fall in with such a **superstition**, and Mortimer also; but if I have one quality upon earth it is common-sense, and nothing will persuade me to believe in such a thing.

ステイプルトンはその迷信に同調していた(fall in with)しモーティマー医師までもがそうだったが,私に長所があるとするならそれは常識があるという点で,その私がかようなことを信じさせられるわけがないのだ. 〈『バスカヴィル家の犬』〉

▶ Therefore Evans wanted to get the **gullible** collector Nathan out of his flat by convincing him that finding a third man called Garrideb could make them a fortune.(そこでエヴァンズは話を真に受けやすい博物コレクターのネイサンを彼の住居から出そうとしてガリデブという名の 3 人目の男を見つけたら 3 人でひと財産手に入れられると彼(ネイサン)に信じ込ませた)

3-408

surge ^{β1} C L /sɜːrdʒ/

「激しく打ち寄せる」；「急騰する」；「大波」「急増」

【類語：**rush** ^{α1} /rʌʃ/（殺到，感情の急激な高ぶり），**gush** ^{γ1} /gʌʃ/（ほとばしる，噴出）】

※ wave も感情や情勢の「（一時的な）高まり」という意味があります．なお，「さざ波」
は **ripple** ^{β2} /ˈrɪpl/ です．

There was a **surge** forward of some of the miners, and an inarticulate cry of pity and of anger ….

坑夫たちの一部が前に<u>押し寄せ</u>, 同情と怒りの入り混じったことばにならない（inarticulate）叫び声をあげていた（後略）　　　　　　　　　　　　〈『恐怖の谷』〉

《ホームズに捕らえられた犯人が，仇敵をとらえて復讐しようとしたときの様子を告白して》

The pulses in my temples beat like sledge-hammers, and I believe I would have had a fit of some sort if the blood had not **gushed** from my nose and relieved me.

こめかみは大ハンマー（sledge-hammer（岩やコンクリートを両手で打つハンマー））
のようにどくどくと脈打ち，もし血が鼻から<u>噴き出して</u>私を救ってくれなければ，
何かの発作（fit（→ 3-197））を起こしていたことでしょう.　　　〈『緋色の研究』〉

She broke into a **ripple** of laughter and walked to the fireplace.

彼女は<u>さざめき</u>のような笑い声を立て暖炉に近づいた.　　〈「スリー・ゲイブルズ」〉

3-409

surgeon ^{α2} L /ˈsɜːrdʒən/

「外科医」

【関連語：physician（診察して薬を処方する医師《やや古》）】

※ 外科医（病院で手術をする）や専門医と区別して，全科診療医や一般開業医の意味で
は GP (general practitioner) や PCP (primary care physician（初期診療医師）) と言
います．かかりつけの医者は 'family doctor'（ホームドクターは和製英語）です．

You're like a **surgeon** who wants every symptom before he can give his diagnosis.

あなたはまるで診断（diagnosis）を下す前にあらゆる症状を聞いておこうとする<u>外
科医</u>のようだ.　　　　　　　　　　　　　　　　　〈「ソア橋事件」〉

surgery ^{α2} /ˈsɜːrdʒəri/「手術」「外科（処置）」

> It was, as Dr. Watson told us, a form of knife which is used for the most delicate
> operations known in **surgery**.
> これはワトソン医師が語ってくれたように，とても微妙な<u>外科</u>手術で用いられるナ
> イフの一種です． 〈「シルヴァー・ブレイズ」〉

3-410

surpass ^{β2} **C L** /sərˈpæs/

「…にまさる」「…をしのぐ」

※ 標準とか基準の上限を通り越すというのが原義で，ある人やものを上回るという意
味です．

【類語： exceed（司法権など権力で制限を越える，数量や度合いについて上限を越える）
《質的に上回るという意味なら surpass がよく使われる》，**outdo** ^{γ2} /ˌaʊtˈduː/（以前の記
録などを破って上回っていく，（人を）出し抜く（＝to be better / more successful than some-
one / somebody else）），**outperform** ^{γ1} /ˌaʊtpərˈfɔːrm/（…をしのぐ，（性能で）上回る
（＝to be more successful）），**outweigh** ^{β2} /ˌaʊtˈweɪ/（…よりまさる（＝to be more im-
portant / valuable）），**transcend** ^{β1} /trænˈsend/（ある物事を超越する）（**transcendent** ^{β1}
/trænˈsendənt/（卓越した）），**excel** ^{β2} /ɪkˈsel/（卓越している，…よりまさる）】

> "My dear Inspector, you **surpass** your**self**!"
> 「警部殿，申し分のない手際ですよ！」 〈「シルヴァー・ブレイズ」〉

※ 'surpass *one*self': 前よりも［期待していたよりも］よくやっている

> Your skill has indeed **exceeded** all that I have heard of it.
> あなたの腕前は聞きしにまさるものでした． 〈「緑柱石の宝冠」〉

▶ You've **outdone** yourself.（最高だよ）《ほめる言い方です》

> I consider it the greatest privilege to have been permitted to study your methods
> of working. I confess that they quite **surpass** my expectations, and that I am ut-
> terly unable to account for your result.
> 私はあなた（ホームズ）の捜査方法を見せていただけたのはこのうえない特権だと
> 思います．正直申し上げて，私の予想を<u>超越</u>していましたし，あなたの出された結
> 果を説明することすらままなりません． 〈「ライゲイトの地主」〉

※ 上の例のように基準や尺度になるもの（上例では expectations）が示されている場合には exceed より surpass の方が好まれると言われます．また，量（quantity）や範囲・程度（extent）よりも質（quality）のことを言う場合に exceed よりも surpass が使われる傾向があります．

《コカインを使うホームズを責めるワトソンに》

"I suppose that its influence is physically a bad one. I find it, however, so **transcendently** stimulating and clarifying to the mind that its secondary action is a matter of small moment."

「体には悪いだろうね．だが，頭をすこぶる刺激して冴えたものにしてくれるのだから，副作用はささいな（small moment）ことだよ．」　　　　　〈『四つの署名』〉

"Really, Watson, you **excel** your**self**," said Holmes, pushing back his chair and lighting a cigarette.

「おやおや，ワトソン，いつもよりさえてる（excel *one*self）じゃないか」そう言うとホームズは椅子を後ろにずらしてタバコに火をつけた．　〈『バスカヴィル家の犬』〉

※ excel は「…で優れている」という意味の自動詞で 'excel at swimming' や 'excel in mathematics' といった形で使われますが，上例のように他動詞的に使われるときは surpass と同じような使われ方をします．

- ▶ Can computers **outdo** doctors in diagnosis?〈Internet から採録〉

  （コンピュータが患者の診断において医者を出し抜くことがあるだろうか）

- ▶ Stocks often **outperform** other investments.

  （株式の方がほかの投資よりしばしばパフォーマンスがよい［利益が大きい］）

- ▶ The benefits from financial globalization are likely to **outweigh** the risks.

  〈Internet から採録〉

  （金融のグローバリゼーションから得られる利得はそのリスクにまさると思われる）

3-411
swell $^{\beta 1}$ ^{L} /swel/

「ふくらむ」「増大させる」「膨張」

※ 丸く膨らんでいくというイメージの語です．

【類語：**inflate** $^{\gamma 1}$ /ɪnˈfleɪt/（気体が充満して膨らむ）（inflation（インフレ，物価上昇），**blow up** $^{\beta 2}$ /bloʊ/（空気などが入って固く膨らむ［膨らませる］），**bloat** $^{\gamma 2}$ /bloʊt/ ふくらますという動詞ですが，形容詞 **bloated** $^{\gamma 2}$ /ˈbloʊtɪd/ で体の一部がむくむという意味

で使われます（'a **bloated** bureaucracy'（肥大化した官僚制度））】

A long, low moan, indescribably sad, swept over the moor. It filled the whole air, and yet it was impossible to say whence it came. From a dull murmur it **swelled** into a deep roar, and then sank back into a melancholy, throbbing murmur once again.

長く低いうめき声（moan）が何とも言えない悲しい調子で湿原（moor）に広がった（sweep（→ 3-104））．声は湿原全体に聞こえたがどこから（whence）聞こえるのか見当がつかなかった．その声は鈍い（dull（→ 3-112））ざわめき（murmur（→ 3-252））から深いうなり声（roar）にふくらんでいき，やがて再びもの悲しい重たい響きの（throbbing; throb（→ 3-325））ざわめきに戻っていった．　　〈『バスカヴィル家の犬』〉

《美しい娘を持つフェリア老人の家を訪れた鼻持ちならない若者二人のうちの一人の描写》

The other, a bull-necked youth with coarse **bloated** features, was standing in front of the window with his hands in his pocket, whistling a popular hymn.

もう一人は猪首で品がなくむくんだような顔つきをして，両手をポケットに入れて窓の外に立ち，口笛ではやりの讃美歌（hymn）を吹いていた．

類語の **distend** ⁿ ᴸ /dɪˈstend/ は中からの圧力で「膨張する［させる］」という意味で腹，鼻孔，血管などをふくらますという状況でもよく使われます．

《脳を屋根裏部屋にたとえて》

It is a mistake to think that that little room has elastic walls and can **distend** to any extent.

この小部屋が伸縮する壁でいくらでもふくらむなどと考えるのが間違いなのだ．

〈『緋色の研究』〉

3-412
swindle ʳ¹ ᶜ ᴸ /ˈswɪndl/

「人から（金を）だまし取る」

※ 'swindle A out of B' = 'swindle B out of A' で「A（人）から B（金など）をだまし取る」

【類語：**defraud** ʳ² /dɪˈfrɔːd/（（権利（金の場合もあります）を詐取する）（'defraud A of B'（A から B をだまし取る））】

swindler [r1 c] /ˈswɪndlər/

「詐欺師」「ペテン師」

【類語：cheat(er)（いかさま師），**trickster** [r2] /ˈtrɪkstər/（詐欺師，ペテン師）】

※ swindler は「金やすぐに換金できるものを詐取する」ということで，ジャーナリズムでよく使われます．

> He determines to **swindle** his creditors, and for this purpose he pays large cheques to a certain Mr. Cornelius, who is, I imagine, himself under another name.
> 奴は自分の債権者を欺こうと決心し，その目的のため巨額の小切手をコーニーリアス氏なる人物宛てに振り出したのですが，コーニーリアス氏とはおそらく彼自身の偽名でしょう． 〈「ノーウッドの建築業者」〉

3-413

symmetry [β1] /ˈsɪmətri/

「対象」「つりあい」

symmetrical [β2] /sɪˈmetrɪkl/

「左右対称の」「釣り合いの取れた」

※ 中心軸があって対称的になっているというイメージの語です．「左右非対称」なのは **asymmetrical** です（名詞「非対称」は **asymmetry** [r1] /ˌeɪˈsɪmətri/）．

【類語：balance, harmony, **equilibrium**（→ 1-102）】

> 《ワトソンの上着の左側の肩とそでに泥のはねがついていることからホームズが推理を展開する場面》
> Had you sat in the centre of a hansom you would probably have had no splashes, and if you had they would certainly have been **symmetrical**. Therefore it is clear that you sat at the side.
> もしハンサム馬車（hansom（2人乗り1頭立て2輪馬車））の中央に座っていたのなら泥のはねがつくわけがないし，もしつくにしても左と右に同じようについたはずだがそうなっていない．ということは君が馬車の片側に座っていたことは明らかだ．
> 〈「レディ・フランセス・カーファックスの失跡」〉

3-414

synthesis [β2 L] /ˈsɪnθəsɪs/

「総合」「統合（体）」

※ synthetic は化学物質を合成して作ったということです．

synthetic [β2 L] /sɪnˈθetɪk/「合成した」「人造の」

【類語：artificial（人工の），**factitious** [β2] /fækˈtɪʃəs/（人為的な，見せかけだけの）（'factitious error'（人為的なミス））】

《自分の推理力が発揮された事件を記録してくれているねとホームズがワトソンに述べている場面のことばの一部》

… to those incidents which may have been trivial in themselves, but which have given room for those faculties of deduction and of logical **synthesis** which I have made my special province.

（前略）それ自体は取るに足らない（trivial）ものであっても，僕の本領（province）発揮となる推理の能力や論理を<u>統合</u>する能力のための余地があった事件（をね）.

〈「ぶな屋敷」〉

※「作り物の」という否定的なニュアンスの語として，書きものやアレンジされたものについて **contrived** [γ1] /kənˈtraɪvd/（仕組まれた，作り物の，不自然な，わざとらしい）という形容詞が使われます（"His excuse sounded a bit **contrived**."（彼の言い訳はや<u>や不自然</u>に聞こえた））. 動詞 **contrive** [γ1] /kənˈtraɪv/ は「どうにか［うまく］…する」とか「…しようとたくらむ」という意味です.

《テーブルの上に置かれた風変わりな手袋からかすかに刺激臭がするのに気付いたので，ほかの人にさとられないようにしながら鼻を近づけて確認したというホームズの説明》

I turned, placed my hat there, knocked it off, stooped to pick it up, and **contrived** to bring my nose within a foot of the gloves.

私は振り返って，帽子をテーブルに置いてから下に落として，それを拾い上げよう<u>とどうにか</u>身をかがめて，うまく手袋から1フィートとところまで鼻を近づけてみたよ.

〈「白面の兵士」〉

3-415
take on [β1 C]

「…を雇う」「…を引き受ける」；「対戦する」

※ 人が仕事・任務・地位を引き受ける，会社がスタッフや依頼人を引き受けるといった文脈でよく使われます. 'take A on (at B)' の形で「A（手ごわい人）と（B（競技など）で）対戦する［張り合う］」という意味です.

【類語：accept, employ；compete】

"I have hitherto confined my investigations to this world," said he. "In a modest way I have combated evil, but to **take on** the Father of Evil himself would, perhaps, be too ambitious a task. Yet you must admit that the footmark is material."

「私はこれまで (hitherto) 探偵捜査は現実世界のものだけに限ってきました.」ホームズが言った.「多少なりとも邪悪なものと戦ってきたとはいえるでしょうが, 本当の魔王そのものを相手にするというのは, まあ, あんまりというものでしょう. でも, あなたは足跡が現実のものだとおっしゃるのですよね.」〈『バスカヴィル家の犬』〉

※ **hitherto** [r1] /ˌhɪðərˈtuː/ は「これまで」とか「今まで」(until now) というときのかたい言い方です (a **hitherto** unknown species of moth (これまでまだ知られていない蛾の新種)).

3-416
take over [β1] C
「…を運んでいく」「…を引き継ぐ」「…を乗っ取る」
※ 事業や責任を引き継ぐ [譲り受ける], 政権などを奪う, 会社などを乗っ取るなどの状況でよく使われます. ビジネスの文脈で 'a hostile takeover'（敵対的買収）や 'a take-over bid' = TOB（株式公開買い付け）などをよく目にします.
【関連語：dominate, reign, **monopolize** [β2] /məˈnɑːpəlaɪz/（独占する）】

Back came an answer by return, saying that if I would appear next Monday I might **take over** my new duties at once, provided that my appearance was satisfactory.

折り返し郵便で (by return) 返事が返ってきました. 月曜日に来てくれれば直ちに仕事を引き継がせてくれるというのです, ただし (provided that) 面接して問題なければということですが. 〈「株式仲買人」〉

下記の monopoly を扱った例文の中の smuggle も見ておきましょう.

《盗まれた機密について兄マイクロフトがホームズに説明することば》
Two years ago a very large sum was smuggled through the Estimates and was expended in acquiring a **monopoly** of the invention.

2 年前に国家予算 (Estimate（歳出予算《英》)) から巨額の極秘支出をして (**smuggle** [r1] (/ˈsmʌɡl/ 密輸する, こっそり持ち出す [持ち込む])) その発明の独占権を得るのに使ったのだ. 〈「ブルース・パーティントン型設計図」〉

3-417

tangle ^{β1 L} /ˈtæŋgl/

「…をもつれさせる」「…を混乱させる」；「もつれ」「紛糾」

tangled ^{β1 L} /ˈtæŋgld/「からまった」「もつれた」「混乱した」

※ もつれて理解しがたいことですが，動詞 tangle は「人と口論する［争う］(with)」という意味でも使われます（→ 2-17）.

【類語：complex, complicated, **tortuous** ^{γ1} /ˈtɔːrtʃuəs/（紆余曲折のある，まわりくどくて複雑な）】

But I shall come back in the evening at the hour you have mentioned, for I should like to see the solution of so **tangled** a business.

でも夕方の君が指定した時刻には戻ってくるよ，このややこしい事件の解決をこの目で見たいからね. 〈「青いガーネット」〉

※ 'so … a 〜'「非常に…な〜」の語順に注意しましょう.

《南イングランド丘陵の斜面にある引退後の住まいをホームズが述べるくだり》

At this point the coast-line is entirely of chalk cliffs, which can only be descended by a single, long, **tortuous** path, which is steep and slippery.

ここらでは海岸線がまったく白亜の断崖で，海岸におりる一本の長くて曲がりくねった道があるだけだが，急ですべりやすいのだ. 〈『ライオンのたてがみ』〉

3-418

taper ^{γ1 L} /ˈteɪpər/

「先細になる」；(他動詞として「…を先細にする［次第に減らす］」という用法もあります. 名詞としては「細長いもの（ろうそくなど）」という意味です)

※ tapered（テーパー，テーパード）はカタカナ語でもヘアスタイルやパンツ（ズボン）などで使われているのを目にします. 細長い小ろうそくを taper (tapered candle) と言いますが，経済政策では量的金融緩和の縮小という意味の「テーパリング (tapering（緩和縮小）)」としてよく知られるようになりました.

《一風変わった依頼人の外見をワトソンがホームズに語る場面》

Yet he was not the weakling that I had at first imagined, for his shoulders and chest have the framework of a giant, though his figure **tapers** away into a pair of spindled legs.

でも彼は僕が最初に思ったほど体が弱い (weakling) のではないね，肩や胸などは

大柄な骨格だし，細長い両脚 (spindled legs) で体型が先細りになっているけどね．

〈「退職した絵具屋」〉

3-419

tariff ^{β1} ^L /ˈtærɪf/

「関税」

※ 産業保護のために輸出入品にかかる関税のことです．

【類語：customs （商品が他国から持ち込まれる際に支払う関税 (customs duties)，税関），duty（国内に持ち込まれる購入品にかかる関税）】

《ホームズが読み上げた新聞記事の文章》

You may be cajoled into imagining that your own special trade or your own industry will be encouraged by a protective **tariff**, but it stands to reason that such legislation must in the long run keep away wealth from the country, diminish the value of our imports, and lower the general conditions of life in this island.

特定の貿易や産業が保護関税によって振興されるという甘言でだまされる (be cajoled (cajole /kəˈdʒoʊl/ おだてる，丸めこむ)) かもしれないが，当然のことながら (it stands to reason) そのような立法措置 (legislation) は長期的には国から富を遠ざけ，輸入品の価値を減じ，英国の生活水準を低下させるのだ． 〈『バスカヴィル家の犬』〉

※ 例文中の cajole と同じような意味の動詞の **coax** ^{γ1} /koʊks/ はたとえば 'coax A into B' の形で「A（人など）をなだめたりすかしたりして B（行為）をさせる」というように使われます（やめさせるのであれば 'coax A out of B' の形）．目的語の後には 'into …' や 'out of …' などのほかに to 不定詞もとれます ('to **coax** a child to take its medicine' （薬をのむよう子どもをなだめすかす）)．

I tried all I could to **coax** Elsie away.

出てくるようにとエルシーを説得するためにはあらゆる手を使いました．

〈「踊る人形」〉

3-420

tease ^{α2} /tiːz/

「からかう」「いじめる」

※ 仲良くなりたくて，あるいは恥ずかしがらせるためにからかうことですが，思わせぶりな態度を見せてじらすという意味もあります．この意味では **tantalize** ^{γ1}

478

/ˈtæntəlaɪz/「じらして苦しめる」「望みをかなえてやりそうに見せてじらす」が類語としてあげられます（a **tantalizing** smell of food（食欲がそそられてたまらないにおい））.

【関連語：**'pick on'**（いじめる, あら探しをする）, laugh at（ばかにして笑う（自分をばかにしているのかと笑っている人を責めるときに使う言い方））】

It was the monkey, not the professor, whom Roy attacked, just as it was the monkey who **teased** Roy.

教授ではなく, 猿にロイ（犬の名前）は襲いかかったのです. ロイを挑発していたのは猿だったのです. 〈「這う男」〉

※ ネタバレになるので上記例文の文脈の説明をすることができません（笑）.

　　▸ How come you're always **picking** me **on**?

　　（なんだって君はいつも僕を目の敵にするんだい？）

3-421
tempt ᵝ¹ /tempt/

「…を誘惑する」；'tempt A to *do*' で「A（人）に…する気にさせる」

※ いけないことだとわかっていても誘惑に負けてしまうという感じの語です. 外観だけでなく, ことばによってそそのかされるという意味合いがあります.

【類語：**allure** ᵞ¹ /əˈlʊr/（事物の外観などで誘われる）, lure（誘惑する,（魚釣りの）ルアー）（→ 1-183）, **entice** ᵞ¹ /ɪnˈtaɪs/（説得してそそのかす, 誘い出す）, **seduce** ᵝ¹ /sɪˈduːs/（影響力や技術でまどわす, たらしこむ,（ほめて）魅了する）】

※ allure は良い意味（たとえばよい天気が人々を屋外に誘う（the fine weather **allured** people into the garden, *etc*.）といった状況にも悪い意味にも用いられます. tempt も良い意味にも悪い意味にも用いられますが, 外観の他にもことばでもその気にさせるという状況があります. lure と entice は悪い意味で使われることが多く（「entice して…させる」というときに…の部分は必ずしも悪いこととは限らず, 無害なものや望ましいことであることもしばしばです）, seduce は常に悪い意味で用いられます.

I am his last mistress. I am one of a hundred that he has **tempted** and used and ruined and thrown into the refuse heap, as he will you also.

あたしは奴の最後の情婦だよ. 奴がたらしこみ, 利用して, 破滅させ, 廃品（refuse）の山（heap）に放り込んだ幾多のうちの一人さ, あんたのことだって奴はそうするのさ. 〈「有名な依頼人」〉

※ 例文の最後の部分は '… as he will ~~VERB~~ you also' という形で動詞の部分が省略されています．その動詞の部分は例文の前半にある 'tempt and use and ruin and thrown into the refuse heap' という部分に該当します．下の典型的な例で確認してください．

▶ Mary hasn't dated Bill, but she has Harry. (= … she has **dated** Harry)

（メアリーはビルと付き合ったことはないが，ハリーとは付き合ったことがある）

以下，【類語】にある動詞の用例を見てみましょう．

"I know which is her room. It is accessible from the top of an outhouse. My suggestion is that you and I go to-night and see if we can strike at the very heart of the mystery."

It was not, I must confess, a very **alluring** prospect. 〈「ウィステリア荘」〉

「どれが彼女の部屋かはわかっている．離れのてっぺんから入れる（accessible）んだ．今晩，君と僕とで忍び込んで事件の核心をついてやろうじゃないか．」

白状せねばならないが，それは魅力的な展望があるとは言えなかった．

※ access（接近，利用権，機会）はカタカナ語としておなじみですが，accessible は「入手できる」，「利用できる」，「（場所などが）簡単に行ける」，「（人が）きさくな」，「（作品などが）わかりやすい」といった広い意味で用いられます．

下の例のように，lure と seduce は受身形でビジネス等の文脈や報道の中でよく使われます．

▶ Charlie Munger says novice investors are getting **lured** into a bubble in 'dirty way' by Robinhood. 〈CNBC Feb 24, 2021〉

(Charlie Munger の言うところによれば，駆け出し（novice (→ 1-219, 3-12)）投資家たちが Robinhood（トレード用アプリの一種）によって「汚いやり方」でバブルにおびき寄せられているのだ)

▶ The bargain prices are expected to **entice** customers **into** going into the shop.

(その大特価が客を誘って入店させると期待されている)

《悪辣（あくらつ）な独裁者に復讐しようとした男が返り討ちにあい，しかもその独裁者一味は正当防衛を主張できるだろうとワトソンが述べるのに対して事件解決に尽力した警部が述べたことば》

I think better of the law than that. Self-defence is one thing. To **entice** a man in cold blood with the object of murdering him is another, whatever danger you may fear from him.

私は法律をもっと信頼していますがね．正当防衛だというのはそれとして．冷血にも人を殺害しようと<u>おびき寄せる</u>というのは別な話ですよ，いくら相手のことを危険だと思っていたにしてもね． 〈「ウィステリア荘」〉

関連語として，「（人に）…しないように説得する［思いとどまらせる］」という意味の動詞 **dissuade** /dɪˈsweɪd/ を見ておきましょう．-suade という部分があることから推測できるように，語源のラテン語 *dissuadere* は 'dis-（逆の）+ suadere（= persuade)' という構成の語です．

《事件の発端にかかわる面会申し込みの手紙を出した女性に，その手紙を出すよう提案した男のことをホームズが尋ねて》

"And then after you had sent the letter he **dissuaded** you from keeping the appointment?"

「そしてその手紙を出した後に，あなたが約束の面会に行くのを彼が<u>やめさせた</u>のですね？」 〈『バスカヴィル家の犬』〉

3-422
tense β1 L /tens/
「緊張した」「…を緊張させる」；「時制《文法》」

※ 心配事があるなどの状況や，神経質であるといった自分の気質のために緊張してピリピリしていることです．

【類語：tighten, **strained** /streɪnd/（心配や重圧で張り詰めた)】

Holmes's face grew **tense** with anxiety.
ホームズの顔は<u>緊張で張り詰めた</u>． 〈「第二のしみ」〉

《死体が発見された現場を調査するホームズの様子》

My friend was standing with an expression of **strained** intensity upon his face, staring at the railway metals where they curved out of the tunnel.

私の友人は<u>息がつまるような緊張</u>の面持ちで立ち，トンネルからカーブして出てくる金属製レールをじっと見つめていた． 〈「ブルース・パーティントン型設計図」〉

※ 類語にある tighten（しっかり締める，ぴんと張る）の反対語は **slacken** /ˈslækən/「ゆるめる」「緩和する」；「ゆるむ」「弱まる」で，形容詞は **slack** /slæk/「ゆるい（loose; not strict)」です（a **slack** knot（<u>ゆるい結び目</u>))．

3-423

thorough ^{α2} /ˈθɜːroʊ/

「徹底的な（に）」「十分な（に）」「全く」

【類語：comprehensive, **rigorous**（厳密な）(→ 2-38)】

【関連語： conscientious （良心的な，綿密な）, **meticulous** （入念な）(→ 3-239), detailed, exhaustive】

※ thorough は仕事や知識あるいは仕事ぶりなどを述べるときによく用いられます. comprehensive（包括的な，網羅的な）は見落としているものがないことに重点があります. thorough は「注意深く綿密に全てを」という語感があります.

Well, I gave my mind a **thorough** rest by plunging into a chemical analysis.

で，僕は化学実験に没頭して（plunge into（飛び込む，潜る → 1-85, 3-439））精神を完全に休めたのさ. 〈『四つの署名』〉

3-424

threshold ^{β2 L} /ˈθreʃhoʊld/

「敷居」「発端」；「限界点」

※ 'have a high pain threshold' は「なかなか痛みを感じにくい」という言い方になります.

【類語： **brink** ^{β2 L} /brɪŋk/（瀬戸際，寸前）('on [at] the brink of'（…に至る間際で）(→ 1-114))（3-455 も参照）, entrance, limit】

At last my foot was **on the threshold** of his hiding place—his secret was within my grasp.

ついに私は彼の隠れ家に足を踏み入れようとしているのだった―彼の秘密が私の手中にある（within *one's* grasp）のだ. 〈『バスカヴィル家の犬』〉

《ホームズたちに捕らえられたもう先が長くない男が事情を説明し始めるときのことば》

I'm **on the brink of** the grave, and I am not likely to lie to you. Every word I say is the absolute truth, and how you use it is a matter of no consequence to me.

私は墓穴（grave）に片足突っ込んでいますから，うそをついたりしませんよ. 私のことばはすべて真実で，それをあなたがたがどう使おうと私の知ったことではありません. 〈『緋色の研究』〉

※ brink は語源的には「急斜面の丘（steep hill）」という意味で，そこから転落する危

険があるというイメージの状況で使われます.

3-425

(go) through $^{\alpha2\ C}$

「…を通り抜ける」「…を調べる」「…を終える」「…を経験する」

※ 通り抜ける［貫通する］という言い方ですが, 比喩的に, 不快な経験や困難な時期を
   味わうということ, あるいは一連の行為を行うとか手続きを踏むという意味合いで
   よく用いられます.

【類語 : perform, undergo】

It **went through** my heart like a knife.

それ (悪い話が) 私の心をナイフのように (切り裂いて) 通っていった.

〈『恐怖の谷』〉

Meanwhile, I should like in your presence, Mr. Overton, to **go through** these papers which have been left upon the table.

ところで, あなたがおられる前で, オーヴァートンさん, テーブルに残された書類を調べたいのですが. 〈「スリークオーターの失跡」〉

The official was a white-faced unemotional man, who **went through** his duties in a dull mechanical way.

その警官は青白い顔をした無表情な男で, 面倒そうな様子で事務的に任務を遂行した. 〈『緋色の研究』〉

Between your brandy and your bandage, I feel a new man. I was very weak, but I have had a good deal to **go through**.

いただいたブランデーと包帯のおかげで生まれ変わったようです. かなり衰弱しましたが, なにしろ経験するというにはあんまりなことがあったものですから.

〈「技師の親指」〉

※ 'come through' は「(困難や危険を) 切り抜ける［持ちこたえる］」, 'live
   through' は「(災害などを) 生きぬく」となります. 面白い言い方として weather
   も他動詞として「…を無事に乗り切る」とか「…をうまく切り抜ける」という意味
   で, とくにビジネスや政治といった文脈でよく使われます (The ship **weathered** the

storm.（その船は嵐を<u>切り抜けた</u>）).

3-426
thrust ^{β2} /θrʌst/

「…を（ぐいっと強く）押す」「突く」

※ 急にあるいは乱暴に，ぐいと押したり突いたりすることです．自動詞としては，あ
　る方向に突き進むという意味もあります．

【類語：push, **shove** ^{β2} /ʃʌv/（無造作に突っ込む，押し込む）, **poke** ^{β2} /pʊk/（指，ひ
　じ，棒で小突く，つつく）. **nudge** ^{β2} /nʌdʒ/ は「注意を促すためにそっとひじで突く」)】

Holmes **thrust** his long thin legs out towards the fire and composed himself to
listen.

ホームズは細長い両足を暖炉の方に<u>突き出し</u>，落ち着いて話を聞く体勢を取った.

〈「ぶな屋敷」〉

※ thrust は過去・過去分詞も同形.

※ compose *one*self「気持ちや表情を落ち着かせる」

《愛煙家の老教授がホームズにたばこを勧めて》

He **shoved** the large tin of cigarettes which stood on a table beside him towards
my companion.

彼は脇にあったテーブルの上のたばこの入った大きなブリキ缶をホームズの方に<u>押
しやった</u>.

〈「金縁の鼻眼鏡」〉

▶ She **poked** her elbow into his ribs. ＝ She **poked** him in the ribs with her elbow.
（彼女は彼の脇腹をひじで<u>つついた</u>）

▶ She **nudged** me（in the ribs）and pointed to the door.
（彼女は私（の脇腹）をひじでつつき，ドアのほうを指さした）

※ thrust は名詞としては「ぐっと押すこと」の他に the thrust の形で「（主張や政策の）
　要点」，「趣旨（'the（main）thrust of the speech'（演説の趣旨））」という意味で用い
　られます．同じような意味でもっと話し言葉的な語として **gist** ^{γ1} /dʒɪst/ は話や文章
　の「趣旨」とか「大意」という意味です．

▶ Just get the **gist** of what he said.
（まあとにかく彼の言ったことの<u>要点</u>を理解しなさい）

3-427
thwart ^{γ1} /θwɔːrt/

「…(計画など)を阻止する[くじく]」「(人の)…を妨げる (in)」

※ 類語にある frustrate と同じように人がしたいと思って実現させようとしていること
   をくじくことですが，語源的には across のような意味の語で，人の動きに対して横
   切る / 妨げる / 裏をかく / 逆方向に動くといったイメージを感じさせます.

【類語：frustrate (人の計画を失敗させる)，hinder, prevent】

> "But if these injuries are as terrible as Dr. Watson describes, then surely our pur-
> pose of **thwarting** the marriage is sufficiently gained without the use of this horri-
> ble book."
>
> 「しかしワトソン先生がおっしゃるように (顔の) けががひどいようであれば，この
> 縁組を破談にするという我々の目論見はこの恐ろしい帳面を使わずとも達成できた
> ようなものですな.」　　　　　　　　　　　　　　　　　　　〈「有名な依頼人」〉

3-428
timber ^{α2} /ˈtɪmbər/

「材木」

【関連語：wood, lumber】

※ アメリカ英語では，lumber /ˈlʌmbər/ が製材した材木で timber は材木用の立木. イ
   ギリス英語では，「材木」にも「材木用の立木」にも使われ，lumber は不要な家具な
   どを指します.

> A short railway journey, and a shorter drive, brought us to the house, a brick and
> **timber** villa, standing in its own acre of undeveloped grassland.
>
> 鉄道で少し，そしてそれよりも短い時間馬車に乗るとその家に着いた. その家はレ
> ンガと木でできた屋敷 (villa (大邸宅，《英》別荘)) で，手入れされていない草地に
> 建っていた.　　　　　　　　　　　　　　　　　　　　　　〈「スリー・ゲイブルズ」〉

3-429
tolerable ^{β1} /ˈtɑːlərəbl/

「耐えうる」;「なかなかの」「かなりよい」

※ tolerate は，いやなものに対する自分の抵抗を抑えることです. stand は「ひるまな
   い」という能力があることを示す語です.

【反対語：**intolerable** ^{β1} /ɪnˈtɑːlərəbl/ (cf. tolerate)】

How any decent woman could have **tolerated** such a state of things, I don't know.
まともな女性がどうやってあの状態に<u>我慢できた</u>というのか，できたはずがなかろう． 〈「退職した絵具屋」〉

※ 仮定法過去完了の could have や，怒りや非難などを表す I don't know how [why] …」の言い方が入っていることに注意しましょう．

You may not be aware that the deduction of a man's age from his writing is one which has been brought to considerable accuracy by experts. In normal cases one can place a man in his true decade with **tolerable** confidence.
ご存知ないかもしれませんが筆跡から年齢を推定することは専門家ならかなりの正確さで可能になっています．通常，<u>かなりの確度で</u>その人間の年齢が何十代であるかを当てることができるのです． 〈「ライゲイトの地主」〉

3-430
be [get] in touch (with A) ^{α1 C}
「…と連絡を取る」
※「(A（人）と）連絡を取らなくなる」は 'be [get] out of touch (with A)' です．
【類語：contact】

Porlock is important, not for himself, but for the great man with whom he is **in touch**.
ポーロック自身は重要ではないが，彼が<u>接触を保っている</u>大物が重要なのだ．
〈『恐怖の谷』〉

keep [stay] in touch (with A)^{α2 C}
「(A（人）と）接触を続ける」;「(A（時流）に）遅れないでいる」

Have you **kept in touch with** the market while you have been out of work?
失業中も株式市場の<u>動向を見ていましたかな</u>？ 〈「株式仲買人」〉

touch の類語として，**texture** ^{β1} /ˈtekstʃər/ は「(織物・肌・木材などの) 手ざわり」「(食物の) 食感」「(織物の) 織り具合」．textile /ˈtekstaɪl/ は「織物」「布地」です．

3-431

tow ^{β1} **C** /toʊ/

「(自動車や船などを）けん引する［綱で引く］」；'have A in tow' で「**A**（船・車）を引く」

※ ロープや鎖で別の乗り物につないでけん引するということです．カタカナ語の「レッカー車」は a wrecker とか a tow truck と言います（イギリス英語では a breakdown truck）．

【反対語：pull, **drag** ^{α2} /dræg/（（地上を）引きずる）（「障害」，「阻害要因」としても使われます（a **drag** on the economic recovery（景気回復の足かせ））, draw（引いて動かす）, **haul** ^{β2} /hɔːl/（引きずり上げる）, **trail** ^{α2} /treɪl/（（地上，水中，空中で）引きずって［引っ張って］動かす，足跡や臭跡を追う，遅れをとる）（→ 3-437)《トレーラー（trailer）とかトレーラーハウス（trailer house（＝mobile home））でおなじみです》), **tug** ^{β1} /tʌg/（ぐいと引っ張って動かす）《タグボート（tugboat）でおなじみです》】

"We shall be up with her in a very few minutes." At that moment, however, as our evil fate would have it, a tug with three barges **in tow** blundered in between us.

「もう一息で（her（相手の快速艇に））追いつくぞ.」しかしその時，悪い運命のなせる（have it）わざか，三隻のはしけ（barge）を引いたタグボート（tug）が私たちの間にうっかり割り込んできた（blunder in）のだった． 〈『四つの署名』〉

《ある館に泊まったワトソンが明け方部屋の前を通る足音に気づいて》

A long black shadow was **trailing** down the corridor. It was thrown by a man who walked softly down the passage with a candle held in his hand.

長く黒い影が廊下を進んでいた．それはろうそくを手にもってゆっくりと廊下を歩いている男の影だった． 〈『バスカヴィル家の犬』〉

《船での追跡劇の後に，船から泥の中に落ちてもがく容疑者をつかまえる場面》

When we brought our launch alongside he was so firmly anchored that it was only by throwing the end of a rope over his shoulders that we were able to **haul** him out, and to **drag** him, like some evil fish, over our side.

私たちが船を横付けしたとき，奴はいかりをおろしたように動けなくなっていたので，ロープのはしを彼の肩越しに投げてやるだけで彼を（泥から）引きずり出して，私たちの船べり越しに引っぱってやることができたが，その様はやっかいな魚かな

にかにするような具合だった. 〈『四つの署名』〉

3-432

tract $^{\beta 1}$ ^{L} /trækt/

「(広大な) 地面」「広がり」；「器官系（…管 […系]《解剖学》)」

【関連語：field, stretch, expanse】

※ tract は広い土地や地域（≒region）のことで，stretch も「広がった地域」という意味
 があります. 語源的には「引っ張る」（牽引ということから自動車用語の「トラクショ
 ン」(traction) は駆動力という意味で使われます）ということで，そこから「広がり」
 とか「地域」という意味になりました.

> Holmes pointed down the long **tract** of road which wound, a reddish yellow band,
> between the brown of the heath and the budding green of the woods.
> ホームズが眼下を指さしたところには長い広がりの道が曲がりくねって（wound)
> 赤みがかった黄色い帯のようになっているのが褐色の荒れ地（heath）と森の新緑
> (budding green) の間にあった. 〈「一人ぼっちの自転車乗り」〉

※ 例文にある budding green の **bud** は「芽」，「つぼみ」，「発芽する」という意味です
 が，類語として **sprout** $^{\gamma 1}$ ^{L} /spraʊt/（発芽する，芽キャベツ）があり，「急に成長する」
 とか「突然次々と姿を現す」という意味でも用いられます.

> ▶ Potatoes should be eaten before they begin **sprouting**.
> （ジャガイモは芽を出す前に食べてしまうべきだ）

3-433

tranquil $^{\beta 2}$ ^{L} /ˈtræŋkwɪl/

「穏やかな」「静かな」「落ち着いた」

【類語：quiet, calm】

tranquility $^{\gamma 1}$ ^{L} /trænˈkwɪləti/「静穏」「落ち着き」

【類語：quietness, stillness（静寂)】

※「トランキライザー（tranquilizer（精神安定剤))」はカタカナ語になっています.
 tranquil は calm よりもいっそう静穏で，calm と違い動揺していたものを鎮めると
 いう語感はなく，不断に落ち着いているという意味の語です. **serene** $^{\beta 2}$ /səˈriːn/（静
 かな，穏やかな，晴れた）は 'calm and peaceful' という語感で心配や動揺のない静
 穏を意味します. **composed** $^{\gamma 2}$ /kəmˈpoʊzd/（沈着な，落ち着いた）は 'calm and in
 control of your feelings / emotions' という語感です. composure /kəmˈpoʊʒər/ は
 「落ち着き」.

488

《第一次世界大戦前，ドイツのスパイが英国の港の灯りを見ながらいうことば》
How still and peaceful it all seems. There may be other lights within the week, and the English coast a less **tranquil** place!
なんと静かで平和な様子だ．ここ一週間のうちに別な灯りがともり，英国の海岸も落ち着いてはいられなくなるのだがね． 〈「最後の挨拶」〉

"That is better," said John Clay **serenely**.
「それくらいでよかろう」ジョン・クレイは落ち着いた態度で言った． 〈「赤毛組合」〉

She listened to a short account from my companion, with a **composed** concentration which showed me that she possessed strong character as well as great beauty.
私の連れから短い説明を聞くときの落ち着いた集中ぶりから，彼女がたいへんな美貌ばかりか強靭な性格の持ち主であることがわかった． 〈「ライオンのたてがみ」〉

3-434
transaction *β1* C /trænˈzækʃn/
「取り引き」「処理」「（人との意見の）やりとり」
※ 商取引などを行うとか，事務処理をするといった状況でよく出てきます．
transact *β2* /trænˈzækt/「取り引きを行う」「（事務などを）処理する」
【類語：manage, treat】

"That, of course, would open up the question as to what your guarantee was worth."
"My bankers would answer that."
"Quite so. And yet the whole **transaction** strikes me as rather unusual."
"You can do business or not," said I with indifference.
「では当然あなたの保証がどれほどの値打ちがあるかという問題になりますな．」
「私の付き合いのある銀行が保証してくれますよ．」
「なるほど．しかしそれでもこの取り引きは全体にいささか尋常ではありませんな．」
「買ってくださらなくてもよいのですよ」と私はそっけなく答えた．
〈「有名な依頼人」〉

As I was already in debt to my tradesmen, the advance was a great convenience, and yet there was something unnatural about the whole **transaction** which made me wish to know a little more before I quite committed myself.

いろいろお店に借金がありましたし，給料の前払いはとてもありがたかったのですが，それでもお話し全体に何か不自然な感じがあって，態度をはっきりさせる（commit *one*self）前にもう少し知っておきたいと思ったのです． 〈「ぶな屋敷」〉

3-435
transcript $^{\beta2}$ **C** /ˈtrænskrɪpt/

「写し」「複写」；「（学校の）成績証明書」（主にアメリカ英語で大学などの「成績証明書」）

※ 発言やデータなどを書き起こすとか，文書などを書き写す［複写する］ことです．

transcribe $^{\gamma1}$ **C** /trænˈskraɪb/「…を書き写す」

【類語：write, copy】

From this point onward I will follow the course of events by **transcribing** my own letters to Mr. Sherlock Holmes which lie before me on the table.

ここから先は，出来事の推移を追うために，私がシャーロック・ホームズに宛てて書いた手紙が私の前のテーブルにあるので，それを書き写すことにしよう．

〈『バスカヴィル家の犬』〉

3-436
triumph $^{\alpha2}$ /ˈtraɪʌmf/

「勝利（の喜び）」「大成功」；「打ち勝つ」

※ 勝利（する），打ち勝つといった意味ですが，大成功とか功績（meritorious deed; meritorious は「賞賛に値する」）や偉業といった意味でも使われます．

【類語：win, **prevail**（勝つ，普及する）, work, achievement】

Lestrade rose in his **triumph** and bent his head to look. "Why," he shrieked, "you're looking at the wrong side!"

レストレード警部は大得意の面持ちで立ち上がると（ホームズが持っている手紙を）のぞき込んだ．「おや，」彼は声を上げた．「反対側をご覧になってますよ！」

〈「独身貴族」〉

3-437
troop $^{\alpha2}$ /truːp/

「軍隊」「軍勢」「中隊」；「群れをなして進む」

※ 進行する軍隊という語感ですが，人以外に動物の群れについても使われます．

【類語：army, military；**trail**（疲れなどで遅れてゆっくり歩む）(→ 3-431), trek *β2* /trek/ （徒歩で長い困難な旅をする，トレッキングする）】

> He and papa were in command of the **troops** at the Andaman Islands, …
> 彼と父はアンダマン諸島の部隊の指揮にあたって (in command) おりましたので，
> （後略）　　　　　　　　　　　　　　　　　　　　　　　　　　〈『四つの署名』〉

3-438
trough *γ1* **L** /trɔ:f/
「かいばおけ」「樋，雨どい」；「波と波の間の谷」「景気の谷」

※ 家畜用の細長いかいばおけ（飼い葉桶）や雨どいですが，比喩的に不景気について語る文脈でよく用いられます．

【類語：recession】

> The walls were of wood, but the floor consisted of a large iron **trough**, and when I came to examine it I could see a crust of metallic deposit all over it.
> 壁は木製でしたが，床には巨大な金属の溝があり，近づいて見てみると全体に金属のような沈殿物 (deposit) の表面がかさぶた (crust) のようになっていました．
> 　　　　　　　　　　　　　　　　　　　　　　　　　　　　　　〈「技師の親指」〉

> We did at last hear that somewhere far out in the Atlantic a shattered stern-post of a boat was seen swinging in the **trough** of a wave, with the letters "L. S." carved upon it, and that is all which we shall ever know of the fate of the *Lone Star*.
> 私たちはようやく大西洋のはるか沖でボートの船尾材 (stern-post) が波の底に散らばって漂っていたという話を聞いた．その木には「L.S.」と刻んであり（**carve** *α1* (/kɑːrv/ 刻む，彫る)），これがローン・スター号の消息について知り得た全部である．
> 　　　　　　　　　　　　　　　　　　　　　　　　　　　　〈「五つのオレンジの種」〉

▶ Markets usually experience peaks and **troughs**, and the purpose of financial policy is to make the **troughs** fewer and less severe.　〈Internet から採録〉
（金融市場には景気のピークと底があるものだが，金融政策の目的は底の回数を減らし深刻さの度合いをやわらげることにある）

tumble [β2] /ˈtʌmbl/

「倒れる」「転げまわる」「あわてて動く」「(価格などが) 急落する」

▶ Japan's exports **tumble** as pandemic takes toll.

(パンデミックが悪影響を及ぼす (take a [one's] toll) に従い日本の輸出が急落している)《報道記事の見出し文》

【類語：fall, **topple** [v1] /ˈtɑːpl/ (倒す, ぐらつく, ひっくり返る ('topple over')), **slump** [β2] /slʌmp/ (急落, 不振) ('long economic **slump**' (経済の長期低迷)), **plunge** (急落 (する))《ビジネスの文脈で》(1-85, 3-423 例文), **plummet** [v1] /ˈplʌmɪt/ (最高レベルから最低レベルに大きく下落する)《価格などにも使われます (Prices have **plummeted**. (価格が暴落した))》】

※ tumble は急速に転げ (rolling) 落ちるという語ですが, slump と同じ「急落」という意味でビジネスの文脈で使われます. slump は一度に落ちるというイメージで, tumble は何度かに分けて下がっていくという語感があります.

※ topple には「政府や権力者などを倒す」という意味がありますが, その類語としては **oust** [β2] /aʊst/「職や地位から…(人) を追放する [追放してその座を奪い取る]」があります(She **ousted** him **as** leader of the party. (彼女は彼を党の代表から失脚させた)).

All the rest of the night I tossed and **tumbled**, framing theory after theory, each more unlikely than the last.

一晩中私は寝返りをうって (toss) のたうちまわり, 説明を次々と考えてみたのですがどんどん非現実的な考えになるばかりでした. 〈「黄色い顔」〉

▶ The rock **plummeted** to the bottom of the cliff. 〈Chambers〉

(その岩はがけの底に落下した)

《ホームズを狙って屋根からレンガが落ちてきたのを警察に調べさせたが》
There were slates and bricks piled up on the roof preparatory to some repairs, and they would have me believe that the wind had **toppled over** one of these.

修理のためにスレートやレンガが屋根に積んであったのだが, 風が崩したのだと警察は僕に納得させようとしたよ. 〈「最後の事件」〉

▶ Tired from his walk, he **slumped** into a chair. 〈ISED〉

(歩き疲れて, 彼は椅子にドスンと腰をおろした)

名詞の **debacle** [v1] /dɪˈbɑːkl/, /deɪˈbɑːkl/ は「(市場の) 暴落」の他に, 「(軍の) 総崩れ [敗走]」や「(選挙の) 大敗」といった文脈で使われます.

▶ Biden's **debacle**

The **fiasco** in Afghanistan is a grave blow to America's standing.

〈*The Economist* Aug 21st 2021 edition〉

(バイデンの<u>大敗北</u>：アフガニスタンでの大失敗 (fiasco) はアメリカの立場に重大な
ダメージ)

※ 例文中の **fiasco** ⁿ¹ /fiˈæskoʊ/ は行事や企てなどにおける「大失態」です.

3-440

turbulent ^{r1 C L} /ˈtɜːrbjələnt/

「荒れ狂う」「手に負えない」「乱れた」「不穏な」

※ 大気や水流が荒れ狂っていることですが，興奮が静まらない，性急な，規律を守ら
ないといった含みで用いられます.

名詞は **turbulence** ⁿ¹ /ˈtɜːrbjələns/「乱気流」「不穏」「混乱」

【類語：rough (海がしけた)，storm；**brawl** ⁿ¹ /brɔːl/ (公衆の場における集団による騒々
しいけんか) (a nightclub **brawl** (ナイトクラブでの<u>乱闘騒ぎ</u>))，**disruption** (混乱，分
裂) (disrupt → 2-49)，**turmoil** (騒乱，混乱) (→ 3-442)，upheaval (動乱，転覆，大
変動) (→ 3-449)，disturbance，**commotion** ⁿ¹ /kəˈmoʊʃn/ (突然の騒乱，暴動) 人が
騒々しく興奮して行きかう感じの語です】

Before ever he had set foot in it, McMurdo the **turbulent** had become a character
in Vermissa.
そこに足を踏み入れる前から，「<u>荒くれ者マクマード</u>」はヴァーミッサの地の有名人
になっていた.　　　　　　　　　　　　　　　　　　　　　　　　　〈『恐怖の谷』〉

… for I remember your expressing your passionate indignation at the way in
which he was received by the more **turbulent** of our people.
(前略) だって，<u>始末に負えない</u>英国人たちから彼が受けた扱いについて君が必ず同
情的な憤慨 (indignation (→ 3-198)) を示すことを僕は知っていたから.

〈「ボール箱」〉

"Then put your hand here," he said, with a smile, motioning with his manacled
wrists towards his chest.
I did so; and became at once conscious of an extraordinary throbbing and **com-
motion** which was going on inside.
「ではここに手を当ててみてください.」彼はほほえみながら手錠をかけられた

(manacled) 手で自分の胸のほうを指した.

言われたようにしてみると，すぐに私はたいへんな心臓の鼓動 (throbbing (→ 3-325)) と乱れを感じ取った. 〈『緋色の研究』〉

3-441

turn in ^C

「(報告書等) を提出する [見せる]」「…を返却する」；(自動詞的に)「床に入る」

【類語：sleep；**hand in** (自分のした仕事を先生や雇い主に提出する)】

※「提出する」という意味では, hand in / present / **submit** (→ 3-401) **/ file / send in / lodge** ^{α2} /lɑːdʒ/ (苦情や抗議書などを提出する, 名詞で狩猟やスキーなどのための宿泊小屋, ロッジという意味ではカタカナ語になっています) といった類語があります.

Now, Doctor, you are looking done-up. Take my advice and **turn in**.

さあ，先生，お疲れ (done-up) のようですよ．私の言うことを聞いて，ベッドに入りなさい. 〈『緋色の研究』〉

《ベドーズという男と，秘密をばらすぞと脅していた脅迫者の消息が途絶えたことに対するホームズの説明》

No complaint had been **lodged** with the police, so that Beddoes had mistaken a threat for a deed.

何の訴えも警察に提出されていないのだから, ベドーズは脅しを本当にやった (deed (実行)) と勘違いしたのだろう. 〈「グロリア・スコット号」〉

3-442

turmoil ^{β2 C L} /ˈtɜːrmɔil/

「混乱」「騒ぎ」

※ すべてが怒り狂っている「荒れ狂っている」というイメージの語で物理的なことにも心理的なことにも使われます．上記 turbulent の項を参照．また, 'the current **turmoil** in financial markets' (金融市場の現在の混乱) というように抽象的な言い方としても用いられます.

The **turmoil** within my brain was such that something must surely snap.

私の頭の中の騒ぎときたら, 何かが確かにパチンとはじけた (snap) ようだった.

〈「悪魔の足」〉

動詞 **ferment** ↗¹ ᴸ /fərˈment/ は「…を発酵させる」とか「(騒ぎなどを) かき立てる [煽る]」という意味です. 名詞としては「発酵」とか「酵母」「動乱」という意味になります.

▶ Fruit juices **ferment** if they are kept a long time.
（果汁は長い間とっておくと<u>発酵する</u>）

> There would be such a **ferment**, sir, that I do not hesitate to say that within a week of the publication of that letter this country would be involved in a great war.
> たいへんな<u>政情不安</u>となりましょうし, おそらくは, あの書簡が公表されれば一週間以内にこの国は大戦に巻き込まれることでしょう. 〈「第二のしみ」〉

お祝い (celebration) などでの「どんちゃん騒ぎ」は **revelry** ↗¹ /ˈrevlri/ です.

> The usual **revelry** of the lodge was short and subdued …
> いつもの支団 (lodge（秘密結社などの支部）) の<u>どんちゃん騒ぎ</u>は短時間のうちに盛り上がらずに (subdue (→ 3-400)) 終わった（後略） 〈『恐怖の谷』〉

3-443
unanimous (ly) ᵝ¹ ᶜ ᴸ /juˈnænɪməs/
「全員 [満場] 一致の (で)」
※ 名詞は unanimity（全員の合意）で 'with unanimity' は「満場一致で」という意味です.
【関連語：agreement, consensus, consent】

> …, it was **unanimously** agreed that he should be provided with as large and as fertile a tract of land as any of the settlers, …
> （前略）<u>全員賛成して</u>彼にほかの入植者の誰にも劣らないほど広くて肥沃な (fertile) 土地が与えられることになり,（後略） 〈『緋色の研究』〉

3-444
uncover ᵅ² ᶜ /ʌnˈkʌvər/
「…を暴露する [打ち明ける]」;「覆いを取る」
※ 秘密や悪事をあばく, 犯罪の証拠などを探し出して明らかにするという意味ですが, 地中のものを掘り出す [発掘する] という意味でも使われます.
【類語：reveal, disclose, expose, **divulge** ↗¹ /daɪˈvʌldʒ/（（否定的な意味合いの文脈

で) 秘密をもらす)】

> Have the lantern ready to **uncover**, that we may be sure that it is indeed the man.
> カンテラ (lantern) のカバーを<u>取れる</u>ようにしておいてくださいよ，ほんとうに奴なのか確かめられるように. 〈『四つの署名』〉

※ 例文の中の次のポイントを理解しておきましょう.
  ・have A …'「A (人，物) を…にしておく」
  ・that：(so) that A may *do*「A が…できるように」

> His secret was a shameful one, and he could not bring himself to **divulge** it.
> 彼の秘密は恥ずべきものだったので自分から<u>打ち明ける</u>ことができなかったのでしょう. 〈「入院患者」〉

3-445
underneath $^{α1\ C}$ /ˌʌndərˈniːθ/
「…の下に (の)」
【類語：under】
※ under と同じですが，何かに隠れているとか覆われているという語感があります.

> 《船着場を捜査していて貸し船屋の窓にぶら下がっている看板を見る場面》
> "Mordecai Smith" was printed across it in large letters, and, **underneath**, "Boats to hire by the hour or day."
> 「モーディケアイ・スミス」と大きな文字でそれ (看板) に書いてあり，<u>下には</u>「貸し船，時間貸し，日貸し」とあった. 〈『四つの署名』〉

> …; for if you had chanced to take off that plaster you would have found no cut **underneath** it.
> (前略) もし絆創膏 (plaster) をはがしてみていれば，<u>その下には</u>切り傷がないことがわかったのですがね. 〈『恐怖の谷』〉

3-446
unexpected (ly) $^{α2\ C}$ /ˌʌnɪkˈspektɪd/
「思いがけない (思いがけず)」；「(文全体にかかる副詞として) **意外なことに**」
【関連語：surprising, unpredictable (変化して予測不能の) (この項最後の解説参照)，

496

unforeseen ^{ʳ1} /ˌʌnfɔːrˈsiːn/((事態などが)予期しなかった), **unforeseeable** ^{ʳ2} /ˌʌn-fɔːrˈsiːəbl/((悪いことなどが)予測不能の)】

※ unforeseen は出来事について使います：'unexpected / ~~unforeseen~~ visitors'(予期せぬ客).

> This was an **unexpected** obstacle. Thaddeus Sholto looked about him in a perplexed and helpless manner.
> これは思いがけない障害(obstacle)だった. サディアス・ショルトーは途方に暮れて(perplexed)どうしようもないというふうで彼のまわりを見回した.
> 〈『四つの署名』〉

> 《消えた婚約者の身を案じる依頼人の女性にホームズが質問して》
> Your own opinion is, then, that some **unforeseen** catastrophe has occurred to him?
> では, 何か予見できない災難が彼に降りかかったとあなたはお考えなのですね？
> 〈「花婿失跡事件」〉

unpredictable に対して, 反対語の predictable は「予測できる」, さらには「先が読める(ので退屈な)」という意味にもなりますが, この意味の類語として **tame**(→ 3-401)は「単調な」とか「退屈な(つまらない)」という意味でも用いられます. この tame の「(動物が)飼いならされた」という意味での反対語は wild となります.

3-447
unfettered ^{ʳ2} /ʌnˈfetərd/
「束縛を受けない」

※ 鎖でつながれた手かせや足かせが shackles で, 特に足かせを fetters と言います. 動詞は fetter(…に足かせをかける,(比喩的に)束縛する)です. 手錠は handcuffs と言います.

【類語：**liberated** ^{β1} /ˈlɪbəreɪtɪd/(解放された)(**liberate** ^{α2} /ˈlɪbəreɪt/(解放する))】

> She is what we call in England a tomboy, with a strong nature, wild and free, **unfettered** by any sort of traditions.
> 彼女はいわゆるじゃじゃ馬娘(tomboy)というもので, 強い性格で, 自由奔放で, いかなる伝統的なものにも囚われません. 〈「独身貴族」〉

※ tomboy /ˈtɑːmbɔɪ/《米》, /ˈtɒmbɔɪ/《英》は性差別的固定観念のことばとされますので, 現代では active child といった言い方をします.

《国宝を盗まれた銀行頭取の息子アーサーが逮捕されたが，養女のメアリーがアーサーは無実だと言って》

"You have given orders that Arthur should be **liberated**, have you not, dad?" she asked.

「お父さま，アーサーを<u>釈放する</u>ようにと言ってくださいましたのでしょ？」と彼女は尋ねた. 〈「緑柱石の宝冠」〉

3-448
unprecedented ᵝ2 C L /ʌnˈpresɪdentɪd/

「先例のない」「前代未聞の」

※ precedent /ˈpresɪdənt/ は「前［先］例」，「先行する（ある事柄に先立つ有効で前提となる事柄，反対語は subsequent）」という意味で，preceding は「（時間的な順序が）ある事柄の直前の」という意味です.

【類語：original, novel, unheard-of】

"You must make allowance for this poor girl, placed in so **unprecedented** a position."

「このうら若き女性を許してあげなくてはなりませんよ，<u>前代未聞の</u>立場に置かれたのですから.」 〈「独身貴族」〉

3-449
upheaval ᵞ1 L /ʌpˈhiːvl/

「大変動」「動乱」

※ 暴力的で強引な激変という語感で，政治や社会などについて用いられます. 上記 turbulent の項（→ 3-440）を参照.

【類語：**cataclysm** ᵞ2 /ˈkætəklɪzəm/（戦争，地震，洪水などの大変動）(cataclysmic /ˌkætəˈklɪzmɪk/（大異変の，ひどい）(a **cataclysmic** failure（<u>ひどい</u>失敗）)，**deluge** ᵞ1 /ˈdeljuːdʒ/（大水，洪水）(the Deluge（ノアの大洪水）)】

《電車のように脱線せず自宅とクラブと勤務先だけにしか行かない兄マイクロフトがやって来るという電報を受け取ったホームズのセリフ》

Once, and only once, he has been here. What **upheaval** can possibly have derailed him?

前に一度，そしてそれっきりだが，ここに来たことがある. どんな<u>大騒動</u>が彼を脱線させ (derail) たのだろう？ 〈「ブルース・パーティントン型設計図」〉

498

※ **insurrection** [n] /ˌɪnsəˈrekʃn/ は「反乱」,「謀反」,「暴動」で,特に政府や権力への組織された政治的な主導権を握ろうとする反乱です(その一形態で,暴力を伴う暴動 revolt (1-129) が大きくなると rebellion(政府に対する反乱)(→ 1-280)になります).

3-450

uphold [β2] [C] /ʌpˈhoʊld/

「…を支える」「…を支持[是認]する」

※ uphold は特に控訴院が前の法廷での判決を支持するというときに使われます.また,法や主義を支持するというときに使われます.

【類語:approve, confirm, **ratify** [n] /ˈrætɪfaɪ/(政府が条約などを批准する)('to **ratify** a treaty'(条約を批准する)), **validate** (→ 1-59)】

"My name is Sherlock Holmes," said my companion. "Possibly it is familiar to you. In any case, my business is that of every other good citizen—to **uphold** the law ….

「私の名前はシャーロック・ホームズです」ホームズが言った.「お聞き及びかもしれませんね.いずれにせよ,私はほかの善良な市民と同様に,法を支持しようとするものです(後略)   〈「ショスコム・オールド・プレイス」〉

※ 類語として,かたい語ですが **countenance** [n] /ˈkaʊntənəns/ をあげておきます.動詞としては「…に賛成する」とか「…を承認する」,名詞としては「顔つき」;「(精神的)支援」,「承認」といった意味です.

Never, certainly, have I seen a plainer confession of guilt upon human **countenances**.

罪の告白が人の表情にわかりやすく浮かんでいるのを見たのはほんとうに初めてだった.   〈「ライゲイトの地主」〉

▶ The people of this country will never **countenance** a war of aggression. 〈*ISED*〉
(この国の人々は決して侵略(aggression)戦争に賛成することはない)

3-451

utensil [β1] [C] [L] /juːˈtensl/

「(台所の)道具」

※ 家庭用の道具,特に台所でつかう手で持てるサイズの道具を指します.

【類語:tool, device, instrument, implement(簡素な屋外用の道具(農機具など)),

gadget *ⁿ¹* /ˈɡædʒɪt/（小型で造りの巧みな機械や装置）（小型の電子機器（electronic gadgets）としての「ガジェット」はカタカナ語として定着しています）】

> The ashes of a fire were heaped in a rude grate. Beside it lay some cooking **utensils** and a bucket half-full of water.
> 粗末な炉（grate）には火を焚いた灰がたまっていた（heap（蓄積する））．そのわきにはいくつかの調理器具とバケツ半分ほどの水があった． 〈『バスカヴィル家の犬』〉

3-452
utmost *β¹* /ˈʌtmoʊst/
「最大（の）」「極限（の）」
※ 可能な限りにおいて程度や数量が極限のということです．
【類語：maximum, supreme】

> Holmes had listened to his story with the **utmost** attention, and now he sat for some time in silent thought.
> ホームズは彼の物語を最大限の注意を払って聞き，そしてしばらく静かに物想いにふけっていた． 〈「踊る人形」〉

類語にある supreme の名詞形 **supremacy** *ⁿ¹* /suˈpreməsi/ は「至上」「優位」；「主権［大権］」「支配権」といった意味になります（'have [gain] military [naval *etc.*] supremacy over A'（A（敵国）に対して軍事的支配権［制海権］を持つ［獲得する]））．

3-453
vein *α²* /veɪn/
「静脈」「（通俗的に）血管」；（'a vein of …' の形で）「…の傾向［性質]」
【反対語：**artery** *β²* /ˈɑːrtəri/（（血管の）動脈）】
※ vein は「鉱脈」としても用いられます．artery は鉄道・道路の「幹線」や「主要河川」の意味でも使われます（an **arterial** road（幹線道路））．

> You may not be aware that I have royal blood in my **veins**.
> お前たちは俺に王家の血が流れていることをわかっていないらしいな．
> 〈「赤毛組合」〉

3-454
velocity *β²* ᴸ /vəˈlɑːsəti/
「速度」

※ 高速度という意味で，しばしば専門的な用語として使われます．

【類語：speed】

> My lens discloses more than one blood-mark, especially towards the end of the rope, from which I gather that he slipped down with such **velocity** that he took the skin off his hand.
>
> 拡大鏡で見る複数の血の跡が，特にロープの端のほうに向けてついているのがわかるから，私の見るところでは (I gather)，滑り下りたときに勢いがつきすぎて手の皮がすりむけたのだろう． 〈『四つの署名』〉

3-455
verge ^{β2} /vɜːrdʒ/
「縁」「境界」（→ 1-114）

※ しばしば比喩的に生死の境目といった文脈で使われます．

【類語：edge, **brim** ^{β2} /brɪm/（コップ，椀，鉢などのふち［へり］），**rim** ^{β2} /rɪm/（円形のもののふち［へり］）（車輪の「リム」はカタカナ語になっています），margin, **brink**（断崖の端，崖っぷち，瀬戸際）（→ 1-114，3-424）】

> On the extreme **verge** of the horizon lie a long chain of mountain peaks, with their rugged summits flecked with snow.
>
> 水平線の一番きわのところには山々の峰 (peak) が連なり，そのギザギザになったてっぺんには雪がまだらになっていた (fleck（まだらにする））． 〈『緋色の研究』〉

※ **verge** は語源的には高位聖職者が持つ杖のことで，その杖を持つ人の権威が及ぶ範囲ということです．したがって，ある範囲があって，そこを超えると何かが起こるという限界や瀬戸際というイメージの語です．

3-456
vigor ^{α2} C /ˈvɪgər/
「活力」「迫力」

※ 生き物の（肉体的・精神的な）力という語感の語です．

vigorous ^{α2} C /ˈvɪgərəs/「力強い」「丈夫な」（vigorous campaign / debate / exercise（活発なキャンペーン / 論議 / 運動））

【類語：strong, energetic】

> Holmes stooped to the water-jug, moistened his sponge, and then rubbed it twice **vigorously** across and down the prisoner's face.

ホームズは身をかがめて水瓶（water-jag）で海面（sponge）を濡らすと，縦横に2度ほど力強く囚人の顔をこすった．　　　　　　　　　　　　　　　〈「唇のねじれた男」〉

3-457
visible ^{α1} /ˈvɪzəbl/

「目に見える」「明らかな」

【類語：noticeable, **overt** ^{β2} /ouˈvɜːrt/, /ˈouvɜːrt/（公然たる，あからさまの）】

※ 可視的なということです．類語の overt には「顕在的な」という訳語が与えられることもあります．'**overt** criticism' は「あからさまな批判」．反対語は **covert** ^{γ1} /ˈkouvɜːrt/（ひそかな，秘密の；（動物の）隠れ場所）．'**covert** action' は「（国の情報活動などでの）秘密工作」．関連語として，**arcane** ^{γ1} /ɑːrˈkeɪn/ は「謎めいた」「不可解な」という形容詞（the **arcane** rules of cricket（一部の人しか理解できないクリケットのルール））．

There are no less than four such numbers **visible** to my lens on the inside of this case.

この（時計の）ふたの内側には四つもそういう番号が見えているのが拡大鏡でわかるよ．　　　　　　　　　　　　　　　　　　　　　　　　　　〈『四つの署名』〉

※ 'no less than' は「…（ほど）も」という数や量の多さを強調する言い方．

《新聞の私事広告欄についてホームズが語る場面》

They are my favourite **covert** for putting up a bird, and I would never have overlooked such a cock pheasant as that.

それら（の広告欄）は鳥を狩り出す（put up）のに僕のお気に入りの（favourite《英》（《米》は favorite）茂みでね，あんなふうな雄（cock）のキジ（pheasant）を見逃したりはしないよ．　　　　　　　　　　　　　　　　　　　　　〈「三人ガリデブ」〉

※ ここでは covert はやぶや茂みなどの「動物の隠れ家」という意味です．

3-458
void ^{β2} /vɔɪd/

「喪失（感）」「欠落」「空所」；「（性質などが）欠けている」

【類語：empty, vacant】

※ empty や vacant（vacant は 3-212, 335, 396 例文参照）よりもフォーマルな語で，「無効の（反対語は valid）」という意味で法律的な文脈でよく使われます．**devoid** の項（3-86）の解説も参照．void の例は 3-224 例文も参照．

My nerves thrilled with anticipation when at last the cold wind upon our faces and the dark, **void** spaces on either side of the narrow road told me that we were back upon the moor once again.

私の神経は冒険の予感に高まった．いよいよ冷たい風が顔にあたり暗く空虚な空間が狭い道の両側に広がって，私たちがムア（moor）と呼ばれる荒野にまた戻ってきたことを告げていた．　　〈『バスカヴィル家の犬』〉

3-459

vulgar ^{β2} /ˈvʌlgər/

「下品な」「低俗な」

【類語：coarse（粗い，粗悪な），**gross** ^{α2} /groʊs/（野卑［粗野］な，むかつくような，いやな《若者ことば》）．gross domestic product（GDP: 国内総生産）などで「総計の」とか「全体の」というというときの gross と同じ語です】（→ 1-129, 3-172）

※ fine の反対が coarse で，vulgar はさらによい趣味とか上品さがないというように「育ちの悪い無作法さ」や「田舎者のような鈍感さや粗野」といった含みがあります．

The cases which come to light in the papers are, as a rule, bald enough, and **vulgar** enough.

新聞にとりあげられる事件どれも，決まってどうにも退屈で低俗なものばかりだよ．　　〈「花婿失跡事件」〉

※ 'as a rule' は「概して」，「原則的には」という意味です．

3-460

vulnerable ^{β1} C L /ˈvʌlnərəbl/

「傷つきやすい」「（病気などに）かかりやすい」「（攻撃などに）弱い」「（批判などを）受けやすい」

※ 'be vulnerable to' の形で「（批判などを）受けやすい」，「（誘惑や説得に）負けやすい」という意味です．

【類語：weak, fragile】

"You are not very **vulnerable** from above," Holmes remarked as he held up the lantern and gazed about him.

「上から危害を加えられる心配はありません」ホームズはランタンをかかげて彼を見ながら言った．　　〈「赤毛組合」〉

But that cry of pain from the hound had blown all our fears to the winds. If he was **vulnerable** he was mortal, and if we could wound him we could kill him.

しかし犬の苦痛に叫ぶ声が私たちの恐怖を風の中に吹き飛ばした. 痛みを受けるというのなら（魔犬ではなく）命あるものであろうし，傷つけることができるなら殺すことだってできるのだ.《3-122 の例文と同じ部分》　　　　　　〈『バスカヴィル家の犬』〉

3-461
ward $^{\beta 1}$ /wɔːrd/

「病棟」「(行政や選挙などの) 区」

【類語：part, district, province, region, tract（地域（＝region））】

※「区」の意味では，ward は都市（city）の行政区画（administrative division）で，district の方がより広い意味で使われます.

Here I rallied, and had already improved so far as to be able to walk about the **wards**, and even to bask a little upon the verandah, when I was struck down by enteric fever, that curse of our Indian possessions.

この地で私は回復し（rally），病棟を歩き回れるほどになっておりベランダで日光浴する（bask）ほどだったのに，英国のインド領（possession）の呪い（curse）ともいうべき腸チフス（enteric fever）にかかってしまったのだ.　　〈『緋色の研究』〉

3-462
warehouse $^{\alpha 2}$ ^{C} /ˈwerhaʊs/

「(製造業者や問屋の) 倉庫」「問屋」

※ 'a **warehouse** sale' は「倉庫で行うバーゲンセール」です.

【類語：depot /ˈdiːpoʊ/（貯蔵庫，倉庫；(小規模の) 停車場），**repository** $^{\gamma 1}$ /rɪˈpɑːzətɔːri/（保管場所，倉庫，(比喩的に) 宝庫），**storehouse** $^{\gamma 1}$ /ˈstɔːrhaʊs/（(比喩的に情報や思想などの) 宝庫，倉庫《やや古》)】

Among my headings under this one twelve months I find an account of the adventure of the Paradol Chamber, of the Amateur Mendicant Society, who held a luxurious club in the lower vault of a furniture **warehouse**, of the facts connected with the loss of the British barque "Sophy Anderson", of the singular adventures of the Grice Patersons in the island of Uffa, and finally of the Camberwell poisoning case.

この 1 年での事件名（headings）の中には，「パラドールの部屋」，家具問屋の地下

倉庫（vault（/vɔːlt/ 銀行の地下金庫室，協会の地下埋葬室））でぜいたくなクラブを開いていた「アマチュア乞食団」，バルク型英国帆船ソフィー・アンダーソン号，ウファ島のグライス・パターソン一族，そして最後にカンバーウェルの毒殺といった事件の記録がある．　　　　　　　　　　　　　　　　　　〈「五つのオレンジの種」〉

3-463

warfare $^{\beta 1}$ /ˈwɔːrfer/

「戦争状態」「交戦」

※ warfare は不可算名詞で，名詞や形容詞とともに使われます．'guerrilla warfare'（ゲリラ戦）や '… after long warfare …'（…長い戦争の後に…）といった言い方でも用いられます．

【類語：war（国家間の大きな戦争），battle（ある地域での戦闘）】

You may take it from me that naval **warfare** becomes impossible within the radius of a Bruce-Partington's operation.

私のことばどおりにうけとってもらっていいのだが，ブルース・パーティントン号の行動範囲（radius）では敵艦の（**naval**（海軍の））戦闘は不可能になるのだよ．

〈「ブルース・パーティントン型設計図」〉

※ 'take it from me that …' は「きっと…だ（I can assure you）」という言い方．

3-464

wary $^{\beta 2}$ ^{L} /ˈweri/

「用心深い」「慎重な」

【類語：cautious（用心深い）（→ 3-36）】

※ cautious よりも疑いの度合いが強い語感があり，ときに不確かな根拠でというニュアンスを持ちます．

《ホームズの動向を聞き出そうとするのをそっけなくかわしたワトソンにステイプルトンが言ったセリフ》

"Excellent!" said Stapleton. "You are perfectly right to be **wary** and discreet ….

「素晴らしい！」ステイプルトンは言った．「あなたが用心して口を固くしておられる（discreet）のはもっともなことです（後略）　　　　〈『バスカヴィル家の犬』〉

※ cautious が「（危険に巻き込まれないよう）注意する」という意味ですが，wary はさらに「強く警戒する」という語感があります．例文中にある discreet（→ 3-94）は

「(行動が) 慎重な」という意味で，他人を怒らせたりしないよう思慮深いことを表します.

3-465

weary ^{β1} ^{L} /ˈwɪri/

(長時間何かをした結果という含みで)「(体が) **疲れ果てた**」「あきあきしている」
(動詞として)「**飽き飽きさせる**」

※ 重労働などで疲れ果てたという意味です. 気力や体力が消耗［枯渇］(depletion) (→ 3-78) して同じことをこれ以上続けられないというイメージの語です. 文字通りの「消耗」「摩耗」は **attrition** ^{γ1} /əˈtrɪʃən/ (a war of attrition (消耗戦)).

《ホームズワトソンに科学的な探偵についてとうとうと話した後のことば》

But I **weary** you with my hobby.

しかし僕の趣味の話で君を退屈させてしまったね. 〈『四つの署名』〉

【類語： tired, exhausted (very tired), **drained** ^{β2} /dreɪnd/ ((人が) 完全に疲れ切ってエネルギーがない) (I felt totally / completely **drained**. (私は消耗しきった気がした)) (drain → 3-108)】

関連語として, **exertion** ^{γ1} /ɪgˈzɜːrʃn/ (努力, 骨折り (≒effort)：(権力などの) 行使［発揮］) を見ておきましょう. 動詞は **exert** ^{β2} ^{L} /ɪgˈzɜːrt/ (大いに努力する, 働かせる→ 2-35).

  ▶ We must **exert** all our strength. 〈*Chambers*〉
    (私たちは全身全霊であたらなければならない)

It was some time before the health of my friend Mr. Sherlock Holmes recovered from the strain caused by his immense **exertions** in the spring of '87.

1887 年の春, シャーロック・ホームズは働き過ぎによる過労から回復するのに少々時間がかかった. 〈「ライゲイトの地主」〉

※ exertion はエネルギーを使うことやその結果ということを指し, effort は何かを達成するために労力を費やす行動や仕事の方を指すという傾向があります.

3-466

weep ^{α1} /wiːp/

「(涙を流してしくしくと) 泣く」

【類語： cry (声をあげて泣く), **sob** (すすり泣く), **whimper** ^{γ1} /ˈwɪmpər/ (泣きべそをかく《弱々しくめそめそする》, 泣き言［不平不満］を言う), **whine** ^{γ1} /waɪn/ (哀れっぽく泣

く, 犬がクーンクーンと鳴く, 泣き言を言う《苦痛の声を出すという感じです (≒moan)》), **snivel** ^{/2} /ˈsnɪvl/ (すすり泣く, めそめそ泣く《その泣き声を聞いた周りの人が不快に感じるという語感があります》)】

※ weep は涙を流して泣くということですが cry と同じ意味で用いられることもしばしばです. 文語的な語です.

… for the last two nights she had heard him groaning and **weeping** in his bedroom.
(前略) この二晩ほど, 彼女は彼が寝室でうめき声をあげて (**groan**) 泣いているのを聞いたのだ. 〈「背の曲がった男」〉

※ 例文にある groan /groʊn/ は「(苦痛, 悲嘆, あるいは喜びで) うなる [うめく]」という動詞です. squeak /skwiːk/ は「金切り声を出す」「きいきいと音を出す」. 関連語として, **mourn** ^{a2} /mɔːrn/ は「(死などを) 嘆く (= **grieve**)」,「(死者を) 悼^{いた}む」という動詞です.

The wretched creature began to **whimper**.
その哀れな (wretched) (→ 3-171) 悪党は泣き言を言い始めた. 〈「ノーウッドの建築業者」〉

"It was a joke, my good sir, a practical joke, nothing more," he **whined** incessantly. "I assure you, sir, …
「冗談だったんですってば, ちょっとした悪ふざけで, 他意はありませんでしたよ」男は続けざまに (incessantly) (→ 1-64) 哀れっぽく言った.「本当なんです, (後略) 〈「ノーウッドの建築業者」〉

※ 例文中の joke はカタカナ語になっていますが, かたい言い方で **jest** ^{/1} /dʒest/ という語もあります.

He spoke in a **jesting** tone, but there was no **jest** in his eyes as he looked at me.
彼は冗談ぽい調子で話しましたが, 私を見る目には冗談めいたものなどまるでありませんでした. 〈「ぶな屋敷」〉

▶ By this time the child was tired, and **snivelled** the rest of the way home. 〈*Chambers*〉《snivelled 《英》, sniveled 《米》》

（この頃までにはその子はくたびれてしまい，そこから家に帰るまで道でずっと<u>めそめそ泣いた</u>）

3-467
whirl $\beta 1 \text{ L}$ /wɜːrl/

（自動詞として）「**旋回する**」；（他動詞として）「**…をぐるぐる回す**」；（名詞として）「**旋回**」

【類語：swirl, spin, turn】

※ とても素早く円を描いて回る（回す）という意味です．

> My head is in a **whirl**," I remarked; "the more one thinks of it the more mysterious it grows ....
>
> 「頭がくらくらするよ」私は言った．「考えれば考えるほど謎めいてくる（後略）
>
> 〈『緋色の研究』〉

※ 後半の文は典型的な 'the 比較級＋the 比較級' の形です．

3-468
wholesome $\beta 2$ /ˈhoʊlsəm/

「**健康によい**」「**ためになる**」

※ 飲食物が健康に良いという意味ですが，娯楽や思想などが健全な［有益な］という意味でも使われます．wholesome は通俗的な語で，格式ばった語としては **salubrious** $\gamma 2$ /səˈluːbriəs/（（気候や空気が）体に良い）（'the **salubrious** mountain air and water' なら「健康的な山の空気と水」））があります．

【類語：healthy, **salutary** $\gamma 1$ /ˈsæljəteri/（（苦くても，つらくても）有益な）（'a **salutary** lesson / experience / warning'（<u>有益な</u>教訓 / 経験 / 警告），'a **salutary** reminder'（<u>有益だが耳の痛い</u>注意［助言］））

> Exposure and want of **wholesome** food were wearing him out.
> 風雨にさらされたのと，<u>体によい</u>食料の欠乏（want）のために彼は衰弱していった．
>
> 〈『緋色の研究』〉

3-469
wither $\beta 2 \text{ L}$ /ˈwɪðər/

「**衰える**」「**しぼむ**」「**（色が）あせる**」；「**しぼませる**」

【類語：fade, **shrivel** $\gamma 2$ /ˈʃrɪvl/（しぼむ，（乾燥や老齢で）しわが寄る，（wither よりも強い語感で）しなびさせる）】

※ 乾いて活力 (vigor) や生気 (freshness) を失うということですが, 形容詞の wither-
ing は「(干ばつなどが) 草木を枯れさせる」という意味もありますが,「(目つきなど
が) 人を軽蔑したような」とか「(目つきやことばあるいは批判や攻撃が) 人をひる
ませるという意味でも使われます. 'a **withering** look' は「人を馬鹿にしたような目
つき」とか「たじたじとさせるにらみつけ」など文脈によって訳語はさまざまになり
ます.

His hair and whiskers were shot with gray, and his face was all crinkled and
puckered like a **withered** apple.
彼の髪の毛やほお髭は白髪まじり (shot) で, 顔は全体がしわだらけ (crinkle (しわ
をよせる)) のくしゃくしゃ (pucker (ひだをつける)) で, まるでしなびたリンゴの
ようでした.　　　　　　　　　　　　　　　　　　　　　〈「背の曲がった男」〉

※ shot は「(布地や髪などが) 他の色が少し混じっている」という意味の形容詞. shoot
は「異なった色などで変化をつける」という他動詞.

《「ライオンのたてがみ」に襲われたことのある人の記録をホームズが読んで》
He says that he could hardly recognize himself afterwards, so white, wrinkled and
shrivelled was his face.
彼によれば後で自分でも自分だとわからないくらいだったそうで, 顔は白く, しわ
だらけになってしなびたとあります.　　　　　　　　　　〈「ライオンのたてがみ」〉

※ shrivelled は《英》.《米》は shriveled.

3-470
withstand ^{β2} /wɪðˈstænd/, /wɪθˈstænd/
「…に (を) 耐える」「…をもちこたえる」「…に抵抗する」
※ 受身的で, 何も失わずよく耐え抜くという語感があります.
【類語: endure, bear, put up with, tolerate, stand up to (検証, 使用, 熱などに
耐える)】

《引退後しばらくぶりに会ったホームズとワトソンが国際的な大事件を解決した後で
話す場面》
"But how did you get to work again?"
"Ah, I have often marvelled at it myself. The Foreign Minister alone I could have
withstood, but when the Premier also deigned to visit my humble roof—! ...
「しかしどうしてまた探偵業に戻ったのだい?」

「ああ，自分でも驚いている（marvel）ばかりだよ．外務大臣だけならなんとか（依頼を）断りとおせただろうけど，首相までもが僕の質素な家（roof）においでくださってはねえ（deign（/deɪn/ もったいなくも…してくださる））！（後略）

〈「最後の挨拶」〉

3-471

yawn ^{α1} /jɔːn/

「あくび（をする）」

※「あくびがでるほど退屈なもの」という意味でも用いられます．

【関連語：stifle （→ 3-390）】

"It saved me from ennui," he answered, **yawning**.

「僕を退屈（ennui（/ɑːnˈwiː/ アンニュイ《フランス語》））から救い出してくれたよ」ホームズはあくびまじりに答えた．　　　　　　　〈「赤毛組合」〉

| 第**3**章 | 補　遺 |

以下では本章で扱うレベルの語彙についてシャーロック・ホームズ譚から採録できなかった語彙についてオリジナルの例文を加えて解説していきます.

3-472
abolish ^{α2} /əˈbɑːlɪʃ/
「…をやめる」「…を廃止する」

【類語： **repeal** ^{γ1} /rɪˈpiːl/（（議会などが法律・法令を）廃止［撤回］する）, **abrogate** ^{γ2} /ˈæbrəɡeɪt/（（法律や契約などを）無効にする［廃止する］）, do away with, **halt**（休止, 中断）（→ 3-387）】

※ abolish は公式に制度や慣習を廃止することです（法律にはあまり使われません）.

- ▶ Any country that wants to join the European Union must **abolish** capital punishment.（EU に加盟しようとする国は死刑（capital punishment）制度を廃止しなければならない）
- ▶ The Trump administration asked the Supreme Court to **repeal** the Affordable Care Act（ACA, also known as Obamacare）.

  （トランプ政権は ACA を無効にするよう連邦最高裁に要請した）

  《ACA：医療費負担適正化法．公的補助を通じて国民に保険加入を義務付ける医療保険制度, オバマケアとして知られる》
- ▶ The new government **abrogated** the laws made by the previous government.

  （新政府は前政府が作った法律を廃止した）

※ 類語として **revoke** ^{γ1} /rɪˈvoʊk/ は法律／決定／合意について「…を無効にする［取り消す］」「…を廃止する」「…を破棄する」という動詞で, 特に文書や協定とか選挙や結婚あるいは遺言などの法的［公的］な効力を無しにするという意味です.

- ▶ Do you know which penalty is worse, a suspended license or a **revoked** license?（免許停止と免許取り消しのどちらが厳しい罰かわかりますか？）

rescind ^{γ2} /rɪˈsɪnd/ は何か権威や権力が働いて廃止するとか無効にするという響きがあります.

- ▶ The Home Secretary **rescinded** the court's decision.

  （内務大臣（the Home Secretary《英》）が裁判所の決定を無効にした）

3-473

adverse $^{\beta1}$ ^{L} /ədˈvɜːrs/, /ˈædvɜːrs/

「逆の」「不利な」

※ 不都合であるとか悪影響を及ぼすということです.

【類語：difficult, unfavorable, opposing, hostile】

adversity $^{\beta2}$ /ədˈvɜːrsəti/ (→ 1-329)「逆境」「不運」

【類語：trouble, hardship（お金や物のない苦難）, misfortune（不運, 災難）】

▶ Most writers do not make money, so anyone who wants to make a living as a writer faces great **adversity**. （たいてい作家はお金を稼げないものなので, 物書きとして生計をたてようと思ったらたいへんな苦境に陥る）

ordeal $^{\gamma1}$ /ɔːrˈdiːl/ は忍耐を求められる「試練」「苦難」（'go through the ordeal of (*do*ing) something'（…するというつらい体験をする））. 語源は古英語の *ordēl, ordāl* (＝judgment) で, ordeal には, 熱湯に手を入れてきれいなままなら無罪というように苦痛を与えた結果で決断をする「試罪（法）」（「神明裁判」）という意味もあります.

▶ It is used as an **ordeal** poison by the medicine-men in certain districts of West Africa and is kept as a secret among them. 〈「悪魔の足」〉
（それは西アフリカのある地域の呪医たちが試罪法の薬物として使うもので, 彼らの間の秘密とされているのです）

3-474

bilateral $^{\beta2}$ ^{C} /ˌbaɪˈlætərəl/

「両側の」「双方の」

【関連語：lateral $^{\gamma1}$ /ˈlætərəl/（横の, 側面の）(→ 3-225)】

※ 合意や協定や条約について「相互（互恵）的な」(bilateral agreements（二国間協定）), 生物について「左右同形の」,「両側性の」というように使われます.

▶ The USA is connected to the UK through NATO, but has a **bilateral** security pact with Japan. （アメリカはイギリスとは NATO（北大西洋条約機構）で結びついているが, 日本とは 2 国間協定を結んでいる）

※ 例文にある **pact** $^{\gamma1}$ /pækt/ は「国家間の協定」という意味で, ジャーナリズムでは agreement や treaty より好んで用いられます.

3-475

blatant $^{\gamma1}$ ^{L} /ˈbleɪtnt/

「見え透いた」「露骨な」「ずうずうしい」;「騒々しい」

※（けなして）よくないことをオープンにして, ほかの人がどう考えるかとか法的にどうであるかを考慮しないという意味です.

【類語： open, overt, **glaring** [r1] /ˈglerɪŋ/（間違いや欠点が明白な［目立つ］）（'a **glaring** fault'（明白な落ち度））】

▶ The **blatant** corruption of traffic police was exposed on camera in the documentary.（そのドキュメンタリー（テレビや映画などの記録作品）で交通警察のあからさまな汚職（corruption）がカメラに映し出された）

3-476
bode well [ill] (for A) [r2] （bode /boʊd/）
「**A** にとっての吉［凶］兆である」「縁起がよい［悪い］」

※ well, ill, no good を伴って「よい［悪い］前兆である」という意味になります.

【類語： predict, threaten】

▶ An improvement in the ISM's employment measure **bodes well for** the government's January employment report, which is due Friday and is the most important economic report on the calendar.（ISM（Institute for Supply Management 全米供給管理協会）雇用指数の改善は，政府の1月の雇用統計の良い前兆になる．雇用統計は金曜日発表予定で，景気指標の発表日程の中で最も重要な指標だ）

3-477
bolster [r1] [L] /ˈboʊlstər/
「…を高める」「…を支持する」

※ 気持ちや士気を高める，物を強化する，事業などを資金的に支えるといった状況で使われます.

【類語： strengthen, boost】

▶ After the heavy rain the mayor decided to **bolster** the city's flood defenses.（その大雨の後で，市長は水防（堤防の越水・漏水・崩壊などを防ぐこと）を強化することを決めた）

3-478
bountiful [r1] [L] /ˈbaʊntɪfl/
「豊富な」；「物惜しみしない」

※ 文語で，物が十分である以上に豊富であるとか，気前よく，惜しげもなく（lavish）（→ 3-516）与えるというイメージの語です.

※ 名詞 bounty（豊かな恵み）には「（犯人逮捕への）報奨金」とか「（産業などへの政府の）助成金」という意味もあります.

【類語： abundant ： generous】

▶ The Gold Rush began because many people believed the mountains held a **bountiful** supply of gold.

（ゴールド・ラッシュは多くの人が山に<u>豊富な</u>金があると信じたために起きた）

　これも難度の高い語ですが，**copious** γ1 /ˈkoʊpiəs/ は名詞の前で「（量・数が）おびただしい」とか「（注釈・ことば・中身などが）豊富な」という意味を表す形容詞です．ものがいっぱいあることよりも，供給の源が無尽蔵というところに焦点のあるイメージの語です（a copious writer (i.e. one who writes a great deal)〈*ISED*〉）．

　▶ We stayed long enough at the police-station to learn that a search of his clothing revealed nothing save a few shillings and a long sheath knife, the handle of which bore **copious** traces of recent blood.　　　　〈「六つのナポレオン像」〉
　（しばらく警察署で待って私たちが聞かされたのは，彼の衣類を調べたところ，数シリングのお金と長いさや入りナイフがあっただけだが，そのハンドルにはまだ新しい<u>大量の</u>血痕が付着していたということだった）

exuberant γ1 /ɪɡˈzuːbərənt/ は元気や富が「あふれるばかりの」とか「活気に満ちあふれた」という形容詞です．

　▶ And yet for all his watchfulness he was never depressed. On the contrary, I can never recollect having seen him in such **exuberant** spirits.　　　〈「最後の事件」〉
　（用心深く警戒してはいたものの彼は意気消沈してはいなかった．それどころか私は彼がこれほど<u>意気盛んな</u>のを見たことがなかった）

3-479
catalyst β2 L /ˈkætəlɪst/
「触媒」「きっかけとなるもの」
※ 変化をもたらす人や物です．
動詞 **catalyze** γ1 /ˈkætəlaɪz/ は「…を促進する」「…に触媒作用を及ぼす」
【類語：medium, vehicle】
　▶ Some see financial globalization as a **catalyst** for economic growth and stability.　　　　　　　　　　　　　　　　　　〈Internet から採録〉
　（金融のグローバリゼーションは，経済の成長と安定の触媒と考える人たちがいる）

3-480
choppy γ1 /ˈtʃɑːpi/
「波立っている」「絶えず変わる」
※ 海や水面にさざ波があるということですが，（市場などが）変わりやすい，絶えず不規則に変化している状態という意味でも用いられます．
【類語：rough, **turbulent**（→ 3-440）】
　▶ Trading in the U.S. stock markets has been **choppy** in recent weeks because of uneasiness about the economy.　　　　　　　　〈Internet から採録〉

（ここ数週間，米国株式市場は，経済への懸念から方向感のない取り引きだった）

3-481

collateral ^{r1} /kəˈlætərəl/

「担保（物件）」（動詞としての pledge（抵当に入れる）とともによく使われます．'to **pledge** the assets **as collateral**' は「資産を担保に入れる」）；「副次的な」「付随的な」（'collateral evidence'（i.e. not the main evidence but requiring consideration）⟨*ISED*⟩「傍証」「付随的な証拠」）；「見返りの」

【類語：lateral（横の）（→ 3-225, 3-474），security（保証，担保，有価証券）】

▶ What **collateral** can you offer against such a large loan?　　　⟨*Chambers*⟩

（そんな大きなローンに対して君はどんな担保を差し出せるのですか）

※ 難度の高い語ですが，「（ある物に付随する）付き物」とか「…（事情，こと）に付随する」，「同時に起こる」という意味の **concomitant** ^{r1} /kənˈkɑːmɪtənt/ という語があります（**concomitant** circumstances（「付帯状況」））．

▶ Sleeplessness is often a **concomitant** of anxiety.

（不眠はしばしば不安に付随して起きる）

※ 関連語として，自動詞 **co**(-)**exist** ^{β2} /ˌkoʊɪɡˈzɪst/（…と共存［両立］する（with）），名詞 **co**(-)**existence** ^{r1} /ˌkoʊɪɡˈzɪstəns/（共存）もおさえておきましょう．

▶ After a few years the former enemies learned to **co-exist** quite happily side by side.（数年のうちにかつての敵同士が平和共存する道を見つけた）　⟨*Chambers*⟩

3-482

compile ^{β2} ^{C} /kəmˈpaɪl/

（情報や資料などについて）「収集する」「編集する」

※ 映画，雑誌，新聞などの編集という意味では edit が使われます．

【類語：collect, put together, edit】

資料を集めて辞書などを編さんすることですが，コンピュータの用語で「コンパイラー（compiler（機械語に翻訳するプログラム））」としても使われます．

▶ The university hurried to **compile** a list of all the students who were missing after the fire.

（大学は火事の後に行方が分からなくなっている学生のリストを急いで作成した）

3-483

concede ^{β2} /kənˈsiːd/

「…を認める」「…と認める」「（権利などを）与える」

【関連語：admit, acknowledge, surrender】

※ admit は自ら認めるということですが，concede は不本意ながらも正しいと認める

ということです.

▶ The Prime Minister had to **concede** that his colleague should resign when the journalist showed him evidence of illegal activity.

（首相はジャーナリストが非合法的な活動の証拠を提示したので閣僚の一人が辞任しなければならないと認めざるをえなかった）

※ 上記【関連語】にある surrender は「あきらめる（= to give (something) up）」という意味ですが（→ 1-79 例文），その類語として，**relinquish** [r1] /rɪˈlɪŋkwɪʃ/ (≒ surrender)（(支配権などを)いやいや放棄する），**waive** [β2] /weɪv/（権利などを放棄する［主張しない］）（名詞は **waiver** [r1] /ˈweɪvər/（権利放棄（証書）)），**forfeit** [r1] /ˈfɔːrfɪt/（発音注意）（罰として…を没収される），**renounce** [r1] /rɪˈnaʊns/（正式に（権利などを）放棄する）があります.

▶ The dictator was forced to **relinquish** control of the country. 〈*Chambers*〉

（その独裁者は自国の支配権を放棄することを余儀なくされた）

▶ He **waived** his claim to all the land north of the river. 〈*Chambers*〉

（彼は川の北側の土地すべてに対する彼の権利を主張しないことにした）

▶ If you leave, you **forfeit** your whole position forever.

（もし（この部屋を）出たら，権利を永遠に没収されます） 〈「赤毛組合」〉

▶ He **renounced** his claim to the throne. 〈*Chambers*〉

（彼は王位（throne）請求権を放棄した）

3-484
concur [r1] L /kənˈkɜːr/

「（意見などが）一致する」「（事態などが）同時に起こる」

※ 公的な文脈で用いられる語で，個人の日常的なことには使われません.

【類語：agree, consent, approve】

▶ All nations **concur** that war should be avoided, and yet world peace seems unattainable. （どの国も戦争は避けなければならないと賛同しながら，今なお平和は達成できそうにない）

3-485
contaminate [β2] /kənˈtæmɪneɪt/

「汚染する」

名詞は **contamination** [β2] /kənˌtæmɪˈneɪʃn/

毒や化学物質などで汚くしたり有害な状態にしたりすることです. contamination が始まって人が使えない状態に至るのが pollute / pollution です. **pollutant** [β2] /pəˈluːtənt/ は「汚染物質」という名詞です.

▶ The outbreak of food poisoning in the school was caused by **contaminated** meat in the school lunches.（その学校での食中毒の発生は給食の肉が<u>細菌に感染し</u><u>ていた</u>ことによって引き起こされた）

3-486

curtail ^{r1} ^L /kɜːrˈteɪl/

「**削減する**」「**短縮する**」補助金，費用，スピーチ，休暇，演劇などのプログラムといったものを切り詰めるということです．

※ shorten と同じ意味ですが，結果として何か損失や障害が発生するという含みを感じさせる語です．

※「緊縮経済［財政］」は **austerity** ^{r1} /ɔːˈsterəti/ です．（'**austerity** budget'（緊縮予算），'**austerity** measures'（<u>金融引き締め政策</u>））．形容詞の **austere** ^{r1} /ɔːˈstɪr/ は「飾り気のない」，「（生活が）禁欲的な」．**ascetic** ^{r2} /əˈsetɪk/ は「（宗教的理由による）禁欲主義［苦行］の」，**abstinence** ^{r1} /ˈæbstɪnəns/ は「禁酒など節制」（total **abstinence** from alcohol（絶対<u>禁酒</u>））．

▶ OPEC countries agreed to **curtail** oil production in order to bring stability to the global economy.（OPEC（石油輸出国機構）の加盟国は世界経済の安定をもたらすため原油の生産を<u>抑える</u>ことに賛成した）

※ 原油は正確に言うと crude oil（crude（精製・精錬していない））．

※ 参考：「三大原油指標」

WTI はウエスト・テキサス・インターミディエートの略で，西テキサス地方で産出される硫黄分が少なくガソリンを多く取り出せる高品質な原油のこと．その WTI の先物がニューヨークマーカンタイル取引所（NYMEX）で取り引きされている．原油価格の代表的な指標にはこの WTI のほか，欧州産の北海ブレント，中東産のドバイがあり，これらが世界の三大原油指標と言われている．そのなかでも，WTI 原油先物は，取引量と市場参加者が圧倒的に多く，市場の流動性や透明性が高いため，原油価格の指標にとどまらず，世界経済の動向を占う重要な経済指標の1つにもなっている．

▶ He is clean-shaven, pale, and **ascetic**-looking, retaining something of the professor in his features.　　　　　　　　　　　　　　　〈「最後の事件」〉

（彼はひげのない，青白く，<u>禁欲的な</u>面持ちで，どこか教授という容貌だった）

【類語： shorten, **abbreviate** ^{β2} /əˈbriːvieɪt/「語句などを省略する」, **abridge** ^{r2} /əˈbrɪdʒ/「本や物語などを簡約化する」, reduce（→ 2-65）】

▶ Pound is **abbreviated** as lb.

（ポンドは lb と<u>短く表記されます</u>）

※ lb や通貨のポンドの略号 £ は穀物の重さを量る秤^{はかり}「Libra（リブラ）」に由来します．

▶ Long books are often **abridged** for school use.

（長い本は学校で使うためにしばしば縮約版が作られる）

3-487
deploy ^{r1} ^{L} /dɪˈplɔɪ/

「（軍を）配備する」

※ 目的語として，forces / troops / weapons などがよく続きます．

deployment ^{r1} /dɪˈplɔɪmənt/

「配置」「展開」

【類語：station（軍隊の部署につかせる），arrange，**mobilize** ^{r1} /ˈmoʊbəlaɪz/（人員を結集する，軍隊などを動員する）】

▶ The new rapid response peace-keeping force can be **deployed** to conflict zones within hours.

（新たな緊急平和維持部隊は紛争地域に数時間内で配備されることが可能だ）

3-488
dire ^{r1} /ˈdaɪər/

「悲惨な」「緊急の」「（先の見通しが）暗い」

※ 'extremely serious / terrible' という意味です．'be in **dire** straits' は「ひどい苦境に立っている」という言い方です（straits は主に財政的な苦境）．

【類語：serious, severe】

▶ He said there would be **dire** consequences if she left.   〈*Chambers*〉

（彼は彼女がいなくなると恐ろしい結果になると言った）

3-489
discrete ^{r1} ^{L} /dɪˈskriːt/

「個別の」「別々の」

※ discrete（＝clearly separate and distinct）は separate よりもそれぞれがはっきりと別個のものであるという語感があります．discontinue は定期的にやっていること［使っているもの］をやめることです．製造・販売・サービスなどを中止するというときにも使われます．

【類語：separate, **discontinuous** ^{r2} /ˌdɪskənˈtɪnjuəs/「断続的な」「《数学》不連続の」（≒intermittent（→ 1-232））（a **discontinuous** line / process（不連続な線 / プロセス））】

▶ Learning involves a hierarchical process that can be placed into **discrete** steps.

（学習は個々に分離した段階に配列しうる階層的な過程からなります）

▶ a **discontinuous** argument（首尾一貫しない議論）

この場合の discontinuous は「つじつまの合わない」という意味．

3-490
disparate $^{\gamma1}$ /ˈdɪspərət/

「本質的に異なる」「異質の要素からなる」

disparity $^{\gamma1}$ /dɪˈspærəti/ 「不均衡」「相違」(**disparity** in age / rank / position (年齢 / 階級 / 地位の不釣り合い))

※ 本質的な相違があるということで，複数の物が異質で比較できないとか調和しない (incongruous /ɪnˈkɑːŋgruəs/) ものという意味です.

【類語 : different, **dissimilar** $^{\gamma2}$ /dɪˈsɪmɪlər/ (似ていない) ('not dissimilar' の形でよく使われます)】

> ▶ I survey **disparate** things and highlight their similarities.

⟨Corpus of Contemporary American English⟩

(私は異質のものを調査しそれらに見られる類似性を強調します)

> ▶ The sisters have very **dissimilar** characters. ⟨*Chambers*⟩

(その姉妹はとても異なった性格をしている)

3-491
disperse $^{\beta2\ L}$ /dɪˈspɜːrs/

「広める」「伝播する」「撒き散らす」

※ scatter よりも広大で完全な分離・分散を含意します. 人の集団や大気 (中のもの) についてよく用いられます.

【類語 : scatter, spread, **dissipate** (→ 3-101)】

> ▶ The police asked the large crowds that had gathered for the fireworks display to **disperse** peacefully. (警察は花火大会 (fireworks display) に参集していた大観衆に混乱なく解散するように言った)

3-492
downturn $^{\gamma1\ C}$ /ˈdaʊntɜːrn/

「(商取引の) 減少」「景気の後退 [沈滞] (期)」

※ 景気や物価の下降に使われます ('the deepest global **downturn** in recent history' (近年で最も深刻な世界的景気後退)). 下記類語との比較や使い分けに留意しましょう.

【類語 : reduction (削減, 割引, 小さくなる [少なくなる] ことや状態), decline (数や質の減少や低下), decrease (量や数の減少), **slump** (急減, 落ち込み) (→ 3-439), **cutback** (経費や人員の削減) (→ 2-65)】

> ▶ Investors are skittish about the impact of an economic **downturn**.

(投資家は景気後退の影響に対して非常に敏感になっている)

※ この例文にある skittish は「(臆病で) ものおじする」の意味 (3-555 参照).

entity ^{β1} /ˈentəti/

「実体」「実在するもの」

※ 他とは独立して存在する実在物という意味です.

【類語：thing，object】

▶ England exists in geographical terms, but not as a political **entity**.

(イングランドは地名としては存在するが政治的に<u>独立した実体</u>としては存在していない)

artifact ^{γ1 L} /ˈɑːrtɪfækt/ は「（歴史的価値のある）遺物，工芸品」です（'excavated **artifacts**'（発掘調査の出土品 / 考古学的人工物））．コンピュータ技術などで「人為的な［技術上の原因による］影響［結果］」という意味でも使われます.

entrench ^{γ1} /ɪnˈtrentʃ/

「確立［固定化］する」；「塹壕を掘って囲む」

entrenched ^{γ1} 「固定化した」

※ 権力や習慣とか信条を固定化するということで，ときに「凝り固まった」という非難めいた意味合いで使われます.

※ トレンチコートでおなじみの trench は「深い溝」とか「塹壕（trenches）」という意味で，第一次大戦の泥濘地での塹壕戦で耐候性を発揮したことからトレンチコートという名称になったと言われます.

【類語：deep-seated，deep-rooted】

▶ Over the medium term, policies should be aimed at **entrenching** financial stability, which will underpin strong, sustained and balanced global growth.

〈Internet から採録〉

(中期的には，政策は金融の安定性を<u>確固としたものにする</u>ことに目標が置かれるべきであり，それによって力強く，持続的で且つ均衡の取れた世界経済の成長が下支えされよう（underpin → 3-563）)

eradicate ^{β2 L} /ɪˈrædɪkeɪt/

(根をはっているものを)「根絶する」「取り除く」

【類語：devastate（場所や地域を壊滅させる）(→ 3-540 例文)，**exterminate** ^{γ1} /ɪkˈstɜːrmɪneɪt/（故意に人や動物を根絶する，皆殺しにする，駆除する），**extirpate** ^{γ2} /ˈekstərpeɪt/（(集団的なもの，悪習，迷信を)根絶していく）《集団的なものが漸進的に消滅していく感じ，exterminate ほど強い語ではない》，名詞は **extirpation** ^{γ2} /ˌekstərˈpeɪʃn/】

※ eradicate は語源的にはラテン語 *eradicare*（根から引き抜く）に由来し，悪いものを完全に取り除くという意味で（e.g. 'to eradicate weeds'「除草する」），対象を撲滅［一掃］することに主眼があります．exterminate（e.g. exterminate a race/tribe/colony）と違い extirpate は殺すという語感は少なく，あとに残るものがよくなるようにという語感を伴うこともあります（e.g. extirpate heresies/sects（宗教上の異端/分派）を一掃する））．狼狩りをしてあるエリアからいなくするのは exterminate で気候の変動で狼があるエリアからいなくなるのは extirpate ということになります．

▶ The United Nations has introduced a charter committing nations to **eradicating** child hunger by the year 2050. （国連（UN: United Nations）は 2050 年までに子供の飢餓を根絶することを国々に義務付ける憲章（charter）を採択した）

※ 'commit A to *do*ing' で「〈人に〉（…（すること）を）義務付ける」という意味です．

▶ He was in his most cheerful and debonair humour. "My dear Watson, when I have **exterminated** that fourth egg I shall be ready to put you in touch with the whole situation .... （彼（ホームズ）は快活で上機嫌（debonair（愛想のよい《やや古》））(humo(u)r「機嫌」）だった．「4 つ目の卵をたいらげたら状況をすべて話すことにするよ（後略）　　　　　　　　　　　　　　　　〈『恐怖の谷』〉

※ 食事に出された卵を「根絶やしにする」というようにユーモラスに大袈裟なことばを使っている場面です．

▶ On reaching our destination a short drive took us to an old-fashioned tavern, where a sporting host, Josiah Barnes, entered eagerly into our plans for the **extirpation** of the fish of the neighbourhood. （目的地に着いて少しばかり馬車に揺られると古い宿屋（tavern）に着いた．われらが釣り好きの主人ジョサイア・バーンズがこの界隈の魚類根絶のプランに大乗り気で加わった）

〈「ショスコム・オールド・プレイス」〉

※ ここでも「釣り」のことをユーモラスに「魚類根絶計画」と言っています．

人や生き物が戦争や疫病で大部分［大半］が殺されるというときに 'be decimated' の形が使われます．（**decimate** ^{vt} /ˈdesɪmeɪt/ 病気・汚染・戦争などが大量に［すべてではないがほとんどの］人や動植物を殺す）

▶ The population **was decimated** by the disease/plague. （その地域の住民はその病気/疫病で大半が亡くなった）

annihilate ^{vt} /əˈnaɪəleɪt/（発音注意）は「人を全滅させる」という動詞です．

▶ Our soldiers **annihilated** a force of 3000 enemy troops. 〈*ISED*〉 （我々の兵士が敵軍の 3000 名の部隊を殲滅した）

3-496

exacerbate $^{\beta2}$ /ɪgˈzæsərbeɪt/

「(関係，病気，怒りなどを) いっそう悪化させる」形容詞は **exacerbating** $^{\beta2}$ 名詞は **exacerbation** $^{\beta2}$

【類語：weaken, aggravate (さらに悪化させる，(わざと) 怒らせる) (→ 3-7)】

※ exacerbating は「病気や怒りなどの状況の悪い度合いや苦痛をさらに悪化させ深刻 [強烈] にする」という意味合いで，aggravate も同じように用いられ，すでに悪いものにダメージを与えてより悪くするという使われ方をします．負傷の場合は aggravate がよく使われるようです．aggravate は 'to make worse' で exacerbate は 'to make something *temporarily* worse' であるとか，aggravate は意志に基づいてというニュアンスがあるのに対して exacerbate は偶発的にそうなるという場合でもよい，というような説明をされる場合もあるようですが，かなり微妙な判断であり，日常的な用法として違いはないと考えておいてさしつかえありません．なお，aggravate と exacerbate は他動詞ですが，worsen には他動詞のみならず自動詞としての用法もあります ('His illness has **worsened**.').

▶ The patient's constant smoking aggravated his lungs, **exacerbating** his asthma, and causing deterioration in his clinical status.　　　〈Internet から採録〉

(その患者は喫煙を続けたため肺がいっそう悪化し，喘息の症状が深刻となり，彼の臨床状態を低下させた)

3-497

faction $^{\beta2}$ /ˈfækʃn/

「派閥 (争い)」

※ party (党派) と同じような意味ですが，faction はもっと小さい集団で，ときに利己的で不穏当な手段に訴えることもあるというイメージの語です．

【類語：party, group, **sect** $^{\gamma1}$ /sekt/ (宗派，分派，学派等)，**school** (流派，学派)，side】

▶ The Prime Minister faced a rebellion from a competing **faction** within his own political party.

(首相は自分の所属する党内にある抵抗派閥からの反抗に直面した)

3-498

finite $^{\beta2}$ /ˈfaɪnaɪt/

「有限の」

【類語：restricted, limited】

※ finite は事物の持つ自然な性質 (natural property) について言う語で，反対語は in-

522

finite（無限の）(→ 3-202）または non-finite（無限の，動詞が非定型の（英語では分詞や不定詞））．limited（数量や時間が限られた，能力が乏しい）はしばしば人為的な性質（artificial property）について言うときに使われる語です．会社名につく 'Ltd.' は「有限責任の」，'limited monarchy' は「（君主の権力が一定の制限を受ける）立憲君主国」．

▶ Over-population is putting increasing pressure on the planet's **finite** resources.（人口過多は地球の<u>有限</u>な資源への負担を増大させ続けている）

3-499
fluctuation ^{β2} **C L** /ˌflʌktʃuˈeɪʃn/
「変動」
※ 大きさや量あるいは質のレベルが極端から極端へと頻繁に振れる［変化する］ことです．
【類語：change，**instability**（不安定（性），精神不安定）(→ 1-159）】
fluctuate ^{β2} **C L** /ˈflʌktʃueɪt/
「変動する」
【類語：change，alter，undulate（うねる）】

▶ The wild **fluctuation** in the value of currencies contributed to the 1997 Asia financial crisis.（通貨価値の大きな<u>変動</u>が 1997 年のアジア金融危機の一因であった）
※ contribute は「貢献する」とか「寄与する」というばかりでなく，この例のように「悪いことの原因［一因］となる」という用法があることにも注意しておきましょう．

3-500
foreclosure ^{γ1} /fɔːrˈkloʊʒər/
「差し押さえ」
※ 'in **foreclosure**'「差し押さえられている」，'lose A to [in a] **foreclosure**'「差し押さえで A を失う」，'**foreclosure** sale'「公売」「担保物の換価処分手続き」といった言い方がよく使われます．
【関連語：**confiscate** ^{γ1} /ˈkɑːnfɪskeɪt/「財産や証拠品を没収［押収］する」，**expropriate** ^{γ2} /eksˈproʊprieɪt/「国や政府が公共のために所有者から買い上げる（'to **expropriate** the land to build a highway'（高速道路を建設するために土地を<u>買い上げる</u>）），不動産や財産を没収する，人の物を盗んで使う（'to expropriate company funds'（会社の資金を横領する））」】
※ expropriate とスペリングの似ている appropriate は動詞では「自分のものとする」「私物化する」という意味ですが，語源的にはラテン語 *adpropriare*（*ad-* to＋*propriare*（take as）one's own）に由来します．「…のために金銭を充当する」という意味

での使い方もあり，名詞として appropriation は「（政府などによる）支出金」とか「私物化」という意味になります．関連語にある **expropriate** もラテン語 *expropri-are*（*ex-* away from＋*propriare*（take as）one's own）に由来します．

► His estates were **confiscated**, and I was left with a pittance and a broken heart.

（彼の財産は<u>没収され</u>，私には雀の涙ほどのお金（pittance）と傷ついた心が残りました）　〈「ウィステリア荘」〉

3-501
humility ^β1 ^L /hjuːˈmɪləti/
「謙虚」「謙遜」

※ ほめるときに使われます．反対語は arrogance（ごう慢，横柄）（arrogant → 1-19）．

【類語：modesty, humbleness】

► He never spoke of his Nobel prize win, and that **humility** endeared him to many people.（彼はノーベル賞受賞について何も語らなかったが，その<u>謙虚さ</u>によって彼は多くの人に好かれた）

※ 例文中の **endear** ^γ1 /ɪnˈdɪr/ は 'endear A to B' の形で「B（人）に A（人・物）を慕わせる」という意味になります．

3-502
idiosyncrasy ^γ1 ^L /ˌɪdiəˈsɪŋkrəsi/
「個人の特異な傾向や癖」

※ 個人の思想やふるまいが，特に普通ではないというときに使われます．

【類語：**mannerism** ^γ1 /ˈmænərɪzəm/（身ぶりや話し方などの無意識の癖や特徴；マンネリズム（芸術などの型にはまった手法）），peculiarity】

※ カタカナ語の「マンネリ化する」は '**get into the rut**' ^γ1（rut /rʌt/ は「わだち，車輪の跡」）．

► Steve is a good worker and popular with his colleagues, so we forgive his one **idiosyncrasy**, which is humming while he works.

（スティーブはよく働くし同僚にも受けが良いので私たちは彼の<u>癖</u>に文句を言わないんだけど，彼は仕事中に鼻歌を歌うんだよね）

関連語として，形容詞 **distinctive** ^α2 /dɪˈstɪŋktɪv/（→ 2-30）は「独特の」，「他との際立った違いがある」，**distinctiveness** ^γ1 は「特殊性」や「際立っている［特有な］こと」という名詞です．（**distinct**（別個の，明瞭な）（→ 2-30）や **distinction**（区別，差異）と混同しないように注意しましょう．'**distinctive** smell' は「（…に）<u>特有の</u>におい」，'**distinct** smell' は「（知覚的にすぐに気づく）<u>鮮烈な</u>におい」ということです．）

3-503
imminent ^{β2} C /ˈɪmɪnənt/
「(危険などが) 差し迫った」
【類語：**impending**（危機の予兆がある）(→ 3-186)】
> With her move to the New York office **imminent**, Jane had to work overtime to finish the project before she left. （ニューヨーク事務所への異動がおし迫っていて，ジェーンはその前にプロジェクトを終えようとして残業しなければならなかった）

3-504
incompetent ^{β2} C /ɪnˈkɑːmpɪtənt/
「(軽蔑して) 無能な」（'be incompetent to *do*' で「…する能力のない」）
※ なすべきことをなせない能力やスキルの低さを言う語です.
【類語：useless, inadequate, **inept** ^{γ1} /ɪˈnept/（不向きな，能力に欠ける）(**inept** remarks/behavior（時宜を得ないことば/ふるまい）) 名詞は **ineptness** ^{γ1}「能力のなさ」「不手際」, **ineptitude** ^{γ2} /ɪˈneptɪtuːd/「不適当」「能力不足」「愚かさ」】
> All the students knew the teacher was **incompetent**, but no one suspected he had forged his qualifications. （生徒はみなその教師は力がないことはわかっていたが，まさか教員免許を偽造していた (forge (→ 3-150)) とは夢にも思わなかった）

3-505
indigenous ^{γ1} /ɪnˈdɪdʒənəs/
「土着の」「原産の」
【類語：cultural, racial（人種[民族]の）, tribal（部族の）】
※ 人や文化が「土着の」，動植物が「原産[自生の]」ということで, native の PC (political correctness) 語です. native は「先住 (土着) 民の」や「(植物が) ある場所に自生する」という意味もあります.
> After campaigning for many years, they were finally officially recognized as an **indigenous** people by the government. （長年にわたる運動の末に，彼らは先住民であることが政府によって公的に認められた）

3-506
influx ^{γ1} /ˈɪnflʌks/
（人，金，商品の大量の）「流入」「殺到」
【類語：entering, inflow (act/process としての人，金，品物，液体の流入) (→ 1-124)】
※ influx の意味は「(突然の) 流入」(反対語は efflux /ˈeflʌks/「流出」), 「人や物の殺到」(反対語は outflux /ˈaʊtflʌks/「流出」「流出口」), そして「川の合流点や河口」です. inflow は「流入」，「流入物[量]」で反対語は outflow「流出」，「流出物[量]」. in-

flux と inflow は異なる語源に由来する語です.

▶ The **influx** of foreign goods, services, and capital into a country can create incentives and demands for strengthening the education system. (海外からの商品, サービスおよび資本の<u>流入</u>は教育システムの強化を促す動機と需要を創出することになる)

3-507
inhale ʳ¹ ᴸ /ɪnˈheɪl/
「吸い込む」

※「(息を) 吸って! 吐いて!」は "Inhale! Exhale!"('breathe in', 'breathe out' より堅い言い方です).

【類語： breathe】

▶ Three firefighters were taken to hospital after they **inhaled** smoke at the factory blaze.

(その工場の大火災 (blaze) で煙を<u>吸い込んだ</u> 3 人の消防隊員が病院に搬送された)

3-508
inherent ᵝ² /ɪnˈhɪrənt/, /ɪnˈherənt/
「固有の」「生まれつきの」「本来備わっている」

※ 一時的なものではなく, 永久的なものという語感をともなう語です.

【類語： **innate** ʳ¹ /ɪˈneɪt/ (先天的な, 生得的な (＝inborn))《学術的な文脈で使われます》, inborn (生まれつきの)《日常的に使われる語です》('an inborn talent for art' (生まれながらの芸術の才)), natural】

▶ Many golf clubs maintain a men-only membership rule despite the **inherent** sexism of the policy. (ゴルフのカントリークラブの多くは, <u>本来的</u>に女性差別に基づく方針であるにもかかわらず男性のみを会員にしている)

▶ I do not know whether it came from his own **innate** depravity or from the promptings of his master, but he was rude enough to set a dog at me.

《ホームズが尾行している医師の御者に聞き込みをしたときの失敗談をワトソンに語る場面のことば》

(彼の<u>生来</u>の性質 (たち) の悪さ (depravity (堕落, 悪行)) から来ているのか主人からの念押し (prompting) があったのかわからないが, 乱暴にも僕に犬をけしかけてきたのだ)　　　　　　　　　　　　　　　　　　　　　〈「スリークオーターの失跡」〉

3-509
integral ᵝ² /ˈɪntɪɡrəl/, /ɪnˈteɡrəl/
「不可欠な」「なくてはならない」

※ 全体を完成させるために必要なという意味です（integrity は「全体性，無欠の本来の状態」という意味です（「清廉」,「高潔」という意味もあります（下記を参照））.

【類語：essential】

▶ When studying a foreign language, making mistakes is an **integral** part of the learning process.（外国語を学ぶときには，失敗することは学習過程において必要とされる不可欠な部分だ）

integrity [β2] /ɪnˈtegrəti/

「統合」「統一性」「完全無欠の状態」

【類語：completeness, wholeness, unity】

「高潔」「誠実」「品格」

【類語：honesty】

▶ The governor's mis-use of public funds has called into question his political **integrity**.（その知事による公金の不正な流用（misuse（不正，悪用）は彼の政治的な清廉さについて疑問を投げかけた）

3-510
issuance [γ1] /ˈɪʃuəns/

「発行」「給付」

関連語【類語：provide, publish】

※ 動詞 issue（発行する）の名詞形です．'corporate bond **issuance**' なら「社債発行」です．

3-511
itch [β1] **L** /ɪtʃ/

「かゆい」「むずむずする」;「かゆみ（'anti-itch cream'（かゆみ止めクリーム））」

※ 形容詞は itchy．下の例文にあるのは 'be **itching** to *do*'（…したくてうずうずしている）や 'be **itching for** A'（A がほしくてたまらない）という成句です．

【関連語：raw（ひりひり［ちくちく］痛い）（「生の」の意味では → 1-259)】

▶ He is **itching** for raises and promotions, even though he despises his company and the jobs he does.（彼は自分の会社や自分のやっている仕事を軽蔑しているが，昇給や昇進はやたらに望んでいる）

▶ The younger members of staff **are itching to** press ahead with the project, but the senior bosses are more cautious.（若手スタッフはそのプロジェクト推進をしたくてたまらないが，年配の上役たちはもっと慎重だ（cautious)）

3-512
jittery $^{\gamma 2}$ /ˈdʒɪtəri/

「神経過敏な」「びくびく［どきどき，そわそわ］した」

※ 起こりそうなことに対して神経質になっているということです．恐怖や神経を病む ような記憶で心の安定が損なわれているような状態です．

【類語： nervous, **impatient** $^{\alpha 2}$ /ɪmˈpeɪʃnt/ （いらいらしている，（精神的に）我慢できない）（→ 3-183)】

▸ She gets **jittery** if she is alone in the house at night.

(彼女は夜その家に一人でいるととびくびく［そわそわ］する)

※ 関連語として，twitchy /ˈtwɪtʃi/ は nervous と同じように「神経質な」という意味ですが，**twitch** $^{\beta 2}$ /twɪtʃ/ は特に「（鼻とか耳とかまぶたとか筋肉を）ぴくぴく動かす」「…をぐいと引く」という意味の動詞です．

3-513
jurisdiction $^{\gamma 1}$ /ˌdʒʊrɪsˈdɪkʃn/

「司法権」「裁判権」「管轄権」；「権限の範囲」「管轄区域」

※ 法的な権限や，実効性のある定められた権力という意味の語です．

【類語： power, authority, command】

▸ They soon had a proof, however, that they were still within the **jurisdiction** of the Saints. 〈『緋色の研究』〉

(しかし彼らはほどなくいまだに教徒たちの管轄地域内にいることを思い知った)

3-514
juvenile $^{\alpha 2}$ /ˈdʒuːvənl/

「（法律上）少年の」「青少年（少女も含む）の」

(cf. **adolescent** $^{\alpha 2}$ /ˌædəˈlesnt/ 「青年期の（若者）」「子どもじみた（人・言動）」 ('adolescent angst'（青春時代の悩み)))

【類語： youth】

※ 名詞の前に置かれます（'**juvenile** delinquency'（青少年犯罪)).

▸ In the 20th century **juvenile** delinquents were often imprisoned, but these days counseling is a more common approach.

(20 世紀には未成年者の (juvenile) 非行者 (delinquents (→ 3-77)) は投獄されたが，近頃ではカウンセリング (counseling) がより普通のアプローチとなっている)

3-515
lag $^{\beta 2}$ /læg/

「遅れ」「遅延」；「進行が遅れる」（'**lag** behind A in B' 「B の面で A（人など）に遅れを

とる），‘jet **lag**’ は「時差ボケ」）

※ スピードやペースが維持できなくて遅れることです.

【類語： delay （じゃまが入って完成や到着が遅れる）】

> There is a time-**lag** of several minutes between our hearing the train and actu-
ally seeing it. 〈*Chambers*〉

（音が聞こえてから数分の時間差があって私たちは列車の姿を目にする）

※ 難度の高い語ですが，**procrastinate** ʳ¹ /prəˈkræstɪneɪt/ は「（やりたくないことを故意に）先延ばしにする」という意味で，フォーマルなあるいはアカデミックな分野で使われます.

> He **procrastinated** until it was too late. 〈*ISED*〉

（彼はそれが手遅れになるまでぐずぐずした）

3-516
lavish ᵝ² /ˈlævɪʃ/

「惜しみなく与えられた」「ぜいたくな」（‘be lavish in [of, with] (*one*’s) …’「惜しみない（賛辞など）を送る」/「気前よく（金銭など）を与える」）

※ 大量のとか大がかりなということで，金額のはるという含みがあります. 物惜しみせず節制などが感じられない様子です.

【類語： deplete （3-78）, dissipate （3-101）, extravagant, **prodigal** ʳ¹ /ˈprɑːdɪgl/ （放蕩の，道楽者）（prodigal son（《聖書》放蕩息子，最後には改心した道楽者）），**profuse** ʳ¹ /prəˈfjuːs/ （物惜しみしない （(over-)generous），乱費の）（extravagant → 1-341）；名詞は profusion （‘in profusion’（豊富に）），spendthrift /ˈspendθrɪft/ （金遣いの荒い，浪費家）】

> **lavish** gift （ぜいたくな贈り物）
> **profuse** praise / apologies （べた褒め / くどくどしい弁解）

類語として，**ostentatious** ʳ² /ˌɑːstenˈteɪʃəs/ があり，「（しばしばけなして）これ見よがしの」（an ostentatious display of wealth），「（物が）派手な［ぜいたくな］」（ostenta-tious jewelry）という意味です.

3-517
lethal ᵝ² ᴸ /ˈliːθl/

「死を招く」「命取りの」

※ そのものの特性として死を引き起こすとか殺すためにあるという意味です.

【類語： deadly, fatal】

> Another recession could prove **lethal** to the fragile recovery of the economy.
（もう一度不況に見舞われると弱々しくしか回復していないこの国の経済に致命的となりかねない）

3-518
lieu ^{γ1} ^L /luː/

'in **lieu** of' の形で「…の代わりに」

【類語 : instead of】

※ 'instead of' と同じ意味ですが, 堅い言い方です.

▶ The nurses were offered a small payment **in lieu of** the time off they should have had that month. (看護師たちはその月に取れるはずだった（のに働いた）休みの代わりとして僅かばかりの賃金を提示された)

3-519
mark up ^{γ1}

「(商品を) 値上げする」「高い評価をつける」

【類語 : overcharge】

※ 反対語としては 'mark down'（値引きする）や underestimate があります.

▶ Other non-fuel commodity prices have also been **marked up** modestly.

(その他の非燃料商品価格もある程度上昇した)　　　　　　　〈Internet から採録〉

3-520
malfunction ^{β2} ^C ^L /ˌmælˈfʌŋkʃn/

「(器官などの) 機能不全」「機械などの不調やうまく作用しないこと」;（動詞として）「(コンピュータなどが) うまく機能しない」

※ mal- は「悪い」,「不完全な」という接頭辞です（maladjustment は「環境不適応」）.

【類語 : break down】

▶ Market trading could not take place that day because of a serious computer **malfunction**.

(コンピュータの深刻な不具合のためその日の市場取引は行われなかった)

3-521
miscellaneous ^{γ1} ^L /ˌmɪsəˈleɪniəs/

「種々雑多なものからなる」「多方面にわたる」

※ 名詞の前に置いて使われることがしばしばです.

【類語 : various, varied /ˈverid/, /ˈværid/ ((ほめて) 多様な), diverse（異なった）, mixed（混成の）】

▶ The amount this firm spends on **miscellaneous** stationery items such as paper and printer cartridges is far too high. (紙や印刷カートリッジといった雑多な事務用品 (stationery) に使われているお金の総額はあまりにも多すぎる)

3-522
nascent /ˈneɪsnt/

「発生期の」「生まれようとしている」「初期の」

※ 下記例文のような報道関係のみならず, 'nascent tumor'（初期腫瘍《病理》）といっ
た用語にもよく使われます.

【関連語：beginning, newborn /ˈnuːbɔːrn/（生まれたての, 新生児）】

▶ Aggressive and extraordinary official interventions were imperative to bring
about this **nascent** stabilization of our financial markets and economic recov-
ery.（積極的で大がかりな公的介入が前兆の見え始めた金融市場の安定と景気回復を
引き起こすのに絶対必要（imperative（→ 3-187））だ）

3-523
oblivion ^{β2 C} /əˈblɪviən/

「忘却」

oblivious /əˈblɪviəs/

「（気づくべきなのに）気づかない」「…のことを忘れ去って」

【類語：unaware, ignorant, forgetful】

※ unaware と違い, 悪いイメージで「気づくべきなのに気づかない」とか, 記憶力が悪
くてというのではなく「意図的に念頭に置いていなくて忘れている」（あるいは不可
抗力な理由で忘れている）といった感じがあります.

▶ After his death, his name quickly fell/sank into **oblivion**（＝became forgotten）.
（彼の死後, 彼の名前はすぐに忘れられた）　　　　　　　　　　　〈Chambers〉

▶ The opposition from East Asian countries meant the trade deal did not pass
and was consigned to **oblivion**.（東アジア諸国が抵抗するということは貿易協定
（trade deal）が不調に終わり忘却の彼方になったということだ）

※ consign（→ 3-51）は「…を（好ましくない状況に）追いやる［陥れる］」という動詞
ですが, '… was consigned to **oblivion**' ＝ 'sank/fell/passed/slipped into **oblivion**'
ということで「…が忘れ去られた」という意味になります.

3-524
obsolete ^{β2 C L} /ˌɑːbsəˈliːt/

「すたれた」「時代遅れの」（→ 3-9）

※ 新しいものに取って代わられて使われなくなったということです.

【類語：outdated ^{α2}（装備などが旧式の, 期限切れの）, old-fashioned（モダンでない）,
out of date（情報などが古い）】

▶ The fax machine, long considered **obsolete** in many European countries, is still widely used in Japan.（ファックス機はもうずっとヨーロッパの国々では時代遅れと思われてきたが，日本はまだ広く使われている）

3-525
ongoing ^{α2} ^C /ˈɑːŋɡoʊɪŋ/
「進行［進展］中の」「継続中の」

※ 調査，討議，論争，交渉，努力などについてよく用いられます．

【類語：continuing（継続中の），continuous（絶え間ない）】

▶ The process of absorbing the credit losses is still under way, supported by **ongoing** capital raising.（資本調達の進展により，クレジット・ロス（信用リスクの顕在化による損失）の吸収が現在進行している）

3-526
optical ^{β1} ^L /ˈɑːptɪkl/
「光学の」「視覚の」

【関連語：**luminous** ^{γ1} /ˈluːmɪnəs/（光を出す），**illuminate**（語源はラテン語 *illuminare*（= to light up; *in*- in + *luminare* to light)】

※ 通例限定用法です．optic は「目の」（'the optic nerve'（視神経））．

▶ Our company researches the use of **optical** devices to help blind people see.
（私どもの会社は目の不自由な人の助けとなる光学器具を研究しています）

▶《村人たちが語る魔犬の様子》
They all agreed that it was a huge creature, **luminous**, ghastly, and spectral.
（彼らの一致した証言では，それは大きな怪物で，光を放ち，身の毛がよだつような（ghastly /ˈɡæstli/），そして亡霊のようにぼんやりした姿（spectral）だというのです）
〈『バスカヴィル家の犬』〉

3-527
optimize ^{γ1} ^L /ˈɑːptɪmaɪz/
「最大限に利用する」「最大限に高める」「最適化する《コンピュータ》」

optimum ^{γ1} ^L /ˈɑːptɪməm/
「最適の」「最適条件（= **optimal** ^{γ1} ^L /ˈɑːptɪml/)」

※ ideal は「理想的な」とか「絶好の」で，optimum は「（可能な限りで）最適の」という意味です．optimum（= optimal）は名詞として「（繁殖や生長の）最適条件」という意味でも使われます．

【関連語：best, improve】

▶ Having experience and qualifications is important, but these days in order to **optimize** your career prospects you have to network on social media.（経験と資

格があることは大事だが，この頃では仕事の将来性 (career prospects) を最大限にするためにはソーシャルメディアで人脈を広げなければならない)

※ ここでの network は動詞です．

3-528
per capita ʳ¹ /pər ˈkæpɪtə/

「一人当たりの」

※ ラテン語由来のことばです．'per capita incomes' は「一人当たりの所得」．

【関連語：respectively, **pro rata** ʳ² /ˌproʊ ˈrɑːtə/ ((形容詞的あるいは副詞的に) 比例して) (= in proportion, according to the share, rate, *etc.*)】

> What is the average income **per capita** in this country?
> (この国の一人当たりの平均収入はいくらですか？)

> If costs go up, there will be **pro rata** increase in prices.
> (コストが上がればそれに比例しての価格上昇が起きるだろう)

さらに関連語として，**commensurate** ʳ² /kəˈmenʃərət/ は形容詞で「(報酬や責任などが能力や経験などに) 見合った [相応の]」;「(量やサイズが) 同等の (with)」「と比例した (to)」という意味です．

> Was the pay you received **commensurate with** the work you did?　〈ISED〉
> (あなたの受け取った賃金は仕事量に見合っていましたか？)

3-529
peripheral ᵝ² ᴸ /pəˈrɪfərəl/

「核心から離れた」「周辺的な，あまり重要でない」

名詞は periphery (周辺，外縁，非主流部) —vicinity (→ 3-539)

※ activity / information / idea / situation / issue といった語について，あまり重要でないという文脈でよく使われます．

【類語：edge (端，縁)，minor (重要 [深刻] でない)，superficial (皮相的な)】

【反対語：core】

> Unfortunately, for many mining companies in the past safety and profit were important, but environmental considerations were only a **peripheral** concern.
> (不幸なことに，鉱業 (mining) の会社の多くは過去において安全や利潤は重要視したが，環境問題に関することは周辺的な関心事でしかなかった)

3-530
petition ᵝ² ᶜ /pəˈtɪʃn/

「嘆願 (する)」

※ 権威を有する人などへの嘆願です．

【類語：request, **plea** *β2* /pliː/「切実で急を要する懇願（a **plea** for blood donors（献血を求める嘆願））, 弁解, 抗弁《法》」, plead「嘆願する」(→ 3-299)】

▶ A **petition** with 300,000 signatures demanding that the imprisoned journalist be released was handed in to the embassy.（投獄されたそのジャーナリストを解放するようにと 30 万人が署名した<u>嘆願書</u>が大使館に渡された）

▶ He made a **plea** of not guilty.

（彼は無罪の<u>申し立てをした</u>）

3-531
posture *β1* **L** /ˈpɑːstʃər/

「姿勢」「ポーズ」「心構え」

※ attitude は無意識にあるいは意図的に感情（行為, 驚き, 悲しみ等）を示す態度という意味でも使われますが, posture は感情の表現に関わらないもので, ある姿勢（たとえば ‘a kneeling posture’（ひざまずいた姿勢））がどのような意味を伝えているのかといった文脈でよく使われます.

【類語：attitude, position, pose】

▶ A company which is vulnerable to take over needs to strike a more aggressive **posture** to defend itself.（買収（take over）の目に遭いやすい企業は自らを防衛するためにいっそう積極的な<u>姿勢</u>を打ち出す必要がある）

3-532
pound *β2* /paʊnd/

「ドンドンと強く連打する」

※ 心臓がどきんどきんと打つとか頭がずきんずきんするといった状況でも使われます.

【類語：beat, hit】

▶ The mayor would be more successful if he was occasionally diplomatic and compromised, instead of trying to **pound** his opponents into submission on every issue.（その市長は, もしすべての点において対抗勢力を<u>たたいて</u>屈服させようとするのではなく, ときに人付き合いをうまくしたり（diplomatic（外交手腕に長けた））歩み寄ったりすれば（compromised）もっと成功するだろうに）

3-533
predator *β2* /ˈpredətər/

「捕食動物」「略奪者」

※ 比喩的に, 他人を（経済的に, 性的に）食い物にする人についても使われます. ‘**predatory** pricing’ は「<u>略奪的価格設定</u>（優位にある企業が極端に低い価格設定をすること）」, ‘**predatory** loan’ は「<u>略奪的融資［貸付］</u>（高利率や過剰な貸付費用な

どで借り手に大きな負担を強いる融資)」という意味です.

【類語: **carnivore** [r1] /ˈkɑːrnɪvɔːr/ (肉食動物), **carnivorous** [r2] /kɑːrˈnɪvərəs/ (肉食性の) (反対語は **herbivorous** [r2] /ɜːrˈbɪvərəs/, /hɜːrˈbɪvərəs/「草食性の」, 「雑食性の」は **omnivorous** [r2] /ɑːmˈnɪvərəs/)】

▶ With wolves going extinct on the island, the deer have thrived, as they have no natural **predator**. (その島で狼が絶滅して (extinct) いき, 天敵 (natural predator) がいなくなったので鹿が随分と増えた)

3-534
prerequisite [β2] [C] [L] /ˌpriːˈrekwəzɪt/
「必要条件」

※ 物事が行われるために必要となる前提条件です. ある学科目を履修する前に追っておくべき前提 [必修] 科目という意味でも使われます.

【類語: requirement, condition, **proviso** [r1] /prəˈvaɪzoʊ/ (但し書き)】

▶ The Japanese government has insisted that the return of disputed islands is a **prerequisite** to signing a peace treaty with Russia. (日本政府はロシアとの平和条約を締結するためには懸案となっている島々の返還が前提条件であると主張した)

▶ He agreed to come, with the **proviso** that he could leave early.　　〈Chambers〉
(彼は来ることに同意したが, 長くいなくてもよければという条件付きだった)

3-535
proponent [β2] /prəˈpoʊnənt/
「支持 [擁護] 者」「提案者」

【類語: advocate (主張者, 提唱者), **lobbyist** [r1] /ˈlɑːbiɪst/ (ロビイスト, 院外で議員に議案通過を働きかける議会工作者), **partisan** [r1] /ˈpɑːrtəzn/ ((通例けなした言い方として) 政党や主義などの熱狂的な支持者)】

※ 反対語は opponent (計画や考えなどに対する反対 [敵対] 者) で, 政治・ビジネス・スポーツでよく使われます. **adversary** [r1] /ˈædvərseri/ は議論や戦闘での敵とか敵国です ('political **adversary**' (政敵)).

▶ **Proponents** of globalization argue that this is not because of too much globalization, but rather too little.　　〈Internet から採録〉
(グローバリゼーションの支持者は, このことは行き過ぎたグローバリゼーションのせいではなく, グローバリゼーションが余りにも浸透しなさ過ぎているためであると主張する)

pros and cons ^{r1} /proʊz ən ˈkɑːnz/

「賛成の理由と反対の理由」「賛否両論」

※ pro は副詞で「賛成して」（反対語が con）．'argue a matter pro and con' は「賛否両論を戦わす」．

▶ Let's hear all the **pros and cons** before we make a decision.　　〈*Chambers*〉

（決断する前にすべての賛成の理由と反対の理由を聞きましょう）

prose ^{β2} /proʊz/

「散文（体）」

※ 韻律や定型的な句法を持たない文章，日常使われている書きことばのこと．

【反対語：**verse** ^{β1} /vɜːrs/（韻文，詩節），**poetry**】

▶ The impassioned **prose** in the campaigner's letter convinced many people to take an interest in the issue. （その社会運動家の手紙にあった熱烈な (impassioned) 文章が多くの人にその問題への関心を持たなければと思わせた）

protracted ^{r1} /prəˈtræktɪd/, /proʊˈtræktɪd/

「長引いた」「長期化した」（動詞は **protract** ^{r2}「…を長引かせる」で通例受身形）

※ 交渉や争いなどが通常よりも，あるいは予期したよりも時間がかかっていることです．**prolong** は持続時間［期間］を延長することですが，protracted ではさらに「きりのない (indefiniteness)」，「不要な (needlessness)」，「うんざりする (**boredom** ^{β1} /ˈbɔːrdəm/（ひどい退屈））」といった含みが加わります．'**protracted** talks'（長ったらしい話），'a deep and **protracted** recession'（深刻で長引く不況）

proximity ^{β2} C L /prɑːkˈsɪməti/

「近接」

形容詞は **proximate** ^{r1} /ˈprɑːksɪmət/「直接の」「直近の」「直前［直後］の」(cf. approximate)．

※ 時間・空間・順番が近いことです．

【類語：**vicinity** ^{β2} /vəˈsɪnəti/（近所，近辺）(neighborhood よりも広い地域 'in the vicinity of'「…の近くに［で］」)，**neighborhood**】

▶ People are connected across great distances in many virtual ways these days, but face-to-face meetings and physical **proximity** are still important.

（この頃ではバーチャルな（virtual（仮想の））形で人々がつながっているが，顔を突き

合わせて会うことや実際に近づくことが今なお重要だ）

▶《組織から脱出した男が山中を逃亡する場面》

… from the marks upon the bark of the trees, and other indications, he judged that there were numerous bears in the **vicinity**.

((前略) 木の皮 (bark) についた傷やほかの様子から，彼はその辺りに多数の熊がいると判断した)　　　　　　　　　　　　　　　　　〈『緋色の研究』〉

3-540
pull together ^{β2} C （= to act [work] together in an organized way）

「(グループのメンバーが) 力を合わせて働く」「(目的達成のため) 一致協力する」

▶ After the town was devastated by the tornado, people **pulled together** to help re-build homes and schools. （竜巻でその町が大被害にあった (devastate（打ちのめす，荒廃させる)) 後，人々は一団となって家や学校を再建した)

'pull *one*self together' は「冷静に行動する」「気を取り直す」です.

▶《大けがをした患者が事情を話そうとして笑い出したのを見て危険な兆候であることを察知したワトソンが》

"Stop it!" I cried; "**pull yourself together**!" and I poured out some water from a carafe.

(「笑ってはいけません！」私は叫んだ. 「しっかりして！」そして水差し (carafe (/kəˈræf/)) の水をついで飲ませた)　　　　　　　　　　　〈「技師の親指」〉

3-541
pummel ^{γ2} /ˈpʌml/

「(こぶしでつづけざまに) …を打つ [たたく]」「…をしたたか殴る」

【類語：beat, **pound** (→ 3-532), **hammer** (→ 1-142)】

※ 下の例のように比喩的にも用いられます.

▶ Concerns about China's plan to limit economic growth have **pummeled** the market.　　　　　　　　　　　　　　　　　　〈Internet から採録〉

(中国の経済成長抑制策についての懸念が市場を下落させた)

3-542
punitive ^{β2} C /ˈpjuːnətɪv/

「懲罰の」「懲戒的な」(punish の形容詞形)

※ '**punitive** tariff' (報復関税)，'**punitive** measures [action]' (報復措置)：'**punitive** tax' (苛酷な税金) といった使われ方をします.

【類語：strict ((規則などが) 厳しい)，**stringent** ^{β2} C /ˈstrɪndʒənt/ (規則や手続きが厳正な)】

▶ Once the lenders defaulted on the loan, the bank decided to take **punitive** measures. (ひとたび貸し手 (lender) が債務不履行になる (defaulted) と，銀行は<u>対抗措置</u> (強制的な債務の履行を実現させるとか債務者への損賠賠償を請求するなど) をとることを決めた)

▶《外国系の名前の男が犠牲になった奇怪な殺人事件を政治的な組織によるものだと報じる新聞記事の一部》

Among these men there was a **stringent** code of honour, any infringement of which was punished by death.

(こういった人たちの間には名誉に関する<u>厳格な掟</u>があり，いかなる違反 (infringement (→ 3-28, 3-204)) も死をもって罰せられるのだ)　　　〈『緋色の研究』〉

3-543

put … in place ^{α2 C}

「適所に」「きまった場所に；準備が整って」「(計画などが) うまくいって」「(法律が) 施行されて」

※ 'have / hold … in place' の形でも出てきます.

【類語：in the correct position, ready】

▶ The government assures us that various new safety measures have been **put in place** following the last nuclear accident.

(先の原発事故の後に様々な新しい安全対策 (safety measures) が<u>施されている</u>と政府は私たちに保障している (assure (請け合う)))

※ 'in effect' や 'in force' は法律制度が「発効して」とか「施行されて」という意味です.

3-544

quota ^{β2 C L} /ˈkwoʊtə/

「(一人分の) 割当量，定量」「(公式な) 定員」「(期待される) 分担」

【類語：share, **allocation** (支給 (額)，手当 (金)) (→ 2-3), **ration** ^{γ2} /ˈræʃn/ ((飲食物の) 配給，一人分の許容量；food rations 配給食糧)】

※ 最大の許容量ということで，'import quotas on Japanese cars' なら「日本車の輸入割当 (IQ: import quotas)」です.

▶ In order to protect and promote Korean films, the country has a screen **quota** system that requires cinemas to screen a certain percentage of domestic films throughout the year. (韓国映画を保護し奨励するために，国が映画の<u>割り当て</u>制度を定めているが，それによれば映画館は 1 年間に一定量の割合で自国の映画を上映することが要求されている)

3-545

redundant $^{\beta 1}$ /rɪˈdʌndənt/

「余分な」「よけいな」「冗漫な」；名詞は **redundancy** $^{\beta 1\ C}$ /rɪˈdʌndənsi/

【類語： **wordy** $^{\gamma 1}$ /ˈwɜːrdi/（冗長な，冗漫な），repetitions，**superfluous** $^{\beta 2}$ /suːˈpɜːrfluəs/（強勢の位置に注意）「余分な」「過剰な」（'superfluous flesh'（ぜい肉）），surplus（→ 1-106）】名詞の redundancy はイギリス英語では「労働力の余剰」や「解雇（compulsory **redundancy**（強制解雇））」という意味でも使われます．（アメリカ英語で不況時の解雇は layoff です．）

▶ Very few people who are made **redundant** after 50 years of age succeed in finding full-time employment.（50歳を過ぎて余剰人員とされた人でフルタイムの就職口が見つかる人などごくまれにしかいない）

3-546

refute $^{\beta 2\ C\ L}$ /rɪˈfjuːt/

「誤りを証明する（反対語は confirm）」「論駁する」

※ 証拠を示したり論証したりして理論や議論の誤りを証明するということです．

【類語： deny（名詞は denial /dɪˈnaɪəl/），**disprove** $^{\gamma 1}$ /ˌdɪsˈpruːv/（証拠を出して反証する）《refute や rebut よりもややインフォーマルで広い文脈で使われます》（'**dis-proved** conjecture'（否定された予想（予想された数学の命題を後の数学者が間違いを証明したもの）））】

▶ The President was able to present convincing data to **refute** claims that job losses had increased during his term in office.
（大統領は彼の任期中に失業数が増加しているという主張に反駁するための説得力のあるデータを提示することができた）

rebut $^{\gamma 2}$ /rɪˈbʌt/ は「反論する」ということですが，議論よりも，特に罪状の告発や批判などが正しくないと主張することです．証拠を上げる場合もあれば単に否定するだけのこともあります．refute は告発にも議論にも使われます．また，本来 refute は証拠を上げて論じることですが，最近は rebut のように単に否定するという状況で使われている事例もあるようです．

▶ The prosecution's arguments were **rebutted** by the defense lawyers. ⟨Chambers⟩
（検察の主張は被告の弁護団によって反証された）

3-547

reimburse $^{\beta 2\ C}$ /ˌriːɪmˈbɜːrs/

「費用などを返済［補償］する」

※ 人に払わせた［失わせた］お金を返すことです．

【類語：**repay** ^{α2} /rɪˈpeɪ/ （返済する（=‘pay back’）)，**refund**（払い戻す）(→ 1-260)】

▶ You will be **reimbursed** (for) the cost of your journey. 〈*Chambers*〉

（あなたはあなたの旅行にかかった経費を返済してもらえますよ）

《たとえば出張などであなたが出費した経費分のお金を会社から受け取るのは a reimbursement》

▶ After the concert was cancelled, the promoters announced they would **refund** all the fans that had bought tickets. （コンサートがキャンセルになったので，プロモーターはチケットを買っていたファンに返金するとアナウンスした）

《あなたが品物を購入したお店に返品してお店から返金をしてもらうのは a refund》

※ チケットなどの「半券」は **stub** ^{γ2} /stʌb/ といいます（他に「（たばこやろうそくの）使い残り」や「（小切手帳などの）控え」という意味があります）．

3-548
replenish ^{β2 L} /rɪˈplenɪʃ/

「補充する」

※ 通例 replenish の目的語は容器に入れる飲食物で，refill は容器を目的語にします．ただし replenish がグラスなどを目的語にすることはあります．

【類語：fill, supply, **restock** ^{γ2} /ˌriːˈstɑːk/ （新たに補充する），**refill** ^{β2} /ˌriːˈfɪl/ （補充（する））】

▶ After disease wiped out the community's stock of cows, over a thousand head of cattle were sent from France to **replenish** their stock. （病気でその地域の乳牛(cow) が壊滅してしまったので，補充するため一千頭を超える畜牛 (cattle) がフランスから送られた）《stock = livestock （農場の家畜類）》

3-549
resilient ^{β2} /rɪˈzɪliənt/

「回復力にとんだ」「立ち直りの早い」

resilience ^{γ1} /rɪˈzɪliəns/ 「回復力」「弾力」

※ よくないこと（ショックやけがとか不利益といったもの）の影響を受けない，あるいは受けてもすぐに立ち直るということです．

【類語：strength, elastic】

▶ We need to get the right rules in place so the global system is more **resilient**, more beneficial, and more legitimate. 〈Internet から採録〉

（私たちは正しい規則を整備・施行してグローバルなシステムがますます回復力を強め，いっそう利益をもたらし，より正当なものとなるようにする必要がある）

3-550
salient β2 L /ˈseɪliənt/

「目立つ」

※ 質に焦点が置かれ，耳目を集めるという語感で，押し付けがましい感じではなく顕著さを述べられたものに帰する言い方です．

【類語：noticeable, outstanding, prominent, remarkable】

※ salient はフォーマルなあるいは学術的な文脈でもよく用いられる傾向があり，noticeable / outstanding / prominent / remarkable は日常的にも使われます．

▶ Mr. Stevens kindly filled us in on the **salient** points of the business strategy seminar he attended.（スティーブンス氏は親切にも彼が参加したビジネス・セミナーの特に重要なポイントについて我々に知らせてくれた）

※ 例文中の 'fill in' は 'fill A（人）in on …' の形で「A（人）に…（情報）を詳しく教える」という意味です．

3-551
sanctuary β2 /ˈsæŋktʃueri/

「聖域」「避難」「保護」「鳥獣保護区域」「禁漁区」

※ 神聖不可侵な場所という語感に重点がある語です．

【類語：church, **refuge** β2 /ˈrefjuːdʒ/（避難（所）），shelter, **asylum** γ1 /əˈsaɪləm/「（外国大使館などが与える）政治的庇護（political asylum（政治亡命）），避難場所」】

▶ City parks are often a **sanctuary** for stressed workers who escape for a short time from their office.（都市の公園はストレスを抱えた働き手が職場からつかの間逃れるための避難場所となることがよくある）

3-552
savvy γ1 C /ˈsævi/

「有能な」「(-savvy で) …に詳しい」（computer savvy（コンピュータの知識を持った））；「（実際的な）知識」

※ 語源的には，ラテン語由来のスペイン語から入った *saber*（to know）の語形 *sabe* が黒人英語・ピジン英語を経て 18 世紀に入ったと言われています．くだけた言い方ですが新聞記事などでも目にします．

【類語：**shrewd** β2 /ʃruːd/（（ビジネスの文脈で）そつがない，機敏な）（→ 3-369），knowledgeable】

▶ The outgoing boss will be missed for his great way of dealing with people and his financial **savvy** that saved the company a fortune in deal-making.（まもなく引退するその上司はまわりから惜しまれるだろう．人材の活用の仕方は素晴らしかったし，取り引きをまとめる金融面での有能さは会社に多大な利益をもたらしたのだ

から）

shoddy /ˈʃɑːdi/

「安っぽい」「ごまかしの」「見掛け倒しの」

※ 品物，サービス，作品などについて粗雑なというときによく使われます.

▶ The death of six elderly patients at the hospital was put down to mis-management and **shoddy** working practices among staff. (その病院で 6 人のお年寄りが亡くなったのは管理のミスとスタッフの雑な仕事の仕方に原因があるとされた)

※ 例文中の ‘put A down to B’ は「A の原因が B であると考える」という意味です.

【類語：**lax** /læks/ (control, security が手ぬるい，ルーズな), **sloppy** /ˈslɑːpi/「身なりや衣服がだらしない，働きぶりや考え方がいいかげんな (**sloppy** accounting (ずさんな会計処理)), びちょびちょして汚い」】

▶ The rough-and-tumble work in Afghanistan, coming on the top of a natural Bohemianism of disposition, has made me rather more **lax** than befits a medical man. 〈「マスグレイヴ家の儀式」〉

(アフガニスタンでの無秩序な (rough-and-tumble (乱暴な)) 仕事は，生来の奔放な気質 (disposition) と相まって (‘on (the) top of …’ (好ましくないものが) 加わって)，私を医者にはふさわしくない怠惰な男にしてしまっていた)

▶《事件現場の近くに馬車で到着して，馬車を下りて歩いてみると》
The whole place was very **sloppy** from the rain which had fallen through the night. 〈『緋色の研究』〉

(昨夜降りどおしだった雨のためにそこら中がすっかりぬかるんでいた)

siege /siːdʒ/

「包囲 (攻撃)」「包囲状態 [期間]」

※ 軍隊 (陸軍) による都市や城塞の包囲というのが原義です.

▶ That newspaper claims that the EU free movement of labor has led to the UK being a nation under **siege** from migrants. (その新聞の論調は，EU が労働者の自由移動を認めているためにイギリスが出稼ぎ労働者 (**migrant** /ˈmaɪɡrənt/ (出稼ぎ労働者) (**migrate** (移動 [移住] する)) からの非難の的になっているというものだ)

※ ‘under siege’ は「包囲されて」とか「非難 [攻撃] されて」という意味です.

besiege /bɪˈsiːdʒ/ 軍隊が町や城などを長期間「包囲する」

▶ Troy was **besieged** by the Greeks for ten years.

(トロイアはギリシア連合軍に 10 年も包囲された)

【類語： **enclosure** ^{β2} /ɪnˈkloʊʒər/（囲い，同封物）（→ 3-120 例文），**blockade** ^{γ2} /blɑːˈkeɪd/（軍事的な封鎖）】

3-555

skittish ^{γ2} /ˈskɪtɪʃ/

「驚きやすい」「弱気な」「気移りしやすい」；（しばしば軽べつして）「はしゃぎすぎの」

※「馬が何かに驚いていきなり走り出してしまいがちな」という意味で（a **skittish** young horse），その様子から「元気の良い，おてんばな（(too) frisky（frisky（活発な，はね回る））」「活発な (lively)，活発すぎる」「移り気な」といった意味が生じました．また，そのような馬の内面的な性質から「(臆病で) ものおじする」という意味でも使われます．

【類語： **jittery**（神経過敏な）（→ 3-512），**capricious** ^{γ1} /kəˈprɪʃəs/（気まぐれな，むらのある），**excitable**】

▶ This has been a very **skittish** market for the last three to four weeks.
（ここ最近 3 〜 4 週間，非常に神経質な相場だ）　　　　　　　〈Internet から採録〉

「活発な」という意味での類語として **brisk** ^{β1} /brɪsk/（活発 [活況] な，きびきび [てきぱき] した）があります．

《依頼人の部屋の呼び鈴の具合を調べるホームズ》
Finally he took the bell-rope in his hand and gave it a **brisk** tug.
最後に彼は呼び鈴の紐をつかんでグイッと引っ張った（tag（強く引くこと））．
〈「まだらの紐」〉

以下は「気まぐれな」という意味での類語 capricious の例です．

《ワトソンが描写するホームズの仕事ぶり》
So unworldly was he—or so **capricious**—that he frequently refused his help to the powerful and wealthy where the problem made no appeal to his sympathies, ...
彼はとても浮世離れしていて（unworldly），あるいは気まぐれと言うべきか，有力者や金持ちでも事件が彼の気に入らなければ助けるのを断ったし（後略）
〈「ブラック・ピーター」〉

※ 例文中の where（…する [である] 限りは）の用法にも注意しましょう．
※ 気まぐれで風変わりなというのは **whimsical** ^{γ1} /ˈwɪmzɪkl/（whimsy: fanciful humor（珍奇なユーモア））．
▶ Life is full of **whimsical** happenings, Watson.

（人生というのは次々と<u>面白いこと</u>が起きるものだね，ワトソン君）

〈「マザリンの宝石」〉

3-556
solidify ^{r1} /səˈlɪdɪfaɪ/

「凝固させる」「強固にする」

※ harden（堅くする，固める）と同じような意味ですが，堅くなっていく過程よりも結果として大きなものが小さく凝固しているといった質の違い（溶岩（lava）が岩（rock）に，水が氷に等）に主眼がある語です．

【類語：harden, **consolidate**（固める，統合する）（→ 3-238）】

▶ Economic growth **solidified** and broadened to advanced economies.

〈Internet から採録〉

（経済成長が<u>確かなものとなり</u>，先進国経済に広がった）

3-557
spillover ^{r1} /ˈspɪloʊvər/

「あふれ出たもの（量）」；「副作用」「余波」「副次的効果」

【類語：flood, overflow /ˌoʊvərˈfloʊ/（あふれ出る）（'The bath is **overflowing**!（お風呂が<u>あふれている</u>！））】

※ spill は容器からあふれ出るというのが語義ですが（'The wine **spilled on[over]** the carpet.'（ワインがカーペットに<u>こぼれた</u>）），比喩的に（影響などが）波及するという意味でも用いられます（'The refugee crisis **spilled over** other regions.'（難民危機がほかの地域に<u>飛び火した</u>））．

▶ New technology has both positive and negative **spillover** effects into a modern society.

（新しいテクノロジーは現代社会に正と負の両方の<u>波及効果</u>をもたらしている）

3-558
sputter ^{r1} /ˈspʌtər/

（つばを飛ばしながら）「**興奮してまくし立てる**」（エンジンや炎などが）「**プスプスと音を立てて不安定になる**」

【類語：hiss ^{r1} /hɪs/（ヘビや蒸気がシューと音を出す，非難や不賛成を表して（人に）シーッという，小声できつく怒る）（3-104 例文参照）】

※ sputter の基本的な意味は唾をぺっぺっと吐き出す音で，興奮したり混乱したりして（唾を飛ばして）しゃべるという意味です．そしてこの音がたとえばエンジンがうまく動いているかどうかに使われます．調整が必要だとかガソリン不足だと咳き込むように唾を吐きだすような音がするからです．経済についてもエンジンのように考

えた時，この様な音を出す時はうまくいっていないということになります．

▶ Profits have come in stronger than expected but still left stocks **sputtering**.

（利益は予想より良い数字が出たが，株はその数字にはほとんど反応しなかった）

3-559

staple *β2* **C** /ˈsteɪpl/

「主要な」；「主食」「主要素」「主要産物」

※ 語源的には古フランス語 *estaple*（＝market）が「特産品市場」の意味で中英語に入ったのに由来します．ちなみに，ホッチキス（考案者が Hotchkiss 氏）の英語 stapler の staple（ホッチキスの針）は古英語 *stapol*（＝post（木や金属の柱），pillar（柱））に由来します．

【類語：chief, necessity】

▶ Banks have diversified their activities in recent years, but home mortgages remain their **staple** business.（銀行の業務内容は近年ずいぶん多様化した（diversify）が，住宅ローンが主要な仕事であることは変わっていない）

3-560

subsidiary *β2* **C L** /səbˈsɪdieri/

「補助の」「副次的な」（**subsidiary** business（副業））；「補助者」「子会社」（a **subsidiary** company (i.e. one owned or controlled by a bigger organization)

動詞 **subsidize** *β2* /ˈsʌbsɪdaɪz/（補助［助成］金を出す），および名詞 **subsidy** *β2* /ˈsʌbsədi/（補助金）も合わせて覚えておきましょう．

▶ The production of wheat is **subsidized** by the government. ⟨*Chambers*⟩

（小麦の生産は政府から補助金をもらっている）

形容詞 **ancillary** *γ1* /ˈænsəleri/ は「補佐的な」「付随的な」「副次的な」といった意味です（ancillary staff / services / equipment）．

3-561

tacit *β2* **L** /ˈtæsɪt/

「暗黙の」「無言の」

※ agreement, approval, support, admission などとともによく使われます．

【類語：silent, unspoken】

▶ Although it is not in the contract, there is a **tacit** agreement between the employers and employees that some unpaid overtime will be necessary.

（契約にはないが，無休の残業が必要になる場合もあることは雇用主と被雇用者の間で暗黙の了解だ）

transitory ^{β2} ^L /ˈtrænzətɔːri/

「一時的な」「はかない」

【類語：**transient** ^{β2} /ˈtrænʃnt/ (つかのまの，かりそめの)】

※ transitory と transient はしばしば交換可能ですが，transient はその状態が短期間だという「事実」について言うもので（'**transient** sorrow / fashion'（いっときの悲しみ / 流行)，transitory（≒passing）は本質として変わっていくものという「性質」に視点が置かれます（Most teenage romances are **transitory**.（ティーンエージャーの恋愛はたいてい一時的なものだ))．

▶ The Prime Minister said food price increases were **transitory**, and not a sign of long-term economic problems.（首相は食糧価格の上昇は<u>一時的なものであり</u>，長期にわたり経済に問題が起きる兆候ではないと述べた)

「一時的な間に合わせ（の)」とか「その場しのぎの代用（の)」という形容詞（名詞)は **makeshift** ^{γ1} /ˈmeɪkʃɪft/ です（a makeshift bed（間に合わせで作ったベッド))．

underpin ^{γ1} ^L /ˌʌndərˈpɪn/

「下支えする」「支持する」

※ 補強するものを入れて建物や壁を下から支えるという意味で，比喩的には議論や理論を支持するという意味で使われます．名詞の underpinning（正当化する根拠，（建物の)土台)もよく使われます．

【類語：support】

▶ The manufacturing sector accounts for a high percentage of our GDP and therefore in many ways it **underpins** the national economy.

（わが国の GDP（Gross Domestic Product（国内総生産))に占める製造業セクターの割合は高く，それゆえに製造業が多くの点で国の経済を<u>支えている</u>といえる)

underway ^{γ1} ^C /ˌʌndərˈweɪ/

「進行中で」「（'get underway' で)ショーなどが始まる」

※ 事が進行中という意味ですが，電車が進行中という意味でも使われます．

【類語：moving, in preparation】

▶ After months of build up, the soccer World Cup finally got **underway** with the Scotland versus Spain match yesterday.（何か月もの準備期間（build up)を経てサッカーのワールドカップは昨日スコットランドとスペインの試合に<u>こぎつけた</u>)

3-565

unpalatable ⁷² /ʌnˈpælətəbl/

「おいしくない［口に合わない］」「（考えなど）受け入れがたい」

※ 例えば 'unpalatable advice / choice / truth *etc.*'（受け入れがたい助言 / 選択 / 真実）というように使われます.

※ palate /ˈpælət/ は「口蓋」,「味覚」,「好み」という意味で, palatable /ˈpælətəbl/ は「好ましい（pleasant, acceptable）」「口に合う（acceptable, tasty）」という意味ですが, とてもよいということではなく, まずまずだという含意のある語です.

▶ The truth is not always **palatable**.
　（真実がいつも<u>好ましい</u>とは限らない）

【類語：unpleasant, **unsavory** ⁷² /ʌnˈseɪvəri/「不快な, 道徳的に芳しくない（'**unsavory** administration'（腐敗行政）),（料理の）まずそうな」】

類語にある unsavory は **savor** ⁷¹ /ˈseɪvər/（味, 風味；…を賞味する）の形容詞形 **savory** ⁷¹ /ˈseɪvəri/「かおりのよい, うまみのある, 食欲をそそる（savory aroma（おいしそうなにおい））；健全な」の反対語になります.

3-566

unwind ⁷¹ /ˌʌnˈwaɪnd/

「（巻いたものを）ほどく」「（からんだものを）解く」「（人を）リラックスさせる」；「ほどける」「解ける」「緊張がほぐれる」

※ 政策などを「解除する」という意味でも使われます（下の例文参照）.

【類語：rest, undo, untie, **unravel** ⁷¹ /ʌnˈrævl/（編み物やもつれたひもをほどく）, untangle（もつれた物をほどく）(tangle → 2-17)】

▶ **Unwinding** the financial sector support measures put in place since the start of the crisis should be gradual …. 〈Internet から採録〉
　（危機の発生以来採られてきた（put in place（施行されて）(→ 3-543)）金融セクター支援策を<u>解除する</u>ことは段階的であるべきだ（後略））

▶《ワトソンがホームズと同居を始めた頃, まだ体調も十分回復しておらず手持ち無沙汰な毎日だったのを回想して》
　Under these circumstances, I eagerly hailed the little mystery which hung around my companion, and spent much of my time in endeavouring to **unravel** it.（そんな状況だったから, 私は同居人の周りにある謎めいたところが大歓迎で（hail (→ 3-11, 3-174)）, 多くの時間を費やしてその謎を<u>ときほぐそう</u>と努力した（endeavour《英》；endeavor《米》）. 〈『緋色の研究』〉

3-567

valuation ^{β2} /ˌvæljuˈeɪʃn/

「(金銭的価値の）評価」「査定」「鑑定」

※ 金融・証券用語としてカタカナ語の「バリュエーション」（企業価値評価）も目にするようになりました.

【類語：estimate, **quotation** ^{β2} /kwoʊˈteɪʃn/（仕事の費用の厳密な見積もり，企業価値評価，株式市場での時価・相場価格）（**quote** は動詞（値段を言う，見積もる）としての用法もあり（→ 1-253, 2-63)）】

▶ The inspectors [surveyors] arrived at different **valuations**.

（建物の鑑定士たちは異なった評価額を出した）

tally ^{β2} /ˈtæli/ は金額などの「集計」(Keep a **tally** of how much you spend. (いくら使うか記録しておきなさい)), 他動詞としては「…を計算［集計］する」(**Tally up** the cost of moving. (移転のコストを計算しなさい)) という意味で，売り上げやコストなどについてビジネスの文脈でよく使われます. 自動詞としては「(…と) 符合する (with)」.

▶ I glanced at Holmes on hearing the description of the murderer, which **tallied** so exactly **with** his own.（殺人犯の外見を聞いて私はホームズを見た. それはホームズが予見していたのと一致するものであったのだ）　　　　〈『緋色の研究』〉

3-568

venue ^{β1} **C** /ˈvenjuː/

「開催地」「会場」

【類語：place, **whereabouts** ^{β2} /ˈweərəbaʊts/（(所在のわからない人や物を尋ねるときの) 居所，ありか)】

※ スポーツ大会や催し物の開催地です.

▶ Tokyo was the **venue** for the Olympic Games in 1964.

（東京は 1964 年のオリンピック開催地であった）

▶ There was no clue at all, however, as to their **whereabouts**.

（彼らの居場所については，しかしながら，手掛かりが何もなくなっていた）

〈『緋色の研究』〉

3-569

volatile ^{β2} **C L** /ˈvɑːlətl/

「変動の激しい」「一触即発の」（軽蔑して）「感情が変わりやすい (volatile temper (すぐカッとなる気性))」「揮発性の (volatile oil (揮発油))」

【類語：moody（気持ちの変わりやすい，むら気な), uncertain（悪い方向に変わりやすい)】

volatility ^{γ1 C L} /ˌvɑːləˈtɪləti/

「変動（の激しさ）」「気まぐれ」「揮発性」

※ 感情については，急に正反対に変わるようなことをけなして言う語です．また，ビ
ジネスや政治などの文脈（特に為替や市場など経済関連や政治状況）で，突然の変化
（特に悪い方向へ）しそうで危険性があるという意味で用いられます．'**volatile** capi-
tal movement' は「変動の大きい資本移動」，'**volatility** of asset prices' は「資産価
格の変動」．

frivolous ^{γ1} /ˈfrɪvələs/ は人やその行いがくだらない（silly）とかふざけた（funny, play-
ful）という感じの「軽薄［軽率］な」という形容詞で，名詞の形 **frivolity** ^{γ1} /frɪˈvɑːləti/
（軽はずみ，軽薄［軽率］な言動）もよく使われます．

▶ When I found that the leading international agent, who had just left London,
lived in a row of houses which abutted upon the Underground, I was so
pleased that you were a little astonished at my sudden **frivolity**.

（大物の国際スパイが，ロンドンを去ったばかりで，地下鉄の線路沿い（abut（/əˈbʌt/
隣接する，建物がすれすれに建っている）の家の１つに住んでいたことを見つけたと
き，僕が喜びのあまり突如として浮き浮きしたことが君をびっくりさせたよね）

〈「ブルース・パーティントン型設計図」〉

levity ^{γ2} /ˈlevəti/ も真剣［深刻］であるべき場にそぐわない真剣さを欠いた感じで「軽
率な行為」「不真面目さ」という名詞です．

▶ There was such a ring of sincerity in the woman's voice that for the instant I
forgot all about her **levity** and was moved only to do her will.

《夫が死んだはずなのに男友達と談笑していた夫人からホームズの調査に関して
尋ねられたワトソンは…という場面》

（彼女の声には誠実さの響き（ring）があったので私はふっと彼女の先ほどまでの不真
面目なふるまいを忘れて彼女の頼みに応じようという気持ちになっていた）

〈『恐怖の谷』〉

3-570

voucher ^{β1 C} /ˈvaʊtʃər/

「保証人」「証拠物件」「クーポン券」

'a luncheon **voucher**' は「会社などが社員に支給する昼食（補助）券《英》」(**meal
ticket**《米》)，'vouch for A / vouch that …' は「**A** を保証する」「…と保証する」；「**A**
の保証人になる」「…と証明する《古》」

【類語：confirm, **certify**（証明する，証言する，保証する）(→ 2-23)，**attest** ^{β2 L} /əˈtest/
（証明する，法廷などで本物であると証言する）】

※「保証［証言］する」という意味で類語に入れてある certify とか attest ほどは公式な あるいは法的なものという含みはあまりありませんが, 何かあったときには背後に しっかりしたものが控えているという感じです.

▸ When our flight was delayed, the airline gave us a **voucher** to redeem for food and drink in the airport restaurants.

（私たちが乗るはずだった飛行機が遅れたとき, 航空会社は空港レストランで食事や 飲み物に使える（redeem（商品券などを使う）(→ 3-338)）引換券をくれた）

※ 例文中の **redeem** ^{r1} /rɪˈdiːm/ はその他に「を埋め合わせる［補う, 改善する］」とか 債務などを「返済する」('redeem a loan / mortgage'（ローン / 住宅ローンを返済する）, 'redeem government bonds'（国債を償還する）), 'redeem *one*self' の形で「名誉挽 回する」といった意味で用いられます.

▸ The man's ability was **attested** by his rapid promotion (i.e. the fact that he was so quickly promoted showed or proved his ability). 〈*ISED*〉

（その男の能力は彼の急速な昇進によって証明された）

【主要参考文献】

《文法書など》

『英文法解説（改訂三版）』（江川泰一郎，金子書房，1991 年）

『実例解説英文法』（中村 捷，開拓社，2009 年）

『ネイティブの語感に迫る アクティブな英単語力〈大学入学レベル〉』（中村良夫他，開拓社，2018 年）

『大学で英語を教える父が高校生の娘に贈る プレミアムな英文法・熟語』（中村良夫，開拓社，2020 年）

A Practical English Grammar (Thomson, A. J. and A. V. Martinet, 1986, Oxford University Press)

Comprehensive Grammar of the English Language (Quirk, R., S. G. Leech and J. Svartvik, 1985, Longman)

Longman Dictionary of Common Errors (Turton, N. D. and J. B. Heaton, 1996, Longman)

Practical English Usage (Swan, M. 1980, 2005, Oxford University Press)

《辞典，辞書など》

『英語語義語源辞典』（小島義郎他編，三省堂，2004 年）

『英語類義語辞典』（斎藤祐蔵，大修館書店，1980 年）

『英語類義語活用辞典』（最所フミ編著，ちくま学芸文庫，2003 年）

『英語類語辞典（増訂新版）』（井上義昌編，開拓社，1956 年増訂第 1 版）

『スコット フォースマン英語類語辞典』（宮内秀雄，R. C. ゴリス訳編，秀文インターナショナル，1994 年）

『ウィズダム英和辞典』（三省堂）

『コアレックス英和辞典』（旺文社）

『ジーニアス英和辞典』（大修館書店）

『小学館ランダムハウス英和大辞典』（小学館）

『スーパー・アンカー英和辞典』（学研プラス）

『ルミナス英和辞典』（研究社）

Cambridge Advanced Learner's Dictionary, Cambridge University Press.

Chambers Universal Learner's Dictionary (*Chambers*), W & R Chambers Ltd.

Idiomatic and Syntactic English Dictionary (*ISED*), Kaitakusha.

Longman Dictionary of Contemporary English (*LDCE*), Pearson Education Ltd.

Longman Lexicon of Contemporary English, Longman Group Ltd.

Longman Pronunciation Dictionary, Longman Group Ltd.

Longman Thesaurus of American English, Pearson Education Ltd.

Oxford Advanced Learner's Dictionary, Oxford University Press.

Oxford Dictionary of English, Oxford University Press.

Oxford Dictionary of Pronunciation for Current English, Oxford University Press.

Oxford Learner's Thesaurus: A dictionary of synonyms, Oxford University Press.

Random House Webster's College Dictionary, Random House, Inc.

Roget's Thesaurus of English Words and Phrases, Penguin Books.

The New Fowler's Modern English Usage, Oxford University Press.

The Universal Dictionary of the English Language, Routledge & Kegan Paul Limited.

Webster's New Dictionary of Synonyms, Merriam-Webster Inc.

INDEX

この索引には本文中に開設した語彙，および例文中にある語の中でも余力があれば覚えてほしい語についても掲載しています.

ameliorate 3-182

amiable 1-131

amicable 1-131

amity 1-131

ammunition 2-76

ammo 2-76

ample 1-13

amplifier 1-13

amplify 1-13

amplitude 1-13, 3-31

analogy 1-198

ancestry 3-179

ancillary 3-560

anecdote 1-330

anger 2-2

angst 2-8

anguish 2-8

annihilate 3-495

anniversary 1-14

annoy 2-8

annuity 3-146

anonymous 1-15

antagonistic 1-131

anticipate 2-40

antipathy 1-83

antiquity 3-9

antiseptic 3-3

anxiety 2-20

anxious 1-88, 1-213

apparatus 1-16

apathetic 3-197

apathy 3-197

appendix 3-10

applaud 3-11

appliance 1-16

applicant 1-216

applicant 1-98

applied 1-244

apply 1-16

appoint 1-17

apportion 2-3

appraise 3-159

appreciation 2-45

appreciative 3-196

apprehend 1-213

apprehension 1-213, 2-20

apprentice 3-12

approbation 3-12

appropriate 3-500

appropriation 3-500

approve 3-12

approximate 1-281

apt 1-18

aptitude 1-18

aptness 1-18

arable 3-302

arbitrary 1-338

arbitrate 1-193

arbitration 1-193

arcane 3-457

archaic 3-9

archetype 1-160

ardent 1-88

ardor 1-88

arduous 1-88

arid 3-111

aridity 3-111

armor 2-18

aroma 1-298

arrogant 1-19

artery 3-453

articulate 3-13

artifact 3-493

artisan 3-302

as many 1-185

ascendant 3-179

ascertain 3-336

ascetic 3-486

ascribe 2-3

ashamed 1-20

aspect 1-293, 3-141

aspiration 1-181

aspire 1-181

assassinate 1-209

assault 1-22, 3-329

assent 2-54

assert 2-13

asset 2-6

assign 2-3

assimilate 1-1

association 1-21

assort 3-41

assorted 1-301

assortment 1-301

asymmetry 3-413

assume 1-117, 2-4

astonish 3-399

astound 3-399

astray 3-395

astute 3-369

asylum 3-551

at a moment's notice 3-256

at [on] short notice 3-256

at [on] the cutting-
edge 1-328

at stake 3-386

atrophy 2-26

attach 1-77

attack 1-22

attend 1-3

attention 1-23

attentive 1-23

attest 3-570

attire 3-14

attorney 1-30

attract 1-2

attractive 1-43

attribute 2-3

atypical 1-76

audacious 3-20

audacity 3-20

attrition 3-465

audacity 3-20

audit 3-15

auditor 3-15

augment 3-16

austere 3-486

austerity 3-486

auspicious 2-43

authentic 1-59

authentication 1-59

autonomous 1-158

autonomy 1-158

avenge 1-279

aversion 1-83

avert 2-59

avid 3-154

avidity 3-154

award 1-24

aware 1-61

awe 2-77

awful 2-77

awkward 1-25

awry 3-266

axiom 3-17

backdrop 1-26

background 1-26

baffle 2-62

bail 3-18

bail out 3-18

bailout 3-18

bait 3-29

balance 1-27

ballot 1-339

ban 2-5

banal 1-137

bang 3-19

banish 1-28

bankruptcy 1-29

bar 1-30, 2-5

barbarous 2-28

bare 1-220

barefoot 1-220

bargain 1-212

barge 3-214, 3-431

barren 3-20

barrier 1-31

barter 2-67, 3-404

be bound to *do* 3-27

**be [get] in touch
   (with A)** 3-430

beam 1-299

beautiful 1-43

bedrock 1-149

beef up 1-231

begrudge 3-348

belief 1-224, 2-80

belongings 2-6

benchmark 3-159

bend 1-34

benevolent 1-94

benign 3-247

bequeath 3-323

bereaved 1-11

bereavement 1-11

beset 3-6

bestow 1-97

betray 2-12

betrayal 2-12

beware 3-36

bewilder 2-62

bid 3-21

bilateral 3-225, 3-474

bill 1-205

bind 3-22

binding 3-22

bitter 3-379

bizarre 2-72

blame 1-278, 2-7

bland 1-107

blast 3-23

blatant 3-475

bleed 3-24

blend 1-200

bloat 3-411

bloated 3-411

blockade 3-554

blot out 3-267

blow up 3-411

blunder 1-185

blunt 3-244

blur 2-17

blurt 3-134

board 1-32

bode well [ill] (for A) 3-476

bogus 3-25, 3-376

bold 3-26

bolster 3-477

bona fide 1-59

bondage 3-372

bondsman 3-372

booklet 1-126

boom 1-33

boost 2-47, 3-16

booth 1-308

bored 1-161

boredom 3-539

boring 1-204

bother 2-8

bounce 3-133

bound 3-27

bountiful 3-478

bounty 3-478

bout 1-179

bovine 1-68

bow 1-34

brag 3-133

branch 1-35

brawl 3-440

breach 3-28, 3-204

break up [3-368]

breathtaking [3-406]

breeze [3-23]

brevity [1-36]

bribe [3-29]

brief [1-36]

brim [3-455]

brink [1-114, 3-424, 3-455]

brisk [3-555]

bristle [3-211]

brochure [1-126, 3-30]

brutal [2-28]

bud [3-432]

budget [2-41]

buffer [1-290]

bulk [3-31]

bulky [3-234]

bulletin [3-32]

bumpy [3-355]

bundle [3-33]

buoy [1-37]

buoyant [1-37]

buoyancy [1-37]

burden [1-42, 1-180]

bureau [1-21]

bureaucrats [1-41]

burgeon [1-28]

burgeoning [1-28]

burglar [3-34]

burglary [3-34]

burst [1-110]

businesslike [1-91]

bust [1-33]

busy [1-37]

cajole [3-419]

calamity [3-18]

camouflage [1-39]

candid [1-130]

candidate [1-99, 1-216]

canny [3-369]

capability [1-40]

capable [3-45]

capacity [1-40]

capital [2-41]

capricious [3-555]

cardinal [3-35]

cardiopulmonary
   resuscitation [1-179]

career [1-41]

careful [1-288]

cargo [1-42]

carnage [3-371]

carnivore [3-533]

carnivorous [3-533]

carrier [1-41]

carry out [1-309]

casualty [1-112]

cataclysm [3-449]

cataclysmic [3-449]

catalyst [3-479]

catalyze [3-479]

catastrophe [3-18]

categorize [2-9]

cautious [3-36, 3-464]

cavity [3-89]

cease [1-311]

celestial [1-280]

cemetery [1-140]

censor [1-288]

censorship [1-288]

censure [2-11]

census [1-239]

cerebral [3-10]

certain [1-317]

certificate [1-81]

certify [2-23, 3-570]

chain [2-10]

challenge [1-247]

charge [2-11]

charity [2-51]

charm [1-43]

charming [1-43]

chase [1-44]

chauvinism [3-294]

cheat [2-12]

check [1-59]

chocoholic [1-151]

choppy [3-480]

chronic [3-37]

chubby [3-265]

chuckle [1-171]

chunk [3-38]

churchyard [1-140]

cipher [3-36]

circulate [3-39]

circulation [3-39]

circumscribe [3-202]

circumvent [3-202]

cite [2-63]

civic [3-251]

civil [3-251]

civilian [3-251]

claim [2-13]

clamor [3-104]

clap [3-390]

clarification [1-45]

clarify [1-45]

clarity [1-45]

clash [3-40]

class [2-9]

classify [2-9, 3-41]

clatter [3-330]

claustrophobia [1-151]

clay [3-305]

cleanly [3-3]

clear [1-45]

clemency [2-51]

cliché [3-87]

closure [1-46]

clue [1-150]

clumsy 1-25

coalesce 3-238

coalition 1-21

coarse 3-42

coax 3-419

coarse 1-129

code 3-36

coercive 1-338

coerce 1-338

coercion 1-338

coexist 3-481

coexistence 3-481

cognitive 1-47

cohere 2-71

coherence 1-91

coherent 2-64, 2-71, 3-13

coin 1-48, 1-205

collateral 3-481

collide 2-24

collision 2-24

colloquial 3-220

colony 1-319, 2-24

column 1-174

combination 1-49

combine 1-49

come through 3-425

comfort 1-50

comfortable 2-14

commemorate 2-14

commence 3-43

commencement 3-43

commend 2-58

commensurate 3-528

comment 2-15

commission 1-51

commit 1-51, 1-70

committed 1-51

commitment 1-51

committee 1-51

commodity 1-138

common 1-137

commonplace 1-137

commotion 3-440

community 1-52

company 1-3

compassion 1-237, 2-75

compatible 3-44

compensate 2-16

compensation 1-260

competent 3-45

competition 1-63

compile 3-482

compilation 2-7

complain 1-53

complement 2-16, 3-147

complex 2-17

complicate 2-17

complicated 2-17

complication 1-190, 1-247, 3-46

compliment 2-16, 2-58

complimentary 3-47

comply 2-52

composed 3-433

composure 3-433

compound 1-54

compress 1-55, 1-71

compromise 2-18

compromising 2-17, 2-18

compulsory 2-53, 3-347

conceal 1-39

concede 1-8, 3-483

conceited 1-19

conceivable 2-57, 3-48

conceive 3-48

conceit 1-19

conceivably 2-4

concept 2-19

conception 2-19

concern 2-20

concession 2-18

conciliate 3-336

conciliation 3-336

concise 1-36

conclude 2-21

concoct 3-140

concomitant 3-481

concord 3-44

concur 3-484

condemn 2-7

condition 2-22

conditional 1-56

condolence 2-58

condone 3-378

conduct 1-57

confederate 3-282

confer 1-58

conference 1-58

confident 1-317

confide 3-49

confidential 3-49

confirm 1-59, 2-23

conflict 2-24

conform to 2-52

confound 2-62

confuse 2-17, 2-62

congenial 3-324

congenital 3-324

congestion 3-50

conglomerate 1-60, 3-8

congregate 3-405

congruence 3-167

congruent 3-167

cohesion 2-71

conjecture 2-42

conjure 3-11

connive 3-284

connote 2-43

connotation 2-43

conscience 3-90

conscientious 3-90, 3-239

conscious 1-61

consecutive 2-73

consensus 1-62

consent 1-62

consign 3-51, 3-523

consignment 3-51

consistent 2-70

console 1-50

consolidate 3-238, 3-556

consonance 3-44

consonant 3-44

conspicuous 2-30, 2-54

conspiracy 1-72

conspire 1-72

constant 2-70

constituent 1-339

construct 1-315

construction 1-315

construe 1-315

contagion 3-52

contagious 3-52

contain 2-46

contaminate 1-240, 3-485

contamination 3-485

contempt 2-25

contemptuous 2-25

contend 1-63

contender 1-63

content 1-285

contented 1-285

contention 1-63

contest 1-63

contingency 3-53

contingent 3-53

continual 1-64, 2-26

continue 1-64, 1-170

continuous 1-64, 2-26, 3-525

contract 3-195

contradiction 2-24

contrite 3-345

contrition 3-345

contrive 3-314

contrived 3-314

convene 3-405

convention 3-405

converge 1-331

convergence 1-331

converse 3-54

conversion 3-54

convert 3-54

convey 3-55

convinced 1-317

conviction 1-224, 2-80

cook 1-259

coordinate 1-65

coordination 1-65

copious 3-478

cord 1-66

cordial 3-59

core 1-199

correct 1-67

corroborate 1-59

corrode 1-240

corrupt 2-27

count 3-56

countenance 3-450

counter (-) attack 1-22

counterfeit 1-117, 3-25

coup 1-187

courtesy 3-57

covenant 2-60

covert 3-457

coward 1-292

cozy 2-14

craft 3-58

cram 3-50

crammed 3-50

cramp 1-179

craze 1-328

crazy 1-68

credence 2-22

credential 2-22

credentials 2-22

credible 2-57

credibility 1-69

credit 1-69, 2-22, 3-59

creditor 3-59

credo 3-407

credulity 3-407

credulous 3-407

creed 2-80

crime 1-70, 1-105

criteria 3-159

criterion 3-159

criticize 2-7

crooked 1-330, 3-266

crouch 3-393

crucial 2-36

crude 3-486

cruel 2-28

crumble 1-343

crunch 3-59

crush 1-71

cryptogram 3-36

cryptograph 3-36

culminate 3-60

culmination 3-60

culpable 1-166

culprit 1-224

cultivated 3-61

cumbersome 3-31

cumulative 3-62

curb 1-55

curfew 2-5

curious 1-72

currency 1-205, 3-63

current 3-63

curse 3-64

curtail 2-65, 3-486

cushion 2-66

custody 3-65
cutback 3-492
cutting-edge 1-328
damage 1-72
damp 3-66
dampen 3-374
dangle 3-399
dare 3-67
daring 3-26
daunt 3-68
daunting 3-68
dazzle 3-189
dazzling 3-189
deadlock 3-387
deadly 3-247
deal with 2-78
debacle 3-439
debase 1-330
debit 1-73
debris 1-343
debunk 1-250
decay 2-27
deceased 3-204
deceit 2-12
deceive 2-12
decelerate 3-307
decency 3-321
decent 3-69, 3-321
deception 2-12
deceptive 1-124
decide 1-300
decimal 1-218
decipher 3-36
decline 3-492
decimate 3-495
decode 3-36
decompose 2-27
decorum 3-321
decoy 1-183
decrease 2-65, 3-492

decree 3-70
decrypt 3-36
deduce 2-21, 3-71
deduct 3-71
deduction 1-208, 3-71, 3-199
deed 1-5
deem 1-164
defend 1-167
defendant 2-11
defense 1-290
defer 3-72
deference 3-72
deferential 3-72
deferment 3-72
defiance 3-75
defiant 3-75
deficiency 3-73
deficient 3-73, 3-235
deficit 1-106
define 3-74
definite 2-30, 3-74
definite 2-30
definition 3-74
defraud 3-412
defy 3-75
degradation 3-76
degrade 3-76
deity 2-44
dejection 3-392
delay 3-515
delegate 1-51
delegation 1-51
delete 1-74
delinquency 3-77
delinquent 3-77, 3-514
delirious 3-55
delude 1-117
deluge 3-449
delusion 1-117
delve 3-89

delve into 2-48
demean 1-330
demolish 3-97
demonstrate 1-111
demoralize 3-68
denial 3-546
denomination 1-75
denominator 1-75
detonate 1-112
denotation 2-43
denote 2-43
denounce 2-11
depart 1-76
departure 1-76
depict 2-29
deplete 3-78
deplore 3-79
deploy 3-487
deployment 3-487
depot 3-462
deposit 3-80
depravity 3-508
deprecate 2-45
depreciation 2-45
depressed 3-163
deputy 1-275
deride 2-25
derision 2-25
derivative 3-81
descendant 3-179
describe 1-286, 2-29
desert 2-1
desert 3-82
designate 1-17
desolate 3-91
despise 2-25
destiny 2-32
destination 2-32
destined 2-32
detach 1-77, 3-84

detached [1-77]

detachment [3-84]

detain [3-83]

deteriorate [2-27]

detest [2-25]

deter [2-59]

deterrent [2-59]

detour [3-85]

detriment [2-45]

devastate [3-541]

devastating [3-541]

deviate [1-76]

deviation [1-76]

device [1-322, 2-76]

devious [2-12]

devise [1-322]

devoid [3-86, 3-458]

devout [2-44]

dexterity [3-144]

dexterous [3-45]

diagnose [1-78]

diagnosis [1-78]

dialect [3-87]

diarrhea [1-179]

differ [1-331]

differentiate [2-31]

difficult [1-79, 1-247]

difficulties [1-247]

difficulty [1-247]

diffident [1-317]

diffuse [3-88]

diffusion [3-88]

dig [3-89]

digit [3-362]

dignity [1-93, 3-321]

digression [1-76]

digress [1-76]

diligent [3-90]

dilute [2-66]

dim [3-91, 3-163]

dimension [1-80, 1-293]

dimensional [1-80]

diminish [2-65]

diminutive [2-65]

diploma [1-81]

diplomatic [1-81]

dire [3-488]

directory [3-92]

disable [1-82]

disabled [1-82]

disadvantaged [3-254]

disaster [3-18]

discard [2-1, 2-67]

discern [2-31]

discerning [3-369]

discharge [3-93]

discontinuous [3-489]

discreet [3-94, 3-464]

discrepancy [3-95]

discrete [3-489]

discretion [3-94]

discriminating [3-369]

disdain [2-25]

disease [1-154]

disgrace [3-76]

disgruntled [2-45]

disguise [1-39]

disgust [1-83]

disgusting [1-129]

dishonest [2-12]

disinterested [1-161]

dislike [1-83]

dismal [3-91, 3-96]

dismantle [3-97]

dismay [3-98]

dismiss [1-28]

disorder [3-99]

disparate [3-490]

disparity [3-490]

dispatch [3-100, 3-343]

dispel [3-101]

dispense [2-1, 2-67]

disperse [3-39, 3-101, 3-491]

dispersion [3-88]

displace [3-102, 3-241]

dispose [2-1]

disposition [1-129, 3-553]

disprove [3-546]

disrupt [2-49]

disruption [3-440]

dissection [3-103]

disseminate [3-88]

dissemination [3-88]

dissent [2-54]

dissident [2-54]

dissimilar [3-490]

dissipate [3-101, 3-491]

dissolve [1-300]

dissuade [3-421]

distant [1-270]

distend [3-411]

distinct [1-84, 2-30]

distinction [3-502]

distinctive [2-30, 3-502]

distinctiveness [3-502]

distinguish [1-84, 2-31]

distinguished [1-84]

distort [1-330]

distract [1-2]

distracted [1-2]

distraught [1-2]

distress [2-8]

distrust [2-80]

diurnal [3-256]

diverge [1-331]

divergence [1-331]

diverse [1-331, 3-521]

diversion [1-76, 1-331]

diversity [1-331]

divert [1-331]

divine [2-44]

divulge [3-444]

dizzy [3-104]

dizzying [3-104]

docile [3-401]

doctrine [3-105]

dogma [1-246, 3-105]

domain [3-106]

dominant [3-309]

doom [2-32]

dormant [1-61]

dose [3-107]

doubtful [2-33]

downturn [3-492]

drag [3-431]

drain [3-78, 3-108, 3-465]

drained [3-465]

drawback [3-109]

dread [3-110]

dreadful [2-77, 3-110]

dreary [3-91]

drone [3-371]

drop [1-85]

drought [3-111]

drowse [3-253]

drowsy [3-253]

drug [1-194]

dubious [2-33]

duel [1-120]

dull [1-204, 3-112]

dumb [1-68, 1-126]

dummy [3-150]

dump [2-67]

dunce [1-68]

duplicate [1-273, 3-113, 3-346]

duplication [1-273]

durable [1-64]

duration [1-64]

dwell [3-114]

dwelling [3-114]

dwindle [2-65]

dye [1-86]

each other [1-87]

eager [1-88]

ease [2-66]

ebb [3-131]

eclectic [1-331]

ecology [1-89]

economist [1-90]

economy [1-90]

edge [3-115]

effect [1-91]

effective [1-91]

efficiency [1-91]

efficient [1-91]

efflux [3-506]

e.g. [1-92]

ego [1-93]

elaborate [2-34]

elastic [3-116]

elated [1-107]

election [1-339]

elegant [1-94]

element [1-95]

eligible [2-22, 3-117]

eloquent [3-13, 3-118]

elude [1-103]

elusive [1-103]

emancipate [1-176]

embargo [2-5]

embark [1-32]

embarrassed [1-20]

embassy [3-119]

embed [3-120]

embellish [3-133]

embrace [3-336]

emanate [1-124]

embezzle [3-74]

embody [1-275]

embroil [2-46]

eminent [1-84]

emission [1-51, 1-109]

emit [1-51, 3-24]

empathy [1-237]

emphasize [1-149]

emphatic [1-149]

empirical [1-244]

employ [2-35]

empty [1-96]

enact [1-5, 3-121]

enchant [1-304]

enclose [3-120]

enclosure [3-554]

encode [3-36]

encompass [2-46]

encourage [1-130]

encroach [2-49]

encrypt [3-36]

endanger [3-122]

endear [3-501]

endeavor to *do* [3-396]

endorse [3-123]

endow [1-97]

endure [3-1]

enforce [3-124]

enforcement [3-124]

engender [3-160]

enhance [1-98]

engulf [1-187]

enigma [1-228]

enlarge [1-98]

enlighten [1-98]

entail [3-125]

entangle [2-17]

enterprise [1-100]

enthusiastic [1-88]

entice [3-421]

entitled [3-126]

entity [3-493]

entrance [1-99]

entrant [1-99]

entreat [2-49]

entrench [3-494]

entrenched [3-494]

entrepreneur [1-100]

entrust [1-51]

enumerate [3-262]

envisage [1-155]

envision [1-155]

epic [1-101]

epidemic [1-328, 3-127]

epitomize [1-275]

epitome [1-275]

epoch [1-101]

epoch-making [1-101]

equal [1-102]

equation [1-102]

equilibrium [1-102, 3-413]

equitable [1-116]

equity [1-102]

equivalent [1-102]

equivocal [3-128]

eradicate [3-495]

erase [1-74]

eraser [1-74]

erode [1-240]

erosion [1-240]

errand [3-67]

erratic [3-272]

erroneous [3-129]

erupt [1-112]

eruption [1-112]

escape [1-103]

eschew [1-103]

especially [3-130]

essential [2-36]

esteem [3-72]

esthetic [1-10]

eternal [1-104]

eternally [1-104]

eternity [1-104]

eulogy [3-11, 3-47]

euphemism [1-153]

euphoria [1-107]

euphoric [1-107]

evacuate [3-131]

evade [1-103]

event [2-37]

eventually [3-132]

evict [3-131]

evidence [1-250]

evil [1-105]

evolution [1-280]

evolve [1-280]

exacerbate [3-7, 3-496]

exacerbating [3-7, 3-496]

exacerbation [3-496]

exact (verb) [1-279]

exact [2-38]

exaggerate [3-133]

exalted [1-84]

examine [2-39]

example [1-159]

exasperate [3-7]

excavate [3-89]

exceed [3-410]

excel [3-410]

excerpt [2-63]

excess [1-106]

exchange [2-68]

excited [1-107]

exclaim [3-134]

excruciating [3-378]

excursion [3-135]

execute [1-108]

execution [3-136]

executive [1-108]

exemplary [1-76]

exemplify [1-275]

exercise [2-35]

exert [2-35, 3-465]

exertion [3-465]

exhaust [1-109]

exhausted [1-109]

exonerate [3-266]

expect [2-40]

expedite [3-137]

expedient [3-137]

expedition [3-137]

expel [1-28]

experience [1-337]

expert [1-110]

expertise [1-110]

expire [2-81]

explain [1-111]

explode [1-112]

explore [2-48]

explosion [1-112]

exponent [3-138]

exponential [3-138]

export [1-113]

exposure [3-122]

expropriate [3-500]

exquisite [1-43, 2-34]

exterior [1-316]

exterminate [3-495]

extinct [1-114]

extinction [1-114, 3-139]

extinguish [1-114, 3-139]

extinguisher [3-139]

extirpate [3-495]

extirpation [3-495]

extol [2-58]

extract [1-2]

extraneous [1-268]

extravagant [1-341]

extravaganza [1-341]

extrovert [1-157]

extricate [3-98]

extrinsic [3-109]

exuberant 3-478

exult 3-339

fable 1-330

fabric 3-140

fabricate 3-140

fabrication 3-140

fabulous 2-77

facet 3-141

facilitate 3-142

faction 3-497

factitious 3-414

factor 1-115

factorial 1-115

faculty 1-40

fad 1-328

faint 2-82, 3-90

fair 1-116, 1-166

fairness 1-116

faith 2-80

fake 1-117

fall 1-85

fallacy 1-117

fallible 1-117

false 1-117

famine 1-291

fanatic 3-143

fanatical 3-143

fanaticism 3-143

fancy 1-155

fantasy 1-155

far 1-270, 1-316

fare 1-321

fascinate 1-43

fascinating 1-43

fastidious 3-239

fatal 3-247

fate 2-32

faulty 3-144

feasible 2-57

feast 3-371

feat 3-145

federal 1-21

federation 1-21

fee 1-321

feeble 3-291

feed 3-146

felony 3-378

ferment 3-442

fertile 1-248

fervo (u) r 1-88

fervent (ly) 1-88

fetch 1-118

fetters 3-447

fiasco 3-349

fiber 1-119

fickle 2-12

fidelity 3-340

fight 1-120

file 1-121, 3-441

filthy 1-129

finance 2-41

finite 3-498

fit 3-197

fitful 3-197

fittings 1-122

fix 1-122

fixture 1-122

flashpoint 1-123

flatter 2-58, 3-147

flattery 3-147

flee 1-292

fling 3-359

flip 1-125

flourish 1-28

flop 2-25

flow 1-124

flowchart 1-124

fluctuate 3-499

fluctuation 3-499

flutter 3-375

flyer 1-126

foe 2-51

foil 2-59

folklore 1-330

follow 1-44

folly 1-127

foolish 1-126

foolproof 1-250

forbid 2-5

forecast 2-40

foreclosure 3-500

forefront 1-328

foreman 3-148

foremost 3-210

forerunner 3-178

foresee 2-40

forestall 3-149

foretell 2-40

forfeit 3-483

forgery 3-150

forgo 2-1

formidable 3-151

formulate 3-74

forsake 2-1

fort 3-122

fortify 3-122

fortress 3-122

fortuitous 3-53

forum 1-128

foul 1-129

fowl 1-294

fraction 3-153

fracture 3-153

fragile 2-82

fragment 3-152

fragrance 1-298

frail 2-81

frank 1-130, 1-152

fraud 2-12, 3-50

freight 1-42

frenzy 3-299
friction 2-24
friendly 1-131
frigid 1-312
frighten 1-132
fringe 1-187
frisky 3-555
fritter 1-341
frivolity 3-569
frivolous 3-569
frown 1-299
frugal 3-154
fugitive 1-292
full-fledged 3-117
fumble 1-287
fume 3-155
fund-raise 1-133
fund-raiser 1-133
fund 2-41
furious 3-156
furor 2-2
fury 2-2
fuse 1-134, 3-328
fusion 1-134
fuss 1-312
fussy 3-239
futile 3-157
gadget 3-451
gage → gauge
gale 3-23
game 1-135
garbage 1-165
garment 3-158
gauge 3-159
gaunt 2-48
gene 1-136
genealogy 1-136
general 1-137
generalization 1-137
generalize 1-137

generate 3-160
generic 1-136
genesis 1-136
genetic 1-136
get into the rut 3-502
get over 3-161
get rid of 2-1, 2-67
gibberish 3-220
giddy 3-104
giggle 1-171
gist 3-426
give [hand] in one's
    notice 3-258
glance 1-306
glaring 3-475
gleam 3-162
glimpse 1-306
glint 3-162
glisten 3-162
glitch 3-276
glitter 3-162
gloat 1-171
gloomy 3-91, 3-163
glow 3-164
glut 1-188
glutton 1-188
go for A 3-396
go in for 3-165
go over 3-166
(go) through 3-425
go with 3-167
goods 1-138
govern 1-283
government 1-283
grab 3-168
grace 1-94, 2-51
graceful 1-94
gracious 1-94
grade 1-139
gradual 1-139

gradually 1-139
grant 3-169
grapple 1-243
gratify 3-339
gratifying 3-339
grave 1-140, 1-289
graveyard 1-140
gravity 3-170
graze 3-364
greed 1-188
greedy 1-188
gregarious 1-157
grid 1-141
grill 1-141
grim 3-171
grin 1-299
groan 3-446
gross 3-172, 3-459
group 2-9
grumble 1-53
guarantee 2-60
guess 2-42
guffaw 1-171
gulf 1-187
gullible 3-407
gush 3-408
gust 3-23
guzzle 3-146
habitation 3-173
hail 3-11, 3-174
halt 3-387, 3-472
hammer 1-142
hamper 2-59
hand in 3-441
handcuffs 3-447
handle 2-78
handout 1-143
haphazard 3-175
hard 1-79
hardship 1-329

harp on [3-114]

haste [1-144]

hasten [1-144]

haul [3-431]

haunt [3-268]

hasty [1-144]

haughty [1-19]

havoc [2-45]

hazard [2-69]

headquarters [1-35]

heap [1-236, 2-25]

hear [1-145]

hearing [1-145]

heave [1-177]

hectic [1-38]

hedge [3-176]

heed [1-145]

heedless [3-192]

hefty [3-234]

heir [3-177]

helicopter [1-146]

helix [1-146]

help A out [3-176]

herald [3-178]

herbivore [1-179]

herbivorous [3-533]

hesitate [1-147]

hibernation [3-201]

hiccup [3-366]

hide [1-39]

hierarchy [1-148]

highlight [1-149, 3-304]

hinder [2-59]

hindrance [2-59]

hint [2-43]

hint [1-150, 2-43]

hiss [3-558]

hissy fit [1-152]

hitch [3-366]

hitherto [3-415]

hobble [3-398]

hoist [3-179]

hold [2-56]

holding [2-6]

-holic [1-151]

hollow [3-89]

holy [2-44]

homage [2-58]

homicide [1-117]

honest [1-152]

honor [1-24, 1-309]

honor [1-310]

hooligan [1-280]

hope [1-181]

horny [3-316]

horrible [2-77]

hostage [2-69]

hostility [2-54]

howl [1-77]

hubby [3-384]

huddle [3-180]

humane [3-360]

humble [1-19]

humid [1-201]

humidity [1-201]

humiliate [3-181]

humiliation [3-181]

humility [3-501]

humongous [3-234]

hunch [2-40]

hunk [3-38]

hurl [3-359]

hurry [1-144]

hurt [1-72]

hurt [2-45]

hygiene [3-20]

hygienic [3-20]

hyperbole [3-133]

hypocrisy [2-12]

hypocrite [2-12]

hypocritical [2-12]

identify [2-31]

idiolect [3-87]

idiosyncrasy [3-502]

idiot [1-127]

idiotic [1-127]

idle [1-153]

i.e. [1-92]

ill [1-154]

illegible [3-13]

illness [1-154]

illustrate [1-111]

image [1-155]

imaginary [1-155]

imagination [1-155]

imagine [1-155]

imbalance [1-27]

imbecile [1-68]

immaterial [1-268]

immerse [3-374]

immersion [3-374]

imminent [3-186, 3-503]

immortality [3-247]

impair [3-182]

impatient [3-183, 3-293, 3-512]

impeach [2-11]

impeachment [2-11]

impeccable [3-184]

impede [3-185]

impediment [3-185]

impel [1-130]

impending [1-157, 3-186]

imperative [3-187]

impersonal [1-131]

impetuous [3-307]

impetus [1-156, 3-188]

implement [1-57, 1-108, 1-322, 3-451]

implementation [1-57]

implicate [1-150]

implication [1-150]

import 1-112

imposing 3-406

impoverish 3-254

impoverished 3-254

impress 3-189

impromptu 3-383

improper 3-190

imprudent 1-288

impulse 3-191

impulsive 3-383

in (a) line 1-174

in a row 1-174, 2-73

inadequate 3-73

inadvertently 3-192

inauguration 3-199

incarcerate 1-213

incarceration 1-213

incentive 1-156

inception 3-193

incessant 1-64

incident 2-37

inclement 1-312

insipid 1-107

incisive 3-369

incite 1-130

incline 1-18

inclination 1-18

include 2-46

inclusive 3-194

income 1-157

incoming 1-157

incompatible 3-44

incompetent 3-504

incongruous 3-490

inconsistent 3-95

inconsistency 2-24

incorporate 1-1

incorporate 2-46

increase 2-47

incredible 2-57

incredulous 2-57

increment 1-312

incriminate 2-7

incur 3-195

incursion 3-329

indebted 3-196

indecent 3-190

indelicate 3-190

independence 1-158

independent 1-158

indeterminate 1-281

indict 2-11

indication 2-43

indifference 3-197

indifferent 1-161

indigenous 3-505

indignant 3-156

indignation 3-198

indiscrete 3-190

indispensable 2-36

induce 1-208

inducement 1-156

induction 1-208, 3-71, 3-199

inductive 3-199

indulge 3-200

indulgent 3-200

inept 3-504

ineptness 3-504

ineptitude 3-504

inequitable 1-116

inert 3-201, 3-391

inertia 3-201

inexplicable 3-98

inextricable 3-98

infectious 3-52

infer 2-21, 3-71

inferior 1-316

infinite 3-202, 3-498

infirmity 1-179

inflame 3-378

inflamed 3-378

inflate 3-411

inflict 3-203

inflow 1-124, 3-506

influx 1-124, 3-506

infraction 3-204

infringe 3-28, 3-204

infringement 3-204

ingenious 3-205

ingredient 1-95

inhabit 3-206

inhale 3-507

inherent 3-508

inhibit 2-59

inhumane 3-360

inhuman 3-360

initiate 3-207

initiation 3-207

inject 3-208

injection 3-208

innate 3-508

innocent 1-210

innocuous 3-242

innovative 3-205

innuendo 1-150

innumerable 3-262

inquire 2-48

inquisitive 2-48

insane 1-68

inscribe 3-202

insinuate 2-43

insinuating 1-302, 2-43

insinuation 2-43

insist 2-13

insistent 2-13

insolent 1-19

inspect 2-39

instability 1-159, 3-499

instance 1-160

instigate 1-130

instruct 3-209

instrument 1-322

instrumental 1-322

insufficient 3-73

insulate 1-163

insult 2-45

insurgency 1-280

insurgent 1-280

insurmountable 3-161

insurrection 3-449

intact 3-210

intangible 2-30

integral 3-509

integrity 3-509

intelligible 3-13

intensify 2-47

intensity 3-211

intent 3-212

intention 3-212

intently 3-212

intercept 2-49

interest 1-161

interested 1-161

interface 1-162

interfere 2-49

interim 3-236

interior 1-316

interlude 3-236

intermediate 3-213

intermission 1-232, 3-236

intermittent 1-232

intermittently 1-232

interrogation 1-170

interrogate 1-170

interrogative 1-170

interrupt 2-49

intervene 2-49

intimidate 2-69

intolerable 3-429

intractable 1-79

intricate 2-34

intrigue 1-72

intrigued 1-72

intriguing 1-72

intrinsic 3-109

intrude 3-214

intruder 3-214

invade 3-215

invariable 1-331

invariably 1-331

inventory 1-178

inverse 3-216

invert 3-216

(in) vertebrate 1-179

investigate 2-48

inveterate 3-37

invincible 3-122

invoice 3-217

invoke 3-218

involve 2-46, 3-125

irrelevant 1-268

irresolute 1-300

irresponsible 3-334

irrigate 3-208

island 1-163

issuance 3-510

issue 1-247

itch 3-511

iterate 1-59

itinerant 3-219

itinerary 3-219

jargon 3-87, 3-220

jeopardize 3-122

jeopardy 2-69, 3-122

jest 3-466

jiggle 3-221

jittery 3-512, 3-555

jolt 3-221

judge 1-164

judgment 1-164

judicial 1-164

judicious 1-16

junk 1-165

jurisdiction 3-513

juror 1-166

jury 1-166

just 1-116

justice 1-116, 1-167

justify 1-167

juvenile 3-514

keep 2-50

keep [stay] in touch (with A) 3-430

keynote 1-320

kick A out 3-131

kill 1-209

kiosk 1-308

knack 1-296

knowledge 1-168

knowledgeable 1-168

labyrinth 1-228

lack 1-169

ladder 1-148

lag 3-515

lament 3-79, 3-222

lamented 3-222

landlord 3-223

lane 1-325

languid 3-19

lapse 3-76, 3-224, 3-236

last 1-64, 1-170

latent 1-61

latency 1-61

lateral 3-225, 3-4/4

laugh 1-171

lavish 3-478, 3-516

lawn 1-171

lawyer 1-30

lax 3-553

layperson 1-110

lazy 1-153

lease 1-272

leave 1-76

legible 3-13

leisure 1-172

lethal 3-517

lever 1-173

leverage 1-173

levity 3-569

levy 3-329

liability 1-175, 1-278

liable 1-17, 1-175, 1-278

liberal 1-176

liberate 1-176

liberation 1-176

liberate (d) 3-447

lieu 3-518

lift 1-177

likelihood 1-175

likely 1-175

limb 3-226

limp 3-398

line 1-174

linger 3-227

liquidate 2-6

list 1-178

listen 1-145

literacy 1-168

litigate 2-11

litigation 2-11, 3-75

litter 1-165

live through 3-425

liver 1-179

livestock 1-294

load 1-42, 1-180

loath 2-25

loathe 2-25

lobbyist 3-535

locus 3-228

lodge 3-441

long 1-181

longhand 1-169

longitude 3-229

longitudinal 3-229

long-overdue 3-283

loom 3-5

loop 1-182

loophole 1-182

lot 2-32, 3-51

lottery 2-32

lousy 3-171

lout 1-280

low 1-291

lucid 2-17

lucrative 2-61, 3-344

ludicrous 1-127

lull 2-49

lumber 3-427

luminous 3-526

lump 3-38, 3-230

lure 1-183, 3-421

lurk 1-39

luster 3-20

lymph node 1-215

mad 1-68

magnificent 3-406

magnify 3-133

magnitude 3-31

maintain 2-13

make up 2-16

makeshift 3-562

malevolent 1-94

malfunction 3-520

malice 2-28

malicious 2-28

malignant 3-247

manage 2-78

managerial 1-184

mandate 2-53

mandatory 2-53, 3-347

maneuver 2-76

manifest 2-30

manifestation 2-30

mannerism 3-502

manslaughter 1-117

manuscript 1-286, 3-230

many 1-185

mar 3-182

marble 1-186

margin 1-187, 3-115

marginal 1-187

mark up 3-519

marked (ly) 3-232

marrow 3-233

mash 1-71

massacre 3-371

massive 3-233

match 1-135

material 1-188

materialism 1-188

materialistic 1-188

matrix 1-189

matter 1-190, 1-247

maze 1-228

mean 1-211

means 1-191

meager 3-235

meantime 3-236

meanwhile 3-237

measure 1-192

measurement 1-192

meddle 2-49

meddler 2-49

media 1-193

mediate 1-193

mediation 1-193

medicate 1-194

medication 1-194

medicine 1-194

mediocre 3-197

notorious [1-84]

nourish [3-259]

novel [1-219]

novelty [1-219]

novice [1-219, 3-12]

nucleus [3-260]

nuisance [3-261]

nude [1-220]

nudge [3-426]

null [1-96]

numb [3-287]

numerical [3-262]

numeration [3-262]

numerator [1-75]

numerous [3-262]

nutrient [1-221]

nutrition [1-221]

nurture [3-263]

oath [3-264]

obedience [3-401]

obese [3-265]

obesity [3-265]

obey [2-52]

obituary [2-58]

objection [2-54]

obligation [2-53]

obligatory [1-338, 2-53, 3-347]

oblique [3-266]

obliterate [3-267]

oblivion [3-523]

oblivious [3-523]

obnoxious [1-211]

observation [2-15]

observe [2-15]

obsess [3-268]

obsessed [3-268]

obsession [3-268]

obsolete [3-9, 3-524]

obstacle [1-31]

obstinate [1-79, 3-37]

obstruct [1-31, 2-59]

obstruction [1-31]

occupancy [3-269]

occupant [3-269]

occupation [1-222]

occupy [1-222]

occurrence [2-37]

odd [2-72]

odor [1-298]

off hand [1-277]

offend [2-45]

offense [3-204]

offensive [1-129]

offset [2-16]

offspring [1-223]

off-the-cuff [3-383]

old-fashioned [3-524]

omen [2-43]

ominous [2-43]

omnivorous [3-533]

omit [1-51]

on occasion(s) [3-428]

on the cutting edge [1-328]

on track [1-325]

once in a while [3-428]

one another [1-87]

ongoing [3-525]

onlooker [3-285]

onset [3-5, 3-280]

onward(s) [3-270]

opaque [3-91]

opinion [1-224, 2-15]

opposition [2-54]

oppress [3-271, 3-400]

oppressive [3-271]

opt [1-338]

optical [3-526]

optimal [3-527]

optimize [3-527]

optimum [3-527]

option [1-338]

optional [1-338]

orbit [3-272]

ordeal [3-473]

ordinal [3-35]

orient [1-225]

orientation [1-225]

orphan [3-272]

orphanage [3-273]

oscillate [3-274]

ostensible [3-281]

ostentatious [3-516]

ought to *do* [3-275]

ought to be [3-275]

oust [3-439]

out of order [3-276]

outbalance [3-282]

outbreak [3-277]

outcry [1-53]

outdated [3-524]

outdo [3-410]

outfit [3-278]

outflux [3-506]

outgoing [1-157]

outgoings [1-157]

outlay [1-133]

outnumber [3-279]

outperform [3-410]

outrage [2-2]

outset [3-280]

outraged [3-156]

outrageous [2-2]

outstanding [2-55]

outward [3-281]

outweigh [3-282, 3-410]

overcast [3-91]

overdue [3-283]

overflow [3-557]

overload [1-42]

overlook [3-148, 3-284]

oversee 3-148, 3-284

oversight 3-285

overstate 1-133

overt 3-457

overtake 3-286

overturn 3-216

own 2-56

pack 1-226

package 1-226

packet 1-226, 3-288

pain 1-227

palate 3-565

palatable 3-565

pamper 3-200

pamphlet 1-126

parable 1-330

paradox 1-228

paralysis 3-287

paralyze 3-287

paralyzed 3-287

paramount 3-282

parcel 1-226, 3-288

partake 3-165

partial 3-289

participant 3-165

particularly 3-130

partisan 3-535

partition 1-230

patent 3-290

path 1-325

pathetic 3-291

pathology 3-299

pathway 3-292

patient 3-293

patriot 3-294

patriotic 3-294

pavement 1-325

pay 1-229

pay off 3-295

paycheck 1-229

payroll 1-231

peasant 3-296

peck 1-148

peculiar 2-72

pedantic 3-239

peek 1-306

peep 1-306

penalize 3-136

penetrate 1-235

penetrating 1-235

per capita 3-528

perennial 3-297

perfect 1-105

perfunctory 3-89

peril 2-69

petty 3-298

periodical 1-232

periodically 1-200

peripheral 1-199, 3-529

perish 2-81

permeate 3-359

permit 1-51

perpetual 2-26

perpetuate 2-26

perplex 2-62

persecute 2-8

persevere 2-26

perseverance 2-26

persist 2-26

persistent 2-26, 3-37

personnel 1-8

perspiration 1-298

pertain 1-268

pertinent 1-268

peruse 1-268

pervade 3-359

pervasive 3-359

perverse 1-330

pervert 1-330

pest 3-127

pester 2-8

petition 3-530

pharmaceutical 1-233

pharmacist 1-233

pharmacy 1-233

phase 1-234, 3-141

phobia 1-151

phony 3-25

pick on 3-420

pierce 1-235

piercing 1-235

piety 2-44

pile 1-236

pinnacle 3-60

pious 2-44

pity 1-237, 2-75

pivotal 2-36

placebo 1-91

placid 3-352

plagiarism 2-12

plague 3-127

plaintiff 2-11

plausible 2-57

plea 3-299, 3-530

plead 3-299

pledge 2-60, 3-264

pliable 3-116

pliers 3-116

plight 3-300

plow 3-301

ploy 2-76

plumber 3-302

plummet 3-375

plump 3-265

plunge 1-85, 3-423, 3-439

plummet 3-439

plural 3-303

pluralism 3-303

poignant 3-189

point out 3-304

poison 1-237

poke 3-426

polite 1-19

poll 1-239, 1-339

pollutant 3-485

pollute 1-240, 3-485

pollution 1-240, 3-485

pompous 1-19

porcelain 3-305

portfolio 1-241

portrait 1-242

portray 1-242

portrayal 1-242

pose 1-243

posit 2-74

positive 1-317

possess 2-56

possible 2-57

posterity 3-179

postscript 3-10

postulate 2-74

posture 3-531

potent 1-91

pottery 3-305

poultry 1-294

pound 3-532

practical 1-244, 3-306

pragmatic 3-306

praise 2-58

preach 1-303

precarious 1-159

precaution 1-290

precedent 3-448

preceding 3-448

precipitate 3-307

precipitation 3-307

precipitous 3-307, 3-388

precise 2-38

preclude 2-59

precursor 3-108

predator 3-534

predecessor 3-308

predicament 3-300

predict 2-40

predominantly 3-309

pre(-)eminent 1-84

preempt (pre-empt) 3-149

preface 3-310

prefer 1-316

preferable 1-316

preliminary 1-245

premier 3-210

premise 3-311

preoccupation 3-268

preoccupied 3-312

preparatory 1-245

prepare 1-245

prepared 1-245

preponderance 3-262

preposterous 1-68

prerequisite 3-534

prescribe 1-286

prescription 1-286

preside 1-17

press 1-71

prestige 1-310

prestigious 1-310

presumably 2-4

presume 2-4

presuppose 2-74

presupposition 2-74

pretense 1-117

pretentious 1-117

pretext 1-117

prevalent 3-63

prevent 2-59

prey 3-313

principal 1-246

principle 1-246

prior 1-316

prize 1-24

pro rata 3-528

probation 3-12

probe 1-250, 2-48

problem 1-247

proceeds 1-249

proclaim 3-317

proclamation 1-176, 3-317

procrastinate 3-515

procure 3-314

procurement 3-314

prodigal 3-516

produce 1-138, 1-248

product 1-138, 1-248

productive 1-248

profane 2-44

profess 3-25

proficiency 3-315

proficient 3-315

profile 1-276

profit 1-249

profitable 1-249

profuse 3-516

profusion 3-516

progression 3-316

prohibit 2-5

proliferate 1-248

prolific 1-248

prolong 3-538

prominent 2-55

promise 2-60

prone 1-175

pronounce 3-317

pronounced 2-30, 3-232

proof 1-250

proofread 1-250

proof 1-250

prop (up) (against) 3-318

property 2-6

prophecy 2-40

prophet 2-40

proponent 3-138, 3-535

proposition 3-319

proprietor 3-320

proprietary 3-320

propriety 3-321

pros and cons 3-536

prose 3-537

prosecute 3-75

prosper 1-33

prosperous 2-61

protest 2-54

protocol 1-251

protract 3-538

protracted 3-538

protrude 3-50

proud 1-19

prove 1-250

province 3-322

provincial 3-322

provision 3-323, 3-392

provisional 3-324

proviso 3-323, 3-534

prowl 3-397

prowler 3-34

proximate 3-539

proximity 3-539

prudent 1-288, 3-94

pseudo 3-25

public 1-52

publicize 1-52

puff 3-190

pull over 1-311

pull together 3-540

pulse 3-325

pummel 3-541

pungent 3-3

punitive 3-542

pure 3-547

purge 1-28

purport 3-281

purported 3-281

purportedly 3-281

pursue 1-44, 1-287

pursuit 1-44, 1-287

put in place 3-543

putative 2-4

puzzle 1-228, 2-62

qualification 2-22

qualified 2-22, 3-117

quarantine 1-163

quench 2-66

query 1-252

quest 1-287

question 1-247

questionnaire 1-239

queue 1-174

quit 1-311

quiver 2-79

quota 1-217, 3-544

quotation 1-253, 3-567

quote 3-567

quote 2-63

racial 3-505

racism 3-294

rack 1-254

radiation 3-326

radioactivity 3-326

radius 3-327

rag 3-328

ragged 3-328

rage 2-2

raid 3-329

raise 2-47

rally 1-255

ramble 3-395

ramification 1-313

rampant 1-248

random 3-178

randomly 1-256

ransom 2-69

rate 1-257

ratify 3-450

ratio 1-258

ration 3-544

rational 2-64

rattle 3-221, 3-330

raw 1-259, 3-511

ray 3-331

realm 3-106, 3-332

reap 3-333

reason 2-21

reasoned 2-64

reassure 1-50

rebate 1-260

rebel 1-280

rebellion 1-280, 3-449

rebellious 1-280

rebound 1-261

rebuke 2-7

rebut 3-546

recede 3-131

recipe 1-262

recipient 1-262

reciprocal 1-87

reciprocate 1-87

reckless 3-334

reckon 3-335

recognize 2-31

recoil 1-147

reconcile 3-336

reconfirm 1-59

recount 2-29

recruit 1-263

recruiter 1-263

rectify 1-67

rectitude 1-67

rectum 1-67

recur 3-337

redeem 3-338

573

reduce 2-65
reduction 3-492
redundancy 3-545
redundant 3-545
reel 3-398
reengineer 1-266
refer 1-264
referendum 1-339
referral 1-264
refinery 1-265
reflect 1-265
reflection 1-265
reflective 1-265
reflex 1-265
reflexive 1-265
reflexively 1-265
refill 3-548
reform 1-266
refrain 2-59
refuge 3-551
refund 1-260, 3-547
refurbish 1-266
refuse 1-165
refute 3-546
register 3-402
registry 3-402
regression 3-316
regulation 1-267
regulator 1-267
regulatory 1-267
reign 1-283
reimburse 3-547
reimbursement 1-260
rein 3-22
reiterate 1-59, 3-337, 3-346
rejoice 3-339
relent 3-401
relentless 1-170, 3-401
relevance 1-268
relevant 1-268

reliability 3-340
reliance 3-340
reliant 3-340
relic 3-341
relieve 2-66
religious 2-44
relinquish 3-483
remain 1-269
remainder 1-269
remains 1-269
remark 2-15
remarkable 2-55
remembrance 3-342
reminiscence 3-342
reminiscent 3-342
remit 3-343
remittance 3-343
remnant 1-269, 3-341, 3-349
remodel 1-266
remorse 3-345
remote 1-270
remove 2-67
remuneration 3-344
remunerative 3-344
render 1-271
renounce 3-483
renowned 1-276
renown 1-276
rendering 1-271
rent 1-272
repair 2-16
reparation 2-16
repay 3-547
repeal 3-472
repel 3-101
repellent 3-101
repent 3-345
repentance 3-345
repercussion 3-365
repetition 3-346

replace 2-68
replacement 1-274, 3-404
replenish 3-548
replica 1-273
replicate 1-273, 3-113
reply 1-277
repository 3-462
represent 1-275, 2-29
representative 1-275
repress 1-55, 3-271, 3-400
reprimand 2-7
reproach 2-7
reprove 2-7
repulse 1-129
repulsive 1-129
reputation 1-276
requirement 2-22
requisite 2-53, 3-347
resent 3-348
resentment 2-2
reserve 2-50
residue 3-349
resilience 3-549
resilient 3-549
resistance 2-54
resolute 1-300
resolution 1-300
resolve 1-300
resonant 3-240
respect 1-293
respectable 3-69
respectful 1-19
respiration 3-350
respiratory 3-350
respite 2-49
respond 1-277
respondent 1-277
responsibility 1-175, 1-278
restful 2-14
restless 1-170

restock [3-548]

résumé [1-143]

resume [1-143]

retain [2-50]

retailer [3-351]

retaliate [1-279]

retard [3-307]

retention [2-50]

reticent [3-391]

retiring [3-352]

retort [1-277]

retract [3-84]

retribution [1-24]

revelry [3-442]

revenge [1-279]

revere [3-72]

reverence [3-72]

revert [3-337]

revitalize [2-36]

revoke [3-472]

revolt [1-280, 3-449]

revolting [1-129]

revolution [1-280]

revolve [1-280]

revolving [1-280]

revamp [1-266]

rewarding [3-339]

riddle [1-228]

ride [1-177]

ridge [3-115]

ridicule [3-243]

rife [1-137]

rig [1-336]

rigorous [2-38, 3-423]

rim [3-455]

riot [1-280]

ripple [3-408]

risk [2-69]

rival [1-63]

rivalry [1-63]

roam [3-353, 3-395]

roar [3-354]

robust [1-302]

rock-bottom [1-149]

role mode [1-160]

rookie [1-219]

rope [1-66]

roster [1-231]

rot [2-27]

rotate [1-280]

rotten [2-27]

rough [1-281]

routine [1-282]

row [1-174]

royal [3-246]

royalty [3-246]

rubbish [1-165]

rubble [1-343]

rude [1-19, 1-246]

rudimentary [3-35]

rue [3-75]

rugged [3-355]

rule [1-246, 1-283]

ruler [1-283]

rumble [3-354]

rush [3-408]

rust [3-356]

rusty [3-356]

rut [3-502]

ruthless [2-28]

sacred [2-44]

safeguard [1-290]

sag [3-357]

sake [1-284]

salubrious [3-468]

salient [3-550]

salutary [3-468]

salute [1-34]

salvage [3-358]

salvation [3-358]

sanctuary [3-551]

sane [1-68]

sanitary [3-20]

satire [1-112]

satisfy [1-285]

saturate [3-359]

saturation [3-359]

savage [3-360]

savor [3-565]

savory [3-565]

savvy [3-552]

scale [1-148, 3-361, 3-363]

scant [3-235]

scar [3-279]

scarce [1-291]

scent [1-298, 3-150]

scholarship [1-168]

school [3-497]

scorch [3-362]

scorching [3-362]

scorn [2-25]

scramble [3-363]

scrape [3-364]

screech [1-77]

script [1-286, 3-231]

scrupulous [3-239]

scrutinize [2-39]

scuff [3-362]

scuff [3-364]

scuffle [1-132, 3-40]

search [1-44, 1-287]

seasick [1-154]

seclude [1-213]

secluded [1-213]

sect [3-497]

secular [2-44]

secure [3-254, 3-314]

security [3-481]

seduce [3-421]

seep [3-93]

segment 3-39

segregate 1-163

segregation 1-163

seize 3-168

self-conscious 1-61

self-esteem 1-93

self-respect 1-93

send in 3-441

sense 1-288

sensible 1-288

sensitive 1-288

sensory 1-288

sequel 3-365

sequence 2-10

serene 3-433

serial 2-10, 2-73

series 2-10

serious 1-289

sermon 1-303

setback 3-366

set off 3-367

shabby 3-184

shackles 3-447

shallow 1-318

shame 1-20

shareholder 2-6

shatter 3-368

sheaf 3-14

shed 1-305

sheer 3-257

shield 1-290

shimmer 3-162

shiver 2-79

shoddy 3-553

shopaholic 1-151

shore 3-318

short 1-36, 1-291

shorthand 1-169

shorthanded 1-169

short-staffed 1-169

shove 3-426

shrewd 3-369, 3-552

shriek 1-77

shrink 2-65

shrivel 3-469

shroud 3-369

shrug 3-370

shudder 2-79

shuffle 3-398

shy 1-292

sick 1-154

sickness 1-154

side 1-293

siege 3-554

sift 2-48

sign 2-43

signify 2-43

silly 1-68

silo 1-294

simile 1-198

simulate 1-295

simulation 1-295

simplify 1-45

sin 1-70, 1-105

sink 3-403

skeptical 2-33

skepticism 2-33

skilled 1-296

skillful 3-45

skittish 3-555

slab 3-38

slack 3-422

slacken 3-422

slant 1-297

slaughter 3-371

slavery 3-372

slope 1-297

sloppy 3-553

sluggish 1-139

slump 3-492

smell 1-298

smile 1-171, 1-299

smother 3-390

smuggle 3-416

snatch 3-168

sneer 1-171

sniff 3-373

snivel 3-466

snub 3-74

snug 2-14

so much as 3-18

soak 3-374

soar 3-375

so-called 3-376

sociable 1-157

society 1-52

solemn 1-289

solicit 3-377

solicitor 1-30, 3-377

solid 3-369

solidarity 3-22

solidify 3-389, 3-556

soluble 1-300

solution 1-300

solve 1-300

somber 3-241

soothe 2-66

sore 3-378

sort 1-301

sound 1-302, 3-69

sour 3-379

sovereign 3-380

sow 3-333

sparkle 3-162

sparse 3-235

specification 1-178

specify 1-178

specimen 3-381

speculate 2-74

speech 1-303

spell [1-304]

spelling [1-304]

spellbound [1-304]

spendthrift [3-516]

sphere [3-332, 3-382]

spill [1-305]

spillover [3-557]

spontaneous [3-383]

sporadic [1-232]

spot [1-306, 3-356]

spouse [3-384]

spray [1-307]

sprout [3-432]

spurious [1-124]

sputter [3-558]

squander [1-341]

squash [1-71]

squeak [3-466]

squeeze [1-71]

squib [1-112]

stable [1-158, 2-70]

stack [1-236]

stage [1-234]

stagger [3-398]

stagnant [3-385]

stagnate [3-385]

stain [3-356]

stale [2-27]

stall [1-308]

stand [1-308]

stand by [1-309]

stand up to [3-470]

standby [1-309]

standstill [3-201, 3-387]

staple [3-559]

state-of-the-art [1-328]

static [2-70]

stationary [3-391]

status [1-310]

statute [1-5]

steady [2-70]

steep [3-388]

stem [1-215]

stench [1-298]

sterile [3-20]

sterilize [3-20]

stick [2-71]

stiff [3-389]

stiffen [3-389]

stifle [3-390]

still [3-391]

stingy [3-154]

stink [1-298]

stipulate [3-392]

stockholder [2-6]

stockpile [1-113]

stoop [3-393]

stop [1-311]

storehouse [3-462]

storm [1-312]

stormy [1-312]

stout [3-338]

straddle [3-397]

straightforward [2-17]

strained [3-422]

strand [3-394]

strange [2-72]

strangle [3-390]

stray [3-395]

streak [3-356]

strenuous [1-88]

stretch [1-313]

stretch out [1-313]

strife [1-120, 3-396]

string [1-66, 2-10]

stringent [3-542]

strip [3-97]

stripe [1-314]

strive [1-120, 3-396]

striving [1-120]

stroll [3-397]

structure [1-315]

stubborn [1-79]

stuffy [2-27]

stumble [3-398]

stun [3-399]

stunning [3-399]

stunt [2-59]

stupid [1-68, 1-126]

sturdy [1-302]

subconscious [1-61]

subdue [3-400]

sublime [2-44]

submission [3-401]

submit [1-51, 3-401]

subordinate [1-59]

subscribe [1-286, 3-402]

subside [3-403]

subsidiary [3-560]

subsidize [3-560]

subsidy [3-560]

subsist [3-146]

subsistence [3-146]

substance [1-59]

substantial [1-59]

substantiate [1-59]

substantive [1-59]

substitute [1-274]

substitute [2-68]

substitution [3-404]

subtract [3-71]

succession [2-10]

successive [2-73]

succinct [1-36]

succulent [1-12]

succumb [3-401]

suffer [2-8]

suffocate [3-390]

sullen [3-342]

summon [3-405]

superb 3-406

superficial 1-318, 3-529

superfluous 3-545

superior 1-316

supersede 2-68

superstition 3-407

supervisor 3-148

supplement 3-10

suppose 2-4, 2-74

supposedly 2-4

suppress 1-55, 3-271, 3-400

supremacy 3-452

sure 1-317

surface 1-318

surfeit 1-188

surge 3-375, 3-408

surgeon 3-409

surgery 3-409

surmise 2-42

surmount 3-161

surpass 3-410

surplus 1-106, 1-169

surveillance 1-239

survey 1-239

susceptible 1-175

suspicious 2-33

sustenance 3-146

swap 2-68, 3-404

sway 3-274

swear 2-60

sweat 3-114

swell 3-411

swindle 3-412

swindler 3-412

symmetry 3-413

symmetrical 3-413

sympathy 1-237, 2-75

symptom 2-43

synthesis 3-414

synthetic 3-414

tacit 3-560

tackle 1-247

tact 3-94

tactic 2-76

tailor 1-327

take exception to 3-348

take on 3-415

take over 3-416

talent 1-296

talk 1-303

tally 3-567

tame 3-401, 3-446

tangible 2-30

tangle 2-17, 3-417

tangled 2-17, 3-417

tantalize 3-420

tantrum 1-175

tap 2-35

taper 3-418

tariff 3-419

taxonomy 1-301

tease 3-420

tedious 1-204, 3-112

temperate 3-244

tempt 3-421

tenable 1-167

tenacity 3-185

tenacious 3-185

tenet 1-246

tense 3-422

term 2-22

terrible 2-77

terrific 2-77

terrify 1-132

territory 1-319

terse 1-36

testify 2-23

texture 3-430

textile 3-430

thaw 2-66

theft 3-34

theme 1-320

theorem 1-246

theoretical 1-244

theory 1-246

thinking 2-19

thorough 3-423

thought 2-19

thread 1-66

threat 2-69

threshold 3-424

thrifty 3-154

thrive 1-28

thriving 2-61

throb 3-325

throng 3-250

throw A out 3-131

throw up 1-83

thrust 3-426

thwart 3-427

tickle 2-29

timber 3-428

timid 1-292

toil 3-396

token 3-341

tolerable 3-429

toll 1-321

tollgate 1-321

tollway 1-321

tomb 1-140

tool 1-322

topic 1-320

topple 3-439

torment 2-8, 3-6

tornado 1-330

torpid 3-201

torrent 1-307

tortuous 3-417

torture 2-8

touching 3-189

tough [1-323]

tow [3-431]

toxic [1-238]

toxin [1-238]

trace [1-324]

track [1-325]

tract [3-432]

trade-off [2-18]

trail [3-431, 3-437]

trainee [3-12]

tranquil [3-433]

tranquility [3-433]

transact [3-434]

transaction [3-434]

transcript [3-435]

transcribe [3-435]

transient [3-561]

transcend [3-410]

transcendent [3-410]

transgress [3-27]

transgression [3-27]

transit [1-326]

transition [1-326]

transitory [3-561]

transmit [1-51]

transparent [3-91]

transplant [3-120]

transportation [1-42]

trash [1-165]

traverse [1-4]

treacherous [2-12]

treat [2-78]

trek [3-437]

tremble [2-79]

trend [1-328]

trendy [1-328]

trespass [1-8, 3-204]

tribal [3-505]

tribute [2-58]

trick [2-12]

trickster [3-412]

trifle [1-199]

trim [1-327]

triumph [3-436]

trivial [1-199]

troop [3-437]

trouble [1-329]

trough [3-438]

trust [2-80]

tug [3-431]

tumble [3-375, 3-439]

tumor [3-230]

turbulence [3-440]

turbulent [3-440, 3-480]

turmoil [3-440, 3-442]

turn in [3-441]

turnover [3-216]

twist [1-330]

twister [1-330]

twinkle [3-162]

twit [1-127]

twitch [3-512]

twitchy [3-512]

typical [1-160]

typify [1-75]

ubiquitous [1-137]

ulcer [1-179]

unaccompanied [1-3]

unanimous (ly) [1-15, 3-443]

unaware [3-523]

uncover [3-444]

uncooked [1-259]

uncouth [3-201, 3-328]

underlie [1-149]

underlying [1-149]

undermine [1-240]

underneath [3-445]

underpin [3-494, 3-563]

underpinning [3-563]

underscore [1-149]

undertake [1-100]

undertaker [1-100]

underway [3-564]

undue [3-307]

uneasy [1-213]

unexpected (ly) [3-446]

unfettered [3-447]

unfold [1-336]

unforeseen [3-446]

unforeseeable [3-446]

unfortunate [1-329]

uphold [3-450]

unilateral [3-225]

unimpeachable [2-11]

unintelligible [3-13]

uninterested [1-161]

unpalatable [3-565]

unprecedented [3-448]

untenable [1-167]

untidy [3-99]

unveil [1-336]

upend [3-216]

upheaval [3-440, 3-449]

unravel [3-566]

uprising [1-280]

unsavory [3-565]

upset [2-45]

urbane [3-61]

utensil [3-451]

utilize [2-35]

utmost [3-452]

unwind [3-566]

vacant [3-458]

vacuous [1-96]

vacuum [1-96]

validate [3-450]

validate [1-59]

valuations [3-567]

vanish [2-81]

variable [1-332]

variant [1-333]

variation [1-331]

varied [3-521]

variety [1-334]

vault [3-462]

vegetarian [1-335]

vegetation [1-335]

vehement [1-88]

veil [1-336]

vein [3-453]

velocity [3-454]

venerable [3-57]

venerate [3-57]

vengeance [1-279]

venue [3-568]

verdict [1-166]

verge [1-114, 3-455]

verify [1-59, 2-23]

vernacular [3-87, 3-220]

versatile [3-116]

verse [3-537]

veteran [1-337]

veto [2-5]

viable [2-57]

vicarious [1-275]

vice [1-105, 3-77]

vice versa [1-280]

vicinity [3-529, 3-539]

vicious [2-28, 3-360]

vigor [3-456]

vigorous [3-456]

villain [1-338]

vindicate [3-188]

vindictive [2-28]

visible [3-457]

vital [2-36]

vocation [1-222]

vogue [1-328]

void [3-86, 3-458]

volatile [3-569]

volatility [3-569]

voluntary [1-338]

volunteer [1-338]

vomit [1-83]

voracious [1-88]

vote [1-339]

voucher [3-570]

vow [2-60, 3-264]

vulgar [3-459]

vulnerable [3-122, 3-460]

wage [1-340]

wail [1-77]

waive [3-483]

waiver [3-483]

want [1-168]

ward [3-461]

warehouse [3-462]

warfare [3-463]

wary [3-464]

waste [1-341]

wave [3-408]

weak [2-82]

weary [3-465]

wealthy [2-61]

weather [3-425]

weep [3-466]

weird [2-72]

whereabouts [3-568]

whimper [3-466]

whine [3-466]

whirl [3-467]

wholesome [3-468]

wicked [1-105]

wickedness [1-105]

widespread [1-137]

witch [1-105]

wither [3-469]

withhold [2-50]

withstand [3-470]

wobble [3-221, 3-330]

woe [1-50]

wording [3-87]

wordy [3-545]

workaholic [1-151]

workload [1-217]

worry [2-20]

wrap [1-342]

wrath [3-198]

wreak [2-45]

wreck [1-343]

wrecked [1-343]

wretched [3-171]

wry [3-266]

yawn [3-471]

yearn [1-181]

yelp [1-77]

zenith [3-60]

【著者・執筆協力者紹介】

《著者》

中村良夫（なかむら・よしお）
　　横浜国立大学国際社会科学研究院・経済学部教授

Alexander McAulay（アレクサンダー　マッコーレー）
　　横浜国立大学国際社会科学研究院・経済学部教授

高橋邦年（たかはし　くにとし）
　　横浜国立大学名誉教授

三品喜英（みしな　よしひで）
　　国内外金融機関勤務　東北大学文学部（英語学）卒業

《執筆協力》

Craig Parsons（クレッグ　パーソンズ）
　　横浜国立大学国際社会科学研究院・経済学部教授

石渡圭子（いしわた　けいこ）
　　神奈川大学非常勤講師（2020年度まで横浜国立大学国際社会科学研究院・経済学部准教授）

宗像 孝（むなかた　たかし）
　　横浜国立大学非常勤講師

前田宣行（まえだ　のぶゆき）
　　桐光学園中学高等学校非常勤講師・個別 ena 講師

横河繁久（よこがわ　しげひさ）
　　鳥取県立倉吉東高等学校教諭

桑本裕二（くわもと　ゆうじ）
　　松江工業高等専門学校人文科学科准教授

ニュアンスや使い分けまでわかる

アドバンスト英単語 3000

〈大学上級レベル〉　　　　　　　　　〈一歩進める英語学習・研究ブックス〉

2022 年 9 月 17 日　　第 1 版第 1 刷発行

著作者　　中村良夫・Alexander McAulay・高橋邦年・三品喜英
発行者　　武村哲司
印刷所　　日之出印刷株式会社

発行所　　株式会社　開 拓 社

〒112-0013 東京都文京区音羽 1-22-16
電話　（03）5395-7101（代表）
振替　00160-8-39587
http://www.kaitakusha.co.jp